国家出版基金项目
NATIONAL PUBLICATION FOUNDATION

艺术卷

15

中国历代图书总目

李致忠 主编

北京国图书店有限责任公司
北京广臻文化艺术有限公司 编纂

文物出版社

第十五分册目录

摄影艺术

中国摄影艺术作品

中国摄影年历

J0120282
1997：祝你平安 （摄影挂历）王宝贵，刘震摄
天津　天津杨柳青画社　1996年　77×53cm
ISBN：7-80503-302-1　定价：CNY25.80

J0120283
1997：祝你一生平安 （摄影挂历）福建美术
出版社编
福州　福建美术出版社　1996年　77×53cm
ISBN：7-5393-0432-4　定价：CNY14.50

J0120284
1997：祝您万事如意 （摄影挂历）杨柳摄
天津　天津杨柳青画社　1996年　76×52cm
ISBN：7-80503-320-X　定价：CNY27.00

J0120285
财源广进 （摄影 1997年年历）年华祖摄
上海　上海人民美术出版社　1996年　1张
77×53cm　定价：CNY2.80

J0120286
恭禧发财 （摄影 1997年年历）年华祖摄
上海　上海人民美术出版社　1996年　1张

66×37cm　定价：CNY1.90

J0120287
桂林风光 （摄影挂历）桂林市摄影家协会编
南宁　广西美术出版社　1996年　10张　11×15cm
ISBN：7-80625-136-7　定价：CNY5.00

J0120288
桂林山水 （摄影年画）张士摄
上海　上海人民美术出版社　1996年　1张
37×106cm　定价：CNY2.90

J0120289
好伴侣 （摄影 1997年年历）晓朱摄
上海　上海人民美术出版社　1996年　1张
77×53cm　定价：CNY4.00

J0120290
好朋友 （摄影 1997年年历）晓朱摄
上海　上海人民美术出版社　1996年　1张
77×53cm　定价：CNY4.00

J0120291
和平天使 （摄影 1997年年历）年华祖摄
上海　上海人民美术出版社　1996年　1张
77×53cm　定价：CNY4.00

J0120292
花好月圆 （摄影 1997年年历）陈春轩摄
上海　上海人民美术出版社　1996年　1张
77×53cm　定价：CNY2.80

J0120293
军旅之声 （摄影 1997 年年历）年华祖摄
上海 上海人民美术出版社 1996 年 1 张
77×53cm 定价：CNY2.80

J0120294
立志夺冠军 （摄影 1997 年年历）年华祖摄
上海 上海人民美术出版社 1996 年 1 张
66×37cm 定价：CNY1.90

J0120295
玲珑剔透 （摄影 1997 年年历）陈春轩摄
上海 上海人民美术出版社 1996 年 1 张
77×53cm 定价：CNY2.80

J0120296
年年大吉 （1997 挂历）新疆美术摄影出版社编
乌鲁木齐 新疆美术摄影出版社 1996 年
26×38cm
ISBN：7-80547-438-9 定价：CNY22.00

J0120297
双喜临门 （摄影 1997 年年历）年华祖摄
上海 上海人民美术出版社 1996 年 1 张
77×53cm 定价：CNY4.00

J0120298
桃李芬芳 （摄影 1997 年年历）年华祖摄
上海 上海人民美术出版社 1996 年 1 张
77×53cm 定价：CNY2.80

J0120299
温馨 （摄影 1997 年年历）
上海 上海人民美术出版社 1996 年 1 张
77×53cm 定价：CNY2.80

J0120300
我爱伟大的祖国 （摄影 1997 年年历）年祖华摄
上海 上海人民美术出版社 1996 年 1 张
53×37cm 定价：CNY1.50

J0120301
我爱伟大的祖国 （摄影年画）张英军等摄
上海 上海人民美术出版社 1996 年 1 张
77×53cm 定价：CNY2.00

作者张英军,摄影作品有年画《相思奈何天》等。

J0120302
心系大海 （摄影年画）张英军等摄
上海 上海人民美术出版社 1996 年 1 张
77×53cm 定价：CNY2.00

J0120303
新疆风光 （明信法汉英文对照）王卫平主编；
鄂毅摄影
北京 中国旅游出版社 1996 年 20 张 11×17cm
定价：CNY32.00

J0120304
幸福 （摄影 1997 年年历）张颖摄
上海 上海人民美术出版社 1996 年 1 张
53×38cm 定价：CNY2.20

作者张颖,作品有年画《对镜画容》(越剧《孟丽君》), 摄影有年画《团圆》(越剧《孟丽君》)等。

J0120305
艳丽 （摄影 1997 年年历）梁仁行摄
上海 上海人民美术出版社 1996 年 1 张
77×53cm 定价：CNY2.80

J0120306
鹰击长空 （摄影 1997 年年历）张英军等摄
上海 上海人民美术出版社 1996 年 1 张
77×53cm 定价：CNY2.00

作者张英军,摄影作品有年画《相思奈何天》等。

J0120307
鹰击长空 （摄影年画）张英军等摄
上海 上海人民美术出版社 1996 年 1 张
77×53cm 定价：CNY2.00

J0120308
迎新年 （摄影年画）年华祖摄
上海 上海人民美术出版社 1996 年 1 张
77×53cm 定价：CNY4.00

J0120309

优生优育好 （摄影 1997 年年历）姚中玉摄
上海 上海人民美术出版社 1996 年 1 张
66cm（3 开）定价：CNY1.90

    作者姚中玉，画家。曾任湖南省艺术家书画院会员、长沙市书法家协会会员等职。主要作品有《迎风燕舞》《向天歌》《一唱雄鸡天下白》《春情》《富贵吉祥》等。

J0120310

1997：风情 （摄影挂历）吉林摄影出版社编
长春 吉林摄影出版社 1997 年 76×52cm
ISBN：7-80606-089-8 定价：CNY28.00

J0120311

1997：景灿 （摄影挂历）吉林摄影出版社编
长春 吉林摄影出版社 1997 年 98×70cm
ISBN：7-80606-081-2 定价：CNY35.00

J0120312

1997：香港回归祖国功载千秋 （摄影挂历）
吉林摄影出版社编
长春 吉林摄影出版社 1997 年 76×52cm
ISBN：7-80606-091-X 定价：CNY27.50

J0120313

1998：[摄影挂历] 何小芳摄
广州 岭南美术出版社 1997 年 100×70cm
ISBN：7-5362-1594-0 定价：CNY48.00

J0120314

1998：[摄影挂历] 何小芳摄
广州 岭南美术出版社 1997 年 87×68cm
ISBN：7-5362-1596-7 定价：CNY30.00

J0120315

1998：[摄影挂历] 欧燕生摄
昆明 云南民族出版社 1997 年 52×38cm
ISBN：7-5367-1358-4 定价：CNY8.00

J0120316

1998："福"字灯 （摄影年历）袁学军摄
北京 中国旅游出版社 1997 年 1 张 52×37cm
定价：CNY1.70

    作者袁学军（1950— ），四川成都人，解放军画报社主任记者。作品有《我们劳动去》《二重奏》《印象·青藏高原》等。

J0120317

1998：爱 （摄影挂历）永富等摄
杭州 浙江人民美术出版社 1997 年 76×52cm
ISBN：7-5340-0705-4 定价：CNY27.50

J0120318

1998：爱的天地 （摄影挂历）福建美术出版社编
福州 福建美术出版社 1997 年 98×70cm
ISBN：7-5393-0554-1 定价：CNY33.00

J0120319

1998：爱我中华 （摄影挂历）陕西人民美术出版社编
西安 陕西人民美术出版社 1997 年 91×64cm
ISBN：7-5368-0958-1 定价：CNY33.00

J0120320

1998：爱之河 （摄影挂历）海潮摄影艺术出版社编
福州 海潮摄影艺术出版社 1997 年 68×100cm
ISBN：7-80562-449-6 定价：CNY34.00

J0120321

1998：澳门 （摄影挂历）海南出版社编
海口 海南出版社 1997 年 70×95cm
ISBN：7-80617-885-6 定价：CNY33.00

J0120322

1998：澳门 （摄影挂历）于为摄
天津 天津杨柳青画社 1997 年 76×52cm
ISBN：7-80503-363-3 定价：CNY27.00

J0120323

1998：澳门 （摄影挂历）于健鹰摄
北京 中国旅游出版社 1997 年 12 页 75×52cm
ISBN：7-5032-1459-7 定价：CNY27.00

J0120324

1998：澳门·99 回归 （摄影挂历）华孔亦摄
海口 海南出版社 1997 年 12 页 75×51cm
ISBN：7-80617-886-4 定价：CNY27.50

J0120325
1998：超越时空 （摄影挂历）中国画报出版社编
北京 中国画报出版社 1997 年 57×86cm
ISBN：7-80065-589-X 定价：CNY30.00

J0120326
1998：车王称霸 （摄影挂历）高盛奎摄
西宁 青海人民出版社 1997 年 86×58cm
ISBN：7-225-01359-9 定价：CNY52.80

J0120327
1998：车王子 （摄影挂历）
北京 军事医学科学出版社 1997 年 76×52cm
ISBN：7-80121-065-4 定价：CNY27.50

J0120328
1998：成功典范 （摄影挂历）福建美术出版社编
福州 福建美术出版社 1997 年 70×95cm
ISBN：7-5393-0584-3 定价：CNY34.00

J0120329
1998：驰风 （摄影挂历）黎清摄
乌鲁木齐 新疆青少年出版社 1997 年
76×52cm
ISBN：7-5371-2759-X 定价：CNY33.00

J0120330
1998：出水芙蓉 （摄影挂历）朝花美术出版社编
北京 朝花美术出版社 1997 年 76×52cm
ISBN：7-5056-0270-5 定价：CNY27.50

J0120331
1998：春意 （摄影挂历）范恩荣摄
北京 奥林匹克出版社 1997 年 84×58cm
ISBN：7-80067-315-4 定价：CNY28.80

J0120332
1998：地球与生命 （摄影挂历）
北京 地质出版社 1997 年 77×53cm
ISBN：7-116-02397-6 定价：CNY20.00

J0120333
1998：东方明珠 （摄影挂历）中国画报出版社编
北京 中国画报出版社 1997 年 72×95cm
ISBN：7-80024-368-0 定价：CNY32.00

J0122629
1998：发财 （摄影挂历）谢新发摄
天津 天津人民美术出版社 1997 年 76×52cm
ISBN：7-5305-0696-X 定价：CNY25.50
　　作者谢新发，擅长年画摄影。主要作品有《节日欢舞》《风光摄影》《怎样拍摄夜景》等。

J0120334
1998：芳韵 （摄影挂历）韩志雅摄影
苏州 古吴轩出版社 1997 年 77×53cm
ISBN：7-80574-268-5 定价：CNY27.50

J0120335
1998：飞向世界 （摄影挂历）全景摄
杭州 浙江人民美术出版社 1997 年 76×52cm
ISBN：7-5340-0708-9 定价：CNY27.50

J0120336
1998：飞向世界 （摄影挂历）景小摄
北京 中国旅游出版社 1997 年 75×52cm
ISBN：7-5032-1471-6 定价：CNY27.00

J0120337
1998：芬芳 （摄影挂历）韩斌摄
杭州 西泠印社 1997 年 75×42cm
ISBN：7-80517-231-5 定价：CNY27.50

J0120338
1998：风采 （摄影挂历）海潮摄影艺术出版社编
福州 海潮摄影艺术出版社 1997 年 75×63cm
ISBN：7-80562-451-8 定价：CNY15.00

J0120339
1998：风驰 （摄影挂历）
北京 中国民族摄影艺术出版社 1997 年
85×58cm ISBN：7-80069-158-6
定价：CNY33.00

J0120340

1998：风姿 （摄影挂历）海潮摄影艺术出版社编

福州　海潮摄影艺术出版社　1997年　100×70cm

ISBN：7-80562-450-X　定价：CNY33.00

J0120341

1998：福 （摄影挂历）何小芳摄

广州　岭南美术出版社　1997年　100×70cm

ISBN：7-5362-1595-9　定价：CNY48.00

J0120342

1998：富贵吉祥 （摄影挂历）

北京　中国电影出版社　1997年　76×52cm

ISBN：7-106-01195-9　定价：CNY26.50

J0120343

1998：高洁凌云 （摄影挂历）杨柳，碧波摄

天津　天津杨柳青画社　1997年　12页　75×42cm

ISBN：7-80503-340-4　定价：CNY27.00

J0120344

1998：高洁图 （摄影挂历）董永跃摄

大津　天津杨柳青画社　1997年　86×57cm

ISBN：7-80503-351-X　定价：CNY30.80

J0120345

1998：共度平安 （摄影挂历）福建美术出版社编

福州　福建美术出版社　1997年　76×52cm

ISBN：7-5393-0565-7　定价：CNY17.00

J0120346

1998：红樱桃 （摄影挂历）中国文联出版公司编

北京　中国文联出版公司　1997年　86×58cm

ISBN：7-5059-2722-1　定价：CNY26.00

J0120347

1998：虎年大发 （摄影挂历）高佳明摄影

沈阳　辽宁画报出版社　1997年　77×53cm

ISBN：7-80601-122-6　定价：CNY27.50

J0120348

1998：虎年鸿运 （摄影挂历）陕西人民美术

出版社编

西安　陕西人民美术出版社　1997年　76×52cm

ISBN：7-5368-0962-X　定价：CNY27.50

J0120349

1998：花都 （摄影挂历）江苏美术出版社编

南京　江苏美术出版社　1997年　75×63cm

ISBN：7-5344-0672-2　定价：CNY27.50

J0120350

1998：花花 （摄影挂历）

石家庄　河北美术出版社　1997年　77×53cm

ISBN：7-5310-1022-4　定价：CNY27.00

　　本作品由河北美术出版社和河北武强年画社联合出版。

J0120351

1998：花季风 （摄影年历）志恒摄

南京　江苏美术出版社　1997年　1张　72×100cm

定价：CNY6.00

J0120352

1998：画意诗情 （摄影挂历）张遐道摄影

南京　江苏美术出版社　1997年　21×28cm

ISBN：85344.5.527　定价：CNY14.00

J0120353

1998：回归 （摄影挂历）奥林匹克出版社编

北京　奥林匹克出版社　1997年　104×76cm

ISBN：7-80067-337-5　定价：CNY35.00

J0120354

1998：回家 （摄影挂历）夏至摄影

沈阳　辽宁画报出版社　1997年　77×53cm

ISBN：7-80601-148-X　定价：CNY27.50

J0120355

1998：家家乐 （摄影挂历）东方图书公司供稿

杭州　中国美术学院出版社　1997年　12页

75×52cm

ISBN：7-81019-580-8　定价：CNY27.50

J0120356

1998：娇 （摄影挂历）黄克永摄

北京　知识出版社　1997年　76×52cm

ISBN：7-5015-1592-1 定价：CNY27.00

J0120357

1998：轿王 （摄影挂历）黄克恒摄

北京 知识出版社 1997 年 86×58cm

ISBN：7-5015-1549-2 定价：CNY46.00

J0122654

1998：金玉满堂 （摄影挂历）

济南 山东画报出版社 1997 年 76×52cm

ISBN：7-80603-116-2 定价：CNY27.50

J0120358

1998：金玉满堂 （摄影挂历）高盛奎摄

天津 天津杨柳青画社 1997 年 76×52cm

ISBN：7-80503-342-0 定价：CNY27.00

J0120359

1998：京九辉煌 （摄影挂历）

呼和浩特 内蒙古人民出版社 1997 年

77×53cm

ISBN：7-204-03687-5 定价：CNY32.00

J0120360

1998：静 （摄影挂历）中国画报出版社编

北京 中国画报出版社 1997 年 76×52cm

ISBN：7-80024-369-9 定价：CNY27.50

J0120361

1998：九九女儿红 （摄影挂历）高盛奎摄

天津 天津杨柳青画社 1997 年 75×51cm

ISBN：7-80503-345-5 定价：CNY27.00

J0120362

1998：军中诗情 （摄影挂历）建国等摄

南京 江苏美术出版社 1997 年 75×63cm

ISBN：7-5344-0670-6 定价：CNY26.80

J0120363

1998：可爱的中国 （摄影挂历）贾育平摄影

呼和浩特 内蒙古人民出版社 1997 年

83×57cm

ISBN：7-204-03685-9 定价：CNY48.00

J0120364

1998：渴望 （摄影挂历）高盛奎摄

福州 海潮摄影艺术出版社 1997 年 76×103cm

ISBN：7-80562-457-7 定价：CNY48.00

J0120365

1998：快乐 （年历画）小朱摄

南京 江苏美术出版社 1997 年 1 张 52×38cm

定价：CNY2.50

J0120366

1998：快乐精灵 （摄影挂历）新疆青少年出

版社编

乌鲁木齐 新疆青少年出版社 1997 年

57×43cm

ISBN：7-5371-2760-3 定价：CNY36.00

J0120367

1998：流光溢彩 （摄影挂历）杨柳摄

天津 天津杨柳青画社 1997 年 75×42cm

ISBN：7-80503-357-9 定价：CNY27.00

J0120368

1998：鎏金戏水 （年历画）张董芬摄

北京 中国连环画出版社 1997 年 1 张

52×38cm 定价：CNY1.60

J0120369

1998：美好的祝愿 （摄影年历）袁学军摄

北京 中国旅游出版社 1997 年 1 张 52×37cm

定价：CNY1.70

J0120370

1998：美景家园 （摄影挂历）

呼和浩特 内蒙古人民出版社 1997 年

77×53cm

ISBN：7-204-03557-7 定价：CNY32.80

J0120371

1998：魅的写真 （摄影挂历）

苏州 古吴轩出版社 1997 年 77×53cm

ISBN：7-80574-273-1 定价：CNY27.50

J0120372

1998：魅力 （摄影挂历）福建美术出版社编

福州　福建美术出版社　1997 年　76×52cm
ISBN：7-5393-0607-6　定价：CNY15.00

J0120373
1998：妙香雅宜　（摄影挂历）杨柳摄
天津　天津杨柳青画社　1997 年　76×52cm
ISBN：7-80503-346-6　定价：CNY27.00

J0120374
1998：名车　（摄影挂历）中国画报出版社编
北京　中国画报出版社　1997 年　57×86cm
ISBN：7-80024-380-X　定价：CNY26.00

J0120375
1998：宁夏　（摄影挂历）宁夏回族自治区测
绘局编制
西安　西安地图出版社　1997 年　76×54cm
ISBN：7-80545-572-4　定价：CNY36.00

J0120376
1998：平安吉祥　（摄影挂历）
呼和浩特　内蒙古人民出版社　1997 年
77×53cm
ISBN：7-204-03683-2　定价：CNY32.00

J0120377
1998：平安之家　（摄影挂历）陕西人民美术
出版社编
西安　陕西人民美术出版社　1997 年　76×52cm
ISBN：7-5368-0957-3　定价：CNY26.00

J0120378
1998：惬意　（摄影挂历）贾育平摄
北京　中国旅游出版社　1997 年　77×53cm
ISBN：7-5032-1460-0　定价：CNY27.00

J0120379
1998：亲密的朋友　（摄影挂历）中国连环画
出版社编
北京　中国连环画出版社　1997 年　87×57cm
ISBN：7-5061-0808-9　定价：CNY27.00

J0120380
1998：情满三峡　（摄影挂历）田捷民等摄
上海　上海人民美术出版社　1997 年　76×52cm

ISBN：7-5322-1458-3　定价：CNY27.50
　　　作者田捷民（1954—　　），浙江人。重庆市新
闻图片社主任记者。历任四川省摄影家协会副
主席、中国摄影家协会理事、重庆市文联委员、
重庆市摄影家协会驻会副主席兼秘书长等。代
表作有《影人史进》《重担在肩》《照野皑皑融
雪》等。

J0120381
1998：庆回归　（摄影挂历）崇美摄
长沙　湖南美术出版社　1997 年　70×95cm
ISBN：7-5356-0999-6　定价：CNY34.00

J0120382
1998：趣　（摄影挂历）深圳大志成图片社供稿
北京　中国电影出版社　1997 年　76×52cm
ISBN：7-106-01254-8　定价：CNY27.50

J0120383
1998：赛风采　（摄影挂历）东方图片公司供稿
杭州　中国美术学院出版社　1997 年　12 页
75×52cm　ISBN：7-81019-575-1
定价：CNY27.50

J0120384
1998：赛娜　（摄影挂历）中国画报出版社编
北京　中国画报出版社　1997 年　98×70cm
ISBN：7-80024-394-X　定价：CNY35.80

J0120385
1998：山水　（摄影挂历）谷维恒,霍明天摄
南京　江苏美术出版社　1997 年　87×68cm
ISBN：7-5344-0666-8　定价：CNY32.00

J0120386
1998：神趣　（摄影挂历）刘海发摄
福州　海潮摄影艺术出版社　1997 年　76×52cm
ISBN：7-80562-437-2　定价：CNY27.50

J0120387
1998：诗韵　（摄影挂历）谢新发摄影
石家庄　河北美术出版社　1997 年　77×53cm
ISBN：7-5310-0909-9　定价：CNY26.00

J0120388

1998：时代风采 （摄影挂历）黄明摄

沈阳 辽宁画报出版社 1997 年 76×52cm

ISBN：7-80601-119-6 定价：CNY27.50

J0120389

1998：时代风情 （摄影挂历）中国画报出版社编

北京 中国画报出版社 1997 年 57×86cm

ISBN：7-80024-383-4 定价：CNY27.00

J0120390

1998：时尚 （摄影挂历）缪志恒摄

南京 江苏美术出版社 1997 年 100×70cm

ISBN：7-5344-0665-X 定价：CNY35.00

J0120391

1998：世界梦圆 （摄影挂历）骆清敏摄

福州 海潮摄影艺术出版社 1997 年 87×68cm

ISBN：7-80562-436-4 定价：CNY48.00

J0120392

1998：丝丝柔情 （摄影挂历）

沈阳 辽宁画报出版社 1997 年 76×52cm

ISBN：7-90601-142-0 定价：CNY25.80

J0120393

1998：天姿 （摄影挂历）高盛奎摄

北京 中国连环画出版社 1997 年 75×61cm

ISBN：7-5061-0809-7 定价：CNY27.50

J0120394

1998：统一大业 （摄影挂历）林伟新摄

西安 陕西人民美术出版社 1997 年 57×43cm

ISBN：7-5368-0955-7 定价：CNY28.00

J0120395

1998：往日情怀 （摄影挂历）东方图片公司供稿

杭州 中国美术学院出版社 1997 年 12 页 75×52cm

ISBN：7-81019-577-8 定价：CNY27.50

J0120396

1998：巍巍中华 （摄影挂历）中国美术学院出版社编

杭州 中国美术学院出版社 1997 年 76×52cm

ISBN：7-81019-570-0 定价：CNY27.50

J0120397

1998：温馨 （摄影挂历）民族出版社编

北京 民族出版社 1997 年 76×52cm

ISBN：7-105-02893-9 定价：CNY28.80

J0120398

1998：我爱我家 （摄影挂历）福建美术出版社编

福州 福建美术出版社 1997 年 70×95cm

ISBN：7-5393-0581-9 定价：CNY34.00

J0120399

1998：我爱我家 （摄影挂历）全景摄

杭州 浙江人民美术出版社 1997 年 76×52cm

ISBN：7-5340-0702-X 定价：CNY27.50

J0120400

1998：我的家 （摄影挂历）中国画报出版社编

北京 中国画报出版社 1997 年 12 页 75×51cm

ISBN：7-80024-403-2 定价：CNY26.50

J0120401

1998：五彩梦 （摄影挂历）中国美术学院出版社编

杭州 中国美术学院出版社 1997 年 76×52cm

ISBN：7-81019-576-X 定价：CNY27.50

J0120402

1998：希望之桥 （摄影挂历）福建美术出版社编

福州 福建美术出版社 1997 年 70×95cm

ISBN：7-5393-0582-7 定价：CNY34.00

J0120403

1998：喜盈盈 （摄影挂历）福建美术出版社编

福州 福建美术出版社 1997 年 98×70cm

ISBN：7-5393-0573-8 定价：CNY33.00

J0120404

1998：香港 （摄影挂历）

南京 江苏美术出版社 1997 年 31×31cm

ISBN：7-5344-0678-1 定价：CNY24.00

J0120405
1998：香港 （摄影挂历）陕西人民美术出版社编
西安　陕西人民美术出版社　1997 年　76×52cm
ISBN：7-5368-0963-8　定价：CNY27.50

J0120406
1998：香港今昔 （摄影挂历）刘伟雄摄
西宁　青海人民出版社　1997 年　86×58cm
ISBN：7-225-01358-0　定价：CNY52.80

J0120407
1998：香港寅 （摄影挂历）骆青敏摄
天津　天津杨柳青画社　1997 年　86×57cm
ISBN：7-80503-365-X　定价：CNY52.00

J0120408
1998：香港昨天·今天·明天 （摄影挂历）
林伟新摄
福州　海潮摄影艺术出版社　1997 年　87×68cm
ISBN：7-80562-447-X　定价：CNY42.00

J0120409
1998：小城春秋 （摄影挂历）张耀文供稿
南京　江苏美术出版社　1997 年　31×30cm
ISBN：7-5344-0686-2　定价：CNY20.00

J0120410
1998：新潮 （摄影挂历）
杭州　西泠印社　1997 年　12 页　75×42cm
ISBN：7-80517-235-8　定价：CNY27.50

J0120411
1998：新航线 （摄影挂历）
苏州　古吴轩出版社　1997 年　77×53cm
ISBN：7-80574-272-3　定价：CNY26.80

J0120412
1998：新视野 （摄影挂历）中国矿业大学出
版社编
徐州　中国矿业大学出版社　1997 年　86×57cm
ISBN：7-81040-690-6　定价：CNY25.00

J0120413
1998：馨香 （摄影挂历）邱宏建摄
海口　海南出版社　1997 年　12 页　75×51cm
ISBN：7-80617-887-2　定价：CNY27.50

J0120414
1998：雄风永在 （摄影挂历）卞志武，
于健鹰摄
北京　中国旅游出版社　1997 年　12 页　75×52cm
ISBN：7-5032-1458-9　定价：CNY27.00

J0120415
1998：秀色可餐 （摄影挂历）高盛奎摄影设计
西安　陕西旅游出版社　1997 年　12 页　75×43cm
ISBN：7-5418-1443-1　定价：CNY27.50

J0120416
1998：绚丽 （摄影挂历）内蒙古人民出版社编
呼和浩特　内蒙古人民出版社　1997 年
69×95cm
ISBN：7-204-03734-0　定价：CNY40.00

J0120417
1998：绚丽 （摄影挂历）黄克恒摄
北京　知识出版社　1997 年　76×52cm
ISBN：7-5015-1547-6　定价：CNY27.00

J0120418
1998：雅 （摄影挂历）高盛奎摄
杭州　浙江人民美术出版社　1997 年　76×52cm
ISBN：7-5340-0704-6　定价：CNY27.50

J0120419
1998：样样红 （摄影挂历）高盛奎摄影
沈阳　辽宁画报出版社　1997 年　86×58cm
ISBN：7-80601-136-6　定价：CNY51.60

J0120420
1998：一帆风顺 （摄影挂历）刘溥摄
天津　天津杨柳青画社　1997 年　12 页　75×51cm
ISBN：7-80503-347-1　定价：CNY27.00

J0120421
1998：一路风顺 （摄影挂历）黄正雄摄
杭州　西泠印社　1997 年　12 页　75×42cm
ISBN：7-80517-233-1　定价：CNY27.50

J0120422
1998：一路顺发 （摄影挂历）中国画报出版社编
北京 中国画报出版社 1997 年 76×52cm
ISBN：7-80024-349-4 定价：CNY26.50

J0120423
1998：一片情 （摄影挂历）豫强摄
杭州 浙江人民美术出版社 1997 年 76×52cm
ISBN：7-5340-0693-7 定价：CNY27.50

J0120424
1998：衣食住行 （摄影挂历）福建美术出版社编
福州 福建美术出版社 1997 年 70×95cm
ISBN：7-5393-0550-9 定价：CNY34.00

J0120425
1998：艺海扬帆 （摄影挂历）郭传宝摄
北京 中国电影出版社 1997 年 88×56cm
ISBN：7-106-01194-0 定价：CNY36.00

J0120426
1998：艺海之花 （摄影挂历）湖南美术出版社编
长沙 湖南美术出版社 1997 年 75×43cm
ISBN：7-5356-0989-9 定价：CNY40.00

J0120427
1998：艺苑芳华 （摄影挂历）上海人民美术出版社编
上海 上海人民美术出版社 1997 年 86×57cm
ISBN：7-5322-1751-5 定价：CNY23.00

J0120428
1998：音缘 （摄影挂历）缪志恒摄
南京 江苏美术出版社 1997 年 75×63cm
ISBN：7-5344-0668-4 定价：CNY26.80

J0120429
1998：银海风流 （摄影挂历）上海人民美术出版社编
上海 上海人民美术出版社 1997 年 86×57cm
ISBN：7-5322-1698-5 定价：CNY33.00

J0120430
1998：银海星辰 （摄影挂历）奥林匹克出版社编
北京 奥林匹克出版社 1997 年 76×52cm
ISBN：7-80067-331-6 定价：CNY29.80

J0120431
1998：银屏星座 （摄影挂历）江苏美术出版社编
南京 江苏美术出版社 1997 年 75×63cm
ISBN：7-5344-0719-2 定价：CNY27.50

J0120432
1998：拥抱明珠 （摄影挂历）吴志明摄
天津 天津杨柳青画社 1997 年 86×57cm
ISBN：7-80503-367-6 定价：CNY30.80

J0120433
1998：永远 （摄影挂历）迟杭，庄磊摄
南京 江苏美术出版社 1997 年 75×63cm
ISBN：7-5344-0704-4 定价：CNY26.80

J0120434
1998：优雅 （摄影年历）杨中俭摄
北京 中国旅游出版社 1997 年 1 张 52×37cm
定价：CNY1.70
　　作者杨中俭，擅长摄影。主要年历作品有《花好人妍》《上海外滩》《喜庆临门》等。

J0120435
1998：悠闲 （摄影年历）
南京 江苏美术出版社 1997 年 1 张 72×100cm
定价：CNY6.00

J0120436
1998：圆梦园 （摄影挂历）
呼和浩特 内蒙古人民出版社 1997 年
77×53cm
ISBN：7-204-03468-6 定价：CNY37.50

J0120437
1998：源源流长 （摄影挂历）上海书画出版社编
上海 上海书画出版社 1997 年 76×52cm
ISBN：7-80635-077-2 定价：CNY27.50

J0120438

1998：中国港湾——香港 （摄影挂历）
骆青敏摄
福州 海潮摄影艺术出版社 1997 年 76×103cm
ISBN：7-80562-460-7 定价：CNY48.00

J0120439

1998：中华之光 （摄影挂历）高盛奎摄
北京 中国轻工业出版社 1997 年 86×57cm
ISBN：7-5019-2153-9 定价：CNY45.00

J0120440

1998：忠实小伙伴 （摄影挂历）福建美术出
版社编
福州 福建美术出版社 1997 年 76×52cm
ISBN：7-5393-0591-6 定价：CNY15.00

J0120441

1998：众望所归 （摄影挂历）福建美术出版
社编
福州 福建美术出版社 1997 年 98×70cm
ISBN：7-5393-0576-2 定价：CNY33.00

J0120442

1998：祝君幸福 （摄影年历）袁学军摄
北京 中国旅游出版社 1997 年 1 张 52×37cm
定价：CNY1.70

J0120443

1998：祝你好运 （摄影挂历）海南出版社编
海口 海南出版社 1997 年 76×52cm
ISBN：7-80617-881-3 定价：CNY27.50

J0120444

1998：自然风 （摄影挂历）江苏图片社编
南京 江苏美术出版社 1997 年 76×52cm
ISBN：7-5344-0648-X 定价：CNY27.50

J0120445

1998：走四方 （摄影挂历）李霞摄
北京 中国连环画出版社 1997 年 75×61cm
ISBN：7-5061-0810-0 定价：CNY27.50

J0120446

1998：祖国统一——功在千秋 （摄影挂历）

福建美术出版社编
福州 福建美术出版社 1997 年 76×52cm
ISBN：7-5393-0587-8 定价：CNY27.50

J0120447

桂林仙境 （摄影年画）
南京 江苏美术出版社 1997 年 1 张 87×57cm
定价：CNY3.20

J0120448

虎年大吉 （摄影 1998 年年历）
北京 中国连环画出版社 1997 年 1 张
70×49cm 定价：CNY5.50

J0120449

军中诗情 （摄影 1998 年年历）
南京 江苏美术出版社 1997 年 1 张 77×53cm
定价：CNY2.80

J0120450

浪漫情调 （摄影 1998 年年历）花娇摄影
南京 江苏美术出版社 1997 年 1 张 77×53cm
定价：CNY2.80

J0120451

凌波闹春 （摄影 1998 年年历）辛晓摄影
北京 中国连环画出版社 1997 年 1 张
76×51cm 定价：CNY3.20

J0120452

梦佳期 （摄影 1998 年年历）志恒摄影
南京 江苏美术出版社 1997 年 1 张 77×53cm
定价：CNY2.80

J0120453

年年富裕 （摄影 1998 年年历）萧璐摄影
北京 中国连环画出版社 1997 年 1 张
76×51cm 定价：CNY3.20

J0120454

媲美 （摄影 1998 年年历）登峰摄影
北京 中国连环画出版社 1997 年 1 张
77×53cm 定价：CNY3.20

J0120455
任君潇洒 （摄影 1998 年年历）张董芬摄
北京 中国连环画出版社 1997 年 1 张
52×38cm 定价：CNY1.60

J0120456
胜春光 （摄影 1998 年年历）王伟摄影
南京 江苏美术出版社 1997 年 1 张 53×77cm
定价：CNY2.80

J0120457
夕阳曲 （摄影 1998 年年历）兆兴摄影
南京 江苏美术出版社 1997 年 1 张 77×53cm
定价：CNY2.80

J0120458
喜洋洋 （摄影 1998 年年历）萧璐摄影
北京 中国连环画出版社 1997 年 1 张
76×51cm 定价：CNY3.20

J0120459
遐想 （摄影 1998 年年历）予强摄影
南京 江苏美术出版社 1997 年 1 张 77×53cm
定价：CNY2.80

J0120460
星光灿烂 （摄影 1998 年年历）建国摄影
南京 江苏美术出版社 1997 年 1 张 77×53cm
定价：CNY2.80

J0120461
竹风 （摄影 1998 年年历）王伟,石强摄影
南京 江苏美术出版社 1997 年 1 张 102×71cm
定价：CNY6.00

J0120462
祝您平安 （摄影 1998 年年历）
北京 中国连环画出版社 1997 年 1 张
70×49cm 定价：CNY5.50

J0120463
1999：“八一军旗红” （摄影年历画）
重庆 重庆出版社 1998 年 1 张 38×53cm
定价：CNY1.50

J0120464
1999：'99 澳门回归 （摄影挂历）
上海 上海书画出版社 1998 年 77×53cm
ISBN：7-80635-194-9 定价：CNY27.50

J0120465
1999：NBA （摄影年历画）体育报社供稿
福州 福建美术出版社 1998 年 57×42cm
ISBN：7-5393-0657-2 定价：CNY26.00

J0120466
1999：爱的承诺 （摄影挂历）全景供稿
福州 福建美术出版社 1998 年 96×70cm
ISBN：7-5393-0660-2 定价：CNY34.00

J0120467
1999：爱和平 （摄影年历画）
重庆 重庆出版社 1998 年 1 张 68×38cm
定价：CNY2.00

J0120468
1999：爱情从这里开始 （摄影挂历）
全景供稿
福州 福建美术出版社 1998 年 68×49cm
ISBN：7-5393-0716-1 定价：CNY27.50

J0120469
1999：爱之旅 （摄影挂历）全景供稿
福州 福建美术出版社 1998 年 98×70cm
ISBN：7-5393-0668-8 定价：CNY34.00

J0120470
1999：安居乐业 （摄影挂历）北京佳贝图片
交流中心供稿
天津 天津杨柳青画社 1998 年 57×43cm
ISBN：7-80503-405-2 定价：CNY27.00

J0120471
1999：安乐窝 （摄影挂历）北京佳贝图片交
流中心供稿
天津 天津杨柳青画社 1998 年 29×42cm
ISBN：7-80503-415-X 定价：CNY26.00

J0120472
1999：澳门 （摄影挂历）林伟新摄

苏州　古吴轩出版社　1998年　85×57cm
ISBN：7-80574-336-3

J0120473
1999：**澳门**　（摄影挂历）
上海　上海画报出版社　1998年　76×52cm
ISBN：7-80530-334-7　定价：CNY27.50

J0120474
1999：**澳门**　（摄影挂历）
杭州　浙江人民美术出版社　1998年　75×52cm
ISBN：7-5340-0787-9　定价：CNY27.50

J0120475
1999：**澳门**　（摄影挂历）
北京　中国画报出版社　1998年　77×53cm
ISBN：7-80024-495-4　定价：CNY27.50

J0120476
1999：**澳门风光**　（摄影挂历）全景供稿
天津　天津人民美术出版社　1998年　98×70cm
ISBN：7-5305-0856-3　定价：CNY38.00

J0120477
1999：**澳门新貌**　（摄影挂历）陈生摄
福州　海潮摄影艺术出版社　1998年　77×53cm
ISBN：7-80562-476-3　定价：CNY27.50

J0120478
1999：**奔驰**　（摄影挂历）
杭州　浙江人民美术出版社　1998年　75×52cm
ISBN：7-5340-0791-7　定价：CNY27.50

J0120479
1999：**并非遥远的梦**　（摄影挂历）
福州　福建美术出版社　1998年　70×49cm
ISBN：7-5393-0686-6　定价：CNY17.00

J0120480
1999：**步步高**　（摄影挂历）周屹等摄
西安　陕西人民美术出版社　1998年　75×52cm
ISBN：7-5368-1054-7　定价：CNY27.50

J0120481
1999：**彩梦**　（摄影挂历）钱豫强摄

南京　江苏美术出版社　1998年　77×53cm
ISBN：7-5344-0824-5　定价：CNY26.80
　　作者钱豫强(1944—　)，浙江嘉善人，历任浙江美术出版社副编审，浙江赛丽美术馆执行馆长。

J0120482
1999：**超时空**　（摄影挂历）
北京　中国画报出版社　1998年　75×52cm
ISBN：7-80024-482-2　定价：CNY26.50

J0120483
1999：**车霸**　（摄影挂历）江苏图片社编
南京　江苏美术出版社　1998年　76×52cm
ISBN：7-5344-0796-6　定价：CNY27.50

J0120484
1999：**车王名模**　（摄影挂历）东方图片公司供稿
杭州　中国美术学院出版社　1998年　76×52cm
ISBN：7-81019-676-6　定价：CNY27.50

J0120485
1999：**车王世界**　（摄影挂历）陈开亭选编
呼和浩特　内蒙古人民出版社　1998年
75×52cm
ISBN：7-204-04166-6　定价：CNY32.00

J0120486
1999：**车王子**　（摄影挂历）陆奕摄
福州　海潮摄影艺术出版社　1998年　77×53cm
ISBN：7-80562-508-5　定价：CNY27.50

J0120487
1999：**乘风万里**　（摄影挂历）
杭州　浙江人民美术出版社　1998年　75×52cm
ISBN：7-5340-0789-5　定价：CNY27.50

J0120488
1999：**叱咤风云**　（摄影挂历）体育报社供稿
福州　福建美术出版社　1998年　96×70cm
ISBN：7-5393-0675-0　定价：CNY33.00

J0120489
1999：**窗景**　（摄影挂历）刘震等摄

江苏　江苏美术出版社　1998 年　80×111cm
ISBN：7-5344-0820-4　定价：CNY38.00

J0120490
1999：春色关不住　（摄影挂历）张继忠摄
长春　吉林摄影出版社　1998 年　76×53cm
ISBN：7-80606-250-5　定价：CNY27.50

J0120491
1999：春天的童话　（摄影挂历）芊目供稿
福州　福建美术出版社　1998 年　70×49cm
ISBN：7-5393-0713-7　定价：CNY17.00

J0120492
1999：春晓　（摄影年历画）袁学军摄
重庆　重庆出版社　1998 年　1 张　53×77cm
定价：CNY2.70

J0120493
1999：巅峰　（摄影挂历）芊目供稿
福州　福建美术出版社　1998 年　96×70cm
ISBN：7-5393-0665-3　定价：CNY33.00

J0120494
1999：芳馨　（摄影年历画）石强等摄
南京　江苏美术出版社　1998 年　1 张　77×54cm
定价：CNY2.80

J0120495
1999：风采　（摄影年历画）秀洲摄
南京　江苏人民出版社　1998 年　1 张　77×53cm
定价：CNY3.00

J0120496
1999：恭禧发财　（摄影年历画）袁学军摄
重庆　重庆出版社　1998 年　1 张　68×38cm
定价：CNY2.00
　　作者袁学军（1950—　　），四川成都人，解放军画报社主任记者。作品有《我们劳动去》《二重奏》《印象·青藏高原》等。

J0120497
1999：海花　（摄影年历画）乔天富摄
重庆　重庆出版社　1998 年　1 张　68×38cm
定价：CNY2.00

　　作者乔天富（1954—　　），高级记者，四川绵竹市人。历任解放军报高级记者，中国摄影家协会理事，中国新闻摄影学会常务理事。代表作品《中国人民解放军驻香港部队》《大阅兵》《军中姐妹》。

J0120498
1999：鸿福满堂　（摄影年历画）
北京　中国少年儿童出版社　1998 年　1 张
87×58cm　定价：CNY8.00

J0120499
1999：历史的选择　（摄影挂历）中国图片社供稿
福州　福建美术出版社　1998 年　96×70cm
ISBN：7-5393-0647-5　定价：CNY33.00

J0120500
1999：丽影　（摄影年历画）绿荫摄
重庆　重庆出版社　1998 年　1 张　77×53cm
定价：CNY3.00

J0120501
1999：领先一步　（摄影挂历）上海申花足球总会供稿
上海　上海画报出版社　1998 年　53×39cm
ISBN：7-80530-440-8　定价：CNY38.00

J0120502
1999：流光溢彩　（摄影年历画）
南京　江苏美术出版社　1998 年　1 张　86×58cm
定价：CNY3.20

J0120503
1999：流水依翠　（摄影挂历）
北京　中国摄影出版社　1998 年　99×70cm
ISBN：7-80007-263-0　定价：CNY33.00

J0120504
1999：路之骄　（摄影挂历）孙宗德编
贵阳　贵州人民出版社　1998 年　76×52cm
ISBN：7-221-04671-9　定价：CNY27.50

J0120505
1999：孪建艺术　（摄影挂历）

北京 中国摄影出版社 1998 年 70×100cm
ISBN：7-80007-267-3 定价：CNY33.00

J0120506
1999：绿色家园 （摄影挂历）
杭州 浙江人民美术出版社 1998 年 75×52cm
ISBN：7-5340-0784-4 定价：CNY27.50

J0120507
1999：妈妈的吻 （摄影挂历）彩虹供稿
福州 福建美术出版社 1998 年 68×49cm
ISBN：7-5393-0715-3

J0120508
1999：满室生香 （摄影挂历）
广州 岭南美术出版社 1998 年 76×51cm
ISBN：7-5362-1797-8 定价：CNY27.50

J0120509
1999：玫瑰缘 （摄影挂历）上海展望国际文
化发展公司供稿
北京 民族出版社 1998 年 107×76cm
ISBN：7-105-03200-6 定价：CNY45.00

J0120510
1999：梅颂 （摄影挂历）朗水龙摄；金鉴才
等书
杭州 西泠印社 1998 年 76×52cm
ISBN：7-80517-255-2 定价：CNY27.50

J0120511
1999：美的家园 （摄影挂历）
北京 中国画报出版社 1998 年 98×70cm
ISBN：7-80024-461-X 定价：CNY33.00

J0120512
1999：美的瞬间 （摄影挂历）全景供稿
西宁 青海人民出版社 1998 年 76×52cm
ISBN：7-225-01545-1 定价：CNY27.50

J0120513
1999：美丽 （摄影年历画）
南京 江苏美术出版社 1998 年 1 张 77×53cm
定价：CNY2.80

J0120514
1999：妹力四射 （摄影挂历）
长春 吉林摄影出版社 1998 年 85×57cm
ISBN：7-80606-210-6 定价：CNY48.00

J0120515
1999：魅力 （摄影挂历）全美供稿
长沙 湖南美术出版社 1998 年 76×53cm
ISBN：7-5356-1133-8 定价：CNY26.50

J0120516
1999：魅力 （摄影年历画）
南京 江苏美术出版社 1998 年 1 张 77×53cm
定价：CNY2.80

J0120517
1999：梦境 （摄影挂历）
海口 海南出版社 1998 年 70×96cm
ISBN：7-80645-180-3 定价：CNY33.80

J0120518
1999：梦里情怀 （摄影挂历）
天津 天津人民美术出版社 1998 年 76×43cm
ISBN：7-5305-0857-1 定价：CNY27.50

J0120519
1999：梦之旅 （摄影挂历）
海口 海南出版社 1998 年 97×70cm
ISBN：7-80645-181-1 定价：CNY33.80

J0120520
1999：妙墨古香 （摄影挂历）王雄伟,钱豫
强摄
杭州 浙江人民美术出版社 1998 年 38×35cm
ISBN：7-5340-0804-2 定价：CNY25.00

J0120521
1999：名门之家 （摄影挂历）钱予强摄
南京 江苏美术出版社 1998 年 76×53cm
ISBN：7-5344-0825-3 定价：CNY27.50

J0120522
1999：母子情深 （摄影挂历）美好景象图片
公司供稿
福州 福建美术出版社 1998 年 96×70cm

ISBN：7-5393-0673-4 定价：CNY33.00

J0120523
1999：**母子情深** （摄影挂历）美好景象图片
公司供稿
福州 海潮摄影艺术出版社 1998 年 100×70cm
ISBN：7-80562-493-3 定价：CNY34.00

J0120524
1999：**母子情深** （摄影挂历）全景供稿
天津 天津人民美术出版社 1998 年 76×51cm
ISBN：7-5305-0872-5 定价：CNY27.50

J0120525
1999：**年年有余** （摄影挂历）
上海 上海画报出版社 1998 年 76×52cm
ISBN：7-80530-347-9 定价：CNY88.00

J0120526
1999：**您好！澳门** （摄影挂历）东方图片公
司供稿
杭州 中国美术学院出版社 1998 年 77×53cm
ISBN：7-81019-671-5 定价：CNY27.50

J0120527
1999：**前程似锦** （摄影挂历）桑榆摄
上海 上海人民美术出版社 1998 年 76×53cm
ISBN：7-5322-1910-0 定价：CNY27.50

J0120528
1999：**前程万里** （摄影挂历）
杭州 西泠印社 1998 年 35×37cm
ISBN：7-80517-247-1 定价：CNY25.00

J0120529
1999：**前程万里** （摄影挂历）西泠印社出版
社编
杭州 西泠印社 1998 年 51×76cm
ISBN：7-80517-248-X 定价：CNY16.80

J0120530
1999：**清新** （摄影挂历）
北京 中国画报出版社 1998 年 75×51cm
ISBN：7-80024-467-9 定价：CNY27.50

J0120531
1999：**清雅** （摄影挂历）新力编辑；虹军,克
俭摄
北京 中国画报出版社 1998 年 77×53cm
ISBN：7-80024-424-5 定价：CNY27.50

J0120532
1999：**情** （摄影挂历）全景供稿
福州 福建美术出版社 1998 年 135×96cm
ISBN：7-5393-0722-6 定价：CNY180.00

J0120533
1999：**请您欣赏** （摄影挂历）美好景象图片
公司供稿
福州 福建美术出版社 1998 年 98×70cm
ISBN：7-5393-0646-7 定价：CNY34.00

J0120534
1999：**日升月恒** （摄影挂历）
福州 福建美术出版社 1998 年 57×43cm
ISBN：7-5393-0644-0 定价：CNY26.00

J0120535
1999：**如意** （摄影挂历）豫强摄
杭州 浙江人民美术出版社 1998 年 75×52cm
ISBN：7-5340-0793-3 定价：CNY27.50

J0120536
1999：**神怡** （摄影挂历）陈国富摄
呼和浩特 内蒙古人民出版社 1998 年
75×52cm
ISBN：7-204-04358-8 定价：CNY35.00

J0120537
1999：**神姿** （摄影挂历）王涛摄
石家庄 河北美术出版社 1998 年 75×52cm
ISBN：7-5310-1091-7 定价：CNY26.80

J0120538
1999：**生命金杯——法兰西之梦**（摄影挂历）
重庆 重庆出版社 1998 年 76×52cm
ISBN：7-5366-4031-5 定价：CNY27.50

J0120539
1999：**诗情** （摄影挂历）振海编

北京　中国画报出版社　1998 年　77×52cm
ISBN：7-80024-472-5　定价：CNY27.50

J0120540
1999：时尚　（摄影挂历）蔡传隆等摄
长春　吉林摄影出版社　1998 年　75×52cm
ISBN：7-80606-221-1　定价：CNY27.50

J0120541
1999：世纪风　（摄影挂历）
广州　岭南美术出版社　1998 年　76×51cm
ISBN：7-5362-1799-4　定价：CNY27.50

J0120542
1999：世纪行　（摄影挂历）全景供稿
西安　陕西人民美术出版社　1998 年　70×100cm
ISBN：7-5368-1050-4　定价：CNY33.00

J0120543
1999：世纪梦想——大上海　（摄影挂历）
龙哥，田原摄
杭州　中国美术学院出版社　1998 年　76×52cm
ISBN：7-81019-674-X　定价：CNY27.50

J0120544
1999：舒适之家　（摄影年历画）
南京　江苏美术出版社　1998 年　1 张　86×58cm
定价：CNY3.20

J0120545
1999：顺风千里　（摄影挂历）
上海　上海画报出版社　1998 年　83×57cm
ISBN：7-80530-345-2　定价：CNY18.00

J0120546
1999：顺风顺水　（摄影挂历）
广州　岭南美术出版社　1998 年　70×102cm
ISBN：7-5362-1847-8　定价：CNY45.00

J0120547
1999：顺风万里　（摄影挂历）千目供稿
上海　上海人民美术出版社　1998 年　101×70cm
ISBN：7-5322-1908-9　定价：CNY34.00

J0120548
1999：童谣　（摄影挂历）全景供稿
西安　陕西人民美术出版社　1998 年　100×71cm
ISBN：7-5368-1052-0　定价：CNY33.00

J0120549
1999：兔年好运　（年画挂历）
长春　吉林摄影出版社　1998 年　58×43cm
ISBN：7-80606-239-4　定价：CNY28.00

J0120550
1999：兔年好运　（摄影挂历）骆生明摄
北京　知识出版社　1998 年　76×53cm
ISBN：7-5015-1780-0　定价：CNY27.50

J0120551
1999：兔年快乐　（摄影挂历）陈生供稿
福州　海潮摄影艺术出版社　1998 年　75×51cm
ISBN：7-80562-478-X　定价：CNY27.50

J0120552
1999：兔年快乐　（摄影挂历）
广州　岭南美术出版社　1998 年　99×70cm
ISBN：7-5362-1864-8　定价：CNY34.80

J0120553
1999：兔年生辉　（摄影挂历）
北京　中国画报出版社　1998 年　77×53cm
ISBN：7-80024-494-6　定价：CNY27.50

J0120554
1999：万事如意　（摄影挂历）
厦门　鹭江出版社　1998 年　72×50cm
ISBN：7-80610-685-5　定价：CNY16.80

J0120555
1999：万事胜意　（摄影年历画）
北京　中国少年儿童出版社　1998 年　1 张
87×58cm　定价：CNY8.00

J0120556
1999：温馨　（摄影年历画）绿荫摄
南京　江苏人民出版社　1998 年　1 张　77×53cm
定价：CNY3.00

J0120557
1999：**温馨问候** （摄影挂历）全景供稿
福州 福建美术出版社 1998 年 85×57cm
ISBN：7-5393-0652-1 定价：CNY23.00

J0120558
1999：**我爱您祖国** （摄影年历画）王建华摄
南京 江苏美术出版社 1998 年 1 张 77×53cm
定价：CNY2.80

J0120559
1999：**喜迎澳门回归** （摄影挂历）美好景象
图片公司供稿
福州 海潮摄影艺术出版社 1998 年 70×100cm
ISBN：7-80562-527-1 定价：CNY34.00

J0120560
1999：**喜盈盈** （摄影挂历）
北京 中国画报出版社 1998 年 84×57cm
ISBN：7-80024-463-6 定价：CNY33.00

J0120561
1999：**香港** （摄影挂历）袁学军,全玉玺摄
重庆 重庆出版社 1998 年 75×52cm
ISBN：7-5366-3898-1 定价：CNY27.50

J0120562
1999：**小伙伴** （摄影挂历）芊目供稿
广州 广东人民出版社 1998 年 101×70cm
ISBN：7-218-02850-0 定价：CNY34.80

J0120563
1999：**小精灵** （摄影挂历）陆奕供稿
福州 海潮摄影艺术出版社 1998 年 75×51cm
ISBN：7-80562-509-3 定价：CNY27.50

J0120564
1999：**小精灵** （摄影挂历）千目图片公司供稿
福州 海潮摄影艺术出版社 1998 年 75×51cm
ISBN：7-80562-499-2 定价：CNY27.50

J0120565
1999：**小小奏鸣曲** （摄影挂历）
福州 福建美术出版社 1998 年 57×43cm
ISBN：7-5393-0705-6 定价：CNY17.00

J0120566
1999：**心雨** （摄影挂历）江苏南通市骑士广
告设计公司摄
杭州 中国美术学院出版社 1998 年 77×53cm
ISBN：7-81019-667-7 定价：CNY27.50

J0120567
1999：**新旅程** （摄影挂历）
苏州 古吴轩出版社 1998 年 77×52cm
ISBN：7-80574-331-2 定价：CNY27.50

J0120568
1999：**秀色迷人** （摄影年历画）
南京 江苏人民出版社 1998 年 1 张 86×57cm
定价：CNY3.50

J0120569
1999：**雅风** （摄影挂历）
苏州 古吴轩出版社 1998 年 35×37cm
ISBN：7-80574-323-1 定价：CNY26.60

J0120570
1999：**一路平安** （摄影挂历）陈强供稿
通辽 内蒙古少年儿童出版社 1998 年
74×52cm
ISBN：7-5312-0952-7 定价：CNY27.50

J0120571
1999：**艺** （摄影挂历）
福州 福建美术出版社 1998 年 29×42cm
统一书号：85393.1385 定价：CNY50.00

J0120572
1999：**英姿** （摄影挂历）豫强,木东摄
杭州 浙江人民美术出版社 1998 年 75×52cm
ISBN：7-5340-0805-0 定价：CNY27.50

J0120573
1999：**迎春** （摄影挂历）丁然等摄
上海 上海画报出版社 1998 年 76×52cm
ISBN：7-80530-344-4 定价：CNY27.50

J0120574
1999：**雍容华步** （摄影挂历）
广州 岭南美术出版社 1998 年 96×70cm

ISBN：7-5362-1795-1 定价：CNY38.00

J0120575
1999：永恒的爱 （摄影挂历）加拿大 CC 公司供稿
北京 中国轻工业出版社 1998 年 95×76cm
ISBN：7-5019-2271-3 定价：CNY70.00

J0120576
1999：永恒的瞬间 （摄影挂历）
福州 福建美术出版社 1998 年 57×43cm
ISBN：7-5393-0693-9 定价：CNY17.50

J0120577
1999：优美如歌 （摄影挂历）全景供稿
福州 福建美术出版社 1998 年 85×57cm
ISBN：7-5393-0683-1 定价：CNY23.00

J0120578
1999：优雅 （摄影年历画）
南京 江苏美术出版社 1998 年 1 张 77×54cm
定价：CNY2.80

J0120579
1999：玉兔生辉 （摄影挂历）何小芳供稿
广州 岭南美术出版社 1998 年 87×58cm
ISBN：7-5362-1788-9 定价：CNY12.00

J0120580
1999：玉姿 （摄影挂历）黄正雄摄
杭州 西泠印社 1998 年 75×52cm
ISBN：7-80517-256-0 定价：CNY27.50

J0120581
1999：原野 （摄影挂历）何雪峰编
郑州 河南美术出版社 1998 年 77×53cm
ISBN：7-5401-0733-2 定价：CNY27.50

J0120582
1999：原野 （摄影挂历）王明供稿
通辽 内蒙古少年儿童出版社 1998 年
74×52cm
ISBN：7-5312-0953-5 定价：CNY37.50

J0120583
1999：原野 （摄影年历画）王建军摄
重庆 重庆出版社 1998 年 1 张 53×38cm
定价：CNY1.50

J0120584
1999：远古的呼唤 （摄影挂历）王建军摄
重庆 重庆出版社 1998 年 75×52cm
ISBN：7-5366-3896-5 定价：CNY27.50

J0120585
1999：在海一方 （摄影挂历）
广州 岭南美术出版社 1998 年 70×102cm
ISBN：7-5362-1848-6 定价：CNY45.00

J0120586
1999：中国香功 （摄影挂历）李国欣摄
郑州 河南美术出版社 1998 年 77×53cm
ISBN：7-5401-0737-5 定价：CNY13.00

J0120587
1999：众望所归 （摄影挂历）中国图片社供稿
福州 福建美术出版社 1998 年 70×48cm
ISBN：7-5393-0653-X 定价：CNY17.00

J0120588
1999：祝您平安 （摄影挂历）千目图片公司供稿
福州 海潮摄影艺术出版社 1998 年 70×100cm
ISBN：7-80562-528-X 定价：CNY34.00

J0120589
1999：自然风 （摄影挂历）东方图片公司供稿
杭州 中国美术学院出版社 1998 年 77×53cm
ISBN：7-81019-675-8 定价：CNY27.50

J0120590
1999：祖国万岁 （摄影年历画）袁学军摄
重庆 重庆出版社 1998 年 1 张 77×53cm
定价：CNY2.70

J0120591
1999：昨夜星辰 （摄影挂历）刘海发供稿
苏州 古吴轩出版社 1998 年 76×34cm
ISBN：7-80574-328-2

J0120592
1999—2000：双桂——献出我们的爱
（摄影年历画）
重庆　重庆出版社　1998 年　77×52cm
ISBN：7-5366-3925-2　定价：CNY22.00

J0120593
2000：澳门风光——情归故都（摄影挂历）
芊目供稿
福州　福建美术出版社　1998 年　98×69cm
ISBN：7-5393-0700-5　定价：CNY33.00

J0120594
2000：大海的祝福 （摄影挂历）全景等供稿
福州　福建美术出版社　1998 年　98×70cm
ISBN：7-5393-0806-0　定价：CNY33.00

J0120595
2000：好运相伴 （摄影挂历）美好景象图片
公司供稿
福州　福建美术出版社　1998 年　98×70cm
ISBN：7-5393-0809-5　定价：CNY33.00

J0120596
2000：爱的天地 （摄影挂历）全景供稿
福州　福建美术出版社　1999 年　98×70cm
ISBN：7-5393-0554-1　定价：CNY33.00

J0120597
2000：奔向新世纪 （摄影挂历）雪原供稿
成都　四川美术出版社　1999 年　76×52cm
ISBN：7-5410-1614-4　定价：CNY27.05

J0120598
2000：财源之尽 （摄影挂历）彩虹供稿
福州　福建美术出版社　1999 年　98×68cm
ISBN：7-5393-0826-5　定价：CNY33.00

J0120599
2000：灿烂永远 （摄影挂历）
北京　中国电影出版社　1999 年　43×49cm
ISBN：7-106-01482-6　定价：CNY46.80

J0120600
2000：春满华堂 （摄影挂历）千目供稿

上海　上海人民美术出版社　1999 年　76×52cm
ISBN：7-5322-2168-7　定价：CNY27.50

J0120601
2000：璀璨的明珠——澳门风光
（摄影挂历）芊目等供稿
福州　福建美术出版社　1999 年　98cm
ISBN：7-5393-0807-9　定价：CNY33.00

J0120602
2000：大地情怀 （摄影挂历）全景等供稿
福州　福建美术出版社　1999 年　70×98cm
ISBN：7-5393-0804-4　定价：CNY34.00

J0120603
2000：大地之韵 （摄影挂历）
北京　中国电影出版社　1999 年　43×49cm
ISBN：7-106-01479-6　定价：CNY46.80

J0120604
2000：丹枫 （摄影挂历）钱豫强，目东摄
杭州　浙江人民美术出版社　1999 年　76×52cm
ISBN：7-5340-0682-1　定价：CNY27.50

J0120605
2000：地久天长 （摄影挂历）千目，豫强摄
杭州　浙江人民美术出版社　1999 年　58×42cm
ISBN：7-5340-0926-X　定价：CNY26.00

J0120606
2000：东方佛光 （摄影挂历）洛秦等摄
杭州　中国美术学院出版社　1999 年　76×52cm
ISBN：7-81019-787-8　定价：CNY27.50

J0120607
2000：都市一秀 （摄影挂历）金祖边摄
长春　吉林摄影出版社　1999 年　76×52cm
ISBN：7-80606-149-5　定价：CNY27.50

J0120608
2000：多彩世界 （摄影挂历）芊目供稿
福州　福建美术出版社　1999 年　57×42cm
ISBN：7-5393-0743-9　定价：CNY42.00

J0120609
2000：一帆风顺一路发 （摄影挂历）
骆君摄
成都 四川美术出版社 1999 年 77×52cm
ISBN：7-5410-1582-2 定价：CNY27.50

J0120610
2000：一帆风顺 （摄影挂历）东方等供稿
上海 上海文艺出版社 1999 年 76×52cm
ISBN：7-5321-1940-8 定价：CNY27.50

J0120611
2000：富贵满堂 （摄影挂历）千目供稿
上海 上海人民美术出版社 1999 年 76×52cm
ISBN：7-5322-2151-2 定价：CNY35.20

J0120612
2000：光辉历程·祖国万岁 （摄影挂历）
李靖等摄
海口 海南出版社 1999 年 77×52cm
ISBN：7-80645-537-X 定价：CNY27.80

J0120613
2000：归 （摄影挂历）李春生供稿
福州 福建美术出版社 1999 年 57×42cm
ISBN：7-5393-0854-0 定价：CNY27.80

J0120614
2000：豪门 （摄影挂历）陆胜华摄
福州 海潮摄影艺术出版社 1999 年 76×52cm
ISBN：7-80562-590-5 定价：CNY27.50

J0120615
2000：好运 （摄影挂历）叶培蕴撰文；裘家
康等摄
上海 上海画报出版社 1999 年 86×57cm
ISBN：7-80530-469-6 定价：CNY42.50

J0120616
2000：好运长留 （摄影挂历）红强绘
福州 海潮摄影艺术出版社 1999 年 85×56cm
ISBN：7-80562-663-4 定价：CNY48.00

J0120617
2000：家居至尊 （摄影挂历）王铭摄

北京 中国戏剧出版社 1999 年 75×52cm
ISBN：7-104-01036-X 定价：CNY32.80

J0120618
2000：家园 （摄影挂历）周禹林摄
保定 河北大学出版社 1999 年 66×52cm
ISBN：7-81028-581-5 定价：CNY38.00

J0120619
2000：金龙腾飞 （摄影挂历）志武等摄
杭州 浙江人民美术出版社 1999 年 57×43cm
ISBN：7-5340-0923-5 定价：CNY58.00

J0120620
2000：可爱的伙伴 （摄影挂历）芊目图片社
供稿
南京 江苏美术出版社 1999 年 77×52cm
ISBN：7-5344-0927-6 定价：CNY27.50

J0120621
2000：跨越 2000 （摄影挂历）湖南美术出版
社编
长沙 湖南美术出版社 1999 年 58×43cm
ISBN：7-5356-1346-2 定价：CNY45.00

J0120622
2000：流光溢彩 （摄影挂历）欧美图片公司
供稿
长沙 湖南美术出版社 1999 年 58×43cm
ISBN：7-5356-1342-X 定价：CNY45.00

J0120623
2000：龙的故乡 （摄影挂历）袁学军摄
福州 海潮摄影艺术出版社 1999 年 76×52cm
ISBN：7-80562-643-X 定价：CNY33.00

J0120624
2000：龙年步步高 （摄影挂历）彩虹供稿
福州 福建美术出版社 1999 年 77×52cm
ISBN：7-5393-0839-7 定价：CNY17.00

J0120625
2000：龙腾 （摄影挂历）
北京 中国文联出版公司 1999 年 76×58cm
ISBN：7-5059-3378-7 定价：CNY58.00

J0120626
2000：龙兴华夏 （摄影挂历）
长春 吉林摄影出版社 1999 年 76×52cm
ISBN：7-80606-305-6 定价：CNY27.50

J0120627
2000：一路顺风 （摄影挂历）芊目供稿
福州 福建美术出版社 1999 年 98×68cm
ISBN：7-5393-0828-1 定价：CNY33.00

J0120628
2000：迈向 21 世纪——香港 （摄影挂历）
东青供稿
福州 海潮摄影艺术出版社 1999 年 76×52cm
ISBN：7-80562-653-7 定价：CN27.50

J0120629
2000：美的瞬间 （摄影挂历）美好景象图片公司等供稿
福州 福建美术出版社 1999 年 57×42cm
ISBN：7-5393-0799-4 定价：CNY42.00

J0120630
2000：美好家庭 （摄影挂历）金光盛摄
福州 海潮摄影艺术出版社 1999 年 85×56cm
ISBN：7-80562-655-3 定价：CNY48.00

J0120631
2000：美好生活 （摄影挂历）千目供稿
上海 上海人民美术出版社 1999 年 76×52cm
ISBN：7-5322-2146-6 定价：CNY27.50

J0120632
2000：美境 （摄影挂历）书君,玉华供稿
北京 中国画报出版社 1999 年 76×52cm
ISBN：7-80024-528-4 定价：CNY27.50

J0120633
2000：美饰 （摄影挂历）深彩公司供稿
南京 江苏美术出版社 1999 年 77×52cm
ISBN：7-5344-0930-6 定价：CNY27.50

J0120634
2000：美之梦 （摄影挂历）刘海发供稿
福州 福建美术出版社 1999 年 77×52cm

ISBN：7-5393-0837-0 定价：CNY26.80

J0120635
2000：魅力永恒 （摄影挂历）张毅供稿
福州 海潮摄影艺术出版社 1999 年 77×52cm
ISBN：7-80562-594-8 定价：CNY27.50

J0120636
2000：梦境 （摄影挂历）咸阳科技文化服务中心供稿
西安 陕西人民美术出版社 1999 年 100×73cm
ISBN：7-5368-1207-8 定价：CNY33.00

J0120637
2000：梦里水乡 （摄影挂历）钱豫强摄
杭州 浙江人民美术出版社 1999 年 76×52cm
ISBN：7-5340-0919-7 定价：CNY27.50

J0120638
2000：梦园仙境 （摄影挂历）王铭摄
北京 中国戏剧出版社 1999 年 86×57cm
ISBN：7-104-01037-8 定价：CNY45.00

J0120639
2000：梦苑 （摄影挂历）王铭摄
兰州 甘肃人民美术出版社 1999 年 76×52cm
ISBN：7-80588-276-2 定价：CNY27.80

J0120640
2000：梦中情 （摄影挂历）贾玉平供稿
北京 民族出版社 1999 年 77×52cm
ISBN：7-105-03622-2 定价：CNY27.50

J0120641
2000：名车别墅 （摄影挂历）钱豫强摄
南京 江苏美术出版社 1999 年 77×52cm
ISBN：7-5344-0905-5 定价：CNY27.50
　　作者钱豫强(1944—),浙江嘉善人,历任浙江美术出版社副编审,浙江赛丽美术馆执行馆长。

J0120642
2000：名车胜景 （摄影挂历）
天津 天津杨柳青画社 1999 年 76×52cm
ISBN：7-80503-476-1 定价：CNY27.50

J0120643
2000：你是我的贝贝 （摄影挂历）芊目供稿
福州　福建美术出版社　1999 年　76×52cm
ISBN：7-5393-0843-5　定价：CNY17.00

J0120644
2000：农民月历 （摄影挂历）中共河北省委
宣传部等编
石家庄　河北美术出版社　1999 年　28×42cm
ISBN：7-5310-1215-4　定价：CNY11.00

J0120645
2000：欧陆风 （摄影挂历）张遐道供稿
南京　江苏美术出版社　1999 年　35×37cm
ISBN：7-5344-0934-9　定价：CNY26.00

J0120646
2000：拼搏 （摄影挂历）
天津　天津杨柳青画社　1999 年　58×42cm
ISBN：7-80503-459-1　定价：CNY42.00

J0120647
2000：奇珍风韵 （摄影拌历）常春等摄
石家庄　河北美术出版社　1999 年　86×57cm
ISBN：7-5310-0994-3　定价：CNY38.00
　　　作者常春(1933—　　)，河北阜城人。原名李
凤楼。先后任《解放日报》记者、上海人美社编
辑室主任等职，并兼任《摄影家》杂志主编。中国
摄协上海分会会员。主要作品有《出击》《横跨
激流》《上工》等。

J0120648
2000：千秋大业 （摄影挂历）林伟新供稿
海口　南方出版社　1999 年　76×53cm
ISBN：7-80609-841-0　定价：CNY27.50

J0120649
2000：千禧龙 （美术挂历）蒙复旦供稿
福州　福建美术出版社　1999 年　76×52cm
ISBN：7-5393-0836-2　定价：CNY26.80

J0120650
2000：千禧龙 （摄影挂历）蒙复旦供稿
上海　上海画报出版社　1999 年　76×52cm
ISBN：7-80530-482-3　定价：CNY26.80

J0120651
2000：倩 （摄影挂历）芊目供稿
福州　福建美术出版社　1999 年　76×52cm
ISBN：7-5393-0840-0　定价：CNY17.00

J0120652
2000：青春颂 （摄影挂历）美好景象供稿
福州　福建美术出版社　1999 年　70×48cm
ISBN：7-5393-0810-9　定价：CNY17.00

J0120653
2000：清新 （摄影挂历）
北京　中国画报出版社　1999 年　76×52cm
ISBN：7-80024-543-8　定价：CNY27.50

J0120654
2000：清馨 （摄影挂历）千目图片供稿
成都　四川美术出版社　1999 年　76×52cm
ISBN：7-5410-1599-7　定价：CNY27.50

J0120655
2000：清韵美姿 （摄影挂历）金来摄
苏州　古吴轩出版社　1999 年　76×52cm
ISBN：7-80574-412-2　定价：CNY27.50

J0120656
2000：情归故里 （摄影挂历）
天津　天津杨柳青画社　1999 年　58×42cm
ISBN：7-80503-456-7　定价：CNY42.00

J0120657
2000：情思 （摄影挂历）太平洋供稿
福州　福建美术出版社　1999 年　76×52cm
ISBN：7-5393-0841-9　定价：CNY17.00

J0120658
2000：人与自然 （摄影挂历）东青供稿
福州　海潮摄影艺术出版社　1999 年　76×52cm
ISBN：7-80562-644-8　定价：CNY33.00

J0120659
2000：日升月恒 （摄影挂历）全景供稿
福州　福建美术出版杜　1999 年　57×43cm
ISBN：7-5393-0644-0　定价：CNY26.00

J0120660
2000：如花似玉　（摄影挂历）钱豫强摄
南京　江苏美术出版社　1999 年　77×52cm
ISBN：7-5344-0907-1　定价：CNY27.50

J0120661
2000：瑞雪兆丰年　（摄影挂历）
北京　中国电影出版社　1999 年　43×49cm
ISBN：7-106-01483-4　定价：CNY46.80

J0120662
2000：山高水长　（摄影挂历）张始祖等摄
上海　上海人民美术出版社　1999 年　74×51cm
ISBN：7-5322-2150-4　定价：CNY27.50

J0120663
2000：山河颂　（摄影挂历）金景华摄
福州　海潮摄影艺术出版社　1999 年　85×56cm
ISBN：7-80562-652-9　定价：CNY48.00

J0120664
2000：山林回旋曲　（摄影挂历）湖南美术出
版社编
长沙　湖南美术出版社　1999 年　32×47cm
ISBN：7-5356-1349-7　定价：CNY40.00

J0120665
2000：山神　（摄影挂历）华新公司供稿
长沙　湖南美术出版社　1999 年　58×43cm
ISBN：7-5356-1339-X　定价：CNY45.00

J0120666
2000：山水情　（摄影挂历）王铭摄
北京　中国戏剧出版社　1999 年　86×57cm
ISBN：7-104-01034-3　定价：CNY45.00

J0120667
2000：上海·新世纪　（摄影挂历）上海书画
出版社编
上海　上海书画出版社　1999 年　77×52cm
ISBN：7-80635-378-X　定价：CNY27.50

J0120668
2000：上海寻梦　（摄影挂历）上海书画出版
社编

上海　上海书画出版社　1999 年　76×53cm
ISBN：7-80635-382-8　定价：CNY27.50

J0120669
2000：神曲　（摄影挂历）华新公司供稿
长沙　湖南美术出版社　1999 年　58×43cm
ISBN：7-5356-1341-1　定价：CNY45.00

J0120670
2000：生命之旅　（摄影挂历）芊目供稿
福州　福建美术出版社　1999 年　76×52cm
ISBN：7-5393-0832-X　定价：CNY26.80

J0120671
2000：生命之美　（摄影挂历）高屯子摄
成都　四川美术出版社　1999 年　35×38cm
ISBN：7-5410-1609-8　定价：CNY27.50

J0120672
2000：时代风流　（摄影挂历）属海发摄
福州　海潮摄影艺术出版社　1999 年　76×52cm
ISBN：7-80562-598-0　定价：CNY27.50

J0120673
2000：时尚　（摄影挂历）北京全景视拓图片
有限公司供稿
成都　四川美术出版社　1999 年　76×52cm
ISBN：7-5410-1617-9　定价：CNY27.50

J0120674
2000：世纪飞跃　（摄影挂历）全景美景图片
公司供稿
长沙　湖南美术出版社　1999 年　76×52cm
ISBN：7-5356-1328-4　定价：CNY26.50

J0120675
2000：世纪风　（摄影挂历）吕辰摄
福州　海潮摄影艺术出版社　1999 年　76×52cm
ISBN：7-80562-522-0　定价：CNY27.50

J0120676
2000：世纪家园　（摄影挂历）豫强, 光远摄
杭州　浙江人民美术出版社　1999 年　76×52cm
ISBN：7-5340-0928-6　定价：CNY27.50

J0120677
2000：**世纪乐章** （摄影挂历）钱豫强摄
杭州 浙江人民美术出版社 1999 年 76×52cm
ISBN：7-5340-0932-4 定价：CNY27.50

J0120678
2000：**世纪名城** （摄影挂历）
杭州 中国美术学院出版社 1999 年 76×52cm
ISBN：7-81019-781-9 定价：CNY27.50

J0120679
2000：**世纪顺风** （摄影挂历）陆胜华摄
福州 海潮摄影艺术出版社 1999 年 76×52cm
ISBN：7-80562-591-3 定价：CNY27.50

J0120680
2000：**世纪祥龙** （美术挂历）陈悦，殷传宝摄
上海 上海画报出版社 1999 年 52×49cm
ISBN：7-80530-472-6 定价：CNY58.00

J0120681
2000：**世纪之帆** （摄影挂历）
杭州 浙江人民美术出版社 1999 年 76×52cm
ISBN：7-5340-0922-7 定价：CNY27.50

J0120682
2000：**世外桃园** （摄影挂历）陆胜华摄
福州 海潮摄影艺术出版社 1999 年 76×51cm
ISBN：7-80562-599-9 定价：CNY27.50

J0120683
2000：**世外桃园** （摄影挂历）蒋银园摄
长春 吉林摄影出版社 1999 年 85×57cm
ISBN：7-80606-272-5 定价：CNY48.00

J0120684
2000：**树？生命？明天** （摄影挂历）湖南美
术出版社编
长沙 湖南美术出版社 1999 年 32×47cm
ISBN：7-5356-1350-0 定价：CNY40.00

J0120685
2000：**顺风顺水** （摄影挂历）
广州 岭南美术出版社 1999 年 86×57cm
ISBN：7-5362-1847-8 定价：CNY28.00

J0120686
2000：**四季流泉** （摄影挂历）千目图片供稿
成都 四川美术出版社 1999 年 76×52cm
ISBN：7-5410-1586-5 定价：CNY27.50

J0120687
2000：**四季情** （摄影挂历）芊目供稿
福州 福建美术出版社 1999 年 69×98cm
ISBN：7-5393-0822-2 定价：CNY34.00

J0120688
2000：**速度之旅** （摄影挂历）千目图片供稿
成都 四川美术出版社 1999 年 76×52cm
ISBN：7-5410-1588-1 定价：CNY27.50

J0120689
2000：**天津往事** （摄影挂历）
天津 天津杨柳青画社 1999 年 43×37cm
ISBN：7-80503-484-2 定价：CNY118.00

J0120690
2000：**天天伴你** （摄影挂历）金光清摄
福州 海潮摄影艺术出版社 1999 年 68×97cm
ISBN：7-80562-666-9 定价：CNY48.00

J0120691
2000：**往事依稀** （摄影挂历）石强等摄
南京 江苏美术出版社 1999 年 76×53cm
ISBN：7-5344-0937-3 定价：CNY27.50

J0120692
2000：**微风** （摄影挂历）石强等摄
成都 四川美术出版社 1999 年 58×43cm
ISBN：7-5410-1634-9 定价：CNY45.00

J0120693
2000：**我心永恒** （摄影挂历）全景等摄
杭州 浙江人民美术出版社 1999 年 76×52cm
ISBN：7-5340-0925-1 定价：CNY27.50

J0120694
2000：**祥龙献瑞** （摄影挂历）高屯子摄影；
设计工作室摄
成都 四川美术出版社 1999 年 35×38cm
ISBN：7-5410-1619-5 定价：CNY32.00

J0120695
2000：潇洒　（摄影挂历）高盛奎摄
杭州　浙江人民美术出版社　1999 年　76cm（2 开）
ISBN：7-5340-0931-6　定价：CNY27.50

J0120696
2000：小伙伴们　（摄影挂历）全景，千目供稿
上海　上海人民美术出版社　1999 年　76×52cm
ISBN：7-5322-2153-9　定价：CNY27.50

J0120697
2000：心韵　（摄影挂历）南通市骑士广告设计公司摄
杭州　中国美术学院出版社　1999 年　77×52cm
ISBN：7-81019-780-0　定价：CNY48.00

J0120698
2000：馨　（摄影挂历）学章摄
苏州　古吴轩出版社　1999 年　76×52cm
ISBN：7-80574-415-7　定价：CNY27.50

J0120699
2000：休闲情趣　（摄影挂历）刘海发供稿
福州　福建美术出版社　1999 年　77×52cm
ISBN：7-5393-0842-7　定价：CNY17.00

J0120700
2000：寻梦园　（摄影挂历）东方景象图片公司供稿
福州　海潮摄影艺术出版社　1999 年　76×52cm
ISBN：7-80562-627-8　定价：CNY27.50

J0120701
2000：雅豪　（摄影挂历）东方景象图片公司供稿
成都　四川美术出版社　1999 年　72×50cm
ISBN：7-5410-1627-6　定价：CNY27.50

J0120702
2000：雅赏　（摄影挂历）杨中俭摄
上海　上海画报出版社　1999 年　76×52cm
ISBN：7-80530-475-0　定价：CNY27.50

J0120703
2000：一帆风顺　（摄影挂历）千目图片供稿

成都　四川美术出版社　1999 年　76×52cm
ISBN：7-5410-1590-3　定价：CNY27.50

J0120704
2000：拥有　（摄影挂历）芊目供稿
福州　福建美术出版社　1999 年　76×52cm
ISBN：7-5393-0838-9　定价：CNY26.80

J0120705
2000：雍容华贵　（摄影挂历）
北京　中国画报出版社　1999 年　76×52cm
ISBN：7-80024-540-3　定价：CNY27.50

J0120706
2000：原野　（摄影挂历）王奕法摄
福州　海潮摄影艺术出版社　1999 年　76×52cm
ISBN：7-80562-649-9　定价：CNY27.50

J0120707
2000：在海一方　（摄影挂历）
广州　岭南美术出版社　1999 年　70×100cm
ISBN：7-5362-1848-6　定价：CNY45.00

J0120708
2000：长相依　（摄影挂历）芊目供稿
福州　福建美术出版社　1999 年　98×68cm
ISBN：7-5393-0830-3　定价：CNY33.00

J0120709
2000：中国龙　（摄影挂历）志武等摄
南京　江苏美术出版社　1999 年　59×43cm
ISBN：7-5344-0938-1　定价：CNY42.00

中国摄影年历——人物、时装摄影

J0120710
儿童生活明星片
天津　天津美术出版社　1964 年　12 张（套）
15cm（64 开）定价：CNY0.60

J0120711
边防战士　（1973〈农历癸丑年〉年历）
郎琦摄影
长春　吉林人民出版社　1972 年　54cm（4 开）

定价：CNY0.08

　　作者郎琦,满族,摄影家。曾用名魁琦,吉林珲春人。中国摄影家协会会员、中国艺术摄影家协会理事。作品有《中国人民解放军入北平仪式》《踏雪送医》《林海银鹰》等。

J0120712
海防前哨女民兵 （摄影 1973 年年历）
杭州 浙江人民出版社 1972 年 39cm（4 开）
定价：CNY0.08

J0120713
南海女民兵 （摄影 1973 年年历）
上海 上海书画社 1972 年 27cm（16 开）
定价：CNY0.20

J0120714
守卫海防 （摄影 1972〈农历壬子年〉年历）
南宁 广西人民出版社 1972 年 [1 张]
38cm（6 开）定价：CNY0.06

J0120715
喜收水稻 （摄影 1973〈农历癸丑午〉年历）
福州 福建人民出版社 1972 年 1 张
54cm（4 开）定价：CNY0.08

J0120716
英姿飒爽 （摄影 1972〈农历壬子年〉年历）
南宁 广西人民出版社 1972 年 [1 张]
38cm（6 开）定价：CNY0.06

J0120717
姐姐演铁梅 （摄影 1974〈农历甲寅年〉年历）
吴本诗摄
合肥 安徽人民出版社 1973 年 53cm（4 开）
定价：CNY0.14

J0120718
小农艺员 （摄影 一九七四年〈阴历甲寅年〉月建节气表）吴玉龙摄
济南 山东人民出版社 1973 年 1 册
53cm（4 开）定价：CNY0.06

J0120719
好好学习　天天向上 （摄影 1975〈农历乙

卯年〉年历）贵州新闻图片社摄影
[贵阳] 贵州人民出版社 1974 年 53cm（4 开）
定价：CNY0.07

J0120720
好好学习　天天向上 （摄影 1975〈农历乙卯年〉年历）张应铭摄
北京 人民美术出版社 1974 年 53cm（4 开）
定价：CNY0.07

J0120721
军民巡逻 （摄影 1975 年年历 汉、维吾尔文标题）叶树摄
[乌鲁木齐] 新疆人民出版社 1974 年
53cm（4 开）定价：CNY0.08

J0120722
淀上奇兵 （摄影 1976 年〈农历丙辰年〉年历）
章械华摄
[石家庄] 河北人民出版社 1975 年 53cm（4 开）
定价：CNY0.15

J0120723
好好学习 （摄影 1976〈农历丙辰年〉年历）
南宁宣摄
北京 人民美术出版社 1975 年 53cm（4 开）
定价：CNY0.07,CNY0.18（铜版纸）

J0120724
演出之前 （摄影 1976 年年历）
[西安] 陕西人民出版社 1975 年 53cm（4 开）
定价：CNY0.15

J0120725
演出之前 （摄影 1976 年年历）郑永琦,王国钦摄
天津 天津杨柳青画店 1975 年 53cm（4 开）
定价：CNY0.20

J0120726
油港哨兵 （摄影 1976 年〈农历丙辰年〉年历）
力华摄
[石家庄] 河北人民出版社 1975 年 53cm（4 开）
定价：CNY0.15

J0120727
云海哨兵 （摄影 1976 年年历）立玉梅摄
［杭州］浙江人民出版社 1975 年 53cm（4 开）
定价：CNY0.10

J0120728
赤脚医生好 （摄影 1977 年年历）陈轲摄
成都 四川人民出版社 1976 年 1 张
53cm（4 开）定价：CNY0.07

J0120729
文艺新苗 （摄影 1977 年年历）郝永铨摄
沈阳 辽宁人民出版社 1976 年 1 张
53cm（4 开）定价：CNY0.06

J0120730
武术新花 （牙雕 1977〈农历丁巳年〉年历）
刘以宽摄
武汉 湖北人民出版社 1976 年 1 张
53cm（4 开）定价：CNY0.15
　　作者刘以宽（1933—　　），摄影家。武汉人。
曾在《战士画报》社、汉口高级步兵学校宣传部
和武汉印刷厂设计室从事摄影，中国摄影家协会
会员，湖北摄影家协会理事、常务理事，武汉摄影
家协会副主席。

J0120731
小牧童 （摄影 1977〈农历丁巳年〉年历）
张谦美摄
郑州 河南人民出版社 1976 年 1 张
53cm（4 开）定价：CNY0.10

J0120732
小演员 （摄影 1976 年年历）
广州 广东人民出版社 1976 年 1 张
38cm（6 开）定价：CNY0.08

J0120733
演出之前 （摄影 1977 年〈阴历丁巳年〉月建
节气表）郑永琦，王国钦摄
济南 山东人民出版社 1976 年 1 张
53cm（4 开）定价：CNY0.05

J0120734
祖国的花朵 （摄影 1977 年年历）麦启深，黄
建辉摄
南宁 广西人民出版社 1976 年 1 张
38cm（6 开）定价：CNY0.04

J0120735
藏族娃娃 （摄影 1978 年年历）张志增摄
太原 山西人民出版社 1977 年 ［1 张］
39cm（8 开）定价：CNY0.12

J0120736
东海哨兵 （摄影 1978 年年历）陶俊峰摄
济南 山东人民出版社 1977 年 ［1 张］
39cm（8 开）定价：CNY0.09

J0120737
海上民兵 （摄影 1978 年年历）蒙紫摄
南宁 广西人民出版社 1977 年 ［1 张］
54cm（4 开）定价：CNY0.16
　　作者蒙紫（1933—　　），摄影家。历任解放军
画报记者，中国摄影家协会理事，中国旅游出版
社编辑室主任、编委会副主任、高级记者、编审
等。出版了《美丽的桂林》《故宫》《紫禁城》《炎
黄故里》等画册。

J0120738
苗族娃娃 （摄影 1978 年年历）张志增摄
太原 山西人民出版社 1977 年 ［1 张］
39cm（8 开）定价：CNY0.12

J0120739
向雷锋叔叔学习 （摄影 1978 农历戊午年年
历）耿兴余摄
郑州 河南人民出版社 1977 年 ［1 张］
54cm（4 开）定价：CNY0.15

J0120740
杜丽娘 （摄影 1979 年年历）吕振模，李以恭摄
南京 江苏人民出版社 1978 年 1 张
53cm（4 开）定价：CNY0.18

J0120741
二乔 （摄影 1979〈农历己未年〉年历）
刘以宽摄
武汉 湖北人民出版社 1978 年 1 张
38cm（6 开）定价：CNY0.10

J0120742
江姐 （摄影 一九七九年〈农历己未年〉月建
节气表）马尚斌摄
济南 山东人民出版社 1978 年 1 张
53cm（4 开）定价：CNY0.06

J0120743
想一想 （摄影 1979 年年历）金德明摄
贵阳 贵州人民出版社 1978 年 1 张
53cm（4 开）定价：CNY0.18

J0123041
芭蕾舞演员 （摄影 1980〈农历庚申年〉年历）
张志增摄
太原 山西人民出版社 1979 年 ［1 张］
53cm（4 开）定价：CNY0.18

J0120744
白娘娘 （摄影 1980 年年历）
兰州 甘肃人民出版社 1979 年 ［1 张］
53cm（4 开）定价：CNY0.15

J0120745
报幕员 （摄影 1980 年年历）张志增,顾棣摄
太原 山西人民出版社 1979 年 ［1 张］
53cm（4 开）定价：CNY0.18

J0120746
蓓蕾初放 （摄影 1980〈农历庚申年〉年历）
左黎,王增惠摄
西安 陕西人民美术出版社 1979 年 ［1 张］
78cm（2 开）定价：CNY0.20

J0120747
蓓蕾初绽 （摄影 1980 年年历）金义良摄
南京 江苏人民出版社 1979 年 ［1 张］
53cm（4 开）定价：CNY0.16

J0120748
打球去 （摄影 1980〈农历庚申年〉年历）
王英恒摄
北京 人民体育出版社 1979 年 ［1 张］
53cm（4 开）定价：CNY0.18
　　作者王英恒（1932— ）,摄影记者。生于海
南琼山县,毕业于中央美术学院。曾任《新体育》

《体育报》等杂志社美术图片编辑、摄影记者,人
民体育出版社摄影编辑室主任,中国体育摄影学
会主席,中国摄影家协会会员。摄影作品有《剑
术》《绳操》《女排队长张蓉芳》等。

J0120749
给您照个相 （摄影 1980 年年历）杨克林摄
上海 上海人民美术出版社 1979 年 ［1 张］
53cm（4 开）定价：CNY0.15
　　作者杨克林（1951— ）,擅长摄影。主要
作品有年历《时装·女东方衫》《怒放》《漫游太
空》等。

J0120750
赫哲渔女 （1980 年年历）杨沙作
哈尔滨 黑龙江人民出版社 1979 年 ［1 张］
78cm（2 开）定价：CNY0.20
　　作者杨沙（1940—1990）,深圳大学艺术中心
任教,中国美术协会会员。

J0120751
红娘 （摄影 1980 年年历）吕振模,文长生摄
南京 江苏人民出版社 1979 年 ［1 张］
53cm（4 开）定价：CNY0.16

J0120752
花木兰 （摄影 1980 年年历）周淑丽摄
郑州 河南人民出版社 1979 年 ［1 张］
53cm（4 开）定价：CNY0.15

J0120753
嫁新郎 （摄影 1980 年年历）郑永琦摄
沈阳 辽宁美术出版社 1979 年 ［1 张］
53cm（4 开）定价：CNY0.15
　　作者郑永琦（1939— ）满族,摄影师。生于
辽宁大连。历任中国国际文艺家协会博学会员、
高级摄影师,中国摄影家协会会员,大连市群众
艺术馆研究馆员,大连理工大学兼职教授。出版
《俄罗斯之冬》《女性篇》《模特篇》《人生一程又
一程——郑永琦人物摄影作品选》。

J0120754
姐妹 （摄影 1980 年年历）唐载清,方志俊摄
上海 上海人民美术出版社 1979 年 ［1 张］
53cm（4 开）定价：CNY0.19

J0120755
巾帼英烈 （摄影 1980〈农历庚申年〉年历）
杨克宽摄
西安 陕西人民美术出版社 1979 年［1 张］
53cm（4 开）定价：CNY0.15

J0120756
试新装 （摄影 1980 年年历）张志增,顾棣摄
合肥 安徽人民出版社 1979 年［1 张］
53cm（4 开）定价：CNY0.18

J0120757
西厢佳景照丽影 （摄影 1980〈农历庚申年〉
年历）王天育摄
西安 陕西人民美术出版社 1979 年［1 张］
78cm（2 开）定价：CNY0.20

J0120758
小朋友 （摄影 1980 年年历）施鹤良摄
郑州 河南人民出版社 1979 年［1 张］
53cm（4 开）定价：CNY0.18

J0120759
小朋友 （摄影 1980〈农历庚申年〉年历）
梅延林摄
武汉 湖北人民出版社 1979 年［1 张］
53cm（4 开）定价：CNY0.20

J0120760
小演员 （摄影 1980〈农历庚申年〉年历）
王步贵摄
太原 山西人民出版社 1979 年［1 张］
53cm（4 开）定价：CNY0.18

J0120761
小演员 （摄影 1980 年年历）张祖麟摄
上海 上海人民美术出版社 1979 年［1 张］
53cm（4 开）定价：CNY0.15

J0120762
小演员 （摄影 1980〈农历庚申年〉年历）
金铎摄
北京 中国摄影出版社 1979 年［1 张］
78cm（2 开）定价：CNY0.24

J0120763
笑 （摄影 1980 年年历）
合肥 安徽人民出版社 1979 年［1 张］
53cm（4 开）定价：CNY0.18

J0120764
幸福儿童 （摄影 1980〈农历庚申年〉年历）
郑州 河南人民出版社 1979 年［1 张］
53cm（4 开）定价：CNY0.15

J0120765
幸福儿童 （摄影 1980 年年历）朱利华摄
南京 江苏人民出版社 1979 年［1 张］
53cm（4 开）定价：CNY0.10

J0120766
演出之前 （摄影 1980〈庚申年〉年历）
王梦祥摄
广州 广东人民出版社 1979 年［1 张］
53cm（4 开）定价：CNY0.20

J0120767
杨排风 （摄影 1980〈农历庚申年〉年历）
魏德忠摄
郑州 河南人民出版社 1979 年［1 张］
53cm（4 开）定价：CNY0.08

J0120768
艺坛新花 （摄影 1980 年年历）杨麓摄
长沙 湖南人民出版社 1979 年［1 张］
53cm（4 开）定价：CNY0.21

J0120769
英雄花 （摄影 1980〈农历庚申年〉年历）
刘杰摄
福州 福建人民出版社 1979 年［1 张］
53cm（4 开）定价：CNY0.05

J0120770
1981 年时装挂历 孙立治摄影
济南 山东科学技术出版社 1980 年
39cm（8 开）定价：CNY2.20

J0120771
宝贝 （杨柳青年画 摄影 1981〈农历辛酉年〉

年历）李连信作
天津　天津杨柳青画店　1980 年　76cm（2 开）
定价：CNY0.13

J0120772
蔡文姬 （1981 年月历）
昆明　云南人民出版社　1980 年　39cm（8 开）
定价：CNY0.45

J0120773
陈冲 （摄影 1981〈农历辛酉年〉年历）黑龙江
人民出版社编辑；应福康摄
哈尔滨　黑龙江人民出版社　1980 年
53cm（4 开）定价：CNY0.16

J0120774
程晓英 （摄影 1981〈农历辛酉年〉年历）
黑龙江人民出版社编辑；日彩摄
哈尔滨　黑龙江人民出版社　1980 年
53cm（4 开）定价：CNY0.16

J0120775
崔莺娘 （摄影 1981 年年历）张洛摄
广州　广东人民出版社　1980 年　38cm（6 开）
定价：CNY0.14

J0120776
第三届电影"百花奖"获奖者 （摄影 1981
年年历）
北京　中国电影出版社　1980 年　53cm（4 开）
定价：CNY0.35

J0120777
第三届电影"百花奖"最佳女演员陈冲
（摄影 1981〈农历辛酉年〉年历）南京市广告公
司设计
南京　江苏人民出版社　1980 年　53cm（4 开）
定价：CNY0.18

J0120778
第三届电影"百花奖"最佳配角 （摄影
1981〈农历辛酉年〉年历）南京市广告公司设计
南京　江苏人民出版社　1980 年　53cm（4 开）
定价：CNY0.18

J0120779
电影演员陈冲 （摄影 1981〈农历辛酉年〉年历）
南昌　江西人民出版社　1980 年　53cm（4 开）
定价：CNY0.18

J0120780
电影演员 （摄影 1981〈农历辛酉年〉
年历）
南昌　江西人民出版社　1980 年　53cm（4 开）
定价：CNY0.18

J0120781
电影演员剧照 （摄影 1981 年年历）王伟国
摄影
南昌　江西人民出版社　1980 年　39cm（8 开）
定价：CNY0.16

J0120782
歌唱家李谷一 （摄影 1981 年年历）丁瑞亮摄
南京　江苏人民出版社　1980 年　53cm（4 开）
定价：CNY0.15

J0120783
歌唱家李谷一 （摄影 1981 年年历）池一平摄
杭州　浙江人民美术出版社　1980 年
53cm（4 开）定价：CNY0.20

J0120784
歌坛新秀 （摄影 1981〈农历辛酉年〉年历）
刘震摄
天津　天津杨柳青画店　1980 年　78cm（2 开）
镶铁边 定价：CNY0.35

J0120785
哈尼族演员 （摄影 1981 年年历）李承埔摄
昆明　云南人民出版社　1980 年　53cm（4 开）
定价：CNY0.12

J0120786
好宝宝 （摄影 1981 年年历）章光华摄
杭州　西泠印社　1980 年　39cm（8 开）
定价：CNY0.17

J0120787
红娘 （摄影 1981 年年历）葛立英摄

济南　山东人民出版社　1980 年　53cm（4 开）
定价：CNY0.18

J0120788
红娘子　（摄影 1981〈农历辛酉年〉年历）
陈宝生摄
西安　陕西人民出版社　1980 年　53cm（4 开）
定价：CNY0.18
　　　作者陈宝生（1939—　　），摄影家。山西吕梁
人。中国摄影家协会会员，中国书法家协会会员，
陕西省榆林地区文联副主席，榆林地区摄影家协
会主席。先后出版有《塞上风光》《长城内外》《无
定河》等 9 部图集和《陈宝生摄影作品集》及《摄
影家与实践》理论专著。代表作《农家乐》《黄土
魂》《大河号子》等。

J0120789
花荣射雕　（摄影 1981 年年历）陈湘华摄
成都　四川人民出版社　1980 年　53cm（4 开）
定价：CNY0.18，CNY0.08（双面胶版纸）

J0120790
化妆　（摄影 1981〈农历辛酉年〉年历）刘震摄
天津　天津杨柳青画店　1980 年　53cm（4 开）
镶铁边　定价：CNY0.30

J0120791
欢乐　（摄影 1981〈农历辛酉年〉年历）
杭州　西泠印社　1980 年　53cm（4 开）
定价：CNY0.22

J0120792
黄山仙子　（摄影 1981〈农历辛酉年〉年历）
康诗纬摄
合肥　安徽人民出版社　1980 年　53cm（4 开）
定价：CNY0.20
　　　作者康诗纬（1943—　　），国家一级摄影师。
别名康旻，生于浙江奉化。历任安徽省文联副
主席，安徽省摄影家协会主席兼秘书长，安徽省
文艺评论家协会副主席，中国摄影家协会理事。
出版有《速写》《摄影版画》《业余摄影实用技
法》等。

J0120793
柯宝珠　（摄影 1981 年年历）陈振戈摄

成都　四川人民出版社　1980 年　53cm（4 开）
定价：CNY0.18，CNY0.08（双面胶版纸）

J0120794
可爱　（摄影 1981 年年历）章光华摄
杭州　西泠印社　1980 年　53cm（4 开）
定价：CNY0.22

J0120795
李秀明　（摄影 1981〈农历辛酉年〉年历）
黑龙江人民出版社编辑；应福康摄
哈尔滨　黑龙江人民出版社　1980 年
53cm（4 开）定价：CNY0.16

J0120796
刘　（摄影 1981〈农历辛酉年〉年历）
黑龙江人民出版社编辑；鸣至摄
哈尔滨　黑龙江人民出版社　1980 年
53cm（4 开）定价：CNY0.16

J0120797
刘晓庆　（摄影 1981 年年历）
南京　江苏人民出版社　1980 年　53cm（4 开）
定价：CNY0.18

J0120798
美女半身像　（摄影 1981〈农历辛酉年〉年历）
南昌　江西人民出版社　1980 年　53cm（4 开）
定价：CNY0.18

J0120799
美女头像　（摄影 1981 年年历）
南昌　江西人民出版社　1980 年　53cm（4 开）
定价：CNY0.18

J0120800
美女像　（摄影 1981 年年历）
南昌　江西人民出版社　1980 年　53cm（4 开）
定价：CNY0.18

J0120801
穆桂英　（摄影 1981〈农历辛酉年〉年历）
王世龙摄
郑州　河南人民出版社　1980 年　53cm（4 开）
定价：CNY0.10

作者王世龙(1930—　　),摄影家。河南平舆人,曾用名于一。曾任中国人民解放军军报随军摄影记者,河南新乡日报社摄影美术组长,河南日报社摄影记者,河南人民出版社摄影编辑、编辑室主任、编审委员等职。中国摄影家协会常务理事。作品有《秋收完毕》《山里俏》《山村在欢唱》等。

J0120802
凝思　(摄影 1981〈农历辛酉年〉年历) 紫晓摄
长沙 湖南人民出版社 1980 年 53cm(4 开)
定价:CNY0.20

J0120803
帕提古丽　(摄影 1981〈农历辛酉年〉年历)
黑龙江人民出版社编辑; 照心摄
哈尔滨 黑龙江人民出版社 1980 年
53cm(4 开) 定价:CNY0.16

J0120804
评弹演员　(摄影 1981 年年历) 王全亨摄
杭州 浙江人民美术出版社 1980 年
39cm(8 开) 定价:CNY0.17

J0120805
青春　(摄影 1981〈农历辛酉年〉年历) 李力摄
石家庄 河北人民出版社 1980 年 53cm(4 开)
定价:CNY0.20

J0120806
青春　(摄影 1981〈农历辛酉年〉年历)
张先时摄
长沙 湖南人民出版社 1980 年 53cm(4 开)
定价:CNY0.18

J0120807
青春　(摄影 1981 年年历) 文长生摄
南京 江苏人民出版社 1980 年 53cm(4 开)
定价:CNY0.15

J0120808
青春　(摄影 1981〈农历辛酉年〉年历)
王英恒摄
北京 人民体育出版社 1980 年 53cm(4 开)
定价:CNY0.20

J0120809
青春　(摄影 1981〈农历辛酉年〉年历)
陈连信摄
太原 山西人民出版社 1980 年 53cm(4 开)
定价:CNY0.18

J0120810
青年演员　(摄影 1981〈农历辛酉年〉年历)
郑永吉摄
沈阳 辽宁美术出版社 1980 年 53cm(4 开)
定价:CNY0.22

J0120811
情天恨海　(摄影 1981 年年历) 吉林画报社编
长春 吉林人民出版社 1980 年 53cm(4 开)
定价:CNY0.12

J0120812
秋香　(摄影 1981 年年历) 穆家宏,杨克林摄
南昌 江西人民出版社 1980 年 53cm(4 开)
定价:CNY0.18

J0120813
人物摄影　(1981〈农历辛酉年〉年历)
郑州 河南人民出版社 1980 年 53cm(4 开)
定价:CNY0.10

J0120814
撒尼姑娘　(摄影 1981 年年历) 鄂毅摄
昆明 云南人民出版社 1980 年 39cm(8 开)
定价:CNY0.12

作者鄂毅(1941—　　),摄影家。毕业于中央工艺美术学院。曾任北京出版社美术编辑、中国旅游出版社摄影编辑室主任。中国摄影家协会会员、中国出版摄影艺术委员会副主任。主要作品《晨歌》《姐妹松》《苍岩毓秀》等,著有《风光摄影的理论与实践》。

J0120815
少林侠女　(摄影 1981〈农历辛酉年〉年历)
田村摄
郑州 河南人民出版社 1980 年 53cm(4 开)
定价:CNY0.10

J0120816
佘赛花 （摄影 1981〈农历辛酉年〉年历）
刘震摄
天津 天津杨柳青画店 1980 年 53cm（4 开）
定价：CNY0.20

J0120817
天真烂漫 （摄影 1981 年年历）张祖麟摄
上海 上海人民美术出版社 1980 年
53cm（4 开）定价：CNY0.15

J0120818
挑绷绷 （摄影 1981 年年历）张水澄摄
上海 上海人民美术出版社 1980 年
53cm（4 开）定价：CNY0.16

J0120819
童年 （摄影 1981 年年历）王锡安摄
长沙 湖南人民出版社 1980 年 53cm（4 开）
定价：CNY0.18

J0120820
童年 （摄影 1981 年年历）王全亨摄
杭州 浙江人民美术出版社 1980 年
53cm（4 开）定价：CNY0.20

J0120821
娃娃 （摄影 1981〈农历辛酉年〉年历）张甸，
刘万田摄
沈阳 辽宁美术出版社 1980 年 53cm（4 开）
定价：CNY0.22

J0120822
外国小朋友 （摄影 1981 年年历）
南京 江苏人民出版社 1980 年 53cm（4 开）
定价：CNY0.18

J0120823
王昭君 （摄影 1981〈农历辛酉年〉年历）
刘复汉等摄
西安 陕西人民出版社 1980 年 78cm（2 开）
定价：CNY0.28

J0120824
我猜到了 （摄影 1981〈农历辛酉年〉年历）

刘杰摄
福州 福建人民出版社 1980 年 39cm（8 开）
定价：CNY0.14

J0120825
我是汽车小司机 （摄影 1981〈农历辛酉年〉
年历）梅廷林摄
武汉 湖北人民出版社 1980 年 53cm（4 开）
定价：CNY0.20

J0120826
我也想四化 （摄影 1981 年年历）江小铎摄
上海 上海书画出版社 1980 年 53cm（4 开）
定价：CNY0.11

J0120827
舞蹈演员 （摄影 1981〈农历辛酉年〉年历）
黄克勤摄
武汉 湖北人民出版社 1980 年 定价：CNY0.20

J0120828
舞蹈演员 （摄影 1981 年年历）马元浩摄
杭州 浙江人民美术出版社 1980 年
53cm（4 开）定价：CNY0.20
　　　作者马元浩（1944—　　），摄影家、导演。毕
业于上海财经学院。中国摄影家协会会员，英国
皇家摄影学会高级会士。出版有《中国古代雕塑
观音》等。

J0120829
喜悦 （摄影 1981 年年历）尹福康摄
成都 四川人民出版社 1980 年 53cm（4 开）
定价：CNY0.18
　　　作者尹福康（1927—　　），摄影家。江苏南京
人。曾任上海人民美术出版社副编审、上海市摄
影家协会副主席等职。主要作品有《烟笼峰岩》
《向荒山要宝》《晒盐》《工人新村》等。

J0120830
向往 （摄影 1981 年年历）
成都 四川人民出版社 1980 年 53cm（4 开）
定价：CNY0.08

J0120831
肖像 （摄影 1981 年年历）顾东升，童存抚摄

南京 江苏人民出版社 1980 年 53cm（4 开）
定价：CNY0.18

J0120832
小女孩 （摄影 1981 年年历）厉胜利摄
南京 江苏人民出版社 1980 年 53cm（4 开）
定价：CNY0.15

J0120833
小提琴手 （摄影 1981 年年历）尹福康摄
成都 四川人民出版社 1980 年 53cm（4 开）
定价：CNY0.18

J0120834
小提琴手 （摄影 1988 年年历）尹福康摄影
成都 四川美术出版社 1987 年 1 张
53cm（4 开）定价：CNY0.28

J0120835
小演员 （摄影 1981〈农历辛酉年〉年历）
赵凤文摄
长沙 湖南人民出版社 1980 年 53cm（4 开）
定价：CNY0.18

J0120836
小演员 （摄影 1981 年年历）陈永钧摄
南京 江苏人民出版社 1980 年 53cm（4 开）
定价：CNY0.15

J0120837
小演员 （摄影 1981 年年历）徐斌摄
杭州 浙江人民美术出版社 1980 年
39cm（8 开）定价：CNY0.17
　　作者徐斌，擅长摄影。主要作品有年历《算
一算》《喜悦》《小演员》等。

J0120838
心灵手巧 （摄影 1981 年年历）冯静之摄
合肥 安徽人民出版社 1980 年 53cm（4 开）
定价：CNY0.20

J0120839
欣喜 （摄影 1981〈农历辛酉年〉年历）
南昌 江西人民出版社 1980 年 53cm（4 开）
定价：CNY0.18

J0120840
欣喜 （摄影 1981 年年历）
杭州 西泠印社 1980 年 53cm（4 开）
定价：CNY0.22

J0120841
新秀 （摄影 1981 年年历）张涵毅,谢新发摄
上海 上海人民美术出版社 1980 年
53cm（4 开）定价：CNY0.16

J0120842
演出之前 （摄影 1981〈农历辛酉年〉年历）
张耿摄
福州 福建人民出版社 1980 年 53cm（4 开）
定价：CNY0.20

J0120843
演员宋晓英 （1981〈农历辛酉年〉年历）
温素文,包胜利摄
长沙 湖南人民出版社 1980 年 53cm（4 开）
定价：CNY0.18

J0120844
艺坛新花 （摄影 1981 年年历）陈振戈摄
成都 四川人民出版社 1980 年 53cm（4 开）
定价：CNY0.16

J0120845
艺苑新花 （摄影 1981〈农历辛酉年〉年历）
陈建腾摄
长沙 湖南人民出版社 1980 年 53cm（4 开）
定价：CNY0.18

J0120846
艺苑新苗 （摄影 1981〈农历辛酉年〉年历）
孙肃显摄
西安 陕西人民出版社 1980 年 53cm（4 开）
定价：CNY0.18

J0120847
英姿 （摄影 1981〈农历辛酉年〉年历）
王英恒摄
北京 人民体育出版社 1980 年 53cm（4 开）
定价：CNY0.20

J0120848
影坛新秀 （摄影 1981〈农历辛酉年〉年历）
黄桂涛摄
南宁 广西人民出版社 1980 年 53cm（4 开）
定价：CNY0.20

J0120849
影坛新秀海燕 （摄影 1981〈农历辛酉年〉年历）
王祖模摄
福州 福建人民出版社 1980 年 53cm（4 开）
定价：CNY0.20

J0120850
影坛新秀海燕 （摄影 1981 年年历）马元浩摄
杭州 浙江人民美术出版社 1980 年
53cm（4 开）定价：CNY0.20

J0120851
影星陈冲 （摄影 1981〈农历辛酉年〉年历）
南昌 江西人民出版社 1980 年 53cm（4 开）
定价：CNY0.18

J0120852
幼女头像 （摄影 1981 年年历）
南昌 江西人民出版社 1980 年 53cm（4 开）
定价：CNY0.18

J0120853
鱼美人 （摄影 1981 年年历）徐斌摄
杭州 浙江人民美术出版社 1980 年
53cm（4 开）定价：CNY0.20

J0120854
中日两国电影演员在一起 （摄影 1981 年年历）
杭州 西泠印社 1980 年 定价：CNY0.20

J0120855
中日两国电影演员在一起，中野良子、张金玲、栗原小卷 （摄影 1981 年年历）
杭州 西泠印社 1980 年 53cm（4 开）
定价：CNY0.20

J0120856
［**1982 年美术挂历**］（青年电影演员）
石家庄 河北人民出版社 1981 年 54cm（4 开）

定价：CNY3.30

J0120857
［**1982 年美术挂历**］（儿童摄影）吉林画报社编
长春 吉林人民出版社 1981 年 54cm（4 开）
定价：CNY3.00

J0120858
［**1982 年美术挂历**］（时装挂历）
济南 山东科学技术出版社 1981 年
39cm（8 开）定价：CNY2.20

J0120859
《绝代名姬》中的杜十娘 （1982 年年历）
言明摄
天津 天津人民美术出版社 1981 年
54cm（4 开）定价：CNY0.20

J0120860
1982（时装挂历） 辽宁人民出版社编
沈阳 辽宁人民出版社 1981 年 39cm（8 开）
定价：CNY2.60

J0120861
1982 年月历 （儿童摄影）人民美术出版社编
北京 人民美术出版社 1981 年 54cm（4 开）
定价：CNY3.50

J0120862
阿依古丽 （1982 农历壬戌年年历）付东，晓丁摄
北京 宝文堂书店 1981 年 54cm（4 开）
定价：CNY0.20

J0120863
爱好者（著名歌唱家李谷一） （1982 农历壬戌年年历）张敏摄
北京 人民体育出版社 1981 年 54cm（4 开）
定价：CNY0.20

J0120864
爱尼族姑娘 （1982 农历壬戌年年历）
张燕岐摄
长沙 湖南美术出版社 1981 年 54cm（4 开）

定价：CNY0.16

J0120865
白族演员 （1982 农历壬戌年年历）紫晓摄
长沙 湖南美术出版社 1981 年 54cm（4 开）
定价：CNY0.20

J0120866
冰场上的常客(歌坛新星苏小明)
（1982 农历壬戌年年历）王禹摄
北京 人民体育出版社 1981 年 54cm（4 开）
定价：CNY0.20

J0120867
憧憬 （1982 年年历）吕国庆摄
南昌 江西人民出版社 1981 年 54cm（4 开）
定价：CNY0.18

J0120868
春游(影坛新秀林芳兵） （1982 年年历）
岳鹏飞摄
北京 人民体育出版社 1981 年 54cm（4 开）
定价：CNY0.20

J0120869
春之歌 （1982 农历壬戌年年历）解逢摄
北京 人民美术出版社 1981 年 54cm（4 开）
定价：CNY0.16

J0120870
春之歌 （1982 年年历）沈今声摄
天津 天津人民美术出版社 1981 年
54cm（4 开）定价：CNY0.20
　　作者沈今声(1934—)，毕业于中央美术学
院。曾任《舞蹈》杂志编辑。代表作《雀之灵》《肯
登攀》。

J0120871
丛中笑 （1982 年年历）马元浩摄
南昌 江西人民出版社 1981 年 54cm（4 开）
定价：CNY0.18

J0120872
大胖小 （1982 农历壬戌年年历）顾棣摄
太原 山西人民出版社 1981 年 54cm（4 开）

定价：CNY0.12
　　作者顾棣(1929—)，摄影家。生于河北阜
平。《山西画报》原总编辑、山西省摄影家协会原
副主席。合作编著的图书有《中国解放区摄影史
料》《崇高美的历史再现》《中国摄影史》《沙飞
纪念集》等。

J0120873
第三女神(影片的主要演员张晓敏)
（1982 农历壬戌年年历）岳鹏飞摄
北京 人民体育出版社 1981 年 54cm（4 开）
定价：CNY0.20

J0120874
电视广播员 （1982 农历壬戌年年历）
章直摄
太原 山西人民出版社 1981 年 54cm（4 开）
定价：CNY0.12

J0120875
电影演员 （1982 农历壬戌年年历）马贵云摄
石家庄 河北人民出版社 1981 年 54cm（4 开）
定价：CNY0.19

J0120876
电影演员陈冲 （1982 农历壬戌年年历）
太原 山西人民出版社 1981 年 54cm（4 开）
定价：CNY0.12

J0120877
电影演员陈肖依 （1982 年年历）马元浩摄
杭州 浙江人民美术出版社 1981 年
54cm（4 开）定价：CNY0.19

J0120878
电影演员程晓英 （1982 农历壬戌年年历）
北京 中国电影出版社 1981 年 54cm（4 开）
定价：CNY0.10

J0120879
电影演员达式常 （1982 年年历）
南京 江苏人民出版社 1981 年 54cm（4 开）
定价：CNY0.18

J0120880
电影演员达式常 （1982 年年历）天鹰摄
杭州 浙江人民美术出版社 1981 年
54cm（4 开）定价：CNY0.19

J0120881
电影演员韩月乔 （1982 农历壬戌年年历）
渝生摄
太原 山西人民出版社 1981 年 54cm（4 开）
定价：CNY0.12

J0120882
电影演员姜黎黎 （1982 年年历）庞守义摄
济南 山东人民出版社 1981 年 54cm（4 开）
定价：CNY0.10

J0120883
电影演员姜黎黎 （1982 农历壬戌年年历）
北京 中国电影出版社 1981 年 54cm（4 开）
定价：CNY0.10

J0120884
电影演员刘冬 （1982 农历壬戌年年历）
太原 山西人民出版社 1981 年 54cm（4 开）
定价：CNY0.12

J0120885
电影演员 （1982 农历壬戌年年历）
吕渝生摄
太原 山西人民出版社 1981 年 78cm（2 开）
定价：CNY0.18

J0120886
电影演员茅为蕙 （1982 农历壬戌年年历）
呼和浩特 内蒙古人民出版社 1981 年
54cm（4 开）定价：CNY0.18

J0120887
电影演员娜仁花 （1982 农历壬戌年年历）
太原 山西人民出版社 1981 年 54cm（4 开）
定价：CNY0.12

J0120888
电影演员娜仁花 （1982 农历壬戌年年历）
北京 中国电影出版社 1981 年 54cm（4 开）

定价：CNY0.10

J0120889
电影演员肖雄 （1982 农历壬戌年年历）
太原 山西人民出版社 1981 年 54cm（4 开）
定价：CNY0.12

J0120890
电影演员张瑜 （1982 农历壬戌年年历）
呼和浩特 内蒙古人民出版社 1981 年
54cm（4 开）定价：CNY0.18

J0120891
电影演员张瑜 （1982 年年历）天鹰摄
杭州 浙江人民美术出版社 1981 年
54cm（4 开）定价：CNY0.19

J0120892
电影演员张瑜 （1982 农历壬戌年年历）
北京 中国电影出版社 1981 年 54cm（4 开）
定价：CNY0.10

J0120893
电影演员周丽娜 （1982 农历壬戌年年历）
北京 中国电影出版社 1981 年 54cm（4 开）
定价：CNY0.10

J0120894
歌手 （1982 年年历）吕国恩摄
福州 福建人民出版社 1981 年 54cm（4 开）
定价：CNY0.20

J0120895
汉剧新秀 （1982 年年历）潘如一摄
长沙 湖南美术出版社 1981 年 54cm（4 开）
定价：CNY0.20

J0120896
好孩子 （1982 年年历）池一平摄
杭州 浙江人民美术出版社 1981 年
54cm（4 开）定价：CNY0.19

J0120897
红娘 （1982 农历壬戌年年历）东天摄
合肥 安徽人民出版社 1981 年 54cm（4 开）

定价: CNY0.18

J0120898
红娘 （1982 农历壬戌年年历）吕振模摄
福州 福建人民出版社 1981 年 54cm（4 开）
定价: CNY0.20

J0120899
红娘 王景仁摄
北京 人民美术出版社 1981 年 76cm（2 开）
定价: CNY0.13

J0120900
红娘 （1982 农历壬戌年年历）王景仁摄
北京 人民美术出版社 1981 年 54cm（4 开）
定价: CNY0.16

J0120901
红娘 （1982 农历壬戌年年历）杨永明,
王世龙摄
郑州 中州书画社 1981 年 54cm（4 开）
定价: CNY0.09
　　作者杨永明,云南保山人。曾任德宏州摄影家协会理事、中国橡树摄影网会员。主要作品有《传授》《泼水欢歌》《春眠不觉晓》《相聚喊沙》等。作者王世龙(1930—),摄影家。河南平舆人,曾用名于一。曾任中国人民解放军军报随军摄影记者,河南新乡日报社摄影美术组长,河南日报社摄影记者,河南人民出版社摄影编辑、编辑室主任、编审委员等职。中国摄影家协会常务理事。作品有《秋收完毕》《山里俏》《山村在欢唱》等。

J0120902
红装 （1982 年年历）江小铎摄
上海 上海书画出版社 1981 年 54cm（4 开）
定价: CNY0.11

J0120903
孔雀公主 （1982 年年历）陈建腾摄
杭州 西泠印社 1981 年 39cm（8 开）
定价: CNY0.16

J0120904
妈妈,您好! （1982 年年历）王全亨摄

上海 上海人民美术出版社 1981 年
54cm（4 开）统一书号: 8081.12449
定价: CNY0.16

J0120905
苗苗 （1982 农历壬戌年年历）王英恒摄
北京 人民体育出版社 1981 年 54cm（4 开）
定价: CNY0.20
　　作者王英恒(1932—),摄影记者。生于海南琼山县,毕业于中央美术学院。曾任《新体育》《体育报》等杂志社美术图片编辑、摄影记者,人民体育出版社摄影编辑室主任,中国体育摄影学会主席,中国摄影家协会会员。摄影作品有《剑术》《绳操》《女排队长张蓉芳》等。

J0120906
囡囡与汪汪 （1982 年年历）穆家宏摄
上海 上海人民美术出版社 1981 年
54cm（4 开）定价: CNY0.19

J0120907
女孩 （1982 农历壬戌年年历）王金亭,
尹福康摄
银川 宁夏人民出版社 1981 年 78cm（全开）
定价: CNY0.24

J0120908
女演员 （1982 农历壬戌年年历）徐斌摄
长沙 湖南美术出版社 1981 年 54cm（4 开）
定价: CNY0.16

J0120909
胖娃娃 （1982 农历壬戌年年历）张耿摄
福州 福建人民出版社 1981 年 54cm（4 开）
定价: CNY0.20

J0120910
胖小子 （1982 农历壬戌年年历）伍福强摄
北京 人民美术出版社 1981 年 54cm（4 开）
定价: CNY0.16

J0120911
悄悄话 （1982 农历壬戌年年历）方艺摄
北京 人民美术出版社 1981 年 54cm（4 开）
定价: CNY0.16

J0120912
青春 （1982 年年历）王群摄
沈阳　辽宁美术出版社　1981 年　54cm（4 开）
定价：CNY0.18，CNY0.30（双胶纸）

J0120913
青年电影演员韩月乔 （1982 农历壬戌年
年历）
石家庄　河北人民出版社　1981 年　54cm（4 开）
定价：CNY0.19

J0120914
青年电影演员邝苹 （1982 年年历）
天津　天津人民美术出版社　1981 年
54cm（4 开）统一书号：8073.80140
定价：CNY0.20

J0120915
青年电影演员李秀明 （1982 年年历）
言明摄
天津　天津人民美术出版社　1981 年
54cm（4 开）定价：CNY0.20

J0120916
青年电影演员刘冬 （1982 年年历）鸣至摄
天津　天津人民美术出版社　1981 年
54cm（4 开）定价：CNY0.20

J0120917
青年电影演员娜仁花 （1982 年年历）
周雁鸣摄
天津　天津人民美术出版社　1981 年
54cm（4 开）定价：CNY0.20

J0120918
青年电影演员张瑜 （1982 年年历）
曹洪才摄
石家庄　河北人民出版社　1981 年　54cm（4 开）
定价：CNY0.19

J0120919
青年电影演员张瑜 （1982 年年历）马滨摄
天津　天津人民美术出版社　1981 年
54cm（4 开）定价：CNY0.20

J0120920
山村姑娘 （1982 农历壬戌年年历）黄克勤摄
武汉　湖北人民出版社　1981 年　54cm（4 开）
定价：CNY0.20

J0120921
山口百惠和三浦友和 （1982 年年历）
苏年摄
南京　江苏人民出版社　1981 年　54cm（4 开）
定价：CNY0.18

J0120922
少女 （1982 年年历）丁定摄
乌鲁木齐　新疆人民出版社　1981 年
54cm（4 开）定价：CNY0.20

J0120923
拾海贝 （1982 年年历）华绍祖摄
天津　天津人民美术出版社　1981 年
39cm（8 开）统一书号：8073.80145
定价：CNY0.12

J0120924
天鹅与王子 （1982 年年历）王瑞祥摄
南宁　广西人民出版社　1981 年　54cm（4 开）
定价：CNY0.20

J0120925
天真 （1982 年年历）章光华，陆凛摄
杭州　西泠印社　1981 年　54cm（4 开）
定价：CNY0.20

J0120926
童年 （1982 年年历）尹福康摄
上海　上海人民美术出版社　1981 年
54cm（4 开）定价：CNY0.16

J0120927
王子与公主 （1982 年年历）王克恩摄
合肥　安徽人民出版社　1981 年　54cm（4 开）
定价：CNY0.18

J0120928
维吾尔族女孩 （1982 农历壬戌年年历）赵
志全摄

太原 山西人民出版社 1981 年 54cm（4 开）
定价：CNY0.12

J0120929
维吾尔族女孩 （1982 年年历）马骥摄
乌鲁木齐 新疆人民出版社 1981 年
54cm（4 开）定价：CNY0.20

J0120930
我的小囡囡 （1982 年年历）徐斌摄
乌鲁木齐 新疆人民出版社 1981 年
54cm（4 开）定价：CNY0.20
　　作者徐斌，擅长摄影。主要作品有年历《算
一算》《喜悦》《小演员》等。

J0120931
西施 （1982 年年历）周仓志摄
上海 上海人民美术出版社 1981 年
54cm（4 开）定价：CNY0.16
　　作者周仓志，摄影连环画有《李太白与杨贵
妃》,黄梅戏《女驸马》四连拍,锡剧《嫦娥奔月》等。

J0120932
喜悦 （1982 年年历）张善夫摄
济南 山东人民出版社 1981 年 54cm（4 开）
定价：CNY0.10

J0120933
向雷锋叔叔学习 （1982 农历壬戌年年历）
丁锋摄
福州 福建人民出版社 1981 年 54cm（4 开）
定价：CNY0.20

J0120934
小画家 （1982 年年历）徐斌,张涵毅摄
上海 上海人民美术出版社 1981 年
54cm（4 开）定价：CNY0.16

J0120935
小画家 （1982 年年历）江小铎摄
上海 上海书画出版社 1981 年 54cm（4 开）
定价：CNY0.11

J0120936
小伙伴 （1982 年年历）张涵毅摄

长沙 湖南美术出版社 1981 年 54cm（4 开）
定价：CNY0.20

J0120937
小伙伴 （1982 年年历）张涵毅摄
上海 上海人民美术出版社 1981 年
54cm（4 开）定价：CNY0.16

J0120938
小胖 （1982 年年历）张洛摄
广州 岭南美术出版社 1981 年 39cm（8 开）
定价：CNY0.14

J0120939
小胖 （1982 年年历）夏永烈,张涵毅摄
上海 上海人民美术出版社 1981 年
54cm（4 开）定价：CNY0.91

J0120940
小秋萍 （1982 年年历）晓峰摄
杭州 浙江人民出版社 1981 年
54cm（4 开）定价：CNY0.19

J0120941
小球迷 （1982 农历壬戌年年历）方艺摄
北京 人民美术出版社 1981 年 54cm（4 开）
定价：CNY0.16

J0120942
小淘气 （1982 年年历）穆家宏摄
上海 上海人民美术出版社 1981 年
54cm（4 开）定价：CNY0.19

J0120943
小天真 （1982 年年历）邓坤华摄
西安 陕西人民美术出版社 1981 年
54cm（4 开）定价：CNY0.18

J0120944
小选手 （1982 农历壬戌年年历）陈建腾摄
石家庄 河北人民出版社 1981 年 54cm（4 开）
定价：CNY0.12

J0120945
小选手 （1982 年年历）章光华,俞经文摄

杭州　西泠印社　1981 年　54cm（4 开）
定价：CNY0.20

J0120946
小演员 （1982 年年历）张涵毅，张颖摄
上海　上海人民美术出版社　1981 年
54cm（4 开）定价：CNY0.16

J0120947
小演员 （1982 年年历）许志刚摄
杭州　浙江人民美术出版社　1981 年
54cm（4 开）定价：CNY0.19

J0120948
小演员方超 （1982 年年历）高国强摄
南京　江苏人民出版社　1981 年　54cm（4 开）
定价：CNY0.18

J0120949
小足球队员 （1982 农历壬戌年年历）
王谷摄
北京　人民体育出版社　1981 年　54cm（4 开）
定价：CNY0.20

J0120950
演出之前 （1982 年年历）高冠威摄
兰州　甘肃人民出版社　1981 年　54cm（4 开）
定价：CNY0.20

J0120951
演出之余（歌唱家李谷一） （1982 农历壬戌
年年历）王英恒摄
北京　人民体育出版社　1981 年　54cm（4 开）
定价：CNY0.20

J0120952
杨贵妃 （1982 农历壬戌年年历）薛锡摄
西安　陕西人民美术出版社　1981 年
78cm（2 开）定价：CNY0.24

J0120953
叶红人妍 （1982 农历壬戌年年历）英民摄
北京　人民体育出版社　1981 年　54cm（4 开）
统一书号：8015.26 定价：CNY0.20

J0120954
银苑新花韩月乔 （1982 农历壬戌年年历）
杨文庆摄
福州　福建人民出版社　1981 年　54cm（4 开）
定价：CNY0.20

J0120955
银苑新花娜仁花 （1982 年年历）鲁冬青摄
福州　福建人民出版社　1981 年　54cm（4 开）
定价：CNY0.20

J0120956
银苑新花张瑜 （1982 农历壬戌年年历）
赵子佩摄
福州　福建人民出版社　1981 年　54cm（4 开）
定价：CNY0.20

J0120957
迎春(电影演员龚雪) （1982 年年历）
马贵云摄
济南　山东人民出版社　1981 年　54cm（4 开）
定价：CNY0.18

J0120958
影坛新花青年电影演员肖雄 （1982 农历壬
戌年年历）周雁鸣摄
天津　天津杨柳青画店　1981 年　76cm（2 开）
定价：CNY0.27

J0120959
影坛新秀 （1982 年年历）关迎时摄
长沙　湖南美术出版社　1981 年　54cm（4 开）
定价：CNY0.20

J0120960
影坛新秀 （1982 年年历）陈振戈摄
上海　上海人民美术出版社　1981 年
54cm（4 开）定价：CNY0.16

J0120961
影坛新秀——陈冲 （1982 年年历）马云摄
兰州　甘肃人民出版社　1981 年　54cm（4 开）
定价：CNY0.20

J0120962
友伴 （1982 年年历）江小铎摄
上海　上海书画出版社　1981 年　54cm（4 开）
定价：CNY0.11，CNY0.19（双胶纸）

J0120963
真好看 （1982 年年历）穆家宏摄
上海　上海人民美术出版社　1981 年
54cm（4 开）定价：CNY0.16

J0120964
捉迷藏 （1982 年年历）常春摄
上海　上海人民美术出版社　1981 年
54cm（4 开）定价：CNY0.16

J0120965
棕榈树下 （1982 年年历）马云摄
长沙　湖南美术出版社　1981 年　54cm（4 开）
定价：CNY0.20

J0120966
《敦煌彩塑》女演员 （摄影　1983 年年历）
怀苏摄影
长沙　湖南美术出版社　1982 年［1 张］
54cm（4 开）定价：CNY0.20

J0120967
《塔里木夜曲》演员 （摄影　1983 年年历）
怀苏摄影
长沙　湖南美术出版社　1982 年　54cm（4 开）
定价：CNY0.20

J0120968
《舞恋》中的曲木阿芝 （摄影　1983 年年历）
赵延芳摄影
长沙　湖南美术出版社　1982 年［1 页］
54cm（4 开）定价：CNY0.20

J0120969
1983（"西域名媛"挂历）
乌鲁木齐　新疆人民出版社　1982 年
54cm（4 开）定价：CNY2.90

J0120970
1983（《风光人物》挂历）

南昌　江西人民出版社［1982 年］54cm（4 开）
定价：CNY3.60

J0120971
1983（《风光人物》台历） 一虹摄
南昌　江西人民出版社　1982 年　17cm（40 开）
定价：CNY1.00

J0120972
1983（古装仕女·挂历）
广州　岭南美术出版社［1982 年］38cm（6 开）
定价：CNY2.20

J0120973
1983 年为国争光挂历 官天一等摄影
广州　岭南美术出版社［1982 年］78cm（2 开）
定价：CNY3.50
　　作者官天一（1940—　），记者、摄影编辑。
山东高密人。历任新华社主任记者，中国摄影家
协会会员，中国体育摄影学会常务理事。出版有
《体育摄影理论与实践》等。

J0120974
报幕员——李小玢 （摄影　1983 年年历）
周雁鸣摄影
天津　天津人民美术出版社　1982 年
54cm（4 开）定价：CNY0.18

J0120975
北京娃娃 （摄影　1983 年年历）李晓斌摄影
天津　天津人民美术出版社　1982 年
54cm（4 开）定价：CNY0.18

J0120976
冰上姐妹 （摄影　1983 年年历）
延吉　延边人民出版社　1982 年　76cm（2 开）
定价：CNY0.35

J0120977
不会算，教我好吗 （摄影　1983 年年历）
穆家宏，倪嘉德摄影
南昌　江西人民出版社　1982 年　54cm（4 开）
定价：CNY0.22
　　作者倪嘉德（1943—　），摄影师。江苏无锡
人。历任上海人民美术出版社副编审，高级摄影

师。作品出版有《越窑》《唐三彩》《景德镇民间青花瓷器》《福建陶瓷》《四川陶瓷》《宋元青白瓷》等。

J0120978
翠楼双娇 （摄影 1983 年年历）天鹰摄影
杭州 浙江人民美术出版社 1982 年
54cm（4 开）定价：CNY0.19

J0120979
傣族少女 （摄影 1983 年年历）孙恒恬摄影
天津 天津人民美术出版社 1982 年
54cm（4 开）定价：CNY0.18

J0120980
电影《舞恋》中的演员——程晓英
（剧照 1983 年年历）
北京 中国电影出版社 1982 年 54cm（4 开）
定价：CNY0.10

J0120981
电影演员——陈肖依
（摄影 1983 年年历）苏晓摄影
福州 福建人民出版社 1982 年 54cm（4 开）
定价：CNY0.20

J0120982
电影演员——方舒 （摄影 1983 年年历）
北京 中国电影出版社 1982 年 76cm（2 开）
定价：CNY0.20

J0120983
电影演员——龚雪 （摄影 1983 年年历）
高国强摄影
天津 天津人民美术出版社 1982 年
54cm（4 开）定价：CNY0.18

J0120984
电影演员——龚雪 （摄影 1983 年年历）
北京 中国电影出版社 1982 年 54cm（4 开）
定价：CNY0.10

J0120985
电影演员——洪学敏 （摄影 1983 年年历）
北京 中国电影出版社 1982 年 54cm（4 开）

定价：CNY0.10

J0120986
电影演员——黄梅莹 （摄影 1983 年年历）
北京 中国电影出版社 1982 年 54cm（4 开）
定价：CNY0.10

J0120987
电影演员——李羚 （摄影 1983 年年历）
北京 中国电影出版社 1982 年 54cm（4 开）
定价：CNY0.10

J0120988
电影演员——李秀明 （摄影 1983 年年历）
北京 中国电影出版社 1982 年 54cm（4 开）
定价：CNY0.10

J0120989
电影演员——刘冬 （摄影 1983 年年历）
北京 中国电影出版社 1982 年 54cm（4 开）
定价：CNY0.10

J0120990
电影演员 （摄影 1983 年年历）
北京 中国电影出版社 1982 年 54cm（4 开）
定价：CNY0.10

J0120991
电影演员——茅为蕙 （摄影 1983 年年历）
北京 中国电影出版社 1982 年 76cm（2 开）
定价：CNY0.20

J0120992
电影演员——茅为蕙 （摄影 1983 年年历）
呼和浩特 内蒙古人民出版社 1982 年
54cm（4 开）定价：CNY0.18

J0120993
电影演员——潘虹 （摄影 1983 年年历）
林春摄影
天津 天津人民美术出版社 1982 年
54cm（4 开）定价：CNY0.18

J0120994
电影演员——潘虹 （摄影 1983 年年历）

北京 中国电影出版社 1982 年 54cm（4 开）
定价：CNY0.10

J0120995
电影演员——王薇 （摄影 1983 年年历）
陈振戈摄影
南京 江苏人民出版社 1982 年 54cm（4 开）
定价：CNY0.18

J0120996
电影演员——吴海燕 （摄影 1983 年年历）
北京 中国电影出版社 1982 年 54cm（4 开）
定价：CNY0.10

J0120997
电影演员——杨蓉 （摄影 1983 年年历）
北京 中国电影出版社 1982 年 54cm（4 开）
定价：CNY0.10

J0120998
电影演员——张闽 （摄影 1983 年年历）
北京 中国电影出版社 1982 年 54cm（4 开）
定价：CNY0.10

J0120999
电影演员——张晓敏 （摄影 1983 年年历）
林春摄影
天津 天津人民美术出版社 1982 年
54cm（4 开）定价：CNY0.18

J0121000
电影演员——张瑜 （摄影 1983 年年历）
苏晓摄影
福州 福建人民出版社 1982 年 54cm（4 开）
定价：CNY0.20

J0121001
电影演员——张瑜 （摄影 1983 年年历）
柏涛摄影
天津 天津人民美术出版社 1982 年
54cm（4 开）定价：CNY0.18

J0121002
电影演员——张瑜 （摄影 1983 年年历）
北京 中国电影出版社 1982 年 54cm（4 开）

定价：CNY0.10

J0121003
电影演员——张瑜，达式常 （摄影
1983 年年历）
北京 中国电影出版社 1982 年 54cm（4 开）
定价：CNY0.10

J0121004
电影演员——赵娜 （摄影 1983 年年历）
北京 中国电影出版社 1982 年 76cm（2 开）
定价：CNY0.20

J0121005
电影演员——郑榕，龚雪 （摄影 1983 年年历）
北京 中国电影出版社 1982 年 54cm（4 开）
定价：CNY0.10

J0121006
芳芳 （摄影 1983 年年历）宫正摄影
北京 中国旅游出版社 1982 年 54cm（4 开）
定价：CNY0.20

J0121007
风姿 （摄影 1983 年年历）陈振戈摄影
上海 上海人民美术出版社 1982 年 54cm（4 开）
定价：CNY0.16

J0121008
哈萨克姑娘 （摄影 1983 年年历）从永泉摄影
太原 山西人民出版社 1982 年 54cm（4 开）
定价：CNY0.18

J0121009
哈萨克女孩 （摄影 1983 年年历）华云摄影
乌鲁木齐 新疆人民出版社 1982 年
53cm（4 开）定价：CNY0.15

J0121010
好宝宝 （摄影 1983 年年历）高宏摄影
太原 山西人民出版社 1982 年 ［1 张］
54cm（4 开）定价：CNY0.18

J0121011
好娃不需多 （摄影 1983 年年历）

刘震,张煜摄影
天津　天津杨柳青画店　1982 年　54cm（4 开）
定价：CNY0.20

J0121012
后起之秀 （摄影 1983 年年历）陈振戈摄影
长沙　湖南美术出版社　1982 年　54cm（4 开）
定价：CNY0.20

J0121013
华屋倩影 （摄影 1983 年年历）一虹摄影
南昌　江西人民出版社　1982 年　54cm（4 开）
定价：CNY0.19

J0121014
巾帼英雄 （摄影 1983 年年历）陈建军,
陈振戈摄影
成都　四川人民出版社　1982 年　54cm（4 开）
铜版纸　定价：CNY0.18, CNY0.08（胶版纸）
　　作者陈建军(1960—　)，山西太原人,任广
西艺术学院美术系讲师,中国美术家协会广西分
会会员。作品有《中国体育投向 21 世纪》《植树
造林》《中华武术走向世界》等。

J0121015
孔雀公主 （摄影 1983 年年历）程忠池,
小宁摄影
南京　江苏人民出版社　1982 年　54cm（4 开）
定价：CNY0.18

J0121016
苦练 （摄影 1983 年年历）龙雨摄影
北京　人民体育出版社　1982 年　54cm（4 开）
定价：CNY0.20

J0121017
老寿星 （摄影 1983 年年历）
成都　四川人民出版社　1982 年　54cm（4 开）
铜版纸　定价：CNY0.18, CNY0.08（胶版纸）

J0121018
练剑之后 （摄影 1983 年年历）嘉福摄影
北京　人民体育出版社　1982 年　54cm（4 开）
定价：CNY0.20

J0121019
梁红玉 （摄影 1983 年年历）陈振戈摄影
贵阳　贵州人民出版社　1982 年　54cm（4 开）
定价：CNY0.18

J0121020
梁红玉 （1983 年年历）陈湘华摄影
成都　四川人民出版社　1982 年　54cm（4 开）
定价：CNY0.18（铜版纸）, CNY0.08（胶版纸）

J0121021
孪生姐妹 （摄影 1983 年年历）尹福康摄影
上海　上海人民美术出版社　1982 年
54cm（4 开）定价：CNY0.16
　　作者尹福康(1927—　)，摄影家。江苏南京
人。曾任上海人民美术出版社副编审、上海市摄
影家协会副主席等职。主要作品有《烟笼峰岩》
《向荒山要宝》《晒盐》《工人新村》等。

J0121022
妈妈心中一枝花 （摄影 1983 年年历）
吕渝生摄影
长沙　湖南美术出版社　1982 年　54cm（4 开）
定价：CNY0.20

J0121023
满面红光 （摄影 1983 年年历）沈治昌,杨定
国摄影
上海　上海书画出版社　1982 年　54cm（4 开）
定价：CNY0.11

J0121024
美酒敬亲人 （摄影 1983 年年历）穆家宏,倪
嘉德摄影
南昌　江西人民出版社　1982 年　54cm（4 开）
定价：CNY0.22
　　作者倪嘉德(1943—　)，摄影师。江苏无锡
人。历任上海人民美术出版社副编审,高级摄影
师。作品出版有《越窑》《唐三彩》《景德镇民间
青花瓷器》《福建陶瓷》《四川陶瓷》《宋元青白
瓷》等。

J0121025
女孩 （摄影 1983 年年历）张育才,岑永生摄影
上海　上海人民美术出版社　1982 年

54cm（4 开）定价：CNY0.19

J0121026
胖囡 （摄影 1983 年年历）李华生摄影
南昌 江西人民出版社 1982 年 54cm（4 开）
定价：CNY0.19

J0121027
胖娃娃 （摄影 1983 年年历）春轩,丁定摄影
长沙 湖南美术出版社 1982 年 54cm（4 开）
定价：CNY0.20

J0121028
青春 （摄影 1983 年年历）王剑摄影
天津 天津人民美术出版社 1982 年
54cm（4 开）定价：CNY0.18

J0121029
青年电影演员——陈冲 （摄影 1983 年年历）
晓雪摄影
石家庄 河北美术出版社 1982 年 54cm（4 开）
定价：CNY0.20
　　作者晓雪,擅长年历摄影。主要作品有《青
年电影演员——陈冲》《老寿星》《演员吴海
燕》等。

J0121030
青年电影演员——陈肖依 （摄影 1983 年年
历）晓雪摄影
石家庄 河北美术出版社 1982 年 54cm（4 开）
定价：CNY0.20

J0121031
青年电影演员——董智芝 （1983 年年历）
晓雪摄影
石家庄 河北美术出版社 1982 年 54cm（4 开）
定价：CNY0.20

J0121032
青年电影演员——李小盼 （1983 年年历）
晓雪摄影
石家庄 河北美术出版社 1982 年 54cm（4 开）
定价：CNY0.20

J0121033
青年电影演员——李秀明 （1983 年年历）
陈建腾摄影
石家庄 河北美术出版社 1982 年 54cm（4 开）
定价：CNY0.18

J0121034
青年电影演员——廉金津 （摄影 1983 年年历）
楼荫荣摄影
石家庄 河北美术出版社 1982 年 54cm（4 开）
定价：CNY0.20

J0121035
青年电影演员——沈虹 （摄影 1983 年年历）
楼荫荣摄影
石家庄 河北美术出版社 1982 年 54cm（4 开）
定价：CNY0.18

J0121036
青年电影演员——吴海燕 （摄影 1983 年年历）
晓雪摄影
石家庄 河北美术出版社 1982 年 54cm（4 开）
定价：CNY0.20

J0121037
青年电影演员——张瑜 （摄影 1983 年年历）
李广忠摄影
福州 福建人民出版社 1982 年 54cm（4 开）
定价：CNY0.20

J0121038
青年电影演员——张瑜 （摄影 1983 年年历）
晓雪摄影
石家庄 河北美术出版社 1982 年 54cm（4 开）
定价：CNY0.20

J0121039
青年电影演员——朱碧云 （摄影 1983 年年历）
晓雪摄影
石家庄 河北美术出版社 1982 年 54cm（4 开）
定价：CNY0.20

J0121040
青年演员 （摄影 1983 年年历）陈振戈摄影
长沙 湖南美术出版社 1982 年 54cm（4 开）

定价: CNY0.20

J0121041
青年演员王薇 （摄影 1983 年年历）
张华铭摄影
贵阳 贵州人民出版社 1982 年 54cm（4 开）
定价: CNY0.18
　　作者张华铭,摄影家。著有《自然之花,中国人体艺术摄影》,与陈耀武合作《有阳光下的中国人体》。

J0121042
飒爽英姿 （摄影 1983 年年历）刘志堂等摄影
西安 陕西科学技术出版社 1982 年
54cm（4 开）定价: CNY0.18

J0121043
三个小伙伴 （摄影 1983 年年历）
南京 江苏人民出版社 1982 年 53cm（4 开）
定价: CNY0.12

J0121044
少女 （摄影 1983 年年历）徐延顺摄影
太原 山西人民出版社 1982 年 1 张
54cm（4 开）定价: CNY0.18

J0121045
唐装少女 （摄影 1983 年年历）张明玺摄影
天津 天津人民美术出版社 1982 年 1 张
54cm（4 开）定价: CNY0.18

J0121046
体坛明星与影坛明星——周晓兰与龚雪
（摄影 1983 年年历）
北京 中国电影出版社 1982 年 1 张
54cm（4 开）定价: CNY0.10

J0121047
童年 （摄影 1983 年年历）徐斌摄影
兰州 甘肃人民出版社 1982 年 1 张
54cm（4 开）定价: CNY0.20

J0121048
童年 （摄影 1983 年年历）朱云风摄影
北京 人民美术出版社 1982 年 1 张

54cm（4 开）定价: CNY0.20
　　作者朱云风（1933— ）,高级记者。湖北监利人。新华社主任记者,新华社黄山记者站站长。

J0121049
王莲 （摄影 1983 年年历）张金明摄影
长沙 湖南美术出版社 1982 年 1 张
30cm（15 开）定价: CNY0.07

J0121050
王子与天鹅 （摄影 1983 年年历）天鹰摄影
杭州 浙江人民美术出版社 1982 年 1 张
54cm（4 开）定价: CNY0.19

J0121051
维吾尔族儿童在课堂上 （摄影 1983 年年历）
吕厚民摄影
南京 江苏人民出版社 1982 年 1 张
54cm（4 开）定价: CNY0.18
　　作者吕厚民（1928—2015）,摄影家。生于黑龙江依兰。曾任中国摄影协会党组书记,中国文联副主席,中华民族文化促进会副主席。代表作品《毛主席和周总理》《周恩来和邓小平在颐和园》等。

J0121052
维吾尔族少女 （摄影 1983 年年历）冯斐摄影
乌鲁木齐 新疆人民出版社 1982 年 1 张
38cm（6 开）定价: CNY0.10

J0121053
舞蹈演员 （摄影 1983 年年历）沈今声摄影
武汉 湖北人民出版社 1982 年 1 张
38cm（6 开）定价: CNY0.10

J0121054
小宝宝 （摄影 1983 年年历）陈扬坤摄影
福州 福建人民出版社 1982 年 1 张
53cm（4 开）定价: CNY0.14

J0121055
小宝宝 （摄影 1983 年年历）马骥摄影
乌鲁木齐 新疆人民出版社 1982 年 1 张
38cm（6 开）定价: CNY0.10

J0121056
小歌手 （摄影 1983 年年历）张涵毅摄影
上海 上海人民美术出版社 1982 年 1 张
54cm（4 开）定价：CNY0.16

J0121057
小伙伴 （摄影 1983 年年历）胡宪国等摄影
银川 宁夏人民出版社 1982 年 1 张
54cm（4 开）定价：CNY0.20

J0121058
小伙伴 （摄影 1983 年年历）关景宇等摄影
北京 人民美术出版社 1982 年 1 张
54cm（4 开）定价：CNY0.20
　　作者关景宇（1940— ），北京人。历任北京
出版社美术编辑、人民美术出版社《连环画报》
编辑部副主编。擅长连环画、插图。 作品有连
环画《林道静》《骆驼祥子》《豹子湾战斗》等。

J0121059
小伙伴 （摄影 1983 年年历）陈国庭摄影
成都 四川人民出版社 1982 年 1 张
54cm（4 开）铜版纸
定价：CNY0.18，CNY0.08（胶版纸）

J0121060
小伙伴 （摄影 1983 年年历）章光华摄影
杭州 西泠印社 1982 年 1 张 54cm（4 开）
定价：CNY0.20

J0121061
小姐妹 （摄影 1983 年年历）
石家庄 河北美术出版社 1982 年 1 张
78cm（2 开）定价：CNY0.15

J0121062
小妮娜 （摄影 1983 年年历）陈振戈摄影
南京 江苏人民出版社 1982 年 1 册
54cm（4 开）定价：CNY0.18

J0121063
小胖 （摄影 1983 年年历）李以恭摄影
南京 江苏人民出版社 1982 年 1 张
54cm（4 开）定价：CNY0.18

J0121064
小胖 （摄影 1983 年年历）陈轲摄影
成都 四川人民出版社 1982 年 1 张
54cm（4 开）铜版纸
定价：CNY0.18，CNY0.08（胶版纸）

J0121065
小朋友 （摄影 1983 年年历）钟向东摄影
南京 江苏人民出版社 1982 年 1 张
54cm（4 开）定价：CNY0.18
　　作者钟向东（1944— ），画家。别名钟兴、
号高联居士，江西兴国长岗人。毕业于赣南师范
学院艺术系及中国书画函授大学国画专业。历
任江西省美术家协会会员、漫画学会理事、工艺
美术学会会员、摄影家协会会员、赣南画院美术
事业部主任、特聘画家、赣州市中山书画院特聘
画师。主要作品有《郁孤台》《现代风》《希望之
星》《考察报告》等。

J0121066
小朋友 （摄影 1983 年年历）陈宏仁摄影
上海 上海人民美术出版社 1982 年 1 张
54cm（4 开）定价：CNY0.19
　　作者陈宏仁（1937— ），上海人。毕业于山
东师范学院美术科。中国摄影家协会会员。主
要摄影作品有《猫头鹰》《骆驼》《五老峰》等。

J0121067
小朋友 （摄影 1983 年年历）林兰摄影
郑州 中州书画社 1982 年 1 张 53cm（4 开）
定价：CNY0.12

J0121068
小其其格 （摄影 1983 年年历）希进摄影
呼和浩特 内蒙古人民出版社 1982 年 1 张
53cm（4 开）定价：CNY0.12

J0121069
小球迷 （摄影 1983 年年历）范岐山摄影
太原 山西人民出版社 1982 年 1 张
54cm（4 开）定价：CNY0.18

J0121070
小设计师 （摄影 1983 年年历）陈国庭摄影
成都 四川人民出版社 1982 年 1 张

54cm（4 开）定价：CNY0.18

J0121071
小淘气 （摄影 1983 年年历）郑捷摄影
长春 吉林人民出版社 1982 年 1 张
54cm（4 开）定价：CNY0.20
　　作者郑捷,摄影家。摄影宣传画有《优生优育茁壮成长(1984 年)》,编有《安徒生童话》等。

J0121072
小天真 （摄影 1983 年年历）陈振戈摄影
济南 山东人民出版社 1982 年 1 张
54cm（4 开）定价：CNY0.18

J0121073
小选手 （摄影 1983 年年历）王英恒摄影
北京 人民体育出版社 1982 年 1 张
54cm（4 开）定价：CNY0.20

J0121074
小演员 （摄影 1983 年年历）陈振戈摄影
武汉 湖北人民出版社 1982 年 1 张
54cm（4 开）定价：CNY0.20

J0121075
小演员 （摄影 1983 年年历）带顺清摄影
西安 陕西人民美术出版社 1982 年 1 张
54cm（4 开）定价：CNY0.18

J0121076
小演员刘露 （摄影 1983 年年历）
北京 中国电影出版社 1982 年 1 张
54cm（4 开）定价：CNY0.10

J0121077
小演员茅为蕙 （摄影 1983 年年历）
顾泉雄摄影
兰州 甘肃人民出版社 1982 年 1 张
54cm（4 开）定价：CNY0.20

J0121078
小演员茅为蕙 （摄影 1983 年年历）
吴兆馥摄影
南京 江苏人民出版社 1982 年 1 张
54cm（4 开）定价：CNY0.18

J0121079
小演员茅为蕙 （摄影 1983 年年历）
北京 中国电影出版社 1982 年 1 张
54cm（4 开）定价：CNY0.10

J0121080
新疆女孩 （摄影 1983 年年历）邱军摄影
天津 天津人民美术出版社 1982 年 1 张
54cm（4 开）定价：CNY0.18

J0121081
新疆小姑娘 （摄影 1983 年年历）
石家庄 河北美术出版社 1982 年 1 张
78cm（2 开）定价：CNY0.15

J0121082
幸福的儿童 （摄影 1983 年年历）陈杨坤摄影
福州 福建人民出版社 1982 年 1 张
54cm（4 开）定价：CNY0.20

J0121083
幸福的儿童 （摄影 1983 年年历）曹振云,陈
佳艺摄影
上海 上海人民美术出版社 1982 年 1 张
54cm（4 开）定价：CNY0.16

J0121084
幸福的童年 （摄影 1983 年年历）朱宪民摄影
太原 山西人民出版社 1982 年 1 张
54cm（4 开）定价：CNY0.18
　　作者朱宪民(1942—),编辑。生于山东濮城,祖籍河南范县。历任中国艺术研究院编审,《中国摄影家》杂志社社长兼总编辑,中国摄影艺术研究所所长,中国摄影家协会理事,中国艺术摄影学会副会长。著作有《黄河百姓》《中国摄影家朱宪民作品集》《草原人》等。

J0121085
幸福娃娃 （摄影 1983 年年历）岑永生摄影
北京 人民体育出版社 1982 年 1 张
54cm（4 开）定价：CNY0.20

J0121086
演出之前 （摄影 1983 年年历）全昌植摄影
延吉 延边人民出版社 1982 年 1 张

54cm（4开）定价：CNY0.18

J0121087
演员　（摄影 1983 年年历）徐斌摄影
上海 上海人民美术出版社 1982 年 1 张
54cm（4开）定价：CNY0.19

J0121088
一九八三年挂历　（电影人物）
呼和浩特 内蒙古科学技术出版社 1982 年 1 张
54cm（4开）定价：CNY3.30

J0121089
彝族姑娘　（摄影 1983 年年历）沈今声摄影
武汉 湖北人民出版社 1982 年 1 张
54cm（4开）定价：CNY0.20

J0121090
艺苑新花——李牲　（摄影 1983 年年历）
张亚濂摄影
福州 福建人民出版社 1982 年 1 张
54cm（4开）定价：CNY0.20

J0121091
英娘　（摄影 1983 年年历）魏德忠摄影
郑州 中州书画社 1982 年 54cm（4开）
定价：CNY0.09

J0121092
英姿袅娜美英娘　（摄影 1983 年年历）
王天育摄影
西安 陕西人民美术出版社 1982 年
38cm（6开）定价：CNY0.09

J0121093
虞美人　（摄影 1983 年年历）田捷明摄影
成都 四川省新闻图片社［1982 年］54cm（4开）
定价：CNY0.20

J0121094
中国, 日本电影演员——姜黎黎, 泉纯
（摄影 1983 年年历）
北京 中国电影出版社 1982 年 54cm（4开）
定价：CNY0.10

J0121095
中国女排人员表　（1983 年年历）张旬摄影
沈阳 辽宁美术出版社 1982 年 54cm（4开）
定价：CNY0.18

J0121096
1984（电影名星摄影）
天津 天津人民美术出版社 1983 年
39cm（4开）定价：CNY2.90

J0121097
1984（电影新秀）
杭州 西泠印社 1983 年 27cm（16开）
定价：CNY1.10

J0121098
1984（电影演员艺术人像月历）
上海 上海人民美术出版社［1983 年］
38cm（6开）定价：CNY2.00

J0121099
1984（人物摄影）
福州 福建人民出版社 1983 年 54cm（4开）
定价：CNY3.50

J0121100
1984（人物摄影）　浙江人民美术出版社编
杭州 浙江人民美术出版社 1983 年
54cm（4开）定价：CNY3.40

J0121101
1984 年：电影演员
北京 中国电影出版社 1983 年 54cm（4开）
定价：CNY3.20

J0121102
1984 年电影挂历（电影演员）
长春 吉林人民出版社 1983 年 54cm（4开）
定价：CNY3.50

J0121103
1984 年时装挂历
济南 山东科学技术出版社 1983 年
54cm（4开）定价：CNY2.20

J0121104

1984 年月历（儿童摄影）

北京　人民美术出版社　1983 年　54cm（4 开）

定价：CNY3.30

J0121105

爱科学　（摄影　1984 年年历）穆家宏，杨克林摄影

上海　上海人民美术出版社　1983 年［1 张］

54cm（4 开）定价：CNY0.19

J0121106

爱劳动　（摄影　1984 年年历）张颖摄影

上海　上海人民美术出版社　1983 年［1 张］

54cm（4 开）定价：CNY0.19

J0121107

掰手腕　（摄影　1984 年年历）张克庆摄影

杭州　浙江人民美术出版社　1983 年

54cm（4 开）定价：CNY0.19

　　作者张克庆（1946—　　），摄影编辑。重庆人。历任当代文学艺术研究院院士，香港现代摄影学会会员，中国职业摄影撰稿人，中国华侨摄影学会会员，浙江人民出版社美术编辑室，浙江人民美术出版社摄影年画编辑室。出版有《杭州西湖》摄影画册。

J0121108

宝宝　（摄影　1984〈农历甲子年〉年历）

枫杉摄影

北京　人民美术出版社　1983 年　54cm（4 开）

定价：CNY0.20

J0121109

宝宝爱玩具　（摄影　1983 年年历）

南昌　江西人民出版社　1983 年　39cm（4 开）

定价：CNY0.15

J0121110

宝宝乐　（摄影　1984 年年历）葛立英摄影

济南　山东人民出版社　1983 年　54cm（4 开）

定价：CNY0.20

J0121111

宝贝　（摄影　1984 年年历）巨鹿，浪花摄影

南昌　江西人民出版社［1983 年］54cm（4 开）

定价：CNY0.19

J0121112

春妞　（摄影　1984 年年历）曲盐摄影

沈阳　辽宁美术出版社　1983 年　54cm（4 开）

定价：CNY0.20

J0121113

聪明的小娃娃　（摄影　1984 年年历）

蒋建球摄影

沈阳　辽宁美术出版社　1983 年　54cm（4 开）

定价：CNY0.20

J0121114

傣族小姑娘　（摄影　1984 年年历）邹联聪摄影

沈阳　辽宁美术出版社　1983 年　54cm（4 开）

定价：CNY0.20

J0121115

电影《泉水叮咚》小演员方超

（剧照　1984〈农历甲子年〉年历）

北京　中国电影出版社　1983 年　76cm（2 开）

定价：CNY0.20

J0121116

电影《少林寺》演员李连杰照

（1984〈农历甲子年〉年历）

北京　中国电影出版社　1983 年　76cm（2 开）

定价：CNY0.20

J0121117

电影小演员　（摄影　1984 年年历）

尹福康，王全亨摄影

上海　上海人民美术出版社　1983 年

54cm（4 开）定价：CNY0.19

J0121118

电影小演员华锋　（摄影　1984〈农历甲子年〉年历）

福州　福建人民出版社　1983 年　54cm（4 开）

定价：CNY0.18

J0121119

电影小演员刘露　（摄影　1984 年年历）

北京　中国电影出版社 1983 年 54cm（4 开）
定价：CNY0.12

J0121120
电影演员陈冲　（摄影 1984 年年历）李茜摄影
成都　四川省新闻图片社［1983 年］54cm（4 开）
定价：CNY0.20

J0121121
电影演员陈肖依　（摄影 1984 年年历）
杭州　西泠印社 1983 年 54cm（4 开）
定价：CNY0.20

J0121122
电影演员龚雪　（摄影 1984 年年历）
冉冉摄影
南京　江苏人民出版社 1983 年 54cm（4 开）
定价：CNY0.18

J0121123
电影演员龚雪　（摄影 1984 年年历）
杭州　西泠印社 1983 年 54cm（4 开）
定价．CNY0.20

J0121124
电影演员韩月乔　（摄影 1984 年年历）
段超，易行摄影
成都　四川省新闻图片社［1983 年］54cm（4 开）
定价：CNY0.20

J0121125
电影演员姜黎黎　（摄影 1984 年年历）
成都　四川省新闻图片社［1983 年］54cm（4 开）
定价：CNY0.20

J0121126
电影演员李秀明　（摄影 1984 年年历）
杭州　西泠印社 1983 年 54cm（4 开）
定价：CNY0.20

J0121127
电影演员李秀明　（摄影 1984 年年历）
北京　中国电影出版社 1983 年 54cm（4 开）
定价：CNY0.12

J0121128
电影演员　（摄影 1984 年年历）
马元浩摄影
南京　江苏人民出版社 1983 年 54cm（4 开）
定价：CNY0.18

J0121129
电影演员　（摄影 1984 年年历）
凌风摄影
成都　四川省新闻图片社［1983 年］54cm（4 开）
定价：CNY0.20

J0121130
电影演员娜仁花　（摄影〈1984 农历甲子年〉
年历）杜煜庄摄影
石家庄　河北美术出版社 1983 年 54cm（4 开）
定价：CNY0.20

J0121131
电影演员潘虹　（摄影 1984 年年历）丁锋摄影
福州　福建人民出版社［1983 年］54cm（4 开）
定价：CNY0.20

J0121132
电影演员沈丹萍　（摄影 1984 年年历）
汪文华摄影
南京　江苏人民出版社 1983 年 54cm（4 开）
定价：CNY0.18

J0121133
电影演员万琼　（摄影 1984 年年历）
杭州　西泠印社［1983 年］39cm（4 开）
定价：CNY0.16

J0121134
电影演员王心刚、李秀明　（摄影 1984 年年历）
北京　中国电影出版社 1983 年 54cm（4 开）
定价：CNY0.12

J0121135
电影演员殷新　（摄影 1984 年年历）张峰摄影
成都　四川省新闻图片社［1983 年］54cm（4 开）
定价：CNY0.20

J0121136
电影演员张瑜 （摄影〈1984 农历甲子年〉年历）芳草摄影
成都 四川省新闻图片社［1983 年］54cm（4 开）
定价：CNY0.20

J0121137
电影演员张瑜 （摄影 1984 年年历）
杭州 西泠印社 1983 年 54cm（4 开）
定价：CNY0.20

J0121138
电影演员张瑜 （摄影 1984 年年历）
北京 中国电影出版社 1983 年 54cm（4 开）
定价：CNY0.12

J0121139
电影演员朱碧云 （摄影 1984 年年历）
冉冉摄影
南京 江苏人民出版社 1983 年 54cm（4 开）
定价：CNY0.18

J0121140
貂蝉 （摄影 1984〈农历甲子年〉年历）
王英摄影
石家庄 河北美术出版社 1983 年 54cm（4 开）
定价：CNY0.20

J0121141
儿童演员 （摄影 1984〈农历甲子年〉年历）
姬晨牧,杜煜庄摄影
石家庄 河北美术出版社 1983 年 53cm（4 开）
定价：CNY0.20

J0121142
钢铁长城 （摄影 1984 年年历）乔天富摄影
成都 四川人民出版社 1983 年 54cm（4 开）
铜版纸 定价：CNY0.18,CNY0.08（胶版纸）
　　作者乔天富(1954—　　),高级记者,四川绵竹市人。历任解放军报高级记者,中国摄影家协会理事,中国新闻摄影学会常务理事。代表作品《中国人民解放军驻香港部队》《大阅兵》《军中姐妹》。

J0121143
歌唱家朱明英 （摄影 1984 年年历）
李兰英摄影
成都 四川人民出版社 1983 年 54cm（4 开）
铜版纸 定价：CNY0.18,CNY0.08（胶版纸）

J0121144
乖孩子 （摄影 1984〈农历甲子年〉年历）
方艺摄影
北京 人民美术出版社 1983 年 54cm（4 开）
定价：CNY0.20

J0121145
好宝宝 （摄影 1984〈农历甲子年〉年历）
段震中摄影
长沙 湖南美术出版社 1983 年［1 张］
54cm（4 开）定价：CNY0.20
　　作者段震中(1944—　　),河南滑县人。毕业于中央工艺美术学院。中国电影家协会会员、中国电影美术学会会员,北京电影制片厂美术设计师。担任过数十部影片和多部电视剧的美术设计,主要有《元帅之死》《四个小伙伴》等。

J0121146
好宝宝 （摄影 1984〈农历甲子年〉年历）
农雨摄影
成都 四川人民出版社 1983 年［1 张］
54cm（4 开）铜版纸
定价：CNY0.18,CNY0.08（胶版纸）

J0121147
红珠女 （摄影 1984 年年历）呈瑞摄影
天津 天津人民美术出版社 1983 年
54cm（4 开）定价：CNY0.20

J0121148
花缀驼峰 （摄影 1984 年年历）
南昌 江西人民出版社 1983 年 54cm（4 开）
定价：CNY0.19

J0121149
欢乐的童年 （摄影 1984〈农历甲子年〉年历）
李建东摄影
郑州 中州书画社 1983 年 39cm（4 开）
定价：CNY0.12

J0121150
健康成长 （摄影 1984〈农历甲子年〉年历）
刘振国摄影
长沙 湖南美术出版社 1983 年 54cm（4 开）
定价：CNY0.20

J0121151
巾帼英雄 （摄影 1984〈农历甲子年〉年历）
杨国汉摄影
石家庄 河北美术出版社 1983 年 53cm（4 开）
定价：CNY0.20

J0121152
金枝公主 （摄影 1984〈农历甲子年〉年历）
林群摄影
合肥 安徽人民出版社 1983 年 54cm（4 开）
定价：CNY0.18

J0121153
晋剧新秀 （摄影 1984 年年历）程平摄影
太原 山西人民出版社 1983 年 54cm（4 开）
定价：CNY0.18

J0121154
快乐的女清洁工 （摄影 1984 年年历）
董岩青等摄影
天津 天津人民美术出版社 1983 年
54cm（4 开）定价：CNY0.20
　　作者董岩青（1925—　 ），山东蓬莱人。笔名
冬山，别名董宝珊。中国摄影家协会会员，天津
摄影家协会理事、顾问。作品有《我为祖国献石
油》《早班车》《古街新雪》等。

J0121155
丽姑 （摄影 1984〈农历甲子年〉年历）
顾棣摄影
太原 山西人民出版社 1983 年 78cm（2 开）
定价：CNY0.24

J0121156
练武之后——《对花枪》中罗焕
（摄影 1984〈农历甲子年〉年历）费文麓摄影
北京 中国戏剧出版社 1983 年 54cm（4 开）
定价：CNY0.20

J0121157
梁红玉 （摄影 1984〈农历甲子年〉年历）任
率英作
合肥 安徽人民出版社 1983 年 78cm（2 开）
定价：CNY0.24
　　作者任率英（1911—1989），画家。原名敬表，
河北束鹿人。擅长工笔画、连环画、年画。历任
中国美术家协会会员、中国连环画研究会顾问、
北京东方书画研究社社长、北京工笔重彩画协
会副会长、北京中国画研究会理事、北京工业大
学书画协会顾问。代表作品《嫦娥奔月》《洛神
图》等。

J0121158
刘晓庆 （摄影 1984 年年历）杜煜庄摄影
天津 天津杨柳青画社 1983 年 54cm（4 开）
定价：CNY0.20

J0121159
妈妈，电话 （摄影 1984 年年历）张涵毅摄影
上海 上海人民美术出版社 1983 年
54cm（4 开）定价：CNY0.19

J0121160
妈妈买的新玩具 （摄影 1983 年年历）
南昌 江西人民出版社［1983 年］54cm（4 开）
定价：CNY0.15

J0121161
茅为惠 （摄影 1984 年年历）尹福康摄影
南京 江苏人民出版社［1983 年］54cm（4 开）
定价：CNY0.18

J0121162
美国儿童 （摄影 1984〈农历甲子年〉年历）
陈长芬摄影
北京 人民美术出版社 1983 年 54cm（4 开）
定价：CNY0.20
　　作者陈长芬（1941—　 ），书画家、摄影家。
生于湖南衡阳市。任中国文学艺术界联合会第
七届全国委员会委员，中国艺术摄影学会副会
长。代表作品有《关山万里》《裂变》《长城两边
的百姓》。

J0121163
木偶小演员 （摄影 1984 年年历）陈振戈摄影
昆明 云南人民出版社 1983 年 54cm（4 开）
定价：CNY0.18

J0121164
娜仁花 （摄影 1984 年年历）杜煜庄摄影
天津 天津杨柳青画社 1983 年 54cm（4 开）
定价：CNY0.20

J0121165
年青的朋友 （摄影 1984 年年历）张华铭摄影
贵阳 贵州人民出版社 1983 年 54cm（4 开）
定价：CNY0.18

J0121166
胖妞 （摄影 1984 年年历）金禺摄影
天津 天津人民美术出版社 1983 年
39cm（4 开）定价：CNY0.12

J0121167
胖娃娃 （摄影 1984 年年历）王荧摄影
沈阳 辽宁美术出版社 1983 年 54cm（4 开）
定价：CNY0.19

J0121168
胖娃娃 （摄影 1984 年年历）陈扬坤摄影
上海 上海人民美术出版社 1983 年
54cm（4 开）定价：CNY0.19

J0121169
悄悄话 （摄影 1984〈农历甲子年〉年历）
冯静之摄影
合肥 安徽人民出版社 1983 年 54cm（4 开）
定价：CNY0.18

J0121170
琴童 （摄影 1984 年年历）稚燕摄影
成都 四川人民出版社 1983 年 54cm（4 开）
铜版纸 定价：CNY0.18，CNY0.08（胶版纸）

J0121171
青春 （摄影 1984〈农历甲子年〉年历）
凌承纬摄影
重庆 重庆出版社 1983 年 54cm（4 开）

定价：CNY0.20
　　作者凌承纬（1944—　 ），编审。重庆永川人。历任中国美术家协会四川分会理事，重庆美术家协会艺术理论委员会主任，红岩文学杂志美术编辑。出版有《四川新兴版画发展史》《画笔下的寻找》《现实主义之路》《时代与艺术》《传承·求索》等。

J0121172
青年电影演员陈冲 （摄影 1984〈农历甲子年〉年历）晓雪摄影
石家庄 河北美术出版社 1983 年 54cm（4 开）
定价：CNY0.20
　　作者晓雪，擅长年历摄影。主要作品有《青年电影演员——陈冲》《老寿星》《演员吴海燕》等。

J0121173
青年电影演员陈烨 （摄影 1984〈农历甲子年〉年历）晓雪摄影
石家庄 河北美术出版社 1983 年 54cm（4 开）
定价：CNY0.20

J0121174
青年电影演员龚雪 （摄影 1984〈农历甲子年〉年历）晓雪摄影
石家庄 河北美术出版社 1983 年 54cm（4 开）
定价：CNY0.20

J0121175
青年电影演员 （摄影 1984〈农历甲子年〉年历）杜煜庄摄影
石家庄 河北美术出版社 1983 年 54cm（4 开）
定价：CNY0.20

J0121176
青年电影演员邵慧芳 （摄影 1984〈农历甲子年〉年历）晓雪摄影
石家庄 河北美术出版社 1983 年 54cm（4 开）
定价：CNY0.20

J0121177
青年电影演员殷新 （摄影 1984〈农历甲子年〉年历）关迎时摄影
重庆 重庆出版社 1983 年 54cm（4 开）

定价：CNY0.20

J0121178

青年电影演员张瑜 （摄影　1984 年年历）
周雁鸣摄影
北京　中国电影出版社　1983 年　54cm（4 开）
定价：CNY0.08

J0121179

青年电影演员朱碧云 （摄影　1984〈农历甲子年〉年历）晓雪摄影
石家庄　河北美术出版社　1983 年　54cm（4 开）
定价：CNY0.20

J0121180

青年先锋　时代楷模——张海迪 （摄影
1984 年年历）马壮业摄影
成都　四川省新闻图片社［1983 年］54cm（4 开）
定价：CNY0.20

J0121181

青年演员龚雪 （摄影 1984 年年历）曹奇摄影
成都　四川人民出版社．1983 年　54cm（4 开）
铜版纸　定价：CNY0.18，CNY0.08（胶版纸）

J0121182

球迷 （摄影 1984 年年历）杨克林摄影
上海　上海人民美术出版社　1983 年
54cm（4 开）定价：CNY0.19

J0121183

全国艺术体操冠军王秀荣 （摄影 1984 年年历）
周铁侠摄影
天津　天津人民美术出版社　1983 年
54cm（4 开）定价：CNY0.20
　　作者周铁侠（1943—　　），人民体育出版社编
审，中国摄影家协会理事，中国体育摄影学会副
秘书长。

J0121184

人在花丛中 （摄影 1984 年年历）纯石摄影
天津　天津人民美术出版社　1983 年
53cm（4 开）定价：CNY0.20

J0121185

日本影星中野良子 （摄影 1984 年年历）
宋士诚摄影
南京　江苏人民出版社［1983 年］54cm（4 开）
定价：CNY0.18

J0121186

少林英豪——李连杰 （摄影 1984 年年历）
更生摄影
杭州　浙江人民美术出版社　1983 年　1 张
54cm（4 开）定价：CNY0.19

J0121187

邵惠芳 （摄影 1984 年年历）杜煜庄摄影
天津　天津杨柳青画社　1983 年　1 张
54cm（4 开）定价：CNY0.20

J0121188

师生 （摄影 1984 年年历）金禺摄影
天津　天津人民美术出版社　1983 年　1 张
54cm（4 开）定价：CNY0.20

J0121189

世界女子跳板跳水冠军史美琴
（摄影 1984 年年历）周铁侠摄影
天津　天津人民美术出版社　1983 年　1 张
54cm（4 开）定价：CNY0.20

J0121190

世界女子跳台跳水冠军陈肖霞 （摄影
1984 年年历）周铁侠摄影
天津　天津人民美术出版社　1983 年　1 张
54cm（4 开）定价：CNY0.20

J0121191

数数看 （摄影 1984〈农历甲子年〉年历）
方艺摄影
北京　人民美术出版社　1983 年　1 张
54cm（4 开）定价：CNY0.20

J0121192

孙晋芳和郎平 （摄影 1984 年年历）
孙文志摄影
北京　人民体育出版社　1983 年　1 张
54cm（4 开）定价：CNY0.20

J0121193
体操名将吴佳妮 （摄影 1984 年年历）
丁友摄影
北京 人民体育出版社 1983 年 1 张
54cm（4 开）定价：CNY0.20

J0121194
体坛新秀 （摄影 1984 年年历）刘伟,周银强摄
上海 上海书画出版社 1983 年 1 张
54cm（4 开）定价：CNY0.11

J0121195
体育爱好者 （摄影 1984 年年历）金禺摄影
天津 天津人民美术出版社 1983 年 1 张
54cm（4 开）定价：CNY0.20

J0121196
体育新花 （摄影 1984 年年历）王英恒摄影
天津 天津杨柳青画社 1983 年 54cm（4 开）
定价：CNY0.20

J0121197
婷婷玉立 （摄影 1984〈农历甲子年〉年历）
孙智和摄影
石家庄 河北美术出版社 1983 年 1 张
78cm（2 开）定价：CNY0.27

J0121198
童年 （摄影 1984〈农历甲子年〉年历）
林海,晓涛摄影
北京 人民体育出版社 1983 年 1 张
78cm（2 开）定价：CNY0.28

J0121199
为国争光——英雄的中国女子排球队
（摄影 1984 年年历）周铁侠摄影
天津 天津人民美术出版社 1983 年 1 张
54cm（4 开）定价：CNY0.20

J0121200
维吾尔族小姑娘 （摄影 1984〈农历甲子年〉
年历）陈湘华摄影
北京 人民美术出版社 1983 年 1 张
54cm（4 开）定价：CNY0.20

J0121201
文成公主 （摄影 1984 年年历）刘震摄影
天津 天津杨柳青画社 1983 年 1 张
54cm（4 开）定价：CNY0.20

J0121202
文佳和马艳红 （摄影 1984 年年历）
金禺摄影
天津 天津人民美术出版社 1983 年 1 张
54cm（4 开）定价：CNY0.20

J0121203
我又大一岁 （摄影 1984 年年历）姜长庚摄影
南昌 江西人民出版社［1983 年］1 张
54cm（4 开）统一书号：8110.631
定价：CNY0.19
　　作者姜长庚(1945—　)，摄影家。笔名肖疆
等,中国摄影家协会会员。

J0121204
武林英杰李连杰 （摄影 1984 年年历）
张连城摄影
北京 人民体育出版社 1983 年 1 张
54cm（4 开）定价：CNY0.20

J0121205
武林幼苗 （摄影 1984 年年历）曹震云摄影
天津 天津杨柳青画社 1983 年 1 张
54cm（4 开）定价：CNY0.20

J0121206
武坛精英李连杰 （摄影 1984 年年历）周铁
侠,唐禹民摄影
成都 四川人民出版社 1983 年 1 张
54cm（4 开）铜版纸
定价：CNY0.18, CNY0.08（胶版纸）

J0121207
武星李连杰 （摄影 1984 年年历）黄达摄影
南昌 江西人民出版社［1983 年］1 张
54cm（4 开）定价：CNY0.19

J0121208
武星李连杰 （摄影 1984 年年历）岫峰摄影
成都 四川省新闻图片社 1983 年 1 张

54cm（4开）定价：CNY0.20

J0121209
舞刀健儿　（摄影 1984年年历）王英恒摄影
天津　天津人民美术出版社 1983年 1张
54cm（4开）定价：CNY0.20

J0121210
西施　（摄影 1984〈农历甲子年〉年历）
尹福康摄影
长沙　湖南美术出版社 1983年 1张
54cm（4开）定价：CNY0.20

J0121211
喜背新娘　（摄影 1984年年历 少数民族文字）
方维元摄影
成都　四川人民出版社 1983年 1张
54cm（4开）铜版纸
定价：CNY0.18，CNY0.08（胶版纸）

J0121212
潇湘笛音　（摄影 1984年年历）
成都　四川人民出版社 1983年 1张
54cm（4开）铜版纸
定价：CNY0.18，CNY0.08（胶版纸）

J0121213
小海莲　（摄影 1984年年历）小林摄影
成都　四川人民出版社 1983年 1张
53cm（4开）定价：CNY0.18

J0121214
小伙伴　（摄影 1984年年历）高英熙，岳志霞
摄影
成都　四川人民出版社 1983年 1张
53cm（4开）铜版纸
定价：CNY0.18，CNY0.08（胶版纸）

J0121215
小乒乓球爱好者　（摄影 1984年年历）
唐禹民摄影
南京　江苏人民出版社［1983年］1张
53cm（4开）定价：CNY0.18
　　作者唐禹民（1940— ），记者。出生于辽宁
朝阳市。历任国家体育总局中国体育杂志社摄

影部主任，中国体育记者协会理事，中国体育摄
影学会副主席兼秘书长等。著有《抹不掉的记忆》
《体育摄影理论与实践》等。

J0121216
小琴手　（摄影 1984年年历）杨定国摄影
上海　上海人民美术出版社 1983年 1张
53cm（4开）定价：CNY0.19

J0121217
小球迷　（摄影 1984〈农历甲子年〉年历）
方艺摄影
北京　人民美术出版社 1983年 1张
53cm（4开）定价：CNY0.20

J0121218
小淘气　（摄影 1984年年历）许志刚，谢新发
摄影
上海　上海人民美术出版社 1983年 1张
53cm（4开）定价：CNY0.19

J0121219
小天真　（摄影 1984年年历）毅宏摄影
南京　江苏人民出版社 1983年 1张
53cm（4开）定价：CNY0.18

J0121220
小调皮　（摄影 1984年年历）卢林摄影
成都　四川人民出版社 1983年 1张
53cm（4开）铜版纸
定价：CNY0.18，CNY0.08（胶版纸）

J0121221
小小提琴手　（摄影 1984〈农历甲子年〉年历）
赵延芳摄影
重庆　重庆出版社 1983年 1张 53cm（4开）
定价：CNY0.20

J0121222
小演员　（摄影 1984〈农历甲子年〉年历）
马贵云摄影
北京　人民美术出版社 1983年 1张
53cm（4开）定价：CNY0.20

J0121223
小演员 （摄影 1984 年年历）谢新发摄影
上海 上海人民美术出版社 1983 年 1 张
53cm（4 开）定价：CNY0.19
　　　作者谢新发,擅长年画摄影。主要作品有《节
日欢舞》《风光摄影》《怎样拍摄夜景》等。

J0121224
小演员 （摄影 1984〈农历甲子年〉年历）
池小宁摄影
郑州 中州书画社 1983 年 1 张 39cm（8 开）
定价：CNY0.12

J0121225
小演员——刘露 （摄影 1984 年年历）
王守平摄影
西安 陕西人民美术出版社 1983 年 1 张
53cm（4 开）定价：CNY0.18

J0121226
小演员——刘童 （摄影 1984 年年历）
刘凤棣摄影
贵阳 贵州人民出版社 1983 年 1 张
53cm（4 开）定价：CNY0.18

J0121227
小演员——茅为惠 （摄影 1984 年年历）
尹福康摄影
南昌 江西人民出版社 ［1983 年］1 张
53cm（4 开）定价：CNY0.19

J0121228
小园丁 （摄影 1984 年年历）巨鹿摄影
南昌 江西人民出版社 ［1983 年］1 张
53cm（4 开）定价：CNY0.19

J0121229
小园丁 （摄影 1984 年年历）农雨摄影
成都 四川人民出版社 1983 年 1 张
53cm（4 开）铜版纸
定价：CNY0.18，CNY0.08（胶版纸）

J0121230
小园艺 （摄影 1984 年年历）张华铭摄影
贵阳 贵州人民出版社 1983 年 1 张

53cm（4 开）定价：CNY0.18

J0121231
小运动员 （摄影 1984 年年历）陈振戈摄影
上海 上海人民美术出版社 1983 年 1 张
53cm（4 开）定价：CNY0.19

J0121232
新疆小姑娘 （摄影 1984〈农历甲子年〉年历）
陈振戈摄影
武汉 湖北人民出版社 1983 年 1 张
54cm（4 开）定价：CNY0.20

J0121233
幸福的儿童 （摄影 1984 年年历）
天津 天津杨柳青画社 1983 年 1 张
54cm（4 开）定价：CNY0.20

J0121234
幸福的童年 （摄影 1984 年年历）杨泽生摄影
贵阳 贵州人民出版社 1983 年 1 张
54cm（4 开）定价：CNY0.18

J0121235
幸福儿童 （摄影 1984 年年历）金铎摄影
沈阳 辽宁美术出版社 1983 年 1 张
54cm（4 开）定价：CNY0.20

J0121236
幸福儿童 （摄影 1984〈农历甲子年〉年历）
段振中摄影
郑州 中州书画社 1983 年 1 张 54cm（4 开）

J0121237
熊背上的勇士 （摄影 1983 年年历）
南昌 江西人民出版社 ［1983 年］1 张
39cm（8 开）定价：CNY0.15

J0121238
一九八四——电影演员、剧照月历
《上影画报》编
上海 上海人民美术出版社 ［1983 年］1 张
54cm（4 开）定价：CNY3.50

J0121239
一九八四年月历（舞蹈人物） 叶浅予画
北京 人民美术出版社 1983 年 1 张
39cm（8 开）定价：CNY1.80
　　作者叶浅予（1907—1995），教授、画家。浙江桐庐人。历任中国美协副主席、中国画研究院副院长、中央美院教授。曾为茅盾小说《子夜》、老舍剧本《茶馆》等书插图。作品有长篇漫画《王先生》《小陈留京外史》《天堂记》等。著有《画馀记画》《十年恶梦录》等。

J0121240
银河新星 （摄影 1984 年年历）夭雁，长乐摄
杭州 浙江人民美术出版社 1983 年 1 张
54cm（4 开）定价：CNY0.19

J0121241
英姿飒爽——武术运动员戈春燕
（摄影 1984 年年历）高福摄影
北京 人民体育出版社 1983 年 54cm（4 开）
定价：CNY0.20

J0121242
影坛新花 （摄影 1984 年年历）陈振戈摄影
贵阳 贵州人民出版社 1983 年 54cm（4 开）
定价：CNY0.18

J0121243
影坛新星——丛珊 （摄影 1984 年年历）
解逄摄影
杭州 浙江人民美术出版社 1983 年
54cm（4 开）定价：CNY0.19

J0121244
影坛新星——娜仁花 （摄影 1984 年年历）
更生摄影
杭州 浙江人民美术出版社 1983 年
54cm（4 开）定价：CNY0.19

J0121245
影坛新星——沈丹萍 （摄影 1984 年年历）
天鹰摄影
杭州 浙江人民美术出版社 1983 年
54cm（4 开）定价：CNY0.19

J0121246
影坛新秀：龚雷、洪学敏、娜仁花
（摄影 1984 年年历）
北京 中国电影出版社 1983 年 54cm（4 开）
定价：CNY0.12

J0121247
优秀体操运动员刘佳 （摄影 1984 年年历）
周铁侠摄影
天津 天津人民美术出版社 1983 年
54cm（4 开）定价：CNY0.20

J0121248
张瑜在北戴河 （摄影 1984〈农历甲子年〉年历）
孙忠摄影
石家庄 河北美术出版社 1983 年 54cm（4 开）
定价：CNY0.20

J0121249
张瑜在燕塞湖 （摄影 1984〈农历甲子年〉年历）
孙忠摄影
石家庄 河北美术出版社 1983 年 54cm（4 开）
定价：CNY0.20

J0121250
挚爱——著名舞蹈家崔美善 （摄影 1984
〈农历甲子年〉年历）张祖道摄影
南京 江苏人民出版社 1983 年 54cm（4 开）
定价：CNY0.18
　　作者张祖道（1922—　 ），纪实摄影家。生于湖南浏阳，就读于西南联大社会学系，毕业于清华大学社会学系。历任《新观察》杂志摄影记者，中国摄影家协会理事，出版有《江村纪事》。

J0121251
朱顶红 （摄影 1984 年年历）宋振华摄影
太原 山西人民出版社 1983 年 54cm（4 开）
定价：CNY0.18

J0121252
著名舞蹈家刀美兰 （摄影 1984〈农历甲子年〉
年历）
武汉 湖北人民出版社 1983 年 39cm（4 开）
定价：CNY0.10

J0121253
自幼习武的黄秋燕 （摄影 1984年年历）
林纲摄影
北京 人民体育出版社 1983年 54cm（4开）
定价：CNY0.20

J0121254
《武当》陈雪娇饰演者：林泉
（摄影 1985年年历）牛德林摄影
天津 天津人民美术出版社 1984年［1页］
54cm（4开）定价：CNY0.20

J0121255
1985（电影人物挂历）
北京 中国电影出版社［1984年］76cm（2开）
定价：CNY4.60

J0121256
1985（电影演员挂历）
哈尔滨 北方文艺出版社［1984年］54cm（4开）

J0121257
1985（电影演员挂历）
延吉 延边人民出版社［1984年］54cm（4开）
定价：CNY3.50

J0121258
1985（儿童、电影演员）
成都 四川省新闻图片社［1984年］
19cm（32开）定价：CNY0.90

J0121259
1985（儿童摄影月历）
杭州 浙江人民美术出版社 1984年
30cm（15开）定价：CNY1.50

J0121260
1985（红楼群芳谱电视连续剧《红楼梦》演员剪影）
重庆 重庆出版社 1984年 54cm（4开）
定价：CNY3.80

J0121261
1985（人物挂历） 马元浩等摄影
合肥 安徽人民出版社 1984年 54cm（4开）

定价：CNY3.60

J0121262
1985（人物摄影挂历）
沈阳 辽宁美术出版社 1984年 78cm（2开）
定价：CNY4.20

J0121263
1985（摄影儿童挂历）
福州 福建人民出版社 1984年 54cm（4开）
定价：CNY3.50

J0121264
1985（时装挂历）
南昌 江西人民出版社［1984年］78cm（3开）
定价：CNY4.50

J0121265
1985（幸福童年） （摄影挂历）姜长庚摄影
北京 中国戏剧出版社 1984年 39cm（8开）
定价：CNY1.60

J0121266
1985（银幕外） （演员挂历）
杭州 浙江人民美术出版社 1984年
78cm（3开）定价：CNY4.50

J0121267
1985（影星） （摄影挂历）
杭州 西泠印社 1984年 39cm（8开）
定价：CNY2.50

J0121268
1985（越剧小百花） 池一平,郭阿根摄影
杭州 浙江人民美术出版社 1984年
39cm（8开）定价：CNY1.20

J0121269
1985（中国影星月历）
北京 中国电影出版社［1984年］
74cm（2开）定价：CNY3.50

J0121270
1985年电影演员月历 （剧照）
上海 上海人民美术出版社 1984年 54×76cm

定价: CNY3.80

J0121271
1985 年电影演员月历 （摄影）
上海　上海人民美术出版社 1984 年　54×76cm
定价: CNY3.60

J0121272
1985 年儿童摄影月历 （快乐的小乐队）
上海　上海书画出版社 1984 年　39×54cm
定价: CNY2.00

J0121273
1985 年时装挂历
武汉　湖北科学技术出版社［1984 年］
54×76cm　定价: CNY3.50

J0121274
1985 年时装挂历
济南　山东科学技术出版社 1984 年
39cm（4 开）定价: CNY2.50

J0121275
1985 时装挂历
济南　山东科学技术出版社 1984 年
78cm（3 开）定价: CNY4.50

J0121276
阿姨好 （摄影 1985 年年历）周必云摄影
福州　福建人民出版社 1984 年［1 张］
54cm（4 开）定价: CNY0.20
　　作者周必云,摄影作品有《南国姑娘》《快乐》《池畔倩影》等。

J0121277
爱科学 （摄影 1985 年年历）苏晓摄影
福州　福建人民出版社 1984 年［1 张］
54cm（4 开）定价: CNY0.20

J0121278
爱劳动 （摄影 1985 年年历）赖克里,冯学敏摄影
上海　上海人民美术出版社 1984 年［1 张］
54cm（4 开）定价: CNY0.20

J0121279
爱清洁 （摄影 1985 年年历）浪花摄影
上海　上海人民美术出版社 1984 年［1 张］
54cm（4 开）定价: CNY0.20

J0121280
白族姑娘 （摄影 1985 年农历乙丑年年历）
王作安,钱镇华摄影
成都　四川省新闻图片社［1984 年］54cm（4 开）
定价: CNY0.20

J0121281
宝宝 （摄影 1985 年年历）陈扬坤摄影
福州　福建人民出版社 1984 年 54cm（4 开）
定价: CNY0.20

J0121282
宝宝 （摄影 1985 年年历）柴汉义,周乐棠摄影
南京　江苏美术出版社 1984 年 54cm（4 开）
定价: CNY0.20

J0121283
宝宝 （摄影 1985 年年历）庄华摄影
上海　上海人民美术出版社 1984 年 54cm（4 开）
定价: CNY0.20

J0121284
宝宝睡觉觉 （摄影 1985 年年历）穆家宏摄影
天津　天津人民美术出版社 1984 年
54cm（4 开）定价: CNY0.20

J0121285
宝贝 （摄影 1985 年农历乙丑年年历）
赵维泽摄影
重庆　重庆出版社 1984 年 54cm（4 开）
定价: CNY0.20

J0121286
冰场见 （摄影 1985 年年历）刘海摄影
天津　天津杨柳青画社 1984 年 54cm（4 开）
定价: CNY0.20

J0121287
不胜清怨却飞来 （摄影 1985 年年历）
钱万里摄影

西安　陕西人民美术出版社　1984 年
78cm（2 开）定价：CNY0.27

J0121288
草原珍珠 （摄影 1985 年年历）吕相友摄影
北京　人民美术出版社　1984 年　54cm（4 开）
定价：CNY0.20

J0121289
嫦娥 （摄影 1985 年年历）尹福康摄影
成都　四川人民出版社　1984 年　54cm（4 开）
定价：CNY0.18

J0121290
充满理想 （摄影 1985 年年历）唐载清摄影
上海　上海书画出版社　1984 年　54cm（4 开）
定价：CNY0.20

J0121291
吹泡泡 （摄影 1985 年年历）高强摄影
福州　福建人民出版社　1984 年　54cm（4 开）
定价：CNY0.20

J0121292
打电话 （摄影 1985 年年历）周必云摄影
福州　福建人民出版社　1984 年　54cm（4 开）
定价：CNY0.20

J0121293
大漠之花 （摄影 1985 年年历）顾川生摄影
乌鲁木齐　新疆人民出版社　1984 年
54cm（4 开）定价：CNY0.20

J0121294
傣族姑娘 （摄影 1985 年年历）丁锋摄影
福州　福建人民出版社　1984 年　54cm（4 开）
定价：CNY0.20

J0121295
德西美朵 （摄影 1985 年年历）王亚辉摄影
成都　四川人民出版社　1984 年　54cm（4 开）
定价：CNY0.18

J0121296
第二、三届中国电影金鸡奖第五、六届《大

众电影》百花奖获奖演员李秀明、潘虹、斯琴高娃** （摄影 1985 年农历乙丑年年历）
北京　中国电影出版社　1984 年　76cm（2 开）
定价：CNY0.24

J0121297
第三届中国电影金鸡奖最佳女主角获奖者潘虹、斯琴高娃 （摄影 1985 年农历乙丑年年历）
北京　中国电影出版社　1984 年　54cm（4 开）
定价：CNY0.16

J0121298
第三届中国电影金鸡奖最佳女主角获奖者潘虹和电影演员赵娜 （摄影 1985 年农历乙丑男年历）
北京　中国电影出版社　1984 年　54cm（4 开）
定价：CNY0.18

J0121299
第五届全运会武术比赛女子全能冠军——郝致华 （摄影 1985 年年历）雨林摄影
南昌　江西人民出版社　1984 年　54cm（4 开）
定价：CNY0.19

J0121300
电视连续剧《红楼梦》贾宝玉扮演者欧阳奋强林黛玉扮演者陈晓旭 （摄影 1985 年年历）
重庆　重庆出版社　1984 年　1 张　54cm（4 开）
定价：CNY0.20

J0121301
电视连续剧《红楼梦》贾元春扮演者成梅
（摄影 1985 年年历）
重庆　重庆出版社　1984 年　1 张　54cm（4 开）
定价：CNY0.20

J0121302
电视连续剧《红楼梦》娇杏扮演者张丽玲
（摄影 1985 年年历）
重庆　重庆出版社　1984 年　1 张　54cm（4 开）
定价：CNY0.20

J0121303
电视连续剧《红楼梦》林黛玉扮演者陈晓旭

（摄影 1985 年年历）
重庆 重庆出版社 1984 年 1 张 54cm（4 开）
定价：CNY0.20

J0121304
电视连续剧《红楼梦》演员剪影
（1985 年农历乙丑年年历）
重庆 重庆出版社 1984 年 1 张 54cm（4 开）
定价：CNY0.20

J0121305
电视连续剧《红楼梦》尤三姐扮演者乐韵
（摄影 1985 年年历）
重庆 重庆出版社 1984 年 1 张 54cm（4 开）
定价：CNY0.20

J0121306
电影《寒夜》中曾树生的饰演者潘虹
（摄影 1985 年农历乙丑年年历）
北京 中国电影出版社 1984 年 54cm（4 开）
定价：CNY0.12

J0121307
电影《浪子燕青》女主角——上官玉环
（摄影 1985 年农历乙丑年年历）姜源摄影
长沙 湖南美术出版社 1984 年 54cm（4 开）
定价：CNY0.20

J0121308
电影《水镇丝情》中徐妹子的饰演者吴海燕
（摄影 1985 年农历乙丑年年历）
北京 中国电影出版社 1984 年 54cm（4 开）
定价：CNY0.16

J0121309
电影《叶赫娜》演员玉香 （摄影 1985 年年历）
廖家祥摄影
石家庄 河北美术出版社 1984 年 54cm（4 开）
定价：CNY0.20

J0121310
电影明星 （摄影 1985 年年历）段震中摄影
合肥 安徽人民出版社 1984 年 54cm（4 开）
定价：CNY0.20

J0121311
电影明星张瑜 （摄影 1985 年农历乙丑年年历）
王明智摄影
重庆 重庆出版社 1984 年 54cm（4 开）
定价：CNY0.20

J0121312
电影小演员 （摄影 1985 年年历）
尹福康,王金亨摄影
成都 四川人民出版社 1984 年 54cm（4 开）
定价：CNY0.18
　　作者尹福康（1927—　），摄影家。江苏南京
人。历任上海人民美术出版社副编审、上海市摄
影家协会副主席等职。主要作品有《烟笼峰岩》
《向荒山要宝》《晒盐》《工人新村》等。

J0121313
电影小演员陈日舜 （摄影 1985 年农历乙丑
年年历）
北京 中国电影出版社 1984 年 54cm（4 开）
定价：CNY0.12

J0121314
电影小演员方超 （摄影 1985 年农历乙丑年
年历）
北京 中国电影出版社 1984 年 54cm（4 开）
定价：CNY0.12

J0121315
电影小演员姬晨牧 （摄影 1985 年农历乙丑
年年历）
北京 中国电影出版社 1984 年 54cm（4 开）
定价：CNY0.12

J0121316
**电影小演员刘迪、麦德(丹麦)、车莱西(赞
比亚)** （摄影 1985 年农历乙丑年年历）
北京 中国电影出版社 1984 年 54cm（4 开）
定价：CNY0.12

J0121317
电影小演员屈蕴真 （摄影 1985 年农历乙丑
年年历）
北京 中国电影出版社 1984 年 54cm（4 开）
定价：CNY0.12

J0121318
电影小演员沈洁 （摄影 1985 年农历乙丑年年历）
北京 中国电影出版社 1984 年 54cm（4 开）
定价：CNY0.12

J0121319
电影小演员田帅 （摄影 1985 年农历乙丑年年历）
北京 中国电影出版社 1984 年 54cm（4 开）
定价：CNY0.12

J0121320
电影新秀鲍海红 （摄影 1985 年年历）
段震中摄影
合肥 安徽人民出版社 1984 年 54cm（4 开）
定价：CNY0.20

J0121321
电影新秀相虹 （摄影 1985 年年历）
冯静之摄影
合肥 安徽人民出版社 1984 年 54cm（4 开）
定价：CNY0.20

J0121322
电影新秀杨海莲 （摄影 1985 年年历）
段震中摄影
合肥 安徽人民出版社 1984 年 54cm（4 开）
定价：CNY0.20

J0121323
电影新秀殷亭茹 （摄影 1985 年农历乙丑年年历）关迎时摄影
重庆 重庆出版社 1984 年 54cm（4 开）
定价：CNY0.20

J0121324
电影新秀张玉屏 （摄影 1985 年年历）
段震中摄影
合肥 安徽人民出版社 1984 年 54cm（4 开）
定价：CNY0.20
　　作者段震中（1944—　），河南滑县人。毕业于中央工艺美术学院。中国电影家协会会员、中国电影美术学会会员，北京电影制片厂美术设计师。担任过数十部影片和多部电视剧的美术设计，主要有《元帅之死》《四个小伙伴》等。

J0121325
电影新秀周洁 （摄影 1985 年年历）
马元浩摄影
合肥 安徽人民出版社 1984 年 54cm（4 开）
定价：CNY0.20
　　作者马元浩（1944—　），摄影家、导演。毕业于上海财经学院。中国摄影家协会会员，英国皇家摄影学会高级会士。出版有《中国古代雕塑观音》等。

J0121326
电影演员宝珉 （摄影 1985 年年历）
柏雨果摄影
西安 陕西人民美术出版社 1984 年
54cm（4 开）定价：CNY0.20
　　作者柏雨果（1948—　），摄影师。陕西凤县人。中国摄影家协会会员、中国电影家协会会员。曾举办《天、地、人》摄影作品展，出版文学作品《拜见非洲大酋长》。

J0121327
电影演员陈肖依 （摄影 1985 年年历）
马元浩摄影
合肥 安徽人民出版社 1984 年 54cm（4 开）
定价：CNY0.20

J0121328
电影演员陈肖依 （摄影 1985 年年历）
陈建腾摄影
石家庄 河北美术出版社 1984 年 54cm（4 开）
定价：CNY0.20

J0121329
电影演员陈肖依 （摄影 1985 年年历）
上海 上海人民美术出版社 [1984 年]
54cm（4 开）定价：CNY0.30

J0121330
电影演员陈肖依 （摄影 1985 年年历）
纯石摄影
天津 天津人民美术出版社 1984 年
54cm（4 开）定价：CNY0.20

J0121331
电影演员陈燕华 （摄影 1985 年年历）
上海 上海人民美术出版社［1984 年］
54cm（4 开）定价：CNY0.30

J0121332
电影演员陈燕华 （摄影 1985 年农历乙丑年
年历）
北京 中国电影出版社 1984 年 54cm（4 开）
定价：CNY0.16

J0121333
电影演员陈烨 （摄影 1985 年年历）周炘摄影
上海 上海人民美术出版社 1984 年
54cm（4 开）定价：CNY0.20

　　作者周炘,摄有年画《春之花》《花丛》《风
姿》等。

J0121334
电影演员陈烨 （摄影 1985 年年历）
北京 中国电影出版社 1984 年 54cm（4 开）
定价：CNY0.12

J0121335
电影演员丁岚 （摄影 1985 年年历）
陈春轩摄影
上海 上海人民美术出版社 1984 年
54cm（4 开）定价：CNY0.20

J0121336
电影演员丁岚 （摄影 1985 年年历）
群影摄影
杭州 西泠印社 1984 年 54cm（4 开）
定价：CNY0.20

J0121337
电影演员东方闻樱 （摄影 1985 年年历）
陈振戈摄影
石家庄 河北美术出版社 1984 年 54cm（4 开）
定价：CNY0.20

J0121338
电影演员方舒 （摄影 1985 年年历）
孔孟建摄影
石家庄 河北美术出版社 1984 年 54cm（4 开）

定价：CNY0.20

J0121339
电影演员方舒 （摄影 1985 年年历）
马贵云摄影
济南 山东美术出版社 1984 年 54cm（4 开）
定价：CNY0.10

J0121340
电影演员方舒 （摄影 1985 年年历）
北京 中国电影出版社 1984 年 54cm（4 开）
定价：CNY0.12

J0121341
电影演员龚雪 （摄影 1985 年年历）
福州 福建人民出版社 1984 年 54cm（4 开）
定价：CNY0.20

J0121342
电影演员龚雪 （摄影 1985 年年历）姜伟摄影
济南 山东美术出版社 1984 年 54cm（4 开）
定价：CNY0.10

　　作者姜伟(1932—　　),摄影家。江苏涟水
人。山东人民出版社从事摄影工作,中国摄影家
协会、中华全国新闻工作者协会会员。

J0121343
电影演员龚雪 （摄影 1985 年年历）
北京 中国电影出版社 1984 年 54cm（4 开）
定价：CNY0.12

J0121344
电影演员龚雪 （摄影 1985 年年历）
北京 中国电影出版社 1984 年 54cm（4 开）
定价：CNY0.12

J0121345
电影演员韩月乔 （摄影 1985 年年历）
刘建炜摄影
南京 江苏美术出版社 1984 年 54cm（4 开）
定价：CNY0.20

J0121346
电影演员韩月乔 （摄影 1985 年年历）
杨文庆摄影

天津　天津杨柳青画社　1984 年　39cm（4 开）
定价：CNY0.14

J0121347
电影演员洪学敏　（摄影　1985 年年历）
彭匡摄影
天津　天津杨柳青画社　1984 年　39cm（4 开）
定价：CNY0.14

J0121348
电影演员黄梅莹　（摄影　1985 年年历）
北京　中国电影出版社　1984 年　54cm（4 开）
定价：CNY0.12

J0121349
电影演员姜黎黎　（摄影　1985 年年历）
岳鹏飞摄影
福州　福建人民出版社　1984 年　54cm（4 开）
定价：CNY0.20

J0121350
电影演员姜黎黎　（摄影　1985 年年历）
温素文摄影
济南　山东美术出版社　1984 年　54cm（4 开）
定价：CNY0.10
　　作者温素文（1931—　），女。照相技师。辽
宁新民人。历任中国摄影家吉林分会会员，长春
电影制片厂人像摄影师，长春市摄影家协会常务
理事、副主席。作品有《重逢》《松花湖之秋》《湖
满渔歌》，编写《人像摄影入门》。

J0121351
电影演员姜黎黎　（摄影　1985 年年历）
赵凤文摄影
上海　上海人民美术出版社　1984 年
54cm（4 开）定价：CNY0.23

J0121352
电影演员姜黎黎　（摄影　1985 年年历）
北京　中国电影出版社　1984 年　54cm（4 开）
定价：CNY0.12

J0121353
电影演员姜黎黎　（摄影　1985 年农历乙丑年
年历）

北京　中国电影出版社　1984 年　54cm（4 开）
定价：CNY0.16

J0121354
电影演员李秀明　（摄影　1985 年年历）
马贵云摄影
长沙　湖南美术出版社　1984 年　54cm（4 开）
定价：CNY0.20

J0121355
电影演员林芳兵　（摄影　1985 年农历乙丑年
年历）凌风摄影
成都　四川省新闻图片社［1984 年］54cm（4 开）
定价：CNY0.20

J0121356
电影演员刘冬　（摄影　1985 年农历乙丑年年
历）晓鸣摄影
成都　四川省新闻图片社［1984 年］54cm（4 开）
定价：CNY0.20

J0121357
电影演员　（摄影　1985 年年历）
一豪摄影
福州　福建人民出版社　1984 年　54cm（4 开）
定价：CNY0.20

J0121358
电影演员　（摄影　1985 年农历乙丑年年历）
张苏妍摄影
成都　四川省新闻图片社出版社［1984 年］
54cm（4 开）定价：CNY0.20

J0121359
电影演员　（摄影　1985 年年历）
杨昌忠摄影
天津　天津杨柳青画社　1984 年　39cm（4 开）
定价：CNY0.14

J0121360
电影演员娜仁花　（摄影　1985 年年历）
杜煜庄摄影
天津　天津杨柳青画社　1984 年　39cm（4 开）
定价：CNY0.14

J0121361
电影演员潘虹 （摄影 1985 年年历）
王明智摄影
福州 福建人民出版社 1984 年 54cm（4 开）
定价：CNY0.20

J0121362
电影演员潘虹 （摄影 1985 年年历）
陈建腾摄影
石家庄 河北美术出版社 1984 年 54cm（4 开）
定价：CNY0.20

J0121363
电影演员潘虹 （摄影 1985 年年历）陈春轩，
滕俊杰摄影
上海 上海人民美术出版社 1984 年
54cm（4 开）定价：CNY0.20
　　作者滕俊杰(1957—)，一级导演。江苏苏州人。历任上海东方电视台文艺频道总监兼主编，上海文广新闻传媒集团副总裁，上海广播电视台副台长，上海市文化广播影视管理局党委委员、艺术总监。上海文化广播影视集团有限公司监事长、上海市文联副主席。出版散文集《沧海飞跃》《电视方程式》《凌步拂云》等。

J0121364
电影演员潘虹 （摄影 1985 年年历）
池小宁摄影
天津 天津杨柳青画社 1984 年 39cm（4 开）
定价：CNY0.14

J0121365
电影演员潘虹 （摄影 1985 年农历乙丑年年历）
北京 中国电影出版社 1984 年 54cm（4 开）
定价：CNY0.16

J0121366
电影演员潘虹 （摄影 1985 年农历乙丑年年历）
北京 中国电影出版社 1984 年 54cm（4 开）
定价：CNY0.16

J0121367
电影演员潘虹、赵娜 （摄影 1985 年农历乙丑年年历）
北京 中国电影出版社 1984 年 54cm（4 开）
定价：CNY0.24

J0121368
电影演员任冶湘 （摄影 1985 年年历）
杭州 西泠印社 1984 年 54cm（4 开）
定价：CNY0.20

J0121369
电影演员邵慧芳 （摄影 1985 年年历）
马元浩摄影
合肥 安徽人民出版社 1984 年 54cm（4 开）
定价：CNY0.20

J0121370
电影演员沈丹萍 （摄影 1985 年年历）
历胜利摄影
南京 江苏美术出版社 1984 年 54cm（4 开）
定价：CNY0.20

J0121371
电影演员沈丹萍 （摄影 1985 年农历乙丑年年历）
北京 中国电影出版社 1984 年 54cm（4 开）
定价：CNY0.12

J0121372
电影演员沈洁 （摄影 1985 年年历）
北京 中国电影出版社 1984 年 54cm（4 开）
定价：CNY0.20

J0121373
电影演员斯琴高娃 （摄影 1985 年年历）
郑州 河南人民出版社 1984 年 78cm（2 开）
定价：CNY0.24

J0121374
电影演员斯琴高娃 （摄影 1985 年年历）
北京 中国电影出版社 1984 年 54cm（4 开）
定价：CNY0.12

J0121375
电影演员宋春丽 （摄影 1985 年年历）
张万春摄影
上海 上海人民美术出版社 1984 年
54cm（4 开）定价：CNY0.20

J0121376
电影演员宋春丽 （摄影 1985 年年历）
姜力军摄影
上海 上海人民美术出版社 1984 年
54cm（4 开）定价：CNY0.23

J0121377
电影演员田歌 （摄影 1985 年年历）
庞守义摄影
济南 山东美术出版社［1984 年］54cm（4 开）
定价：CNY0.10

J0121378
电影演员王馥荔 （摄影 1985 年年历）陈建
腾摄影
石家庄 河北美术出版社 1984 年 54cm（4 开）
定价：CNY0.10

J0121379
电影演员王馥荔 （摄影 1985 年年历）
庞守义摄影
济南 山东美术出版社 1984 年 54cm（4 开）
定价：CNY0.10

J0121380
电影演员王馥荔 （摄影 1985 年农历乙丑年
年历）
北京 中国电影出版社 1984 年 54cm（4 开）
定价：CNY0.16

J0121381
电影演员王薇 （摄影 1985 年年历）
陈振戈摄影
石家庄 河北美术出版社 1984 年 54cm（4 开）
定价：CNY0.20

J0121382
电影演员王羊 （摄影 1985 年年历）
陈春轩摄影
上海 上海人民美术出版社 1984 年
54cm（4 开）定价：CNY0.20

J0121383
电影演员吴海燕 （摄影 1985 年年历）
肖俊摄影

石家庄 河北美术出版社 1984 年 54cm（4 开）
定价：CNY0.20

J0121384
电影演员肖雄 （摄影 1985 年年历）
陈建腾摄影
石家庄 河北美术出版社 1984 年 54cm（4 开）
定价：CNY0.10

J0121385
电影演员肖雄 （摄影 1985 年年历）
赵丕涛摄影
天津 天津杨柳青画社 1984 年 39cm（4 开）
定价：CNY0.14

J0121386
电影演员肖雄 （摄影 1985 年年历）
北京 中国电影出版社 1984 年 54cm（4 开）
定价：CNY0.12

J0121387
电影演员肖雄 （摄影 1985 年农历乙丑年年历）
北京 中国电影出版社 1984 年 54cm（4 开）
定价：CNY0.16

J0121388
电影演员徐金金 （摄影 1985 年年历）
徐斌摄影
上海 上海人民美术出版社 1984 年
54cm（4 开）定价：CNY0.20

J0121389
电影演员殷亭如 （摄影 1985 年年历）
周俊彦摄影
济南 山东美术出版社 1984 年 54cm（4 开）
定价：CNY0.10
　　作者周俊彦，作有年画《插花艺术 5》《影视
新星谭小燕》《年画／宣传画：万事如意——青
年演员谭小燕》等。

J0121390
电影演员殷新 （摄影 1985 年年历）
北京 中国电影出版社 1984 年 54cm（4 开）
定价：CNY0.12

J0121391
电影演员殷新　（摄影 1985 年农历乙丑年年历）
沈今声摄影
重庆 重庆出版社 1984 年 54cm（4 开）
定价：CNY0.20

J0121392
电影演员张金玲
（摄影 1985 年农历乙丑年年历）
北京 中国电影出版社 1984 年 54cm（4 开）
定价：CNY0.16

J0121393
电影演员张伟欣　（摄影 1985 年年历）
北京 中国电影出版社 1984 年 54cm（4 开）
定价：CNY0.12

J0121394
电影演员张晓磊　（摄影 1985 年年历）
陈永均摄影
石家庄 河北美术出版社 1984 年 54cm（4 开）
定价：CNY0.20

J0121395
电影演员张燕　（摄影 1985 年年历）涌军摄影
石家庄 河北美术出版社 1984 年 54cm（4 开）
定价：CNY0.20

J0121396
电影演员张瑜　（摄影 1985 年年历）羽叶摄影
石家庄 河北美术出版社 1984 年 54cm（4 开）
定价：CNY0.10

J0121397
电影演员张瑜　（摄影 1985 年年历）
郭传宝摄影
西安 陕西人民美术出版社 1984 年
54cm（4 开）定价：CNY0.20

J0121398
电影演员张瑜　（摄影 1985 年年历）
马元浩摄影
上海 上海人民美术出版社 1984 年
54cm（4 开）定价：CNY0.23

J0121399
电影演员赵静　（摄影 1985 年年历）
杨克林摄影
上海 上海人民美术出版社 1984 年
54cm（4 开）定价：CNY0.20
　　　作者杨克林，擅长摄影。主要作品有年历《时装·女东方衫》《怒放》《漫游太空》等。

J0121400
电影演员赵静　（摄影 1985 年农历乙丑年年历）
凌风摄影
成都 四川省新闻图片社［1984 年］54cm（4 开）
定价：CNY0.20

J0121401
电影演员赵静　（摄影 1985 年农历乙丑年年历）
北京 中国电影出版社 1984 年 54cm（4 开）
定价：CNY0.16

J0121402
电影演员赵娜和小演员方超
（摄影 1985 年年历）
北京 中国电影出版社 1984 年 54cm（4 开）
定价：CNY0.12

J0121403
电影演员朱碧云　（摄影 1985 年年历）
马元浩摄影
南京 江苏美术出版社 1984 年 54cm（4 开）
定价：CNY0.20

J0121404
电影演员朱碧云　（摄影 1985 年年历）
上海 上海人民美术出版社［1984 年］
54cm（4 开）定价：CNY0.30

J0121405
电影演员朱碧云　（摄影 1985 年农历乙丑年年历）凌风摄影
成都 四川省新闻图片社［1984 年］54cm（4 开）
定价：CNY0.20

J0121406
电影演员朱时茂和丛珊　（摄影 1985 年年历）
北京 中国电影出版社 1984 年 54cm（4 开）

定价：CNY0.12

J0121407
丁岚 （摄影 1985 年年历）徐斌摄影
天津 天津人民美术出版社 1984 年
54cm（4 开）定价：CNY0.20
　　作者徐斌，擅长摄影。主要作品有年历《算一算》《喜悦》《小演员》等。

J0121408
东方歌舞 （摄影 1985 年年历 — 歌唱演员朱明瑛）程京京摄影
北京 中国旅游出版社 1984 年 76cm（2 开）
定价：CNY0.30

J0121409
冬冬 （摄影 1985 年年历）李静波摄影
沈阳 辽宁美术出版社 1984 年 54cm（4 开）
定价：CNY0.20

J0121410
杜十娘 （摄影 1985 年年历）羽叶摄影
石家庄 河北美术出版社 1984 年 54cm（4 开）
定价：CNY0.20

J0121411
婀娜多姿 （摄影 1985 年年历）尹福康，刘海德摄影
成都 四川人民出版社 1984 年 54cm（4 开）
定价：CNY0.18

J0121412
儿童小演员王佳莹、方超 （摄影 1985 年农历乙丑年年历）
北京 中国电影出版社 1984 年 54cm（4 开）
定价：CNY0.12

J0121413
儿童演员 （摄影 1985 年农历乙丑年年历）
石丙立摄影
北京 中国戏剧出版社 1984 年 54cm（4 开）
定价：CNY0.20

J0121414
儿童演员沈洁 （摄影 1985 年年历）

北京 中国电影出版社 1984 年 54cm（4 开）
定价：CNY0.12

J0121415
范瑞娟 （摄影 1985 年年历）
南昌 江西人民出版社［1984 年］54cm（4 开）
定价：CNY0.19

J0121416
芳芳 （摄影 1985 年年历）李元奇摄影
沈阳 辽宁美术出版社 1984 年 54cm（4 开）
定价：CNY0.20

J0121417
风景·人物 （电影演员张瑜 摄影 1985 年年历）陈沧泉，马元浩摄影
上海 上海人民美术出版社 1984 年
54cm（4 开）定价：CNY0.20

J0121418
赶街路上 （摄影 1985 年年历）游子摄影
昆明 云南人民出版社 1984 年 54cm（4 开）
定价：CNY0.20

J0121419
戈春艳 （摄影 1985 年年历）雨林摄影
南昌 江西人民出版社［1984 年］54cm（4 开）
定价：CNY0.19

J0121420
歌唱演员苏小明 （摄影 1985 年年历）
胡维标摄影
天津 天津杨柳青画社 1984 年 39cm（4 开）
定价：CNY0.14
　　作者胡维标(1939—)，著名风光摄影家。江苏镇江市人。毕业于中国人民解放军防化学兵工程指挥学院新闻系。中国摄影家协会会员。摄影作品以旅游风光、古今建筑、文物为主。主要作品有《长城风光》《北京风光荟萃》《故宫》《天安门》。

J0121421
歌唱演员郑绪岚 （摄影 1985 年年历）
程京京摄影
天津 天津杨柳青画社 1984 年 39cm（4 开）

定价: CNY0.14

J0121422
歌唱演员朱明瑛 （摄影 1985 年年历）
尹春华摄影
天津 天津杨柳青画社 1984 年 39cm（4 开）
定价: CNY0.14
　　作者尹春华,擅长摄影。主要年历作品有《凝视》《梦乡》《小青河上》等。

J0121423
歌舞演员 （摄影 1985 年农历乙丑年年历）
成都 四川省新闻图片社［1984 年］54cm（4 开）
定价: CNY0.20

J0121424
宫装少女 （摄影 1985 年年历）王剑摄影
天津 天津人民美术出版社 1984 年
54cm（4 开）定价: CNY0.20

J0121425
龚雪 （摄影 1985 年年历）高国强摄影
天津 天津人民美术出版社 1984 年
54cm（4 开）定价: CNY0.20

J0121426
顾盼 （摄影 1985 年年历）苏晓摄影
福州 福建人民出版社 1984 年 54cm（4 开）
定价: CNY0.20

J0121427
顾盼 （摄影 1985 年农历乙丑年年历）
步行建摄影
成都 四川省新闻图片社［1984 年］54cm（4 开）
定价: CNY0.20

J0121428
海娃 （摄影 1985 年年历）李元奇摄影
沈阳 辽宁美术出版社 1984 年 54cm（4 开）
定价: CNY0.20

J0121429
含情 （摄影 1985 年年历）范岐山摄影
太原 山西人民出版社 1984 年 54cm（4 开）
定价: CNY0.20

J0121430
蝴蝶小姑娘 （摄影 1985 年农历乙丑年年历）
袁学军摄影
北京 中国戏剧出版社 1984 年 54cm（4 开）
定价: CNY0.20
　　作者袁学军(1950—　　)，四川成都人，解放军画报社主任记者。作品有《我们劳动去》《二重奏》《印象·青藏高原》等。

J0121431
花儿红, 娃娃胖 （摄影 1985 年年历）
天鹰摄影
天津 天津人民美术出版社 1984 年
54cm（4 开）定价: CNY0.20

J0121432
华怡菁 （摄影 1985 年年历）
南昌 江西人民出版社［1984 年］54cm（4 开）
定价: CNY0.19

J0121433
欢颜 （摄影 1985 年农历乙丑年年历）风筝摄影
成都 四川省新闻图片社［1984 年］54cm（4 开）
定价: CNY0.20

J0121434
击剑新秀——李华华 （摄影 1985 年年历）
孙沛然摄影
郑州 河南人民出版社 1984 年 78cm（2 开）
定价: CNY0.24

J0121435
讲礼貌 （摄影 1985 年年历）山奇摄影
福州 福建人民出版社 1984 年 54cm（4 开）
定价: CNY0.20

J0121436
接新娘 （摄影 1985 年年历）李吉华摄影
合肥 安徽人民出版社［1984 年］54cm（4 开）
定价: CNY0.20

J0121437
金色的童年 （摄影 1984 年年历）叶介渔摄影
成都 四川人民出版社 1984 年 54cm（4 开）
定价: CNY0.18

J0121438
菁菁 （摄影 1985 年年历）张涵毅摄影
济南 山东少年儿童出版社 1984 年
54cm（4 开）定价：CNY0.20

J0121439
可爱的宝宝 （摄影 1985 年年历）金铎摄影
沈阳 辽宁美术出版社 1984 年 39cm（4 开）
定价：CNY0.10

J0121440
可爱的儿童 （摄影 1985 年年历）彭昌东摄影
上海 上海人民美术出版社 1984 年
54cm（4 开）定价：CNY0.20

J0121441
快乐的小真真 （摄影 1985 年年历）
陈扬坤摄影
福州 福建人民出版社 1984 年 54cm（4 开）
定价：CNY0.20

J0121442
连玉烨 （摄影 1985 年年历）
南昌 江西人民出版社［1984 年］54cm（4 开）
定价：CNY0.19

J0121443
练剑 （摄影 1985 年农历乙丑年年历）
周有骏,刘海岁摄影
北京 中国戏剧出版社 1984 年 54cm（4 开）
定价：CNY0.20

J0121444
凌波仙子 （摄影 1985 年年历）方建平摄影
长沙 湖南美术出版社 1984 年 54cm（4 开）
定价：CNY0.20

J0121445
吕瑞英 （摄影 1985 年年历）
南昌 江西人民出版社［1984 年］54cm（4 开）
定价：CNY0.19

J0121446
明星 （摄影 1985 年年历）一豪摄影
福州 福建人民出版社 1984 年 54cm（4 开）

定价：CNY0.20

J0121447
莫愁女 （摄影 1985 年年历）张岩摄影
石家庄 河北美术出版社 1984 年 54cm（4 开）
定价：CNY0.20

J0121448
南拳冠军黄惠贞 （摄影 1985 年年历）
李天佑摄影
北京 人民体育出版社 1984 年 54cm（4 开）
定价：CNY0.20

J0121449
你会吹泡泡吗？ （摄影 1985 年年历）
马元洁摄影
南京 江苏科学技术出版社 1984 年
54cm（4 开）定价：CNY0.20

J0121450
您是谁 （摄影 1985 年年历）陈扬坤摄影
福州 福建人民出版社 1984 年 54cm（4 开）
定价：CNY0.20

J0121451
妞妞和小白兔 （摄影 1985 年年历）
穆家宏摄影
天津 天津人民美术出版社 1984 年
54cm（4 开）定价：CNY0.20

J0121452
女旅游裙套 （摄影 1985 年年历）
南昌 江西人民出版社［1984 年］78cm（2 开）
定价：CNY0.26

J0121453
潘虹 （摄影 1985 年年历）柏雨果摄影
西安 陕西人民美术出版社 1984 年
54cm（4 开）定价：CNY0.20
　　作者柏雨果(1948—　)，摄影师。陕西凤县
人。中国摄影家协会会员、中国电影家协会会员。
曾举办《天、地、人》摄影作品展,出版文学作品
《拜见非洲大酋长》。

J0121454
潘虹 （摄影 1985 年农历乙丑年年历）
北京 中国电影出版社 1984 年 54cm（4 开）
定价：CNY0.12

J0121455
潘虹、三田佳子（日本演员） （摄影 1985 年农历乙丑年年历）
北京 中国电影出版社 1984 年 76cm（2 开）
定价：CNY0.24

J0121456
评弹演员 （摄影 1985 年年历）庄亚宁摄影
长春 吉林人民出版社 1984 年 54cm（4 开）
定价：CNY0.12

J0121457
悄悄话 （摄影 1985 年农历乙丑年年历）
高英熙，岳志霞摄影
重庆 重庆出版社 1984 年 54cm（4 开）
定价：CNY0.20

J0121458
秦楼胭脂红 （摄影 1985 年年历）一豪摄影
福州 福建人民出版社 1984 年 54cm（4 开）
定价：CNY0.20

J0121459
琴手 （摄影 1985 年年历）尹福康摄影
上海 上海人民美术出版社 1984 年
54cm（4 开）定价：CNY0.20

J0121460
琴童 （摄影 1985 年年历）张克庆摄影
福州 福建人民出版社 1984 年 76cm（2 开）
定价：CNY0.20

J0121461
青春 （摄影 1985 年年历）付维勒摄影
合肥 安徽人民出版社 1984 年 54cm（4 开）
定价：CNY0.20

J0121462
青春 （摄影 1985 年年历）赵延芳摄影
长沙 湖南美术出版社 1984 年 54cm（4 开）
定价：CNY0.20

J0121463
青年电影演员解颐 （摄影 1985 年年历）
张华铭摄影
贵阳 贵州人民出版社 1984 年 54cm（4 开）
定价：CNY0.18
　　作者张华铭，摄影家。著有《自然之花,中国人体艺术摄影》,与陈耀武合作《有阳光下的中国人体》。

J0121464
青年电影演员刘冬 （摄影 1985 年农历乙丑年年历）王明智摄影
重庆 重庆出版社 1984 年 54cm（4 开）
定价：CNY0.20

J0121465
青年电影演员 （摄影 1985 年年历）一豪摄影
福州 福建人民出版社 1984 年 54cm（4 开）
定价：CNY0.20

J0121466
青年电影演员魏慧丽 （摄影 1985 年年历）
南京 江苏美术出版社 1984 年 54cm（4 开）
定价：CNY0.20

J0121467
青年电影演员叶红霞 （摄影 1985 年年历）
吕渝生摄影
石家庄 河北美术出版社 1984 年 54cm（4 开）
定价：CNY0.20

J0121468
青年电影演员张瑜 （摄影 1985 年年历）
张岩摄影
石家庄 河北美术出版社 1984 年 54cm（4 开）
定价：CNY0.20

J0121469
青年电影演员朱琳 （摄影 1985 年年历）
张华铭摄影
石家庄 河北美术出版社 1984 年 54cm（4 开）
定价：CNY0.20

J0121470
青年电影演员朱筱青 （摄影 1985 年农历乙丑年年历）陈振戈摄影
重庆 重庆出版社 1984 年 54cm（4 开）
定价：CNY0.20

J0121471
青年演员 （摄影 1985 年年历）黎鸿发摄影
武汉 长江文艺出版社 1984 年 54cm（4 开）
定价：CNY0.20

J0121472
青年演员董智芝 （摄影 1985 年年历）
天鹰摄影
天津 天津人民美术出版社 1984 年
54cm（4 开）定价：CNY0.20

J0121473
青年演员古泽·丽奴尔 （摄影 1985 年年历）
更生摄影
杭州 浙江人民美术出版社 1984 年
54cm（4 开）定价：CNY0.19

J0121474
青年演员廉金津 （摄影 1985 年农历乙丑年年历）步行建摄影
成都 四川省新闻图片社 [1984年] 54cm（4开）
定价：CNY0.20

J0121475
飒爽英姿 （摄影 1985 年年历）王恒摄影
天津 天津杨柳青画社 1984 年 54cm（4 开）
定价：CNY0.27

J0121476
三女临境 （摄影 1985 年年历）
南昌 江西人民出版社 [1984年] 54cm（4 开）
定价：CNY0.19

J0121477
山东武术队员段章丽 （摄影 1985 年年历）
丽林摄影
南昌 江西人民出版社 [1984年] 54cm（4 开）
定价：CNY0.19

J0121478
上场之前 （摄影 1985 年农历乙丑年年历）
石丙立摄影
北京 中国戏剧出版社 1984 年 [1 张]
54cm（4 开）定价：CNY0.20

J0121479
沈丹萍 （摄影 1985 年年历）尹春华摄影
天津 天津人民美术出版社 1984 年 1 张
54cm（4 开）定价：CNY0.20
　　作者尹春华，擅长摄影。主要年历作品有《凝视》《梦乡》《小青河上》等。

J0121480
时装 （摄影 1985 年年历）
南昌 江西人民出版社 [1984 年] 5 张
78cm（2 开）盒装 定价：CNY1.30

J0121481
时装·女乘凉装 （摄影 1985 年年历）
杨克林摄影
南昌 江西人民出版社 [1984 年] 1 张
78cm（2 开）定价：CNY0.26

J0121482
时装·女东方衫 （摄影 1985 年年历）
杨克林摄影
南昌 江西人民出版社 [1984 年] 1 张
78cm（2 开）定价：CNY0.26

J0121483
时装·女连衣裙 （摄影 1985 年年历）
杨克林摄影
南昌 江西人民出版社 [1984 年] 1 张
78cm（2 开）定价：CNY0.26

J0121484
时装·女轻便套装 （摄影 1985 年年历）
杨克林摄影
南昌 江西人民出版社 [1984 年] 1 张
78cm（2 开）定价：CNY0.26

J0121485
时装·女晚礼服 （摄影 1985 年年历）
伍立威摄影

南昌　江西人民出版社［1984年］1张
78cm（2开）定价：CNY0.26

J0121486
时装·中西式滚边女上衣　（摄影　1985年年历）
杨克林摄影
南昌　江西人民出版社［1984年］1张
78cm（2开）定价：CNY0.26

J0121487
双侣情深　（摄影　1985年年历）钱万里摄影
长沙　湖南美术出版社　1984年　1张
39cm（8开）定价：CNY0.14

J0121488
吮　（摄影　1985年年历）岑永生,邵华安摄影
上海　上海人民美术出版社　1984年　1张
54cm（4开）定价：CNY0.20

J0121489
孙智君　（摄影　1985年年历）
南昌　江西人民出版社［1984年］1张
54cm（4开）定价：CNY0.19

J0121490
他和它俩　（摄影　1985年年历）
尹福康,王全亨摄影
成都　四川人民出版社　1984年　1张
54cm（4开）定价：CNY0.18

J0121491
太极拳冠军林秋萍　（摄影　1985年年历）
海凌摄影
福州　福建人民出版社　1984年　1张
54cm（4开）定价：CNY0.20

J0121492
体操明星童非　（摄影　1985年农历乙丑年年历）周铁侠摄影
北京　人民体育出版社　1984年　1张
54cm（4开）定价：CNY0.20

J0121493
体坛新秀　（摄影　1985年年历）唐禹民摄影
郑州　河南人民出版社　1984年　1张

78cm（2开）定价：CNY0.24

J0121494
天鹅舞　（摄影　1985年年历）陈一年摄影
郑州　河南人民出版社　1984年　1张
78cm（2开）定价：CNY0.24

J0121495
贴窗花　（摄影　1985年年历）张颖,魏震东摄影
上海　上海人民美术出版社　1984年　1张
54cm（4开）定价：CNY0.20

J0121496
铁榔头——郎平　（摄影　1985年年历）
福州　福建人民出版社　1984年　1张
54cm（4开）定价：CNY0.20

J0121497
亭亭玉立　（摄影　1985年年历）王英恒摄影
北京　人民体育出版社　1984年　1张
78cm（2开）定价：CNY0.28

J0121498
婷婷玉立　（摄影　1985年年历）联心摄影
郑州　河南人民出版社　1984年　1张
54cm（4开）定价：CNY0.18

J0121499
童年　（摄影　1985年年历）尹福康摄影
长沙　湖南美术出版社　1984年　1张
54cm（4开）定价：CNY0.20

J0121500
童年　（摄影　1985年农历乙丑年年历）金泽摄影
重庆　重庆出版社　1984年　1张　54cm（4开）
定价：CNY0.20

J0121501
外国小朋友　（摄影　1985年年历）马元浩摄影
兰州　甘肃人民出版社　1984年　1张
54cm（4开）定价：CNY0.20

J0121502
王莲　（摄影　1985年年历）刘以宽摄影
武汉　长江文艺出版社　1984年　1张

54cm（4开）定价：CNY0.20

J0121503
王子与公主 （摄影 1985年年历）李兰摄影
南宁 漓江出版社 1984年 1张 78cm（2开）
定价：CNY0.27

J0121504
维吾尔族儿童 （摄影 1985年年历）岑永生，
邵华安摄影
上海 上海人民美术出版社 1984年 1张
54cm（4开）定价：CNY0.20

J0121505
维吾尔族小姑娘 （摄影 1985年年历）
卞志武摄影
重庆 重庆出版社 1984年 1张 54cm（4开）
定价：CNY0.20
　　作者卞志武,摄影家。擅长风光摄影、纪实
摄影和建筑摄影。专注拍摄中国西部壮美的高
原风光、名寺古刹和独特的宗教文化。

J0121506
我帮阿姨来拍照 （摄影 1985年年历）
薛天祥摄影
西安 陕西人民美术出版社 1984年 1张
54cm（4开）定价：CNY0.20

J0121507
我和小苗一起长 （摄影 1985年年历）
唐载清摄影
上海 上海书画出版社 1984年 1张
54cm（4开）定价：CNY0.20

J0121508
我们的生活充满阳光 （摄影 1985年年历）
丁锋摄影
福州 福建人民出版社 1984年 1张
54cm（4开）定价：CNY0.20

J0121509
我长大了也要当冠军 （摄影 1985年年历）
高强摄影
南京 江苏科学技术出版社 1984年 1张
54cm（4开）定价：CNY0.20

J0121510
妩媚争艳 （摄影 1985年年历）钟向东摄影
成都 四川省新闻图片社［1984年］1张
54cm（4开）定价：CNY0.20

J0121511
武当英豪 （摄影 1985年年历）刘震摄影
天津 天津杨柳青画社 1984年 1张
54cm（4开）定价：CNY0.20

J0121512
武林新秀 （摄影 1985年农历乙丑年年历）
张吉忠摄影
重庆 重庆出版社 1984年 1张 78cm（2开）
定价：CNY0.28

J0121513
武术运动员黄秋燕 （摄影 1985年年历）
雨林摄影
南昌 江西人民出版社［1984年］1张
54cm（4开）定价：CNY0.19

J0121514
武术运动员李海燕 （摄影 1985年年历）
雨林摄影
南昌 江西人民出版社［1984年］1张
54cm（4开）定价：CNY0.19

J0121515
武术运动员李亦非 （摄影 1985年年历）
牛德林摄影
天津 天津人民美术出版社 1984年 1张
54cm（4开）定价：CNY0.20

J0121516
武术运动员张宏梅 （摄影 1985年年历）
雨林摄影
南昌 江西人民出版社［1984年］1张
54cm（4开）定价：CNY0.19

J0121517
武术运动员赵长军 （摄影 1985年年历）
雨林摄影
南昌 江西人民出版社［1984年］1张
54cm（4开）定价：CNY0.19

J0121518
舞蹈新秀——毛小春 （摄影 1985 年年历）
马元浩摄影
合肥 安徽人民出版社 1984 年 1 张
54cm（4 开）定价：CNY0.20

J0121519
舞蹈演员 （摄影 1985 年年历）谢新发摄影
上海 上海人民美术出版社 1984 年 1 张
54cm（4 开）定价：CNY0.20

J0121520
舞剧《珍珠》演员——李卫红 （摄影 1985
年年历）何沛行摄影
石家庄 河北美术出版社 1984 年 1 张
54cm（4 开）定价：CNY0.20

J0121521
喜笑颜开 （摄影 1985 年年历）杨定国摄影
南京 江苏美术出版社 1984 年 1 张
54cm（4 开）定价：CNY0.20

J0121522
夏菁 （摄影 1985 年年历）
杭州 西泠印社 1984 年 1 张 54cm（4 开）
定价：CNY0.20

J0121523
向雷锋叔叔学习 （摄影 1985 年年历）
丁锋摄影
福州 福建人民出版社 1984 年 1 张
54cm（4 开）定价：CNY0.20

J0121524
小宝宝 （摄影 1985 年年历）林群摄影
合肥 安徽人民出版社 1984 年 1 张
54cm（4 开）定价：CNY0.27

J0121525
小宝宝 （摄影 1985 年年历）周必云,马献春
摄影
福州 福建人民出版社 1984 年 1 张
54cm（4 开）定价：CNY0.20

J0121526
小宝宝 （摄影 1985 年年历）陈振戈摄影
济南 山东美术出版社 1984 年 1 张
54cm（4 开）定价：CNY0.20

J0121527
小宝宝 （摄影 1985 年年历）梅延林摄影
武汉 长江文艺出版社 1984 年 1 张
54cm（4 开）定价：CNY0.20

J0121528
小鼓手 （摄影 1985 年年历）陆金祥摄影
福州 福建人民出版社 1984 年 1 张
54cm（4 开）定价：CNY0.20

J0121529
小画家 （摄影 1985 年年历）刘海发,尹福根
摄影
长沙 湖南美术出版社 1984 年 1 张
54cm（4 开）定价：CNY0.20

J0121530
小伙伴 （摄影 1985 年农历乙丑年年历）
姜长庚摄影
长沙 湖南美术出版社 1984 年 1 张
54cm（4 开）定价：CNY0.20

J0121531
小伙伴 （摄影 1985 年年历）严明摄影
天津 天津人民美术出版社 1984 年 1 张
54cm（4 开）定价：CNY0.20

J0121532
小健将 （摄影 1985 年年历）丁兆庆摄影
福州 福建人民出版社 1984 年 1 张
54cm（4 开）定价：CNY0.20

J0121533
小妹妹 （摄影 1985 年年历）毅宏摄影
南京 江苏美术出版社 1984 年 1 张
54cm（4 开）定价：CNY0.20

J0121534
小女孩 （摄影 1985 年年历）张晶,岑永生摄影
上海 上海人民美术出版社 1984 年 1 册

54cm（4开）定价：CNY0.20

J0121535
小胖 （摄影 1985 年年历）
上海 上海书画出版社 1984 年 1 张
54cm（4开）定价：CNY0.20

J0121536
小球迷 （摄影 1985 年年历）朱裕陶摄影
福州 福建人民出版社 1984 年 1 张
54cm（4开）定价：CNY0.20

J0121537
小摄影师 （摄影 1985 年年历）陈振戈摄影
石家庄 河北灭鼠出版社 1984 年 1 张
54cm（4开）定价：CNY0.20

J0121538
小摄影师 （摄影 1985 年年历）尹福康,刘海
发摄影
长沙 湖南美术出版社 1984 年 1 张
54cm（4开）定价：CNY0.20

J0121539
小摄影师 （摄影 1985 年年历）晓音摄影
上海 上海人民美术出版社 1984 年 1 张
54cm（4开）定价：CNY0.20

J0121540
小司机 （摄影 1985 年年历）苏晓摄影
福州 福建人民出版社 1984 年 1 张
54cm（4开）定价：CNY0.20

J0121541
小淘气 （摄影 1985 年年历）陆金祥摄影
福州 福建人民出版社 1984 年 1 张
54cm（4开）定价：CNY0.20

J0121542
小淘气 （摄影 1985 年农历乙丑年年历）
岑安摄影
成都 四川省新闻图片社［1984 年］1 张
54cm（4开）定价：CNY0.20

J0121543
小淘气 （摄影 1985 年年历）陈春轩摄影
昆明 云南人民出版社 1984 年 1 张
54cm（4开）定价：CNY0.20

J0121544
小天真 （摄影 1985 年年历）庞守义摄影
济南 山东美术出版社 1984 年 1 张
54cm（4开）定价：CNY0.20

J0121545
小舞蹈家 （摄影 1985 年年历）朱守宪摄影
北京 人民美术出版社 1984 年 1 张
54cm（4开）定价：CNY0.20

J0121546
小小花朵 （摄影 1985 年年历）景青峰摄影
银川 宁夏人民出版社 1984 年 1 张
54cm（4开）定价：CNY0.20

J0121547
小小摄影师 （摄影 1985 年年历）陈振戈摄影
济南 山东美术出版社 1984 年 1 张
54cm（4开）定价：CNY0.20

J0121548
小小演奏家 （摄影 1985 年年历）柴本善摄影
上海 上海书画出版社 1984 年 1 张
54cm（4开）定价：CNY0.20

J0121549
小演员 （摄影 1985 年年历）徐斌摄影
石家庄 河北美术出版社 1984 年 1 张
54cm（4开）定价：CNY0.20

J0121550
小演员 （摄影 1985 年年历）袁学军摄影
北京 人民美术出版社 1984 年 1 张
54cm（4开）定价：CNY0.20

J0121551
小演员方超 （摄影 1985 年年历）
沈治昌摄影
上海 上海书画出版社 1984 年 1 张
54cm（4开）定价：CNY0.20

作者沈治昌,摄影家。作品有年历画《电影演员陈剑月》《电影演员殷亭如》《颐和园万寿山》《鹿顶迎晖》等。

J0121552
小演员沈洁 （摄影 1985 年年历）
唐载清摄影
上海 上海画报出版社 1984 年 1 张
54cm（4 开）定价：CNY0.20

J0121553
小演员沈洁 （摄影 1985 年年历）邹大为摄影
上海 上海人民美术出版社 1984 年 1 张
54cm（4 开）定价：CNY0.20

J0121554
小演员沈洁 （摄影 1985 年年历）沈治昌摄影
上海 上海书画出版社 1984 年 1 张
54cm（4 开）定价：CNY0.20

J0121555
小演员沈洁 （摄影 1985 年年历）徐斌摄影
天津 天津人民美术出版社 1984 年 1 张
54cm（4 开）定价：CNY0.20

J0121556
小园丁 （摄影 1985 年年历）唐禹民摄影
福州 福建人民出版社 1984 年 1 张
78cm（2 开）定价：CNY0.28

J0121557
小园丁 （摄影 1985 年年历）唐禹民摄影
郑州 河南人民出版社 1984 年 1 张
78cm（2 开）定价：CNY0.24

J0121558
小园丁 （摄影 1985 年年历）
曹震云,方蕴华摄影
天津 天津杨柳青画社 1984 年 1 张
54cm（4 开）定价：CNY0.20

J0121559
小运动员 （摄影 1985 年年历）高强摄影
郑州 河南人民出版社 1984 年 1 张
54cm（4 开）定价：CNY0.18

J0121560
新凤霞教戏 （摄影 1985 年农历乙丑年年历）
吴钢摄影
北京 中国戏剧出版社 1984 年 1 张
54cm（4 开）定价：CNY0.20

J0121561
新秀 （摄影 1985 年年历）徐斌摄影
福州 福建人民出版社 1984 年 1 张
54cm（4 开）定价：CNY0.20

J0121562
新演员 （摄影 1985 年年历）王佐英摄影
长春 吉林人民出版社 1984 年 1 张
54cm（4 开）定价：CNY0.12

J0121563
幸福的童年 （摄影 1985 年年历）马永梓摄影
福州 福建人民出版社 1984 年 1 张
54cm（4 开）定价：CNY0.20

J0121564
幸福的童年 （摄影 1985 年农历乙丑年年历）
岑安摄影
成都 四川省新闻图片社［1984 年］1 张
54cm（4 开）定价：CNY0.20

J0121565
幸福的一代 （摄影 1985 年年历）
张一鸣,吴怡君摄影
上海 上海书画出版社 1984 年 1 张
54cm（4 开）定价：CNY0.20

J0121566
幸福童年 （摄影 1985 年年历）胡建瑜摄影
南宁 漓江出版社 1984 年 1 张 54cm（4 开）
定价：CNY0.20

J0121567
徐玉兰 （摄影 1985 年年历）
南昌 江西人民出版社［1984 年］1 张
54cm（4 开）定价：CNY0.19

J0121568
学游泳 （摄影 1985 年年历）张涵毅摄影

天津　天津人民美术出版社　1984 年　1 张
54cm（4 开）定价：CNY0.20

J0121569
驯虎女郎　（摄影 1985 年年历）聂雨摄影
南昌　江西人民出版社［1984 年］1 张
54cm（4 开）定价：CNY0.19

J0121570
演出之前　（摄影 1985 年年历）张耿摄影
福州　福建人民出版社　1984 年　1 张
78cm（2 开）定价：CNY0.28

J0121571
杨八姐　（摄影 1985 年年历）梁元楷摄影
石家庄　河北美术出版社　1984 年　1 张
54cm（4 开）定价：CNY0.20

J0121572
杨排风　（摄影 1985 年年历）高国强摄影
天津　天津人民美术出版社　1984 年　1 张
54cm（4 开）定价：CNY0.20

J0121573
杨玉环　（摄影 1985 年年历）梅樱摄影
石家庄　河北美术出版社　1984 年　1 张
54cm（4 开）定价：CNY0.10

J0121574
一九八五（电影演员挂历）
天津　天津人民美术出版社［1984 年］1 张
54cm（4 开）定价：CNY3.50

J0121575
彝姑丰姿　（摄影 1985 年农历乙丑年年历）
曾克广摄影
成都　四川省新闻图片社［1984 年］1 张
54cm（4 开）定价：CNY0.20

J0121576
艺术体操名将——王秀荣　（摄影 1985 年年
历）邵华安摄影
合肥　安徽人民出版社　1984 年　1 张
54cm（4 开）定价：CNY0.20

J0121577
艺苑小花　（摄影 1985 年农历乙丑年年历）
杨克林摄影
重庆　重庆出版社　1984 年　1 张　54cm（4 开）
定价：CNY0.20

J0121578
银河新星——沈洁　（摄影 1985 年农历乙丑
年年历）凌风摄影
成都　四川省新闻图片社［1984 年］1 张
54cm（4 开）定价：CNY0.20

J0121579
银幕姐妹　（摄影 1985 年年历）严明摄影
天津　天津人民美术出版社　1984 年　1 张
54cm（4 开）定价：CNY0.20

J0121580
英姿勃勃——浙江张小燕　（摄影 1985 年年
历）成实摄影
北京　人民体育出版社　1984 年　54cm（4 开）
定价：CNY0.20

J0121581
英姿飒爽　（摄影 1985 年年历）孙振宇摄影
成都　四川人民出版社　1984 年　54cm（4 开）
定价：CNY0.18

J0121582
影坛明星程晓英　（摄影 1985 年年历）
马元浩摄影
合肥　安徽人民出版社　1984 年　54cm（4 开）
定价：CNY0.20
　　　作者马元浩（1944—　），摄影家、导演。毕
业于上海财经学院。中国摄影家协会会员，英国
皇家摄影学会高级会士。出版有《中国古代雕塑
观音》等。

J0121583
影坛新星洪学敏　（摄影 1985 年年历）
段震中摄影
合肥　安徽人民出版社　1984 年　54cm（4 开）
定价：CNY0.20

J0121584
影坛新秀 （摄影 1985 年年历）王长海摄影
郑州 河南人民出版社 1984 年 78cm（2 开）
定价：CNY0.24

J0121585
影坛新秀 （摄影 1985 年农历乙丑年年历）
志增摄影
成都 四川省新闻图片社［1984年］54cm（4 开）
定价：CNY0.20

J0121586
应国英 （摄影 1985 年年历）
南昌 江西人民出版社［1984年］54cm（4 开）
定价：CNY0.19

J0121587
俞绍文 （摄影 1985 年年历）雨林摄影
南昌 江西人民出版社［1984年］54cm（4 开）
定价：CNY0.19

J0121588
虞美人 （摄影 1985 年年历）朱煦摄影
沈阳 辽宁美术出版社 1984 年 54cm（4 开）
定价：CNY0.20

J0121589
虞美人 （摄影 1985 年年历）马名骏摄影
太原 山西人民出版社 1984 年 54cm（4 开）
定价：CNY0.20
　　作者马名骏(1933—　)，摄影家。河北省阳
原县人。历任山西人民出版社编审，中国摄影家
协会会员，山西省摄影家协会副主席。

J0121590
豫剧演员姜晶予 （摄影 1985 年年历）
王守平摄影
西安 陕西人民美术出版社 1984 年
54cm（4 开）定价：CNY0.20

J0121591
张玲楠 （摄影 1985 年年历）
南昌 江西人民出版社［1984年］54cm（4 开）
定价：CNY0.19

J0121592
张小燕 （摄影 1985 年年历）雨林摄影
南昌 江西人民出版社［1984年］54cm（4 开）
定价：CNY0.19

J0121593
珍珠姊妹 （摄影 1985 年年历）何沛行摄影
石家庄 河北美术出版社 1984 年 54cm（4 开）
定价：CNY0.20

J0121594
中日电影演员沈丹萍和绀野美沙子
（摄影 1985 年年历）陈春轩摄影
上海 上海人民美术出版社 1984 年
54cm（4 开）定价：CNY0.20

J0121595
朱碧云 （摄影 1985 年年历）纯石摄影
天津 天津人民美术出版社 1984 年
54cm（4 开）定价：CNY0.20

J0121596
朱雪莲 （摄影 1985 年年历）
南昌 江西人民出版社［1984年］54cm（4 开）
定价：CNY0.19

J0121597
著名歌唱家朱明瑛 （摄影 1985 年年历）
冯静之摄影
合肥 安徽人民出版社 1984 年 54cm（4 开）
定价：CNY0.20

J0121598
1986：大陆、港台电影明星
北京 中国电影出版社 1985 年 39cm（4 开）
定价：CNY4.20

J0121599
1986：电影演员
郑州 河南人民出版社 1985 年 53cm（4 开）
定价：CNY3.80

J0121600
1986：电影演员
郑州 河南人民出版社 1985 年 53cm（4 开）

定价：CNY2.60

J0121601
1986：电影演员
长沙 湖南美术出版社 1985 年 53cm（4 开）
定价：CNY4.00

J0121602
1986：电影演员
长春 吉林人民出版社 1985 年 85cm（3 开）
定价：CNY5.70

J0121603
1986：电影演员
南京 江苏教育出版社 1985 年 85cm（3 开）
定价：CNY5.20

J0121604
1986：电影演员
南昌 江西人民出版社 1985 年 85cm（3 开）
定价：CNY5.00

J0121605
1986：电影演员
广州 岭南美术出版社 1985 年 53cm（4 开）
定价：CNY3.90

J0121606
1986：电影演员
济南 山东美术出版社 1985 年 76cm（2 开）
定价：CNY7.00

J0121607
1986：电影演员
上海 上海人民美术出版社 1985 年
53cm（4 开）定价：CNY3.00

J0121608
1986：电影演员
延吉 延边教育出版社 1985 年 53cm（4 开）
定价：CNY4.20

J0121609
1986：电影演员
北京 中国旅游出版社 1985 年 53cm（4 开）

J0121610
1986：歌唱演员
沈阳 辽宁教育出版社 1985 年 53cm（4 开）
定价：CNY4.30

J0121611
1986：红楼梦电视连续剧人物选　沈治昌，
周雷摄
上海 上海书画出版社 1985 年 85cm（3 开）
定价：CNY5.00

J0121612
1986：屏幕新星　芳艺摄
哈尔滨 黑龙江美术出版社 1985 年
85cm（3 开）定价：CNY5.40

J0121613
1986：上海时装月历
上海 上海书画出版社 1985 年 78cm（3 开）
定价：CNY5.30

J0121614
1986：摄影——电影演员
石家庄 河北美术出版社 1985 年 85cm（3 开）
定价：CNY5.00

J0121615
1986：摄影——儿童
武汉 湖北少年儿童出版社 1985 年
53cm（4 开）定价：CNY4.20

J0121616
1986：摄影——儿童
天津 天津人民美术出版社 1985 年
53cm（4 开）定价：CNY4.20

J0121617
1986：摄影——国际时装
沈阳 辽宁美术出版社 1985 年 85cm（3 开）
定价：CNY5.50

J0121618
1986：摄影——时装·春衫
沈阳 辽宁美术出版社 1985 年 85cm（3 开）
定价：CNY5.50

J0121619
1986：摄影——影坛新秀
石家庄 河北美术出版社 1985 年 53cm（4 开）
定价：CNY4.40

J0121620
1986：深圳游·影视明星
南昌 江西人民出版社［1985 年］73cm（2 开）
定价：CNY8.70

J0121621
1986：时装
武汉 湖北科学技术出版社 1985 年 53cm（4 开）
定价：CNY3.80

J0123920
1986：时装
武汉 长江文艺出版社 1985 年 85cm（3 开）
定价：CNY5.00

J0121622
1986：外国名演员
北京 中国戏剧出版社 1985 年 53cm（4 开）
定价：CNY4.20

J0121623
1986：外国时装集锦
南昌 江西人民出版社 1985 年 53cm（4 开）
定价：CNY2.80

J0121624
1986：香港影星
南昌 江西人民出版社［1985 年］53cm（4 开）

J0121625
1986：香港影星
北京 中国摄影出版社［1985 年］73cm（3 开）
定价：CNY4.40

J0121626
1986：影星
沈阳 辽宁美术出版社 1985 年 85cm（3 开）
定价：CNY5.50

J0121627
1986 年电影演员月历
上海 上海人民美术出版社 1985 年
73cm（3 开）定价：CNY8.00

J0121628
1986 年儿童月历　李基等摄
上海 上海人民美术出版社 1985 年
85cm（3 开）定价：CNY5.00

J0121629
1986 年绒线时装摄影月历
上海 上海人民美术出版社 1985 年
85cm（3 开）定价：CNY4.80

J0123929
1986 年摄影月历：新秀
上海 上海人民美术出版社 1985 年
53cm（4 开）定价：CNY4.00

J0121630
1986 年时装双月历　杨克林摄
上海 上海人民美术出版社 1985 年
53cm（4 开）定价：CNY2.50

J0121631
1986 年时装月历　陈春轩等摄
上海 上海人民美术出版社 1985 年
85cm（3 开）定价：CNY4.80

J0121632
1986 年演员月历
上海 上海人民美术出版社 1985 年
53cm（4 开）定价：CNY4.00

J0121633
白族姑娘　（摄影 1986 年年历）杨克林摄影
上海 上海人民美术出版社 1985 年 1 张
78cm（2 开）定价：CNY0.32

J0121634
**百花、金鸡奖最佳女主角龚雪，百花奖最佳
女配角王馥荔**　（摄影 1986 年年历）
马贵云摄影
石家庄 河北美术出版社 1985 年 1 张

53cm（4 开）定价：CNY0.22

J0121635
宝宝起床早 （摄影 1986 年年历）
江小铎摄影
上海 上海书画出版社 1985 年 1 张
54cm（4 开）定价：CNY0.24

J0121636
宝玉 （摄影 1986 年年历）杨刚摄影
昆明 云南人民出版社 1985 年 1 张
54cm（4 开）定价：CNY0.22

J0121637
碧波荡舟 （摄影 1986 年年历）胡武功摄影
西安 陕西人民出版社 1985 年 1 张
54cm（4 开）定价：CNY0.24
　　作者胡武功（1949—　），摄影记者。生于陕
西西安。现任陕西省摄影家协会主席。出版文
集《摄影家的眼睛》《中国影像革命》，摄影画册
《胡武功摄影作品集》《四方城》《西安记忆》《藏
着的关中》等。

J0121638
憧憬 （摄影 1986 年年历）江小铎摄影
上海 上海书画出版社 1985 年 1 张
54cm（4 开）定价：CNY0.24

J0121639
憧憬 （摄影 1986 年年历）林静摄影
成都 四川省新闻图片社［1985 年］1 张
54cm（4 开）定价：CNY0.23

J0121640
憧憬未来——影坛新秀董智芝
（摄影 1986 年年历）
南昌 江西人民出版社［1985 年］1 张
54cm（4 开）定价：CNY0.24

J0121641
吹气球 （摄影 1986 年年历）钟仪摄影
南京 江苏美术出版社 1985 年 1 张
54cm（4 开）定价：CNY0.24

J0121642
春妮 （摄影 1986 年年历）晓芳摄影
成都 四川省新闻图片社［1985 年］1 张
54cm（4 开）定价：CNY0.23

J0121643
傣族姑娘 （摄影 1986 年年历）田捷民摄影
成都 四川省新闻图片社［1985 年］1 张
78cm（2 开）定价：CNY0.31
　　作者田捷民（1954—　），浙江人。重庆市新
闻图片社主任记者。历任四川省摄影家协会副
主席、中国摄影家协会理事、重庆市文联委员、
重庆市摄影家协会驻会副主席兼秘书长等。代
表作有《影人史进》《重担在肩》《照野皅皅融
雪》等。

J0121644
淡如银月——影坛新秀董智芝
（摄影 1986 年年历）
南昌 江西人民出版社［1985 年］1 张
54cm（4 开）定价：CNY0.24

J0121645
等我想一想 （摄影 1986 年农历丙寅年年历）
陈振戈摄影
广州 岭南美术出版社 1985 年 1 张
39cm（4 开）定价：CNY0.20

J0121646
第八届电影“百花”奖最佳女主角吴玉芳
（摄影 1986 年年历）春杰摄影
重庆 重庆出版社 1985 年 1 张 54cm（4 开）
定价：CNY0.20

J0121647
电视连续剧《西游记》扮演者——董智芝
（摄影 1986 年年历）吕渝生，田捷明摄影
成都 四川省新闻图片社［1985 年］1 张
53cm（4 开）定价：CNY0.23

J0121648
电影《南拳王》女主演宗巧珍 （摄影
1986 年年历）李中摄影
北京 人民体育出版社 1985 年 1 张
76cm（2 开）定价：CNY0.33

J0121649
电影《人生》——女主角巧珍 （摄影 1986 年年历）柏雨果摄影
成都 四川省新闻图片社 ［1985 年］1 张
78cm（2 开）定价：CNY0.31
　　作者柏雨果（1948—　 ），摄影师。陕西凤县人。中国摄影家协会会员、中国电影家协会会员。曾举办《天、地、人》摄影作品展，出版文学作品《拜见非洲大酋长》。

J0121650
电影第七届百花奖最佳女配角王馥荔
（摄影 1986 年年历）张书永摄影
济南 山东美术出版社 1985 年 1 张
53cm（4 开）定价：CNY0.24

J0123951
电影第四届金鸡奖、第七届百花奖最佳女演员龚雪 （摄影 1986 年年历）
济南 山东美术出版社 1985 年 1 张
53cm（4 开）定价：CNY0.24

J0121651
电影第四届金鸡奖最佳女配角宋晓英
（摄影 1986 年年历）张书永摄影
济南 山东美术出版社 1985 年 1 张
53cm（4 开）定价：CNY0.24

J0121652
电影金鸡奖百花奖获得者龚雪、潘虹斯琴高娃 （摄影 1986 年年历）王明智摄影
重庆 重庆出版社 1985 年 1 张 53cm（4 开）
定价：CNY0.20

J0121653
电影演员陈华 （摄影 1986 年年历）
凌辉摄影
重庆 重庆出版社 1985 年 1 张 53cm（4 开）
定价：CNY0.20

J0121654
电影演员陈剑月 （摄影 1986 年年历）
沈治昌摄影
上海 上海书画出版社 1985 年 1 张
53cm（4 开）定价：CNY0.24

J0121655
电影演员陈肖依 （摄影 1986 年农历丙寅年年历）郑宏摄影
郑州 河南美术出版社 1985 年 1 张
53cm（4 开）定价：CNY0.23

J0121656
电影演员陈肖依 （摄影 1986 年年历）
黄强摄影
重庆 重庆出版社 1985 年 1 张 53cm（4 开）
定价：CNY0.20

J0121657
电影演员陈烨 （摄影 1986 年年历）徐斌摄影
石家庄 河北美术出版社 1985 年 1 张
53cm（4 开）定价：CNY0.22
　　作者徐斌，擅长摄影。主要作品有年历《算一算》《喜悦》《小演员》等。

J0121658
电影演员陈烨 （摄影 1986 年年历）
余小仪摄影
上海 上海人民美术出版社 1985 年 1 张
38cm（6 开）定价：CNY0.12
　　作者余小仪（1949—　 ），油画家。生于上海，毕业于上海纺专美术系（现上海东华大学美术系），后又分别就读于纽约美格埃弗斯学院和杜鲁大学。中央美术学院、厦门大学艺术学院客座教授，美国肖像画家协会会员。主要作品有《爱祖国爱海洋》《变戏法》《沉香扇》等。

J0121659
电影演员陈烨 （摄影 1986 年年历）
北京 中国电影出版社 1985 年 1 张
53cm（4 开）定价：CNY0.16

J0121660
电影演员陈烨、罗燕、徐娅 （摄影 1986 年年历）
北京 中国电影出版社 1985 年 1 张
76cm（2 开）定价：CNY0.30

J0121661
电影演员丛珊 （摄影 1986 年年历）
北京 中国电影出版社 1985 年 1 张

76cm（2开）定价：CNY0.48

J0121662
电影演员董智芝 （摄影 1986 年年历）
陶弘摄影
上海 上海人民美术出版社 1985 年 1 张
53cm（4开）定价：CNY0.24

J0121663
电影演员董智芝 （摄影 1986 年年历）
张磊摄影
重庆 重庆出版社 1985 年 1 张 53cm（4开）
定价：CNY0.20

J0121664
电影演员方舒 （摄影 1986 年年历）
于祝明摄影
济南 山东美术出版社 1985 年 1 张
53cm（4开）定价：CNY0.24

J0121665
电影演员盖克 （摄影 1986 年年历）
宋志华摄影
石家庄 河北美术出版社 1985 年 1 张
53cm（4开）定价：CNY0.24

J0121666
电影演员龚雪 （摄影 1986 年年历）徐斌摄影
石家庄 河北美术出版社 1985 年 1 张
53cm（4开）定价：CNY0.22

J0121667
电影演员龚雪 （摄影 1986 年年历）
邹大为摄影
上海 上海书画出版社 1985 年 1 张
53cm（4开）定价：CNY0.24

J0121668
电影演员龚雪 （摄影 1986 年年历）
北京 中国电影出版社 1985 年 1 张
76cm（2开）定价：CNY0.48

J0121669
电影演员龚雪 （摄影 1986 年年历）
北京 中国电影出版社 1985 年 1 张

53cm（4开）定价：CNY0.16

J0121670
电影演员龚雪、潘虹、斯琴高娃
（摄影 1986 年年历）
北京 中国电影出版社 1985 年 1 张
53cm（4开）定价：CNY0.20

J0121671
电影演员顾红 （摄影 1986 年年历）晨鹏摄影
郑州 河南美术出版社 1985 年 1 张
53cm（4开）定价：CNY0.23

J0121672
电影演员韩月乔 （摄影 1986 年年历）
吕渝生摄影
成都 四川省新闻图片社［1985 年］1 张
53cm（4开）定价：CNY0.23

J0121673
电影演员何静 （摄影 1986 年年历）
陈永钧摄影
石家庄 河北美术出版社 1985 年 1 张
53cm（4开）定价：CNY0.12

J0121674
电影演员洪学敏 （摄影 1986 年农历丙寅年
年历）吕渝生，笪建华摄影
成都 四川省新闻图片社［1985 年］1 张
53cm（4开）定价：CNY0.23

J0121675
电影演员姜黎黎 （摄影 1986 年年历）
陈振戈摄影
石家庄 河北美术出版社 1985 年 1 张
53cm（4开）定价：CNY0.24

J0121676
电影演员李羚 （摄影 1986 年年历）马云摄影
济南 山东美术出版社 1985 年 1 张
53cm（4开）定价：CNY0.24

J0121677
电影演员——李羚 （摄影 1986 年农历丙寅
年年历）周雁鸣摄影

郑州 河南美术出版社 1985 年 1 张
53cm（4 开）定价：CNY0.23

J0121678
电影演员李萍 （摄影 1986 年年历）
张华铭摄影
石家庄 河北美术出版社 1985 年 1 张
53cm（4 开）定价：CNY0.12

J0121679
电影演员李秀明 （摄影 1986 年年历）
北京 中国电影出版社 1985 年 1 张
76cm（2 开）定价：CNY0.30

J0123981
电影演员梁彦 （摄影 1986 年年历）凯帆摄影
天津 天津人民美术出版社 1985 年 1 张
53cm（4 开）定价：CNY0.25

J0121680
电影演员林方兵 （摄影 1986 年年历）
马云摄影
济南 山东美术出版社 1985 年 1 张
53cm（4 开）定价：CNY0.24

J0121681
电影演员刘冬 （摄影 1986 年年历）
周雁鸣摄影
郑州 河南美术出版社 1985 年 1 张
53cm（4 开）定价：CNY0.23

J0121682
电影演员 （摄影 1986 年年历）
马元浩摄影
福州 福建美术出版社 1985 年 1 张
78cm（2 开）定价：CNY0.32

J0121683
电影演员 （摄影 1986 年年历）
张甦摄影
石家庄 河北美术出版社 1985 年 1 张
53cm（4 开）定价：CNY0.24

J0121684
电影演员 （摄影 1986 年年历）

北京 中国电影出版社 1985 年 1 张
53cm（4 开）定价：CNY0.16

J0121685
电影演员、方舒 （摄影 1986 年年历）
北京 中国电影出版社 1985 年 1 张
53cm（4 开）定价：CNY0.16

J0121686
电影演员 （摄影 1986 年年历）
北京 中国电影出版社 1985 年 1 张
76cm（2 开）定价：CNY0.39

J0121687
电影演员刘信义 （摄影 1986 年年历）
北京 中国电影出版社［1985 年］1 张
53cm（4 开）定价：CNY0.16

J0121688
电影演员卢君、陈肖依夫妇 （摄影
1986 年年历）
北京 中国电影出版社 1985 年 1 张
53cm（4 开）定价：CNY0.16

J0121689
电影演员马兰 （摄影 1986 年年历）
北京 中国电影出版社 1985 年 1 张
53cm（4 开）定价：CNY0.16

J0121690
电影演员娜仁花 （摄影 1986 年年历）
北京 中国电影出版社 1985 年 1 张
53cm（4 开）定价：CNY0.16

J0121691
电影演员倪雪华 （摄影 1986 年年历）
洪笋摄影
石家庄 河北美术出版社 1985 年 1 张
53cm（4 开）定价：CNY0.12

J0121692
电影演员潘虹 （摄影 1986 年年历）
北京 中国电影出版社［1985 年］1 张
53cm（4 开）定价：CNY0.16

J0121693
电影演员沈丹萍 （摄影 1986 年年历）
殷立民摄影
上海 上海书画出版社 1985 年 1 张
53cm（4 开）定价: CNY0.24

J0121694
电影演员宋佳 （摄影 1986 年年历）晨鹏摄影
郑州 河南美术出版社［1985 年］1 张
53cm（4 开）定价: CNY0.23

J0121695
电影演员宋佳 （摄影 1986 年年历）徐斌摄影
南昌 江西人民出版社［1985 年］1 张
53cm（4 开）定价: CNY0.24

J0121696
电影演员宋佳 （摄影 1986 年年历）周炘摄影
上海 上海书画出版社 1985 年 1 张
53cm（4 开）定价: CNY0.24

J0121697
电影演员万琼、梁玉瑾 （摄影 1986 年年历）
北京 中国电影出版社 1985 年 1 张
76cm（2 开）定价: CNY0.30

J0121698
电影演员王馥荔 （摄影 1986 年年历）
甄为民摄影
福州 福建美术出版社 1985 年 1 张
53cm（4 开）定价: CNY0.24

J0121699
电影演员王馥荔 （摄影 1986 年年历）
钱伟摄影
南京 江苏美术出版社 1985 年 1 张
53cm（4 开）定价: CNY0.26

J0121700
电影演员王馥荔 （摄影 1986 年年历）
北京 中国电影出版社 1985 年 1 张
53cm（4 开）定价: CNY0.16

J0121701
电影演员王馥荔 （摄影 1986 年年历）

北京 中国电影出版社 1985 年 1 张
53cm（4 开）定价: CNY0.20

J0121702
电影演员王晓燕 （摄影 1986 年年历）
北京 中国电影出版社 1985 年 1 张
53cm（4 开）定价: CNY0.16

J0121703
电影演员吴竞 （摄影 1986 年年历）徐斌摄影
石家庄 河北美术出版社 1985 年 1 张
53cm（4 开）定价: CNY0.22

J0121704
电影演员吴玉芳 （摄影 1986 年年历）
柏雨果摄影
郑州 河南美术出版社 1985 年 1 张
53cm（4 开）定价: CNY0.23
　　作者柏雨果(1948—　　),摄影师。陕西凤县
人。中国摄影家协会会员、中国电影家协会会员。
曾举办《天、地、人》摄影作品展,出版文学作品
《拜见非洲大酋长》。

J0121705
电影演员肖雄 （摄影 1986 年年历）
北京 中国电影出版社 1985 年 1 张
53cm（4 开）定价: CNY0.16

J0121706
电影演员肖雄、方超 （摄影 1986 年年历）
北京 中国电影出版社 1985 年 1 张
53cm（4 开）定价: CNY0.16

J0121707
电影演员许瑞萍 （摄影 1986 年年历）
陈传祖摄影
石家庄 河北美术出版社 1985 年 1 张
53cm（4 开）定价: CNY0.12

J0121708
电影演员杨在葆 （摄影 1986 年年历）
北京 中国电影出版社 1985 年 1 张
53cm（4 开）定价: CNY0.16

J0121709
电影演员杨在葆、龚雪 （摄影 1986 年年历）
北京 中国电影出版社 1985 年 1 张
53cm（4 开）定价：CNY0.16

J0121710
电影演员杨在葆等 （摄影 1986 年年历）
北京 中国电影出版社 1985 年 1 张
76cm（2 开）定价：CNY0.39

J0124014
电影演员依苏拉汗 （摄影 1986 年年历）
徐斌摄影
石家庄 河北美术出版社 1985 年 1 张
53cm（4 开）定价：CNY0.12

J0121711
电影演员殷亭如 （摄影 1986 年年历）
沈治昌摄影
上海 上海书画出版社 1985 年 1 张
53cm（4 开）定价：CNY0.24

　　作者沈治昌，摄影家。作品有年历画《电影演员陈剑月》《电影演员殷亭如》《颐和园万寿山》《鹿顶迎晖》等。

J0121712
电影演员殷亭如 （摄影 1986 年年历）
北京 中国电影出版社 1985 年 1 张
76cm（2 开）定价：CNY0.48

J0121713
电影演员殷亭如 （摄影 1987 年年历）
周炘摄影
重庆 重庆出版社 1985 年 1 张 53cm（4 开）
定价：CNY0.20

J0121714
电影演员殷新 （摄影 1986 年年历）
关迎时摄影
石家庄 河北美术出版社 1985 年 1 张
53cm（4 开）定价：CNY0.22

J0121715
电影演员于莉 （摄影 1986 年年历）
于祝明摄影

济南 山东美术出版社 1985 年 1 张
53cm（4 开）定价：CNY0.24

J0121716
电影演员詹萍萍 （摄影 1986 年年历）
齐洁摄影
石家庄 河北美术出版社 1985 年 1 张
53cm（4 开）定价：CNY0.22

J0121717
电影演员张晓磊 （摄影 1986 年年历）
北京 中国电影出版社 1985 年 1 张
76cm（2 开）定价：CNY0.48

J0121718
电影演员张瑜 （摄影 1986 年年历）
广州 岭南美术出版社 1985 年 1 张
53cm（4 开）定价：CNY0.30

J0121719
电影演员张瑜 （摄影 1986 年年历）
北京 中国电影出版社 1985 年 1 张
76cm（2 开）定价：CNY0.48

J0121720
电影演员张瑜 （摄影 1986 年年历）
北京 中国电影出版社 1985 年 1 张
53cm（4 开）定价：CNY0.16

J0121721
电影演员张瑜 （摄影 1986 年年历）
北京 中国电影出版社 1985 年 1 张
53cm（4 开）定价：CNY0.16

J0121722
电影演员张瑜、陈烨、张芝华 （摄影 1986 年年历）
北京 中国电影出版社 1985 年 1 张
76cm（2 开）定价：CNY0.30

J0121723
电影演员赵静 （摄影 1986 年年历）
吴佩元,关迎时摄影
石家庄 河北美术出版社 1985 年 1 张
53cm（4 开）定价：CNY0.24

J0121724
电影演员赵静 （摄影 1986 年年历）
北京 中国电影出版社 1985 年 1 张
53cm（4 开）定价：CNY0.16

J0121725
电影演员周洁 （摄影 1986 年年历）晨鹏摄影
郑州 河南美术出版社 1985 年 1 张
53cm（4 开）定价：CNY0.25

J0121726
电影演员周洁 （摄影 1986 年农历丙寅年年历）
吕渝生摄影
成都 四川省新闻图片社［1985 年］1 张
53cm（4 开）定价：CNY0.23

J0121727
电影演员朱碧云 （摄影 1986 年年历）
马云摄影
济南 山东美术出版社 1985 年 1 张
53cm（4 开）定价：CNY0.24

J0121728
电影演员朱碧云 （摄影 1986 年年历）
北京 中国电影出版社 1985 年 1 张
53cm（4 开）定价：CNY0.16

J0121729
电影演员朱琳 （摄影 1986 年年历）
陈振戈摄影
郑州 河南美术出版社 1985 年 1 张
53cm（4 开）定价：CNY0.23

J0121730
电影演员朱琳 （摄影 1986 年年历）马云摄影
济南 山东美术出版社 1985 年 1 张
53cm（4 开）定价：CNY0.24

J0121731
电影演员朱琳 （摄影 1986 年年历）
北京 中国电影出版社 1985 年 1 张
53cm（4 开）定价：CNY0.16

J0121732
电影演员朱小青 （摄影 1986 年年历）

陈振戈摄影
石家庄 河北美术出版社 1985 年 1 张
53cm（4 开）定价：CNY0.24

J0121733
儿童演员张磊 （摄影 1986 年年历）
北京 中国电影出版社 1985 年 1 张
53cm（4 开）定价：CNY0.16

J0124038
二乔 （摄影 1986 年年历）梁祖宏摄影
郑州 河南美术出版社 1985 年 1 张
78cm（3 开）定价：CNY0.27

J0121734
芳芳 （摄影 1986 年年历）杨光华摄影
合肥 安徽美术出版社 1985 年 1 张
54cm（4 开）定价：CNY0.24

J0121735
风华 （摄影 1986 年年历）
南京 江苏美术出版社 1985 年 1 张
78cm（3 开）定价：CNY0.36

J0121736
风韵自得——影坛新秀董智芝
（摄影 1986 年年历）
南昌 江西人民出版社［1985 年］1 张
53cm（4 开）定价：CNY0.24

J0121737
服装美 （摄影 1986 年年历 一）白翔摄影
武汉 长江文艺出版社 1985 年 1 张
78cm（2 开）定价：CNY0.32

J0121738
服装美 （摄影 1986 年年历 二）白翔摄影
武汉 长江文艺出版社 1985 年 1 张
76cm（2 开）定价：CNY0.32

J0121739
歌唱家李谷一 （摄影 1986 年年历）
郭子善摄影
郑州 河南美术出版社 1985 年 1 张
39cm（4 开）定价：CNY0.16

J0121740
歌唱演员沈小岑 （摄影 1986 年年历）
柴本善摄影
上海 上海书画出版社 1985 年 1 张
54cm（4 开）定价：CNY0.24

J0121741
歌坛新秀朱明瑛 （摄影 1986 年年历）王棠
华摄影
成都 四川省新闻图片社［1985 年］1 张
32cm（10 开）定价：CNY0.12

J0121742
歌星——程琳 （摄影 1986 年年历）天鹰摄影
杭州 浙江人民美术出版社 1985 年 1 张
78cm（2 开）定价：CNY0.30

J0121743
龚雪 （摄影 1986 年年历）尹福康摄影
石家庄 河北美术出版社 1985 年 1 张
78cm（2 开）定价：CNY0.32

J0121744
故事大王 （摄影 1986 年年历）钟向东摄影
济南 山东少年儿童出版社 1985 年 1 张
54cm（4 开）定价：CNY0.24

J0121745
韩月乔 （摄影 1986 年年历）李广忠摄影
石家庄 河北美术出版社 1985 年 1 张
78cm（2 开）定价：CNY0.32

J0121746
韩月乔 （摄影 1986 年年历）杨文庆摄影
石家庄 河北美术出版社 1985 年 1 张
54cm（4 开）定价：CNY0.24

J0121747
好好学习　天天向上 （摄影 1986 年年历）
陈峰摄影
福州 福建美术出版社［1985 年］1 张
53cm（4 开）定价：CNY0.24

J0121748
华屋芳姿 （摄影 1986 年年历）胡晓申摄影

南昌 江西人民出版社［1985 年］1 张
78cm（3 开）定价：CNY0.33

J0121749
华屋倩影 （摄影 1986 年年历）林小东摄影
福州 福建美术出版社 1985 年 1 张
78cm（2 开）定价：CNY0.32

J0121750
健美儿童 （摄影 1986 年年历）钟向东摄影
济南 山东少年儿童出版社 1985 年 1 张
54cm（4 开）定价：CNY0.24

J0121751
**金鸡奖、百花奖得奖演员龚雪、潘虹、斯琴
高娃** （摄影 1986 年年历）
北京 中国电影出版社 1985 年［1 张］
76cm（2 开）定价：CNY0.39

J0121752
锦上牡丹——影坛新秀董智芝
（摄影 1986 年年历）
南昌 江西人民出版社［1985 年］1 张
54cm（4 开）定价：CNY0.24

J0121753
晋剧名旦田桂兰 （摄影 1986 年年历）
马名骏摄影
太原 山西人民出版社 1985 年 1 张
54cm（4 开）定价：CNY0.24

J0121754
看我多漂亮 （摄影 1986 年年历）刘大可摄影
南京 江苏美术出版社 1985 年 1 张
54cm（4 开）定价：CNY0.26

J0121755
可爱的儿童 （摄影 1986 年年历）张涵毅,
谢新发摄影
上海 上海人民美术出版社 1985 年 1 张
53cm（4 开）定价：CNY0.24

J0121756
跨溪姑娘 （摄影 1986 年年历）周道明,黎江
摄影

杭州 浙江人民美术出版社 1985 年 1 张
78cm（2 开）定价：CNY0.28

J0121757
快乐 （摄影 1986 年年历）周必云摄影
福州 福建美术出版社 1985 年 1 张
54cm（4 开）定价：CNY0.24

J0121758
快乐的生日 （摄影 1986 年年历）钟向东摄影
成都 四川省新闻图片社［1985 年］1 张
54cm（4 开）定价：CNY0.23

J0121759
蠡园倩影 （摄影 1986 年年历）马元浩摄影
上海 上海书画出版社 1985 年 1 张
54cm（4 开）定价：CNY0.24

J0121760
莉莉 （摄影 1986 年年历）殷孟珍摄影
石家庄 河北美术出版社 1985 年 1 张
54cm（4 开）定价：CNY0.24

J0121761
莉莉 （摄影 1987 年年历）殷孟珍摄影
石家庄 河北美术出版社 1986 年 1 张
53cm（4 开）定价：CNY0.25

J0121762
梁山伯与祝英台 （摄影 1986 年年历）
朱之风摄影
北京 人民美术出版社 1985 年 1 张
54cm（4 开）定价：CNY0.18

J0121763
刘 （摄影 1986 年年历）陈振戈摄影
武汉 湖北美术出版社 1985 年 1 张
53cm（4 开）定价：CNY0.24

J0121764
龙女拜寿 （摄影 1986 年年历）孙骅麟摄影
石家庄 河北美术出版社 1985 年 1 张
53cm（4 开）定价：CNY0.12

J0121765
妈妈抱 （摄影 1986 年年历）沈治昌摄影
上海 上海书画出版社 1985 年 1 张
53cm（4 开）定价：CNY0.24

J0121766
美的和谐——影坛新秀董智芝 （摄影
1986 年年历）
南昌 江西人民出版社［1985 年］1 张
54cm（4 开）定价：CNY0.24

J0121767
美猴王 （摄影 1986 年年历）费文麓摄影
郑州 河南美术出版社 1985 年 1 张
78cm（2 开）定价：CNY0.30

J0121768
蒙古族娃娃 （摄影 1986 年农历丙寅年年历）
顾棣摄影
太原 山西人民出版社 1985 年 1 张
54cm（4 开）定价：CNY0.24

J0121769
凝思 （摄影 1986 年年历）
南京 江苏美术出版社 1985 年 1 张
54cm（4 开）定价：CNY0.24

J0121770
女孩与米老鼠 （摄影 1986 年年历）
钟仪摄影
南京 江苏美术出版社 1985 年 1 张
53cm（4 开）定价：CNY0.24

J0121771
女排队长张蓉芳 （摄影 1986 年年历）
王英恒摄影
北京 人民体育出版社 1985 年 1 张
［78cm］（3 开）定价：CNY0.33
　　作者王英恒（1932— ），摄影记者。生于海南琼山县，毕业于中央美术学院。曾任《新体育》《体育报》等杂志社美术图片编辑、摄影记者，人民体育出版社摄影编辑室主任，中国体育摄影学会主席，中国摄影家协会会员。摄影作品有《剑术》《绳操》《女排队长张蓉芳》等。

J0121772
胖囡 （摄影 1986 年年历）
南昌 江西人民出版社［1985 年］1 张
54cm（4 开）定价：CNY0.24

J0121773
胖妮 （摄影 1986 年年历）栗志毅摄影
郑州 河南美术出版社 1985 年 1 张
78cm（2 开）定价：CNY0.30

J0124079
胖娃娃 （摄影 1986 年年历）李基摄影
上海 上海人民美术出版社 1985 年 1 张
54cm（4 开）定价：CNY0.24

J0121774
评弹演员倪迎春 （摄影 1986 年年历）
王全享摄影
成都 四川省新闻图片社［1985 年］1 张
54cm（4 开）定价：CNY0.24

J0121775
蒲剧新秀任根心 （摄影 1986 年年历）
顾棣摄影
太原 山西人民出版社 1985 年 1 张
54cm（4 开）定价：CNY0.24

J0121776
青春 （摄影 1986 年年历）苏晓摄影
福州 福建美术出版社 1985 年 1 张
78cm（2 开）定价：CNY0.32

J0121777
青春 （摄影 1986 年年历）马元浩摄影
武汉 湖北美术出版社 1985 年 1 张
54cm（4 开）定价：CNY0.24

J0121778
青春 （摄影 1986 年年历）
南京 江苏美术出版社 1985 年 1 张
78cm（2 开）定价：CNY0.36

J0121779
青春时装之一 （摄影 1986 年年历）
魏民摄影

贵阳 贵州人民出版社 1985 年 1 张
54cm（4 开）定价：CNY0.22

J0121780
青春时装之二 （摄影 1986 年年历）
曾宪阳摄影
贵阳 贵州人民出版社 1985 年 1 张
54cm（4 开）定价：CNY0.22

　　作者曾宪阳(1940—2008),摄影师,漫画家。
贵州贵阳人。曾任贵州省美术出版社副总编辑,
贵州省漫画研究会副会长。主要作品有《昨天我
发薪》《乱弹琴》《三思而后行》等。

J0121781
青春时装之三 （摄影 1986 年年历）魏民摄影
贵阳 贵州人民出版社 1985 年 1 张
54cm（4 开）定价：CNY0.22

J0121782
青年电影演员龚雪 （摄影
1986 年农历丙寅年年历）洪岩摄影
广州 岭南美术出版社 1985 年 1 张
39cm（8 开）定价：CNY0.20

J0121783
青年电影演员相虹 （摄影 1986 年年历）
俊杰摄影
天津 天津人民美术出版社 1985 年 1 张
54cm（4 开）定价：CNY0.25

J0121784
青年歌手成方圆 （摄影 1986 年年历）
夏文宇摄影
长沙 湖南美术出版社 1985 年 1 张
54cm（4 开）定价：CNY0.25

J0121785
青年演员 （摄影 1986 年年历）马元浩摄影
武汉 湖北美术出版社 1985 年 1 张
54cm（4 开）定价：CNY0.24

J0121786
青年演员陈肖依 （摄影 1986 年年历）
吕渝生摄影
成都 四川省新闻图片社［1985 年］1 张

54cm（4 开）定价：CNY0.23

J0121787
青年演员陈烨 （摄影 1986 年年历）
邹大为摄影
上海 上海书画出版社 1985 年 1 张
54cm（4 开）定价：CNY0.24

J0121788
青年演员丛珊 （摄影 1986 年年历）
北京 中国电影出版社 1985 年 1 张
78cm（2 开）定价：CNY0.60

J0121789
青年演员董智芝 （摄影 1986 年年历）
徐斌摄影
郑州 河南美术出版社 1985 年 1 张
78cm（2 开）定价：CNY0.30

J0121790
青年演员高非 （摄影 1986 年年历）
步行建摄影
成都 四川省新闻图片社［1985 年］1 张
54cm（4 开）定价：CNY0.23

J0121791
青年演员龚雪 （摄影 1986 年农历丙寅年年历）
田捷明摄影
成都 四川省新闻图片社［1985 年］1 张
54cm（4 开）定价：CNY0.23

J0121792
青年演员龚雪 （摄影 1986 年年历）
北京 中国电影出版社 1985 年 1 张
78cm（2 开）定价：CNY0.64

J0121793
青年演员姜黎黎 （摄影 1986 年年历）
吕渝生摄影
成都 四川省新闻图片社［1985 年］1 张
54cm（4 开）定价：CNY0.23

J0121794
青年演员林芳兵 （摄影 1986 年年历）
杨妍摄影

杭州 浙江人民美术出版社 1985 年 1 张
54cm（4 开）定价：CNY0.24

J0121795
青年演员 （摄影 1986 年年历）
北京 中国电影出版社 1985 年 1 张
78cm（2 开）定价：CNY0.35

J0121796
青年演员宋佳 （摄影 1986 年年历）
吕渝生摄影
成都 四川省新闻图片社［1985 年］1 张
54cm（4 开）定价：CNY0.23

J0121797
青年演员宋佳 （摄影 1986 年年历）凌辉摄影
重庆 重庆出版社 1985 年 1 张 54cm（4 开）
定价：CNY0.20

J0121798
青年演员雯琼 （摄影 1986 年年历）
天鹰,国城摄影
杭州 浙江人民美术出版社 1985 年 1 张
76cm（2 开）定价：CNY0.45

J0121799
青年演员吴玉芳 （摄影 1986 年年历）
柏雨果摄影
西安 陕西人民出版社 1985 年 1 张
78cm（2 开）定价：CNY0.32
　　作者柏雨果(1948—　),摄影师。陕西凤县
人。中国摄影家协会会员、中国电影家协会会员。
曾举办《天、地、人》摄影作品展,出版文学作品
《拜见非洲大酋长》。

J0121800
青年演员吴玉华 （摄影 1986 年年历）
俞根泉摄影
郑州 河南美术出版社 1985 年 1 张
54cm（4 开）定价：CNY0.23

J0121801
青年演员夏菁 （摄影 1986 年年历）凌雷摄影
成都 四川省新闻图片社［1985 年］1 张
54cm（4 开）定价：CNY0.23

J0121802

青年演员夏菁 （摄影 1986 年农历丙寅年年历）
张承基摄影
武汉 长江文艺出版社 1985 年 2 版 1 张
54cm（4 开）定价：CNY0.24

J0121803

青年演员夏菱 （摄影 1986 年年历）黄强摄影
重庆 重庆出版社 1985 年 1 张 54cm（4 开）
定价：CNY0.20

J0121804

青年演员相虹 （摄影 1986 年农历丙寅年年历）
付平平摄影
成都 四川省新闻图片社 [1985 年] 1 张
54cm（4 开）定价：CNY0.23

J0121805

青年演员殷亭如 （摄影 1986 年农历丙寅年
年历）周俊彦摄影
成都 四川省新闻图片社 [1985 年] 1 张
54cm（4 开）定价：CNY0.23

J0121806

青年演员殷亭如 （摄影 1986 年年历）
晓旭摄影
杭州 浙江人民美术出版社 1985 年 1 张
54cm（4 开）定价：CNY0.24

J0121807

青年演员殷亭如 （摄影 1986 年年历）
北京 中国电影出版社 1985 年 1 张
78cm（2 开）定价：CNY0.60

J0121808

青年演员张瑜 （摄影 1986 年年历）
北京 中国电影出版社 1985 年 1 张
78cm（2 开）定价：CNY0.60

J0121809

青年演员周洁 （摄影 1986 年年历）周炘摄影
长沙 湖南美术出版社 1985 年 1 张
54cm（4 开）定价：CNY0.25

J0121810

全国艺术体操冠军——李卫红
（摄影 1986 年年历）陈连信摄影
福州 福建美术出版社 1985 年 1 张
53cm（4 开）定价：CNY0.24

J0121811

人小志大 （摄影 1986 年年历）顾棣摄影
太原 山西人民出版社 1985 年 1 张
53cm（4 开）定价：CNY0.24

　　作者顾棣(1929—　　)，摄影家。生于河北阜
平。《山西画报》原总编辑、山西省摄影家协会原
副主席。合作编著的图书有《中国解放区摄影史
料》《崇高美的历史再现》《中国摄影史》《沙飞
纪念集》等。

J0121812

日本影星——一氏多佳美
（摄影 1986 年年历）天鹰摄影
杭州 浙江人民美术出版社 1985 年 1 张
53cm（4 开）定价：CNY0.24

J0121813

日本著名影星松板庆子 （摄影 1986 年年历）
段震中摄影
合肥 安徽美术出版社 1985 年 1 张
53cm（4 开）定价：CNY0.24

J0121814

飒爽英姿 （摄影 1986 年年历）尹春华摄影
福州 福建美术出版社 1985 年 1 张
78cm（2 开）定价：CNY0.32

J0121815

飒爽英姿 （摄影 1986 年年历）袁学军摄影
北京 人民美术出版社 1985 年 1 张
54cm（4 开）定价：CNY0.20

J0121816

上海时装 （1986 年年历 一）江小铎摄影
上海 上海画报出版社 1985 年 1 张
78×36cm 定价：CNY0.32

J0121817

上海时装 （1986 年年历 二）江小铎摄影

上海　上海画报出版社　1985 年　1 张
78×36cm　定价：CNY0.32

J0121818
少女　（摄影　1986 年年历）曾宪阳摄影
贵阳　贵州人民出版社　1985 年　1 张
53cm（4 开）定价：CNY0.22

J0121819
佘赛花　（摄影　1986 年年历）
北京　中国电影出版社　1985 年　1 张
76cm（2 开）定价：CNY0.30

J0121820
神思飘逸——影坛新秀董智芝
（摄影　1986 年年历）
南昌　江西人民出版社［1985 年］1 张
54cm（4 开）定价：CNY0.24

J0121821
沈郁　（摄影　1986 年年历）于世涛摄影
沈阳　辽宁美术出版社　1985 年　1 张
54cm（4 开）定价：CNY0.25

J0121822
四只小天鹅　（摄影　1986 年年历）袁学军摄影
北京　人民美术出版社　1985 年　1 张
53cm（4 开）定价：CNY0.24

J0121823
桃李不语——影坛新秀董智芝
（摄影　1986 年年历）
南昌　江西人民出版社［1985 年］1 张
54cm（4 开）定价：CNY0.24

J0121824
体操名将吴佳妮　（摄影　1986 年年历）
周力摄影
北京　人民体育出版社　1985 年　1 张
78cm（2 开）定价：CNY0.33

J0121825
体坛新秀　（摄影　1986 年农历丙寅年年历）
大庆摄影
成都　四川省新闻图片社［1985 年］1 张

54cm（4 开）定价：CNY0.23

J0121826
天府三杰——张蓉芳　梁艳　朱琳
（摄影　1986 年年历）郑国斌摄影
成都　四川省新闻图片社　1985 年　1 张
53cm（4 开）定价：CNY0.23

J0121827
童年　（摄影　1986 年年历）王群摄影
沈阳　辽宁美术出版社　1985 年　1 张
54cm（4 开）定价：CNY0.25

J0121828
童年　（摄影　1986 年年历）尹福康，王全亨摄影
上海　上海人民美术出版社　1985 年　1 张
54cm（4 开）定价：CNY0.24

J0121829
童趣　（摄影　1986 年年历）钟向东摄影
成都　四川新闻图片社［1985 年］1 张
54cm（4 开）定价：CNY0.23
　　作者钟向东（1944—　），画家。别名钟兴、
号高联居士，江西兴国长岗人。毕业于赣南师范
学院艺术系及中国书画函授大学国画专业。历
任江西省美术家协会会员、漫画学会理事、工艺
美术学会会员、摄影家协会会员、赣南画院美术
事业部主任、特聘画家、赣州市中山书画院特聘
画师。主要作品有《郁孤台》《现代风》《希望之
星》《考察报告》等。

J0121830
娃娃　（摄影　1986 年年历）
沈阳　辽宁美术出版社　1985 年　1 张
54cm（4 开）定价：CNY0.25

J0121831
娃娃画花　（摄影　1986 年年历）马元浩摄影
福州　福建美术出版社［1985 年］1 张
54cm（4 开）定价：CNY0.24

J0121832
外国小朋友　（摄影　1986 年年历）朱富民摄影
长春　吉林人民出版社　1985 年　1 张
53cm（4 开）定价：CNY0.24

J0121833

王洁实,谢莉斯 （摄影 1986 年年历）桂林摄影
上海 上海人民美术出版社 1985 年 1 张
53cm（4 开）定价：CNY0.24

J0121834

王子与白天鹅 （摄影 1986 年年历）
杨亚伦摄影
长沙 湖南美术出版社 1985 年 1 张
53cm（4 开）定价：CNY0.23

J0121835

微笑 （摄影 1986 年年历）
南京 江苏美术出版社 1985 年 1 张
78cm（2 开）定价：CNY0.36

J0121836

喂鸽子 （摄影 1986 年年历）
南京 江苏美术出版社 1985 年 1 张
54cm（4 开）定价：CNY0.24

J0121837

我比花儿美 （摄影 1986 年年历）长城摄影
上海 上海人民美术出版社 1985 年 1 张
54cm（4 开）定价：CNY0.24

J0121838

吴海燕 （摄影 1986 年年历）洪岩摄影
广州 岭南美术出版社 1985 年 1 张
54cm（4 开）定价：CNY0.20

J0121839

武林新秀 （摄影 1986 年年历）袁学军摄影
北京 人民美术出版社 1985 年 1 张
54cm（4 开）定价：CNY0.24

J0121840

舞蹈演员耿涛 （摄影 1986 年年历）林维新,
徐益铭摄影
上海 上海人民美术出版社 1985 年 1 张
54cm（4 开）定价：CNY0.24

J0121841

西施扮演者——董智芝
（摄影 1986 年年历）冰凌摄影
福州 福建美术出版社 1985 年 1 张
［78cm］（2 开）定价：CNY0.32

J0121842

西施巧妆 （摄影 1986 年年历）马培宁,
秦望摄影
石家庄 河北美术出版社 1985 年 1 张
53cm（4 开）定价：CNY0.22

J0121843

希望 （摄影 1986 年年历）
南京 江苏美术出版社 1985 年 1 张
78cm（2 开）定价：CNY0.36

J0121844

戏剧演员李炳淑 （摄影 1986 年年历）
肖维摄影
石家庄 河北美术出版社 1985 年 1 张
53cm（4 开）定价：CNY0.12

J0121845

香港电影演员陈思思 （摄影 1986 年年历）
夏永烈摄影
重庆 重庆出版社 1985 年 1 张 54cm（4 开）
定价：CNY0.20

　　作者夏永烈（1935　　　），笔名夏咏,江苏无锡
人。江苏太仓师范毕业。历任《新民晚报》《解放
日报》等摄影记者,中国摄影家协会上海分会会
员,中国摄影家协会会员。主要作品有《鹿跳》《冬
练三九》《滑雪队的早锻炼》《长白踏琼瑶》等。

J0121846

香港影视明星翁美玲 （摄影 1986 年年历）
南京 江苏人民出版社［1985 年］1 张
76cm（2 开）定价：CNY0.55

J0121847

肖雄与小演员方超 （摄影 1986 年年历）
柏雨果摄影
成都 四川省新闻图片社［1985 年］1 张
54cm（4 开）定价：CNY0.23

　　作者柏雨果（1948—　　），摄影师。陕西凤县
人。中国摄影家协会会员、中国电影家协会会员。
曾举办《天、地、人》摄影作品展,出版文学作品
《拜见非洲大酋长》。

J0121848
小安娜　（摄影　1986 年年历）
南京　江苏美术出版社　1985 年　1 张
53cm（4 开）定价：CNY0.24

J0121849
小宝　（摄影　1986 年年历）山奇摄影
济南　山东少年儿童出版社　1985 年　1 张
53cm（4 开）定价：CNY0.24

J0121850
小宝宝　（摄影　1986 年年历）陈克平摄影
南京　江苏美术出版社　1985 年　1 张
53cm（4 开）定价：CNY0.26

J0121851
小宝贝　（摄影　1986 年年历）
南昌　江西人民出版社［1985 年］1 张
53cm（4 开）定价：CNY0.24

J0121852
小姑娘　（摄影　1986 年年历）陈振戈摄影
南京　江苏美术出版社　1985 年　1 张
53cm（4 开）定价：CNY0.24

J0121853
小海军　（摄影　1986 年年历）陈振戈摄影
上海　上海书画出版社　1985 年　1 张
53cm（4 开）定价：CNY0.24

J0121854
小花　（摄影　1986 年年历）张涵毅摄影
长春　吉林人民出版社　1985 年　1 张
53cm（4 开）定价：CNY0.24

J0121855
小画家　（摄影　1986 年年历）海德光摄影
太原　山西人民出版社　1985 年　1 张
53cm（4 开）定价：CNY0.24

J0121856
小健儿　（摄影　1986 年年历）柏雨果摄影
西安　陕西人民美术出版社　1985 年　1 张
53cm（4 开）定价：CNY0.24

J0121857
小囡　（摄影　1986 年年历）钟向东摄影
济南　山东美术出版社　1985 年　1 张
53cm（4 开）定价：CNY0.24

J0121858
小妞妞　（摄影　1986 年年历）
南京　江苏美术出版社　1985 年　1 张
53cm（4 开）定价：CNY0.24

J0121859
小胖胖　（摄影　1986 年年历）李以慕摄影
武汉　湖北美术出版社　1985 年　1 张
53cm（4 开）定价：CNY0.24

J0121860
小胖胖　（摄影　1986 年年历）继祥摄影
西安　陕西人民美术出版社　1985 年　1 张
53cm（4 开）定价：CNY0.24

J0121861
小朋友想想看之九　（摄影　1986 年年历）
穆家宏摄影
南昌　江西人民出版社［1985 年］1 张
［78cm］（2 开）定价：CNY0.33

J0121862
小朋友想想看之七　（摄影　1986 年年历）
穆家宏摄影
南昌　江西人民出版社［1985 年］1 张
［78cm］（2 开）定价：CNY0.33

J0121863
小朋友想想看之三　（摄影　1986 年年历）
钟向东摄影
南昌　江西人民出版社［1985 年］1 张
［78cm］（2 开）定价：CNY0.33

J0121864
小朋友想想看之四　（摄影　1986 年年历）
君福摄影
南昌　江西人民出版社［1985 年］1 张
［78cm］（2 开）定价：CNY0.33

J0121865

小朋友想想看之五 （摄影　1986 年年历）
姜长庚摄影
南昌　江西人民出版社［1985 年］1 张
［78cm］（2 开）定价：CNY0.33

　　作者姜长庚（1945—　　），摄影家。笔名肖疆等，中国摄影家协会会员。

J0121866

小琴手 （摄影　1986 年年历）林伟新摄影
上海　上海人民美术出版社　1985 年　1 张
53cm（4 开）定价：CNY0.24

J0121867

小球迷 （摄影　1986 年年历）江小铎摄影
上海　上海书画出版社　1985 年　1 张
53cm（4 开）定价：CNY0.24

J0121868

小天鹅 （摄影　1986 年年历）杨亚伦摄影
长沙　湖南美术出版社　1985 年　1 张
53cm（4 开）定价：CNY0.25

J0121869

小天鹅 （摄影　1986 年年历）袁学军摄影
太原　山西人民出版社　1985 年　1 张
53cm（4 开）定价：CNY0.24

　　作者袁学军（1950—　　），四川成都人，解放军画报社主任记者。作品有《我们劳动去》《二重奏》《印象·青藏高原》等。

J0121870

小甜 （摄影　1986 年年历）陈振戈摄影
石家庄　河北美术出版社　1985 年　1 张
53cm（4 开）定价：CNY0.24

J0121871

小星星 （摄影　1986 年年历）贾育平摄影
济南　山东少年儿童出版社　1985 年　1 张
53cm（4 开）定价：CNY0.24

J0121872

小演员 （摄影　1986 年年历）张涵毅摄影
长春　吉林人民出版社　1985 年　1 张
53cm（4 开）定价：CNY0.24

J0121873

小演员马瑞 （摄影　1986 年年历）陈振戈摄影
重庆　重庆出版社　1985 年　1 张　53cm（4 开）
定价：CNY0.24

J0121874

小运动员 （摄影　1986 年年历）钟向东摄影
济南　山东少年儿童出版社　1985 年　1 张
53cm（4 开）定价：CNY0.24

J0121875

小运动员 （摄影　1986 年年历）春轩，丁定摄影
西安　陕西人民美术出版社　1985 年　1 张
53cm（4 开）定价：CNY0.23

J0121876

小运动员 （摄影　1986 年年历）方毅摄影
上海　上海人民美术出版社　1985 年　1 张
53cm（4 开）定价：CNY0.24

J0121877

新娘 （摄影　1986 年年历）（加）T. 博格耐尔摄影
北京　中国摄影出版社［1985 年］1 张
54cm（4 开）定价：CNY0.35

J0121878

幸福的童年 （摄影　1986 年年历）姜庚摄影
南京　江苏科技出版社　1985 年　1 张
54cm（4 开）定价：CNY0.24

J0121879

幸福童年 （摄影　1986 年年历）王秉龙摄影
太原　山西人民出版社　1985 年　1 张
54cm（4 开）定价：CNY0.24

　　作者王秉龙（1943—　　），生于山西祁县。中国戏剧家协会会员，北京美术家协会会员。擅长楷书、魏碑、行书。出版《科学发明家故事》《明史演义》等多部连环画册；改编拍摄并出版了几百种传统戏曲年画，被称为中国戏曲年画摄影第一人。

J0121880

兄妹俩 （摄影　1986 年年历）
上海　上海人民美术出版社　1985 年　1 张
53cm（4 开）定价：CNY0.24

J0121881
秀外慧中——影坛新秀董智芝 （摄影
1986 年年历）
南昌 江西人民出版社 ［1985 年］1 张
54cm（4 开）定价: CNY0.24

J0121882
学游泳 （摄影 1986 年年历）江小铎摄影
上海 上海书画出版社 1985 年 1 张
54cm（4 开）定价: CNY0.24

J0121883
演出之前 （摄影 1986 年年历）高英熙摄影
石家庄 河北美术出版社 1985 年 1 张
54cm（4 开）定价: CNY0.24

J0121884
演员陈晓旭 （摄影 1986 年年历）
合肥 安徽美术出版社 1985 年 1 张
54cm（4 开）定价: CNY0.25

J0121885
演员陈晓旭 （摄影 1986 年年历）诸应书摄影
沈阳 辽宁美术出版社 1985 年 1 张
54cm（4 开）定价: CNY0.25

J0121886
演员陈烨 （摄影 1986 年年历）森林摄影
北京 中国戏剧出版社 1985 年 1 张
54cm（4 开）定价: CNY0.25

J0121887
演员东方文樱 （摄影 1986 年年历）
合肥 安徽美术出版社 1985 年 1 张
54cm（4 开）定价: CNY0.24

J0121888
演员董智芝 （摄影 1986 年年历）吕渝生摄影
长沙 湖南美术出版社 1985 年 1 张
54cm（4 开）定价: CNY0.25

J0121889
演员董智芝 （摄影 1986 年年历）森林摄影
北京 中国戏剧出版社 1985 年 1 张
54cm（4 开）定价: CNY0.25

J0121890
演员——方舒 （摄影 1986 年年历）
柏雨果摄影
西安 陕西人民美术出版社 1985 年 1 张
54cm（4 开）定价: CNY0.24
　　作者柏雨果(1948—　)，摄影师。陕西凤县
人。中国摄影家协会会员、中国电影家协会会员。
曾举办《天、地、人》摄影作品展,出版文学作品
《拜见非洲大酋长》。

J0121891
演员盖克 （摄影 1986 年年历）周有骏摄影
石家庄 河北美术出版社 1985 年 1 张
54cm（4 开）定价: CNY0.12
　　作者周有骏,摄影有年画《青年歌星程琳》
《电影演员靳嘉》等。

J0121892
演员龚雪 （摄影 1986 年年历）邹大为摄影
石家庄 河北美术出版社 1985 年 1 张
54cm（4 开）定价: CNY0.22

J0121893
演员郭霄珍 （摄影 1986 年年历）
合肥 安徽美术出版社 1985 年 1 张
54cm（4 开）定价: CNY0.24

J0121894
演员黄爱玲 （摄影 1986 年年历）
甘树恒,陈兵摄影
长沙 湖南美术出版社 1985 年 1 张
54cm（4 开）定价: CNY0.25

J0121895
演员惠娟艳 （摄影 1986 年年历）春城摄影
上海 上海人民美术出版社 1985 年 1 张
54cm（4 开）定价: CNY0.24

J0121896
演员姜黎黎 （摄影 1986 年年历）
北京 中国电影出版社 1985 年 1 张
54cm（4 开）定价: CNY0.16

J0121897
演员金莉莉 （摄影 1986 年年历）

合肥　安徽美术出版社 1985 年 1 张
54cm（4 开）定价：CNY0.24

J0121898
演员乐韵 （摄影 1986 年年历）天鹰摄影
杭州　浙江人民美术出版社 1985 年 1 张
54cm（4 开）定价：CNY0.24

J0121899
演员梁晓蓉 （摄影 1986 年年历）向国平摄影
广州　岭南美术出版社 1985 年 1 张
39cm（8 开）定价：CNY0.20

J0121900
演员 （摄影 1986 年年历）陈振戈摄影
石家庄　河北美术出版社 1985 年 1 张
54cm（4 开）定价：CNY0.24

J0121901
演员马兰 （摄影 1986 年年历）陈谋荃,陈震祥摄影
合肥　安徽美术出版社 1985 年 1 张
54cm（4 开）定价：CNY0.24

J0121902
演员马兰 （摄影 1986 年年历）孙骅麟摄影
石家庄　河北美术出版社 1985 年 1 张
54cm（4 开）定价：CNY0.24

J0121903
演员潘虹 （摄影 1986 年年历）
北京　中国电影出版社 1985 年 1 张
54cm（4 开）定价：CNY0.16

J0121904
演员沈丹萍 （摄影 1986 年年历）
北京　中国电影出版社 1985 年 1 张
54cm（4 开）定价：CNY0.16

J0121905
演员宋佳 （摄影 1986 年年历）森林摄影
北京　中国戏剧出版社 1985 年 1 张
54cm（4 开）定价：CNY0.25

J0121906
演员——王馥荔 （摄影 1986 年年历）
柏雨果摄影
西安　陕西人民美术出版社 1985 年 1 张
54cm（4 开）定价：CNY0.24

J0121907
演员吴海燕 （摄影 1986 年年历）晓雪摄影
石家庄　河北美术出版社 1985 年 1 张 54cm（4 开）
定价：CNY0.24
　　作者晓雪,擅长年历摄影。主要作品有《青年电影演员——陈冲》《老寿星》《演员吴海燕》等。

J0121908
演员夏菁 （摄影 1986 年年历）晓雪摄影
石家庄　河北美术出版社 1985 年 1 张
54cm（4 开）定价：CNY0.22

J0121909
演员肖雄和方超 （摄影 1986 年年历）
柏雨果摄影
西安　陕西人民美术出版社 1985 年 1 张
54cm（4 开）定价：CNY0.24

J0121910
演员殷亭如 （摄影 1986 年年历）
北京　中国电影出版社 1985 年 1 张
54cm（4 开）定价：CNY0.16

J0121911
演员于伟 （摄影 1986 年年历）
合肥　安徽美术出版社 1985 年 1 张
54cm（4 开）定价：CNY0.24

J0121912
演员袁梅 （摄影 1986 年年历）
合肥　安徽美术出版社 1985 年 1 张
54cm（4 开）定价：CNY0.24

J0121913
演员战爱霞 （摄影 1986 年年历）
合肥　安徽美术出版社 1985 年 1 张
54cm（4 开）定价：CNY0.24

J0121914
演员张莉 （摄影 1986 年年历）
合肥 安徽美术出版社 1985 年 1 张
54cm（4 开）定价：CNY0.24

J0121915
演员张瑜 （摄影 1986 年年历）天鹰摄影
长沙 湖南美术出版社 1985 年 1 张
54cm（4 开）定价：CNY0.25

J0121916
演员张玉屏 （摄影 1986 年年历）
合肥 安徽美术出版社 1985 年 1 张
54cm（4 开）定价：CNY0.24

J0121917
演员赵静 （摄影 1986 年年历）
北京 中国电影出版社 1985 年 1 张
54cm（4 开）定价：CNY0.16

J0121918
演员周洁 （摄影 1986 年年历）周炘摄影
石家庄 河北美术出版社 1985 年 1 张
54cm（4 开）定价：CNY0.24

J0121919
演员周洁 （摄影 1986 年年历）尹福康摄影
西安 陕西人民美术出版社 1985 年 1 张
78cm（2 开）定价：CNY0.32
　　　作者尹福康(1927—)，摄影家。江苏南京人。曾任上海人民美术出版社副编审、上海市摄影家协会副主席等职。主要作品有《烟笼峰岩》《向荒山要宝》《晒盐》《工人新村》等。

J0121920
演员周洁 （摄影 1986 年年历）周炘,夏道摄影
上海 上海书画出版社 1985 年 1 张
54cm（4 开）定价：CNY0.24

J0121921
阳光下的小姑娘 （摄影 1986 年年历）
沈阳 辽宁美术出版社 1985 年 1 张
53cm（4 开）定价：CNY0.25

J0121922
一九八六：东西方时装 天鹰等摄
杭州 浙江人民美术出版社 1985 年 1 张
53cm（4 开）定价：CNY5.50

J0121923
一九八六：儿童挂历 贾育平等摄影
南京 江苏科学技术出版社 1985 年 1 张
76cm（2 开）定价：CNY8.50

J0121924
一九八六：儿童挂历 张侯权摄影
杭州 浙江人民美术出版社 1985 年 1 张
54cm（4 开）定价：CNY4.00

J0121925
一九八六：儿童摄影挂历 张涵毅摄影
西安 陕西人民美术出版社 1985 年 1 张
54cm（4 开）定价：CNY3.90

J0121926
一九八六：歌坛新秀 刘全聚等摄
沈阳 春风文艺出版社 1985 年 1 张
54cm（4 开）定价：CNY4.20

J0121927
一九八六：红楼梦荧屏新秀 段震中等摄
合肥 安徽美术出版社 1985 年 1 张
53cm（4 开）定价：CNY4.10

J0121928
一九八六：绒织时装月历
长春 吉林科学技术出版社 [1985 年] 1 张
38cm（6 开）定价：CNY4.20

J0121929
一九八六：时装 天鹰摄
杭州 浙江人民美术出版社 1985 年 1 张
54cm（4 开）定价：CNY5.50

J0121930
一九八六：时装 天鹰,周道明摄
杭州 浙江人民美术出版社 1985 年 1 张
74cm（2 开）定价：CNY5.00
　　　作者周道明,中国美术学院从事摄影教学、

编辑工作。

J0121931
一九八六：时装挂历
延吉 延边人民出版社 1985 年 1 张
79cm（2 开）定价：CNY5.40

J0121932
一九八六：外国时装
南京 江苏美术出版社 1985 年 1 张
［78cm］（3 开）定价：CNY5.00

J0121933
一九八六：戏剧小花　池一平,郭阿根摄
杭州 浙江人民美术出版社 1985 年 1 张
53cm（4 开）定价：CNY2.00

J0121934
一九八六：香港歌星月历
赤峰 内蒙古科学技术出版社 1985 年 1 张
53cm（4 开）定价：CNY4.20

J0121935
一九八六：香港影视歌星
哈尔滨 黑龙江美术出版社 1985 年 1 张
［78cm］（3 开）定价：CNY3.00

J0121936
一九八六：影星挂历　《新电影报》编辑部编
兰州 甘肃人民出版社 1985 年 1 张 53cm（4 开）

J0121937
一九八六：中国影星挂历
赤峰 内蒙古科学技术出版社 1985 年 1 张
76cm（2 开）定价：CNY5.00

J0121938
一九八六：中外时装月历
南京 江苏人民出版社 1985 年 1 张
78cm（2 开）定价：CNY5.20

J0121939
一九八六：中外影星　上海画报出版社编辑
上海 上海画报出版社［1985 年］1 张
54cm（4 开）定价：CNY4.30

J0121940
一九八六年时装挂历　柏年等摄
济南 山东科学技术出版社 1985 年 1 张
79cm（3 开）定价：CNY5.20

J0121941
一身是胆——影坛新秀董智芝　（摄影
1986 年年历）
南昌 江西人民出版社 1985 年 1 张
53cm（4 开）定价：CNY0.24

J0121942
艺苑小花　（摄影 1986 年年历）陈振戈摄影
桂林 漓江出版社 1985 年 1 张 53cm（4 开）
定价：CNY0.27

J0121943
殷亭如　（摄影 1986 年年历）晓雪摄影
石家庄 河北美术出版社 1985 年 1 张
54cm（4 开）定价：CNY0.22

J0121944
银幕新星　（摄影 1986 年年历）晨鹏摄影
郑州 河南美术出版社 1985 年 1 张
54cm（4 开）定价：CNY0.23

J0121945
英雄的中国女排　（摄影 1986 年年历）
北京 人民体育出版社 1985 年 1 张
78cm（2 开）定价：CNY0.33

J0121946
影视新秀——相虹　（摄影 1986 年年历）
天鹰,银鹰摄影
杭州 浙江人民美术出版社 1985 年 1 张
54cm（4 开）定价：CNY0.24

J0121947
影视新秀朱琳　（摄影 1986 年年历）天鹰,杨
妍摄影
杭州 浙江人民美术出版社 1985 年 1 张
76cm（2 开）定价：CNY0.45

J0121948
影坛姐妹　（摄影 1986 年年历）

福州 福建美术出版社［1985 年］1 张
54cm（4 开）定价：CNY0.24

J0121949
影坛新秀 （摄影 1986 年年历）
福州 福建美术出版社 1985 年 1 张
54cm（4 开）定价：CNY0.24

J0121950
影坛新秀 （摄影 1986 年年历）晨鹏摄影
郑州 河南美术出版社 1985 年 1 张
54cm（4 开）定价：CNY0.23

J0121951
影坛新秀 （摄影 1986 年年历）吕渝生摄影
太原 山西人民出版社 1985 年 1 张
54cm（4 开）定价：CNY0.24

J0121952
影坛新秀沈丹萍 （摄影 1986 年年历）
周雁鸣摄影
郑州 河南美术出版社 1985 年 1 张
78cm（2 开）定价：CNY0.30

J0121953
影坛新秀杨蓉 （摄影 1986 年年历）
周雁鸣摄影
郑州 河南美术出版社 1985 年 1 张
54cm（4 开）定价：CNY0.23

J0121954
影星李琳琳 （摄影 1986 年年历）杨凡摄影
上海 上海人民美术出版社 1985 年 1 张
76cm（2 开）定价：CNY0.70

J0121955
影星林青霞 （摄影 1986 年年历）杨凡摄影
上海 上海人民美术出版社 1985 年 1 张
54cm（4 开）定价：CNY0.37

J0121956
影星林青霞 （摄影 1986 年年历）杨凡摄影
上海 上海人民美术出版社 1985 年 1 张
76cm（2 开）定价：CNY0.70

J0121957
影星 （摄影 1986 年年历）马元浩摄影
福州 福建美术出版社 1985 年 1 张
78cm（2 开）定价：CNY0.32

J0121958
影星汤兰花 （摄影 1986 年年历）杨凡摄影
上海 上海人民美术出版社 1985 年 1 张
76cm（2 开）定价：CNY0.70

J0121959
影星汤兰花 （摄影 1986 年年历）杨凡摄影
上海 上海人民美术出版社 1985 年 1 张
53cm（4 开）定价：CNY0.37

J0121960
影星叶倩文 （摄影 1986 年年历）杨凡摄影
上海 上海人民美术出版社 1985 年 1 张
76cm（2 开）定价：CNY0.70

J0121961
影星叶倩文 （摄影 1986 年年历）杨凡摄影
上海 上海人民美术出版社 1985 年 1 张
54cm（4 开）定价：CNY0.37

J0121962
影星张艾嘉 （摄影 1986 年年历）杨凡摄影
上海 上海人民美术出版社 1985 年 1 张
76cm（2 开）定价：CNY0.70

J0121963
影星张艾嘉 （摄影 1986 年年历）杨凡摄影
上海 上海人民美术出版社 1985 年 1 张
54cm（4 开）定价：CNY0.37

J0121964
影星张艾嘉 （摄影 1986 年年历）杨凡摄影
上海 上海人民美术出版社 1985 年 1 张
54cm（4 开）定价：CNY0.12

J0121965
影星甄妮 （摄影 1986 年年历）杨凡摄影
上海 上海人民美术出版社 1985 年 1 张
76cm（2 开）定价：CNY0.70

J0121966

优秀电视演员肖雄　（摄影　1986 年年历）

北京　中国电影出版社　1985 年　1 张

53cm（4 开）定价：CNY0.16

J0121967

游泳去　（摄影　1986 年年历）柏雨果摄影

沈阳　辽宁美术出版社　1985 年　1 张

54cm（4 开）定价：CNY0.25

　　作者柏雨果（1948—　　），摄影师。陕西凤县人。中国摄影家协会会员、中国电影家协会会员。曾举办《天、地、人》摄影作品展，出版文学作品《拜见非洲大酋长》。

J0121968

游泳去——在小梅沙海滨

（摄影　1986 年年历）何沛行摄影

广州　岭南美术出版社　1985 年　1 张

78cm（2 开）定价：CNY0.30

J0121969

张瑜　（摄影　1986 年年历）马元浩摄影

武汉　湖北美术出版社　1985 年　1 张

54cm（4 开）定价：CNY0.24

J0121970

张瑜　（摄影　1986 年年历）周雁鸣摄影

沈阳　辽宁美术出版社　1985 年　1 张

54cm（4 开）定价：CNY0.25

J0121971

张芝华　（摄影 1986 年年历）关迎时,吴佩元摄影

石家庄　河北美术出版社　1985 年　1 张

54cm（4 开）定价：CNY0.24

J0121972

赵雅芝像　（摄影　1986 年年历）

南京　江苏美术出版社　1985 年　1 张

78cm（2 开）定价：CNY0.36

J0121973

中国女排　（摄影　1986 年年历）缪树惠,
王洪俊摄影

上海　上海人民美术出版社　1985 年　1 张

53cm（4 开）定价：CNY0.24

J0121974

朱青玉　（摄影　1986 年年历）杨刚摄影

昆明　云南人民出版社　1985 年　1 张

53cm（4 开）定价：CNY0.22

J0121975

自由体操　（摄影　1986 年农历丙寅年年历）

吕再生摄影

武汉　长江文艺出版社　1985 年　2 版　1 张

53cm（4 开）定价：CNY0.24

J0121976

祖国卫士　（摄影　1986 年农历丙寅年年历）

孟昭瑞摄影

成都　四川省新闻图片［1985 年］1 张

54cm（4 开）定价：CNY0.23

J0121977

1987：电影新星　（摄影挂历）

沈阳　辽宁美术出版社　1986 年　78cm（2 开）

定价：CNY5.50

J0121978

1987：电影演员　（摄影挂历）

广州　岭南美术出版社　1986 年　53cm（4 开）

定价：CNY5.40

J0121979

1987：电影演员　（摄影挂历）

呼和浩特　内蒙古科学技术出版社　1986 年

78cm（2 开）定价：CNY5.50

J0121980

1987：电影演员　（摄影挂历）

通辽　内蒙古少年儿童出版社［1986 年］

78cm（3 开）定价：CNY5.50

J0121981

1987：儿童　（摄影挂历）

石家庄　河北美术出版社　1986 年　53cm（4 开）

定价：CNY4.20

J0121982

1987：儿童　（摄影挂历）

天津　天津杨柳青画社　1986 年　78cm（2 开）

定价：CNY5.20

J0121983
1987：风华　　江苏教育出版社编辑
南京　江苏教育出版社　1986 年　19cm（32 开）
定价：CNY5.30

J0121984
1987：国际时装　（挂历）
沈阳　辽宁美术出版社　1986 年　78cm（2 开）
定价：CNY5.50

J0121985
1987：金色童年　（摄影挂历）
杭州　西湖摄影艺术出版社　1986 年
78cm（2 开）定价：CNY5.30

J0121986
1987：民族小歌手　（摄影挂历）陈春轩等摄影
上海　上海人民美术出版社　1986 年
53cm（4 开）定价：CNY4.20

J0121987
1987：霓裳仙姿　（摄影挂历）
沈阳　辽宁美术出版社　1986 年　78cm（2 开）
定价：CNY5.50

J0121988
1987：青春　　周俊彦摄影
武汉　长江文艺出版社　1986 年　78cm（2 开）
定价：CNY5.50

J0121989
1987：青春年华　（摄影挂历）
合肥　安徽美术出版社　1986 年　78cm（2 开）
定价：CNY5.60

J0121990
1987：青春足迹　（摄影挂历）
杭州　浙江人民美术出版社　1986 年
53cm（4 开）定价：CNY4.30

J0121991
1987：情侣　（摄影挂历）
南昌　江西人民出版社　1986 年　53cm（4 开）

定价：CNY4.20

J0121992
1987：人物·时装·肖像　（摄影挂历）
福州　福建美术出版社　1986 年　78cm（2 开）
定价：CNY5.50

J0121993
1987：少女与花　（摄影挂历）
长沙　湖南美术出版社　1986 年　76cm（2 开）
定价：CNY4.50

J0121994
1987：时装　　夏大统摄影
长沙　湖南美术出版社　1986 年　78cm（2 开）
定价：CNY5.50

J0121995
1987：时装　（挂历）
南昌　江西人民出版社　1986 年　78cm（2 开）
定价：CNY5.30

J0121996
1987：时装　（挂历）
沈阳　辽宁美术出版社　1986 年　78cm（2 开）
定价：CNY5.50

J0121997
1987：时装　（摄影挂历）
赤峰　内蒙古科学技术出版社　1986 年
78cm（2 开）定价：CNY8.00

J0121998
1987：时装　（挂历）
天津　天津人民美术出版社［1986 年］
78cm（3 开）

J0121999
1987：时装　（挂历）
杭州　浙江人民美术出版社　1986 年
53cm（4 开）定价：CNY4.50

J0122000
1987：时装　（摄影挂历）
重庆　重庆出版社　1986 年　53cm（4 开）

定价：CNY4.00

J0122001
1987：童装 （摄影挂历）
北京 轻工业出版社 1986年 53cm（4开）
定价：CNY4.50

J0122002
1987：童装 （摄影挂历）
天津 天津人民美术出版社 1986年
53cm（4开）定价：CNY4.20

J0122003
1987：新时装 （摄影挂历）
沈阳 辽宁科学技术出版社 1986年
78cm（2开）定价：CNY5.50

J0122004
1987：新星 （摄影挂历）
呼和浩特 内蒙古科学技术出版社 1986年
78cm（2开）定价：CNY5.50

J0122005
1987：新秀 （摄影挂历）
沈阳 辽宁美术出版社 1986年 78cm（2开）
定价：CNY5.50

J0122006
1987：新影星 （摄影挂历）
上海 上海画报出版社 1986年 78cm（2开）
定价：CNY5.30

J0122007
1987：星光灿烂 （摄影挂历）
杭州 西湖摄影艺术出版社 1986年
53cm（4开）定价：CNY4.30

J0122008
1987：艺术服装 （摄影挂历）
杭州 浙江人民美术出版社 1986年
78cm（2开）定价：CNY5.80

J0122009
1987：艺术时装 （摄影挂历）
杭州 西泠印社 1986年 78cm（2开）

定价：CNY5.30

J0122010
1987：银河星光 （摄影挂历）
天津 天津人民美术出版社 1986年
53cm（4开）定价：CNY4.50

J0122011
1987：影星 （摄影挂历）
南昌 江西人民出版社 1986年 78cm（2开）
定价：CNY5.30

J0122012
1987：影星 （摄影挂历）
沈阳 辽宁美术出版社 1986年 78cm（2开）
定价：CNY3.50

J0122013
1987：影星 （摄影挂历）
成都 四川美术出版社 1986年 78cm（2开）
定价：CNY5.50

J0122014
1987：影星挂历
太原 北岳文艺出版社 1986年 76cm（2开）
定价：CNY8.00

J0122015
1987：影星 （摄影挂历）
成都 四川美术出版社 1986年 2版
78cm（2开）定价：CNY5.50

J0122016
1987：中国现代时装 （摄影挂历）
郑州 河南美术出版社 1986年 53cm（4开）
定价：CNY4.20

J0122017
1987：中外影星 （摄影挂历）
郑州 河南美术出版社 1986年 76cm（2开）
定价：CNY7.00

J0122018
1987年时装挂历
济南 山东科学技术出版社 1986年

78cm（2开）定价：CNY5.50

J0122019
1988：少年儿童 （摄影挂历）
重庆 重庆出版社 1986年 78cm（2开）
定价：CNY7.50

J0122020
阿菊 （摄影 1987年年历）王广林摄影
西安 陕西人民美术出版社 1986年 1张
53cm（4开）定价：CNY0.24
　　作者王广林（1944— ），记者。江苏铜山人，
历任新华日报社摄影部主任，中国摄影家协会会
员，江苏新闻摄影协会副会长，江苏年画研究会
理事。

J0122021
阿信——日本电视连续剧主要演员田中裕子
（摄影 1987年年历）
成都 四川省新闻图片社 1986年 1张
78cm（3开）定价：CNY0.31

J0122022
芭蕾舞演员 （摄影 1987年年历）边颖摄影
沈阳 辽宁美术出版社 1986年 1张
78cm（2开）定价：CNY0.34

J0122023
爸爸妈妈好 （摄影 1987年年历）林伟新摄影
济南 山东美术出版社 1986年 1张
53cm（4开）定价：CNY0.25

J0122024
摆家家 （摄影 1987年年历）张颖摄影
杭州 浙江人民美术出版社 1986年 1张
53cm（4开）定价：CNY0.28

J0122025
宝宝打电话 （摄影 1987年年历）邵华安摄影
北京 人民美术出版社 1986年 1张
53cm（4开）定价：CNY0.24

J0122026
宝黛琴和 （摄影 1987年年历）池一平摄影
杭州 浙江人民美术出版社 1986年 1张

53cm（4开）定价：CNY0.28

J0122027
宝玉 （摄影 1987年年历）
长春 吉林美术出版社 1986年 1张
53cm（4开）定价：CNY0.24

J0122028
宝玉 （摄影 1987年年历）钟向东摄影
南京 江苏美术出版社 1986年 1张
53cm（4开）定价：CNY0.25

J0122029
宝玉和黛玉 （摄影 1987年年历）张震摄影
西安 陕西人民美术出版社 1986年 1张
53cm（4开）定价：CNY0.24

J0122030
贝贝听音乐 （摄影 1987年年历）金铎摄影
沈阳 辽宁美术出版社 1986年 1张
53cm（4开）定价：CNY0.25

J0122031
蓓蕾初绽 （摄影 1987年年历）李中奇摄影
北京 中国电影出版社 1986年 1张
78cm（2开）定价：CNY0.35

J0122032
比赛之余 （摄影 1987年年历）夏文宇摄影
杭州 西湖摄影艺术出版社 1986年 1张
53cm（4开）定价：CNY0.25

J0122033
碧波倩影 （摄影 1987年年历）陈洛才，
谢建良摄影
广州 岭南美术出版社 1986年 1张
38cm（6开）定价：CNY0.30

J0122034
彩色故事片《末代皇后》婉容
（摄影 1987年年历）
北京 中国电影出版社 1986年 1张
76cm（2开）定价：CNY0.30

J0122035

车秀清 （摄影 1987 年年历）吕渝生摄影
福州 福建美术出版社 1986 年 1 张
53cm（4 开）定价：CNY0.24

J0122036

沉思 （摄影 1987 年年历）
杭州 西湖摄影艺术出版社 1986 年 1 张
53cm（4 开）定价：CNY0.25

J0122037

陈肖依 （摄影 1987 年年历）吕渝生摄影
福州 福建美术出版社 1986 年 1 张
78cm（2 开）定价：CNY0.32

J0122038

陈肖依 （摄影 1988 年年历）吕渝生摄影
福州 福建美术出版社 1987 年 1 张
定价：CNY0.36

J0122039

陈肖依·卢君 （摄影 1987 年年历）马元浩摄影
西安 陕西人民美术出版社 1986 年 1 张
53cm（4 开）定价：CNY0.24

J0122040

憧憬 （摄影 1987 年年历）李立摄影
长春 吉林美术出版社 1986 年 1 张
78cm（2 开）定价：CNY0.27

J0122041

出水芙蓉 （摄影 1987 年年历）成实摄影
北京 人民体育出版社 1986 年 1 张
78cm（2 开）定价：CNY0.35

J0122042

穿和服的姑娘 （摄影 1987 年年历）
太原 山西人民出版社 1986 年 1 张
53cm（4 开）定价：CNY0.24

J0122043

窗前少女 （摄影 1987 年年历）
张安鲁,刘小地摄影
南京 江苏教育出版社 1986 年 1 张
78cm（2 开）定价：CNY0.32

J0122044

荡秋千 （摄影 1987 年年历）王征烨摄影
郑州 河南美术出版社 1986 年 1 张
78cm（2 开）定价：CNY0.33

J0122045

第八届百花奖最佳女演员吴玉芳
（摄影 1987 年年历）
北京 中国电影出版社 1986 年 1 张
76cm（2 开）定价：CNY0.30

J0122046

电视连续剧《红楼梦》演员乐韵
（摄影 1987 年年历）朱宪民摄影
成都 四川省新闻图片社 1986 年 1 张
53cm（4 开）定价：CNY0.23

　　作者朱宪民(1942—　　)，编辑。生于山东濮城，祖籍河南范县。历任中国艺术研究院编审，《中国摄影家》杂志社社长兼总编辑，中国摄影艺术研究所所长，中国摄影家协会理事，中国艺术摄影学会副会长。著作有《黄河百姓》《中国摄影家朱宪民作品集》《草原人》等。

J0122047

电视连续剧《红楼梦》演员刘冬敏
（摄影 1987 年年历）朱宪民摄影
成都 四川省新闻图片社 1986 年 1 张
53cm（4 开）定价：CNY0.23

J0122048

电影《木棉袈裟》女主播林秋萍
（摄影 1987 年年历）江河摄影
北京 人民体育出版社 1986 年 1 张
78cm（2 开）定价：CNY0.35

J0122049

电影小演员孟妍 （摄影 1987 年年历）
陈振戈摄影
石家庄 河北美术出版社 1986 年 1 张
78cm（2 开）定价：CNY0.32

J0124356

电影新秀乐韵 （摄影 1987 年年历）王群摄影
沈阳 辽宁美术出版社 1986 年 1 张
53cm（4 开）定价：CNY0.25

J0122050
电影演员 （摄影 1987 年年历）俊杰摄影
天津 天津人民美术出版社 1986 年 1 张
53cm（4 开）定价：CNY0.25

J0122051
电影演员白灵 （摄影 1987 年年历）
北京 中国电影出版社 1986 年 1 张
53cm（4 开）定价：CNY0.16

J0122052
电影演员鲍海红 （摄影 1987 年年历）
陈健腾摄影
石家庄 河北美术出版社 1986 年 1 张
78cm（2 开）定价：CNY0.32

J0122053
电影演员车秀清 （摄影 1987 年年历）
陈振戈摄影
石家庄 河北美术出版社 1986 年 1 张
78cm（2 开）定价：CNY0.32

J0122054
电影演员陈鸿梅 （摄影 1987 年年历）
高国强摄影
南京 江苏美术出版社 1986 年 1 张
53cm（4 开）定价：CNY0.25

J0122055
电影演员陈肖依 （摄影 1987 年年历）
含语摄影
南宁 广西人民出版社 1986 年 1 张
53cm（4 开）定价：CNY0.24

J0122056
电影演员陈烨 （摄影 1987 年年历）
北京 中国电影出版社 1986 年 1 张
76cm（2 开）定价：CNY0.30

J0122057
电影演员陈烨 （摄影 1987 年年历）
北京 中国电影出版社 1986 年 1 张
78cm（2 开）定价：CNY0.22

J0122058
电影演员丛珊 （摄影 1987 年年历）
张朝玺摄影
石家庄 河北美术出版社 1986 年 1 张
78cm（2 开）定价：CNY0.32

J0122059
电影演员丛珊 （摄影 1987 年年历）张岩摄影
天津 天津人民美术出版社 1986 年 1 张
78cm（2 开）定价：CNY0.35

J0122060
电影演员丛珊 （摄影 1987 年年历）
尹福康摄影
天津 天津人民美术出版社 1986 年 1 张
107cm（全开）定价：CNY0.90

J0122061
电影演员董智芝 （摄影 1987 年年历）
西安 陕西人民美术出版社 1986 年 1 张
76cm（2 开）定价：CNY0.50

J0122062
电影演员董智芝 （摄影 1987 年年历）
陈春轩,周炘摄影
上海 上海人民美术出版社 1986 年 1 张
53cm（4 开）定价：CNY0.37

J0122063
电影演员方舒 （摄影 1987 年年历）
朱金河摄影
广州 岭南美术出版社 1986 年 1 张
53cm（4 开）定价：CNY0.20

J0122064
电影演员方舒 （摄影 1987 年年历）
凯帆摄影
天津 天津人民美术出版社 1986 年 1 张
53cm（4 开）定价：CNY0.25

J0122065
电影演员方舒 （摄影 1987 年年历）
北京 中国电影出版社 ［1986 年］1 张
53cm（4 开）定价：CNY0.16

J0122066
电影演员方舒 （摄影 1987 年年历）
北京 中国电影出版社 1986 年 1 张
76cm（2 开）定价：CNY0.30

J0122067
电影演员傅丽莉 （摄影 1987 年年历）
陈振戈摄影
南宁 广西人民出版社 1986 年 1 张
53cm（4 开）定价：CNY0.24

J0122068
电影演员盖克 （摄影 1987 年年历）
宋旭光摄影
石家庄 河北美术出版社 1986 年 1 张
53cm（4 开）定价：CNY0.25

J0122069
电影演员龚雪 （摄影 1987 年年历）
陈振戈摄影
南宁 广西人民出版社 1986 年 1 张
53cm（4 开）定价：CNY0.24

J0122070
电影演员龚雪 （摄影 1987 年年历）
许正奇摄影
石家庄 河北美术出版社 1986 年 1 张
78cm（2 开）定价：CNY0.32

J0122071
电影演员龚雪 （摄影 1987 年年历）
陈相华摄影
郑州 河南美术出版社 1986 年 1 张
78cm（2 开）定价：CNY0.33

J0122072
电影演员龚雪 （摄影 1987 年年历）
陈振戈摄影
沈阳 辽宁美术出版社 1986 年 1 张
53cm（4 开）定价：CNY0.25

J0122073
电影演员龚雪 （摄影 1987 年年历）
成都 四川省新闻图片社 1986 年 1 张
53cm（4 开）定价：CNY0.23

J0122074
电影演员龚雪 （摄影 1987 年年历）
张肇基摄影
天津 天津人民美术出版社 1986 年 1 张
53cm（4 开）定价：CNY0.25

J0122075
电影演员顾艳 （摄影 1987 年年历）
周有骏摄影
石家庄 河北美术出版社 1986 年 1 张
78cm（2 开）定价：CNY0.32

J0122076
电影演员韩月乔 （摄影 1987 年年历）
北京 中国电影出版社 1986 年 1 张
53cm（4 开）定价：CNY0.16

J0122077
电影演员韩月乔 （摄影 1987 年年历）
北京 中国电影出版社 1986 年 1 张
76cm（2 开）定价：CNY0.30

J0122078
电影演员何晴 （摄影 1987 年年历）
周俊彦摄影
石家庄 河北美术出版社 1986 年 1 张
53cm（4 开）定价：CNY0.14

J0122079
电影演员洪学敏 （摄影 1987 年年历）
林博泉摄影
石家庄 河北美术出版社 1986 年 1 张
78cm（2 开）定价：CNY0.14

J0122080
电影演员洪学敏 （摄影 1987 年年历）
陈振戈摄影
长沙 湖南美术出版社 1986 年 1 张
53cm（4 开）定价：CNY0.25

J0122081
电影演员洪学敏 （摄影 1987 年年历）
陈振戈摄影
沈阳 辽宁美术出版社 1986 年 1 张
53cm（4 开）定价：CNY0.25

J0122082
电影演员洪学敏 （摄影 1987 年年历）
北京 中国电影出版社 1986 年 1 张
76cm（2 开）定价：CNY0.30

J0122083
电影演员洪学敏 （摄影 1987 年年历）
北京 中国电影出版社 1986 年 1 张
53cm（4 开）定价：CNY0.16

J0122084
电影演员姜黎黎 （摄影 1987 年年历）
湘华,可一摄影
长沙 湖南美术出版社 1986 年 1 张
53cm（4 开）定价：CNY0.25

J0122085
电影演员姜黎黎 （摄影 1987 年年历）
陈振戈摄影
沈阳 辽宁美术出版社 1986 年 1 张
53cm（4 开）定价：CNY0.25

J0122086
电影演员阚丽君 （摄影 1987 年年历）
陈健腾摄影
石家庄 河北美术出版社 1986 年 1 张
78cm（2 开）定价：CNY0.32

J0122087
电影演员乐韵 （摄影 1987 年年历）
海天摄影
石家庄 河北美术出版社 1986 年 1 张
78cm（2 开）定价：CNY0.32

J0122088
电影演员乐韵 （摄影 1987 年年历）
沈治昌摄影
郑州 河南美术出版社 1986 年 1 张
76cm（2 开）定价：CNY0.50

J0122089
电影演员乐韵 （摄影 1987 年年历）
钟向东摄影
南京 江苏美术出版社 1986 年 1 张
53cm（4 开）定价：CNY0.25

J0122090
电影演员黎静 （摄影 1987 年年历）
陈振戈摄影
沈阳 辽宁美术出版社 1986 年 1 张
53cm（4 开）定价：CNY0.25

J0122091
电影演员李凤绪 （摄影 1987 年年历）
北京 中国电影出版社 1986 年 1 张
78cm（2 开）定价：CNY0.22

J0122092
电影演员李克纯 （摄影 1987 年年历）
北京 中国电影出版社 1986 年 1 张
53cm（4 开）定价：CNY0.16

J0122093
电影演员李岚 （摄影 1987 年年历）
北京 中国电影出版社 1986 年 1 张
53cm（4 开）定价：CNY0.16

J0122094
电影演员李羚 （摄影 1987 年年历）
温素文摄影
石家庄 河北美术出版社 1986 年 1 张
53cm（4 开）定价：CNY0.14
　　作者温素文(1931—　),女。照相技师。辽宁新民人。历任中国摄影家吉林分会会员,长春电影制片厂人像摄影师,长春市摄影家协会常务理事、副主席。作品有《重逢》《松花湖之秋》《湖满渔歌》,编写《人像摄影入门》。

J0122095
电影演员李羚 （摄影 1987 年年历）
北京 中国电影出版社 1986 年 1 张
78cm（2 开）定价：CNY0.25

J0122096
电影演员李小力 （摄影 1987 年年历）
陈健腾摄影
石家庄 河北美术出版社 1986 年 1 张
78cm（2 开）定价：CNY0.25

J0122097
电影演员李小力 （摄影 1987 年年历）

可一,湘华摄影
长沙 湖南美术出版社 1986年 1张
53cm(4开) 定价: CNY0.25

J0122098
电影演员李小力 (摄影 1987年年历)
陈振戈摄影
天津 天津人民美术出版社 1986年 1张
53cm(4开) 定价: CNY0.25

J0122099
电影演员李小力 (摄影 1987年年历)
北京 中国电影出版社 1986年 1张
53cm(4开) 定价: CNY0.16

J0122100
电影演员李小力 (摄影 1987年年历)
北京 中国电影出版社 1986年 1张
76cm(2开) 定价: CNY0.30

J0122101
电影演员李勇勇 (摄影 1987年年历)
周俊彦摄影
济南 山东美术出版社 1986年 1张
53cm(4开) 定价: CNY0.25

J0122102
电影演员李芸 (摄影 1987年年历)
周俊彦摄影
济南 山东美术出版社 1986年 1张
53cm(4开) 定价: CNY0.25

J0122103
电影演员李芸 (摄影 1987年年历)
尹福康,刘海发摄影
上海 上海人民美术出版社 1986年 1张
53cm(4开) 定价: CNY0.37

J0122104
电影演员林俐 (摄影 1987年年历)
陈振戈摄影
沈阳 辽宁美术出版社 1986年 1张
53cm(4开) 定价: CNY0.25

J0122105
电影演员林强 (摄影 1987年年历)
北京 中国电影出版社 1986年 1张
53cm(4开) 定价: CNY0.18

J0122106
电影演员 (摄影 1987年年历)
沈阳 辽宁美术出版社 1986年 1张
53cm(4开) 定价: CNY0.25

J0122107
电影演员 (摄影 1987年年历)
陈振戈摄影
济南 山东美术出版社 1986年 1张
53cm(4开) 定价: CNY0.25

J0122108
电影演员麦文燕 (摄影 1987年年历)
何文萼摄影
济南 山东美术出版社 1986年 1张
53cm(4开) 定价: CNY0.25

J0122109
电影演员娜仁花 (摄影 1987年年历)
温泰文摄影
石家庄 河北美术出版社 1986年 1张
53cm(4开) 定价: CNY0.25

J0122110
电影演员欧阳滨 (摄影 1987年年历)
陈健腾摄影
石家庄 河北美术出版社 1986年 1张
78cm(2开) 定价: CNY0.32

J0122111
电影演员潘虹 (摄影 1987年年历)
赵风文摄影
石家庄 河北美术出版社 1986年 1张
53cm(4开) 定价: CNY0.25

J0122112
电影演员庞敏 (摄影 1987年年历)
赵风文摄影
石家庄 河北美术出版社 1986年 1张
53cm(4开) 定价: CNY0.25

J0122113
电影演员普超英 （摄影 1987 年年历）
北京 中国电影出版社 1986 年 1 张
78cm（2 开）定价：CNY0.22

J0122114
电影演员宋佳 （摄影 1987 年年历）
北京 中国电影出版社 1986 年 1 张
53cm（4 开）定价：CNY0.16

J0122115
电影演员唐萍 （摄影 1987 年年历）
陈振戈摄影
沈阳 辽宁美术出版社 1986 年 1 张
53cm（4 开）定价：CNY0.25

J0122116
电影演员王春丽 （摄影 1987 年年历）
赵凤文摄影
石家庄 河北美术出版社 1986 年 1 张
53cm（4 开）定价：CNY0.25

J0122117
电影演员王雁 （摄影 1987 年年历）
北京 中国电影出版社 1986 年 1 张
53cm（4 开）定价：CNY0.16

J0122118
电影演员邬君梅 （摄影 1987 年年历）
周俊彦摄影
济南 山东美术出版社 1986 年 1 张
53cm（4 开）定价：CNY0.25

J0122119
电影演员吴海燕 （摄影 1987 年年历）
白云摄影
成都 四川省新闻图片社 1986 年 1 张
53cm（4 开）定价：CNY0.23

J0122120
电影演员吴海燕 （摄影 1987 年年历）
北京 中国电影出版社 1986 年 1 张
53cm（4 开）定价：CNY0.16

J0122121
电影演员吴玉芳 （摄影 1987 年年历）
陈振戈摄影
南宁 广西人民出版社 1986 年 1 张
53cm（4 开）定价：CNY0.24

J0122122
电影演员吴玉芳 （摄影 1987 年年历）
陈振戈摄影
石家庄 河北美术出版社 1986 年 1 张
53cm（4 开）定价：CNY0.14

J0122123
电影演员夏菁 （摄影 1987 年年历）
钱惠良摄影
上海 上海人民美术出版社 1986 年 1 张
53cm（4 开）定价：CNY0.24

J0122124
电影演员相虹 （摄影 1987 年年历）张岩摄影
天津 天津人民美术出版社 1986 年 1 张
78cm（2 开）定价：CNY0.35

J0122125
电影演员相虹 （摄影 1987 年年历）
李大平摄影
天津 天津人民美术出版社 1986 年 1 张
53cm（4 开）定价：CNY0.25

J0122126
电影演员肖雄 （摄影 1987 年年历）
北京 中国电影出版社 1986 年 1 张
53cm（4 开）定价：CNY0.16

J0122127
电影演员薛淑杰 （摄影 1987 年年历）
周俊彦摄影
济南 山东美术出版社 1986 年 1 张
53cm（4 开）定价：CNY0.25

J0122128
电影演员殷亭如 （摄影 1987 年年历）
晓雪摄影
石家庄 河北美术出版社 1986 年 1 张
53cm（4 开）定价：CNY0.25

J0122129
电影演员殷亭如 （摄影 1987 年年历）
唐载清摄影
上海 上海书画出版社 1986 年 1 张
53cm（4 开）定价：CNY0.24

J0122130
电影演员殷亭如 （摄影 1987 年年历）
张甦妍摄影
成都 四川省新闻图片社 1986 年 1 张
53cm（4 开）定价：CNY0.23

J0122131
电影演员殷亭如 （摄影 1987 年年历）
凯帆摄影
天津 天津人民美术出版社 1986 年 1 张
53cm（4 开）定价：CNY0.25

J0122132
电影演员殷亭如 （摄影 1987 年年历）
北京 中国电影出版社 1986 年 1 张
53cm（4 开）定价：CNY0 16

J0122133
电影演员詹萍萍 （摄影 1987 年年历）
海天摄影
石家庄 河北美术出版社 1986 年 1 张
78cm（2 开）定价：CNY0.32

J0122134
电影演员张虹 （摄影 1987 年年历）周炘摄影
济南 山东美术出版社 1986 年 1 张
53cm（4 开）定价：CNY0.25

J0122135
电影演员张金玲 （摄影 1987 年年历）
周俊彦摄影
石家庄 河北美术出版社 1986 年 1 张
78cm（2 开）定价：CNY0.14
　　作者周俊彦，作有年画《插花艺术5》《影视
新星谭小燕》《年画／宣传画：万事如意——青
年演员谭小燕》等。

J0122136
电影演员张丽 （摄影 1987 年年历）李诚摄影

天津 天津人民美术出版社 1986 年 1 张
78cm（2 开）定价：CNY0.25

J0122137
电影演员张利平 （摄影 1987 年年历）
张华铭摄影
石家庄 河北美术出版社 1986 年 1 张
78cm（2 开）定价：CNY0.32

J0122138
电影演员张琪 （摄影 1987 年年历）
周有骏摄影
石家庄 河北美术出版社 1986 年 1 张
78cm（2 开）定价：CNY0.32

J0122139
电影演员张琪 （摄影 1987 年年历）钱炜摄影
南京 江苏美术出版社 1986 年 1 张
53cm（4 开）定价：CNY0.25

J0122140
电影演员张小磊 （摄影 1987 年年历）
夏大统摄影
长沙 湖南美术出版社 1986 年 1 张
78cm（2 开）定价：CNY0.38

J0122141
电影演员张小磊 （摄影 1987 年年历）
李诚摄影
天津 天津人民美术出版社 1986 年 1 张
53cm（4 开）定价：CNY0.25

J0122142
电影演员张瑜 （摄影 1987 年年历）
朱金河摄影
广州 岭南美术出版社 1986 年 1 张
53cm（4 开）定价：CNY0.20

J0122143
电影演员张瑜 （摄影 1987 年年历）
北京 中国电影出版社 1986 年 1 张
76cm（2 开）定价：CNY0.30

J0122144
电影演员张瑜 （摄影 1987 年年历）

北京 中国电影出版社 1986 年 1 张
53cm（4 开）定价：CNY0.16

J0122145
电影演员张瑜 （摄影 1987 年年历）
北京 中国电影出版社 1986 年 4 张
78cm（2 开）定价：CNY0.88

J0122146
电影演员张瑜、陈烨、张芝华 （摄影
1987 年年历）
北京 中国电影出版社 1986 年 1 张
53cm（4 开）定价：CNY0.20

J0122147
电影演员张芝华 （摄影 1987 年年历）
尹福康,刘海发摄影
上海 上海人民美术出版社 1986 年 1 张
53cm（4 开）定价：CNY0.37

J0122148
电影演员张芝华 （摄影 1987 年年历）
尹福康摄影
天津 天津人民美术出版社 1986 年 1 张
107cm（全开）定价：CNY0.90

J0122149
电影演员赵越 （摄影 1987 年年历）
北京 中国电影出版社 ［1986 年］1 张（2 开）
定价：CNY0.16

J0122150
电影演员赵越 （摄影 1987 年年历）
北京 中国电影出版社 1986 年 1 张
76cm（2 开）定价：CNY0.30

J0122151
电影演员周洁 （摄影 1987 年年历）
晓雪摄影
石家庄 河北美术出版社 1986 年 1 张
53cm（4 开）定价：CNY0.24

　　作者晓雪,擅长年历摄影。主要作品有《青
年电影演员——陈冲》《老寿星》《演员吴海
燕》等。

J0122152
电影演员周洁 （摄影 1987 年年历）
马元浩摄影
西安 陕西人民美术出版社 1986 年 1 张
53cm（4 开）定价：CNY0.24

J0122153
电影演员朱碧云 （摄影 1987 年年历）
马元浩摄影
西安 陕西人民美术出版社 1986 年 1 张
53cm（4 开）定价：CNY0.24

J0122154
电影演员朱琳 （摄影 1987 年年历）
陈振戈摄影
石家庄 河北美术出版社 1986 年 1 张
53cm（4 开）定价：CNY0.25

J0122155
电影演员朱琳 （摄影 1987 年年历）
可一,湘华摄影
长沙 湖南美术出版社 1986 年 1 张
53cm（4 开）定价：CNY0.25

J0122156
电影演员朱琳 （摄影 1987 年年历）
陈振戈摄影
北京 人民美术出版社 1986 年 1 张
53cm（4 开）定价：CNY0.24

J0122157
电影演员朱琳 （摄影 1987 年年历）
陈振戈摄影
济南 山东美术出版社 1986 年 1 张
53cm（4 开）定价：CNY0.25

J0122158
电影演员朱时茂 （摄影 1987 年年历）
北京 中国电影出版社 1986 年 1 张
53cm（4 开）定价：CNY0.18

J0122159
董智芝 （摄影 1987 年年历）吕渝生摄影
福州 福建美术出版社 1986 年 1 张
53cm（4 开）定价：CNY0.24

J0122160
都市女郎 （摄影 1987 年年历）
天津 天津人民美术出版社 1986 年 1 张
53cm（4 开）定价：CNY0.25

J0122161
豆蔻年华 （摄影 1987 年年历）许志刚摄影
南昌 江西人民出版社［1986 年］1 张（4 开）
定价：CNY0.24

J0122162
豆蔻年华(影视新秀茹萍)
（摄影 1987 年年历）天鹰摄影
北京 人民美术出版社 1986 年 1 张
53cm（4 开）定价：CNY0.24

J0122163
独生女 （摄影 1987 年年历）顾棣摄影
太原 山西人民出版社 1986 年 1 张
53cm（4 开）定价：CNY0.24

J0122164
婀娜多姿 （摄影 1987 年年历）金宝源摄影
南昌 江西人民出版社［1986 年］1 张
76cm（2 开）定价：CNY0.33

J0122165
婀娜多姿 （摄影 1987 年年历）周正兴摄影
北京 人民体育出版社 1986 年 1 张
78cm（2 开）定价：CNY0.35

J0122166
方舒 （摄影 1987 年年历）周炘摄影
福州 福建美术出版社 1986 年 1 张
78cm（2 开）定价：CNY0.32

J0122167
风华 （摄影 1987 年年历）夏大统摄影
长沙 湖南美术出版社 1986 年 1 张
78cm（2 开）定价：CNY0.38

J0122168
哥俩好 （摄影 1987 年年历）
成都 四川美术出版社 1986 年 1 张
53cm（4 开）定价：CNY0.24

J0122169
歌唱演员 （摄影 1987 年年历）徐斌摄影
上海 上海人民美术出版社 1986 年 1 张
53cm（4 开）定价：CNY0.24

J0122170
歌唱演员沈小岑 （摄影 1987 年年历）
凯帆摄影
天津 天津人民美术出版社 1986 年 1 张
53cm（4 开）定价：CNY0.25

J0122171
歌唱演员索宝丽 （摄影 1987 年年历）
王剑摄影
天津 天津人民美术出版社 1986 年 1 张
53cm（4 开）定价：CNY0.25

J0122172
歌暖情怀 （摄影 1987 年年历）田源摄影
南昌 江西人民出版社［1986 年］1 张（4 开）
定价：CNY0.24

J0122173
歌坛明星 （摄影 1987 年年历）
天津 天津人民美术出版社 1986 年 1 张
53cm（4 开）定价：CNY0.25

J0122174
歌坛新秀 （摄影 1987 年年历）徐斌摄影
上海 上海人民美术出版社 1986 年 1 张
53cm（4 开）定价：CNY0.24

J0122175
歌星成方圆 （摄影 1987 年年历）辽友摄影
沈阳 辽宁美术出版社 1986 年 1 张
53cm（4 开）定价：CNY0.25

J0122176
歌星李晓春 （摄影 1987 年年历）李维良摄影
天津 天津人民美术出版社 1986 年 1 张
53cm（4 开）定价：CNY0.25

J0122177
歌星殷秀梅 （摄影 1987 年年历）张甸摄影
沈阳 辽宁美术出版社 1986 年 1 张 53cm（4 开）

定价: CNY0.25

　　作者张甸(1930—　　),摄影家。原名张殿宸,生于河北昌黎,毕业于鲁迅文艺学院美术系。历任东北画报社摄影组助理记者、辽宁画报社摄影创作室主任,中国摄影家协会会员。作品有《声震山河》《草原神鹰》《客人来到草原》。

J0122178
龚雪　(摄影 1987 年年历) 滕俊杰摄影
福州 福建美术出版社 1986 年 1 张
78cm(2 开) 定价: CNY0.32

J0122179
龚雪　(摄影 1987 年年历) 陈振戈摄影
南京 江苏美术出版社 1986 年 1 张
53cm(4 开) 定价: CNY0.25

J0122180
龚莹　(摄影 1987 年年历) 吕渝生摄影
福州 福建美术出版社 1986 年 1 张
78cm(2 开) 定价: CNY0.32

J0122181
顾盼神飞　(摄影 1987 年年历)
成都 四川省新闻图片社 1986 年 1 张
53cm(4 开) 定价: CNY0.24

J0122182
莞儿一笑　(摄影 1987 年年历)
武汉 湖北美术出版社 1986 年 1 张
53cm(4 开) 定价: CNY0.24

J0122183
含情脉脉　(摄影 1987 年年历) 田源摄影
南昌 江西人民出版社 [1986 年] 1 张(2 开)
定价: CNY0.24

J0122184
好宝宝　(摄影 1987 年年历) 林伟新摄影
济南 山东美术出版社 1986 年 1 张
53cm(4 开) 定价: CNY0.25

J0122185
好宝宝　(摄影 1987 年年历) 陈国庭摄影
成都 四川美术出版社 1986 年 1 张

53cm(4 开) 定价: CNY0.24

J0122186
荷花倩影　(摄影 1987 年年历) 刘克成摄影
福州 福建美术出版社 1986 年 1 张
78cm(2 开) 定价: CNY0.32

J0122187
红楼梦人物贾宝玉(欧阳奋强饰)
(摄影 1987 年年历) 晓庄摄影
济南 山东美术出版社 1986 年 1 张
53cm(4 开) 定价: CNY0.25

　　作者晓庄,擅长年历摄影。主要作品有《苏州园林小景》《又一春》《金陵瑞雪》等。

J0122188
红楼梦人物王熙凤　(摄影 1987 年年历)
武汉 湖北美术出版社 1986 年 1 张
53cm(4 开) 定价: CNY0.25

J0122189
红楼梦人物薛宝钗(张莉饰)
(摄影 1987 年年历) 晓庄摄影
济南 山东美术出版社 1986 年 1 张
53cm(4 开) 定价: CNY0.25

J0122190
红衣少女　(摄影 1987 年年历) 娄晓曦摄影
天津 天津人民出版社 1986 年 1 张
53cm(4 开) 定价: CNY0.25

　　作者娄晓曦,摄影家。主要作品有《重庆长江大桥》《雪》《思念》等。

J0122191
洪学敏　(摄影 1987 年年历) 柏雨果摄影
西安 陕西人民美术出版社 1986 年 1 张
53cm(4 开) 定价: CNY0.24

　　作者柏雨果(1948—　　),摄影师。陕西凤县人。中国摄影家协会会员、中国电影家协会会员。曾举办《天、地、人》摄影作品展,出版文学作品《拜见非洲大酋长》。

J0122192
回顾　(摄影 1987 年年历) 张洛摄影
广州 岭南美术出版社 1986 年 1 张

53cm（4开）定价：CNY0.30

J0122193

贾宝玉与林黛玉 （摄影 1987 年年历）
济南 山东美术出版社 1986 年 1 张
53cm（4开）定价：CNY0.25

J0122194

姐妹俩 （摄影 1987 年年历）岑永生摄影
北京 人民美术出版社 1986 年 1 张
53cm（4开）定价：CNY0.24

J0122195

可爱的宝宝 （摄影 1987 年年历）童天立摄影
南京 江苏人民出版社 1986 年 1 张
53cm（4开）定价：CNY0.25

J0122196

老寿星 （摄影 1987 年年历）晓雪摄影
石家庄 河北美术出版社 1986 年 1 张
78cm（2开）定价：CNY0.32

J0122197

练 （摄影 1987 年年历）杨克林摄影
太原 希望出版社 1986 年 1 张 53cm（4开）
定价：CNY0.24

J0122198

美的童年 （摄影 1987 年年历）钟向东摄影
成都 四川省新闻图片社 1986 年 1 张
53cm（4开）定价：CNY0.23

　　作者钟向东(1944—)，画家。别名钟兴、
号高联居士，江西兴国长岗人。毕业于赣南师范
学院艺术系及中国书画函授大学国画专业。历
任江西省美术家协会会员、漫画学会理事、工艺
美术学会会员、摄影家协会会员、赣南画院美术
事业部主任、特聘画家、赣州市中山书画院特聘
画师。主要作品有《郁孤台》《现代风》《希望之
星》《考察报告》等。

J0122199

密友 （摄影 1987 年年历）
杭州 西湖摄影艺术出版社 1986 年 1 张
53cm（4开）定价：CNY0.25

J0122200

哪吒 （摄影 1987 年年历）兆欣摄影
西安 陕西人民美术出版社 1986 年 1 张
53cm（4开）定价：CNY0.24

J0122201

凝思 （摄影 1987 年年历）马元浩摄影
福州 福建美术出版社 1986 年 1 张
78cm（2开）定价：CNY0.32

J0122202

凝思 （摄影 1987 年年历）牛犇东摄影
成都 四川美术出版社 1986 年 1 张
53cm（4开）定价：CNY0.24

　　作者牛犇东，重庆北碚人，毕业于北京化工
学院机械系。曾先后在政府文化部门工作，任动
力集团公司任工程师。代表作有《横断山之晨》
《天都玉屏》等。

J0122203

妞妞 （摄影 1987 年年历）邓洪秀摄影
石家庄 河北美术出版社 1986 年 1 张
53cm（4开）定价：CNY0.25

J0122204

女孩 （摄影 1987 年年历）
天津 天津人民美术出版社 1986 年 1 张
53cm（4开）定价：CNY0.25

J0122205

女童 （摄影 1987 年年历）尹福康摄影
天津 天津人民美术出版社 1986 年 1 张
53cm（4开）定价：CNY0.25

J0122206

女演员古孜丽努尔 （摄影 1987 年年历）
高国强，张林摄影
天津 天津人民美术出版社 1986 年 1 张
53cm（4开）定价：CNY0.25

J0122207

潘虹 （摄影 1987 年年历）于祝明摄影
福州 福建美术出版社 1986 年 1 张
53cm（4开）定价：CNY0.24

J0122208
潘虹 （摄影 1987 年年历）陈健腾摄影
石家庄 河北美术出版社 1986 年 1 张
78cm（2 开）定价：CNY0.20

J0122209
胖妞 （摄影 1987 年年历）俞京摄影
杭州 西湖摄影艺术出版社 1986 年 1 张
53cm（4 开）定价：CNY0.25
　　作者俞京，擅长摄影。主要年历作品有《祝您健康》《青春美》《费翔》等。

J0122210
千里寻仙遇寿星——杭州楼锡龙
（摄影 1987 年年历）张克庆摄影
杭州 浙江人民美术出版社 1986 年 2 张
53cm（4 开）定价：CNY0.28

J0122211
倩影 （摄影 1987 年年历）朱寇民摄影
武汉 湖北美术出版社 1986 年 1 张
53cm（4 开）定价：CNY0.24

J0122212
倩影 （摄影 1987 年年历）林伟新摄影
天津 天津人民美术出版社 1986 年 1 张
53cm（4 开）定价：CNY0.25

J0122213
倩影 （摄影 1987 年年历）马云摄影
杭州 西湖摄影艺术出版社 1986 年 1 张
53cm（4 开）定价：CNY0.25

J0122214
青春 （摄影 1987 年年历）陈守福摄影
郑州 河南美术出版社 1986 年 1 张
76cm（2 开）定价：CNY0.50

J0122215
青春 （摄影 1987 年年历）陈守福摄影
郑州 河南美术出版社 1986 年 1 张
76cm（2 开）定价：CNY0.50

J0122216
青春 （摄影 1987 年年历）朱宪民摄影

武汉 湖北美术出版社 1986 年 1 张
53cm（4 开）定价：CNY0.24

J0122217
青春 （摄影 1987 年年历）谢新发摄影
长春 吉林美术出版社 1986 年 1 张
78cm（2 开）定价：CNY0.27

J0122218
青春 （摄影 1987 年年历）何兆欣摄影
西安 陕西人民美术出版社 1986 年 1 张
78cm（2 开）定价：CNY0.32

J0122219
青春 （摄影 1987 年年历）娄晓曦摄影
天津 天津人民美术出版社 1986 年 1 张
76cm（2 开）定价：CNY0.45

J0122220
青春的旋律 （摄影 1987 年年历）
成都 四川省新闻图片社 1986 年 1 张
76cm（2 开）定价：CNY0.44

J0122221
青春美 （摄影 1987 年年历）白云摄影
北京 人民体育出版社 1986 年 1 张
53cm（4 开）定价：CNY0.27

J0122222
青春年华 （摄影 1987 年年历）周炘摄影
福州 福建美术出版社 1986 年 1 张
78cm（2 开）定价：CNY0.32

J0122223
青年电影演员陈烨 （摄影 1987 年年历）
晓雪摄影
石家庄 河北美术出版社 1986 年 1 张
53cm（4 开）定价：CNY0.25

J0122224
青年电影演员乐韵 （摄影 1987 年年历）
晓雪摄影
石家庄 河北美术出版社 1986 年 1 张
53cm（4 开）定价：CNY0.25

J0122225
青年电影演员李羚 （摄影 1987 年年历）
赵凤文摄影
石家庄 河北美术出版社 1986 年 1 张
53cm（4 开）定价：CNY0.25

J0122226
青年电影演员李小力 （摄影 1987 年年历）
陈振戈摄影
石家庄 河北美术出版社 1986 年 1 张
53cm（4 开）定价：CNY0.25

J0122227
青年电影演员李小燕 （摄影 1987 年年历）
陈振戈摄影
石家庄 河北美术出版社 1986 年 1 张
78cm（2 开）定价：CNY0.32

J0122228
青年电影演员李芸 （摄影 1987 年年历）
晓雪摄影
石家庄 河北美术出版社 1986 年 1 张
53cm（4 开）定价：CNY0.32

J0122229
青年电影演员庞敏 （摄影 1987 年年历）
陈健腾摄影
石家庄 河北美术出版社 1986 年 1 张
78cm（2 开）定价：CNY0.32

J0122230
青年电影演员余娅 （摄影 1987 年年历）
引流摄影
石家庄 河北美术出版社 1986 年 1 张
53cm（4 开）定价：CNY0.25

J0122231
青年电影演员周洁 （摄影 1987 年年历）
晓雪摄影
石家庄 河北美术出版社 1986 年 1 张
53cm（4 开）定价：CNY0.25

J0122232
青年电影演员邹倚天 （摄影 1987 年年历）
陈振戈摄影

石家庄 河北美术出版社 1986 年 1 张
53cm（4 开）定价：CNY0.14

J0122233
青年歌唱家陈美玲 （摄影 1987 年年历）
师英杰摄影
郑州 河南美术出版社 1986 年 1 张
76cm（2 开）定价：CNY0.50

J0122234
青年歌唱家成方圆 （摄影 1987 年年历）
师英杰摄影
郑州 河南美术出版社 1986 年 1 张
76cm（2 开）定价：CNY0.50

J0122235
青年舞蹈演员顾红 （摄影 1987 年年历）
邵华安摄影
成都 四川省新闻图片社 1986 年 1 张
53cm（4 开）定价：CNY0.23

J0122236
青年舞蹈演员杨丽萍 （摄影 1987 年年历）
沈今声摄影
石家庄 河北美术出版社 1986 年 1 张
53cm（4 开）定价：CNY0.25

J0122237
青年演员 （摄影 1987 年年历）夏大统摄影
济南 山东美术出版社 1986 年 1 张
53cm（4 开）定价：CNY0.25

J0122238
青年演员白灵 （摄影 1987 年年历）云霞摄影
成都 四川省新闻图片社 1986 年 1 张
76cm（2 开）定价：CNY0.44

J0122239
青年演员陈燕华 （摄影 1987 年年历）
岑永生摄影
上海 上海书画出版社 1986 年 1 张
53cm（4 开）定价：CNY0.38

J0122240
青年演员董智芝 （摄影 1987 年年历）

邵安华摄影
成都　四川省新闻图片社　1986 年　1 张
78cm（2 开）定价：CNY0.31

J0122241
青年演员龚雪 （摄影　1987 年年历）
马元浩摄影
西安　陕西人民美术出版社　1986 年　1 张
78cm（2 开）定价：CNY0.32

J0122242
青年演员——何晴 （摄影　1987 年年历）
钱豫强摄影
杭州　浙江人民美术出版社　1986 年　1 张
53cm（4 开）定价：CNY0.28

J0122243
青年演员姜黎黎 （摄影　1987 年年历）
陈建腾摄影
石家庄　河北美术出版社　1986 年　1 张
53cm（4 开　）定价：CNY0.25

J0122244
青年演员乐韵 （摄影　1987 年年历）
倪嘉德摄影
成都　四川省新闻图片社　1986 年　1 张
53cm（4 开）定价：CNY0.24

　　作者倪嘉德（1943—　），摄影师。江苏无锡
人。历任上海人民美术出版社副编审，高级摄影
师。作品出版有《越窑》《唐三彩》《景德镇民间
青花瓷器》《福建陶瓷》《四川陶瓷》《宋元青白
瓷》等。

J0122245
青年演员马军勤 （摄影　1987 年年历）
黎明摄影
成都　四川省新闻图片社　1986 年　1 张
53cm（4 开）定价：CNY0.23

J0122246
青年演员麦文燕 （摄影　1987 年年历）
尹福康，刘海发摄影
上海　上海人民美术出版社　1986 年　1 张
53cm（4 开）定价：CNY0.40

J0122247
青年演员潘虹 （摄影　1987 年年历）
陈建腾摄影
石家庄　河北美术出版社　1986 年　1 张
53cm（4 开）定价：CNY0.25

J0122248
青年演员宋忆宁 （摄影　1987 年年历）
邹大为摄影
上海　上海书画出版社　1986 年　1 张
53cm（4 开）定价：CNY0.24

J0122249
青年演员田晓梅 （摄影　1987 年年历）
尹福康，刘海发摄影
上海　上海人民美术出版社　1986 年　1 张
53cm（4 开）定价：CNY0.37

J0122250
青年演员乌兰托娅 （摄影　1987 年年历）
马云浩摄影
杭州　西湖摄影艺术出版社　1986 年　1 张
78cm（2 开）定价：CNY0.35

J0122251
青年演员夏菁 （摄影　1987 年年历）
沈治昌摄影
上海　上海书画出版社　1986 年　1 张
53cm（4 开）定价：CNY0.24

J0122252
青年演员薛淑杰 （摄影　1987 年年历）
周俊彦摄影
杭州　西湖摄影艺术出版社　1986 年　1 张
53cm（4 开）定价：CNY0.25

　　作者周俊彦，作有年画《插花艺术 5》《影视
新星谭小燕》《年画／宣传画：万事如意——青
年演员谭小燕》等。

J0122253
青年演员殷亭如 （摄影　1987 年年历）
周炘摄影
上海　上海书画出版社　1986 年　1 张
53cm（4 开）定价：CNY0.40

J0122254
青年演员余娅 （摄影 1987 年年历）
周俊彦摄影
杭州 西湖摄影艺术出版社 1986 年 1 张
53cm（4 开）定价：CNY0.25

J0122255
青年演员张超 （摄影 1987 年年历）黎明摄影
成都 四川省新闻图片社 1986 年 1 张
53cm（4 开）定价：CNY0.23

J0122256
青年演员张琪 （摄影 1987 年年历）
马元浩摄影
杭州 浙江人民美术出版社 1986 年 1 张
53cm（4 开）定价：CNY0.28

J0122257
青年演员朱碧云 （摄影 1987 年年历）
纯石摄影
成都 四川省新闻图片社 1986 年 1 张
53cm（4 开）定价：CNY0.24

J0122258
人物 （摄影 1987 年年历）俞京摄影
南京 江苏美术出版社 1986 年 2 张
53cm（4 开）定价：CNY0.25

J0122259
日本电影演员 （摄影 1987 年年历）
郑州 河南美术出版社 1986 年 1 张
78cm（2 开）定价：CNY0.32

J0122260
日本电影演员 （摄影 1987 年年历）
武汉 湖北美术出版社 1986 年 1 张
53cm（4 开）定价：CNY0.24

J0122261
三个小伙伴 （摄影 1987 年年历）
天津 天津人民美术出版社 1986 年 1 张
53cm（4 开）定价：CNY0.25

J0122262
上海电视台演员官仁 （摄影 1987 年年历）
凯帆摄影
天津 天津人民美术出版社 1986 年 1 张
53cm（4 开）定价：CNY0.25

J0122263
上海流行服装 （摄影 1987 年年历 一）
孙铨摄影
上海 上海书画出版社 1986 年 1 张
78cm（2 开）定价：CNY0.32

J0122264
上海流行服装 （摄影 1987 年年历 二）
丁定,谢新发摄影
上海 上海书画出版社 1986 年 1 张
78cm（2 开）定价：CNY0.32

　　作者谢新发，擅长年画摄影。主要作品有《节日欢舞》《风光摄影》《怎样拍摄夜景》等。

J0122265
上海流行服装 （摄影 1987 年年历 三）
丁定,谢新发摄影
上海 上海书画出版社 1986 年 1 张
78cm（2 开）定价：CNY0.32

J0122266
上海流行服装 （摄影 1987 年年历 四）
刘海发,谢新发摄影
上海 上海书画出版社 1986 年 1 张
78cm（2 开）定价：CNY0.32

J0122267
少女 （摄影 1987 年年历）郎琦摄影
长春 吉林美术出版社 1986 年 1 张
78cm（2 开）定价：CNY0.27

J0122268
少女 （摄影 1987 年年历）何兆欣摄影
西安 陕西人民美术出版社 1986 年 1 张
78cm（2 开）定价：CNY0.32

J0122269
少女 （摄影 1987 年年历）张杰摄影
上海 上海人民美术出版社 1986 年 1 张
53cm（4 开）定价：CNY0.24

J0122270
少女 （摄影 1987 年年历）汪挺中摄影
杭州 西湖摄影艺术出版社 1986 年 1 张
76cm（2 开）定价: CNY0.45

J0122271
少女时代 （摄影 1987 年年历）许志刚摄影
武汉 湖北美术出版社 1986 年 1 张
53cm（4 开）定价: CNY0.24

J0122272
盛装女郎 （摄影 1987 年年历）
太原 希望出版社 1986 年 1 张 53cm（4 开）
定价: CNY0.24

J0122273
梳辫子 （摄影 1987 年年历）李子明摄影
福州 福建美术出版社 1986 年 1 张
53cm（4 开）定价: CNY0.24

J0122274
淑女 （摄影 1987 年年历）娄晓曦摄影
天津 天津人民美术出版社 1986 年 1 张
53cm（4 开）定价: CNY0.25

J0122275
宋佳 （摄影 1987 年年历）陈春轩摄影
福州 福建美术出版社 1986 年 1 张
78cm（2 开）定价: CNY0.32

J0122276
宋佳 （摄影 1987 年年历）俞京摄影
南京 江苏美术出版社 1986 年 1 张
53cm（4 开）定价: CNY0.25

J0122277
宋佳 （摄影 1987 年年历）马元浩摄影
西安 陕西人民美术出版社 1986 年 1 张
53cm（4 开）定价: CNY0.24

J0122278
台阶上的少女 （摄影 1987 年年历）徐昕摄影
南京 江苏美术出版社 1986 年 1 张
53cm（4 开）定价: CNY0.25

J0122279
台湾著名电影演员林凤娇 （摄影
1987 年年历）
石家庄 河北美术出版社 1986 年 1 张
53cm（4 开）定价: CNY0.14

J0122280
天真浪漫 （摄影 1987 年年历）
长春 吉林美术出版社 1986 年 1 张
53cm（4 开）定价: CNY0.24

J0122281
亭亭幽姿 （摄影 1987 年年历）金宝源摄影
南昌 江西人民出版社［1986 年］1 张
78cm（2 开）定价: CNY0.33

J0122282
婷婷玉立　　孔艺摄
武汉 湖北美术出版社 1986 年 1 张
76cm（2 开）

J0122283
婷婷玉立 （摄影 1987 年年历）郎琦摄影
济南 山东美术出版社 1986 年 1 张
53cm（4 开）定价: CNY0.25

J0122284
婷婷玉女 （摄影 1987 年年历）臧德宽摄影
沈阳 岭南美术出版社 1986 年 1 张
53cm（4 开）定价: CNY0.25

J0122285
童年 （摄影 1987 年年历）
武汉 湖北美术出版社 1986 年 1 张
53cm（4 开）定价: CNY0.24

J0122286
童心 （摄影 1987 年年历）
武汉 湖北美术出版社 1986 年 1 张
53cm（4 开）定价: CNY0.24

J0122287
童星 （摄影 1987 年年历）
成都 四川省新闻图片社 1986 年 1 张
53cm（4 开）定价: CNY0.23

J0122288
娃娃壮 （摄影　1987 年年历）林伟新摄影
济南　山东美术出版社　1986 年　1 张
53cm（4 开）定价：CNY0.25

J0122289
外国儿童 （摄影　1987 年年历）陈伟摄影
福州　福建美术出版社　1986 年　1 张
53cm（4 开）定价：CNY0.24

J0122290
吴玉芳 （摄影　1987 年年历）柏雨果摄影
西安　陕西人民美术出版社　1986 年　1 张
53cm（4 开）定价：CNY0.24
　　作者柏雨果(1948—　)，摄影师。陕西凤县
人。中国摄影家协会会员、中国电影家协会会员。
曾举办《天、地、人》摄影作品展,出版文学作品
《拜见非洲大酋长》。

J0122291
武林精英张宏梅 （摄影　1987 年年历）
金鹰摄影
北京　人民体育出版社　1986 年　1 张
53cm（4 开）定价：CNY0.27

J0122292
舞蹈演员王莉 （摄影　1987 年年历）
兆欣,基中摄影
西安　陕西人民美术出版社　1986 年　1 张
53cm（4 开）定价：CNY0.24

J0122293
舞蹈演员杨丽萍 （摄影　1987 年年历）
北京　中国电影出版社　1986 年　1 张
53cm（4 开）定价：CNY0.16

J0122294
舞台姐妹 （摄影　1987 年年历）刘小地,张安
鲁摄影
南京　江苏教育出版社　1986 年　1 张
78cm（2 开）定价：CNY0.32

J0122295
西德少女 （摄影　1987 年年历）邵黎阳摄影
上海　上海书画出版社　1986 年　1 张
53cm（4 开）定价：CNY0.24
　　作者邵黎阳(1942—　)，画家。浙江镇海
人。历任《解放军报》美术编辑,上海人民美术出
版编辑部主任。作品有版画《山高攀》《胜利的
旗帜》《航标灯》,油画《房东》《马石山十勇士》
《天福山起义》等。著有《藏书票入门》。

J0122296
香港电影演员 （摄影　1987 年年历）
师英杰摄影
郑州　河南美术出版社　1986 年　1 张
78cm（2 开）定价：CNY0.33

J0122297
香港歌星王造时 （摄影　1987 年年历）
高国强摄影
天津　天津人民美术出版社　1986 年　1 张
53cm（4 开）定价：CNY0.25

J0122298
香港影视演员姜蓓莉 （摄影　1987 年年历）
赵伟摄影
成都　四川省新闻图片社　1986 年　1 张
53cm（4 开）定价：CNY0.23

J0122299
香港影坛明星 （摄影　1987 年年历）
郑州　河南美术出版社　1986 年　1 张
76cm（2 开）定价：CNY0.50

J0122300
香港影坛新蕾 （摄影　1987 年年历）
郑州　河南美术出版社　1986 年　1 张
76cm（2 开）定价：CNY0.50

J0122301
香港影星 （摄影　1987 年年历）师英杰摄影
郑州　河南美术出版社　1986 年　1 张
78cm（2 开）定价：CNY0.33

J0122302
香港影星黄淑仪 （摄影　1987 年年历）
郑州　河南美术出版社　1986 年　1 张
76cm（2 开）定价：CNY0.50

J0122303
香港影星余安安 （摄影 1987 年年历）
郑州 河南美术出版社 1986 年 1 张
76cm（2 开）定价：CNY0.50

J0122304
小宝宝 （摄影 1987 年年历）郑捷摄影
长春 北方妇女儿童出版社 1986 年 1 张
78cm（2 开）定价：CNY0.40
　　作者郑捷，摄影家。摄影宣传画有《优生优育茁壮成长(1984 年)》,编有《安徒生童话》等。

J0122305
小歌手 （摄影 1987 年年历）张育才摄影
上海 上海书画出版社 1986 年 1 张
53cm（4 开）定价：CNY0.24

J0122306
小姑娘 （摄影 1987 年年历）邵黎阳,谢新发摄影
石家庄 河北美术出版社 1986 年 1 张
53cm（4 开）定价：CNY0.25

J0122307
小冠军 （摄影 1987 年年历）邢延生摄影
武汉 湖北美术出版社 1986 年 1 张
53cm（4 开）定价：CNY0.24
　　作者邢延生,擅长摄影。主要作品有《苗苗》《花儿朵朵》《景山牡丹》等。

J0122308
小伙伴 （摄影 1987 年年历）张克庆摄影
杭州 浙江人民美术出版社 1986 年 2 张
53cm（4 开）定价：CNY0.28

J0122309
小佳佳 （摄影 1987 年年历）刘以宽摄影
武汉 湖北美术出版社 1986 年 1 张
53cm（4 开）定价：CNY0.24
　　作者刘以宽(1933—),摄影家。武汉人。曾在《战士画报》社、汉口高级步兵学校宣传部和武汉印刷厂设计室从事摄影,中国摄影家协会会员,湖北摄影家协会理事、常务理事,武汉摄影家协会副主席。

J0122310
小鸟依人 （摄影 1987 年年历）马元浩摄影
南昌 江西人民出版社 ［1986 年］1 张
［78cm］（2 开）定价：CNY0.33

J0122311
小妞 （摄影 1987 年年历）钟向东摄影
成都 四川省新闻图片社 1986 年 1 张
78cm（2 开）定价：CNY0.31

J0122312
小胖胖 （摄影 1987 年年历）娄晓曦摄影
天津 天津人民美术出版社 1986 年 1 张
53cm（4 开）定价：CNY0.25

J0122313
小朋友 （摄影 1987 年年历）谢新发摄影
西安 陕西人民美术出版社 1986 年 1 张
78cm（2 开）定价：CNY0.32
　　作者谢新发,擅长年画摄影。主要作品有《节日欢舞》《风光摄影》《怎样拍摄夜景》等。

J0122314
小天鹅 （摄影 1987 年年历）李建东摄影
郑州 河南美术出版社 1986 年 2 张
76cm（2 开）定价：CNY0.50

J0122315
小天使 （摄影 1987 年年历）杨克林摄影
南昌 江西人民出版社 ［1986 年］1 张
53cm（4 开）定价：CNY0.24

J0122316
小天使 （摄影 1987 年年历）
成都 四川美术出版社 1986 年 1 张
53cm（4 开）定价：CNY0.24

J0122317
小天真 （摄影 1987 年年历）陈振戈摄影
济南 山东美术出版社 1986 年 新 1 版 1 张
53cm（4 开）定价：CNY0.25

J0122318
小小男子汉 （摄影 1987 年年历）谢新发,肖松摄影

上海　上海书画出版社　1986 年　1 张
53cm（4 开）定价：CNY0.24

J0122319
小新苗　（摄影　1987 年年历）郑捷摄影
长春　北方妇女儿童出版社　1986 年　1 张
78cm（2 开）定价：CNY0.40

　　作者郑捷，摄影家。摄影宣传画有《优生优
育苗壮成长（1984 年）》，编有《安徒生童话》等。

J0122320
小演员　（摄影　1987 年年历）刘万福摄影
福州　福建美术出版社　1986 年　1 张
53cm（4 开）定价：CNY0.24

J0122321
小演员　（摄影　1987 年年历）陈振戈摄影
济南　山东美术出版社　1986 年　1 张
53cm（4 开）定价：CNY0.24

J0122322
小演员茅为惠　（摄影　1987 年午历）
许志刚摄影
武汉　湖北美术出版社　1986 年　1 张
53cm（4 开）定价：CNY0.24

J0122323
小演员茅为惠　（摄影　1987 年年历）
陈国庭摄影
成都　四川美术出版社　1986 年　1 张
53cm（4 开）定价：CNY0.24

J0122324
小演员茅为惠　（摄影　1987 年年历）
陈湘华摄影
北京　中国电影出版社　1986 年　1 张
53cm（4 开）定价：CNY0.18

J0122325
小演员周怡　（摄影　1987 年年历）陈湘华摄影
北京　人民美术出版社　1986 年　1 张
53cm（4 开）定价：CNY0.24

J0122326
小园丁　（摄影　1987 年年历）谢新发摄影

石家庄　河北美术出版社　1986 年　1 张
53cm（4 开）定价：CNY0.25

J0122327
小园丁　（摄影　1987 年年历）钟向东摄影
南京　江苏美术出版社　1986 年　2 张
53cm（4 开）定价：CNY0.25

J0122328
新歌星　（摄影　1987 年年历）李瑞芝摄影
太原　山西人民出版社　1986 年　1 张
53cm（4 开）定价：CNY0.24

J0122329
新秀——林芳兵　（摄影　1987 年年历）
陈永钧摄影
呼和浩特　内蒙古人民出版社　1986 年　1 张
53cm（4 开）定价：CNY0.25

J0122330
幸福的儿童　（摄影　1987 年年历）虹迅摄影
北京　人民美术出版社　1986 年　1 张
53cm（4 开）定价：CNY0.24

J0122331
幸福的年轻人　（摄影　1987 年年历）浩人摄影
福州　福建美术出版社　1986 年　1 张
53cm（4 开）定价：CNY0.24

J0122332
嫣然一笑　（摄影　1987 年年历）马元浩摄影
南昌　江西人民出版社［1986 年］1 张
78cm（2 开）定价：CNY0.33

J0122333
演员马盛君　（摄影　1987 年年历）高平摄影
天津　天津人民美术出版社　1986 年　1 张
53cm（4 开）定价：CNY0.25

J0122334
演员王春丽　（摄影　1987 年年历）林博泉摄影
石家庄　河北美术出版社　1986 年　1 张
53cm（4 开）定价：CNY0.25

J0122335
演员王姬 （摄影 1987 年年历）张岩摄影
天津 天津人民美术出版社 1986 年 1 张
53cm（4 开）定价：CNY0.25

J0122336
演员张虹 （摄影 1987 年年历）凯帆摄影
天津 天津人民美术出版社 1986 年 1 张
53cm（4 开）定价：CNY0.25

J0122337
燕子姐姐——陈燕华 （摄影 1987 年年历）
岑永生摄影
上海 上海书画出版社 ［1986 年］1 张
76cm（2 开）定价：CNY0.65

J0122338
阳光下的少女 （摄影 1987 年年历）
马元浩摄影
福州 福建美术出版社 1986 年 1 张
78cm（2 开）定价：CNY0.32

J0122339
阳光下的少女 （摄影 1987 年年历）
夏大统摄影
长沙 湖南美术出版社 1986 年 1 张
78cm（2 开）定价：CNY0.38

J0122340
一九八七：电影演员 （摄影挂历）
北京 朝花美术出版社 1986 年 53cm（4 开）
定价：CNY6.20

J0122341
一九八七：电影演员 （摄影挂历）
成都 四川省新闻图片社 1986 年 53cm（4 开）
定价：CNY4.50

J0122342
一九八七：儿童 （摄影挂历）
北京 朝花美术出版社 1986 年 53cm（4 开）
定价：CNY4.20

J0122343
一九八七：儿童 （摄影挂历）

哈尔滨 黑龙江美术出版社 1986 年
53cm（4 开）定价：CNY4.30

J0122344
一九八七：金色的童年 （摄影挂历）
上海 上海书画出版社 1986 年 53cm（4 开）
定价：CNY4.20

J0122345
一九八七：美与时装 （摄影挂历）
胡晓申等摄影
上海 上海人民美术出版社 1986 年
78cm（2 开）定价：CNY5.50

J0122346
一九八七：明星 （摄影挂历）
哈尔滨 黑龙江美术出版社 1986 年
78cm（2 开）定价：CNY5.40

J0122347
一九八七：青春 （摄影挂历）
南京 江苏美术出版社 1986 年 78cm（2 开）
定价：CNY5.30

J0122348
一九八七：时装 （挂历）
哈尔滨 黑龙江美术出版社 1986 年
78cm（2 开）定价：CNY5.40

J0122349
一九八七：时装 （挂历）
长春 吉林美术出版社 1986 年 78cm（2 开）
定价：CNY5.70

J0122350
一九八七：时装 （挂历）
赤峰 内蒙古科学技术出版社 1986 年
78cm（2 开）定价：CNY5.50

J0122351
一九八七：时装 （摄影挂历）
天津 天津杨柳青画社 1986 年 53cm（4 开）
定价：CNY4.20

J0122352
一九八七：演员·时装 （摄影挂历）尹福康，
刘海发摄
上海　上海人民美术出版社　1986 年
53cm（4 开）定价：CNY5.50

J0122353
一九八七：银屏新秀 （摄影挂历）
上海　上海书画出版社　1986 年　78cm（2 开）
定价：CNY5.30

J0122354
一九八七：影视新花 （摄影挂历）
兰州　甘肃人民出版社［1986 年］1 张
78cm（2 开）定价：CNY5.40

J0122355
艺坛新秀 （摄影 1987 年年历）凯帆摄影
天津　天津人民美术出版社　1986 年　1 张
53cm（4 开）定价：CNY0.25

J0122356
意大利儿童 （摄影 1987 年年历）王征烨摄影
郑州　河南美术出版社　1986 年　1 张
78cm（2 开）定价：CNY0.33

J0122357
殷亭如 （摄影 1987 年年历）周炘摄影
福州　福建美术出版社　1986 年　1 张
78cm（2 开）定价：CNY0.32
　　作者周炘,摄有年画《春之花》《花丛》《风
姿》等。

J0122358
银屏新秀方舒 （摄影 1987 年年历）周炘摄影
上海　上海书画出版社　1986 年　1 张
53cm（4 开）定价：CNY0.32

J0122359
银屏新秀麦文燕 （摄影 1987 年年历）
周炘摄影
上海　上海书画出版社　1986 年　1 张
53cm（4 开）定价：CNY0.32

J0122360
银屏新秀张红 （摄影 1987 年年历）周炘摄影
上海　上海书画出版社　1986 年　1 张
53cm（4 开）定价：CNY0.32

J0122361
银苑新星　方舒等 （摄影 1987 年年历）
北京　中国电影出版社　1986 年　1 张
76cm（2 开）定价：CNY0.30

J0122362
尹丽公主 （摄影 1987 年年历）徐中定摄影
杭州　浙江人民美术出版社　1986 年　1 张
53cm（4 开）定价：CNY0.25

J0122363
英娘 （摄影 1987 年年历）尹泸摄影
成都　四川省新闻图片社　1986 年　1 张
53cm（4 开）定价：CNY0.24

J0122364
英姿 （摄影 1987 年年历）纯石摄影
成都　四川美术出版社　1986 年　1 张
53cm（4 开）定价：CNY0.25

J0122365
英姿 （摄影 1987 年年历）林永华摄影
天津　天津人民美术出版社　1986 年　1 张
53cm（4 开）定价：CNY0.25

J0122366
英姿飒爽 （摄影 1987 年年历）段文华摄影
成都　四川省新闻图片社　1986 年　1 张
53cm（4 开）定价：CNY0.23

J0122367
樱花姑娘 （摄影 1987 年年历）陈湘华摄影
上海　上海书画出版社　1986 年　1 张
53cm（4 开）定价：CNY0.24

J0122368
影坛新秀 （摄影 1987 年年历）赵风文摄影
长春　吉林美术出版社　1986 年　1 张
78cm（2 开）定价：CNY0.27

J0122369
影坛新秀李羚、吴玉芳 （摄影 1987 年年历）
柏雨果摄影
沈阳 辽宁美术出版社 1986 年 1 张
53cm（4 开）定价：CNY0.25

　　作者柏雨果(1948—　)，摄影师。陕西凤县人。中国摄影家协会会员、中国电影家协会会员。曾举办《天、地、人》摄影作品展，出版文学作品《拜见非洲大酋长》。

J0122370
影坛新秀朱碧云 （摄影 1987 年年历）
纯石摄影
成都 四川美术出版社 1986 年 1 张
53cm（4 开）定价：CNY0.24

J0122371
影坛新秀朱琳 （摄影 1987 年年历）王一摄影
郑州 河南美术出版社 1986 年 1 张
76cm（2 开）定价：CNY0.50

J0122372
影星龚雪 （摄影 1987 年年历）陈振戈摄影
福州 福建美术出版社 1986 年 1 张
78cm（2 开）定价：CNY0.32

J0122373
影星和歌手 （摄影 1987 年年历）可一，湘华
摄影
长沙 湖南美术出版社 1986 年 1 张
53cm（4 开）定价：CNY0.25

J0122374
影星洪学敏 （摄影 1987 年年历）陈振戈摄影
长春 吉林美术出版社 1986 年 1 张
53cm（4 开）定价：CNY0.24

J0122375
影星 （摄影 1987 年年历）陈振戈摄影
成都 四川美术出版社 1986 年 1 张
53cm（4 开）定价：CNY0.24

J0122376
越剧小演员 （摄影 1987 年年历）韩洪摄影
西安 陕西人民美术出版社 1986 年 1 张
53cm（4 开）定价：CNY0.24

J0122377
张瑜 （摄影 1987 年年历）马元浩摄影
西安 陕西人民美术出版社 1986 年 1 张
53cm（4 开）定价：CNY0.24

J0122378
著名歌星邓丽君 （摄影 1987 年年历）
西安 陕西人民美术出版社 1986 年 1 张
76cm（2 开）定价：CNY0.50

J0122379
最佳女演员吴玉芳 （摄影 1987 年年历）
北京 中国电影出版社 1986 年 1 张
53cm（4 开）定价：CNY0.16

J0122380
最佳女主角　李羚 （摄影 1987 年年历）
北京 中国电影出版社 1986 年 1 张
53cm（4 开）定价：CNY0.16

J0122381
［1988：星］ （挂历 电影演员）
北京 中国电影出版社 ［1987 年］76cm（2 开）
定价：CNY9.50

J0122382
《金陵之夜》中的演员麦文燕 （摄影
1988 年年历）
北京 中国电影出版社 1987 年 1 张
53cm（4 开）定价：CNY0.20

J0122383
1988：《影星》月历
赤峰 内蒙古科学技术出版社 ［1987 年］
78cm（2 开）定价：CNY6.50

J0122384
1988：棒针时装月历
上海 上海人民美术出版社 1987 年
78cm（2 开）定价：CNY6.70

J0122385
1988：插花与少女 （摄影挂历）

合肥　安徽美术出版社［1987年］
78cm（2开）定价：CNY7.50

J0122386
1988：电影明星　（摄影挂历）
沈阳　春风文艺出版社　1987年
78cm（2开）定价：CNY6.50

J0122387
1988：电影明星　（摄影挂历）
沈阳　辽宁民族出版社［1987年］
78cm（2开）定价：CNY9.00

J0122388
1988：电影新秀　（摄影挂历）
上海　上海人民美术出版社　1987年
78cm（2开）定价：CNY6.30

J0122389
1988：电影演员　（摄影挂历）
太原　北岳文艺出版社［1987年］
78cm（2开）定价：CNY9.80

J0122390
1988：电影演员　（摄影挂历）
南京　江苏美术出版社　1987年
53cm（4开）定价：CNY5.60

J0122391
1988：电影演员　（摄影挂历）
南昌　江西人民出版社［1987年］
78cm（2开）定价：CNY6.70

J0122392
1988：电影演员　（摄影挂历）
济南　山东美术出版社　1987年
78cm（2开）定价：CNY6.80

J0122393
1988：电影演员　（摄影挂历）
太原　山西人民出版社　1987年
78cm（2开）定价：CNY6.40

J0122394
1988：电影演员　（摄影挂历）

上海　上海人民美术出版社　1987年
53cm（4开）定价：CNY5.00

J0122395
1988：电影演员　（摄影挂历）
长春　时代文艺出版社　1987年
78cm（2开）定价：CNY6.50

J0122396
1988：电影演员　（摄影挂历）
杭州　西湖摄影艺术出版社　1987年
78cm（2开）定价：CNY6.50

J0122397
1988：电影演员张琪　（摄影挂历）
上海　上海人民美术出版社　1987年
78cm（2开）定价：CNY6.70

J0122398
1988：多姿　（时装摄影挂历）
成都　四川省新闻图片社　1987年
78cm（2开）定价：CNY6.50

J0122399
1988：儿童　（摄影挂历）
北京　北京美术摄影出版社　1987年
78cm（2开）定价：CNY6.50

J0122400
1988：儿童　（摄影挂历）
沈阳　辽宁美术出版社　1987年
78cm（2开）定价：CNY6.50

J0122401
1988：儿童　（摄影挂历）
西安　陕西人民美术出版社　1987年
78cm（2开）定价：CNY7.00

J0122402
1988：儿童　（摄影挂历）
天津　天津人民美术出版社　1987年　54cm（4开）
定价：CNY5.50

J0122403
1988：儿童　（摄影挂历）

杭州　西湖摄影艺术出版社　1987 年　54cm（4 开）
定价：CNY4.80

J0122404
1988：儿童服装 （摄影挂历）
长沙　湖南少年儿童出版社　1987 年
78cm（2 开）定价：CNY5.80

J0122405
1988：儿童服装 （摄影挂历）
长沙　湖南少年儿童出版社［1987 年］
78cm（2 开）定价：CNY7.50

J0122406
1988：法国时装 （摄影挂历）
南宁　广西民族出版社　1987 年
78cm（2 开）定价：CNY7.20

J0122407
1988：风景·时装 （摄影挂历）
福州　福建美术出版社　1987 年　54cm（4 开）
定价：CNY4.90

J0122408
1988：风韵 （时装挂历）
成都　四川省新闻图片社　1987 年　78cm（2 开）
定价：CNY6.50

J0122409
1988：龚雪倩影 （摄影挂历）
上海　上海人民美术出版社　1987 年
78cm（2 开）定价：CNY8.20

J0122410
1988：红楼梦人物 （摄影挂历）
北京　中国广播电视出版社　1987 年
78cm（2 开）定价：CNY7.00

J0122411
1988：花与少女 （摄影挂历）钱炜等摄影
南京　江苏美术出版社　1987 年　78cm（2 开）
定价：CNY6.90

J0122412
1988：环球影星 （摄影挂历）

北京　中国电影出版社［1987 年］78cm（2 开）
定价：CNY6.30

J0122413
1988：金色童年 （摄影挂历）
北京　中国电影出版社［1987 年］54cm（4 开）
定价：CNY7.80

J0122414
1988：快乐的儿童 （摄影挂历）
上海　上海人民美术出版社　1987 年　54cm（4 开）
定价：CNY5.00

J0122415
1988：丽影 （摄影挂历）
天津　天津人民美术出版社　1987 年　76cm（2 开）
定价：CNY9.50

J0122416
1988：林中少女 （摄影挂历）
杭州　西湖摄影艺术出版社　1987 年　54cm（4 开）
定价：CNY2.50

J0122417
1988：苗苗 （摄影挂历）
上海　上海人民美术出版社　1987 年
78cm（2 开）定价：CNY6.70

J0122418
1988：母爱 （摄影挂历）
北京　朝花美术出版社　1987 年　78cm（2 开）
定价：CNY6.80

J0122419
1988：女青年 （摄影挂历）
北京　朝花美术出版社　1987 年　78cm（2 开）
定价：CNY6.80

J0122420
1988：倩影 （摄影双月历）
郑州　河南人民出版社［1987 年］
78cm（2 开）定价：CNY9.90

J0122421
1988：倩影 （摄影挂历）

杭州 浙江人民美术出版社 1987 年
78cm（2 开）定价：CNY6.50

J0122422
1988：青春 （人物摄影）安海,伟忍摄影
长春 吉林美术出版社 1987 年
78cm（2 开）定价：CNY6.50

J0122423
1988：青春 （摄影挂历）
沈阳 辽宁美术出版社 1987 年
78cm（2 开）定价：CNY6.50

J0122424
1988：青春年华 （摄影挂历）林伟新,
华晓摄影
上海 上海书画出版社 1987 年
78cm（2 开）定价：CNY6.30

J0122425
1988：青春友谊 （摄影挂历）
北京 北京体育学院出版社 1987 年
78cm（2 开）定价：CNY6.50

J0122426
1988：青春月历 刘海发等摄影
上海 上海人民美术出版社［1987 年］
78cm（2 开）定价：CNY12.00

J0122427
1988：情侣 （摄影挂历）
北京 农村读物出版社［1987 年］76cm（2 开）
定价：CNY10.50

J0122428
1988：情侣 （摄影挂历）
杭州 浙江人民美术出版社 1987 年
78cm（2 开）定价：CNY9.30

J0122429
1988：人物摄影 （挂历）
兰州 甘肃人民出版社 1987 年
78cm（2 开）定价：CNY10.00

J0122430
1988：人像摄影 （挂历）丁少凡,鄂俊大编
辑设计
长春 吉林美术出版社 1987 年
78cm（2 开）定价：CNY6.50

J0122431
1988：人像摄影艺术作品选 （挂历）
（菲）张国梁摄
北京 中国摄影出版社［1987 年］78cm（2 开）
定价：CNY8.20

J0122432
1988：上海时装 （摄影挂历）
天津 天津杨柳青画社 1987 年 76cm（2 开）
定价：CNY9.50

J0122433
1988：少年儿童 （摄影挂历）
北京 北京少年儿童出版社 1987 年
76cm（2 开）定价：CNY6.00

J0122434
1988：少年儿童 （摄影挂历）
南京 江苏美术出版社 1987 年 54cm（4 开）
定价：CNY5.60

J0122435
1988：时装 （摄影挂历）
福州 福建美术出版社 1987 年
78cm（2 开）定价：CNY6.60

J0122436
1988：时装 （摄影双月历）青松林摄影
福州 福建美术出版社［1987 年］54cm（4 开）
定价：CNY2.60

J0122437
1988：时装 （摄影挂历）
赤峰 内蒙古科学技术出版社［1987 年］
78cm（2 开）定价：CNY6.50

J0122438
1988：时装 （摄影挂历）
北京 农村读物出版社［1987 年］

76cm（2开）定价：CNY9.80

J0122439
1988：时装　（摄影挂历）
天津　天津人民美术出版社　1987 年
78cm（2开）定价：CNY6.50

J0122440
1988：时装　（摄影挂历）
天津　天津杨柳青画社　1987 年　78cm（2开）
定价：CNY6.50

J0122441
1988：时装　（摄影挂历）
延吉　延边人民出版社［1987 年］
78cm（2开）定价：CNY6.50

J0122442
1988：时装新潮　（摄影挂历）
沈阳　辽宁美术出版社　1987 年
78cm（2开）定价：CNY6.50

J0122443
1988：时装新潮　（挂历）
北京　中国电影出版社［1987 年］76cm（2开）
定价：CNY11.50

J0122444
1988：时装月历
石家庄　河北美术出版社　1987 年
78cm（2开）定价：CNY6.40

J0122445
1988：世界体坛明星　（摄影挂历）
南昌　江西教育出版社［1987 年］
78cm（2开）定价：CNY6.00

J0122446
1988：丝韵　（时装摄影）
沈阳　辽宁美术出版社　1987 年
78cm（2开）定价：CNY6.50

J0122447
1988：外国时装　（摄影挂历）
福州　福建美术出版社　1987 年

78cm（2开）定价：CNY6.80

J0122448
1988：外国时装　（摄影挂历）
北京　农村读物出版社［1987 年］76cm（2开）
定价：CNY10.50

J0122449
1988：现代陈设·时装　（摄影挂历）
沈阳　辽宁民族出版社［1987 年］
78cm（2开）定价：CNY6.50

J0122450
1988：小演员　（儿童月历）
北京　朝花美术出版社　1987 年　54cm（4开）
定价：CNY4.70

J0122451
1988：新年好　（儿童摄影挂历）李立等摄影
长春　吉林美术出版社　1987 年
78cm（2开）定价：CNY6.50

J0122452
1988：新年如意　（影星挂历）
西安　陕西人民美术出版社　1987 年
78cm（2开）定价：CNY5.80

J0122453
1988：幸福儿童　（摄影挂历）
上海　上海人民美术出版社　1987 年
54cm（4开）定价：CNY4.20

J0122454
1988：幸福儿童　（摄影挂历）
上海　上海书画出版社　1987 年　54cm（4开）
定价：CNY5.00

J0122455
1988：演员　（摄影挂历）
西安　陕西人民美术出版社　1987 年
78cm（2开）定价：CNY7.00

J0122456
1988：艺林新星　（摄影挂历）
上海　上海人民美术出版社　1987 年

78cm（2开）定价：CNY6.30

J0122457
1988：艺术时装 （摄影挂历）
上海 上海人民美术出版社 1987 年
78cm（2开）定价：CNY6.30

J0122458
1988：艺苑新葩——青年演员马盛君
（摄影挂历）
天津 天津人民美术出版社 1987 年 78cm（2开）
定价：CNY6.50

J0122459
1988：银坛新星 （挂历）周有骏等摄影
成都 四川美术出版社 1987 年
78cm（2开）定价：CNY5.80

J0122460
1988：银苑新星 （摄影挂历）
北京 中国电影出版社 1987 年 76cm（2开）
定价：CNY9.50

J0122461
1988：影视新花 （摄影挂历）
兰州 甘肃人民出版社 ［1987 年］
78cm（2开）定价：CNY6.50

J0122462
1988：影坛新秀 （摄影挂历）
石家庄 河北美术出版社 1987 年
78cm（2开）定价：CNY11.00

J0122463
1988：影坛新秀 （摄影挂历）
上海 上海书画出版社 ［1987 年］
78cm（2开）定价：CNY7.50

J0122464
1988：影星 （摄影挂历）解逄等摄影
合肥 安徽美术出版社 1987 年
78cm（2开）定价：CNY7.50

J0122465
1988：影星 （摄影挂历）中国电影家协会吉

林分会，东北经济报编辑
长春 吉林教育出版社 ［1987 年］
78cm（2开）定价：CNY6.80

J0122466
1988：影星 （摄影挂历）
沈阳 辽宁美术出版社 1987 年
78cm（2开）定价：CNY9.00

J0122467
1988：影星 （摄影挂历）
沈阳 辽宁美术出版社 1987 年
78cm（2开）定价：CNY6.50

J0122468
1988：影星 （摄影挂历）
沈阳 辽宁美术出版社 1987 年
78cm（2开）定价：CNY6.50

J0122469
1988：影星 （摄影挂历）
沈阳 辽宁民族出版社 1987 年
78cm（2开）定价：CNY6.50

J0122470
1988：影星 （摄影挂历）
太原 山西人民出版社 1987 年
78cm（2开）定价：CNY6.50

J0122471
1988：影星 （摄影挂历）
上海 上海人民美术出版社 1987 年
78cm（2开）定价：CNY7.20

J0122472
1988：影星 （摄影挂历）
上海 上海人民美术出版社 1987 年
78cm（2开）定价：CNY6.30

J0122473
1988：中国影星 （摄影挂历）
北京 中国电影出版社 ［1987 年］78cm（2开）
定价：CNY6.30

J0122474
1988：中外时装　（挂历）
长沙　湖南美术出版社　1987 年
78cm（2 开）定价：CNY9.80

J0122475
1988：中外影星　（摄影挂历）长春电影制片
厂《电影世界》画报社编辑
长春　吉林教育出版社［1987 年］
78cm（2 开）定价：CNY6.80

J0122476
1988：祝宝宝快乐　（摄影挂历）
天津　天津杨柳青画社［1987 年］78cm（2 开）

J0122477
1988：祝愿您新年愉快　（人物摄影）
沈阳　辽宁美术出版社　1987 年
78cm（2 开）定价：CNY6.50

J0122478
1988：壮游　（时装摄影双月历）
福州　福建美术出版社［1987 年］54cm（4 开）
定价：CNY2.30

J0122479
八仙　（摄影 1988 年年历）陈春轩,刘海发摄影
天津　天津人民美术出版社　1987 年　1 张
76cm（2 开）定价：CNY0.60

J0122480
白灵　（摄影 1988 年年历）郭大公摄影
福州　福建美术出版社　1987 年　1 张
54cm（4 开）定价：CNY0.28

J0122481
白灵　（摄影 1988 年年历）许志刚摄影
杭州　西湖摄影艺术出版社　1987 年
1 张　54cm（4 开）定价：CNY0.29

J0122482
白雪公主　（摄影 1988 年年历）张岩摄影
天津　天津人民美术出版社　1987 年
1 张　78cm（2 开）定价：CNY0.60

J0122483
白衣少女　（摄影 1988 年年历）
呼和浩特　内蒙古人民出版社　1987 年
1 张　54cm（4 开）定价：CNY0.32

J0122484
宝宝　（摄影 1988 年年历）陈扬坤摄影
北京　人民体育出版社　1987 年　1 张
78cm（2 开）定价：CNY0.38

J0122485
宝宝乐　（摄影 1988 年年历）谢新发摄影
济南　山东美术出版社　1987 年　1 张
53cm（4 开）定价：CNY0.33

J0122486
比赛归来　（摄影 1988 年年历）张金智摄影
石家庄　河北美术出版社　1987 年　1 张
53cm（4 开）定价：CNY0.28

J0122487
碧波清影　（摄影 1988 年年历）
杭州　西泠印社　1987 年　1 张　53cm（4 开）
定价：CNY0.28

J0122488
边疆巡逻　（摄影 1988 年年历）江志顺摄影
重庆　重庆出版社　1987 年　1 张　53cm（4 开）
定价：CNY0.30

J0122489
嗔　（摄影 1988 年年历）林华尚摄影
福州　福建美术出版社［1987 年］1 张
定价：CNY0.28

J0122490
陈怡　（摄影 1988 年年历）
上海　上海人民美术出版社［1987 年］1 张
定价：CNY0.75

J0122491
成长　（摄影 1988 年年历）娄晓曦摄影
杭州　西湖摄影艺术出版社　1987 年　1 张
定价：CNY0.29
作者娄晓曦,摄影家。主要作品有《重庆长

江大桥》《雪》《思念》等。

J0122492

憧憬 （摄影 1988 年年历）彭年生摄影
郑州 河南美术出版社 1987 年 1 张
54cm（4 开）定价：CNY0.33

作者彭年生（1955— ），美术摄影编辑。生于湖北武汉市，毕业于武汉大学新闻系艺术摄影专业。历任长江文艺出版社副社长，湖北美术出版社副社长，中国摄影家协会会员等职。出版有《思想者——彭年生摄影作品集》《性格肖像——彭年生摄影作品集》等。

J0122493

憧憬 （摄影 1988 年年历）家吉摄影
天津 天津人民美术出版社 1987 年 1 张
54cm（4 开）定价：CNY0.30

J0122494

出水芙蓉 （摄影 1988 年年历）李学峰摄影
福州 福建美术出版社 1987 年 1 张
53cm（4 开）定价：CNY0.28

J0122495

翠湖倩影 （摄影 1988 年年历）刘克成摄影
福州 福建美术出版社［1987 年］
1 张 53cm（4 开）定价：CNY0.28

J0122496

当代女装 周必云等摄影
福州 海峡文艺出版社 1987 年 10 张
定价：CNY1.60

J0122497

当代球星——马多拉纳 （摄影 1988 年年历）
郑州 河南美术出版社 1987 年 1 张
76cm（2 开）定价：CNY0.43

J0122498

第九届百花奖获奖演员刘子枫、王馥荔
（摄影 1988 年年历）
北京 中国电影出版社 1987 年 1 张
76cm（2 开）定价：CNY0.32

J0122499

第六届金鸡奖、第九届百花奖获奖演员方舒、王馥荔、岳红 （摄影 1988 年年历）
北京 中国电影出版社 1987 年 1 张
76cm（2 开）定价：CNY0.32

J0122500

第六届金鸡奖、第九届百花奖获奖演员岳红、杨在葆 （摄影 1988 年年历）
北京 中国电影出版社 1987 年 1 张
76cm（2 开）定价：CNY0.32

J0122501

电影新秀夏菁 （摄影 1988 年年历）钱惠良摄影
上海 上海人民美术出版社 1987 年 1 张
53cm（4 开）定价：CNY0.30

J0122502

电影新秀余娅 （摄影 1988 年年历）
张宏良摄影
上海 上海书画出版社 1987 年 1 张
53cm（4 开）定价：CNY0.30

J0122503

电影演员 （摄影 1988 年年历）王慧摄影
北京 中国电影出版社 1987 年 1 张
53cm（4 开）定价：CNY0.20

J0122504

电影演员白玉娟 （摄影 1988 年年历）
北京 中国电影出版社［1987 年］1 张
53cm（4 开）定价：CNY0.20

J0122505

电影演员曾丹 （摄影 1988 年年历）
姜衍波摄影
济南 山东美术出版社 1987 年 1 张
53cm（4 开）定价：CNY0.33

J0122506

电影演员陈肖依 （摄影 1988 年年历）
陈健腾摄影
西安 陕西人民美术出版社 1987 年 1 张
53cm（4 开）定价：CNY0.30

J0122507
电影演员董智芝 （摄影 1988 年年历）
陈春轩摄影
济南 山东美术出版社 1987 年 1 张
53cm（4 开）定价：CNY0.33

J0122508
电影演员方舒 （摄影 1988 年年历）
周俊彦摄影
石家庄 河北美术出版社 1987 年 1 张
53cm（4 开）定价：CNY0.26

J0122509
电影演员方舒 （摄影 1988 年年历）
施志勤摄影
上海 上海人民美术出版社 1987 年 1 张
53cm（4 开）定价：CNY0.30

J0122510
电影演员方舒和日本演员田中裕子
（摄影 1988 年年历）
北京 中国电影出版社 1987 年 1 张
76cm（2 开）定价：CNY0.32

J0122511
电影演员高菱薇 （摄影 1988 年年历）
北京 中国电影出版社 1987 年 1 张
53cm（4 开）定价：CNY0.20

J0122512
电影演员龚雪 （摄影 1988 年年历）
陈健腾摄影
西安 陕西人民美术出版社 1987 年
1 张 53cm（4 开）定价：CNY0.30

J0122513
电影演员龚雪 （摄影 1988 年年历）
陈春轩摄影
上海 上海人民美术出版社 1987 年
1 张 53cm（4 开）定价：CNY0.30

J0122514
电影演员龚雪 （摄影 1988 年年历）王剑摄影
天津 天津人民美术出版社 1987 年
1 张 53cm（4 开）定价：CNY0.30

J0122515
电影演员龚雪与日本演员田中裕子
（摄影 1988 年年历）
北京 中国电影出版社［1987 年］
1 张 78cm（2 开）定价：CNY0.32

J0122516
电影演员韩月乔 （摄影 1988 年年历）
北京 中国电影出版社 1987 年 1 张
53cm（4 开）定价：CNY0.20

J0122517
电影演员胡竞竞 （摄影 1988 年年历）
北京 中国电影出版社 1987 年 1 张
53cm（4 开）定价：CNY0.20

J0122518
电影演员黄爱玲 （摄影 1988 年年历）
北京 中国电影出版社 1987 年 1 张
53cm（4 开）定价：CNY0.20

J0122519
电影演员靳嘉 （摄影 1988 年年历）
周有俊摄影
成都 四川美术出版社 1987 年 1 张
53cm（4 开）定价：CNY0.28

J0122520
电影演员乐韵 （摄影 1988 年年历）纯石摄影
成都 四川美术出版社 1987 年 1 张
53cm（4 开）定价：CNY0.28

J0122521
电影演员黎静 （摄影 1988 年年历）
北京 中国电影出版社 1987 年 1 张
53cm（4 开）定价：CNY0.20

J0122522
电影演员李凤绪 （摄影 1988 年年历）
北京 中国电影出版社 1987 年 1 张
53cm（4 开）定价：CNY0.20

J0122523
电影演员李羚 （摄影 1988 年年历）
北京 中国电影出版社［1987 年］1 张

53cm（4开）定价：CNY0.20

J0122524
电影演员 （摄影 1988 年年历）
陈振戈摄影
石家庄 河北美术出版社 1987 年 1 张
53cm（4开）定价：CNY0.28

J0122525
电影演员 （摄影 1988 年年历）
陈振戈摄影
济南 山东美术出版社 1987 年 1 张
78cm（2开）定价：CNY0.45

J0122526
电影演员 （摄影 1988 年年历）
陈振戈摄影
济南 山东美术出版社 1987 年 1 张
53cm（4开）定价：CNY0.33

J0122527
电影演员 （摄影 1988 年年历）
曹洪才摄影
西安 陕西人民美术出版社 1987 年 1 张
53cm（4开）定价：CNY0.30

J0122528
电影演员 （摄影 1988 年年历）
张苏妍摄影
天津 天津人民美术出版社 1987 年 1 张
78cm（2开）定价：CNY0.45

J0122529
电影演员 （摄影 1988 年年历）
北京 中国电影出版社 [1987 年] 1 张
53cm（4开）定价：CNY0.20

J0122530
电影演员刘旭凌 （摄影 1988 年年历）
北京 中国电影出版社 1987 年 1 张
53cm（4开）定价：CNY0.20

J0122531
电影演员马军勤 （摄影 1988 年年历）
于祝明摄影

济南 山东美术出版社 1987 年 1 张
53cm（4开）定价：CNY0.33

J0122532
电影演员麦文燕 （摄影 1988 年年历）
尹福康摄影
上海 上海人民美术出版社 1987 年 1 张
53cm（4开）定价：CNY0.30

J0122533
电影演员麦文燕 （摄影 1988 年年历）
北京 中国电影出版社 [1987 年] 1 张
76cm（2开）定价：CNY0.32

J0122534
电影演员娜仁花 （摄影 1988 年年历）
北京 中国电影出版社 1987 年 1 张
53cm（4开）定价：CNY0.20

J0122535
电影演员潘虹 （摄影 1988 年年历）
北京 中国电影出版社 1987 年 1 张
53cm（4开）定价：CNY0.22

J0122536
电影演员群英荟萃 （摄影 1988 年年历）
北京 中国电影出版社 [1987 年]
1 张 78cm（2开）定价：CNY0.32

J0122537
电影演员宋佳 （摄影 1988 年年历）
陈凤友摄影
上海 上海人民美术出版社 1987 年 1 张
53cm（4开）定价：CNY0.30

J0122538
电影演员陶慧敏 （摄影 1988 年年历）
赵凤文摄影
沈阳 辽宁美术出版社 1987 年 1 张
53cm（4开）定价：CNY0.30

J0122539
电影演员陶慧敏 （摄影 1988 年年历）
北京 中国电影出版社 [1987 年]
1 张 78cm（2开）定价：CNY0.32

J0122540
电影演员万琼 （摄影 1988 年年历）
北京 中国电影出版社 1987 年 1 张
53cm（4 开）定价: CNY0.20

J0122541
电影演员王馥荔 （摄影 1988 年年历）
周俊彦摄影
济南 山东美术出版社 1987 年 1 张
53cm（4 开）定价: CNY0.33

J0122542
电影演员邬倩倩 （摄影 1988 年年历）
北京 中国电影出版社［1987 年］1 张
53cm（4 开）定价: CNY0.20

J0122543
电影演员吴玉芳 （摄影 1988 年年历）
陈诚摄影
上海 上海人民美术出版社 1987 年 1 张
53cm（4 开）定价: CNY0.30

J0122544
电影演员肖雄 （摄影 1988 年年历）
南京 江苏美术出版社 1987 年 1 张
53cm（4 开）定价: CNY0.32

J0122545
电影演员杨凤一 （摄影 1988 年年历）
北京 中国电影出版社［1987 年］1 张
53cm（4 开）定价: CNY0.20

J0122546
电影演员杨丽萍 （摄影 1988 年年历）
北京 中国电影出版社 1987 年 1 张
53cm（4 开）定价: CNY0.20

J0122547
电影演员袁菲菲 （摄影 1988 年年历）
许颖摄影
济南 山东美术出版社 1987 年 1 张
78cm（2 开）定价: CNY0.33

J0122548
电影演员岳虹 （摄影 1988 年年历）

北京 中国电影出版社 1987 年 1 张
78cm（2 开）定价: CNY0.20

J0122549
电影演员张虹 （摄影 1988 年年历）
北京 中国电影出版社 1987 年 1 张
53cm（4 开）定价: CNY0.20

J0122550
电影演员张力雄 （摄影 1988 年年历）
任国兴摄影
石家庄 河北美术出版社 1987 年 1 张
53cm（4 开）定价: CNY0.28

J0122551
电影演员张玲 （摄影 1988 年年历）
北京 中国电影出版社 1987 年 1 张
53cm（4 开）定价: CNY0.20

J0122552
电影演员张琪 （摄影 1988 年年历）
谢新安摄影
上海 上海人民美术出版社 1987 年 1 张
53cm（4 开）定价: CNY0.30

J0122553
电影演员张琪 （摄影 1988 年年历）
北京 中国电影出版社 1987 年 1 张
53cm（4 开）定价: CNY0.22

J0122554
电影演员张青 （摄影 1988 年年历）
北京 中国电影出版社［1987 年］1 张
53cm（4 开）定价: CNY0.20

J0122555
电影演员张晓磊 （摄影 1988 年年历）
北京 中国电影出版社 1987 年 1 张
53cm（4 开）定价: CNY0.20

J0122556
电影演员张晓磊、赵越 （摄影 1988 年年历）
北京 中国电影出版社 1987 年 1 张
76cm（2 开）定价: CNY0.32

J0122557

电影演员张伊 （摄影 1988 年年历）

北京 中国电影出版社［1987 年］1 张

53cm（4 开）定价：CNY0.20

J0122558

电影演员张瑜 （摄影 1988 年年历）张岩摄影

石家庄 河北美术出版社 1987 年 1 张

76cm（2 开）定价：CNY0.58

J0122559

电影演员张瑜 （摄影 1988 年年历）

曹洪才摄影

西安 陕西人民美术出版社 1987 年 1 张

53cm（4 开）定价：CNY0.30

J0122560

电影演员张芝华 （摄影 1988 年年历）

尹福康摄影

石家庄 河北美术出版社 1987 年 1 张

76cm（2 开）定价：CNY0.54

J0122561

电影演员赵艳红 （摄影 1988 年年历）

尹福康摄影

上海 上海人民美术出版社 1987 年

1 张 78cm（2 开）定价：CNY0.30

J0122562

电影演员周洁 （摄影 1988 年年历）

段振中摄影

郑州 河南美术出版社 1987 年 1 张

68cm（3 开）定价：CNY0.43

J0122563

电影演员周里京 （摄影 1988 年年历）

北京 中国电影出版社 1987 年 1 张

78cm（2 开）定价：CNY0.20

J0122564

电影演员朱碧云 （摄影 1988 年年历）

马元浩摄影

西安 陕西人民美术出版社 1987 年 1 张

53cm（4 开）定价：CNY0.30

J0122565

电影演员朱琳 （摄影 1988 年年历）

北京 中国电影出版社［1987 年］1 张

53cm（4 开）定价：CNY0.20

J0122566

电影演员朱琳 （摄影 1988 年年历）

北京 中国电影出版社［1987 年］1 张

53cm（4 开）定价：CNY0.20

J0122567

电影演员朱琳 （摄影 1988 年年历）

滕俊杰摄影

重庆 重庆出版社 1987 年 1 张 53cm（4 开）

定价：CNY0.30

J0122568

电影演员朱琳和日本演员吉永小百合

（摄影 1988 年年历）

北京 中国电影出版社 1987 年 1 张

76cm（2 开）定价：CNY0.32

J0122569

豆蔻年华 （摄影 1988 年年历）翁文宝摄影

沈阳 辽宁美术出版社 1987 年 1 张

53cm（4 开）定价：CNY0.30

J0122570

豆蔻年华 （摄影 1988 年年历）沈治昌摄影

上海 上海书画出版社 1987 年 1 张

53cm（4 开）定价：CNY0.30

　　作者沈治昌，摄影家。作品有年历画《电影
演员陈剑月》《电影演员殷亭如》《颐和园万寿
山》《鹿顶迎晖》等。

J0122571

婀娜多姿 （摄影 1988 年年历）刘洋摄影

北京 人民体育出版社 1987 年 1 张

78cm（2 开）定价：CNY0.38

J0122572

儿童 （摄影 1988 年年历）许烨摄影

济南 山东美术出版社 1987 年 1 张

76cm（2 开）定价：CNY0.33

J0122573
儿童 （摄影 1988 年年历）钟向东摄影
西安 陕西人民美术出版社 1987 年 1 张
78cm（2 开）定价：CNY0.37

J0122574
方舒 （摄影 1988 年年历）
北京 中国电影出版社 ［1987 年］1 张
78cm（2 开）定价：CNY0.25

J0122575
芳菲 （摄影 1988 年年历）钱炜摄影
南京 江苏美术出版社 1987 年 1 张
78cm（2 开）定价：CNY0.43

J0122576
费朗斯——世皇太子和王妃 （摄影
1988 年年历）勃布伦摄影
成都 四川美术出版社 1987 年 1 张
54cm（4 开）定价：CNY0.28

J0122577
丰收的喜悦 （摄影 1988 年年历）张九荣摄影
北京 人民美术出版社 1987 年 1 张
53cm（4 开）定价：CNY0.28

　　作者张九荣，画家、摄影家。摄影作品有年
画《花卉仕女图》《春》等。

J0122578
傅 （摄影 1988 年年历）赵风文摄影
石家庄 河北美术出版社 1987 年 1 张
78cm（2 开）定价：CNY0.38

J0122579
歌星成方圆 （摄影 1988 年年历）马元浩摄影
西安 陕西人民美术出版社 1987 年
1 张 53cm（4 开）定价：CNY0.30

J0122580
歌星索宝莉 （摄影 1988 年年历）夏文宇摄影
西安 陕西人民美术出版社 1987 年 1 张
78cm（2 开）定价：CNY0.37

J0122581
歌星索宝莉 （摄影 1988 年年历）马元浩摄影

西安 陕西人民美术出版社 1987 年 1 张
53cm（4 开）定价：CNY0.30

J0122582
龚雪和日本演员田中裕子 （摄影
1988 年年历）周雁鸣摄影
天津 天津人民美术出版社 1987 年 1 张
76cm（2 开）定价：CNY0.60

J0122583
顾盼 （摄影 1988 年年历）徐斌摄影
福州 福建美术出版社 1987 年 1 张
78cm（2 开）定价：CNY0.36

J0122584
好宝宝 （摄影 1988 年年历）穆家宏摄影
南京 江苏美术出版社 1987 年 1 张
53cm（4 开）定价：CNY0.32

J0122585
好好学习　天天向上 （摄影 1988 年年历）
肖顺权摄影
北京 人民美术出版社 1987 年 1 张
53cm（4 开）定价：CNY0.28

　　作者肖顺权（1934—　　），曾用名肖顺泉、肖
舜权。河北博野人。曾任人民美术出版社总编办
公室副主任、摄影部副主任等职。主要作品有《唐
永泰公主墓壁画集》《故宫》《元明清雕塑》等。

J0122586
红娘 （摄影 1988 年年历）张华铭摄影
成都 四川美术出版社 1987 年 1 张
53cm（4 开）定价：CNY0.28

J0122587
红衣女郎 （摄影 1988 年年历）尹春华摄影
天津 天津人民美术出版社 1987 年 1 张
定价：CNY0.45

J0122588
红衣少女 （摄影 1988 年年历）李少文摄影
西安 陕西人民美术出版社 1987 年 1 张
定价：CNY0.30

J0122589
红装 （摄影　1988 年年历）张林,高国强摄影
天津　天津人民美术出版社　1987 年　1 张
定价：CNY0.45

J0122590
花好人妍 （摄影　1988 年年历）周有俊摄影
沈阳　辽宁美术出版社　1987 年　1 张
53cm（4 开）定价：CNY0.30

J0122591
花容 （摄影　1988 年年历）张林,高国强摄影
天津　天津人民美术出版社　1987 年　1 张（2 开）
定价：CNY0.45

J0122592
花与少女 （摄影　1988 年年历）钱炜摄影
南京　江苏美术出版社　1987 年　1 张
78cm（2 开）定价：CNY0.43

J0122593
化妆 （摄影　1988 年年历）肖松摄影
上海　上海人民美术出版社　1987 年　1 张
53cm（4 开）定价：CNY0.30

J0122594
欢悦——演员林芳兵 （摄影　1988 年年历）
王剑摄影
天津　天津人民美术出版社　1987 年　1 张
53cm（4 开）定价：CNY0.30

J0122595
回眸一笑 （摄影　1988 年年历）杨克林摄影
杭州　浙江人民美术出版社　1987 年　1 张
53cm（4 开）定价：CNY0.30

J0122596
贾宝玉和林黛玉 （摄影　1988 年年历）
杨克林摄影
天津　天津人民美术出版社　1987 年　1 张
定价：CNY0.30
　　作者杨克林,擅长摄影。主要作品有年历《时装·女东方衫》《怒放》《漫游太空》等。

J0122597
姐妹 （摄影　1988 年年历）张林,高国强摄影
天津　天津人民美术出版社　1987 年　1 张
78cm（2 开）定价：CNY0.45

J0122598
姐妹俩 （摄影　1988 年年历）岳鹏飞摄影
长春　吉林美术出版社　1987 年　1 张
53cm（4 开）定价：CNY0.30

J0122599
姐妹情 （摄影　1988 年年历）韩洪摄影
石家庄　河北美术出版社　1987 年　1 张
53cm（4 开）定价：CNY0.30

J0122600
金陵十三钗 　杨树云摄影
兰州　甘肃人民出版社　1987 年　12 张
定价：CNY1.80

J0122601
金色童年 （摄影　1988 年年历）
北京　中国摄影出版社 ［1987 年］1 张
53cm（4 开）定价：CNY0.36

J0122602
金童 （摄影　1988 年年历）天鹰,郭阿根摄影
杭州　浙江人民美术出版社　1987 年　1 张
53cm（4 开）定价：CNY0.30

J0122603
靳嘉 （摄影　1988 年年历）邵黎阳摄影
石家庄　河北美术出版社　1987 年　1 张
78cm（2 开）定价：CNY0.38

J0122604
可爱的儿童 （摄影　1988 年年历）陈凤友摄影
上海　上海人民美术出版社　1987 年　1 张
53cm（4 开）定价：CNY0.30

J0122605
李勇勇 （摄影　1988 年年历）
福州　福建美术出版社 ［1987 年］1 张
53cm（4 开）定价：CNY0.28

J0122606
丽影 （摄影 1988 年年历）
天津 天津人民美术出版社 1987 年 1 张
78cm（2 开）定价：CNY0.30

J0122607
凌波仙子 （摄影 1988 年年历）胡建瑜摄影
郑州 河南美术出版社 1987 年 1 张
78cm（2 开）定价：CNY0.43

J0122608
刘晓庆 （摄影 1988 年年历）
北京 中国电影出版社［1987 年］1 张
78cm（2 开）定价：CNY0.37

J0122609
鲁英 （摄影 1988 年年历）
上海 上海人民美术出版社［1987 年］1 张
78cm（2 开）定价：CNY0.75

J0122610
麦文燕 （摄影 1988 年年历）
北京 中国电影出版社［1987 年］1 张
定价：CNY0.25

J0122611
脉脉情深 （摄影 1988 年年历）
南京 江苏人民出版社 1987 年 1 张
78cm（2 开）定价：CNY0.50

J0122612
潘红莉 （摄影 1988 年年历）
上海 上海人民美术出版社［1987 年］1 张
76cm（2 开）定价：CNY0.75

J0122613
胖娃娃 （摄影 1988 年年历）任镇北摄影
南京 江苏美术出版社 1987 年 1 张
54cm（4 开）定价：CNY0.32

J0122614
胖小子 （摄影 1988 年年历）安安摄影
上海 上海人民美术出版社 1987 年 1 张
54cm（4 开）定价：CNY0.30

J0122615
琴童 （摄影 1988 年年历）许志刚摄影
杭州 西湖摄影艺术出版社 1987 年 1 张
53cm（4 开）定价：CNY0.29

J0122616
青春 （摄影 1988 年年历）徐斌摄影
福州 福建美术出版社［1987 年］1 张
53cm（4 开）定价：CNY0.28

J0122617
青春 （摄影 1988 年年历）刘立宾摄影
西安 陕西人民美术出版社 1987 年
1 张 53cm（4 开）定价：CNY0.30
　　作者刘立宾(1944—　)，现任中国商务广告
协会副会长兼秘书长、《国际广告》杂志社社长兼
总编辑，兼任中国传媒大学博士生导师、多所大
学客座教授。《中国广告作品年鉴》主编、《中国
营销创意作品年鉴》主编等。

J0122618
青春 （摄影 1988 年年历）林伟新摄影
上海 上海人民美术出版社 1987 年 1 张
53cm（4 开）定价：CNY0.30

J0122619
青春 （摄影 1988 年年历）汪景秋摄影
上海 上海书画出版社 1987 年 1 张
53cm（4 开）定价：CNY0.30

J0122620
青春美 （摄影 1988 年年历）刘立宾摄影
郑州 河南美术出版社 1987 年 1 张
53cm（4 开）定价：CNY0.33

J0122621
青春年华 （摄影 1988 年年历）郭阿根摄影
西安 陕西人民美术出版社 1987 年 1 张
53cm（4 开）定价：CNY0.30

J0122622
青春年华 （一 摄影 1988 年年历）林伟新，
华晓摄影
上海 上海书画出版社 1987 年 1 张
78cm（2 开）定价：CNY0.42

J0122623

青春年华（二　摄影　1988 年年历）林伟新，
华晓摄影

上海　上海书画出版社　1987 年　1 张 78cm（2 开）

定价：CNY0.42

J0122624

青春年华（三　摄影　1988 年年历）林伟新，
华晓摄影

上海　上海书画出版社　1987 年　1 张

78cm（2 开）定价：CNY0.42

J0122625

青春年华（四　摄影　1988 年年历）林伟新，
华晓摄影

上海　上海书画出版社　1987 年　1 张

78cm（2 开）定价：CNY0.42

J0122626

青年电影演员何涛（摄影　1988 年年历）
陈振戈摄影

石家庄　河北美术出版社　1987 年　1 张

78cm（2 开）定价：CNY0.22

J0122627

青年歌星程琳（摄影　1988 年年历）周有骏
摄影

成都　四川美术出版社　1987 年　1 张

53cm（4 开）定价：CNY0.28

　　作者周有骏，摄影有年画《青年歌星程琳》
《电影演员靳嘉》等。

J0122628

青年演员陈丹（摄影　1988 年年历）安安摄影

上海　上海人民美术出版社　1987 年　1 张

53cm（4 开）定价：CNY0.30

J0122629

青年演员李勇勇（摄影　1988 年年历）
郭阿根摄影

杭州　西湖摄影艺术出版社　1987 年　1 张

53cm（4 开）定价：CNY0.29

J0122630

青年演员厉莉华（摄影　1988 年年历）

尹福康摄影

上海　上海人民美术出版社　1987 年　1 张

53cm（4 开）定价：CNY0.30

J0122631

青年演员（摄影　1988 年年历）
陈永钧摄影

石家庄　河北美术出版社　1987 年　1 张

53cm（4 开）定价：CNY0.26

J0122632

青年演员茹萍（摄影　1988 年年历）柏雨果
摄影

沈阳　辽宁美术出版社　1987 年　1 张

53cm（4 开）定价：CNY0.30

　　作者柏雨果（1948—　　），摄影师。陕西凤县
人。中国摄影家协会会员、中国电影家协会会员。
曾举办《天、地、人》摄影作品展，出版文学作品
《拜见非洲大酋长》。

J0122633

青年演员宋忆宁（摄影　1988 年年历）
邹大为摄影

石家庄　河北美术出版社　1987 年　1 张

53cm（4 开）定价：CNY0.26

J0122634

青年演员万琼（摄影　1988 年年历）
张华铭摄影

石家庄　河北美术出版社　1987 年　1 张

53cm（4 开）定价：CNY0.26

　　作者张华铭，摄影家。著有《自然之花，中国
人体艺术摄影》，与陈耀武合作《有阳光下的中国
人体》。

J0122635

青年演员邬君梅（摄影　1988 年年历）
洪岩摄影

杭州　西泠印社　1987 年　1 张 76cm（2 开）

定价：CNY0.38

J0122636

青年演员吴玉芳（摄影　1988 年年历）
王剑摄影

天津　天津人民美术出版社　1987 年　1 张

53cm（4开）定价：CNY0.30

J0122637
青年演员许丽丽 （摄影 1988 年年历）
张安吾摄影
石家庄 河北美术出版社 1987 年 1 张
53cm（4开）定价：CNY0.26

J0122638
青年演员薛淑杰 （摄影 1988 年年历）
刘海发摄影
上海 上海人民美术出版社 1987 年 1 张
53cm（4开）定价：CNY0.30

J0122639
青年演员杨世华 （摄影 1988 年年历）
刘海发摄影
上海 上海人民美术出版社 1987 年 1 张
53cm（4开）定价：CNY0.30

J0122640
青年演员袁园 （摄影 1988 年年历）
周俊彦摄影
石家庄 河北美术出版社 1987 年 1 张
53cm（4开）定价：CNY0.30

J0122641
青年演员张乐 （摄影 1988 年年历）
段振牛摄影
郑州 河南美术出版社 1987 年 1 张
78cm（2开）定价：CNY0.43

J0122642
情侣 （摄影 1988 年年历）
沈阳 辽宁美术出版社 1987 年 1 张
54cm（4开）定价：CNY0.30

J0122643
人像 （摄影 1988 年年历）钟文略摄影
上海 上海人民美术出版社 1987 年 1 张
53cm（4开）定价：CNY0.34

J0122644
日本电影演员田中裕子 （摄影 1988 年年历）
石家庄 河北美术出版社 1987 年 1 张

85cm（全开）定价：CNY0.38

J0122645
日本连续剧《阿信》主演田中裕子
（摄影 1988 年年历）
天津 天津人民美术出版社 1987 年 1 张
76cm（2开）定价：CNY0.60

J0122646
日本演员高仓健 （摄影 1988 年年历）
杭州 西泠印社 1987 年 1 张 53cm（4开）
定价：CNY0.28

J0122647
日本演员田中裕子 （摄影 1988 年年历）
北京 中国电影出版社 ［1987 年］1 张
53cm（4开）定价：CNY0.20

J0122648
上海手帕年历 （一 娃娃乐 摄影 1988 年年历）
上海 上海书画出版社 1987 年 1 张 78×36cm
定价：CNY0.68

J0122649
上海夏装 （摄影 1988 年年历 一）倪嘉德摄影
上海 上海书画出版社 1987 年 1 张
53cm（4开）定价：CNY0.30
　　作者倪嘉德（1943—　　），摄影师。江苏无锡
人。历任上海人民美术出版社副编审，高级摄影
师。作品出版有《越窑》《唐三彩》《景德镇民间
青花瓷器》《福建陶瓷》《四川陶瓷》《宋元青白
瓷》等。

J0122650
上海夏装 （摄影 1988 年年历 二）
倪嘉德摄影
上海 上海书画出版社 1987 年 1 张
53cm（4开）定价：CNY0.30

J0122651
上海夏装 （摄影 1988 年年历 三）孙铨摄影
上海 上海书画出版社 1987 年 1 张
53cm（4开）定价：CNY0.30

J0122652
少女 （摄影 1988 年年历）林德荣,施立权摄影
南宁 广西人民出版社 1987 年 1 张
53cm（4 开）定价: CNY0.31

J0122653
沈九娘 （摄影 1988 年年历）郑伟,钱豫强摄影
杭州 浙江人民美术出版社 1987 年 1 张
78cm（2 开）统一书号: 8156.1540
定价: CNY0.40

J0122654
似曾相识 （摄影 1988 年年历）
南京 江苏人民出版社 1987 年 1 张
78m（2 开）定价: CNY0.50

J0122655
淑女与猫 （摄影 1988 年年历）李大平摄影
天津 天津人民美术出版社 1987 年 1 张
54cm（4 开）定价: CNY0.30

J0122656
宋佳 （摄影 1988 年年历）王廷士摄影
石家庄 河北美术出版社 1987 年
1 张 78cm（2 开）定价: CNY0.38

J0122657
孙家珍 （摄影 1988 年年历）
上海 上海人民美术出版社［1987 年］
1 张 78cm（2 开）定价: CNY0.75

J0122658
陶慧敏 （摄影 1988 年年历）赵风文摄影
石家庄 河北美术出版社 1987 年 1 张
78cm（2 开）定价: CNY0.38

J0122659
体操队员 （摄影 1988 年年历）刘立宾摄影
西安 陕西人民美术出版社 1987 年
1 张 53cm（4 开）定价: CNY0.30
　　作者刘立宾（1944— ），现任中国商务广告协会副会长兼秘书长、《国际广告》杂志社社长兼总编辑,兼任中国传媒大学博士生导师、多所大学客座教授。《中国广告作品年鉴》主编、《中国营销创意作品年鉴》主编等。

J0122660
体操新秀 （摄影 1988 年年历）唐禹民摄影
郑州 河南美术出版社 1987 年 1 张
53cm（4 开）定价: CNY0.33
　　作者唐禹民（1940— ），记者。出生于辽宁朝阳市。历任国家体育总局中国体育杂志社摄影部主任,中国体育记者协会理事,中国体育摄影学会副主席兼秘书长等。著有《抹不掉的记忆》《体育摄影理论与实践》等。

J0122661
天真烂漫 （摄影 1988 年年历）姜长庚摄影
长沙 湖南美术出版社 1987 年 1 张
［78cm］（2 开）定价: CNY0.38

J0122662
挑战者 （摄影 1988 年年历）
天津 天津人民美术出版社 1987 年 1 张
53cm（4 开）定价: CNY0.30

J0122663
童年 （摄影 1988 年年历）唐禹民摄影
郑州 河南美术出版社 1987 年 1 张
53cm（4 开）定价: CNY0.33

J0122664
童年 （摄影 1988 年年历）娄晓曦摄影
西安 陕西人民美术出版社 1987 年 1 张
53cm（4 开）定价: CNY0.37

J0122665
童年的梦 （摄影 1988 年年历）孙肃显摄影
郑州 河南美术出版社 1987 年 1 张
53cm（4 开）定价: CNY0.33

J0122666
童心 （摄影 1988 年年历）谢新发摄影
石家庄 河北美术出版社 1987 年
1 张 53cm（4 开）定价: CNY0.26

J0122667
童心 （摄影 1988 年年历）张鸿宝摄影
杭州 浙江人民美术出版社 1987 年
1 张 53cm（4 开）定价: CNY0.30

J0122668
屠茹英 （摄影 1988 年年历）周俊彦摄影
石家庄 河北美术出版社 1987 年 1 张
78cm（2 开）定价：CNY0.38

J0122669
娃娃乐 （摄影 1988 年年历）历文摄影
沈阳 辽宁美术出版社 1987 年 1 张
54cm（4 开）定价：CNY0.30

J0122670
我是男子汉 （摄影 1988 年年历）李年才摄影
上海 上海书画出版社 1987 年 1 张
53cm（4 开）定价：CNY0.30

J0122671
妩媚多姿 （摄影 1988 年年历）谢新发摄影
石家庄 河北美术出版社 1987 年 1 张
78cm（2 开）定价：CNY0.38

J0122672
武林新芽 （摄影 1988 年年历）唐禹民摄影
天津 天津人民美术出版社 1987 年 1 张
53cm（4 开）定价：CNY0.30

J0122673
夏菁 （摄影 1988 年年历）
上海 上海人民美术出版社［1987 年］
1 张 78cm（2 开）定价：CNY0.75

J0122674
夏菁 （摄影 1988 年年历）
北京 中国电影出版社［1987 年］1 张
78cm（2 开）定价：CNY0.25

J0122675
现代时装 （摄影 1988 年年历）谷巍,安海摄影
上海 上海书画出版社 1987 年 1 张
53cm（4 开）定价：CNY0.30

J0122676
小宝贝 （摄影 1988 年年历）张甸摄影
沈阳 辽宁美术出版社 1987 年 1 张
53cm（4 开）定价：CNY0.30

J0122677
小宝贝 （摄影 1988 年年历）浪花摄影
上海 上海人民美术出版社 1987 年 1 张
53cm（4 开）定价：CNY0.30

J0122678
小宝贝 （摄影 1988 年年历）马元浩摄影
杭州 浙江人民美术出版社 1987 年 1 张
53cm（4 开）定价：CNY0.30

J0122679
小博士 （摄影 1988 年年历）
成都 四川美术出版社 1987 年 1 张
53cm（4 开）定价：CNY0.28

J0122680
小弟弟 （摄影 1988 年年历）山奇摄影
上海 上海书画出版社 1987 年 1 张
53cm（4 开）定价：CNY0.30

J0122681
小歌手 （摄影 1988 年年历）钟向东摄影
上海 上海人民美术出版社 1987 年 1 张
53cm（4 开）定价：CNY0.30

J0122682
小鼓手 （摄影 1988 年年历）郭治国摄影
沈阳 辽宁美术出版社 1987 年 1 张
53cm（4 开）定价：CNY0.20

J0122683
小乖乖 （摄影 1988 年年历）宋士诚摄影
天津 天津人民美术出版社 1987 年 1 张
53cm（4 开）定价：CNY0.30

J0122684
小伙伴 （摄影 1988 年年历）芮连侠摄影
郑州 河南美术出版社 1987 年 1 张
53cm（4 开）定价：CNY0.30

J0122685
小伙伴 （摄影 1988 年年历）包锦华摄影
沈阳 辽宁美术出版社 1987 年 1 张
53cm（4 开）定价：CNY0.30

J0122686
小伙伴（摄影 1988 年年历）钟向东摄影
重庆 重庆出版社 1987 年 1 张［78cm］（2 开）
定价：CNY0.44

J0122687
小胖（摄影 1988 年年历）彭年生摄影
济南 山东美术出版社 1987 年 1 张
53cm（4 开）定价：CNY0.33
　　作者彭年生(1955—)，美术摄影编辑。生于湖北武汉市，毕业于武汉大学新闻系艺术摄影专业。历任长江文艺出版社副社长，湖北美术出版社副社长，中国摄影家协会会员等职。出版有《思想者——彭年生摄影作品集》《性格肖像——彭年生摄影作品集》等。

J0122688
小胖子（摄影 1988 年年历）
福州 福建美术出版社［1987 年］1 张
53cm（4 开）定价：CNY0.28

J0122689
小朋友（摄影 1988 年年历）段振中摄影
郑州 河南美术出版社 1987 年 1 张
76cm（2 开）定价：CNY0.65

J0122690
小司机（摄影 1988 年年历）英艺，姜锁根摄影
上海 上海书画出版社 1987 年 1 张
53cm（4 开）定价：CNY0.30

J0122691
小天鹅（摄影 1988 年年历）陈振戈摄影
上海 上海书画出版社 1987 年 1 张
53cm（4 开）定价：CNY0.30

J0122692
小天使（摄影 1988 年年历）陈振戈摄影
沈阳 辽宁美术出版社 1987 年 1 张
53cm（4 开）定价：CNY0.30

J0122693
小调皮（摄影 1988 年年历）许烨摄影
济南 山东美术出版社 1987 年 1 张
53cm（4 开）定价：CNY0.33

J0122694
小新星（摄影 1988 年年历）
上海 上海人民美术出版社 1987 年 1 张
53cm（4 开）定价：CNY0.30

J0122695
小星星（摄影 1988 年年历）吕国恩摄影
福州 福建美术出版社 1987 年 1 张
76cm（2 开）定价：CNY0.28

J0122696
小演员（摄影 1988 年年历）陈湘华摄影
郑州 河南美术出版社 1987 年 1 张
53cm（4 开）定价：CNY0.33

J0122697
笑（摄影 1988 年年历）
武汉 长江文艺出版社 1987 年 1 张
78cm（2 开）定价：CNY0.42

J0122698
辛辛（摄影 1988 年年历）
北京 中国电影出版社［1987 年］1 张
78cm（2 开）定价：CNY0.25

J0122699
新球王马拉多纳（摄影 1988 年年历）
廖德营摄影
北京 人民体育出版社 1987 年 1 张
53cm（4 开）定价：CNY0.30

J0122700
新星麦文燕（摄影 1988 年年历）吕渝生摄影
福州 福建美术出版社［1987 年］1 张
53cm（4 开）定价：CNY0.28

J0122701
新秀（摄影 1988 年年历）郭大公摄影
重庆 重庆出版社 1987 年 1 张
53cm（4 开）定价：CNY0.30

J0122702
幸福的宝宝（摄影 1988 年年历）王志强摄影
长沙 湖南美术出版社 1987 年 1 张
53cm（4 开）定价：CNY0.30

J0122703
幸福的童年 （摄影 1988 年年历）江聪摄影
北京 人民美术出版社 1987 年 1 张
53cm（4 开）定价：CNY0.28

J0122704
幸福儿童 （一 摄影 1988 年年历）
上海 上海人民美术出版社［1987 年］1 张
53cm（4 开）定价：CNY0.40

J0122705
幸福儿童 （二 摄影 1988 年年历）
上海 上海人民美术出版社［1987 年］1 张
53cm（4 开）定价：CNY0.40

J0122706
幸福儿童 （三 摄影 1988 年年历）
上海 上海人民美术出版社［1987 年］1 张
53cm（4 开）定价：CNY0.40

J0122707
幸福儿童 （四 摄影 1988 年年历）
上海 上海人民美术出版社［1987 年］1 张
53cm（4 开）定价：CNY0.40

J0122708
幸福儿童 （五 摄影 1988 年年历）
上海 上海人民美术出版社［1987 年］1 张
53cm（4 开）定价：CNY0.40

J0122709
幸福儿童 （六 摄影 1988 年年历）
上海 上海人民美术出版社［1987 年］1 张
53cm（4 开）定价：CNY0.40

J0122710
幸福儿童 （七 摄影 1988 年年历）
上海 上海人民美术出版社［1987 年］1 张
53cm（4 开）定价：CNY0.40

J0122711
幸福儿童 （八 摄影 1988 年年历）
上海 上海人民美术出版社［1987 年］1 张
53cm（4 开）定价：CNY0.40

J0122712
幸福儿童 （九 摄影 1988 年年历）
上海 上海人民美术出版社［1987 年］1 张
53cm（4 开）定价：CNY0.40

J0122713
幸福儿童 （十 摄影 1988 年年历）
上海 上海人民美术出版社［1987 年］1 张
53cm（4 开）定价：CNY0.40

J0122714
幸福儿童之一 （摄影 1988 年年历）邵黎阳，
英艺摄影
上海 上海书画出版社 1987 年 1 张
53cm（4 开）定价：CNY0.30
　　作者邵黎阳(1942—)，画家。浙江镇海
人。历任《解放军报》美术编辑，上海人民美术出
版编辑部主任。作品有版画《山高攀》《胜利的
旗帜》《航标灯》，油画《房东》《马石山十勇士》
《天福山起义》等。著有《藏书票入门》。作者英艺，
擅长摄影。主要的年历作品有《祝您长寿》《幸
福儿童》《小司机》等。

J0122715
幸福儿童之二 （摄影 1988 年年历）英艺摄影
上海 上海书画出版社 1987 年 1 张
53cm（4 开）定价：CNY0.30

J0122716
幸福儿童之三 （摄影 1988 年年历）
邵黎阳，英艺摄影
上海 上海书画出版社 1987 年 1 张
53cm（4 开）定价：CNY0.30

J0122717
幸福儿童之四 （摄影 1988 年年历）王力摄影
上海 上海书画出版社 1987 年 1 张
53cm（4 开）定价：CNY0.30

J0122718
幸福童年 （摄影 1988 年年历）周必云摄影
福州 福建美术出版社［1987 年］1 张
53cm（4 开）定价：CNY0.28
　　作者周必云，摄影作品有《南国姑娘》《快
乐》《池畔倩影》等。

J0122719
幸福童年 （摄影 1988 年年历）岑安摄影
西安 陕西人民美术出版社 1987 年 1 张
53cm（4 开）定价：CNY0.30

J0122720
薛淑杰 （摄影 1988 年年历）陈春轩摄影
石家庄 河北美术出版社 1987 年 1 张
78cm（2 开）定价：CNY0.38

J0122721
严薇 （摄影 1988 年年历）
上海 上海人民美术出版社［1987 年］
1 张 78cm（2 开）定价：CNY0.75

J0122722
演员杨丽萍 （摄影 1988 年年历）王剑摄影
天津 天津人民美术出版社 1987 年 1 张
53cm（4 开）定价：CNY0.30

J0122723
杨世华 （摄影 1988 年年历）尹福康摄影
石家庄 河北美术出版社 1987 年 1 张
78cm（2 开）定价：CNY0.38
　　作者尹福康(1927—)，摄影家。江苏南京
人。曾任上海人民美术出版社副编审、上海市摄
影家协会副主席等职。主要作品有《烟笼峰岩》
《向荒山要宝》《晒盐》《工人新村》等。

J0122724
窈窕淑女 （摄影 1988 年年历）陈汝炬摄影
上海 上海人民美术出版社 1987 年 1 张
54cm（4 开）定价：CNY0.30

J0122725
一九八七：电影演员 （摄影挂历）
延吉 延边人民出版社 1987 年 78cm（2 开）
定价：CNY5.70

J0122726
殷亭如 （摄影 1988 年年历）邹大为摄影
石家庄 河北美术出版社 1987 年 1 张
78cm（2 开）定价：CNY0.38

J0122727
英姿 （摄影 1988 年年历）周必云摄影
福州 福建美术出版社 1987 年 1 张
53cm（4 开）定价：CNY0.28

J0122728
英姿 （摄影 1988 年年历）刘立宾摄影
西安 陕西人民美术出版社 1987 年 1 张
53cm（4 开）定价：CNY0.30
　　作者刘立宾(1944—)，现任中国商务广告
协会副会长兼秘书长、《国际广告》杂志社社长兼
总编辑，兼任中国传媒大学博士生导师、多所大
学客座教授。《中国广告作品年鉴》主编、《中国
营销创意作品年鉴》主编等。

J0122729
影视新星宋佳 （摄影 1988 年年历）
沈治昌摄影
南京 江苏美术出版社 1987 年 1 张
54cm（4 开）定价：CNY0.32

J0122730
影坛新秀 （摄影 1988 年年历）
沈阳 辽宁美术出版社 1987 年 1 张
53cm（4 开）定价：CNY0.30

J0122731
影坛新秀麦文燕 （摄影 1988 年年历）
金定根摄影
上海 上海书画出版社 1987 年 1 张
53cm（4 开）定价：CNY0.30

J0122732
影坛新秀陶慧敏 （摄影 1988 年年历）
钱豫强摄影
杭州 浙江人民美术出版社 1987 年
1 张 53cm（4 开）定价：CNY0.30

J0122733
影坛新秀之一：邬君梅 （摄影 1988 年年历）
金定根摄影
上海 上海书画出版社 1987 年 1 张
78cm（2 开）定价：CNY0.65

J0122734
影坛新秀之二：薛淑杰 （摄影　1988 年年历）
周炘摄影
上海　上海书画出版社　1987 年　1 张
78cm（2 开）定价：CNY0.65
　　作者周炘,摄有年画《春之花》《花丛》《风姿》等。

J0122735
影坛新秀之三：陆倩 （摄影　1988 年年历）
林伟新摄影
上海　上海书画出版社　1987 年　1 张
78cm（2 开）定价：CNY0.65

J0122736
影坛新秀之四：鲁亦兰 （摄影　1988 年年历）
周炘摄影
上海　上海书画出版社　1987 年　1 张
78cm（2 开）定价：CNY0.65

J0122737
影坛新秀之五：连顺 （摄影　1988 年年历）
建国摄影
上海　上海书画出版社　1987 年　1 张
78cm（2 开）定价：CNY0.65

J0122738
影坛新秀之六：薛淑杰 （摄影　1988 年年历）
周炘摄影
上海　上海书画出版社　1987 年　1 张
78cm（2 开）定价：CNY0.65

J0122739
影星 （摄影　1988 年年历）纯石摄影
成都　四川美术出版社　1987 年　1 张
54cm（4 开）定价：CNY0.28

J0122740
詹萍萍 （摄影　1988 年年历）
石家庄　河北美术出版社　1987 年　1 张
78cm（2 开）定价：CNY0.38

J0122741
詹萍萍 （摄影　1988 年年历）
北京　中国电影出版社［1987 年］1 张
53cm（4 开）定价：CNY0.25

J0122742
张琪 （摄影　1988 年年历）陈振戈摄影
石家庄　河北美术出版社　1987 年　1 张
定价：CNY0.38

J0122743
张蓉发、方舒、郎平 （摄影　1988 年年历）
北京　中国电影出版社［1987 年］1 张
定价：CNY0.25

J0122744
张伟欣 （摄影　1988 年年历）尹福康摄影
石家庄　河北美术出版社　1987 年　1 张
定价：CNY0.38

J0122745
张晓磊 （摄影　1988 年年历）
北京　中国电影出版社［1987 年］1 张
定价：CNY0.25

J0122746
郑红明 （摄影　1988 年年历）
上海　上海人民美术出版社［1987 年］1 张
76cm（2 开）定价：CNY0.75

J0122747
中国体育明星
北京　人民体育出版社　1987 年　10 张
定价：CNY1.80

J0122748
周洁 （摄影　1988 年年历）
北京　中国电影出版社［1987 年］1 张
78cm（2 开）定价：CNY0.25

J0122749
周明 （摄影　1988 年年历）
上海　上海人民美术出版社［1987 年］1 张
76cm（2 开）定价：CNY0.75

J0122750
烛光倩影 （摄影　1988 年年历）解逢摄影
天津　天津人民美术出版社　1987 年　1 张

54cm（4 开）定价：CNY0.30

J0122751
祖国的花朵 （摄影 1988 年年历）江聪摄影
北京 人民美术出版社 1987 年 1 张
54cm（4 开）定价：CNY0.28

J0122752
祖国卫士 （摄影 1988 年年历）
乔天富,孙振宇摄影
成都 四川美术出版社 1987 年 1 张
78cm（2 开）定价：CNY0.38
　　作者乔天富(1954—)，高级记者，四川绵
竹市人。历任解放军报高级记者,中国摄影家协
会理事,中国新闻摄影学会常务理事。代表作品
《中国人民解放军驻香港部队》《大阅兵》《军中
姐妹》。

J0122753
祖国卫士 （摄影 1988 年年历）乔天富摄影
重庆 重庆出版社 1987 年 1 张 78cm（2 开）
定价：CNY0.44

J0122754
电影演员麦文燕 （摄影 1988 年年历）
北京 中国电影出版社 [1987 年] 1 张
53cm（4 开）定价：CNY0.20

J0122755
［1989 年时装］（摄影挂历）
福州 福建教育出版社 [1988 年] 54cm（4 开）
定价：CNY3.10

J0122756
［1989 年时装］（摄影挂历 一）
石家庄 河北美术出版社 1988 年 78cm（2 开）
定价：CNY8.00

J0122757
［1989 年时装］（摄影挂历 二）
石家庄 河北美术出版社 1988 年 78cm（2 开）
定价：CNY8.00

J0122758
［1989 年时装］（摄影挂历 三）

石家庄 河北美术出版社 1988 年 78cm（2 开）
定价：CNY8.00

J0122759
［1989 年时装］（摄影挂历）
南京 江苏人民出版社 1988 年 78cm（2 开）
定价：CNY8.30

J0122760
［1989 年时装］（摄影挂历）
呼和浩特 内蒙古人民出版社 1988 年
78cm（3 开）定价：CNY7.50

J0122761
［1989 年时装］（摄影挂历 一）
上海 上海人民美术出版社 [1988 年]
78cm（2 开）定价：CNY7.50

J0122762
［1989 年时装］（摄影挂历 二）
上海 上海人民美术出版社 [1988 年]
78cm（2 开）定价：CNY7.50

J0122763
［1989 年时装］（摄影挂历）
上海 上海人民美术出版社 [1988 年]
76cm（2 开）定价：CNY12.00

J0122764
［1989 年时装］（摄影挂历）
北京 中国戏剧出版社 1988 年 54cm（4 开）
定价：CNY7.00

J0122765
［1989 年时装美］（摄影挂历）
长春 吉林美术出版社 1988 年 78cm（2 开）
定价：CNY7.90

J0122766
［1989 年时装月历］（摄影）
北京 中国戏剧出版社 1988 年 76cm（2 开）
定价：CNY7.00

J0122767
《红楼梦》中王熙凤扮演者——邓婕

（摄影 1989 年年历）陈振戈摄
西安 陕西人民美术出版社 1988 年 1 张
78cm（2 开）定价：CNY0.55

J0122768
《西厢记》——张生、莺莺
（摄影 1989 年年历）
成都 四川省新闻图片社［1988 年］1 张
78cm（2 开）定价：CNY0.38

J0122769
1988：服装 （摄影挂历）
北京 轻工业出版社［1988 年］76cm（2 开）
定价：CNY9.00

J0122770
1988：可爱的童装 （摄影挂历）
北京 轻工业出版社［1988 年］78cm（2 开）
定价：CNY7.00

J0122771
1988：青春友谊 （摄影挂历）
北京 北京体育学院出版社［1988 年］
76cm（2 开）

J0122772
1988：演员 （摄影挂历）
延吉 延边人民出版社 1988 年 78cm（3 开）
定价：CNY6.50

J0122773
1989：伴侣 （摄影挂历）
西宁 青海人民出版社 1988 年 76cm（2 开）

J0122774
1989：棒针时装 （摄影挂历）
天津 天津杨柳青画社 1988 年 76cm（2 开）
定价：CNY11.50

J0122775
1989：陈设时装 （摄影挂历）
沈阳 辽宁民族出版社［1988 年］78cm（2 开）
定价：CNY8.00

J0122776
1989：戴安娜王妃时装 （摄影挂历）
海口 海南人民出版社 1988 年 76cm（2 开）
定价：CNY13.50

J0122777
1989：电影演员 （摄影挂历）
石家庄 河北美术出版社 1988 年 78cm（2 开）
定价：CNY8.00

J0122778
1989：电影演员 （摄影挂历）
沈阳 辽宁人民出版社［1988 年］78cm（2 开）

J0122779
1989：电影演员 （摄影挂历）
北京 人民体育出版社 1988 年 76cm（2 开）
定价：CNY12.50

J0122780
1989：电影演员 （摄影挂历 一）
上海 上海人民美术出版社［1988 年］
78cm（2 开）定价：CNY7.50

J0122781
1989：电影演员 （摄影挂历 二）
上海 上海人民美术出版社［1988 年］
78cm（2 开）定价：CNY7.50

J0122782
1989：电影演员 （摄影挂历）
上海 上海人民美术出版社 1988 年
78cm（2 开）定价：CNY7.50

J0122783
1989：电影演员 （摄影挂历）
上海 上海人民美术出版社 1988 年
78cm（2 开）定价：CNY7.80

J0122784
1989：儿童 （摄影挂历）
上海 上海人民美术出版社 1988 年
78cm（2 开）定价：CNY7.50

J0122785
1989：儿童 （摄影挂历）
上海 上海人民美术出版社 1988 年
78cm（2 开）定价：CNY4.95

J0122786
1989：风采 （摄影挂历）
南京 江苏美术出版社 1988 年 78cm（2 开）
定价：CNY7.90

J0122787
1989：风采 （摄影挂历）
南昌 江西人民出版社［1988 年］78cm（2 开）
定价：CNY8.00

J0122788
1989：风采 （摄影挂历）
沈阳 辽宁人民出版社 1988 年 78cm（2 开）
定价：CNY8.10

J0122789
1989：风采 （摄影挂历）
广州 岭南美术出版社 1988 年 76cm（2 开）
定价：CNY13.00

J0122790
1989：风采 （摄影挂历）
上海 上海画报出版社［1988 年］78cm（2 开）
定价：CNY7.90

J0122791
1989：风采 （摄影挂历）
杭州 浙江人民美术出版社 1988 年
78cm（2 开）定价：CNY7.50

J0122792
1989：风光少女 （摄影挂历）
西安 陕西人民美术出版社［1988 年］
76cm（2 开）定价：CNY15.00

J0122793
1989：风韵 （摄影挂历）
南京 江苏人民出版社 1988 年 78cm（2 开）
定价：CNY8.30

J0122794
1989：风韵 （摄影挂历）
广州 岭南美术出版社 1988 年 76cm（2 开）
定价：CNY13.00

J0122795
1989：服装 （摄影挂历）
呼和浩特 内蒙古人民出版社［1988 年］
78cm（2 开）

J0122796
1989：服装 （摄影挂历）
北京 中国电影出版社［1988 年］78cm（2 开）
定价：CNY11.50

J0122797
1989：国外时装 （摄影挂历）
沈阳 辽宁人民出版社 1988 年 78cm（2 开）
定价：CNY8.00

J0122798
1989：伉俪 （摄影挂历）
杭州 浙江人民美术出版社 1988 年
76cm（2 开）定价：CNY12.00

J0122799
1989：快乐童年 （摄影挂历）
西安 陕西人民美术出版社 1988 年
78cm（2 开）定价：CNY8.20

J0122800
1989：丽人花作伴 （摄影挂历）
天津 天津杨柳青画社 1988 年 76cm（2 开）
定价：CNY11.50

J0122801
1989：靓女 （摄影挂历）
福州 福建教育出版社［1988 年］54cm（4 开）
定价：CNY3.10

J0122802
1989：美的装束 （摄影挂历）
兰州 甘肃人民出版社 1988 年 76cm（2 开）
定价：CNY12.20

J0122803
1989：美容新潮 （摄影挂历）
上海 上海人民美术出版社［1988 年］
78cm（2 开）定价：CNY7.50

J0122804
1989：魅力 （摄影挂历）
南宁 广西人民出版社［1988 年］76cm（2 开）
定价：CNY9.80

J0122805
1989：蜜月 （摄影挂历）
上海 上海人民美术出版社 1988 年
78cm（2 开）定价：CNY7.90

J0122806
1989：明星 （摄影挂历）
上海 上海书画出版社 1988 年 54cm（4 开）
定价：CNY5.80

J0122807
1989：明星 （摄影挂历）
杭州 浙江人民美术出版社 1988 年
78cm（2 开）定价：CNY4.50

J0122808
1989：明星风采 （摄影挂历）
北京 农村读物出版社［1988 年］76cm（2 开）
定价：CNY12.80

J0122809
1989：明星风采 （摄影挂历）
北京 农村读物出版社［1988 年］76cm（2 开）
定价：CNY13.50

J0122810
1989：倩女 （摄影挂历）
天津 天津人民美术出版社 1988 年
76cm（2 开）定价：CNY11.50

J0122811
1989：倩女和鸟 （摄影挂历）
桂林 漓江出版社 1988 年 76cm（2 开）
定价：CNY9.00

J0122812
1989：倩影 （摄影挂历）
南宁 广西人民出版社 1988 年 78cm（2 开）
定价：CNY8.60

J0122813
1989：倩影 （摄影挂历）
长春 吉林美术出版社［1988 年］78cm（2 开）
定价：CNY7.90

J0122814
1989：倩影 （摄影挂历）
西安 陕西人民美术出版社 1988 年
76cm（2 开）定价：CNY13.50

J0122815
1989：青春 （摄影挂历）
长春 吉林人民出版社［1988 年］78cm（2 开）
定价：CNY7.90

J0122816
1989：青春 （摄影挂历）
济南 山东美术出版社 1988 年 78cm（2 开）
定价：CNY7.80

J0122817
**1989：青春的旋律——青年电影演员张琪
生活照** （摄影）
天津 天津杨柳青画社 1988 年 76cm（2 开）
定价：CNY11.50

J0122818
1989：青春年华 （摄影挂历）
兰州 甘肃人民出版社 1988 年 78cm（2 开）
定价：CNY7.60

J0122819
1989：情 （摄影挂历）
南京 江苏教育出版社 1988 年 76cm（2 开）
定价：CNY13.00

J0122820
1989：情侣 （摄影挂历）
长沙 湖南人民出版社［1988 年］54cm（4 开）
定价：CNY0.85

J0122821
1989：群星璀璨 （摄影挂历）
长春 北方妇女儿童出版社［1988 年］
78cm（3 开）定价：CNY7.90

J0122822
1989：人物摄影 （挂历）
武汉 湖北人民出版社 1988 年 78cm（2 开）
定价：CNY7.00

J0122823
1989：人物摄影挂历
深圳 海天出版社［1988 年］76cm（2 开）
定价：CNY12.00

J0122824
1989：人物摄影挂历
广州 岭南美术出版社［1988 年］76cm（2 开）

J0122825
1989：人像摄影 （挂历）
北京 海洋出版社 1988 年 76cm（2 开）
定价：CNY11.80

J0122826
1989：人像摄影 （挂历）
石家庄 河北美术出版社 1988 年 78cm（2 开）
定价：CNY8.00

J0122827
1989：人像摄影 （挂历）
上海 上海人民美术出版社［1988 年］
78cm（2 开）定价：CNY4.95

J0122828
1989：人像摄影 （挂历）
上海 上海人民美术出版社［1988 年］
78cm（2 开）定价：CNY7.50

J0122829
1989：人像摄影 （挂历）
上海 上海人民美术出版社 1988 年
78cm（2 开）定价：CNY7.80

J0122830
1989：人像摄影 （挂历）
上海 上海人民美术出版社 1988 年
78cm（2 开）定价：CNY8.60

J0122831
1989：上海丝绸时装 （摄影挂历）
上海 上海书画出版社 1988 年 76cm（2 开）
定价：CNY12.00

J0122832
1989：时装 （摄影挂历）
福州 福建美术出版社［1988 年］78cm（2 开）
定价：CNY7.80

J0122833
1989：时装 （摄影挂历）
北京 轻工业出版社［1988 年］76cm（2 开）
定价：CNY11.00

J0122834
1989：时装 （摄影挂历）
北京 轻工业出版社［1988 年］76cm（2 开）
定价：CNY13.50

J0122835
1989：她在花中笑 （摄影挂历）
天津 天津杨柳青画社 1988 年 76cm（2 开）

J0122836
1989：体育时装 （摄影挂历）
福州 福建教育出版社［1988 年］54cm（4 开）
定价：CNY7.80

J0122837
1989：童年 （摄影挂历）
长春 吉林美术出版社［1988 年］78cm（2 开）
定价：CNY7.90

J0122838
1989：童年 （摄影挂历）
杭州 浙江摄影出版社 1988 年 78cm（2 开）
定价：CNY7.50

J0122839
1989：**童趣** （摄影挂历）
南昌 江西人民出版社［1988 年］78cm（2 开）
定价：CNY8.00

J0122840
1989：**童心** （摄影挂历）
杭州 浙江人民美术出版社 1988 年 54cm（4 开）
定价：CNY5.40

J0122841
1989：**外国情侣** （摄影挂历）
南昌 江西教育出版社［1988 年］76cm（2 开）
定价：CNY7.00

J0122842
1989：**现代时装** （摄影挂历）
成都 四川新闻图片社［1988 年］78cm（2 开）
定价：CNY8.50

J0122843
1989：**现代时装** （摄影挂历）
乌鲁木齐 新疆人民出版社 1988 年
78cm（2 开）定价：CNY7.50

J0122844
1989：**小天使** （摄影挂历）
南昌 江西人民出版社［1988 年］78cm（2 开）
定价：CNY8.20

J0122845
1989：**小天使** （摄影挂历）
太原 山西科学教育出版社 1988 年
54cm（4 开）定价：CNY7.50

J0122846
1989：**小天使** （摄影挂历）
上海 上海书画出版社 1988 年 78cm（2 开）
定价：CNY7.50

J0122847
1989：**小天使** （摄影挂历）
天津 天津人民美术出版社 1988 年
78cm（2 开）定价：CNY8.00

J0122848
1989：**新潮时装** （摄影挂历）
南宁 广西人民出版社［1988 年］78cm（2 开）
定价：CNY7.80

J0122849
1989：**新潮时装** （摄影挂历）
南宁 广西人民出版社 1988 年 78cm（2 开）
定价：CNY7.80

J0122850
1989：**新星** （摄影挂历）
沈阳 辽宁人民出版社 1988 年 78cm（2 开）
定价：CNY8.00

J0122851
1989：**星** （摄影挂历）
杭州 浙江摄影出版社 1988 年 54cm（4 开）
定价：CNY5.90

J0122852
1989：**星光** （摄影挂历）
上海 上海画报出版社［1988 年］78cm（2 开）
定价：CNY8.40

J0122853
1989：**幸福的天使** （摄影挂历）
南京 江苏美术出版社 1988 年 78cm（2 开）
定价：CNY8.30

J0122854
1989：**演员** （摄影挂历）
大连 大连出版社［1988 年］76cm（2 开）
定价：CNY11.50

J0122855
1989：**演员** （摄影挂历）
广州 岭南美术出版社 1988 年 78cm（2 开）
定价：CNY8.80

J0122856
1989：**艺术时装** （摄影挂历）
西安 陕西人民美术出版社 1988 年
78cm（3 开）定价：CNY7.80

J0122857
1989：艺苑群芳月历 （摄影挂历）
上海 上海书画出版社［1988 年］78cm（2 开）
定价：CNY8.90

J0122858
1989：异国风姿 （摄影挂历）
长春 吉林美术出版社 1988 年 78cm（2 开）
定价：CNY7.90

J0122859
1989：银海群星 （摄影挂历）
杭州 浙江人民美术出版社 1988 年
78cm（2 开）定价：CNY5.40

J0122860
1989：银幕之星 （摄影挂历）
北京 中国电影出版社［1988 年］54cm（4 开）
定价：CNY5.50

J0122861
1989：银苑新星 （摄影挂历）
北京 中国电影出版社［1988 年］76cm（2 开）
定价：CNY12.80

J0122862
1989：荧屏姐妹 （摄影挂历）
上海 上海书画出版社 1988 年 78cm（2 开）
定价：CNY7.50

J0122863
1989：影屏之花 （摄影挂历）
上海 上海书画出版社 1988 年 78cm（2 开）
定价：CNY7.50

J0122864
1989：影视新花 （摄影挂历）
南京 河海大学出版社［1988 年］76cm（2 开）
定价：CNY12.50

J0122865
1989：影视新星 （摄影挂历）
南京 河海大学出版社［1988 年］78cm（2 开）
定价：CNY7.80

J0122866
1989：影视演员 （摄影挂历）
石家庄 河北美术出版社 1988 年 78cm（2 开）
定价：CNY8.00

J0122867
1989：影坛群星 （摄影挂历）
北京 海洋出版社 1988 年 76cm（2 开）
定价：CNY12.00

J0122868
1989：影坛新星 （摄影挂历）
济南 山东美术出版社 1988 年 78cm（2 开）
定价：CNY7.50

J0122869
1989：影星 （摄影挂历）
沈阳 辽宁人民出版社 1988 年 78cm（2 开）

J0122870
1989：影星 （摄影挂历）
上海 上海三联书店［1988 年］26cm（16 开）
定价：CNY4.50

J0122871
1989：影星 （摄影挂历）
北京 中国新闻出版社 1988 年 78cm（2 开）
定价：CNY7.80

J0125181
1989：稚趣 （摄影挂历）
广州 岭南美术出版社 1988 年 76cm（2 开）

J0122872
1989：中国服装 （摄影挂历）
北京 中国电影出版社［1988 年］78cm（2 开）
定价：CNY7.20

J0122873
1989：中国时装 （摄影挂历）
南宁 广西人民出版社 1988 年 78cm（2 开）
定价：CNY8.60

J0122874
1989：中国影星 （二 摄影挂历）

北京 民族出版社［1988 年］76cm（2 开）

定价：CNY11.00

J0122875

1989：中国影星 （摄影挂历）

北京 民族出版社［1988 年］76cm（2 开）

定价：CNY11.00

J0122876

1989：中国影星 （摄影挂历）

北京 中国电影出版社［1988 年］76cm（2 开）

定价：CNY11.00

J0122877

1989：苗壮成长 （摄影挂历）

北京 人民体育出版社 1988 年 78cm（2 开）

定价：CNY8.00

J0122878

1989 年时装·盆景 （摄影挂历）

上海 上海人民美术出版社［1988 年］

78cm（2 开）定价：CNY7.50

J0122879

安琪儿 （摄影 1989 年年历）苏健琼摄

南京 江苏美术出版社 1988 年 1 张

76cm（2 开）定价：CNY0.80

J0122880

爸爸的大皮鞋 （摄影 1989 年年历）

长春 吉林美术出版社 1988 年 1 张

54cm（4 开）定价：CNY0.45

J0122881

白衣女郎 （摄影 1989 年年历）周俊彦摄

郑州 河南美术出版社 1988 年 1 张

76cm（2 开）定价：CNY0.70

　　作者周俊彦，作有年画《插花艺术 5》《影视新星谭小燕》《年画／宣传画：万事如意——青年演员谭小燕》等。

J0122882

白族少女 （摄影 1989 年年历）王群摄

成都 四川省新闻图片社［1988 年］1 张

54cm（4 开）定价：CNY0.28

J0122883

拜拜 （摄影 1989 年年历）李子明摄影

福州 福建美术出版社［1988 年］1 张

54cm（4 开）定价：CNY0.40

J0122884

宝宝 （摄影 1989 年年历）

南昌 江西人民出版社［1988 年］1 张

78cm（2 开）定价：CNY0.50

J0122885

宝宝 （摄影 1989 年年历）

北京 人民体育出版社 1988 年 1 张

78cm（2 开）定价：CNY0.48

J0122886

宝宝乐 （摄影 1988 年年历）唐洪摄

成都 四川省新闻图片社［1988 年］1 张

54cm（4 开）定价：CNY0.28

J0122887

宝贝 （摄影 1989 年年历）郭治国摄

沈阳 辽宁美术出版社 1988 年 1 张

54cm（4 开）定价：CNY0.45

J0122888

宝贝 （摄影 1989 年年历）屠政摄

天津 天津人民美术出版社 1988 年 1 张

54cm（4 开）定价：CNY0.40

J0122889

沉思 （摄影 1989 年年历）马元浩摄影

福州 福建美术出版社［1988 年］1 张

54cm（4 开）定价：CNY0.40

J0122890

池畔倩影 （摄影 1989 年年历）周必云摄影

福州 福建美术出版社［1988 年］1 张

54cm（4 开）定价：CNY0.40

J0122891

憧憬 （摄影 1989 年农历己巳年年历）焦卫摄

西安 陕西人民美术出版社 1988 年 1 张

54cm（4 开）定价：CNY0.45

J0122892
憧憬 （摄影 1988 年年历）张苏妍摄
成都 四川省新闻图片社［1988 年］1 张
78cm（2 开）定价：CNY0.38

J0122893
憧憬 （摄影 1989 年年历）陈振戈摄
重庆 重庆出版社 1988 年 1 张 54cm（4 开）
定价：CNY0.35

J0122894
出水芙蓉 （摄影 1989 年年历）联连摄
武汉 湖北人民出版社 1988 年 1 张
54cm（4 开）定价：CNY0.35

J0122895
垂钓 （摄影 1989 年年历）徐书摄
沈阳 辽宁美术出版社 1988 年 1 张
54cm（4 开）定价：CNY0.45

J0122896
春城小姐杨晓燕 （汉英对照）杨干摄
昆明 云南人民出版社［1988 年］5 张
13cm（60 开）定价：CNY1.20

J0122897
纯情少女 （摄影 1989 年农历己巳年年历）
西安 陕西人民美术出版社 1988 年 1 张
78cm（2 开）定价：CNY0.55

J0122898
翠湖情影 （摄影 1990 年年历）李子明摄影
福州 福建美术出版社［1988 年］1 张
54cm（4 开）定价：CNY0.40

J0122899
邓婕 （摄影 1989 年农历己巳年年历）谢力行摄
武汉 湖北美术出版社 1988 年 1 张
54cm（4 开）定价：CNY0.38

J0122900
邓丽君小姐 （摄影 1989 年年历）
石家庄 河北美术出版社 1988 年 1 张
54cm（4 开）定价：CNY0.40

J0122901
狄青与双阳公主 （摄影 1989 年年历）
丁宇光摄
天津 天津人民美术出版社 1988 年 1 张
54cm（4 开）ISBN：7–5305–8079–5
定价：CNY0.40

J0122902
第六届电影金鸡奖最佳女主角岳红
（摄影 1988 年年历）
成都 四川省新闻图片社［1988 年］1 张
54cm（4 开）定价：CNY0.28

J0122903
电视剧《红楼梦》黛玉扮演者陈晓旭
（摄影 1989 年年历）俞京摄
上海 上海书画出版社 1988 年 1 张
54cm（4 开）定价：CNY0.40

J0122904
电视剧《红楼梦》中凤姐饰演者邓婕
（摄影 1989 年年历）李诚摄
天津 天津人民美术出版社 1988 年 1 张
54cm（4 开）定价：CNY0.40

J0122905
电影"佐罗"主角——阿兰·德隆
（摄影 1989 年年历）杭志忠摄
上海 上海人民美术出版社 1988 年 1 张
54cm（4 开）统一书号：85322.16039
定价：CNY0.40

J0122906
电影明星乐韵 （摄影 1989 年年历）蔡体星摄
南京 江苏美术出版社 1988 年 1 张
78cm（2 开）定价：CNY0.55

J0122907
电影小演员 （摄影 1989 年年历）
段震中摄
北京 北京美术摄影出版社 1988 年 1 张
54cm（4 开）定价：CNY0.36

J0122908
电影新秀 （摄影 1989 年农历己巳年年历）

许志刚摄
武汉　湖北美术出版社　1988 年　1 张
54cm（4 开）定价：CNY0.38

J0122909
电影演员茅威涛 （摄影 1989 年农历己巳年年历）
北京　中国电影出版社 ［1988 年］1 张
54cm（4 开）定价：CNY0.24

J0122910
电影演员白灵 （摄影 1989 年年历）
傅杨,江聪摄
济南　山东美术出版社　1988 年　1 张
54cm（4 开）定价：CNY0.38

J0122911
电影演员曾丹 （摄影 1989 年农历己巳年年历）
北京　中国电影出版社　1988 年　1 张
54cm（4 开）定价：CNY0.24

J0122912
电影演员陈鸿梅 （摄影　1989 年农历己巳年年历）朱金河摄
广州　岭南美术出版社　1988 年　1 张
39cm（4 开）定价：CNY0.27

J0122913
电影演员陈剑月 （摄影　1989 年年历）
池小宁,段震中摄
北京　北京美术摄影出版社　1988 年　1 张
76cm（2 开）定价：CNY0.72

　　作者段震中(1944—)，河南滑县人。毕业于中央工艺美术学院。中国电影家协会会员、中国电影美术学会会员,北京电影制片厂美术设计师。担任过数十部影片和多部电视剧的美术设计,主要有《元帅之死》《四个小伙伴》等。

J0122914
电影演员丛珊 （摄影　1989 年年历）张苏妍摄
成都　四川省新闻图片社 ［1988 年］1 张
54cm（4 开）定价：CNY0.28

J0122915
电影演员邓婕 （摄影　1989 年农历己巳年年历）
北京　中国电影出版社 ［1988 年］1 张

54cm（4 开）定价：CNY0.24

J0122916
电影演员董艳博 （摄影　1989 年农历己巳年年历）
北京　中国电影出版社　1988 年　1 张
54cm（4 开）定价：CNY0.24

J0122917
电影演员董智芝 （摄影　1989 年年历）
蔡体星摄
济南　山东美术出版社　1988 年　1 张
54cm（4 开）定价：CNY0.33

J0122918
电影演员方青子
（摄影　1989 年农历己巳年年历）
北京　中国电影出版社 ［1988 年］1 张
54cm（4 开）定价：CNY0.24

J0122919
电影演员方青子
（摄影　1989 年农历己巳年年历）
北京　中国电影出版社　1988 年　1 张
76cm（2 开）定价：CNY0.38

J0122920
电影演员方舒
（摄影　1989 年农历己巳年年历）
武汉　湖北美术出版社　1988 年　1 张
78cm（2 开）定价：CNY0.50

J0122921
电影演员方舒 （摄影 1989 年农历己巳年年历）
北京　中国电影出版社　1988 年　1 张
76cm（2 开）定价：CNY0.38

J0122922
电影演员方舒 （摄影 1989 年农历己巳年年历）
北京　中国电影出版社　1988 年　1 张
54cm（4 开）定价：CNY0.24

J0122923
电影演员傅春瑛 （摄影　1989 年农历己巳年年历）

北京 中国电影出版社 1988 年 1 张
54cm（4 开）定价：CNY0.24

J0122924
电影演员 （摄影 1989 年农历己巳年年历）
朱金河摄
广州 岭南美术出版社 1988 年 1 张
39cm（4 开）定价：CNY0.27

J0122925
电影演员 （摄影 1989 年年历）
济南 山东美术出版社 1988 年 1 张
54cm（4 开）定价：CNY0.18

J0122926
电影演员 （摄影 1989 年年历）
包胜利摄
天津 天津人民美术出版社 1988 年 1 张
54cm（4 开）定价：CNY0.40

J0122927
电影演员 （摄影 1989 年农历己巳午年历）
北京 中国电影出版社［1988 年］1 张
54cm（4 开）定价：CNY0.24

J0122928
电影演员盖丽丽 （摄影 1988 年年历）
成都 四川省新闻图片社［1988 年］1 张
54cm（4 开）定价：CNY0.28

J0122929
电影演员高波 （摄影 1989 年农历己巳年年历）
盛东摄
武汉 湖北美术出版社 1988 年 1 张
54cm（4 开）定价：CNY0.38

J0122930
电影演员龚雪 （摄影 1989 年农历己巳年年历）
朱金河摄
广州 岭南美术出版社 1988 年 1 张
39cm（4 开）定价：CNY0.27

J0122931
电影演员龚雪 （摄影 1989 年年历）马贵云摄
济南 山东美术出版社 1988 年 1 张

54cm（4 开）定价：CNY0.40

J0122932
电影演员古孜丽努尔
（摄影 1989 年年历）张林摄
上海 上海人民美术出版社 1988 年 1 张
78cm（2 开）定价：CNY0.55

J0122933
电影演员韩月乔
（摄影 1989 年农历己巳年年历）盛东摄
武汉 湖北美术出版社 1988 年 1 张
78cm（2 开）定价：CNY0.50

J0122934
电影演员韩月乔
（摄影 1989 年农历己巳年年历）
北京 中国电影出版社 1988 年 1 张
54cm（4 开）定价：CNY0.24

J0122935
电影演员洪学敏
（摄影 1989 年农历己巳年年历）
北京 中国电影出版社［1988 年］1 张
54cm（4 开）定价：CNY0.24

J0122936
电影演员嘉娜：电影《孤女恋》女主角
（摄影 1989 年年历）周俊彦摄
济南 山东美术出版社 1988 年 1 张
54cm（4 开）定价：CNY0.40

J0122937
电影演员乐韵
（摄影 1989 年农历己巳年年历）大灵摄
武汉 湖北美术出版社 1988 年 1 张
54cm（4 开）定价：CNY0.38

J0122938
电影演员李克纯 （摄影 1989 年年历）
姜衍波摄
济南 山东美术出版社 1988 年 1 张
54cm（4 开）定价：CNY0.40

J0122939
电影演员李小健
（摄影 1989 年农历己巳年年历）
北京 中国电影出版社［1988 年］1 张
54cm（4 开）定价：CNY0.24

J0122940
电影演员厉励华
（摄影 1989 年农历己巳年年历）
北京 中国电影出版社［1988 年］1 张
54cm（4 开）定价：CNY0.24

J0122941
电影演员林芳兵 （摄影 1989 年年历）
天津 天津人民美术出版社 1988 年 1 张
76cm（2 开）定价：CNY0.80

J0122942
电影演员
（摄影 1989 年农历己巳年年历）
北京 中国电影出版社 1988 年 1 张
54cm（4 开）定价：CNY0.24

J0122943
电影演员柳荻 （摄影 1989 年农历己巳年年历）
北京 中国电影出版社 1988 年 1 张
54cm（4 开）定价：CNY0.24

J0122944
电影演员柳荻、张琪
（摄影 1989 年农历己巳年年历）
北京 中国电影出版社［1988 年］1 张
54cm（4 开）定价：CNY0.24

J0122945
电影演员鲁英 （摄影 1989 年年历）晓元摄
上海 上海人民美术出版社 1988 年 1 张
54cm（4 开）定价：CNY0.40

J0122946
电影演员麦文燕 （摄影 1989 年年历）周俊彦摄
济南 山东美术出版社 1988 年 1 张
54cm（4 开）定价：CNY0.38

J0122947
电影演员娜仁花 （摄影 1989 年年历）贝雨摄
杭州 浙江人民美术出版社 1988 年 1 张
54cm（4 开）定价：CNY0.37

J0122948
电影演员任梦 （摄影 1989 年农历己巳年年历）
北京 中国电影出版社 1988 年 1 张
54cm（4 开）定价：CNY0.24

J0122949
电影演员沈丹萍
（摄影 1989 年农历己巳年年历）
北京 中国电影出版社［1988 年］1 张
54cm（4 开）定价：CNY0.24

J0122950
电影演员沈敏 （摄影 1989 年农历己巳年年历）
北京 中国电影出版社 1988 年 1 张
76cm（2 开）定价：CNY0.38

J0122951
电影演员宋佳 （摄影 1989 年年历）徐斌摄
上海 上海人民美术出版社 1988 年 1 张
78cm（2 开）定价：CNY0.48

J0122952
电影演员宋金姣 （摄影 1989 年农历己巳年年历）
北京 中国电影出版社［1988 年］1 张
54cm（4 开）定价：CNY0.24

J0122953
电影演员陶慧敏 （摄影 1989 年年历）
济南 山东美术出版社 1988 年 1 张
54cm（4 开）定价：CNY0.38

J0122954
电影演员田歌 （摄影 1989 年农历己巳年年历）
天仁摄
武汉 湖北美术出版社 1988 年 1 张
54cm（4 开）定价：CNY0.38

J0122955
电影演员万琼 （摄影 1989 年年历）张华铭摄
济南 山东美术出版社 1988 年 1 张

54cm（4 开）定价：CNY0.38

J0122956
电影演员王馥荔　（摄影 1989 年年历）
陈治黄摄
上海　上海书画出版社 1988 年　1 张
54cm（4 开）定价：CNY0.40

J0122957
电影演员王蕙　（摄影 1989 年农历己巳年年历）
北京　中国电影出版社［1988 年］1 张
54cm（4 开）定价：CNY0.24

J0122958
电影演员邬倩倩
（摄影 1989 年农历己巳年年历）
北京　中国电影出版社［1988 年］1 张
54cm（4 开）定价：CNY0.24

J0122959
电影演员吴玉芳、赵英、梁玉瑾
（摄影 1989 年农历己巳年年历）
北京　中国电影出版社 1988 年　1 张
76cm（2 开）定价：CNY0.38

J0122960
电影演员夏菁　（摄影 1989 年年历）蔡体星摄
济南　山东美术出版社 1988 年　1 张
54cm（4 开）定价：CNY0.38

J0122961
电影演员夏菁　（摄影 1989 年年历）沈治昌摄
上海　上海书画出版社 1988 年　1 张
54cm（4 开）定价：CNY0.40

J0122962
电影演员夏菁　（摄影 1989 年农历己巳年年历）
北京　中国电影出版社［1988 年］1 张
54cm（4 开）定价：CNY0.24

J0122963
电影演员杨凤一
（摄影 1989 年农历己巳年年历）
北京　中国电影出版社［1988 年］1 张
54cm（4 开）定价：CNY0.24

J0122964
电影演员杨凤一　（摄影 1990 年年历）
北京　中国电影出版社［1988 年］1 张
54cm（4 开）定价：CNY0.50

J0122965
电影演员杨丽萍　（摄影 1989 年年历）王剑摄
沈阳　辽宁美术出版社 1988 年　1 张
54cm（4 开）定价：CNY0.45

J0122966
电影演员杨丽萍　（摄影 1989 年年历）
北京　中国电影出版社［1988 年］1 张
76cm（2 开）定价：CNY0.38

J0122967
电影演员殷亭如
（摄影 1989 年农历己巳年年历）
北京　中国电影出版社 1988 年　1 张
54cm（4 开）定价：CNY0.24

J0122968
电影演员殷新　（摄影 1989 年年历）马贵云摄
济南　山东美术出版社 1988 年　1 张
54cm（4 开）定价：CNY0.40

J0122969
电影演员于莉　（摄影 1989 年年历）陈振戈摄
沈阳　辽宁美术出版社 1988 年　1 张
54cm（4 开）定价：CNY0.45

J0122970
电影演员于莉　（摄影 1989 年年历）陈振戈，
江聪摄
济南　山东美术出版社 1988 年　1 张
54cm（4 开）定价：CNY0.38

J0122971
电影演员岳红　（摄影 1989 年农历己巳年年历）
北京　中国电影出版社［1988 年］1 张
54cm（4 开）定价：CNY0.24

J0122972
电影演员张虹　（摄影 1989 年农历己巳年年历）
北京　中国电影出版社［1988 年］1 张

54cm（4开）定价：CNY0.24

J0122973
电影演员张莉 （摄影 1989年农历己巳年年历）
北京 中国电影出版社［1988年］1张
54cm（4开）定价：CNY0.24

J0122974
电影演员张玲 （摄影 1989年农历己巳年年历）
北京 中国电影出版社［1988年］1张
54cm（4开）定价：CNY0.24

J0122975
电影演员张琪 （摄影 1989年年历）林伟新摄
济南 山东美术出版社 1988年 1张
54cm（4开）定价：CNY0.38

J0122976
电影演员张琪 （摄影 1989年农历己巳年年历）
北京 中国电影出版社［1988年］1张
54cm（4开）定价：CNY0.24

J0122977
电影演员张晓磊
（摄影 1989年农历己巳年年历）震中摄
武汉 湖北美术出版社 1988年 1张
78cm（2开）定价：CNY0.50

J0122978
电影演员张晓磊 （摄影 1989年年历）
段震中摄
济南 山东美术出版社 1988年 1张
54cm（4开）定价：CNY0.40

J0122979
电影演员张晓磊 （摄影 1989年农历己巳年
年历）
北京 中国电影出版社［1988年］1张
54cm（4开）定价：CNY0.24

J0122980
电影演员张晓敏 （摄影 1989年年历）王剑摄
天津 天津人民美术出版社 1988年 1张
54cm（4开）定价：CNY0.40

J0122981
电影演员张玉梅 （摄影 1989年农历己巳年
年历）
北京 中国电影出版社［1988年］1张
54cm（4开）定价：CNY0.24

J0122982
电影演员赵静 （摄影 1988年年历）
上海 上海人民美术出版社［1988年］1张
76cm（2开）定价：CNY0.75

J0122983
电影演员周洁 （摄影 1989年年历）段振中摄
济南 山东美术出版社 1988年 1张
54cm（4开）定价：CNY0.38

J0122984
电影演员周洁 （摄影 1989年年历）晓安摄
天津 天津人民美术出版社 1988年 1张
78cm（2开）定价：CNY0.55

J0122985
电影演员朱碧云 （摄影 1989年年历）
来然良摄
昆明 云南人民出版社 1988年 1张
54cm（4开）定价：CNY0.38

J0122986
电影演员朱景芳 （摄影 1989年年历）
北京 中国电影出版社［1988年］1张
76cm（2开）定价：CNY0.38

J0122987
电影演员朱景芳 （摄影 1989年农历己巳年
年历）
北京 中国电影出版社［1988年］1张
54cm（4开）定价：CNY0.24

J0122988
电影演员朱琳 （摄影 1989年农历己巳年年历）
北京 中国电影出版社 1988年 1张
54cm（4开）定价：CNY0.24

J0122989
电影演员朱时茂 （摄影 1989年农历己巳年

年历）
北京　中国电影出版社［1988 年］1 张
54cm（4 开）定价：CNY0.24

J0122990
貂婵漫步　（摄影 1989 年年历）姜衍波摄
济南　山东美术出版社 1988 年　1 张
54cm（4 开）定价：CNY0.38

J0122991
董智芝　（摄影 1989 年年历）钱惠良摄
石家庄　河北美术出版社 1988 年　1 张
54cm（4 开）定价：CNY0.40

J0122992
董智芝　（摄影 1989 年年历）陈诚摄
上海　上海人民美术出版社［1988 年］1 张
78cm（2 开）定价：CNY0.75

J0122993
豆蔻年华　（摄影 1989 年年历）王东军摄影
福州　福建美术出版社［1988 年］1 张
54cm（4 开）定价：CNY0.40

J0122994
豆蔻年华　（摄影 1989 年年历）小滨,辛影摄
南京　江苏美术出版社 1988 年　1 张
78cm（2 开）定价：CNY0.55

J0122995
豆蔻年华　（摄影 1989 年年历）牛犇东摄
成都　四川省新闻图片社［1988 年］1 张
78cm（2 开）定价：CNY0.38

J0122996
豆蔻年华　（摄影 1989 年年历）向东摄
重庆　重庆出版社 1988 年　1 张 54cm（4 开）
定价：CNY0.35

J0122997
婀娜多姿　（摄影 1989 年年历）周俊彦摄影
成都　四川省新闻图片社［1988 年］1 张
54cm（4 开）定价：CNY0.35

J0122998
儿童　（摄影 1989 年农历己巳年年历）
西安　陕西人民美术出版社 1988 年　1 张
78cm（2 开）定价：CNY0.55

J0122999
二乔　（摄影 1989 年年历）梅樱摄
石家庄　河北美术出版社 1988 年　1 张
54cm（4 开）定价：CNY0.40

J0123000
法国皇太子　（摄影 1989 年年历）
西安　陕西人民美术出版社 1988 年　1 张
54cm（4 开）定价：CNY0.45

J0123001
法国女名星苏菲玛素　（摄影 1989 年年历）
沈阳　辽宁美术出版社 1988 年　1 张
54cm（4 开）定价：CNY0.45

J0123002
芳草小花　（摄影 1989 年年历）屠政摄
天津　天津人民美术出版社 1988 年　1 张
54cm（4 开）定价：CNY0.40

J0123003
芳容　（摄影 1989 年年历）赵凤文摄
天津　天津人民美术出版社 1988 年　1 张
78cm（2 开）定价：CNY0.55

J0123004
费翔　（摄影 1989 年年历）石建效,俞京摄影
成都　四川省新闻图片社［1988 年］1 张
78cm（2 开）定价：CNY0.45
　　作者俞京,擅长摄影。主要年历作品有《祝
您健康》《青春美》《费翔》等。

J0123005
风华正茂　（摄影 1989 年年历）
沈阳　辽宁美术出版社 1988 年　1 张
54cm（4 开）定价：CNY0.45

J0123006
风华正茂　（摄影 1989 年年历）谢新发摄影
成都　四川省新闻图片社［1988 年］1 张

54cm（4 开）定价：CNY0.32

J0123007
风流女郎 （摄影 1989 年年历）刘海发摄
西安 陕西人民美术出版社 1988 年 1 张
78cm（2 开）定价：CNY0.55

J0123008
风韵 （摄影 1989 年年历）周祖贻摄
重庆 重庆出版社 1988 年 1 张 54cm（4 开）
定价：CNY0.35
　　作者周祖贻，连环画艺术家。摄影的年画有
《红装》《菊颂》《硕果丰盈》等。

J0123009
风韵四条屏 （摄影 1989 年年历）小泉等摄
南京 江苏人民出版社 1988 年 4 张
76cm（2 开）定价：CNY2.20

J0123010
风姿 （摄影 1989 年年历）陈振戈摄
兰州 甘肃人民出版社 1988 年 1 张
54cm（4 开）定价：CNY0.54

J0123011
风姿 （摄影 1989 年年历）马元浩摄
南昌 江西人民出版社［1988 年］1 张
76cm（2 开）定价：CNY0.84

J0123012
风姿 （摄影 1989 年年历）周炘摄
上海 上海书画出版社 1988 年 1 张
54cm（4 开）定价：CNY0.40

J0123013
风姿 （摄影 1989 年年历）周雁鸣摄影
成都 四川省新闻图片社［1988 年］1 张
78cm（2 开）定价：CNY0.46

J0123014
枫叶映风姿 （摄影 1989 年年历）谢新发摄影
成都 四川省新闻图片社［1988 年］1 张
78cm（2 开）定价：CNY0.45
　　作者谢新发，擅长年画摄影。主要作品有《节
日欢舞》《风光摄影》《怎样拍摄夜景》等。

J0123015
芙蓉女 （摄影 1989 年年历）伯杨摄
北京 人民美术出版社 1988 年 1 张
54cm（4 开）定价：CNY0.40

J0123016
钢琴师 （摄影 1989 年年历）
南昌 江西人民出版社［1988 年］1 张
78cm（2 开）定价：CNY0.50

J0123017
歌唱家王海萍
（摄影 1989 年农历己巳年年历）徐斌摄
上海 上海人民美术出版社 1988 年 1 张
54cm（4 开）定价：CNY0.40

J0123018
歌星成方圆 （摄影 1989 年年历）李晓斌摄
石家庄 河北美术出版社 1988 年 1 张
54cm（4 开）定价：CNY0.24

J0123019
歌星成方圆 （摄影 1989 年年历）蔡体星摄
济南 山东美术出版社 1988 年 1 张
54cm（4 开）定价：CNY0.38

J0123020
龚雪 （摄影 1989 年年历）吕大千摄影
福州 福建美术出版社［1988 年］1 张
54cm（4 开）定价：CNY0.40

J0123021
孩子和鸟 （摄影 1989 年年历）
沈阳 辽宁美术出版社 1988 年 1 张
54cm（4 开）定价：CNY0.45

J0123022
含情脉脉 （摄影 1989 年年历）
南昌 江西人民出版社［1988 年］1 张
78cm（2 开）定价：CNY0.40

J0123023
红花献英模 （摄影 1989 年年历）郭冶国摄
沈阳 辽宁美术出版社 1988 年 1 张
54cm（4 开）定价：CNY0.45

J0123024
红衣少女 （摄影 1989 年年历）孙东方等摄
沈阳 辽宁美术出版社 1988 年 1 张
54cm（4 开）定价：CNY0.45

J0123025
胡尔西德 （摄影 1989 年农历己巳年年历）
广州 岭南美术出版社 1988 年 1 张
78cm（2 开）定价：CNY0.50

J0123026
花儿与少年 （摄影 1989 年农历己巳年年历）
许志刚摄
武汉 湖北美术出版社 1988 年 1 张
54cm（4 开）定价：CNY0.38

J0123027
花容 （摄影 1989 年农历己巳年年历）荒野摄
武汉 湖北美术出版社 1988 年 1 张
54cm（4 开）定价：CNY0.38

J0123028
花与少女 （摄影 1989 年年历）卞志武摄
郑州 河南美术出版社 1988 年 1 张
76cm（2 开）定价：CNY0.70
　　作者卞志武，摄影家。擅长风光摄影、纪实摄影和建筑摄影。专注拍摄中国西部壮美的高原风光、名寺古刹和独特的宗教文化。

J0123029
花与少女 （摄影 1989 年年历）谢新发，石建敏摄
上海 上海书画出版社 1988 年 1 张
54cm（4 开）定价：CNY0.40

J0123030
回眸一笑 （摄影 1989 年农历己巳年年历）
谭尚忍摄
广州 岭南美术出版社 1988 年 1 张
54cm（4 开）定价：CNY0.40
　　作者谭尚忍（1940—　　），上海人。上海美术家协会和上海摄影家协会会员，上海人民美术出版社副编审。作品有《儿童武书》等。

J0123031
活泼的娃娃 （摄影 1989 年年历）
北京 北京体育出版社 1988 年 1 张
78cm（2 开）定价：CNY0.48

J0123032
嘉芙莲小姐 （摄影 1989 年年历）
天津 天津人民美术出版社 1988 年 1 张
54cm（4 开）定价：CNY0.40

J0123033
贾宝玉 （摄影 1989 年年历）李耀宗摄
武汉 湖北美术出版社 1988 年 1 张
76cm（2 开）定价：CNY0.76

J0123034
贾宝玉 （摄影 1989 年年历）
北京 中国电影出版社 ［1988 年］1 张
76cm（2 开）定价：CNY0.38

J0123035
贾探春 （摄影 1989 年农历己巳年年历）
李耀宗摄
武汉 湖北美术出版社 1988 年 1 张
76cm（2 开）定价：CNY0.76

J0123036
姐妹俩 （摄影 1989 年年历）春诚摄
上海 上海人民美术出版社 ［1988 年］1 张
54cm（4 开）定价：CNY0.52

J0123037
巾帼英雄 （摄影 1989 年农历己巳年年历）
乔天富摄
重庆 重庆出版社 1988 年 1 张 54cm（4 开）
定价：CNY0.35
　　作者乔天富（1954—　　），高级记者，四川绵竹市人。历任解放军报高级记者，中国摄影家协会理事，中国新闻摄影学会常务理事。代表作品《中国人民解放军驻香港部队》《大阅兵》《军中姐妹》。

J0123038
快乐的少女 （摄影 1989 年年历）
南京 江苏美术出版社 1988 年 1 张

54cm（4开）定价：CNY0.40

J0123039
快乐的小伙伴　（摄影 1989 年年历）陈振新摄
上海　上海书画出版社 1988 年　1 张
54cm（4开）定价：CNY0.40
　　作者陈振新(1950—　)，江苏南通市人。中国美术家协会会员，中国民间艺术家协会会员。任职于人民美术出版社。创作和发表了大量美术、摄影作品。主要作品有《大家动手,植树栽花,美化环境》《期望》《林》等。

J0123040
烂漫年华　（摄影 1989 年农历己巳年年历）
荒野摄
武汉　湖北美术出版社 1988 年　1 张
54cm（4开）定价：CNY0.38

J0123041
李亚玲　（摄影 1989 年年历）陈健腾摄
石家庄　河北美术出版社 1988 年　1 张
54cm（4开）定价：CNY0.24

J0123042
李勇勇　（摄影 1989 年年历）邵黎阳摄
石家庄　河北美术出版社 1988 年　1 张
54cm（4开）定价：CNY0.40
　　作者邵黎阳(1942—　)，画家。浙江镇海人。历任《解放军报》美术编辑，上海人民美术出版编辑部主任。作品有版画《山高攀》《胜利的旗帜》《航标灯》,油画《房东》《马石山十勇士》《天福山起义》等。著有《藏书票入门》。

J0123043
李勇勇　（摄影 1989 年农历己巳年年历）
广州　岭南美术出版社 1988 年　1 张
78cm（2开）定价：CNY0.50

J0123044
厉莉华　（摄影 1989 年年历）尹福康摄
石家庄　河北美术出版社 1988 年　1 张
54cm（4开）定价：CNY0.54

J0123045
莉莉　（摄影 1989 年年历）郑永吉摄

沈阳　辽宁美术出版社 1988 年　1 张
54cm（4开）定价：CNY0.45

J0123046
林黛玉的扮演者——陈晓旭
（摄影 1989 年年历）蒋建球摄
沈阳　辽宁美术出版社 1988 年　1 张
54cm（4开）定价：CNY0.45

J0123047
绿廊倩影　（摄影 1989 年年历）李少白摄
沈阳　辽宁美术出版社 1988 年　1 张
39cm（4开）定价：CNY0.23
　　作者李少白(1942—　)，著名摄影家。生于重庆。先后任《大众摄影》《中国摄影》等杂志编委,《中国国家地理》《文明》等杂志签约摄影师。出版有《李少白摄影作品选》《神秘的紫禁城》《伟大的长城》《走进故宫》等。

J0123048
马晓晴　（摄影 1989 年年历）
福州　福建美术出版社［1988 年］1 张
54cm（4开）定价：CNY0.40

J0123049
美娘　（摄影 1989 年年历）
沈阳　辽宁美术出版社 1988 年　1 张
54cm（4开）定价：CNY0.45

J0123050
摩托女郎　（摄影 1989 年年历）夏小希摄影
福州　福建美术出版社［1988 年］1 张
54cm（4开）定价：CNY0.40
　　作者夏小希(1959—　)，女,中国摄影家协会会员。

J0123051
南国姑娘　（摄影 1989 年年历）周必云摄影
重庆　重庆出版社［1988 年］1 张 54cm（4开）
定价：CNY0.40

J0123052
妮　（摄影 1989 年年历）张普摄
武汉　湖北美术出版社 1988 年　1 张
54cm（4开）定价：CNY0.38

J0123053
凝思 （摄影 1990 年年历）杨育元摄影
福州 福建美术出版社［1988 年］1 张
54cm（4 开）定价：CNY0.40

J0123054
凝思 （摄影 1989 年年历）屈正一摄
上海 上海书画出版社 1988 年 1 张
54cm（4 开）定价：CNY0.40

J0123055
女孩 （摄影 1989 年年历）
沈阳 辽宁美术出版社 1988 年 1 张
54cm（4 开）定价：CNY0.45

J0123056
女演员 （摄影 1989 年农历己巳年年历）忠华摄
武汉 湖北美术出版社 1988 年 1 张
78cm（2 开）定价：CNY0.50

J0123057
胖娃娃 （摄影 1989 年年历）金铎摄
沈阳 辽宁美术出版社 1988 年 1 张
54cm（4 开）定价：CNY0.45

J0123058
胖娃娃 （摄影 1989 年年历）屠政摄
天津 天津人民美术出版社 1988 年 1 张
54cm（4 开）定价：CNY0.40

J0123059
倩影 （摄影 1989 年年历）陈振戈摄
兰州 甘肃人民出版社 1988 年 1 张
78cm（2 开）定价：CNY0.54

J0123060
倩影 （摄影 1989 年年历）陈凤友摄
上海 上海书画出版社 1988 年 1 张
54cm（4 开）定价：CNY0.40

J0123061
倩影 （摄影 1989 年年历）蜀影摄
成都 四川省新闻图片社［1988 年］1 张
78cm（2 开）定价：CNY0.60

J0123062
悄悄话 （摄影 1989 年农历己巳年年历）
广州 岭南美术出版社 1988 年 1 张
54cm（4 开）定价：CNY0.40

J0123063
青春 （摄影 1989 年年历）马元浩摄影
福州 福建美术出版社［1988 年］1 张
54cm（4 开）定价：CNY0.40

J0123064
青春 （摄影 1989 年年历）陈振戈摄
兰州 甘肃人民出版社 1988 年 1 张
54cm（4 开）定价：CNY0.45

J0123065
青春　林伟新摄
石家庄 河北美术出版社 1988 年 1 张
78cm（2 开）定价：CNY0.54

J0123066
青春 （摄影 1989 年年历）汪海摄
北京 人民体育出版社 1988 年 1 张
78cm（2 开）定价：CNY0.48

J0123067
青春 （摄影 1989 年年历）秦天卫摄
上海 上海人民美术出版社 1988 年 1 张
54cm（4 开）定价：CNY0.40

J0123068
青春 （摄影 1989 年年历）田野摄
上海 上海书画出版社 1988 年 1 张
54cm（4 开）定价：CNY0.40

J0123069
青春的魅力 （摄影 1989 年年历）
杭州 浙江人民美术出版社 1988 年 1 张
76cm（2 开）定价：CNY0.75

J0123070
青春年华 （摄影 1989 年年历）马元浩摄
郑州 河南美术出版社 1988 年 1 张
54cm（4 开）定价：CNY0.35

J0123071
青春年华　（摄影 1989 年年历）孙东方等摄
沈阳 辽宁美术出版社 1988 年 1 张
54cm（4 开）定价：CNY0.45

J0123072
青年舞蹈家杨丽萍　（摄影 1989 年年历）
兰洪裕摄
长春 吉林美术出版社 1988 年 1 张
54cm（4 开）定价：CNY0.45

J0123073
青年舞蹈家杨丽萍　（摄影 1989 年年历）
牛犇东摄影
成都 四川省新闻图片社［1988 年］1 张
54cm（4 开）定价：CNY0.45
　　作者牛犇东，重庆北碚人，毕业于北京化工
学院机械系。曾先后在政府文化部门工作,任动
力集团公司任工程师。代表作有《横断山之晨》
《天都玉屏》等。

J0123074
青年舞蹈家杨丽萍　（汉英对照）牛犇东摄
昆明 云南人民出版社［1988 年］5 张
13cm（60 开）定价：CNY1.00

J0123075
青年舞蹈演员宣维　（摄影 1989 年年历）
张金智摄
石家庄 河北美术出版社 1988 年 1 张
54cm（4 开）定价：CNY0.24

J0123076
青年演员曾丹　（摄影 1989 年年历）郑伟摄
杭州 浙江人民美术出版社 1988 年 1 张
78cm（2 开）定价：CNY0.50

J0123077
青年演员陈红明　（摄影 1989 年年历）
林伟新摄
沈阳 辽宁美术出版社 1988 年 1 张
54cm（4 开）定价：CNY0.45

J0123078
青年演员邓婕

（摄影 1989 年农历己巳年年历）李诚摄
广州 岭南美术出版社 1988 年 1 张
54cm（4 开）定价：CNY0.40

J0123079
青年演员方舒　（摄影 1989 年年历）元浩摄
杭州 浙江人民美术出版社 1988 年 1 张
54cm（4 开）定价：CNY0.37

J0123080
青年演员龚雪　（摄影 1989 年年历）陈振戈摄
石家庄 河北美术出版社 1988 年 1 张
54cm（4 开）定价：CNY0.24

J0123081
青年演员龚雪　（摄影 1989 年年历）云霞摄影
成都 四川省新闻图片社［1988 年］1 张
54cm（4 开）定价：CNY0.35

J0123082
青年演员华怡青　（摄影 1989 年年历）
张华铭摄
石家庄 河北美术出版社 1988 年 1 张
54cm（4 开）定价：CNY0.24

J0123083
青年演员华怡青　（摄影 1989 年年历）卫华摄
天津 天津人民美术出版社 1988 年 1 张
54cm（4 开）定价：CNY0.40

J0123084
青年演员李梦薇　（摄影 1989 年年历）
刘海发摄
上海 上海书画出版社 1988 年 1 张
54cm（4 开）定价：CNY0.55

J0123085
青年演员李勇勇　（摄影 1989 年年历）
周俊彦摄
沈阳 辽宁美术出版社 1988 年 1 张
54cm（4 开）定价：CNY0.45

J0123086
青年演员李勇勇　（摄影 1989 年年历）
刘海发摄

西安　陕西人民美术出版社　1988 年　1 张
76cm（2 开）定价：CNY0.96

J0123087
青年演员李勇勇　（摄影　1989 年年历）肖柳摄
上海　上海人民美术出版社　1988 年　1 张
54cm（4 开）定价：CNY0.18

J0123088
青年演员李勇勇　（摄影　1989 年年历）
刘海发摄
上海　上海书画出版社　1988 年　1 张
54cm（4 开）定价：CNY0.40

J0123089
青年演员李勇勇　（摄影　1989 年年历）
周俊彦摄
成都　四川省新闻图片社［1988 年］1 张
54cm（4 开）定价：CNY0.28

J0123090
青年演员厉莉华　（摄影　1989 年年历）
林伟新摄
沈阳　辽宁美术出版社　1988 年　1 张
54cm（4 开）定价：CNY0.45

J0123091
青年演员梁玉瑾　（摄影　1989 年年历）柏雨果
福州　福建美术出版社［1988 年］1 张
78cm（2 开）定价：CNY0.55
　　作者柏雨果（1948—　），摄影师。陕西凤县
人。中国摄影家协会会员、中国电影家协会会员。
曾举办《天、地、人》摄影作品展，出版文学作品
《拜见非洲大酋长》。

J0123092
青年演员林晓杰　（摄影　1989 年年历）
张华铭摄
济南　山东美术出版社　1988 年　1 张
54cm（4 开）定价：CNY0.38

J0123093
青年演员刘芳　（摄影　1989 年年历）谭尚忍摄
上海　上海人民美术出版社　1988 年　1 张
78cm（2 开）定价：CNY0.24

J0123094
青年演员穆晓瑛　（摄影　1989 年年历）
邵黎阳摄
上海　上海人民美术出版社　1988 年　1 张
54cm（4 开）定价：CNY0.36

J0123095
青年演员曲雁　（摄影　1989 年年历）刘海发摄
上海　上海书画出版社　1988 年　1 张
54cm（4 开）定价：CNY0.40

J0123096
青年演员茹萍　（摄影　1989 年年历）
长春　吉林美术出版社　1988 年　1 张
54cm（4 开）定价：CNY0.45

J0123097
青年演员沈志美　（摄影　1989 年年历）
陈传和摄
上海　上海书画出版社　1988 年　1 张
54cm（4 开）定价：CNY0.40

J0123098
青年演员石宝红　（摄影　1989 年年历）
马贵云摄
济南　山东美术出版社　1988 年　1 张
54cm（4 开）定价：CNY0.40

J0123099
青年演员宋佳　（摄影　1989 年年历）俊彦摄
成都　四川省新闻图片社［1988 年］1 张
78cm（2 开）定价：CNY0.38

J0123100
青年演员万琼
（摄影　1989 年农历己巳年年历）张华铭摄
武汉　湖北美术出版社　1988 年　1 张
54cm（4 开）定价：CNY0.38

J0123101
青年演员汪玲　（摄影　1989 年年历）陈治黄摄
济南　山东美术出版社　1988 年　1 张
54cm（4 开）定价：CNY0.38

J0123102
青年演员文萍 （摄影 1989 年年历）尚忍摄
上海 上海人民美术出版社 1988 年 1 张
78cm（2 开）定价：CNY0.55

J0123103
青年演员邬倩倩 （摄影 1989 年年历）
柏雨果摄影
福州 福建美术出版社［1988 年］1 张
78cm（2 开）定价：CNY0.55

J0123104
青年演员吴引红 （摄影 1989 年年历）
谢新发摄
上海 上海人民美术出版社 1988 年 1 张
54cm（4 开）定价：CNY0.36

J0123105
青年演员徐燕丽 （摄影 1989 年年历）
方永熙摄
上海 上海人民美术出版社 1988 年 1 张
54cm（4 开）定价：CNY0.40

J0123106
青年演员许志崴 （摄影 1989 年年历）
张华铭摄
济南 山东美术出版社 1988 年 1 张
54cm（4 开）定价：CNY0.40

J0123107
青年演员薛莉娜 （摄影 1989 年年历）
谭尚忍摄
上海 上海书画出版社 1988 年 1 张
54cm（4 开）定价：CNY0.40

J0123108
青年演员于莉
（摄影 1989 年农历己巳年年历）陈振戈摄
重庆 重庆出版社 1988 年 1 张 54cm（4 开）
定价：CNY0.35

J0123109
青年演员詹萍萍 （摄影 1989 年年历）
尹福康摄
石家庄 河北美术出版社 1988 年 1 张

54cm（4 开）定价：CNY0.40

J0123110
青年演员张莉 （摄影 1989 年年历）李城摄
石家庄 河北美术出版社 1988 年 1 张
54cm（4 开）定价：CNY0.40

J0123111
青年演员张莉
（摄影 1989 年农历己巳年年历）李诚摄
广州 岭南美术出版社 1988 年 1 张
54cm（4 开）定价：CNY0.40

J0123112
青年演员张莉 （摄影 1989 年年历）刘延平摄
上海 上海书画出版社 1988 年 1 张
54cm（4 开）定价：CNY0.40

J0123113
青年演员张琪 （摄影 1989 年年历）林伟新摄
沈阳 辽宁美术出版社 1988 年 1 张
54cm（4 开）定价：CNY0.45

J0123114
青年演员郑爽
（摄影 1989 年农历己巳年年历）慕星摄
武汉 湖北美术出版社 1988 年 1 张
54cm（4 开）定价：CNY0.38

J0123115
青年演员郑爽 （摄影 1989 年年历）石建敏摄
上海 上海书画出版社 1988 年 1 张
54cm（4 开）定价：CNY0.40

J0123116
球星 （摄影 1989 年年历）金明摄
沈阳 辽宁美术出版社 1988 年 1 张
54cm（4 开）定价：CNY0.45

J0123117
人民子弟兵 （摄影 1988 年年历）文华摄
成都 四川省新闻图片社［1988 年］1 张
54cm（4 开）定价：CNY0.28

J0123118
人物摄影 （一 1989 年农历己巳年年历）
西安 陕西人民美术出版社 1988 年 1 张
78cm（2 开）定价：CNY0.55

J0123119
人物摄影 （二 1989 年农历己巳年年历）
西安 陕西人民美术出版社 1988 年 1 张
78cm（2 开）定价：CNY0.55

J0123120
人物摄影 （三 1989 年农历己巳年年历）
西安 陕西人民美术出版社 1988 年 1 张
78cm（2 开）定价：CNY0.55

J0123121
如花少年 （摄影 1989 年年历）谢新发,邵黎
阳摄
石家庄 河北美术出版社 1988 年 1 张
54cm（4 开）定价：CNY0.40

J0123122
如花似玉 （摄影 1989 年年历）雁鸣摄影
成都 四川省新闻图片社［1988 年］1 张
54cm（4 开）定价：CNY0.32

J0123123
如玉年华 （摄影 1989 年年历）钟向东摄
西安 陕西人民美术出版社 1988 年 1 张
54cm（4 开）定价：CNY0.45

　　作者钟向东(1944—),画家。别名钟兴、
号高联居士,江西兴国长岗人。毕业于赣南师范
学院艺术系及中国书画函授大学国画专业。历
任江西省美术家协会会员、漫画学会理事、工艺
美术学会会员、摄影家协会会员、赣南画院美术
事业部主任、特聘画家、赣州市中山书画院特聘
画师。主要作品有《郁孤台》《现代风》《希望之
星》《考察报告》等。

J0123124
萨仁高娃 （摄影 1989 年农历己巳年年历）
广州 岭南美术出版社 1988 年 1 张
78cm（2 开）定价：CNY0.50

J0123125
上影演员邬君梅 （摄影 1989 年年历）孙铨摄
上海 上海书画出版社 1988 年 1 张
54cm（4 开）定价：CNY0.40

J0123126
少女 （摄影 1989 年年历）
南昌 江西人民出版社［1988 年］1 张
78cm（2 开）定价：CNY0.50

J0123127
少女 （摄影 1989 年年历）
沈阳 辽宁美术出版社 1988 年 1 张
54cm（4 开）定价：CNY0.45

J0123128
少女 （摄影 1989 年农历己巳年年历）
西安 陕西人民美术出版社 1988 年 1 张
78cm（2 开）定价：CNY0.55

J0123129
少女的春天 （摄影 1990 年年历）
福州 福建美术出版社［1988 年］1 张
54cm（4 开）定价：CNY0.40

J0123130
少女和她的狮子狗 （摄影 1989 年年历）
西安 陕西人民美术出版社 1988 年 1 张
76cm（2 开）定价：CNY0.96

J0123131
少女情怀 （摄影 1989 年农历己巳年年历）
胡祥胜摄
武汉 湖北美术出版社 1988 年 1 张
54cm（4 开）定价：CNY0.38

J0123132
少女与小狗 （摄影 1989 年年历）
西安 陕西人民美术出版社 1988 年 1 张
76cm（2 开）定价：CNY0.96

J0123133
十年电影贡献奖获得者王馥荔 （摄影
1989 年年历）陈治黄摄
上海 上海人民美术出版社 1988 年 1 张

78cm（2 开）定价：CNY0.60

J0123134
时代新装 （摄影 1989 年年历）马奔摄影
福州 福建美术出版社［1988 年］1 张
54cm（4 开）定价：CNY0.40

J0123135
时装
福州 福建美术出版社 1988 年 10 张
13cm（60 开）定价：CNY1.80
　　中国现代工艺美术时装摄影作品。

J0123136
时装 （摄影 1989 年农历己巳年年历）
武汉 湖北美术出版社 1988 年 1 张
54cm（3 开）定价：CNY0.38

J0123137
时装 （摄影 1989 年年历）刘海发摄
西安 陕西人民美术出版社 1988 年 1 张
78cm（2 开）定价：CNY0.55

J0123138
时装 （摄影 1989 年年历）
西安 陕西人民美术出版社 1988 年 1 张
78cm（2 开）定价：CNY0.55

J0123139
时装 （一 摄影 1989 年年历）
上海 上海人民美术出版社 1988 年 1 张
78cm（2 开）定价：CNY0.55

J0123140
时装 （二 摄影 1989 年年历）
上海 上海人民美术出版社 1988 年 1 张
78cm（2 开）定价：CNY0.55

J0123141
时装 （三 摄影 1989 年年历）
上海 上海人民美术出版社 1988 年 1 张
78cm（2 开）定价：CNY0.55

J0123142
时装 （四 摄影 1989 年年历）

上海 上海人民美术出版社 1988 年 1 张
78cm（2 开）定价：CNY0.55

J0123143
时装 （一 汉英对照）
北京 外文出版社 1988 年 10 张 13cm（60 开）
定价：CNY1.80
　　中国现代工艺美术时装摄影作品。

J0123144
时装四条屏 （摄影 1989 年年历）尹福康等摄
南京 江苏人民出版社 1988 年 4 张
76cm（2 开）定价：CNY2.20

J0123145
史湘云 （摄影 1989 年农历己巳年年历）
李耀宗摄
武汉 湖北美术出版社 1988 年 1 张
54cm（4 开）定价：CNY0.38

J0123146
硕果献英雄 （摄影 1989 年年历）陈振戈摄
重庆 重庆出版社 1988 年 1 张 54cm（4 开）
定价：CNY0.35

J0123147
体坛新花 （摄影 1989 年年历）陈振戈摄
南宁 广西人民出版社 1988 年 1 张
54cm（4 开）定价：CNY0.44

J0123148
体坛新葩 （摄影 1988 年年历）李学峰摄
成都 四川省新闻图片社［1988 年］1 张
54cm（4 开）定价：CNY0.28

J0123149
天女散花 杨克林摄
天津 天津人民美术出版社 1988 年 1 张
54cm（4 开）定价：CNY0.40

J0123150
亭亭玉立 （摄影 1989 年年历）美景余摄
成都 四川省新闻图片社［1988 年］1 张
54cm（4 开）定价：CNY0.28

J0123151
婷婷玉立　（摄影 1989 年年历）岳鹏飞摄
长春 吉林美术出版社 1988 年 1 张
54cm（4 开）定价：CNY0.45

J0123152
童年　（摄影 1989 年年历）
郑州 河南美术出版社 1988 年 1 张
78cm（2 开）定价：CNY0.47

J0123153
童年　（摄影 1989 年年历）许志刚摄
南昌 江西人民出版社［1988 年］1 张
78cm（2 开）定价：CNY0.50

J0123154
童年乐　（摄影 1989 年农历己巳年年历）周勇摄
武汉 湖北美术出版社 1988 年 1 张
54cm（4 开）定价：CNY0.38

J0123155
童趣　（摄影 1989 年年历）
郑州 河南美术出版社 1988 年 1 张
54cm（4 开）定价：CNY0.35

J0123156
童趣　（摄影 1989 年农历己巳年年历）曹先仁摄
武汉 湖北美术出版社 1988 年 1 张
54cm（4 开）定价：CNY0.38

J0123157
童趣　（摄影 1989 年年历）林伟新摄影
成都 四川省新闻图片社［1988 年］1 张
54cm（4 开）定价：CNY0.45

J0123158
童心　（摄影 1989 年农历己巳年年历）春华摄
武汉 湖北美术出版社 1988 年 1 张
78cm（2 开）定价：CNY0.50

J0123159
外国儿童　（摄影 1989 年农历己巳年年历）
西安 陕西人民美术出版社 1988 年 1 张
78cm（2 开）定价：CNY0.55

J0123160
外国女郎　（摄影 1989 年年历）施光弟摄
天津 天津人民美术出版社 1988 年 1 张
54cm（4 开）定价：CNY0.40

J0123161
顽童　（摄影 1989 年年历）
南昌 江西人民出版社［1988 年］1 张
78cm（2 开）定价：CNY0.50

J0123162
王艾冰　（摄影 1989 年年历）邵黎阳摄
石家庄 河北美术出版社 1988 年 1 张
76cm（2 开）定价：CNY0.90

J0123163
王馥荔　（摄影 1989 年农历己巳年年历）
广州 岭南美术出版社 1988 年 1 张
78cm（2 开）定价：CNY0.50

J0123164
王熙凤　（摄影 1989 年农历己巳年年历）
李耀宗摄
武汉 湖北美术出版社 1988 年 1 张
54cm（4 开）定价：CNY0.38

J0123165
维吾尔族姑娘　（摄影 1989 年年历）邵黎阳摄
石家庄 河北美术出版社 1988 年 1 张
54cm（4 开）定价：CNY0.24
　　作者邵黎阳（1942— ），画家。浙江镇海
人。历任《解放军报》美术编辑,上海人民美术出
版编辑部主任。作品有版画《山高攀》《胜利的
旗帜》《航标灯》,油画《房东》《马石山十勇士》
《天福山起义》等。著有《藏书票入门》。

J0123166
温馨　（摄影 1989 年年历）
长春 吉林美术出版社 1988 年 1 张
54cm（4 开）定价：CNY0.45

J0123167
妩媚　（摄影 1989 年年历）
成都 四川省新闻图片社［1988 年］1 张
54cm（4 开）定价：CNY0.28

J0123168
舞蹈新秀 （摄影 1989 年农历己巳年年历）
邵华安摄
武汉 湖北美术出版社 1988 年 1 张
54cm（4 开）定价：CNY0.38

J0123169
舞蹈演员 （摄影 1989 年年历）牛犇东摄
昆明 云南人民出版社 1988 年 1 张
54cm（4 开）定价：CNY0.38

J0123170
舞坛新秀 （摄影 1989 年年历）尹福康摄
上海 上海书画出版社 1988 年 1 张
54cm（4 开）定价：CNY0.40

J0123171
希望 （一 摄影 1988 年年历）
上海 上海人民美术出版社 ［1988 年］1 张
54cm（4 开）定价：CNY0.50

J0123172
希望 （二 摄影 1989 年年历）
上海 上海人民美术出版社 ［1988 年］1 张
54cm（4 开）定价：CNY0.50

J0123173
希望 （三 摄影 1989 年年历）
上海 上海人民美术出版社 ［1988 年］1 张
54cm（4 开）定价：CNY0.50

J0123174
希望 （四 摄影 1989 年年历）
上海 上海人民美术出版社 ［1988 年］1 张
54cm（4 开）定价：CNY0.50

J0123175
希望 （五 摄影 1989 年年历）
上海 上海人民美术出版社 ［1988 年］1 张
54cm（4 开）定价：CNY0.50

J0123176
希望 （六 摄影 1989 年年历）
上海 上海人民美术出版社 ［1988 年］1 张
54cm（4 开）定价：CNY0.50

J0123177
喜上眉梢 （摄影 1988 年年历）
成都 四川省新闻图片社 ［1988 年］1 张
54cm（4 开）定价：CNY0.28

J0123178
夏日伊人 （摄影 1988 年年历）钱炜摄
南京 江苏美术出版社 1988 年 1 张
76cm（2 开）定价：CNY0.85

J0123179
鲜花女 （摄影 1989 年年历）
沈阳 辽宁美术出版社 1988 年 1 张
54cm（4 开）定价：CNY0.45

J0123180
娴静少女 （摄影 1989 年农历己巳年年历）
荒野摄
武汉 湖北美术出版社 1988 年 1 张
54cm（4 开）定价：CNY0.38

J0123181
向往 （摄影 1989 年年历）
成都 四川省新闻图片社 ［1988 年］1 张
54cm（4 开）定价：CNY0.28

J0123182
小宝宝 （摄影 1989 年年历）
成都 四川省新闻图片社 ［1988 年］1 张
54cm（4 开）定价：CNY0.35

J0123183
小宝贝 （摄影 1989 年年历）晔石摄
上海 上海书画出版社 1988 年 1 张
54cm（4 开）定价：CNY0.40
　　作者晔石,擅长摄影。主要作品有《南海姑娘》《南国情》《四季山水》等。

J0123184
小号手 （摄影 1989 年年历）
上海 上海人民美术出版社 1988 年 1 张
54cm（4 开）定价：CNY0.40

J0123185
小花 （摄影 1990 年庚午年年历）

北京　人民美术出版社［1988 年］1 张
54cm（4 开）定价：CNY0.50

J0123186
小伙伴 （摄影　1988 年年历）克林摄
成都　四川省新闻图片社［1988 年］1 张
54cm（4 开）定价：CNY0.28

J0123187
小伙伴 （摄影　1989 年年历）乃澄摄
杭州　浙江人民美术出版社　1988 年　1 张
54cm（4 开）定价：CNY0.37

J0123188
小娇娇 （摄影　1989 年农历己巳年年历）
曹振云摄
武汉　湖北美术出版社　1988 年　1 张
54cm（4 开）定价：CNY0.38

J0123189
小女孩 （摄影　1989 年年历）
北京　人民美术出版社　1988 年　1 张
54cm（4 开）定价：CNY0.40

J0123190
小胖 （摄影　1989 年年历）山奇摄影
上海　上海书画出版社　1988 年　1 张
54cm（4 开）定价：CNY0.40

J0123191
小胖 （摄影　1988 年年历）晓东摄
成都　四川省新闻图片社出版社［1988 年］1 张
54cm（4 开）定价：CNY0.28

J0123192
小胖胖 （摄影　1989 年年历）王子祥摄
上海　上海人民美术出版社　1988 年　1 张
54cm（4 开）定价：CNY0.20

J0123193
小朋友 （摄影　1989 年年历）孙志文摄
西安　陕西人民美术出版社　1988 年　1 张
54cm（4 开）定价：CNY0.45

J0123194
小朋友 （摄影　1989 年年历）邵华安摄
天津　天津人民美术出版社　1988 年　1 张
54cm（4 开）定价：CNY0.40

J0123195
小千金 （摄影　1989 年年历）晓东摄
成都　四川省新闻图片社［1988 年］1 张
54cm（4 开）定价：CNY0.28

J0123196
小琴手 （摄影　1989 年年历）邢南初摄
上海　上海人民美术出版社　1988 年　1 张
76cm（2 开）定价：CNY0.40

J0123197
小球迷 （摄影　1989 年年历）江聪摄
石家庄　河北美术出版社　1988 年　1 张
54cm（4 开）定价：CNY0.24

J0123198
小手风琴手 （摄影　1989 年年历）林伟新摄
济南　山东美术出版社　1988 年　1 张
54cm（4 开）定价：CNY0.38

J0123199
小淘气 （摄影　1989 年年历）周必云摄影
福州　福建美术出版社［1988 年］1 张
54cm（4 开）定价：CNY0.40
　　作者周必云,摄影作品有《南国姑娘》《快乐》《池畔倩影》等。

J0123200
小淘气 （摄影　1989 年年历）
成都　四川省新闻图片社［1988 年］1 张
54cm（4 开）定价：CNY0.32

J0123201
小天鹅 （摄影　1989 年农历己巳年年历）
忠华摄
武汉　湖北美术出版社　1988 年　1 张
78cm（2 开）定价：CNY0.50

J0123202
小天使 （摄影　1989 年年历）钱豫强摄

杭州 浙江人民美术出版社 1988 年 1 张
76cm（2 开）定价：CNY0.75

J0123203
小侠女十三妹 （摄影 1989 年年历）陈湘华摄
济南 山东美术出版社 1988 年 1 张
54cm（4 开）定价：CNY0.40

J0123204
小小男子汉 （摄影 1989 年年历）李年才摄
上海 上海书画出版社 1988 年 1 张
54cm（4 开）定价：CNY0.40

J0123205
小小摄影家 （摄影 1989 年年历）许志刚摄
上海 上海人民美术出版社 1988 年 1 张
54cm（4 开）定价：CNY0.40

J0123206
小小运动员 （摄影 1989 年年历）丁和摄
上海 上海书画出版社 1988 年 1 张
54cm（4 开）定价：CNY0.40

J0123207
小演员 （摄影 1989 年年历）陈振戈摄
石家庄 河北美术出版社 1988 年 1 张
54cm（4 开）定价：CNY0.40

J0123208
小主人 （摄影 1989 年年历）
郑州 河南美术出版社 1988 年 1 张
54cm（4 开）定价：CNY0.35

J0123209
小姊妹 （摄影 1989 年年历）
中国照片档案馆供稿
石家庄 河北美术出版社 1988 年 1 张
54cm（4 开）定价：CNY0.40

J0123210
新潮时装 （摄影 1989 年农历己巳年年历）
方明清摄
广州 岭南美术出版社 1988 年 1 张
54cm（4 开）定价：CNY0.40

J0123211
新娘 （摄影 1989 年年历）
沈阳 辽宁美术出版社 1988 年 1 张
54cm（4 开）定价：CNY0.45

J0123212
新娘 （摄影 1989 年年历）苏健琼摄
西安 陕西人民美术出版社 1988 年 1 张
54cm（4 开）定价：CNY0.45

J0123213
新星邓婕 （摄影 1989 年年历）陈振戈摄
沈阳 辽宁美术出版社 1988 年 1 张
54cm（4 开）定价：CNY0.45

J0123214
幸福的童年 （摄影 1989 年年历）穆家宏摄影
成都 四川省新闻图片社 ［1988 年］1 张
54cm（4 开）定价：CNY0.45

J0123215
秀发少女 （摄影 1989 年农历己巳年年历）
晓泳摄
武汉 湖北美术出版社 1988 年 1 张
54cm（4 开）定价：CNY0.38

J0123216
薛宝钗 （摄影 1989 年农历己巳年年历）
李耀宗摄
武汉 湖北美术出版社 1988 年 1 张
76cm（2 开）定价：CNY0.76

J0123217
演员 （一 摄影 1989 年年历）予强摄
南京 江苏美术出版社 1988 年 1 张
78cm（2 开）定价：CNY0.53

J0123218
演员 （二 摄影 1989 年年历）林伟新摄
南京 江苏美术出版社 1988 年 1 张
78cm（2 开）定价：CNY0.55

J0123219
演员 （三 摄影 1989 年年历）林伟新摄
南京 江苏美术出版社 1988 年 1 张

78cm（2 开）定价：CNY0.53

J0123220
演员 （四 摄影 1989 年年历）林伟新摄
南京 江苏美术出版社 1988 年 1 张
78cm（2 开）定价：CNY0.55

J0123221
演员 （五 摄影 1989 年年历）林伟新摄
南京 江苏美术出版社 1988 年 1 张
78cm（2 开）定价：CNY0.55

J0123222
演员 （一 摄影 1989 年年历）
上海 上海人民美术出版社［1988 年］1 张
76cm（2 开）定价：CNY1.00

J0123223
演员 （二 摄影 1989 年年历）
上海 上海人民美术出版社［1988 年］1 张
76cm（2 开）定价：CNY1.00

J0123224
演员 （三 摄影 1989 年年历）
上海 上海人民美术出版社［1988 年］1 张
76cm（2 开）定价：CNY1.00

J0123225
演员 （四 摄影 1989 年年历）
上海 上海人民美术出版社［1988 年］1 张
76cm（2 开）定价：CNY1.00

J0123226
演员 （五 摄影 1989 年年历）
上海 上海人民美术出版社［1988 年］1 张
76cm（2 开）定价：CNY1.00

J0123227
演员 （六 摄影 1989 年年历）
上海 上海人民美术出版社［1988 年］1 张
76cm（2 开）定价：CNY1.00

J0123228
演员 （七 摄影 1989 年年历）
上海 上海人民美术出版社［1988 年］1 张

54cm（4 开）定价：CNY0.50

J0123229
演员 （八 摄影 1989 年年历）
上海 上海人民美术出版社［1988 年］1 张
54cm（4 开）定价：CNY0.50

J0123230
演员 （九 摄影 1989 年年历）
上海 上海人民美术出版社［1988 年］1 张
54cm（4 开）定价：CNY0.50

J0123231
演员 （十 摄影 1989 年年历）
上海 上海人民美术出版社［1988 年］1 张
54cm（4 开）定价：CNY0.50

J0123232
演员 （十一 摄影 1989 年年历）
上海 上海人民美术出版社［1988 年］1 张
54cm（4 开）定价：CNY0.50

J0123233
演员 （十二 摄影 1989 年年历）
上海 上海人民美术出版社［1988 年］1 张
54cm（4 开）定价：CNY0.50

J0123234
演员陈怡 （摄影 1989 年年历）刘延平摄
上海 上海人民美术出版社 1988 年 1 张
54cm（4 开）定价：CNY0.36

J0123235
演员崔佳 （摄影 1989 年年历）张华铭摄
石家庄 河北美术出版社 1988 年 1 张
54cm（4 开）定价：CNY0.24

J0123236
演员金蓉 （摄影 1989 年年历）周有骏摄
石家庄 河北美术出版社 1988 年 1 张
54cm（4 开）定价：CNY0.40
　　作者周有骏，摄影有年画《青年歌星程琳》
《电影演员靳嘉》等。

J0123237
演员李克纯 （摄影 1989 年年历）张华铭摄
石家庄 河北美术出版社 1988 年 1 张
54cm（4 开）定价：CNY0.24
　　作者张华铭,摄影家。著有《自然之花,中国
人体艺术摄影》,与陈耀武合作《有阳光下的中国
人体》。

J0123238
演员林芳兵 （摄影 1989 年年历）张动摄
南宁 广西人民出版社 1988 年 1 张
54cm（4 开）定价：CNY0.44

J0123239
演员路遥 （摄影 1989 年年历）徐斌摄
上海 上海人民美术出版社 1988 年 1 张
54cm（4 开）定价：CNY0.40

J0123240
演员耐安 （摄影 1989 年年历）邵黎阳摄
石家庄 河北美术出版社 1988 年 1 张
54cm（4 开）定价：CNY0.54

J0123241
演员田晓梅 （摄影 1989 年年历）周有骏摄
石家庄 河北美术出版社 1988 年 1 张
54cm（4 开）定价：CNY0.40

J0123242
演员万琼 （摄影 1989 年年历）张华铭摄
石家庄 河北美术出版社 1988 年 1 张
54cm（4 开）定价：CNY0.24

J0123243
演员吴敏 （摄影 1989 年年历）周有骏摄
石家庄 河北美术出版社 1988 年 1 张
54cm（4 开）定价：CNY0.40

J0123244
演员吴玉华 （摄影 1989 年年历）张华铭摄
石家庄 河北美术出版社 1988 年 1 张
54cm（4 开）定价：CNY0.24

J0123245
演员夏沙沙 （摄影 1989 年年历）周有骏摄

石家庄 河北美术出版社 1988 年 1 张
54cm（4 开）定价：CNY0.24

J0123246
演员杨丽萍 王剑摄
天津 天津人民美术出版社 1988 年 1 张
54cm（4 开）定价：CNY0.55

J0123247
演员叶莹 （摄影 1989 年年历）张华铭摄
石家庄 河北美术出版社 1988 年 1 张
54cm（4 开）定价：CNY0.40

J0123248
演员张莉 （摄影 1989 年年历）陈扬坤摄影
福州 福建美术出版社 ［1988 年］1 张
54cm（4 开）定价：CNY0.40

J0123249
演员张庆 （摄影 1989 年农历己巳年年历）
李维良摄
武汉 湖北美术出版社 1988 年 1 张
54cm（4 开）定价：CNY0.38

J0123250
演员张玉梅 （摄影 1989 年年历）周有骏摄
石家庄 河北美术出版社 1988 年 1 张
54cm（4 开）定价：CNY0.40

J0123251
演员赵艳红 （摄影 1989 年年历）周有骏摄
石家庄 河北美术出版社 1988 年 1 张
54cm（4 开）定价：CNY0.40

J0123252
演员周兴 （摄影 1989 年年历）奚天鹰摄
石家庄 河北美术出版社 1988 年 1 张
54cm（4 开）定价：CNY0.24

J0123253
窈窕淑女 （摄影 1988 年年历）克林摄
成都 四川省新闻图片社 ［1988 年］1 张
78cm（2 开）定价：CNY0.38

J0123254
艺海采珠 （一 摄影 1989 年年历）
上海 上海人民美术出版社 1988 年 1 张
78cm（2 开）定价：CNY0.55

J0123255
艺海采珠 （三 摄影 1989 年年历）
上海 上海人民美术出版社 1988 年 1 张
78cm（2 开）定价：CNY0.55

J0123256
艺海采珠 （四 摄影 1989 年年历）
上海 上海人民美术出版社 1988 年 1 张
78cm（2 开）定价：CNY0.55

J0123257
艺术人像 （摄影 1989 年年历）孙东方等摄
沈阳 辽宁美术出版社 1988 年 1 张
54cm（4 开）定价：CNY0.45

J0123258
艺术时装 （摄影 1989 年年历）
西安 陕西人民美术出版社 1988 年 1 张
78cm（2 开）定价：CNY0.55

J0123259
艺坛新苗 （摄影 1989 年年历）陈振戈摄
沈阳 辽宁美术出版社 1988 年 1 张
54cm（4 开）定价：CNY0.45

J0123260
艺苑新秀 （摄影 1989 年年历）周勇摄
郑州 河南美术出版社 1988 年 1 张
54cm（4 开）定价：CNY0.35

J0123261
银坛伉俪 （摄影 1989 年年历）陈振戈摄
南宁 广西人民出版社 1988 年 1 张
54cm（4 开）定价：CNY0.44

J0123262
英姿焕发 （摄影 1989 年年历）唐禹民摄
天津 天津人民美术出版社 1988 年 1 张
54cm（4 开）定价：CNY0.40

J0123263
英姿飒爽 （摄影 1989 年年历）彭年生摄
济南 山东美术出版社 1988 年 1 张
54cm（4 开）定价：CNY0.38
　　作者彭年生（1955— ），美术摄影编辑。生
于湖北武汉市，毕业于武汉大学新闻系艺术摄影
专业。历任长江文艺出版社副社长，湖北美术出
版社副社长，中国摄影家协会会员等职。出版有
《思想者——彭年生摄影作品集》《性格肖像——
彭年生摄影作品集》等。

J0123264
荧屏姐妹之一 （摄影 1989 年年历）
刘海发，王大伟摄
上海 上海书画出版社 1988 年 1 张
78cm（2 开）定价：CNY0.55

J0123265
荧屏姐妹之二 （摄影 1989 年年历）
刘海发，王大伟摄
上海 上海书画出版社 1988 年 1 张
78cm（2 开）定价：CNY0.55

J0123266
荧屏姐妹之三 （摄影 1989 年年历）
刘海发，王大伟摄
上海 上海书画出版社 1988 年 1 张
78cm（2 开）定价：CNY0.55

J0123267
荧屏姐妹之四 （摄影 1989 年年历）
刘海发，王大伟摄
上海 上海书画出版社 1988 年 1 张
78cm（2 开）定价：CNY0.55

J0123268
影视新星邓婕 （摄影 1989 年年历）陈振戈摄
重庆 重庆出版社 1988 年 1 张 54cm（4 开）
定价：CNY0.35

J0123269
影视新星杨杨 （摄影 1989 年年历）
长春 吉林美术出版社 1988 年 1 张
78cm（2 开）定价：CNY0.60

J0123270
影视新秀陶慧敏 （摄影 1989 年年历）雁弓摄
杭州 浙江人民美术出版社 1988 年 1 张
78cm（2 开）定价：CNY0.50

J0123271
影视演员庞敏 （摄影 1988 年年历）张苏妍摄
成都 四川省新闻图片社［1988 年］1 张
78cm（2 开）定价：CNY0.38

J0123272
影视演员谭晓燕 （摄影 1989 年农历己巳年年历）
武汉 湖北美术出版社 1988 年 1 张
78cm（2 开）定价：CNY0.50

J0123273
影视演员薛莉娜 （摄影 1989 年年历）
谭尚忍摄
上海 上海人民美术出版社 1988 年 1 张
54cm（4 开）定价：CNY0.40

J0123274
影视演员詹萍萍 （摄影 1989 年年历）
周有骏摄
石家庄 河北美术出版社 1988 年 1 张
54cm（4 开）定价：CNY0.40

J0123275
影坛新秀李勇勇 （摄影 1989 年农历己巳年年历）大灵摄
武汉 湖北美术出版社 1988 年 1 张
54cm（4 开）定价：CNY0.38

J0123276
影坛新秀李勇勇 （摄影 1989 年年历）子力摄
杭州 浙江人民美术出版社 1988 年 1 张
54cm（4 开）定价：CNY0.37

J0123277
影坛新秀厉丽华 （摄影 1989 年年历）
林伟欣摄
杭州 浙江人民美术出版社 1988 年 1 张
54cm（4 开）定价：CNY0.37

J0123278
影坛新秀柳荻 （摄影 1989 年年历）贝雨摄
杭州 浙江人民美术出版社 1988 年 1 张
54cm（4 开）定价：CNY0.37

J0123279
影坛新秀——沈敏 （摄影 1989 年年历）
张克庆摄
沈阳 辽宁美术出版社 1988 年 1 张
54cm（4 开）定价：CNY0.45
　　作者张克庆（1946—　　），摄影编辑。重庆人。历任当代文学艺术研究院院士，香港现代摄影学会会员，中国职业摄影撰稿人，中国华侨摄影学会会员，浙江人民出版社美术编辑室，浙江人民美术出版社摄影年画编辑室。出版有《杭州西湖》摄影画册。

J0123280
影坛新秀于莉 （摄影 1989 年年历）陈振戈摄
济南 山东美术出版社 1988 年 1 张
54cm（4 开）定价：CNY0.38

J0123281
影星 （一 摄影 1989 年年历）苏健琼摄
南京 江苏美术出版社 1988 年 1 张
54cm（4 开）定价：CNY0.39

J0123282
影星 （二 摄影 1989 年年历）苏健琼摄
南京 江苏美术出版社 1988 年 1 张
54cm（4 开）定价：CNY0.39

J0123283
影星龚雪 （摄影 1988 年年历）
成都 四川省新闻图片社［1988 年］1 张
54cm（4 开）定价：CNY0.28

J0123284
影星林芳兵 （摄影 1989 年年历）长弓摄影
成都 四川新闻图片社［1988 年］1 张
54cm（4 开）定价：CNY0.45

J0123285
影星 （摄影 1989 年农历己巳年年历）
陈振戈摄

广州　岭南美术出版社 1988 年　1 张
54cm（4 开）定价：CNY0.40

J0123286
影星 （摄影 1988 年年历）张苏妍摄
成都　四川省新闻图片社［1988 年］1 张
54cm（4 开）定价：CNY0.28

J0123287
影星宋佳 （摄影 1989 年年历）雁鸣摄影
成都　四川省新闻图片社［1988 年］1 张
78cm（2 开）定价：CNY0.55

J0123288
影星谭文燕 （摄影 1989 年年历）王剑摄
天津　天津人民美术出版社 1988 年　1 张
54cm（4 开）定价：CNY0.40

J0123289
影星周洁 （摄影 1988 年年历）钟向东摄
成都　四川省新闻图片社［1988 年］1 张
54cm（4 开）定价：CNY0.28

J0123290
余娅 （摄影 1989 年年历）
上海　上海人民美术出版社［1988 年］1 张
76cm（2 开）定价：CNY1.00

J0123291
越剧新秀王志萍 （摄影 1989 年年历）
金定根摄
上海　上海书画出版社 1988 年　1 张
54cm（4 开）定价：CNY0.40

J0123292
杂技演员 （摄影 1989 年年历）浪花摄
石家庄　河北美术出版社 1988 年　1 张
54cm（4 开）定价：CNY0.40

J0123293
张伟欣 （摄影 1989 年年历）许春诚摄
上海　上海人民出版社［1988 年］1 张
54cm（4 开）定价：CNY0.52

J0123294
赵静 （摄影 1989 年年历）滕俊杰摄
上海　上海人民美术出版社［1988 年］1 张
54cm（4 开）定价：CNY0.52

J0123295
赵莉 （摄影 1989 年年历）
上海　上海人民美术出版社［1988 年］1 张
76cm（2 开）定价：CNY1.00

J0123296
著名演员邓丽君 （摄影 1989 年年历）
石家庄　河北美术出版社 1988 年　1 张
54cm（4 开）定价：CNY0.54

J0123297
《红楼梦》薛宝钗扮演者张莉
（摄影 1990 年年历）春轩，士诚摄影
福州　福建美术出版社 1989 年　1 张
54cm（4 开）定价：CNY0.45

J0123298
1989：美容 （摄影挂历）
北京　轻工业出版社［1989 年］76cm（2 开）
定价：CNY8.50

J0123299
1989：情人 （摄影挂历）
杭州　浙江摄影出版社［1989 年］76cm（2 开）
定价：CNY14.50

J0123300
1989：人像摄影 （摄影挂历）
重庆　科学技术文献出版社重庆分社［1989 年］
76cm（2 开）定价：CNY14.00

J0123301
1990：《芳韵》年历四条屏　豫强摄
南京　江苏人民出版社 1989 年　4 张
78cm（2 开）定价：CNY2.80

J0123302
1990：爱神 （摄影挂历）
沈阳　辽宁画报社 1989 年　76cm（2 开）
定价：CNY15.80

J0123303
1990：宝宝　（摄影挂历）
上海　上海人民美术出版社［1989 年］
78cm（2 开）定价：CNY9.40

J0123304
1990：宝宝月历　（摄影挂历）
石家庄　河北美术出版社　1989 年　78cm（3 开）
定价：CNY9.90

J0123305
1990：波光丽影　（摄影挂历）
杭州　浙江摄影出版社　1989 年　78cm（3 开）
定价：CNY10.30

J0123306
1990：穿在上海　（摄影挂历）
上海　上海书画出版社　1989 年　78cm（3 开）
定价：CNY10.70

J0123307
1990：当代红星　（摄影挂历）
上海　上海人民美术出版社［1989 年］
76cm（2 开）定价：CNY13.30

J0123308
1990：儿童头像摄影　（挂历）
长春　吉林美术出版社　1989 年　76cm（2 开）
定价：CNY15.50

J0123309
1990：发型与服饰　（摄影挂历）
南京　江苏美术出版社　1989 年　78cm（2 开）
定价：CNY10.20

J0123310
1990：芳龄淑女　（摄影挂历）
天津　天津杨柳青画社　1989 年　78cm（3 开）
定价：CNY11.50

J0123311
1990：芳影　（摄影挂历）
杭州　浙江人民美术出版社［1989 年］
76cm（2 开）定价：CNY16.00

J0123312
1990：港台影星　（摄影挂历）
北京　中国电影出版社［1989 年］76cm（2 开）
定价：CNY815.50

J0123313
1990：花容玉貌　（摄影挂历）
上海　上海人民美术出版社［1989 年］
76cm（2 开）定价：CNY15.50

J0123314
1990：佳丽　（摄影挂历）
南京　江苏人民出版社　1989 年　78cm（2 开）
定价：CNY10.00

J0123315
1990：佳丽　（摄影挂历）
杭州　浙江摄影出版社　1989 年　76cm（2 开）
定价：CNY15.50

J0123316
1990：佳丽骏马　（摄影挂历）
天津　天津杨柳青画社　1989 年　76cm（2 开）
定价：CNY16.00

J0123317
1990：家庭乐　（摄影挂历）
上海　上海人民美术出版社［1989 年］
78cm（3 开）定价：CNY10.20

J0123318
1990：结婚礼服摄影挂历
沈阳　辽宁画报社　1989 年　76cm（2 开）
定价：CNY15.80

J0123319
1990：姐妹俩　（摄影挂历）
昆明　云南民族出版社［1989 年］39cm（6 开）
定价：CNY1.50

J0123320
1990：今日新模特　（摄影挂历）
北京　中国连环画出版社　1989 年　76cm（2 开）
定价：CNY16.50

J0123321
1990：**金色童年** （摄影挂历）
广州 岭南美术出版社 1989 年 76cm（2 开）
定价：CNY15.50

J0123322
1990：**历代佳人** （摄影挂历）
上海 上海人民美术出版社［1989 年］
78cm（2 开）定价：CNY10.20

J0123323
1990：**丽人** （摄影挂历）
杭州 浙江摄影出版社［1989 年］76cm（2 开）
定价：CNY13.00

J0123324
1990：**丽人情思** （摄影挂历）
天津 天津杨柳青画社 1989 年 76cm（2 开）
定价：CNY16.00

J0123325
1990：**丽人新装** （摄影挂历）
武汉 长江文艺出版社 1989 年 76cm（2 开）
定价：CNY13.50

J0123326
1990：**两情依依** （摄影挂历）
杭州 浙江摄影出版社［1989 年］78cm（2 开）
定价：CNY10.40

J0123327
1990：**靓女** （摄影挂历）
武汉 长江文艺出版社 1989 年 78cm（2 开）
定价：CNY9.00

J0123328
1990：**聊斋群芳谱** （摄影挂历）
福州 海峡文艺出版社［1989 年］76cm（2 开）
定价：CNY9.80

J0123329
1990：**美的时装** （摄影挂历）
武汉 长江文艺出版社 1989 年 76cm（2 开）
定价：CNY13.50

J0123330
1990：**美好青春** （摄影挂历）
沈阳 辽宁人民出版社 1989 年 76cm（2 开）
定价：CNY15.80

J0123331
1990：**美满家庭** （摄影挂历）
上海 上海书画出版社 1989 年 76cm（2 开）
定价：CNY15.50

J0123332
1990：**苗苗** （摄影挂历）
天津 天津杨柳青画社 1989 年 78cm（2 开）
定价：CNY11.50

J0123333
1990：**明星丽影** （摄影挂历）
南京 江苏科学技术出版社 1989 年
78cm（2 开）定价：CNY10.00

J0123334
1990：**明星月历**
石家庄 河北美术出版社 1989 年 76cm（2 开）
定价：CNY17.30

J0123335
1990：**明星月历**
天津 天津人民美术出版社 1989 年
76cm（2 开）定价：CNY16.00

J0123336
1990：**摩登女郎** （摄影挂历）
南昌 江西人民出版社［1989 年］54cm（4 开）
定价：CNY8.00

J0123337
1990：**摩登女郎** （摄影挂历）
上海 上海书画出版社 1989 年 76cm（2 开）
定价：CNY15.50

J0123338
1990：**摩托女郎** （摄影挂历）
上海 上海书画出版社 1989 年 78cm（2 开）
定价：CNY10.50

J0123339
1990：摩托情侣 （摄影挂历）
福州 福建美术出版社［1989 年］78cm（2 开）
定价：CNY10.00

J0123340
1990：母子情月历 （摄影挂历）
上海 上海人民美术出版社［1989 年］
78cm（3 开）定价：CNY10.20

J0123341
1990：女明星 （摄影挂历）
杭州 浙江摄影出版社 1989 年 76cm（2 开）
定价：CNY15.30

J0123342
1990：娉婷 （摄影挂历）
广州 岭南美术出版社 1989 年 78cm（2 开）
定价：CNY10.90

J0123343
1990：倩影 （摄影挂历）
哈尔滨 黑龙江美术出版社 1989 年
78cm（3 开）定价：CNY12.00

J0123344
1990：倩装 （摄影挂历）
重庆 重庆出版社［1989 年］76cm（2 开）
定价：CNY15.00

J0123345
1990：青春 （摄影挂历）
长春 吉林美术出版社 1989 年 78cm（3 开）
定价：CNY11.50

J0123346
1990：青春 （摄影挂历）
上海 上海人民美术出版社［1989 年］
78cm（2 开）定价：CNY10.20

J0123347
1990：青春活力 （摄影挂历）
广州 岭南美术出版社［1989 年］76cm（2 开）
定价：CNY16.00

J0123348
1990：青春剪影 （摄影挂历）
南京 江苏美术出版社 1989 年 76cm（2 开）
定价：CNY16.00

J0123349
1990：青春美 （摄影挂历）
上海 上海书画出版社 1989 年 76cm（2 开）
定价：CNY12.80

J0123350
1990：青春年华 （摄影挂历）
广州 岭南美术出版社［1989 年］76cm（2 开）
定价：CNY16.00

J0123351
1990：青春倩影 （摄影挂历）
济南 山东美术出版社 1989 年 78cm（2 开）
定价：CNY10.50

J0123352
1990：青春倩影 （摄影挂历）
西安 陕西人民美术出版社［1989 年］
76cm（2 开）定价：CNY16.50

J0123353
1990：情侣月历 （摄影挂历）
上海 上海人民出版社 1989 年 76cm（2 开）
定价：CNY16.50

J0123354
1990：情侣月历 （摄影挂历）
上海 上海人民出版社［1989 年］
76cm（2 开）定价：CNY15.50

J0123355
1990：群星 （摄影挂历）
南京 江苏人民出版社 1989 年 76cm（2 开）
定价：CNY15.00

J0123356
1990：群星摄影 （挂历）
南京 江苏美术出版社 1989 年 76cm（2 开）
定价：CNY16.90

J0123357
1990：人物摄影 （挂历）
长春　吉林美术出版社 1989 年 78cm（2 开）
定价：CNY11.50

J0123358
1990：人物摄影 （挂历）
长春　吉林美术出版社 1989 年 76cm（2 开）
定价：CNY16.00

J0123359
1990：人物摄影 （挂历）
太原　山西人民出版社 1989 年 76cm（2 开）
定价：CNY16.00

J0123360
1990：人物摄影 （挂历）
杭州　浙江人民美术出版社 1989 年
78cm（2 开）定价：CNY10.30

J0123361
1990：人物摄影 （挂历）
杭州　浙江人民美术出版社 1989 年
78cm（2 开）定价：CNY10.50

J0123362
1990：人物摄影挂历
南昌　江西科学技术出版社［1989 年］
76cm（2 开）定价：CNY15.80

J0123363
1990：人物摄影挂历
西安　陕西人民美术出版社［1989 年］
76cm（2 开）定价：CNY16.50

J0123364
1990：人物摄影挂历
天津　天津杨柳青画社 1989 年 76cm（2 开）
定价：CNY16.00

J0123365
1990：上海服装新潮 （摄影挂历）
上海　上海人民美术出版社［1989 年］
76cm（2 开）定价：CNY15.50

J0123366
1990：上海姑娘 （摄影挂历）
上海　上海人民美术出版社［1989 年］
76cm（2 开）定价：CNY16.00

J0123367
1990：少女·鲜花 （摄影挂历）
石家庄　河北美术出版社 1989 年 78cm（3 开）
定价：CNY9.90

J0123368
1990：少女情怀 （摄影挂历）
长春　吉林美术出版社 1989 年 76cm（2 开）
定价：CNY15.80

J0123369
1990：少女与骏马 （摄影挂历）
天津　天津人民美术出版社 1989 年
76cm（2 开）定价：CNY16.00

J0123370
1990：少女与马 （摄影挂历）
长沙　湖南美术出版社 1989 年 76cm（2 开）
定价：CNY16.50

J0123371
1990：时装 （摄影挂历）
西安　陕西人民美术出版社 1989 年
76cm（2 开）定价：CNY16.50

J0123372
1990：时装 （摄影挂历）
杭州　浙江人民美术出版社［1989 年］
76cm（2 开）定价：CNY16.00

J0123373
1990：时装大趋势 （摄影挂历）
长春　吉林美术出版社 1989 年 76cm（2 开）
定价：CNY16.00

J0123374
1990：时装模特 （摄影挂历）
天津　天津杨柳青画社 1989 年 78cm（2 开）
定价：CNY11.50

J0123375
1990：时装摄影
太原　山西人民出版社　1989 年　78cm（2 开）
定价：CNY12.00

J0123376
1990：时装新潮月历
赤峰　内蒙古科学技术出版社［1989 年］
76cm（2 开）定价：CNY16.50

J0123377
1990：时装月历 （摄影挂历）
石家庄　河北美术出版社　1989 年　78cm（2 开）
定价：CNY10.40

J0123378
1990：仕女图 （摄影挂历）
福州　福建美术出版社［1989 年］78cm（2 开）
定价：CNY10.00

J0123379
1990：田园倩影 （摄影挂历）
北京　人民美术出版社　1989 年　76cm（2 开）
定价：CNY18.00

J0123380
1990：甜 （摄影挂历）
昆明　云南民族出版社［1989 年］39cm（6 开）
定价：CNY1.00

J0123381
1990：舞之星 （摄影挂历）
北京　中国文联出版社［1989 年］76cm（2 开）
定价：CNY15.30

J0123382
1990：西部情 （摄影挂历）
长春　吉林美术出版社　1989 年　76cm（2 开）
定价：CNY15.50

J0123383
1990：西南风情 （摄影挂历）
长春　吉林美术出版社　1989 年　76cm（2 开）
定价：CNY15.50

J0123384
1990：鲜花与少女 （摄影挂历）
上海　上海人民美术出版社［1989 年］
76cm（2 开）定价：CNY15.50

J0123385
1990：现代家庭 （摄影挂历）
大连　大连理工大学出版社［1989 年］
76cm（2 开）定价：CNY16.80

J0123386
1990：肖像艺术 （摄影挂历）
上海　上海人民美术出版社［1989 年］
76cm（2 开）定价：CNY15.00

J0123387
1990：新潮 （摄影挂历）
北京　中国电影出版社［1989 年］76cm（2 开）
定价：CNY17.00

J0123388
1990：新秀 （摄影挂历）
南京　江苏科学技术出版社　1989 年
78cm（2 开）定价：CNY9.50

J0123389
1990：新秀 （摄影挂历）
上海　上海人民美术出版社［1989 年］
76cm（2 开）定价：CNY12.80

J0123390
1990：星 （摄影挂历）
沈阳　辽宁美术出版社　1989 年　76cm（2 开）
定价：CNY17.80

J0123391
1990：星 （摄影挂历）
上海　上海书画出版社　1989 年　78cm（2 开）
定价：CNY10.20

J0123392
1990：星光灿烂世界影星荟萃
天津　天津杨柳青画社　1989 年　76cm（2 开）
定价：CNY16.00

J0123393
1990：幸福家庭 （摄影挂历）
上海 上海人民美术出版社［1989 年］
76cm（2 开）定价：CNY15.50

J0123394
1990：彝族姑娘 （摄影挂历）
昆明 云南民族出版社［1989 年］39cm（6 开）
定价：CNY1.00

J0123395
1990：银幕之星 （摄影挂历）
北京 中国电影出版社［1989 年］54cm（4 开）
定价：CNY8.20

J0123396
1990：银星 （摄影挂历）
北京 中国电影出版社［1989 年］76cm（2 开）
定价：CNY15.50

J0123397
1990：影视情侣 （摄影挂历）
济南 山东美术出版社 1989 年 76cm（2 开）
定价：CNY12.00

J0123398
1990：影坛群星 （摄影挂历）
沈阳 辽宁画报社 1989 年 78cm（2 开）
定价：CNY11.80

J0123399
1990：影星 （摄影挂历）
沈阳 辽宁画报社 1989 年 76cm（2 开）
定价：CNY15.80

J0123400
1990：泳装新潮 （摄影挂历）
上海 上海书画出版社 1989 年 78cm（2 开）
定价：CNY10.50

J0123401
1990：泳装新姿 （摄影挂历）
南京 江苏人民出版社 1989 年 78cm（2 开）
定价：CNY10.00

J0123402
1990：稚趣 （摄影挂历）
广州 岭南美术出版社 1989 年 76cm（2 开）
定价：CNY16.00

J0123403
1990：中国时装新潮 （摄影挂历）
上海 上海书画出版社 1989 年 78cm（2 开）
定价：CNY10.70

J0123404
1990 年月历：童趣 （摄影挂历）
上海 上海人民出版社 1989 年 54cm（4 开）
定价：CNY8.00

J0123405
阿兰小姐 （摄影 1990 年年历）
福州 福建美术出版社［1989 年］1 张
78cm（2 开）定价：CNY0.65

J0123406
爱的花朵 （摄影 1989 年年历）王明智摄影
福州 福建美术出版社［1989 年］1 张
54cm（4 开）定价：CNY0.40

J0123407
芭蕾演员 （摄影 1990 年年历）谢新发摄影
长春 吉林人民出版社［1989 年］1 张
54cm（4 开）定价：CNY0.70

J0123408
白衣女郎 （摄影 1990 年年历）（美）李小镜
摄影
石家庄 河北美术出版社 1989 年 1 张
76cm（2 开）定价：CNY0.90

J0123409
白衣女郎 （摄影 1990 年年历）
南昌 江西人民出版社［1989 年］1 张
78cm（2 开）定价：CNY0.75

J0123410
白衣少女 （摄影 1990 年年历）
沈阳 辽宁美术出版社 1989 年 1 张
54cm（4 开）定价：CNY0.55

J0123411
白族姑娘 （摄影 1990 年年历）
昆明 云南民族出版社［1989 年］1 张
54cm（4 开）定价：CNY0.60

J0123412
宝宝 （摄影 1990 年年历）孙翰庄摄影
广州 岭南美术出版社 1989 年 1 张
39cm（4 开）定价：CNY0.36

J0123413
宝宝 （摄影 1990 年年历 一）
上海 上海人民美术出版社［1989 年］1 张
78cm（2 开）定价：CNY1.00

J0123414
宝宝 （摄影 1990 年年历 二）
上海 上海人民美术出版社［1989 年］1 张
78cm（2 开）定价：CNY1.00

J0123415
宝宝 （摄影 1990 年年历 三）
上海 上海人民美术出版社［1989 年］1 张
78cm（2 开）定价：CNY1.00

J0123416
宝宝 （摄影 1990 年年历 四）
上海 上海人民美术出版社［1989 年］1 张
78cm（2 开）定价：CNY1.00

J0123417
宝宝 （摄影 1990 年年历 五）
上海 上海人民美术出版社［1989 年］1 张
78cm（2 开）定价：CNY1.00

J0123418
宝宝 （摄影 1990 年年历 六）
上海 上海人民美术出版社［1989 年］1 张
78cm（2 开）定价：CNY1.00

J0123419
宝贝 （摄影 1990 年年历）丁洁摄影
沈阳 辽宁美术出版社 1989 年 1 张
54cm（4 开）定价：CNY0.55

J0123420
比翼齐飞 （摄影 1990 年年历）
北京 人民体育出版社 1989 年 1 张
78cm（2 开）定价：CNY0.72

J0123421
比翼同飞 （摄影 1990 年农历庚午年年历）
杭志忠,陈春轩摄影
西安 陕西人民美术出版社 1989 年 1 张
54cm（4 开）定价：CNY0.55

J0123422
碧水丽人 （摄影 1990 年年历）
杭州 浙江人民美术出版社 1989 年 1 张
76cm（2 开）定价：CNY1.00

J0123423
碧荫情话 （摄影 1989 年年历）林伟欣摄影
天津 天津人民美术出版社［1989 年］1 张
54cm（4 开）定价：CNY0.40

J0123424
波光丽影 （摄影 1990 年年历）
杭州 浙江摄影出版社 1989 年 1 张
78cm（2 开）定价：CNY0.65

J0123425
插花少女 （摄影 1990 年农历庚午年年历）
杨中俭摄影
福州 福建美术出版社 1989 年 1 张
54cm（4 开）定价：CNY0.45

J0123426
插花少女 （摄影 1990 年农历庚午年年历）
西安 陕西人民美术出版社 1989 年 1 张
78cm（2 开）定价：CNY0.75

J0123427
沉思 （摄影 1990 年农历庚午年年历）李耀摄影
武汉 湖北美术出版社 1989 年 1 张
54cm（4 开）定价：CNY0.45

J0123428
吃果果 （摄影 1990 年年历）徐斌,倪炎摄影
天津 天津人民美术出版社 1989 年 1 张

78cm（2 开）定价：CNY0.75

J0123429
憧憬 （摄影 1990 年年历）曾宪阳摄影
重庆 重庆出版社 1989 年 1 张 54cm（4 开）
定价：CNY0.45

J0125743
纯情少女 （摄影 1990 年农历庚午年年历）
武汉 湖北美术出版社 1989 年 1 张
54cm（4 开）定价：CNY0.45

J0123430
慈祥的心灵 （摄影 1990 年年历）
南昌 江西人民出版社 [1989 年] 1 张
78cm（2 开）定价：CNY0.75

J0123431
翠园芳踪 （摄影 1990 年年历）
福州 福建美术出版社 [1989 年] 1 张
78cm（2 开）定价：CNY0.65

J0123432
打网球的少女 （摄影 1990 年年历）
刘海发摄影
沈阳 辽宁美术出版社 1989 年 1 张
54cm（4 开）定价：CNY0.55

J0123433
邓丽君 （摄影 1990 年年历）
南京 江苏人民出版社 1989 年 1 张
76cm（2 开）定价：CNY1.00

J0123434
低眉一瞬 （摄影 1990 年年历）柯时摄影
北京 人民体育出版社 1989 年 1 张
78cm（2 开）定价：CNY0.72

J0123435
迪斯科女郎 （摄影 1990 年农历庚午年年历）
陈增戈摄影
福州 福建美术出版社 1989 年 1 张
78cm（2 开）定价：CNY0.65

J0123436
电视剧《红楼梦》林黛玉扮演者陈晓旭
（摄影 1989 年年历）沈治昌摄影
西安 陕西人民美术出版社 1989 年 1 张
76cm（2 开）定价：CNY0.96

J0123437
电影《红高粱》女主角巩俐
（摄影 1990 年年历）
福州 福建美术出版社 1989 年 1 张
54cm（4 开）定价：CNY0.45

J0123438
电影《红楼梦》中林黛玉扮演者陶慧敏
（摄影 1990 年年历）张甦研摄影
长沙 湖南美术出版社 1989 年 1 张
107cm（全开）定价：CNY1.80

J0123439
电影明星林芳兵 （摄影 1990 年年历）
济南 山东美术出版社 1989 年 1 张
76cm（2 开）定价：CNY0.45

J0123440
电影明星朱琳
（摄影 1990 年农历庚午年年历）王毅摄影
武汉 湖北美术出版社 1989 年 1 张
54cm（4 开）定价：CNY0.45

J0123441
电影演员白灵 （摄影 1990 年农历庚午年年历）
北京 中国电影出版社 [1989 年] 1 张
54cm（4 开）定价：CNY0.50

J0123442
电影演员曾春晖
（摄影 1990 年农历庚午年年历）
北京 中国电影出版社 [1989 年] 1 张
54cm（4 开）定价：CNY0.30

J0123443
电影演员陈怡 （摄影 1990 年年历）
石建敏摄影
天津 天津人民美术出版社 1989 年 1 张
54cm（4 开）定价：CNY0.50

J0123444
电影演员方舒 （摄影 1990 年农历庚午年年历）
北京 中国电影出版社 [1989 年] 1 张
54cm（4 开）定价：CNY0.30

J0123445
电影演员高建华 （摄影 1990 年农历庚午年
年历 一）
北京 中国电影出版社 [1989 年] 1 张
76cm（2 开）定价：CNY0.50

J0123446
电影演员高建华 （摄影 1990 年农历庚午年
年历 二）
北京 中国电影出版社 [1989 年] 1 张
76cm（2 开）定价：CNY0.50

J0123447
电影演员龚雪 （摄影 1990 年年历）
重庆 重庆出版社 1989 年 1 张 54cm（4 开）
定价：CNY0.45

J0123448
电影演员巩俐 （摄影 1990年农历庚午年年历）
北京 中国电影出版社 [1989 年] 1 张
54cm（4 开）定价：CNY0.50

J0123449
电影演员韩月乔 （摄影 1990 年年历）
金似云摄影
石家庄 河北美术出版社 1989 年 1 张
54cm（4 开）定价：CNY0.45

J0123450
电影演员李小健
（摄影 1990 年农历庚午年年历）
北京 中国电影出版社 [1989 年] 1 张
54cm（4 开）定价：CNY0.30

J0123451
电影演员李勇勇 （摄影 1990 年年历）
尹福康摄影
上海 上海美术出版社 1989 年 1 张
78cm（2 开）定价：CNY0.75

J0123452
电影演员李勇勇 （摄影 1990 年年历）
尹福康摄影
重庆 重庆出版社 1989 年 1 张 54cm（4 开）
定价：CNY0.45

J0123453
电影演员李媛 （摄影 1990 年农历庚午年年历）
北京 中国电影出版社 [1989 年] 1 张
54cm（4 开）定价：CNY0.30

J0123454
电影演员梁玉瑾 （摄影 1990 年年历）
柏雨果摄影
济南 山东美术出版社 [1989 年] 1 张 76cm（2 开）
　作者柏雨果（1948—　），摄影师。陕西凤县
人。中国摄影家协会会员、中国电影家协会会员。
曾举办《天、地、人》摄影作品展，出版文学作品
《拜见非洲大酋长》。

J0123455
电影演员梁玉瑾 （摄影 1989 年农历己巳年
年历）
北京 中国电影出版社 [1989 年] 1 张
54cm（4 开）定价：CNY0.24

J0123456
电影演员梁玉瑾 （摄影 1990 年农历庚午年
年历）
北京 中国电影出版社 [1989 年] 1 张
76cm（2 开）定价：CNY0.50

J0123457
电影演员林芳兵 （摄影 1990 年农历庚午年
年历）
北京 中国电影出版社 [1989 年] 1 张
54cm（4 开）定价：CNY0.30

J0123458
电影演员林晓杰 （摄影 1990 年农历庚午年
年历）
北京 中国电影出版社 [1989 年] 1 张
54cm（4 开）定价：CNY0.50

J0123459
电影演员 （摄影 1990 年农历庚午年年历）
北京 中国电影出版社［1989 年］1 张
54cm（4 开）定价：CNY0.30

J0123460
电影演员柳荻 （摄影 1990 年农历庚午年年历）
北京 中国电影出版社［1989 年］1 张
54cm（4 开）定价：CNY0.30

J0123461
电影演员路婕 （摄影 1990 年年历）
黄福平摄影
重庆 重庆出版社 1989 年 1 张 54cm（4 开）
定价：CNY0.45

J0123462
电影演员任梦 （摄影 1990 年农历庚午年年历）
北京 中国电影出版社［1989 年］1 张
54cm（4 开）定价：CNY0.30

J0123463
电影演员茹萍 （摄影 1990 年农历庚午年年历）
北京 中国电影出版社［1989 年］1 张
76cm（2 开）定价：CNY0.50

J0123464
电影演员王璐瑶 （摄影 1990 年年历）
周俊彦摄影
济南 山东美术出版社 1989 年 1 张
54cm（4 开）

J0123465
电影演员王薇 （摄影 1990 年农历庚午年年历）
北京 中国电影出版社［1989 年］1 张
54cm（4 开）定价：CNY0.30

J0123466
电影演员王之夏、张静 （摄影 1990 年农历庚午年年历）
北京 中国电影出版社 1989 年 1 张
76cm（2 开）定价：CNY0.50

J0123467
电影演员吴丹 （摄影 1990 年农历庚午年年历）
北京 中国电影出版社［1989 年］1 张
54cm（4 开）定价：CNY0.30

J0123468
电影演员吴莉婕 （摄影 1989 年农历己巳年年历）
北京 中国电影出版社［1989 年］1 张
54cm（4 开）定价：CNY0.24

J0123469
电影演员吴莉婕 （摄影 1990 年农历庚午年年历）
北京 中国电影出版社［1989 年］1 张
54cm（4 开）定价：CNY0.30

J0123470
电影演员夏菁 （摄影 1990 年农历庚午年年历）
北京 中国电影出版社［1989 年］1 张
54cm（4 开）定价：CNY0.30

J0123471
电影演员徐励莉 （摄影 1990 年农历庚午年年历）金似云摄影
石家庄 河北美术出版社［1989 年］1 张
54cm（4 开）定价：CNY0.45

J0123472
电影演员徐励莉 （摄影 1990 年农历庚午年年历）
北京 中国电影出版社［1989 年］1 张
54cm（4 开）定价：CNY0.30

J0123473
电影演员杨丽萍 （摄影 1990 年农历庚午年年历）
北京 中国电影出版社［1989 年］1 张
54cm（4 开）定价：CNY0.30

J0123474
电影演员余雅 （摄影 1990 年农历庚午年年历）杨中俭摄影
石家庄 河北美术出版社 1989 年 1 张
78cm（2 开）定价：CNY0.65

J0123475
电影演员余雅 （摄影 1990 年年历）
尹福康摄影
重庆 重庆出版社 1989 年 1 张 54cm（4 开）
定价：CNY0.45

J0123476
电影演员岳红 （摄影 1990 年农历庚午年年历）
北京 中国电影出版社 ［1989 年］1 张
54cm（4 开）定价：CNY0.30

J0123477
电影演员张虹 （摄影 1990 年农历庚午年年历）
北京 中国电影出版社 ［1989 年］1 张
54cm（4 开）定价：CNY0.30

J0123478
电影演员张莉 （摄影 1990 年农历庚午年年历）
北京 中国电影出版社 ［1989 年］1 张
54cm（4 开）定价：CNY0.30

J0123479
电影演员张伟欣 （摄影 1990 年年历）
陈春轩摄影
天津 天津人民美术出版社 1989 年 1 张
54cm（4 开）定价：CNY0.50

J0123480
电影演员张文娟 （摄影 1990 年年历）
北京 北京美术摄影出版社 1989 年 1 张
54cm（4 开）定价：CNY0.50

J0123481
电影演员张晓磊 （摄影 1990 年年历）
李城摄影
重庆 重庆出版社 1989 年 1 张 54cm（4 开）
定价：CNY0.45

J0123482
电影演员张艳丽 （摄影 1990 年年历）
周俊彦摄影
济南 山东美术出版社 1989 年 1 张
54cm（4 开）定价：CNY0.48
　　作者周俊彦，作有年画《插花艺术 5》《影视
新星谭小燕》《年画／宣传画：万事如意——青

年演员谭小燕》等。

J0123483
电影演员张瑜 （摄影 1990 年农历庚午年年历）
北京 中国电影出版社 ［1989 年］1 张
76cm（2 开）定价：CNY0.50

J0123484
电影演员张玉梅 （摄影 1990 年农历庚午年
年历）
北京 中国电影出版社 ［1989 年］1 张
54cm（4 开）定价：CNY0.30

J0123485
电影演员章敩 （摄影 1990 年农历庚午年年历）
石家庄 河北美术出版社 1989 年 1 张
78cm（2 开）定价：CNY0.65

J0123486
电影演员赵瑛 （摄影 1990 年年历）
陈春轩摄影
天津 天津人民美术出版社 1989 年 1 张
76cm（2 开）定价：CNY1.00

J0123487
电影演员周洁 （摄影 1990 年年历）伟新摄影
沈阳 辽宁画报社 1989 年 1 张 54cm（4 开）
定价：CNY0.55

J0123488
电影演员周雯琼 （摄影 1990 年农历庚午年
年历）
北京 中国电影出版社 ［1989 年］1 张
54cm（4 开）定价：CNY0.30

J0123489
电影演员朱琪敏 （摄影 1990 年年历）
尹福康摄影
重庆 重庆出版社 1989 年 1 张 54cm（4 开）
定价：CNY0.45

J0123490
电影演员朱时茂 （摄影 1990 年农历庚午
年历）
北京 中国电影出版社 ［1989 年］1 张

54cm（4开）定价：CNY0.30

J0123491

电影演员左翎 （摄影 1990年农历庚午年年历）
北京 中国电影出版社［1989年］1张
54cm（4开）定价：CNY0.50

J0123492

董云翎 （摄影 1990年年历）尹福康摄影
石家庄 河北美术出版社 1989年 1张
78cm（2开）定价：CNY0.65

　　作者尹福康（1927— ），摄影家。江苏南京
人。曾任上海人民美术出版社副编审、上海市摄
影家协会副主席等职。主要作品有《烟笼峰岩》
《向荒山要宝》《晒盐》《工人新村》等。

J0123493

豆蔻年华 （摄影 1990年农历庚午年年历）
厦门 鹭江出版社［1989年］1张 54cm（4开）
定价：CNY0.45

J0123494

儿童 （摄影 1990年年历）
上海 上海人民美术出版社 1989年 1张
54cm（4开）定价：CNY0.60

J0123495

芳 （摄影 1990年年历）杨中俭摄影
天津 天津人民美术出版社 1989年 1张
78cm（2开）定价：CNY0.75

J0123496

芳 （摄影 1990年农历庚午年年历）江林摄影
武汉 长江文艺出版社 1989年 1张
78cm（2开）定价：CNY0.60

J0123497

芳华 （摄影 1990年年历）石建敏摄影
南京 江苏美术出版社 1989年 1张
78cm（2开）定价：CNY0.80

J0123498

芳龄 （摄影 1990年年历）
沈阳 辽宁画报社 1989年 1张 54cm（4开）
定价：CNY0.55

J0123499

芳容 （摄影 1990年年历）
重庆 重庆出版社 1989年 1张 54cm（4开）
定价：CNY0.45

J0123500

芳心 （摄影 1990年年历）
重庆 重庆出版社 1989年 1张 54cm（4开）
定价：CNY0.45

J0123501

芳姿 （摄影 1990年年历）刘海发摄影
上海 上海人民美术出版社 1989年 1张
54cm（4开）定价：CNY0.50

J0123502

费翔·踏浪 （摄影 1990年农历庚午年年历）
俞京摄影
福州 福建美术出版社［1989年］1张
54cm（4开）定价：CNY0.45

J0123503

费翔与刘小华 （摄影 1990年年历）
俞京摄影
天津 天津人民美术出版社 1989年 1张
76cm（2开）定价：CNY1.00

J0123504

风华正茂 （摄影 1990年年历）
福州 福建美术出版社［1989年］1张
78cm（2开）定价：CNY0.65

J0123505

风华正茂 （摄影 1990年年历）黄福平摄影
重庆 重庆出版社 1989年 1张 54cm（4开）
定价：CNY0.45

J0123506

风韵方道 （摄影 1990年年历）
广州 岭南美术出版社 1989年 1张
54cm（4开）定价：CNY0.55

J0123507

歌唱演员 （摄影 1990年农历庚午年年历）
北京 中国电影出版社［1989年］1张

76cm（2开）定价：CNY0.50

J0123508
歌坛新秀李玲玉 （摄影 1990 年年历）
邵华安摄影
重庆 重庆出版社 1989 年 1 张 54cm（4开）
定价：CNY0.45

J0123509
歌星苏虹 （摄影 1990 年农历庚午年年历）
费文麓摄影
西安 陕西人民美术出版社 1989 年 1 张
54cm（4开）定价：CNY0.55

J0123510
共和国卫士 （摄影 1989 年年历）文华摄影
成都 四川省新闻图片社［1989 年］1 张
78cm（2开）定价：CNY0.45

J0123511
顾盼 （摄影 1990 年农历庚午年年历）
福州 鹭江出版社［1989 年］1 张 78cm（2开）
定价：CNY0.65

J0123512
乖巧 （摄影 1990 年年历）姜长根摄影
南昌 江西人民出版社［1989 年］1 张
54cm（4开）定价：CNY0.55

J0123513
含情 （摄影 1990 年年历）曾宪阳摄影
重庆 重庆出版社 1989 年 1 张 54cm（4开）
定价：CNY0.45

J0123514
好莱坞影星葛丽丝凯莉 （摄影 1990 年年历）
沈阳 辽宁美术出版社 1989 年 1 张
54cm（4开）定价：CNY0.55

J0123515
好莱坞影星伊丽莎白泰勒 （摄影 1990 年年历）
沈阳 辽宁美术出版社 1989 年 1 张
54cm（4开）定价：CNY0.55

J0123516
呵，海燕 （摄影 1990 年农历庚午年年历）
吉先敏，大平摄影
天津 天津人民美术出版社 1989 年 1 张
54cm（4开）定价：CNY0.50

J0123517
红帽少女 （摄影 1990 年年历）林三祺，王平
摄影
南京 江苏美术出版社 1989 年 1 张
54cm（4开）定价：CNY0.50

J0123518
红头巾少女 （摄影 1990 年年历）
南昌 江西人民出版社［1989 年］1 张
78cm（2开）定价：CNY0.75

J0123519
红衣少女 （摄影 1989 年年历）黄贝摄影
福州 福建美术出版社［1989 年］1 张
54cm（4开）定价：CNY0.40

J0123520
花好人妍 （摄影 1990 年年历）杨中俭摄影
广州 岭南美术出版社 1989 年 1 张
78cm（2开）定价：CNY0.73

J0123521
花与少女 （摄影 1990 年年历）李为摄影
沈阳 辽宁美术出版社 1989 年 1 张
54cm（4开）定价：CNY0.55

J0123522
华屋丽人 （摄影 1990 年农历庚午年年历）
杨育光摄影
福州 福建美术出版社［1989 年］1 张
78cm（2开）定价：CNY0.65

J0123523
华屋艳装 （摄影 1990 年年历）马元浩摄影
福州 福建美术出版社 1989 年 1 张
54cm（4开）定价：CNY0.45

J0123524
黄梅戏演员——马兰 （摄影 1990 年年历）

治黄摄影
杭州　浙江人民美术出版社　1989 年　1 张
54cm（4 开）定价：CNY0.50

J0123525
晖晖 （摄影　1990 年年历）高平摄影
天津　天津人民美术出版社　1989 年　1 张
54cm（4 开）定价：CNY0.50

J0123526
活力 （摄影　1990 年年历）
福州　福建少年儿童出版社［1989 年］1 张
54cm（4 开）定价：CNY0.45

J0123527
佳丽 （摄影　1990 年年历）钱豫强摄影
重庆　重庆出版社　1989 年　1 张　54cm（4 开）
定价：CNY0.45
　　　作者钱豫强（1944—　　），浙江嘉善人，历任
浙江美术出版社副编审，浙江赛丽美术馆执行
馆长。

J0123528
检查干警 （摄影　1990 年年历）朱剑摄影
西安　陕西人民美术出版社　1989 年　1 张
54cm（4 开）

J0123529
健美：世界健美明星 （汉英对照）刘世昭摄影
北京　外文出版社　1989 年　10 张　15cm（40 开）
定价：CNY2.00
　　　作者刘世昭（1948—　　），摄影家。四川省成
都市人。作品《神境幽声》《归来的羊群》，摄影
集有《徒步三峡》。

J0123530
矫健 （摄影　1990 年年历）陈振戈摄影
石家庄　河北美术出版社　1989 年　1 张
78cm（2 开）定价：CNY0.65

J0123531
节奏·魅力 （时装摄影精选）《摄影家》编辑
部编
上海　上海人民美术出版社　1989 年　10 张
15cm（40 开）定价：CNY1.80

（摄影家系列明信片　1）

J0123532
金色的童年 （摄影　1989 年年历）穆家宏摄影
成都　四川省新闻图片社［1989 年］1 张
54cm（4 开）定价：CNY0.35

J0123533
金色童年 （摄影　1990 年农历庚午年年历）
李立摄影
武汉　湖北美术出版社　1989 年　1 张
54cm（4 开）定价：CNY0.45

J0123534
锦瑟年华 （摄影　1990 年年历）钱豫强摄影
重庆　重庆出版社　1989 年　1 张　54cm（4 开）
定价：CNY0.45

J0123535
菁影 （摄影　1990 年农历庚午年年历）
西安　陕西人民美术出版社　1989 年　1 张
54cm（4 开）定价：CNY0.75

J0123536
开心 （摄影　1990 年农历庚午年年历）
福州　福建美术出版社　1989 年　1 张
54cm（4 开）定价：CNY0.45

J0123537
可爱的儿童 （摄影　1990 年年历）浪花摄影
上海　上海人民美术出版社　1989 年　1 张
54cm（4 开）定价：CNY0.50

J0123538
可爱的儿童 （摄影　1991 年年历）浪花摄
上海　上海人民美术出版社　1990 年　1 张
76cm（2 开）定价：CNY0.50

J0123539
空中小姐 （摄影　1989 年年历）
福州　福建美术出版社［1989 年］1 张
54cm（4 开）定价：CNY0.40

J0123540
快乐的童年 （摄影　1990 年农历庚午年年历）

张炎摄影
武汉　湖北美术出版社　1989 年　1 张
54cm（4 开）定价：CNY0.45

J0123541
快乐童年 （摄影 1990 年年历）亨尔摄影
沈阳　辽宁美术出版社　1989 年　1 张
54cm（4 开）定价：CNY0.55

J0123542
快乐童年 （摄影 1990 年农历庚午年年历）
厦门　鹭江出版社［1989 年］1 张　54cm（4 开）
定价：CNY0.45

J0123543
老师，您好 （摄影 1990 年年历）支养年摄影
天津　天津人民美术出版社　1989 年　1 张
76cm（2 开）定价：CNY1.00

J0123544
李美凤小姐 （摄影 1990 年年历）
上海　上海人民美术出版社［1989 年］1 张
54cm（4 开）定价：CNY1.30

J0123545
厉莉华 （摄影 1990 年年历）林伟新摄影
沈阳　辽宁画报社　1989 年　1 张　54cm（4 开）
定价：CNY0.55

J0123546
丽人 （摄影 1990 年年历）许琰摄影
长春　吉林人民出版社［1989 年］1 张
54cm（4 开）定价：CNY0.70

J0123547
丽人与花 （摄影 1990 年年历）黄金树摄影
上海　上海人民美术出版社　1989 年　1 张
54cm（4 开）定价：CNY0.50

J0123548
丽影 （摄影 1990 年年历）
南京　江苏美术出版社　1989 年　1 张
78cm（2 开）定价：CNY0.80

J0123549
利智小姐 （摄影 1990 年年历）
上海　上海人民美术出版社［1989 年］1 张
76cm（2 开）定价：CNY1.30

J0123550
刘赫男 （摄影 1990 年年历）何杰摄影
上海　上海人民美术出版社　1989 年　1 张
54cm（4 开）定价：CNY0.50

J0123551
刘嘉玲小姐 （摄影 1990 年年历）
上海　上海人民美术出版社［1989 年］1 张
76cm（2 开）定价：CNY1.30

J0123552
柳荻 （摄影 1990 年年历）
广州　岭南美术出版社　1989 年　1 张
78cm（2 开）定价：CNY0.73

J0123553
璐璐 （摄影 1990 年年历）钱惠良摄影
石家庄　河北美术出版社　1989 年　1 张
78cm（2 开）定价：CNY0.65

J0123554
马晓晴 （摄影 1990 年年历）云力摄影
福州　福建美术出版社［1989 年］1 张
78cm（2 开）定价：CNY0.65

J0123555
麦文燕 （摄影 1990 年年历）
广州　岭南美术出版社　1989 年　1 张
78cm（2 开）定价：CNY0.73

J0123556
美好童年 （摄影 1990 年年历）
沈阳　辽宁美术出版社　1989 年　1 张
54cm（4 开）定价：CNY0.55

J0123557
美满家庭 （摄影 1990 年年历）
上海　上海人民美术出版社　1989 年　4 张
76cm（2 开）定价：CNY4.00

J0123558

孟丽君 （摄影 1990 年年历）尹福康,谭尚忍摄影

上海 上海人民美术出版社 1989 年 1 张

78cm（2 开）定价: CNY0.75

J0123559

妙龄 （摄影 1990 年年历）

福州 福建少年儿童出版社［1989 年］1 张

54cm（4 开）定价: CNY0.45

J0123560

妙龄少女 （摄影 1990 年年历）陈春轩摄影

上海 上海人民美术出版社 1989 年 1 张

54cm（4 开）定价: CNY0.50

J0123561

摩登少女 （摄影 1990 年年历）黄正雄摄影

杭州 浙江摄影出版社 1989 年 1 张

54cm（4 开）定价: CNY0.50

J0123562

摩托小姐 （摄影 1990 年年历）刘海发摄影

上海 上海人民美术出版社 1989 年 1 张

54cm（4 开）定价: CNY0.50

J0123563

拿花少女 （摄影 1990 年年历）谢将摄影

沈阳 辽宁美术出版社 1989 年 1 张

54cm（4 开）定价: CNY0.55

J0123564

南国少女 （摄影 1990 年农历庚午年年历）
李波摄影

武汉 湖北美术出版社 1989 年 1 张

54cm（4 开）定价: CNY0.45

J0123565

南海姑娘 （摄影 1990 年农历庚午年年历）
于凡琦摄影

福州 福建技术出版社 1989 年 1 张

78cm（2 开）定价: CNY0.65

J0123566

南海姑娘 （摄影 1990 年年历 一）林伟新摄影

上海 上海书画出版社 1989 年 1 张

78cm（2 开）定价: CNY0.75

J0123567

南海姑娘 （摄影 1990 年年历 二）林伟新摄影

上海 上海书画出版社 1989 年 1 张

78cm（2 开）定价: CNY0.75

J0123568

南海姑娘 （摄影 1990 年年历 三）林伟新摄影

上海 上海书画出版社 1989 年 1 张

78cm（2 开）定价: CNY0.75

J0123569

南海姑娘 （摄影 1990 年年历 四）林伟新摄影

上海 上海书画出版社 1989 年 1 张

78cm（2 开）定价: CNY0.75

J0123570

你好,青春 （摄影 1989 年年历）

福州 福建美术出版社［1989 年］1 张

54cm（4 开）定价: CNY0.40

J0123571

凝思 （摄影 1990 年年历）屈正一摄影

天津 天津人民美术出版社 1989 年 1 张

54cm（4 开）定价: CNY0.50

J0123572

凝思 （摄影 1990 年年历）豫强摄影

杭州 浙江人民美术出版社 1989 年 1 张

54cm（4 开）定价: CNY0.55

J0123573

胖小子 （摄影 1990 年年历）山奇摄影

南昌 江西人民出版社［1989 年］1 张

78cm（2 开）定价: CNY0.75

J0123574

霹雳女郎 （摄影 1990 年农历庚午年年历）

西安 陕西人民美术出版社 1989 年 1 张

54cm（4 开）定价: CNY0.55

J0123575
娉婷秀丽 （户外人物摄影精选）《摄影家》编辑部编
上海 上海人民美术出版社 1989 年 10 张
15cm（40 开）定价：CNY1.80
（摄影家系列明信片 3）

J0123576
骑马少女 （摄影 1990 年年历）张华铭摄影
北京 北京美术摄影出版社 1989 年 1 张
78cm（2 开）定价：CNY0.70

J0123577
前程万里 （摄影 1990 年年历 一）
林伟新,邵华安摄影
上海 上海书画出版社 1989 年 1 张
78cm（2 开）定价：CNY0.75

J0123578
前程万里 （摄影 1990 年年历 二）
林伟新,邵华安摄影
上海 上海书画出版社 1989 年 1 张
78cm（2 开）定价：CNY0.75

J0123579
前程万里 （摄影 1990 年年历 三）
林伟新,邵华安摄影
上海 上海书画出版社 1989 年 1 张
78cm（2 开）定价：CNY0.75

J0123580
前程万里 （摄影 1990 年年历 四）
林伟新,邵华安摄影
上海 上海书画出版社 1989 年 1 张
78cm（2 开）定价：CNY0.75

J0123581
倩影 （摄影 1990 年农历庚午年年历）张炎摄影
武汉 湖北美术出版社 1989 年 1 张
54cm（4 开）定价：CNY0.45

J0123582
倩影 （摄影 1990 年年历）陈治黄摄影
上海 上海书画出版社 1989 年 1 张
54cm（4 开）定价：CNY0.50

J0123583
倩影 （摄影 1990 年年历）黄正雄摄影
杭州 浙江人民美术出版社 1989 年 1 张
76cm（2 开）定价：CNY1.00

J0123584
青春 （摄影 1990 年农历庚午年年历）
福州 福建美术出版社 1989 年 1 张
54cm（4 开）定价：CNY0.45

J0123585
青春 （摄影 1990 年农历庚午年年历）
钱惠良摄影
石家庄 河北美术出版社 1989 年 1 张
76cm（2 开）定价：CNY0.90

J0123586
青春 （摄影 1990 年年历）马建国摄影
长沙 湖南美术出版社 1989 年 1 张
76cm（2 开）定价：CNY0.90

J0123587
青春 （摄影 1990 年农历庚午年年历）
厦门 鹭江出版社［1989 年］1 张 54cm（4 开）
定价：CNY0.45

J0123588
青春 （摄影 1990 年农历庚午年年历）
伍京生摄影
北京 人民美术出版社 1989 年 1 张
76cm（2 开）定价：CNY1.00

J0123589
青春 （摄影 1990 年年历）屈正一摄影
上海 上海人民美术出版社 1989 年 1 张
54cm（4 开）定价：CNY0.50

J0123590
青春 （摄影 1990 年年历）张宝声摄影
上海 上海书画出版社 1989 年 1 张
54cm（4 开）定价：CNY0.50

J0123591
青春 （摄影 1990 年年历）天鹰摄影
杭州 浙江人民美术出版社 1989 年 1 张

76cm（2开）定价: CNY1.00

J0123592
青春 （摄影 1990年年历）
北京 中国文联出版公司 1989年 1张
107cm（全开）定价: CNY3.00

J0123593
青春美 （摄影 1990年年历 一）俞京,石建敏
摄影
上海 上海书画出版社 1989年 1张
76cm（2开）定价: CNY1.30

J0123594
青春美 （摄影 1990年年历 二）俞京,石建敏
摄影
上海 上海书画出版社 1989年 1张
76cm（2开）定价: CNY1.30

J0123595
青春美 （摄影 1990年年历 三）俞京,石建敏
摄影
上海 上海书画出版社 1989年 1张
76cm（2开）定价: CNY1.30

J0123596
青春美 （摄影 1990年年历 四）俞京,石建敏
摄影
上海 上海书画出版社 1989年 1张
76cm（2开）定价: CNY1.30

J0123597
青春美 （摄影 1990年年历 五）俞京,石建敏
摄影
上海 上海书画出版社 1989年 1张
76cm（2开）定价: CNY1.30

J0123598
青春美 （摄影 1990年年历 六）俞京,石建敏
摄影
上海 上海书画出版社 1989年 1张
76cm（2开）定价: CNY1.30

J0123599
青春美

（摄影 1990年年历 七）俞京,石建敏摄影
上海 上海书画出版社 1989年 1张
76cm（2开）定价: CNY1.30

J0123600
青春美 （摄影 1990年年历 八）俞京,石建敏
摄影
上海 上海书画出版社 1989年 1张
76cm（2开）定价: CNY1.30

J0123601
青春年华 （摄影 1990年年历）林三祺,王平
摄影
南京 江苏美术出版社 1989年 1张
78cm（2开）定价: CNY0.80

J0123602
青春年华 （摄影 1990年年历）程金科摄影
沈阳 辽宁美术出版社 1989年 1张
54cm（4开）定价: CNY0.55

J0123603
青春年华 （摄影 1990年年历）陈振戈摄影
广州 岭南美术出版社 1989年 1张
54cm（4开）定价: CNY0.55

J0123604
青春年华 （摄影 1990年农历庚午年年历）
邹起奎摄影
北京 人民美术出版社 1989年 1张
54cm（4开）定价: CNY0.50

作者邹起奎(1948—),画家。笔名加贝,
辽宁省盖州人,毕业于鲁迅美术学院附中。天津
杨柳青画社集绘画、摄影、编辑、出版于一身的
专家。中国美术家协会会员。代表作品有《毛
泽东主席》正面标准像等。

J0123605
青春年华 （摄影 1990年年历）建国摄影
济南 山东美术出版社 1989年 1张
54cm（4开）定价: CNY0.48

J0123606
青春年华
（摄影 1990年农历庚午年年历）周俊彦摄影

武汉 长江文艺出版社 1989 年 1 张
76cm（2 开）定价：CNY0.90

J0123607
青春年华 （摄影 1990 年年历）尚忍摄影
重庆 重庆出版社 1989 年 1 张 54cm（4 开）
定价：CNY0.45

J0123608
青春时光 （摄影 1990 年农历庚午年年历）
厦门 鹭江出版社 ［1989 年］1 张
54cm（4 开）定价：CNY0.45

J0123609
青春之韵 （摄影 1990 年年历）
长沙 湖南美术出版社 1989 年 1 张
76cm（2 开）定价：CNY0.70

J0123610
青年演员 （摄影 1990 年年历）英艺,建敏摄影
上海 上海书画出版社 1989 年 1 张
54cm（4 开）定价：CNY0.50

J0123611
青年演员蔡丽君 （摄影 1990 年年历）
石建敏摄影
天津 天津人民美术出版社 1989 年 1 张
54cm（4 开）定价：CNY0.50

J0123612
青年演员蔡灵芝 （摄影 1990 年年历）
伟新摄影
沈阳 辽宁画报社 1989 年 1 张 54cm（4 开）
定价：CNY0.55

J0123613
青年演员陈红 （摄影 1990 年年历）
张宝声摄影
上海 上海书画出版社 1989 年 1 张
54cm（4 开）定价：CNY0.75

J0123614
青年演员陈红 （摄影 1989 年年历）华伟摄影
成都 四川省新闻图片社 ［1989 年］1 张
54cm（4 开）定价：CNY0.45

J0123615
青年演员陈晓旭 （摄影 1989 年年历）
成都 四川省新闻图片社 ［1989 年］1 张
78cm（2 开）定价：CNY0.55

J0123616
青年演员丛珊 （摄影 1989 年年历）宜云摄影
成都 四川省新闻图片社 ［1989 年］1 张
54cm（4 开）定价：CNY0.32

J0123617
青年演员邓婕 （摄影 1989 年年历）
陈振戈摄影
成都 四川省新闻图片社 ［1989 年］1 张
54cm（4 开）定价：CNY0.35

J0123618
青年演员盖丽丽 （摄影 1990 年年历）
建新摄影
上海 上海书画出版社 1989 年 1 张
54cm（4 开）定价：CNY0.75

J0123619
青年演员盖丽丽 （摄影 1990 年农历庚午年
年历）谢新发,石建敏摄影
天津 天津人民美术出版社 1989 年 1 张
76cm（2 开）定价：CNY1.00

J0123620
青年演员高建华 （摄影 1989 年年历）
长弓摄影
成都 四川省新闻图片社 ［1989 年］1 张
54cm（4 开）定价：CNY0.35

J0123621
青年演员贺薇 （摄影 1990 年年历）
李大平摄影
天津 天津人民美术出版社 1989 年 1 张
54cm（4 开）定价：CNY0.50

J0123622
青年演员胡丽英 （摄影 1990 年年历）
李大平摄影
天津 天津人民美术出版社 1989 年 1 张
54cm（4 开）定价：CNY0.50

J0123623

青年演员黄霞 （摄影 1990 年年历）

李大平摄影

天津 天津人民美术出版社 1989 年 1 张

78cm（2 开）定价：CNY0.75

J0123624

青年演员姬培杰 （摄影 1990 年年历）

石建敏摄影

上海 上海书画出版社 1989 年 1 张

54cm（4 开）定价：CNY0.75

J0123625

青年演员李勇勇 （摄影 1990 年年历）

石建敏摄影

上海 上海书画出版社 1989 年 1 张

54cm（4 开）定价：CNY0.75

J0123626

青年演员林芳兵 （摄影 1990 年年历）

计正奇摄影

沈阳 辽宁美术出版社 1989 年 1 张

54cm（4 开）定价：CNY0.55

J0123627

青年演员林晓杰 （摄影 1990 年年历）

黄福平摄影

重庆 重庆出版社 1989 年 1 张 54cm（4 开）

定价：CNY0.45

J0123628

青年演员刘冬 （摄影 1990 年年历）

王明智摄影

重庆 重庆出版社 1989 年 1 张 54cm（4 开）

定价：CNY0.45

J0123629

青年演员卢玲 （摄影 1990 年年历）晓光摄影

上海 上海书画出版社 1989 年 1 张

54cm（4 开）定价：CNY0.75

J0123630

青年演员鲁英 （摄影 1990 年年历）

杨中修摄影

石家庄 河北美术出版社 1989 年 1 张

54cm（4 开）定价：CNY0.45

J0123631

青年演员宋佳 （摄影 1990 年年历）

重庆 重庆出版社 1989 年 1 张 78cm（2 开）

定价：CNY0.70

J0123632

青年演员谭小燕 （摄影 1989 年年历）

张甦研摄影

福州 福建美术出版社［1989 年］1 张

54cm（4 开）定价：CNY0.40

J0123633

青年演员谭小燕 （摄影 1990 年年历）

济南 山东美术出版社 1989 年 1 张

54cm（4 开）

J0123634

青年演员王姬 （摄影 1990 年年历）

重庆 重庆出版社 1989 年 1 张 54cm（4 开）

定价：CNY0.45

J0123635

青年演员夏沙沙 （摄影 1990 年年历）

尹福康摄影

上海 上海人民美术出版社 1989 年 1 张

54cm（4 开）定价：CNY0.50

J0123636

青年演员羊菾新 （摄影 1990 年年历）

段震中摄影

重庆 重庆出版社 1989 年 1 张 54cm（4 开）

J0123637

青年演员余娅 （摄影 1990 年年历）

杨中俭摄影

广州 岭南美术出版社 1989 年 1 张

54cm（4 开）定价：CNY0.55

　　作者杨中俭，擅长摄影。主要年历作品有《花好人妍》《上海外滩》《喜庆临门》等。

J0123638

青年演员余娅 （摄影 1990 年年历）

刘海发摄影

上海 上海书画出版社 1989 年 1 张
54cm（4 开）定价：CNY0.75

J0123639
青年演员余娅 （摄影 1990 年年历）
尹福康摄影
天津 天津人民美术出版社 1989 年 1 张
54cm（4 开）定价：CNY0.50

J0123640
青年演员张琪 （摄影 1990 年年历）伟新摄影
沈阳 辽宁画报社 1989 年 1 张 54cm（4 开）
定价：CNY0.55

J0123641
青年演员张志红 （摄影 1990 年年历）
豫强摄影
杭州 浙江人民美术出版社 1989 年 1 张
54cm（4 开）定价：CNY0.75

J0123642
青年演员赵瑛 （摄影 1990 年年历）
陈春轩摄影
重庆 重庆出版社 1989 年 1 张 78cm（2 开）
定价：CNY0.70

J0123643
青年演员周洁 （摄影 1990 年年历）
马元浩摄影
天津 天津人民美术出版社 1989 年 1 张
54cm（4 开）定价：CNY0.50

J0123644
青年演员左翎 （摄影 1989 年年历）长弓摄影
成都 四川省新闻图片社［1989 年］1 张
54cm（4 开）定价：CNY0.45

J0123645
情侣 （摄影 1990 年农历庚午年年历）
福州 福建美术出版社［1989 年］1 张
76cm（2 开）定价：CNY1.00

J0123646
秋千上的姑娘 （摄影 1990 年年历）
南京 江苏美术出版社 1989 年 1 张

76cm（2 开）定价：CNY1.05

J0123647
热带少女 （之一 摄影 1990 年年历）
上海 上海书画社 1989 年 1 张 76cm（2 开）
定价：CNY1.30

J0123648
热带少女 （之二 摄影 1990 年年历）
上海 上海书画社 1989 年 1 张 76cm（2 开）
定价：CNY1.30

J0123649
热带少女 （之三 摄影 1990 年年历）
上海 上海书画社 1989 年 1 张 76cm（2 开）
定价：CNY1.30

J0123650
热带少女 （之四 摄影 1990 年年历）
上海 上海书画社 1989 年 1 张 76cm（2 开）
定价：CNY1.30

J0123651
如花似玉 （摄影 1990 年年历）尚忍摄影
重庆 重庆出版社 1989 年 1 张 54cm（4 开）
定价：CNY0.45

J0123652
沙滩上的少女 （摄影 1990 年年历）
陈增戈摄影
福州 福建美术出版社［1989 年］1 张
78cm（2 开）定价：CNY0.65

J0123653
上海姑娘 （摄影 1990 年年历）肖松摄影
上海 上海人民美术出版社 1989 年 1 张
54cm（4 开）定价：CNY0.50

J0123654
少妇 （摄影 1990 年农历庚午年年历）
石家庄 河北美术出版社 1989 年 1 张
78cm（2 开）定价：CNY0.65

J0123655
少女 （摄影 1990 年年历）柯特摄影

沈阳　辽宁美术出版社　1989 年　1 张
54cm（4 开）定价：CNY0.55

J0123656
少女　（摄影 1990 年年历）谭尚忍摄影
天津　天津人民美术出版社　1989 年　1 张
54cm（4 开）定价：CNY0.50
　　作者谭尚忍(1940—　)，上海人。上海美术
家协会和上海摄影家协会会员，上海人民美术出
版社副编审。作品有《儿童武书》等。

J0123657
少女　（摄影 1990 年农历庚午年年历）
汉林摄影
武汉　长江文艺出版社　1989 年　1 张
78cm（2 开）定价：CNY0.60

J0123658
少女与白猫　（摄影 1990 年年历）
沈阳　辽宁美术出版社　1989 年　1 张
54cm（4 开）定价：CNY0.55

J0123659
少女与海　（摄影 1990 年年历）姜衍波摄影
济南　山东美术出版社　1989 年　1 张
54cm（4 开）定价：CNY0.48

J0123660
少女与花　（摄影 1990 年农历庚午年年历 一）
张九荣摄影
北京　人民美术出版社　1989 年　1 张
76cm（2 开）定价：CNY1.00
　　作者张九荣，画家、摄影家。摄影作品有年
画《花卉仕女图》《春》等。

J0123661
少女与花　（摄影 1990 年农历庚午年年历 二）
张九荣摄影
北京　人民美术出版社　1989 年　1 张
76cm（2 开）定价：CNY1.00

J0123662
少女与花　（摄影 1990 年农历庚午年年历 三）
张九荣摄影
北京　人民美术出版社　1989 年　1 张

76cm（2 开）定价：CNY1.00

J0123663
少女与花　（摄影 1990 年农历庚午年年历 四）
张九荣摄影
北京　人民美术出版社　1989 年　1 张
76cm（2 开）定价：CNY1.00

J0123664
少女与花　（摄影 1990 年年历）建国摄影
济南　山东美术出版社　1989 年　1 张
54cm（4 开）

J0123665
神探亨特　（摄影 1990 年年历）
南京　江苏美术出版社　1989 年　1 张
78cm（2 开）定价：CNY0.80

J0123666
时髦的泳装　《摄影家》编辑部编
上海　上海人民美术出版社　1989 年　10 张
15cm（40 开）定价：CNY1.80
（摄影家系列明信片 6）

J0123667
时装集锦
长沙　湖南美术出版社　1989 年　1 张
15cm（40 开）定价：CNY1.80

J0123668
试比花娇　（摄影 1990 年年历）谢建良摄影
广州　岭南美术出版社　1989 年　1 张
54cm（4 开）定价：CNY0.55

J0123669
淑女　（摄影 1990 年农历庚午年年历）邹强摄影
武汉　长江文艺出版社　1989 年　1 张
54cm（4 开）定价：CNY0.45

J0123670
双胞胎两兄弟　（摄影 1990 年年历）陈铭摄影
上海　上海人民美术出版社　1989 年　1 张
54cm（4 开）定价：CNY0.50

J0123671
水滑脂凝 （摄影 1990 年年历）李健石摄影
广州 岭南美术出版社 1989 年 1 张
54cm（4 开）定价：CNY0.55

J0123672
宋佳 （摄影 1990 年年历）
广州 岭南美术出版社 1989 年 1 张
78cm（2 开）定价：CNY0.73

J0123673
谭小燕 （摄影 1990 年年历）
广州 岭南美术出版社 1989 年 1 张
78cm（2 开）定价：CNY0.73

J0123674
恬静
杭州 浙江摄影出版社［1989 年］10 张
15cm（40 开）定价：CNY2.70

J0123675
亭亭玉立 （摄影 1990 年年历）钟向东摄影
重庆 重庆出版社 1989 年 1 张 78cm（2 开）
定价：CNY0.70

J0123676
婷婷 （摄影 1990 年年历）天鹰摄影
杭州 浙江人民美术出版社 1989 年 1 张
54cm（4 开）定价：CNY0.55

J0123677
童年 （摄影 1990 年农历庚午年年历）江聪摄影
北京 人民美术出版社 1989 年 1 张
54cm（4 开）定价：CNY0.50

J0123678
童年 （摄影 1990 年农历庚午年年历）
唐海平摄影
西安 陕西人民美术出版社 1989 年 1 张
78cm（2 开）定价：CNY0.75

J0123679
童趣系列单片 （摄影 1990 年年历）
杨克林摄影
上海 上海人民美术出版社 1989 年 4 张

78cm（2 开）定价：CNY3.00

J0123680
王祖贤小姐 （摄影 1990 年年历）
上海 上海人民美术出版社［1989 年］1 张
76cm（2 开）定价：CNY1.30

J0123681
温情 （摄影 1990 年年历）
南京 江苏美术出版社 1989 年 1 张
78cm（2 开）定价：CNY0.80

J0123682
温情 （摄影 1990 年农历庚午年年历）
武汉 长江文艺出版社 1989 年 1 张
76cm（2 开）定价：CNY0.90

J0123683
我给妈妈打电话 （摄影 1990 年年历）
江行摄影
南京 江苏美术出版社 1989 年 1 张
54cm（4 开）定价：CNY0.50

J0123684
我给妈妈打电话 （摄影 1990 年农历庚午年
年历）何兆欣摄影
武汉 长江文艺出版社 1989 年 1 张
54cm（4 开）定价：CNY0.45

J0123685
无怨的青春
杭州 浙江摄影出版社［1989 年］10 张
15cm（40 开）定价：CNY2.70

J0123686
武林英豪 （摄影 1990 年年历）张吉忠摄影
重庆 重庆出版社 1989 年 1 张 54cm（4 开）
定价：CNY0.45

J0123687
舞蹈家杨丽萍 （摄影 1989 年年历）
沈今声摄影
福州 福建美术出版社［1989 年］1 张
54cm（4 开）定价：CNY0.40

J0123688
舞坛新秀陆颖 （摄影 1990 年年历）
谢新发摄影
上海 上海人民美术出版社 1989 年 1 张
54cm（4 开）定价：CNY0.50

J0123689
喜悦 （摄影 1990 年农历庚午年年历）
厦门 鹭江出版社［1989 年］1 张 54cm（4 开）
定价：CNY0.45

J0123690
夏菁 （摄影 1989 年农历己巳年年历）
北京 中国电影出版社［1989 年］1 张
78cm（2 开）定价：CNY0.30

J0123691
夏日丽人 （摄影 1990 年年历）
南京 江苏美术出版社 1989 年 1 张
76cm（2 开）定价：CNY1.35

J0123692
鲜花、少女、汽车
（摄影 1990 年农历庚午年年历）
福州 福建美术出版社 1989 年 1 张
54cm（4 开）定价：CNY0.45

J0123693
想望 （摄影 1990 年农历庚午年年历）
厦门 鹭江出版社［1989 年］1 张 54cm（4 开）
定价：CNY0.45

J0123694
潇洒 （摄影 1990 年年历）
南京 江苏美术出版社 1989 年 1 张
78cm（2 开）定价：CNY0.80

J0123695
小宝宝 （摄影 1990 年年历）豫强摄影
杭州 浙江人民美术出版社 1989 年 1 张
54cm（4 开）定价：CNY0.55

J0123696
小宝贝 （摄影 1990 年年历）
重庆 重庆出版社 1989 年 1 张 54cm（4 开）

定价：CNY0.45

J0123697
小伙伴 （摄影 1990 年年历）陈春轩摄影
上海 上海书画出版社 1989 年 1 张
54cm（4 开）定价：CNY0.40

J0123698
小伙伴 （摄影 1990 年年历）阿根摄影
杭州 浙江人民美术出版社 1989 年 1 张
54cm（4 开）定价：CNY0.50

J0123699
小胖儿 （摄影 1990 年农历庚午年年历 ）
辰成摄影
天津 天津人民美术出版社 1989 年 1 张
54cm（4 开）定价：CNY0.50

J0123700
小胖胖 （摄影 1990 年年历）叶舟摄影
南京 江苏美术出版社 1989 年 1 张
54cm（4 开）定价：CNY0.50

J0123701
小朋友 （摄影 1989 年年历）向东摄影
成都 四川省新闻图片社［1989 年］1 张
54cm（4 开）定价：CNY0.35

J0123702
小球迷 （摄影 1990 年年历）张源生摄影
南昌 江西人民出版社［1989 年］1 张
54cm（4 开）定价：CNY0.55

J0123703
小球手 （摄影 1990 年年历）郭治国摄影
沈阳 辽宁美术出版社 1989 年 1 张
54cm（4 开）定价：CNY0.55

J0123704
小提琴手 （摄影 1990 年年历）江聪摄影
济南 山东美术出版社 1989 年 1 张
54cm（4 开）

J0123705
小天鹅 （摄影 1990 年年历）尚忍摄影

重庆 重庆出版社 1989 年 1 张 54cm（4 开）
定价：CNY0.45

J0123706
小天使 （摄影 1990 年年历）许志刚摄影
上海 上海人民美术出版社 1989 年 1 张
54cm（4 开）定价：CNY0.50

J0123707
小天使 （摄影 1989 年年历）晔石摄影
上海 上海书画出版社 1989 年 1 张
54cm（4 开）定价：CNY0.40

J0123708
小天真 （摄影 1990 年农历庚午年年历）
周德帆摄影
西安 陕西人民美术出版社 1989 年 1 张
78cm（2 开）定价：CNY0.75

J0123709
小天真 （摄影 1990 年年历）丁国兴摄影
上海 上海书画出版社 1989 年 1 张
54cm（4 开）定价：CNY0.50

J0123710
小小幻想家 （摄影 1990 年年历）叶天荣摄影
上海 上海人民美术出版社 1989 年 1 张
54cm（4 开）定价：CNY0.50
　　作者叶天荣,擅长摄影。主要作品有《杭州
云溪》《巾帼英雄》《鼓浪屿之春》等。

J0123711
小小艺术家 （摄影 1990 年年历）邵黎阳摄影
上海 上海书画出版社 1989 年 1 张
54cm（4 开）定价：CNY0.50

J0123712
小英雄 （摄影 1990 年年历）支养年,庆文摄影
天津 天津人民美术出版社 1989 年 1 张
54cm（4 开）定价：CNY0.50

J0123713
心潮 （摄影 1990 年农历庚午年年历）
福州 鹭江出版社［1989 年］1 张 78cm（2 开）
定价：CNY0.65

J0123714
新潮礼服 （摄影 1990 年农历庚午年年历）
石家庄 河北美术出版社 1989 年 1 张
78cm（2 开）定价：CNY0.65

J0123715
新娘 （摄影 1990 年年历）黄正雄摄影
杭州 浙江摄影出版社 1989 年 1 张
108cm（全开）定价：CNY2.20

J0123716
新娘 （摄影 1990 年年历）黄正雄摄影
杭州 浙江摄影出版社 1989 年 1 张
54cm（4 开）定价：CNY0.50

J0123717
新娘 （摄影 1990 年年历）金定根摄影
重庆 重庆出版社 1989 年 1 张 54cm（4 开）
定价：CNY0.45

J0123718
新秀 （摄影 1990 年年历）马建国摄影
长沙 湖南美术出版社 1989 年 1 张
54cm（4 开）定价：CNY0.40

J0123719
新秀 （摄影 1990 年年历 一）
上海 上海人民美术出版社［1989 年］1 张
76cm（2 开）定价：CNY1.30

J0123720
新秀 （摄影 1990 年年历 三）
上海 上海人民美术出版社［1989 年］1 张
76cm（2 开）定价：CNY1.30

J0123721
新秀 （摄影 1990 年年历 四）
上海 上海人民美术出版社［1989 年］1 张
76cm（2 开）定价：CNY1.30

J0123722
新秀 （摄影 1990 年年历 五）
上海 上海人民美术出版社［1989 年］1 张
76cm（2 开）定价：CNY1.30

J0123723
新秀 （摄影 1990 年年历 六）
上海 上海人民美术出版社［1989 年］1 张
76cm（2 开）定价：CNY1.30

J0123724
新秀 （摄影 1990 年年历）春城摄影
上海 上海人民美术出版社 1989 年 1 张
78cm（2 开）定价：CNY0.75

J0123725
新秀刘铁蕾 （摄影 1990 年年历）杭志忠摄影
上海 上海人民美术出版社 1989 年 1 张
54cm（4 开）定价：CNY0.50

J0123726
新装 （摄影 1990 年年历）
杭州 浙江摄影出版社 1989 年 1 张
76cm（2 开）定价：CNY1.00

J0123727
幸福童年 （摄影 1990 年年历）江聪摄影
济南 山东美术出版社 1989 年 1 张
54cm（4 开）

J0123728
秀发姑娘 （摄影 1990 年农历庚午年年历）
尹光摄影
武汉 湖北美术出版社 1989 年 1 张
54cm（4 开）定价：CNY0.45

J0123729
薛丁山与樊梨花 （摄影 1990 年年历）
尹福康,谭尚忍摄影
上海 上海人民美术出版社 1989 年 1 张
78cm（2 开）定价：CNY0.75

J0123730
亚洲小姐——利智 （摄影 1990 年年历）
金定根摄影
沈阳 辽宁画报社 1989 年 1 张 54cm（4 开）
定价：CNY0.55

J0123731
亚洲小姐——利智 （摄影 1990 年年历）

金定根摄影
重庆 重庆出版社 1989 年 1 张 54cm（4 开）
定价：CNY0.45

J0123732
演员 （摄影 1990 年年历 一）
上海 上海人民美术出版社［1989 年］1 张
78cm（2 开）定价：CNY1.00

J0123733
演员 （摄影 1990 年年历 二）
上海 上海人民美术出版社［1989 年］1 张
78cm（2 开）定价：CNY1.00

J0123734
演员 （摄影 1990 年年历 三）
上海 上海人民美术出版社［1989 年］1 张
78cm（2 开）定价：CNY1.00

J0123735
演员陈红 （摄影 1990 年年历）春城摄影
上海 上海人民出版社 1989 年 1 张
54cm（4 开）定价：CNY0.50

J0123736
演员董云翎 （摄影 1990 年年历）晓元摄影
上海 上海人民美术出版社 1989 年 1 张
78cm（2 开）定价：CNY0.75

J0123737
演员方舒 （摄影 1990 年年历）沈玉堂摄影
上海 上海人民美术出版社 1989 年 1 张
54cm（4 开）定价：CNY0.50

J0123738
演员宦柳媚 （摄影 1990 年年历）胡杰摄影
上海 上海人民美术出版社［1989 年］1 张
78cm（2 开）定价：CNY1.00

J0123739
演员李勇勇 （摄影 1990 年年历）周俊彦摄影
广州 岭南美术出版社 1989 年 1 张
54cm（4 开）定价：CNY0.55

J0123740

演员刘旭凌　（摄影 1990 年年历）周俊彦摄影
广州 岭南美术出版社 1989 年 1 张
54cm（4 开）定价：CNY0.55

J0123741

演员谭小燕　（摄影 1990 年年历）逢小威摄影
上海 上海人民美术出版社 1989 年 1 张
54cm（4 开）定价：CNY0.50

J0123742

演员田岷　（摄影 1990 年年历）光荣摄影
上海 上海人民美术出版社 1989 年 1 张
54cm（4 开）定价：CNY0.50

J0123743

演员乌兰托娅
（摄影 1990 年农历庚午年年历）柳山摄影
武汉 湖北美术出版社 1989 年 1 张
54cm（4 开）定价：CNY0.45

J0123744

演员殷士萍　（摄影 1990 年年历）春成摄影
上海 上海人民美术出版社 1989 年 1 张
78cm（2 开）定价：CNY0.75

J0123745

演员朱琳　（摄影 1990 年农历庚午年年历）
佚文摄影
武汉 湖北美术出版社 1989 年 1 张
78cm（2 开）定价：CNY0.60

J0123746

阳光、草地、少女　（摄影 1990 年年历）
马元浩摄影
福州 福建美术出版社 1989 年 1 张
54cm（4 开）定价：CNY0.45

J0123747

叶倩文小姐　（摄影 1990 年年历）
上海 上海人民美术出版社 ［1989 年］1 张
76cm（2 开）定价：CNY1.30

J0123748

伊豆舞女　（摄影 1990 年年历）

西安 陕西人民美术出版社 1989 年 1 张
76cm（2 开）定价：CNY1.05

J0123749

艺苑新秀　（摄影 1990 年年历）艾毅摄影
重庆 重庆出版社 1989 年 1 张 54cm（4 开）
定价：CNY0.45

J0123750

英姿　（摄影 1990 年年历）娄晓曦摄影
长沙 湖南美术出版社 1989 年 1 张
78cm（2 开）定价：CNY0.50

J0123751

英姿　（摄影 1990 年农历庚午年年历）田飞摄影
武汉 长江文艺出版社 1989 年 1 张
78cm（2 开）定价：CNY0.60

J0123752

影视新秀　（摄影 1990 年年历）
韦文锦，尹福康摄影
石家庄 河北美术出版社 1989 年 1 张
78cm（2 开）定价：CNY0.65

J0123753

影视新秀　（摄影 1990 年年历）凌青，黎杭摄影
石家庄 河北美术出版社 1989 年 1 张
78cm（2 开）定价：CNY0.65

J0123754

影视新秀　（摄影 1990 年农历庚午年年历）
李玉君，荣新摄影
石家庄 河北美术出版社 1989 年 1 张
78cm（2 开）定价：CNY0.65

J0123755

影视新秀陈巧茹　（摄影 1990 年年历）
陈振戈摄影
重庆 重庆出版社 1989 年 1 张 78cm（2 开）
定价：CNY0.70

J0123756

影视新秀陈怡　（摄影 1990 年年历）刘海发摄影
上海 上海人民美术出版社 1989 年 1 张
54cm（4 开）定价：CNY0.50

J0123757
影视新秀田岷 （摄影 1990 年年历）
金定根摄影
重庆 重庆出版社 1989 年 1 张 54cm（4 开）
定价：CNY0.45

J0123758
影视新秀王路遥 （摄影 1990 年年历）
周俊彦摄影
石家庄 河北美术出版社 1989 年 1 张
54cm（4 开）定价：CNY0.45

J0123759
影视新秀于莉 （摄影 1990 年年历）
陈振戈摄影
兰州 甘肃人民出版社 1989 年 1 张
78cm（2 开）定价：CNY0.65

J0123760
影视新秀张艳丽 （摄影 1990 年年历）
周俊彦摄影
石家庄 河北美术出版社 1989 年 1 张
54cm（4 开）定价：CNY0.45

J0123761
影视新秀张燕飞
（摄影 1990 年农历庚午年年历）陈治黄摄影
武汉 湖北美术出版社 1989 年 1 张
54cm（4 开）定价：CNY0.45

J0123762
影视新秀郑爽 （摄影 1990 年年历）
石建敏摄影
兰州 甘肃人民出版社 1989 年 1 张
78cm（2 开）定价：CNY0.65

J0123763
影视演员刘旭凌 （摄影 1990 年年历）
周俊彦摄影
石家庄 河北美术出版社 1989 年 1 张
54cm（4 开）定价：CNY0.45
　　作者周俊彦，作有年画《插花艺术 5》《影视
新星谭小燕》《年画／宣传画：万事如意——青
年演员谭小燕》等。

J0123764
影视演员朱琪敏 （摄影 1990 年年历）
晓光摄影
上海 上海人民美术出版社 1989 年 1 张
54cm（4 开）定价：CNY0.50

J0123765
影坛新星巩俐 （摄影 1990 年农历庚午年年历）
福州 福建美术出版社 1989 年 1 张
78cm（2 开）定价：CNY0.65

J0123766
影坛新秀巩俐 （摄影 1990 年年历）林岩摄影
杭州 浙江人民美术出版社 1989 年 1 张
54cm（4 开）定价：CNY0.55

J0123767
影坛新秀——李勇勇 （摄影 1990 年年历）
豫强摄影
杭州 浙江人民美术出版社 1989 年 1 张
78cm（2 开）定价：CNY0.75

J0123768
影坛新秀陶慧敏 （摄影 1990 年年历）
都仁摄影
沈阳 辽宁美术出版社 1989 年 1 张
54cm（4 开）定价：CNY0.55

J0123769
影坛新秀——陶慧敏
（摄影 1990 年年历）豫强摄影
杭州 浙江人民美术出版社 1989 年 1 张
78cm（2 开）定价：CNY0.75

J0123770
影星白灵 （摄影 1990 年年历）牛奔东摄影
杭州 浙江摄影出版社 1989 年 1 张
54cm（4 开）定价：CNY0.50

J0123771
影星陈玮 （摄影 1990 年年历）
沈阳 辽宁美术出版社 1989 年 1 张
54cm（4 开）定价：CNY0.55

J0123772
影星韩月娇 （摄影 1990 年年历）
福州 福建美术出版社［1989 年］1 张
78cm（2 开）定价：CNY0.65

J0123773
影星柳荻 （摄影 1990 年年历）周雁鸣摄影
杭州 浙江摄影出版社 1989 年 1 张
54cm（4 开）定价：CNY0.50

J0123774
影星谭小燕 （摄影 1990 年农历庚午年年历）
福州 福建美术出版社 1989 年 1 张
78cm（2 开）定价：CNY0.65

J0123775
影星田岷 （摄影 1990 年年历）影宣摄影
沈阳 辽宁美术出版社 1989 年 1 张
54cm（4 开）定价：CNY0.55

J0123776
影星王路遥 （摄影 1990 年年历）周俊彦摄影
杭州 浙江摄影出版社 1989 年 1 张
54cm（4 开）定价：CNY0.50

J0123777
影星叶继红 （摄影 1990 年年历）重力摄影
杭州 浙江摄影出版社 1989 年 1 张
54cm（4 开）定价：CNY0.50

J0123778
泳坛新秀 （摄影 1990 年年历）杭志忠摄影
上海 上海人民美术出版社 1989 年 1 张
78cm（2 开）定价：CNY0.75

J0123779
月宫仙子 （摄影 1990 年年历）辛中摄影
南京 江苏美术出版社 1989 年 1 张
54cm（4 开）定价：CNY0.53

J0123780
张曼玉小姐 （摄影 1990 年年历）
上海 上海人民美术出版社［1989 年］1 张
76cm（2 开）定价：CNY1.30

J0123781
张晓敏 （摄影 1990 年年历）
广州 岭南美术出版社 1989 年 1 张
78cm（2 开）定价：CNY0.73

J0123782
长笛少女 （摄影 1990 年年历）娄晓曦摄影
长沙 湖南美术出版社 1989 年 1 张
54cm（4 开）定价：CNY0.40
　　作者娄晓曦，摄影家。主要作品有《重庆长江大桥》《雪》《思念》等。

J0123783
周洁 （摄影 1990 年年历）
广州 岭南美术出版社 1989 年 1 张
78cm（2 开）定价：CNY0.73

J0123784
朱琪敏 （摄影 1990 年年历）尹福康摄影
石家庄 河北美术出版社 1989 年 1 张
76cm（2 开）定价：CNY0.65

J0123785
朱晓琳 （摄影 1990 年年历）程全归摄影
沈阳 连画报社 1989 年 1 张 54cm（4 开）
定价：CNY0.55

J0123786
1991：奥林匹克小姐 （摄影挂历）
兰州 甘肃人民美术出版社 1990 年
76cm（2 开）定价：CNY17.50

J0123787
1991：宝宝乐 （摄影挂历）
上海 上海人民美术出版社 1990 年
78cm（3 开）定价：CNY9.50

J0123788
1991：东方女郎 （摄影挂历）沈福庆等摄
西安 陕西人民美术出版社 1990 年
76cm（2 开）定价：CNY16.80

J0123789
1991：芳姿 （人物摄影挂历）
广州 岭南美术出版社 1990 年 76cm（2 开）

定价: CNY16.50

J0123790
1991: 风华 （人像摄影挂历）娄晓曦等摄
长沙　湖南美术出版社　1990年　76cm（2开）
定价: CNY15.00

J0123791
1991: 风流 （摄影挂历）刘海发摄
沈阳　辽宁美术出版社　1990年　76cm（2开）
定价: CNY16.50

J0123792
1991: 风韵 （摄影挂历）王文波摄
天津　天津人民美术出版社　1990年
76cm（2开）定价: CNY16.80

J0123793
1991: 港台明星榜 （摄影挂历）
北京　中国电影出版社　1990年　76cm（2开）
定价: CNY17.50

J0123794
1991: 歌星 （摄影挂历）
太原　山西人民出版社　1990年　76cm（2开）
定价: CNY18.50

J0123795
1991: 恭贺新禧 （人物摄影挂历）
广州　岭南美术出版社　1990年　76cm（2开）
定价: CNY16.00

J0123796
1991: 共和国的缔造者 （摄影挂历）
杜修贤摄
济南　山东美术出版社　1990年　76cm（2开）
定价: CNY17.80
　　作者杜修贤（1926—　），记者、摄影师。生
于陕西米脂。历任新华通讯社记者，北京分社摄
影组组长、中央新闻组组长、中国图片社副总经
理。摄影代表作有《历史性的握手》，主编有《人
民的总理》《中南海》《邓颖超影集》等。

J0123797
1991: 国香人秀 （摄影挂历）益民，豫强摄

天津　天津杨柳青画社　1990年　76cm（2开）
定价: CNY16.80

J0126113
1991: 海天倩影 （摄影挂历）黄正雄等摄
杭州　浙江人民美术出版社　1990年
78cm（2开）定价: CNY10.60

J0123798
1991: 合美幸福 （摄影挂历）韩志雅摄
天津　天津杨柳青画社　1990年　78cm（3开）
定价: CNY12.00

J0123799
1991: 花容山色 （摄影挂历）高原摄
石家庄　河北美术出版社　1990年　76cm（2开）
定价: CNY17.00

J0123800
1991: 花容月貌 （人像摄影双月历）
南京　江苏美术出版社　1990年　76cm（2开）
定价: CNY16.00

J0123801
1991: 华容 （人物摄影挂历）陶军，夏欣摄
北京　奥林匹克出版社　1990年　76cm（2开）
定价: CNY22.00

J0123802
1991: 华屋丽人 （摄影挂历）
福州　福建美术出版社　1990年　76cm（2开）
定价: CNY16.50

J0123803
1991: 环球丽影 （艺术人物摄影 挂历）
南京　江苏人民出版社　1990年　76cm（2开）
定价: CNY17.00

J0123804
1991: 婚纱美女 （摄影挂历）
长春　吉林美术出版社　1990年　76cm（2开）
定价: CNY22.00

J0123805
1991: 集邮·时装 （摄影挂历）

北京　中国妇女出版社　1990 年　76cm（2 开）
定价：CNY17.00

J0123806
1991：佳境倩影　（摄影挂历）许志刚等摄
上海　上海人民美术出版社　1990 年
76cm（2 开）定价：CNY16.40

J0123807
1991：佳丽图　（人物摄影挂历）
钱豫强，汤益民摄
杭州　浙江人民美术出版社　1990 年
78cm（3 开）定价：CNY10.60

J0123808
1991：佳侣美景　（摄影挂历）《摄影家》杂志
编辑部编辑
上海　上海人民美术出版社　1990 年
76cm（2 开）定价：CNY16.80

J0123809
1991：家俱美女　（摄影挂历）
长春　吉林美术出版社　1990 年　76cm（2 开）
定价：CNY22.00

J0123810
1991：家庭乐　（摄影挂历）林伟新摄
上海　上海书画出版社　1990 年　76cm（2 开）
定价：CNY19.00

J0123811
1991：金色童年　（摄影挂历）
广州　岭南美术出版社　1990 年　76cm（2 开）
定价：CNY15.50

J0123812
1991：金色童年　（摄影挂历）冯一平等摄
西安　陕西人民美术出版社　1990 年
78cm（3 开）定价：CNY11.80

J0123813
1991：金童玉女　（摄影挂历）林伟新摄
上海　上海书画出版社　1990 年　78cm（3 开）
定价：CNY11.00

J0123814
1991：菁影　（摄影挂历）
上海　上海人民美术出版社　1990 年
76cm（2 开）定价：CNY13.30

J0123815
1991：骏马与少女　（摄影挂历）李少白等摄
上海　上海人民美术出版社　1990 年
78cm（3 开）定价：CNY10.70
　　作者李少白（1942—　），著名摄影家。生于重庆。先后任《大众摄影》《中国摄影》等杂志编委，《中国国家地理》《文明》等杂志签约摄影师。出版有《李少白摄影作品选》《神秘的紫禁城》《伟大的长城》《走进故宫》等。

J0123816
1991：开心少女　（摄影挂历）
兰州　甘肃人民美术出版社　1990 年
76cm（2 开）定价：CNY17.50

J0123817
1991：可爱儿童　（摄影挂历）
广州　广东科技出版社　1990 年　76cm（2 开）
定价：CNY16.00

J0123818
1991：李玲玉　（摄影挂历）
太原　山西人民出版社　1990 年　76cm（2 开）
定价：CNY18.50

J0123819
1991：丽人　（人像摄影挂历）杉人摄
南京　江苏美术出版社　1990 年　78cm（3 开）
定价：CNY10.90

J0123820
1991：丽人新居　（摄影挂历）凯光等摄
杭州　浙江人民美术出版社　1990 年
76cm（2 开）定价：CNY16.00

J0123821
1991：丽影　（摄影挂历）邵黎阳等摄
石家庄　河北美术出版社　1990 年　76cm（2 开）
定价：CNY17.00

J0123822
1991：丽姿 （摄影挂历）谢新发等摄
天津 天津人民美术出版社 1990 年
76cm（2 开）定价：CNY16.80

J0123823
1991：丽姿倩影 （摄影挂历）吉林画报社编辑
长春 吉林美术出版社 1990 年 76cm（2 开）
定价：CNY16.00

J0123824
1991：恋歌 （摄影挂历）邵华安等摄
上海 上海人民美术出版社 1990 年
76cm（2 开）定价：CNY16.80

J0123825
1991：恋曲 （摄影挂历）
杭州 浙江人民美术出版社 1990 年
76cm（2 开）定价：CNY16.50

J0123826
1991：靓 （人像摄影挂历）马元浩摄
南昌 江西人民出版社 1990 年 76cm（2 开）
定价：CNY10.80

J0123827
1991：靓女 （摄影挂历）
长春 吉林美术出版社 1990 年 76cm（2 开）
定价：CNY16.00

J0123828
1991：领袖和人民心连心 （摄影挂历）
南昌 江西美术出版社 1990 年 76cm（2 开）
定价：CNY17.80

J0123829
1991：美化生活 （摄影挂历）谢石摄
天津 天津人民美术出版社 1990 年
76cm（2 开）定价：CNY9.00

J0123830
1991：梦幻年华 （人物摄影挂历）
武汉 湖北人民出版社 1990 年 76cm（2 开）
定价：CNY16.00

J0123831
1991：迷你 （人物摄影挂历）许多摄
呼和浩特 内蒙古人民出版社 1990 年
76cm（2 开）定价：CNY17.50

J0123832
1991：蜜月 （摄影挂历）谭荣等摄
天津 天津人民美术出版社 1990 年
76cm（2 开）定价：CNY16.80

J0123833
1991：明星 （摄影挂历）
长沙 湖南美术出版社 1990 年 76cm（2 开）
定价：CNY17.50

J0123834
1991：明星·美居 （摄影挂历）
太原 山西人民出版社 1990 年 76cm（2 开）
定价：CNY19.00

J0123835
1991：摩登 （摄影挂历）
呼和浩特 内蒙古人民出版社 1990 年
76cm（2 开）定价：CNY16.50

J0123836
1991：摩托佳丽 （摄影挂历）
长春 吉林美术出版社 1990 年 76cm（2 开）
定价：CNY16.50

J0123837
1991：牧羊女 （摄影挂历）吴健骅,柳英虎摄
长沙 湖南美术出版社 1990 年 76cm（2 开）
定价：CNY17.50

J0123838
1991：年华 （摄影挂历）
沈阳 辽宁美术出版社 1990 年 76cm（2 开）
定价：CNY17.00

J0123839
1991：女性世界 （摄影挂历）任亚华等摄
上海 上海书画出版社 1990 年 76cm（2 开）
定价：CNY13.00

J0123840
1991：倩女猫咪 （摄影挂历）周屹等摄影
北京 人民美术出版社 1990 年 76cm（2 开）
定价：CNY18.00

J0123841
1991：倩影 （人像摄影挂历）陶然等摄
南昌 江西人民出版社 1990 年 76cm（2 开）
定价：CNY16.80

J0123842
1991：倩影 （摄影挂历）金定根等摄
上海 上海书画出版社 1990 年 76cm（2 开）
定价：CNY16.50

J0123843
1991：青春 （摄影挂历）辽宁画报社编
沈阳 辽宁美术出版社 1990 年 76cm（2 开）
定价：CNY16.50

J0123844
1991：青春 （摄影挂历）许志刚等摄
上海 上海人民美术出版社 1990 年
76cm（2 开）定价：CNY19.00

J0123845
1991：青春风韵 （摄影挂历）陈健麟等摄
广州 岭南美术出版社 1990 年 76cm（2 开）
定价：CNY16.50

J0123846
1991：青春美 （摄影挂历）
哈尔滨 黑龙江美术出版社 1990 年
76cm（2 开）定价：CNY18.60

J0123847
1991：青春少女 （人像摄影挂历）
广州 广东科技出版社 1990 年 76cm（2 开）
定价：CNY16.00

J0123848
1991：青春之歌 （摄影挂历）浪花摄
上海 上海人民美术出版社 1990 年
76cm（2 开）定价：CNY17.00

J0123849
1991：情侣 （摄影挂历）林伟新摄
上海 上海书画出版社 1990 年 78cm（3 开）
定价：CNY16.50

J0123850
1991：曲坛名流 （摄影挂历）郝仕杰摄
太原 山西人民出版社 1990 年 76cm（2 开）
定价：CNY18.50

J0123851
1991：群星灿烂 （摄影挂历）金定根等摄
上海 上海书画出版社 1990 年 76cm（2 开）
定价：CNY16.50

J0123852
1991：人物 （摄影挂历）
北京 奥林匹克出版社 1990 年 76cm（2 开）
定价：CNY21.50

J0123853
1991：人物 （摄影挂历）
沈阳 春风文艺出版社 1990 年 76cm（2 开）
定价：CNY15.80

J0123854
1991：人物情 （摄影挂历）
福州 福建美术出版社 1990 年 76cm（2 开）
定价：CNY13.50

J0123855
1991：如花似锦（绒编时装） （挂历）
刘海发摄
石家庄 河北美术出版社 1990 年 76cm（2 开）
定价：CNY17.50

J0123856
1991：飒 （摄影挂历）
兰州 甘肃人民美术出版社 1990 年
76cm（2 开）定价：CNY17.50

J0123857
1991：上海时装新潮 （摄影挂历）
刘任，李维民摄
石家庄 河北美术出版社 1990 年 78cm（3 开）

J0123858
1991：少女 （摄影挂历）
呼和浩特 内蒙古人民出版社 1990 年
76cm（2 开）定价：CNY17.80

J0123859
1991：少女的梦 （摄影挂历）林伟新等摄
上海 上海书画出版社 1990 年 76cm（2 开）
定价：CNY16.80

J0123860
1991：少女的生活 （摄影挂历）夏小希摄
南京 江苏美术出版社 1990 年 76cm（2 开）
定价：CNY10.40
　　作者夏小希(1959—)，女，中国摄影家协
会会员。

J0123861
1991：少女花卉 （摄影挂历）吉林画报社编
长春 吉林美术出版社 1990 年 76cm（2 开）
定价：CNY10.00

J0123862
1991：少女花姿 （摄影挂历）林伟新等摄
上海 上海书画出版社 1990 年 76cm（2 开）
定价：CNY20.50

J0123863
1991：少女与小狗 （摄影挂历）刘海发等摄影
天津 天津人民美术出版社 1990 年
76cm（2 开）定价：CNY17.00

J0123864
1991：神采 （摄影挂历）辽宁画报社编
沈阳 辽宁美术出版社 1990 年 76cm（2 开）
定价：CNY16.50

J0123865
1991：生肖娃娃 （摄影挂历）张甸等摄
沈阳 辽宁美术出版社 1990 年 76cm（2 开）
定价：CNY15.80

J0123866
1991：时装 （摄影挂历）
沈阳 辽宁少年儿童出版社 1990 年
76cm（2 开）定价：CNY16.50

J0123867
1991：时装潮 （摄影挂历）
长春 吉林美术出版社 1990 年 76cm（2 开）
定价：CNY16.00

J0123868
1991：时装的魅力 （摄影挂历）
北京 农村读物出版社 1990 年 76cm（2 开）
定价：CNY16.90

J0123869
1991：时装毛衣 （摄影挂历）
上海 上海人民出版社 1990 年 76cm（2 开）
定价：CNY14.80

J0123870
1991：体育之星 （摄影挂历）
天津 天津人民美术出版社 1990 年
76cm（2 开）定价：CNY16.80

J0123871
1991：天娇 （摄影挂历）江志贤等摄
长春 北方妇女儿童出版社 1990 年
76cm（2 开）定价：CNY16.00

J0123872
1991：天姿 （摄影挂历）郑捷摄
长春 吉林美术出版社 1990 年 76cm（2 开）
定价：CNY17.50
　　作者郑捷，摄影家。摄影宣传画有《优生优
育苗壮成长（1984 年）》，编有《安徒生童话》等。

J0123873
1991：甜梦 （儿童摄影挂历）
昆明 云南民族出版社 1990 年 76cm（2 开）
定价：CNY15.50

J0123874
1991：童趣 （摄影挂历）
上海 上海人民美术出版社 1990 年
78cm（3 开）定价：CNY10.70

J0123875
1991：夏之风——简易夏装 （挂历）
桑榆,施伟摄
上海　上海人民美术出版社　1990 年
76cm（2 开）定价：CNY10.70

J0123876
1991：鲜花与少女 （摄影挂历）
山东美术出版社编
济南　山东美术出版社　1990 年　76cm（2 开）
定价：CNY16.50

J0123877
1991：现代风韵 （摄影挂历）黄正雄等摄
杭州　浙江摄影出版社　1990 年　76cm（2 开）
定价：CNY16.80

J0123878
1991：小明星 （摄影挂历）
太原　山西人民出版社　1990 年　76cm（2 开）
定价：CNY19.00

J0123879
1991：小星星 （育儿知识摄影挂历）豫强等摄
杭州　浙江人民美术出版社　1990 年
78cm（3 开）定价：CNY10.60

J0123880
1991：馨馨 （人物摄影挂历）
长春　吉林美术出版社　1990 年　78cm（3 开）
定价：CNY11.50

J0123881
1991：星光 （摄影挂历）滕俊杰等摄
天津　天津人民美术出版社　1990 年
76cm（2 开）定价：CNY18.80

J0123882
1991：星光灿烂 （摄影挂历）
北京　中国电影出版社　1990 年　76cm（2 开）
定价：CNY18.00

J0123883
1991：幸福伴侣 （摄影挂历）林伟新,杨中俭摄
济南　山东美术出版社　1990 年　76cm（2 开）

J0123884
1991：幸福家庭 （摄影挂历）加贝等摄
天津　天津杨柳青画社　1990 年　76cm（2 开）
定价：CNY16.80

J0123885
1991：亚太小姐 （摄影挂历）
香港精英制作公司供稿
长春　吉林美术出版社　1990 年　76cm（2 开）
定价：CNY17.00

J0123886
1991：叶继红小姐专辑 （摄影挂历）
杨茵等摄
北京　北京美术摄影出版社　1990 年
76cm（2 开）定价：CNY17.00
　　作者杨茵,擅长摄影。主要的年历作品有《颐和园》《华堂瓢香》《楠溪江晨曲》等。

J0123887
1991：一代天娇 （摄影挂历）黄正雄等摄
杭州　浙江摄影出版社　1990 年　76cm（2 开）
定价：CNY16.50

J0123888
1991：银幕之星 （摄影挂历）黄贝等摄
北京　中国电影出版社　1990 年　53cm（4 开）
定价：CNY9.00

J0123889
1991：英姿 （摄影挂历）支柱等摄
天津　天津人民美术出版社　1990 年
76cm（2 开）定价：CNY16.80

J0123890
1991：影视群星 （摄影挂历）
广州　岭南美术出版社　1990 年　76cm（2 开）
定价：CNY16.50

J0123891
1991：影坛碧玉 （摄影挂历）
北京　朝花美术出版社　1990 年　76cm（2 开）
定价：CNY18.00

J0123892
1991：影星荟萃 （摄影挂历）
北京 北京体育学院出版社 1990 年
76cm（2 开）定价：CNY16.80

J0123893
1991：中国时装 （摄影挂历）
武汉 湖北美术出版社 1990 年 78cm（3 开）
定价：CNY11.80

J0123894
1992：憧憬 （摄影挂历）
上海 文汇出版社 1990 年 76cm（2 开）
定价：CNY16.80

J0123895
1992：知心朋友 （儿童摄影挂历）
石家庄 河北美术出版社 1990 年 30cm（12 开）
定价：CNY5.00

J0123896
百岁 （摄影 1991 年年历）孙晓风摄
沈阳 辽宁美术出版社 1990 年 1 张
53cm（4 开）定价：CNY0.55

J0123897
扮装 （摄影 1991 年年历）
天津 天津杨柳青画社 1990 年 1 张
53cm（4 开）定价：CNY0.50

J0123898
宝宝 （摄影 1991 年年历）程荣章,李基摄
石家庄 河北美术出版社 1990 年 1 张
78cm（2 开）定价：CNY0.75

J0123899
宝宝 （摄影 1991 年年历）姜锁根摄
南昌 江西人民出版社 1990 年 1 张
78cm（2 开）定价：CNY0.75

J0123900
宝宝 （摄影 1991 年年历）谢将摄
北京 人民美术出版社 1990 年 1 张
53cm（4 开）定价：CNY0.50

J0123901
宝宝 （摄影 1991 年年历）钟向东摄
西安 陕西人民美术出版社 1990 年 1 张
78cm（2 开）定价：CNY0.78

J0123902
宝宝乐 （摄影 1991 年年历）
上海 上海人民美术出版社 1990 年 5 张（2 开）
定价：CNY5.00

J0123903
宾馆小姐 （摄影 1991 年年历）
上海 上海人民美术出版社 1990 年 4 张
76cm（2 开）定价：CNY5.20

J0123904
沉思 （摄影 1991 年年历）段震中摄
北京 人民美术出版社 1990 年 1 张
53cm（4 开）定价：CNY0.50

J0123905
憧憬 （摄影 1991 年年历）韩继贞,陈东林摄
天津 天津杨柳青画社 1990 年 1 张
78cm（2 开）定价：CNY0.75

J0123906
憧憬 （摄影 1991 年年历）华安摄
乌鲁木齐 新疆人民出版社 1990 年 1 张
76cm（2 开）定价：CNY0.90

J0123907
出水芙蓉 （摄影 1991 年年历）新发摄
南京 江苏美术出版社 1990 年 1 张
78cm（2 开）定价：CNY0.80

J0123908
出水芙蓉 （摄影 1991 年年历）刘先修摄
广州 岭南美术出版社 1990 年 1 张
53cm（4 开）定价：CNY0.60

J0123909
纯真 （摄影 1991 年年历）周俊彦摄
长沙 湖南美术出版社 1990 年 1 张
定价：CNY0.55

J0123910
丛林少女 （摄影 1991 年年历）娄晓曦摄
长沙 湖南美术出版社 1990 年 1 张（全开）
定价：CNY2.00

J0123911
打电话 （摄影 1991 年年历）杨中俭摄
天津 天津人民美术出版社 1990 年 1 张
53cm（4 开）定价：CNY0.50

J0123912
电影《红高粱》女主角巩俐
（摄影 1991 年年历）柏雨果摄
西安 陕西人民美术出版社 1990 年 1 张
78cm（2 开）定价：CNY0.78
　　作者柏雨果（1948— ），摄影师。陕西凤县人。中国摄影家协会会员、中国电影家协会会员。曾举办《天、地、人》摄影作品展，出版文学作品《拜见非洲大酋长》。

J0123913
电影演员陈佩斯 （摄影 1991 年年历）
北京 中国电影出版社 1990 年 1 张
53cm（4 开）定价：CNY0.30

J0123914
电影演员盖丽丽 （摄影 1991 年年历）
陈惠宁摄
天津 天津人民美术出版社 1990 年 1 张
53cm（4 开）定价：CNY0.50

J0123915
电影演员柳荻 （摄影 1991 年年历）于志新摄
天津 天津杨柳青画社 1990 年 1 张
76cm（2 开）定价：CNY1.00

J0123916
电影演员童欣 （摄影 1991 年年历）
北京 中国电影出版社 1990 年 1 张
76cm（2 开）定价：CNY0.50

J0123917
电影演员谢蕾 （摄影 1991 年年历）
北京 中国电影出版社 1990 年 1 张
53cm（4 开）定价：CNY0.30

J0123918
电影演员张琪 （摄影 1991 年年历）刘立滨摄
天津 天津杨柳青画社 1990 年 1 张
53cm（4 开）定价：CNY0.50

J0123919
电影演员张瑛 （摄影 1991 年年历）周雁鸣摄
武汉 湖北美术出版社 1990 年 1 张（2 开）
定价：CNY0.68

J0123920
队旗下 （摄影 1991 年年历）张成摄
天津 天津人民美术出版社 1990 年 1 张
76cm（2 开）定价：CNY1.00
　　作者张成，擅长摄影。主要年历作品有《致敬》《夏日》《对旗下》等。

J0123921
队日 （摄影 1991 年年历）张成摄
天津 天津人民美术出版社 1990 年 1 张
76cm（2 开）定价：CNY1.00

J0123922
芳华 （摄影 1991 年年历）陈锦摄
西安 陕西人民美术出版社 1990 年 1 张
53cm（4 开）定价：CNY0.58
　　作者陈锦（1955— ），摄影编辑。出生于四川成都，毕业于云南大学。四川美术出版社摄影编辑，中国摄影家协会会员。出版有《四川茶铺》《感怀成都》《高原魂》等。

J0123923
芳艳 （摄影 1991 年年历）桑榆摄
上海 上海人民美术出版社 1990 年 1 张
78cm（2 开）定价：CNY0.75

J0123924
芳姿 （摄影 1991 年年历）陈春轩摄
天津 天津人民美术出版社 1990 年 1 张
53cm（4 开）定价：CNY0.50

J0123925
芳姿 （摄影 1991 年年历）钱豫强摄
天津 天津杨柳青画社 1990 年 1 张
76cm（2 开）定价：CNY1.00

J0123926
风韵 （摄影 1991 年年历）
沈阳 辽宁美术出版社 1990 年 1 张
53cm（4 开）定价：CNY0.55

J0123927
风韵 （摄影 1991 年年历）谭尚忍摄
广州 岭南美术出版社 1990 年 1 张
53cm（4 开）定价：CNY0.60

J0123928
风韵 （摄影 1991 年年历）邱劲光摄
天津 天津人民美术出版社 1990 年 1 张
53cm（4 开）定价：CNY0.50

J0123929
风姿 （摄影 1991 年年历）谢新发摄
南京 江苏美术出版社 1990 年 1 张
76cm（2 开）定价：CNY1.05
　　作者谢新发，擅长年画摄影。主要作品有《节日欢舞》《风光摄影》《怎样拍摄夜景》等。

J0123930
风姿 （摄影 1991 年年历）沈福堂摄
西安 陕西人民美术出版社 1990 年 1 张
76cm（2 开）定价：CNY1.10

J0123931
凤翠 （摄影 1991 年年历）
上海 上海人民美术出版社 1990 年 6 张
76cm（2 开）定价：CNY7.80

J0123932
歌声回荡 （摄影 1991 年年历）伊铁士摄
北京 人民美术出版社 1990 年 1 张
76cm（2 开）定价：CNY1.00

J0123933
共和国卫士 （摄影 1991 年年历）陈洪庶摄
昆明 云南人民出版社 1990 年 1 张
53cm（4 开）定价：CNY0.60

J0123934
海防小战士 （摄影 1991 年年历）张成,庆文摄
天津 天津人民美术出版社 1990 年 1 张
76cm（2 开）定价：CNY0.75

J0123935
好宝宝 （摄影 1991 年年历）谢新发摄
天津 天津人民美术出版社 1990 年 1 张
53cm（4 开）定价：CNY0.50

J0123936
好小子 （摄影 1991 年年历）联宜摄
天津 天津杨柳青画社 1990 年 1 张
38cm（6 开）定价：CNY0.30

J0123937
好友 （摄影 1991 年年历）
呼和浩特 内蒙古人民出版社 1990 年
1 张（4 开）定价：CNY0.55

J0123938
红帽少女 （摄影 1991 年年历）施伟摄
上海 上海人民美术出版社 1990 年 1 张
78cm（2 开）定价：CNY0.75

J0123939
红纱丽人 （摄影 1991 年年历）豫强摄
杭州 浙江人民美术出版社 1990 年 1 张
53cm（4 开）定价：CNY0.50

J0123940
红衣女郎 （摄影 1991 年年历）钱豫强摄
上海 上海书画出版社 1990 年 1 张
定价：CNY0.75

J0123941
红装 （摄影 1991 年年历）刘海发摄
石家庄 河北美术出版社 1990 年 1 张
53cm（4 开）定价：CNY0.50

J0123942
虎娃 （摄影 1991 年年历）何苗摄
天津 天津人民美术出版社 1990 年 1 张
53cm（4 开）定价：CNY0.50

J0123943
花儿与少年 （摄影 1991 年年历）建国摄
济南 山东美术出版社 1990 年 1 张 53cm（4 开）

J0123944
花前倩影 （摄影 1991 年年历）夏大统摄
济南 山东美术出版社 1990 年 1 张
53cm（4 开）定价：CNY0.50

J0123945
欢乐童年 （摄影 1991 年年历）张玉国摄
沈阳 辽宁美术出版社 1990 年 1 张
53cm（4 开）定价：CNY0.55

J0123946
黄花丽人 （摄影 1991 年年历）邵华安摄
天津 天津杨柳青画社 1990 年 1 张
53cm（4 开）定价：CNY0.50

J0123947
活力 （摄影 1991 年年历）马元浩摄
上海 上海书画出版社 1990 年 1 张
定价：CNY0.50

J0123948
吉它手 （摄影 1991 年年历）沈黎摄
上海 上海书画出版社 1990 年 1 张
定价：CNY0.50

J0123949
佳丽 （摄影 1991 年年历）许荣摄
上海 上海人民美术出版社 1990 年 1 张
定价：CNY0.75

J0123950
姐妹花 （摄影 1991 年年历）张雄摄
上海 上海书画出版社 1990 年 1 张
定价：CNY0.50

J0123951
金色童年 （摄影 1991 年年历）
济南 山东美术出版社 1990 年 1 张
76cm（2 开）

J0123952
金色童年 （摄影 1991 年年历）王志强摄
上海 上海书画出版社 1990 年 1 张
定价：CNY0.75

J0123953
锦绣年华 （摄影 1991 年年历）钱豫强摄
杭州 浙江人民美术出版社 1990 年 1 张
53cm（4 开）定价：CNY0.50

J0123954
菁影 （摄影 1991 年年历）
上海 上海人民美术出版社 1990 年 6 张
76cm（2 开）定价：CNY7.80

J0123955
开心 （摄影 1991 年年历）曲盐摄
沈阳 辽宁美术出版社 1990 年 1 张
53cm（4 开）定价：CNY0.55

J0123956
孔雀少女 （摄影 1991 年年历）姜衍波摄
上海 上海书画出版社 1990 年 1 张
定价：CNY0.50

J0123957
快乐 （摄影 1991 年年历）谭尚忍摄
天津 天津杨柳青画社 1990 年 1 张
53cm（4 开）定价：CNY0.50

J0123958
快乐儿童 （摄影 1991 年年历）杨中俭摄
济南 山东美术出版社 1990 年 1 张
53cm（4 开）

J0123959
黎族少女 （摄影 1991 年年历）
石家庄 河北美术出版社 1990 年 1 张
76cm（2 开）定价：CNY1.00

J0123960
丽影 （摄影 1991 年年历）何兆新摄
天津 天津杨柳青画社 1990 年 1 张
76cm（2 开）定价：CNY1.00

J0123961
美国影星 （摄影 1991 年年历）粟石毅摄
天津 天津杨柳青画社 1990 年 1 张
53cm（4 开）定价：CNY0.50

J0123962
妙龄 （摄影 1991 年年历）杨关麟摄
上海 上海书画出版社 1990 年 1 张
定价：CNY0.50

J0123963
妙龄 （摄影 1991 年年历）田英摄
天津 天津人民美术出版社 1990 年 1 张
53cm（4 开）定价：CNY0.50

J0123964
明星卢玲 （摄影 1991 年年历）包于飞摄
上海 上海人民美术出版社 1990 年 1 张
定价：CNY0.75

J0123965
摩登女郎 （摄影 1991 年年历）张宝良，
林琳摄
上海 上海书画出版社 1990 年 4 张
定价：CNY4.00

J0123966
摩登女郎 （摄影 1991 年年历）
天津 天津杨柳青画社 1990 年 1 张
53cm（4 开）定价：CNY0.50

J0123967
摩托女郎 （摄影 1991 年年历）谢新发摄
西安 陕西人民美术出版社 1990 年 1 张
53cm（4 开）定价：CNY0.58

J0123968
摩托女郎 （摄影 1991 年年历）谢新发摄
天津 天津人民美术出版社 1990 年 1 张
76cm（2 开）定价：CNY1.00

J0123969
牧马姑娘 （摄影 1991 年年历）刘海发摄
上海 上海人民美术出版社 1990 年 1 张
定价：CNY0.75

J0123970
南国少女 （摄影 1991 年年历）李少文摄
武汉 湖北美术出版社 1990 年 1 张
53cm（4 开）定价：CNY0.50

J0123971
南国少女 （摄影 1991 年年历）王志伟摄
天津 天津人民美术出版社 1990 年 1 张
53cm（4 开）定价：CNY0.50

J0123972
年华 （摄影 1991 年年历）张鸿保摄
北京 人民美术出版社 1990 年 1 张
78cm（2 开）定价：CNY0.90

J0123973
女孩 （摄影 1991 年年历）明明,唐乔明摄
石家庄 河北美术出版社 1990 年 1 张
78cm（2 开）定价：CNY0.75

J0123974
女孩 （摄影 1991 年年历）李奎根摄
沈阳 辽宁美术出版社 1990 年 1 张
53cm（4 开）定价：CNY0.55

J0123975
女孩与小猫 （摄影 1991 年年历）
西安 陕西人民美术出版社 1990 年 1 张
78cm（2 开）定价：CNY0.78

J0123976
浅笑 （摄影 1991 年年历）谢新发摄
天津 天津杨柳青画社 1990 年 1 张
53cm（4 开）定价：CNY0.50

J0123977
倩倩 （摄影 1991 年年历）程荣章,李基摄
石家庄 河北美术出版社 1990 年 1 张
78cm（2 开）定价：CNY0.75

J0123978
倩影 （摄影 1991 年年历）张英军摄
上海 上海人民美术出版社 1990 年 1 张
53cm（4 开）定价：CNY0.75

J0123979
俏丽 （摄影 1991 年年历）柏雨果摄
南京 江苏美术出版社 1990 年 1 张
78cm（2 开）定价：CNY0.80
　　作者柏雨果（1948—　　），摄影师。陕西凤县

人。中国摄影家协会会员、中国电影家协会会员。曾举办《天、地、人》摄影作品展,出版文学作品《拜见非洲大酋长》。

J0123980
俏丽少女　（摄影 1991 年年历）佚名摄
武汉　湖北美术出版社 1990 年　1 张
53cm（4 开）定价: CNY0.50

J0123981
青春　（摄影 1991 年年历）
北京　人民美术出版社 1990 年　1 张
53cm（4 开）定价: CNY0.50

J0123982
青春　（摄影 1991 年年历）陈荣摄
上海　上海人民美术出版社 1990 年　1 张（2 开）
定价: CNY0.75

J0123983
青春　（摄影 1991 年年历）
上海　上海人民美术出版社 1990 年　6 张（2 开）
定价: CNY7.80

J0123984
青春　（摄影 1991 年年历）李慧珠摄
上海　上海书画出版社 1990 年　1 张（4 开）
定价: CNY0.50

J0123985
青春　（摄影 1991 年年历）金以云摄
天津　天津人民美术出版社 1990 年　1 张
53cm（4 开）定价: CNY0.50

J0123986
青春　（摄影 1991 年年历）王秉龙摄
天津　天津杨柳青画社 1990 年　1 张
53cm（4 开）定价: CNY0.50

J0123987
青春年华　（摄影 1991 年年历）刘海发摄
沈阳　辽宁美术出版社 1990 年　2 张
53cm（4 开）定价: CNY0.55

J0123988
青春年华　（摄影 1991 年年历）许谋摄
上海　上海人民美术出版社 1990 年　1 张（2 开）
定价: CNY0.75

J0123989
青年演员陈红　（摄影 1991 年年历）谭尚忍摄
上海　上海人民美术出版社 1990 年　1 张
53cm（4 开）定价: CNY0.75
　　作者谭尚忍(1940—　)，上海人。上海美术家协会和上海摄影家协会会员，上海人民美术出版社副编审。作品有《儿童武书》等。

J0123990
青年演员范峻　（摄影 1991 年年历）许骊摄
上海　上海书画出版社 1990 年　1 张（4 开）
定价: CNY0.75

J0123991
青年演员宦柳媚　　杨中俭摄
沈阳　辽宁美术出版社 1990 年　1 张
53cm（4 开）定价: CNY0.50

J0123992
青年演员黄超　（摄影 1991 年年历）晔石摄
上海　上海书画出版社 1990 年　1 张（4 开）
定价: CNY0.75

J0123993
青年演员蒋燕　（1991 年年历）贾育平绘
天津　天津杨柳青画社 1990 年　1 张
53cm（4 开）定价: CNY0.50

J0123994
青年演员金梦　（摄影 1991 年年历）
上海　上海人民美术出版社 1990 年　1 张（2 开）
定价: CNY0.75

J0123995
青年演员李山鹰　（摄影 1991 年年历）
贾育平摄
天津　天津杨柳青画社 1990 年　1 张
53cm（4 开）定价: CNY0.50

J0123996
青年演员李颖 （摄影 1991 年年历）胜利摄
上海 上海书画出版社 1990 年 1 张（4 开）
定价：CNY0.75

J0123997
青年演员李勇勇 （摄影 1991 年年历）金江摄
济南 山东美术出版社 1990 年 1 张 53cm（4 开）

J0123998
青年演员林晓杰 （摄影 1991 年年历）江山摄
济南 山东美术出版社 1990 年 1 张 53cm（4 开）

J0123999
青年演员茹萍 （摄影 1991 年年历）奚天鹰摄
上海 上海书画出版社 1990 年 1 张（4 开）
定价：CNY0.75

J0124000
青年演员肖宁 （摄影 1991 年年历）马建国摄
长沙 湖南美术出版社 1990 年 1 张（4 开）
定价：CNY0.50

J0124001
青年演员张弘 （摄影 1991 年年历）
上海 上海人民美术出版社 1990 年 1 张
78cm（2 开）定价：CNY0.75

J0124002
青年演员张志红 （摄影 1991 年年历）
钱豫强摄
杭州 浙江人民美术出版社 1990 年 1 张
53cm（4 开）定价：CNY0.50

J0124003
青年演员郑爽 （摄影 1991 年年历）宝声摄
上海 上海书画出版社 1990 年 1 张（4 开）
定价：CNY0.75

J0124004
青年演员周笑莉 （摄影 1991 年年历）
杨关麟摄
上海 上海书画出版社 1990 年 1 张（4 开）
定价：CNY0.75

J0124005
情侣 （摄影 1991 年年历）朱守宪摄
武汉 湖北美术出版社 1990 年 1 张
76cm（2 开）定价：CNY1.00

J0124006
拳击手 （摄影 1991 年年历）林伟新摄
上海 上海书画出版社 1990 年 1 张
53cm（4 开）定价：CNY0.50

J0124007
人民子弟兵 （摄影 1991 年年历）邹起奎摄
杭州 浙江人民出版社 1990 年 1 张
53cm（4 开）定价：CNY0.50
　　作者邹起奎（1948— ），画家。笔名加贝，
辽宁省盖州人，毕业于鲁迅美术学院附中。天津
杨柳青画社集绘画、摄影、编辑、出版于一身的
专家。中国美术家协会会员。代表作品有《毛
泽东主席》正面标准像等。

J0124008
飒爽英姿 （摄影 1991 年年历）光远等摄
杭州 浙江人民美术出版社 1990 年 1 张
53cm（4 开）定价：CNY0.50

J0124009
少年先锋队 （摄影 1991 年年历）张成摄
天津 天津人民美术出版社 1990 年 1 张
76cm（2 开）定价：CNY1.00

J0124010
少女 （摄影 1991 年年历）杭邵摄
南昌 江西人民出版社 1990 年 1 张
78cm（2 开）定价：CNY0.75

J0124011
少女 （摄影 1991 年年历）张志勇摄
沈阳 辽宁美术出版社 1990 年 1 张
53cm（4 开）定价：CNY0.55

J0124012
少女 （摄影 1991 年年历）林伟新摄
上海 上海书画出版社 1990 年 1 张
53cm（4 开）定价：CNY0.50

J0124013
少女鲜花 （摄影 1991 年年历）钱惠良摄
石家庄 河北美术出版社 1990 年 1 张
76cm（2 开）定价：CNY1.00

J0124014
似玉 （摄影 1991 年年历）成渝摄
广州 岭南美术出版社 1990 年 1 张
53cm（4 开）定价：CNY0.60

J0124015
甜妞 （摄影 1991 年年历）张雄摄
上海 上海书画出版社 1990 年 1 张
53cm（4 开）定价：CNY0.50

J0124016
婷立 （摄影 1991 年年历）辛明,石法摄
天津 天津人民美术出版社 1990 年 1 张
78cm（2 开）定价：CNY0.75

J0124017
童趣 （摄影 1991 年年历）
沈阳 辽宁美术出版社 1990 年 1 张
53cm（4 开）定价：CNY0.55

J0124018
童趣 （摄影 1991 年年历）
天津 天津杨柳青画社 1990 年 1 张
53cm（4 开）定价：CNY0.50

J0124019
童心 （摄影 1991 年年历）刘海发摄
石家庄 河北美术出版社 1990 年 1 张
53cm（4 开）定价：CNY0.50

J0124020
童心 （摄影 1991 年年历）
沈阳 辽宁美术出版社 1990 年 1 张
76cm（2 开）定价：CNY1.00

J0124021
童真 （摄影 1991 年年历）
南京 江苏美术出版社 1990 年 1 张
53cm（4 开）定价：CNY1.00

J0124022
土星小姐 （摄影 1991 年年历）凯光,盛奎摄
杭州 浙江人民美术出版社 1990 年 1 张
53cm（4 开）定价：CNY0.50

J0124023
娃娃乐 （摄影 1991 年年历）陈治黄摄
上海 上海人民美术出版社 1990 年 1 张（2 开）
定价：CNY0.75

J0124024
王彩池 （摄影 1991 年年历）刘世昭摄
天津 天津人民美术出版社 1990 年 1 张
53cm（4 开）定价：CNY0.50

J0124025
温馨之梦 （摄影 1991 年年历）
天津 天津杨柳青画社 1990 年 2 张
76cm（2 开）定价：CNY2.00

J0124026
遐想 （摄影 1991 年年历）
长沙 湖南美术出版社 1990 年 1 张
53cm（4 开）定价：CNY0.50

J0124027
夏的倩影 （摄影 1991 年年历）钱豫强摄
杭州 浙江人民美术出版社 1990 年 1 张
53cm（4 开）定价：CNY0.50

J0124028
仙女下凡 （摄影 1991 年年历）蔡俊清摄
上海 上海书画出版社 1990 年 1 张（4 开）
定价：CNY0.50

J0124029
鲜花与少女 （摄影 1991 年年历）鲁夫摄
沈阳 辽宁美术出版社 1990 年 1 张
53cm（4 开）定价：CNY0.60

J0124030
鲜花与少女 （摄影 1991 年年历）卫星摄
上海 上海书画出版社 1990 年 1 张
76cm（2 开）定价：CNY0.50

J0124031
向往 （摄影 1991 年年历）
石家庄 河北美术出版社 1990 年 1 张
76cm（2 开）定价：CNY1.00

J0124032
小公主 （摄影 1991 年年历）张成摄
天津 天津杨柳青画社 1990 年 1 张
53cm（4 开）定价：CNY0.50
　　作者张成,擅长摄影。主要年历作品有《致敬》《夏日》《对旗下》等。

J0124033
小姑娘 （摄影 1991 年年历）钟向东摄
南京 江苏美术出版社 1990 年 1 张
78cm（2 开）定价：CNY0.80

J0124034
小海军 （摄影 1991 年年历）张成摄
天津 天津杨柳青画社 1990 年 1 张
53cm（4 开）定价：CNY0.50

J0124035
小皇帝 （摄影 1991 年年历）杨关麟摄
上海 上海书画出版社 1990 年 1 张（4 开）
定价：CNY0.50

J0124036
小伙伴 （摄影 1991 年年历）何历摄
沈阳 辽宁美术出版社 1990 年 2 张
53cm（4 开）定价：CNY0.55

J0124037
小伙伴 （摄影 1991 年年历）王志强摄
天津 天津人民美术出版社 1990 年 1 张
53cm（4 开）定价：CNY0.50

J0124038
小摩托手 （摄影 1991 年年历）严博摄
杭州 浙江人民美术出版社 1990 年 1 张
53cm（4 开）定价：CNY0.50

J0124039
小胖 （摄影 1991 年年历）何历摄
沈阳 辽宁美术出版社 1990 年 1 张

53cm（4 开）定价：CNY0.55

J0124040
小胖 （摄影 1991 年年历）林伟新摄
上海 上海书画出版社 1990 年 1 张（4 开）
定价：CNY0.50

J0124041
小骑兵 （摄影 1991 年年历）马家吉摄
天津 天津人民美术出版社 1990 年 1 张
53cm（4 开）定价：CNY0.50

J0124042
小枪手 （摄影 1991 年年历）胡杨摄
天津 天津人民美术出版社 1990 年 1 张
53cm（4 开）定价：CNY0.50

J0124043
小卫士 （摄影 1991 年年历）张成,李长捷摄
天津 天津人民美术出版社 1990 年 1 张
76cm（2 开）定价：CNY1.00

J0124044
小小摄影家 （摄影 1991 年年历）何兆欣摄
上海 上海书画出版社 1990 年 1 张（4 开）
定价：CNY0.50

J0124045
小演员 （摄影 1991 年年历）年欣摄
西安 陕西人民美术出版社 1990 年 1 张
78cm（2 开）定价：CNY0.78

J0124046
小演员 （摄影 1991 年年历）张鹏飞,加贝摄
天津 天津杨柳青画社 1990 年 1 张
53cm（4 开）定价：CNY0.50

J0124047
小音乐家 （摄影 1991 年年历）谢新发摄
天津 天津人民美术出版社 1990 年 1 张
53cm（4 开）定价：CNY0.50

J0124048
小战士 （摄影 1991 年年历）宋万华,王宝贵摄
天津 天津杨柳青画社 1990 年 1 张

53cm（4开）定价：CNY0.50

J0124049
小足球队员 （摄影 1991 年年历）张成摄
天津 天津人民美术出版社 1990 年 1 张
53cm（4开）定价：CNY0.50

J0124050
新秀 （摄影 1991 年年历）春轩摄
天津 天津人民美术出版社 1990 年 1 张
53cm（4开）定价：CNY0.50

J0124051
新秀盖丽丽 （摄影 1991 年年历）
周雁明,庆文摄
天津 天津人民美术出版社 1990 年 1 张
76cm（2开）定价：CNY0.75

J0124052
幸福家庭 （摄影 1991 年年历）
赵海红,许骅华摄
上海 上海书画出版社 1990 年 4 张（2开）
定价：CNY4.00

J0124053
幸福童年 （摄影 1991 年年历）张成摄
天津 天津杨柳青画社 1990 年 1 张
53cm（4开）定价：CNY0.50

J0124054
徐辉小姐 （摄影 1991 年年历）
石家庄 河北美术出版社 1990 年 1 张
76cm（2开）定价：CNY1.00

J0124055
演员陈红 （摄影 1991 年年历）张宝声摄
上海 上海书画出版社 1990 年 1 张
53cm（4开）定价：CNY0.50

J0124056
演员陈红 （摄影 1991 年年历）滕俊杰摄
天津 天津人民美术出版社 1990 年 1 张
53cm（4开）定价：CNY0.50
　　作者滕俊杰(1957—　　),一级导演。江苏苏
州人。历任上海东方电视台文艺频道总监兼主

编,上海文广新闻传媒集团副总裁,上海广播电
视台副台长,上海市文化广播影视管理局党委委
员、艺术总监。上海文化广播影视集团有限公司
监事长、上海市文联副主席。出版散文集《沧海
飞跃》《电视方程式》《凌步拂云》等。

J0124057
演员陈虹 （摄影 1991 年年历）陈忠诚摄
上海 上海人民美术出版社 1990 年 1 张
53cm（4开）定价：CNY0.50

J0124058
演员 （摄影 1991 年年历）陈传知摄
上海 上海书画出版社 1990 年 1 张（4开）
定价：CNY0.50

J0124059
演员盖丽丽 （摄影 1991 年年历）许刚摄
上海 上海书画出版社 1990 年 1 张（4开）
定价：CNY0.50

J0124060
演员胡冰 （摄影 1991 年年历）林伟新摄
上海 上海书画出版社 1990 年 1 张
定价：CNY0.50

J0124061
演员金梦 （摄影 1991 年年历）陈凤友摄
上海 上海人民美术出版社 1990 年 1 张
53cm（4开）定价：CNY0.50

J0124062
演员金梦 （摄影 1991 年年历）林伟新摄
上海 上海书画出版社 1990 年 1 张
53cm（4开）定价：CNY0.50

J0124063
演员金梦 （摄影 1991 年年历）辛明,石法摄
天津 天津人民美术出版社社 1990 年 1 张
53cm（4开）定价：CNY0.50

J0124064
演员李琳 （摄影 1991 年年历）张雄摄
上海 上海书画出版社 1990 年 1 张
53cm（4开）定价：CNY0.50

J0124065

演员李玲玉 （摄影 1991 年年历）金宝根摄
上海 上海书画出版社 1990 年 1 张
53cm（4 开）定价：CNY0.50

J0124066

演员李勇勇 （摄影 1991 年年历）钱豫强摄
上海 上海书画出版社 1990 年 1 张
53cm（4 开）定价：CNY0.50

J0124067

演员林霞 （摄影 1991 年年历）沈黎摄
上海 上海书画出版社 1990 年 1 张
53cm（4 开）定价：CNY0.50

J0124068

演员刘赫男 （摄影 1991 年年历）何文尊摄
上海 上海人民美术出版社 1990 年 1 张
53cm（4 开）定价：CNY0.50

J0124069

演员柳荻 （摄影 1991 年年历）滕俊杰摄
天津 天津人民美术出版社 1990 年 1 张
53cm（4 开）定价：CNY0.50

J0124070

演员茅善玉 （摄影 1991 年年历）林伟新摄
上海 上海书画出版社 1990 年 1 张
53cm（4 开）定价：CNY0.50

J0124071

演员裴燕 （摄影 1991 年年历）叶导摄
上海 上海书画出版社 1990 年 1 张（4 开）
定价：CNY0.50
　　作者叶导，擅长摄影。主要年历作品有《花仙子》《清香》《九寨沟秋色》等。

J0124072

演员宋佳 （摄影 1991 年年历）马元浩摄
上海 上海书画出版社 1990 年 1 张
78cm（2 开）定价：CNY0.75

J0124073

演员夏霖 （摄影 1991 年年历）陈治黄摄
天津 天津人民美术出版社 1990 年 1 张

53cm（4 开）定价：CNY0.50

J0124074

演员于蕙 （摄影 1991 年年历）滕俊杰摄
天津 天津人民美术出版社 1990 年 1 张
53cm（4 开）定价：CNY0.50

J0124075

演员张弘 （摄影 1991 年年历）滕俊杰摄
天津 天津人民美术出版社 1990 年 1 张
53cm（4 开）定价：CNY0.50

J0124076

演员张琪 （摄影 1991 年年历）金宝根摄
上海 上海书画出版社 1990 年 1 张
76cm（2 开）定价：CNY0.50

J0124077

演员张晓敏 （摄影 1991 年年历）金支摄
天津 天津人民美术出版社 1990 年 1 张
53cm（4 开）定价：CNY0.50

J0124078

演员郑爽 （摄影 1991 年年历）高明摄
上海 上海书画出版社 1990 年 1 张
53cm（4 开）定价：CNY0.50

J0124079

演员周洁 （摄影 1991 年年历）金宝根摄
上海 上海书画出版社 1990 年 1 张
53cm（4 开）定价：CNY0.50

J0124080

演员周晓芬 （摄影 1991 年年历）杨关麟摄
上海 上海书画出版社 1990 年 1 张
53cm（4 开）定价：CNY0.50

J0124081

演员朱碧云 （摄影 1991 年年历）马元浩摄
上海 上海书画出版社 1990 年 1 张
78cm（2 开）定价：CNY0.75

J0124082

阳光下的少女 （摄影 1991 年年历）鲁大摄
沈阳 辽宁美术出版社 1990 年 1 张

53cm（4 开）定价：CNY0.55

J0124083
窈窕淑女 （摄影 1991 年年历）王秉龙摄
天津 天津杨柳青画社 1990 年 1 张
53cm（4 开）定价：CNY0.50

J0124084
莹莹 （摄影 1991 年年历）唐乔明摄
石家庄 河北美术出版社 1990 年 1 张
78cm（2 开）定价：CNY0.75

J0124085
影视新秀 （摄影 1991 年年历）
上海 上海人民美术出版社 1990 年 3 张
定价：CNY2.25

J0124086
影视新秀 （摄影 1991 年年历）杨关麟等摄
上海 上海书画出版社 1990 年 4 张
定价：CNY2.00

J0124087
影视演员赵越 （摄影 1991 年年历）李家禄摄
天津 天津人民美术出版社 1990 年 1 张
53cm（4 开）定价：CNY0.50

J0124088
影坛新秀 （摄影 1991 年年历）
沈阳 辽宁美术出版社 1990 年 1 张
53cm（4 开）定价：CNY0.55

J0124089
影坛新秀巩俐 （摄影 1991 年年历）柏雨摄
西安 陕西人民美术出版社 1990 年 1 张
78cm（2 开）定价：CNY0.78

J0124090
影星陈红 （摄影 1991 年年历）林伟新摄
沈阳 辽宁美术出版社 1990 年 1 张
53cm（4 开）定价：CNY0.55

J0124091
影星陈怡 （摄影 1991 年年历）桑榆摄
上海 上海人民美术出版社 1990 年 1 张

定价：CNY0.75

J0124092
影星柳荻 （摄影 1991 年年历）杨妍摄
杭州 浙江人民美术出版社 1990 年 1 张
53cm（4 开）定价：CNY0.50

J0124093
影星瑜琼 （摄影 1991 年年历）林伟新摄
沈阳 辽宁美术出版社 1990 年 1 张
53cm（4 开）定价：CNY0.55

J0124094
影星张琪 （摄影 1991 年年历）林伟新摄
沈阳 辽宁美术出版社 1990 年 1 张
53cm（4 开）定价：CNY0.55

J0124095
影星周洁 （摄影 1991 年年历）林伟新摄
沈阳 辽宁美术出版社 1990 年 1 张
53cm（4 开）定价：CNY0.55

J0124096
影星周笑莉 （摄影 1991 年年历）林伟新摄
沈阳 辽宁美术出版社 1990 年 1 张
53cm（4 开）定价：CNY0.55

J0124097
祖国卫士 （摄影 1991 年年历）支柱,王文波摄
天津 天津人民美术出版社 1990 年 1 张
53cm（4 开）定价：CNY0.50

J0124098
1992：爱 （摄影挂历）雅宁,顽主摄
天津 天津杨柳青画社 1991 年 76cm（2 开）
ISBN：7–80503–369–4 定价：CNY17.80

J0124099
1992：宝宝 （摄影挂历）柳英虎等摄
长沙 湖南美术出版社 1991 年 76cm（2 开）
定价：CNY19.00

J0124100
1992：宝宝·妈妈·家庭 （摄影挂历）
邵黎阳等摄

石家庄　河北美术出版社　1991 年　76cm（2 开）

J0124101
1992：冰城佳丽　（摄影挂历）
沈阳　辽宁美术出版社　1991 年　76cm（2 开）
定价：CNY17.80

J0124102
1992：灿烂年华　（挂历）
福州　海潮摄影艺术出版社［1991 年］
76cm（2 开）ISBN：7-80562-85-7
定价：CNY18.50

J0124103
1992：纯情飘逸　（摄影挂历）张耀文摄
西宁　青海人民出版社［1991 年］76cm（2 开）
定价：CNY19.50

J0124104
1992：东方风韵　（摄影挂历）秋寒摄
天津　天津人民美术出版社　1991 年　76cm（2 开）
ISBN：7-80503-369-3　定价：CNY19.00

J0124105
1992：都市丽人　（挂历）
北京　中国旅游出版社［1991 年］
76cm（2 开）定价：CNY16.50

J0124106
1992：风采·全国名模集锦　（摄影挂历）
夏大统摄
乌鲁木齐　新疆人民出版社　1991 年
76cm（2 开）定价：CNY17.80

J0124107
1992：改革开放的总设计师　（摄影挂历）
济南　山东友谊书社　1991 年　76cm（2 开）
定价：CNY18.00

J0124108
1992：更风流　（摄影挂历）发海，文宏摄
沈阳　辽宁美术出版社　1991 年　76cm（2 开）
定价：CNY17.80

J0124109
1992：冠军苗苗　（挂历）李正平等摄
天津　天津人民美术出版社　1991 年　76cm（2 开）
ISBN：7-5305-8116-9　定价：CNY16.80

J0124110
1992：好娃娃　（摄影挂历）张仕伦等摄
石家庄　河北美术出版社　1991 年　76cm（2 开）

J0124111
1992：合美幸福　（摄影挂历）王鸿鹏等摄
天津　天津杨柳青画社　1991 年　76cm（2 开）
ISBN：7-80503-369-6　定价：CNY19.00

J0124112
1992：花容月貌　（摄影挂历）崔园等摄
济南　山东美术出版社　1991 年　76cm（2 开）

J0124113
1992：华彩　（中国影星挂历）
沈阳　辽宁美术出版社　1991 年　76cm（2 开）
定价：CNY19.00

J0124114
1992：华宫淑女　（挂历）杨中俭摄
天津　天津人民美术出版社　1991 年
76cm（2 开）定价：CNY16.80

J0124115
1992：华堂丽影　（挂历）杨中俭，杨茵摄
天津　天津杨柳青画社　1991 年　76cm（2 开）
ISBN：7-80503-368-5　定价：CNY17.80
　　作者杨中俭，擅长摄影。主要年历作品有《花
好人妍》《上海外滩》《喜庆临门》等。作者杨茵，
擅长摄影。主要的年历作品有《颐和园》《华堂
瓢香》《楠溪江晨曲》等。

J0124116
1992：婚礼倩姿　（摄影挂历）
屠铭慈，周德飓摄
石家庄　河北美术出版社　1991 年　76cm（2 开）

J0124117
1992：婚纱艳服　（挂历）
福州　福建美术出版社［1991 年］76cm（2 开）

定价：CNY15.00

J0124118
1992：佳丽 （摄影挂历）
郑州 河南美术出版社 1991 年 76cm（2 开）
定价：CNY20.00

J0124119
1992：佳丽 （摄影挂历）冷欣等摄
天津 天津杨柳青画社 1991 年 76cm（2 开）

J0124120
1992：佳丽硕果 （摄影挂历）张鹏飞等摄
天津 天津杨柳青画社 1991 年 76cm（2 开）
定价：CNY19.00

J0124121
1992：江南佳丽 （摄影挂历）纪梅等摄
石家庄 河北美术出版社 1991 年 76cm（2 开）

J0124122
1992：娇客 （挂历）豫强等摄
杭州 浙江人民美术出版社 1991 年
85cm（3 开）定价：CNY11.80

J0124123
1992：金色童年 （摄影挂历）谢新发等摄
济南 山东美术出版社 1991 年 76cm（2 开）

J0124124
1992："巨星"风姿 （摄影挂历）
成都 四川民族出版社［1991 年］107cm（全开）
ISBN：7-5409-0748-7 定价：CNY22.00

J0124125
1992：开国元勋 （摄影挂历）徐肖冰,侯波摄
杭州 浙江人民美术出版社［1991 年］76cm（2 开）
定价：CNY18.60

J0124126
1992：丽影 （摄影挂历）林伟新等摄
郑州 河南美术出版社 1991 年 85cm
定价：CNY12.50

J0124127
1992：丽影 （摄影挂历）
西安 陕西人民美术出版社［1991 年］
76cm（2 开）定价：CNY17.40

J0124128
1992：恋人曲 （挂历）滕俊杰等摄
天津 天津人民美术出版社 1991 年 76cm（2 开）
ISBN：7-5305-8136-5 定价：CNY18.80

J0124129
1992：靓女 （摄影挂历）杨明摄
西安 陕西人民美术出版社［1991 年］
76cm（2 开）定价：CNY17.40

J0124130
1992：领袖毛泽东 （摄影挂历）
石家庄 河北美术出版社［1991 年］76cm（2 开）

J0124131
1992：蜜月行 （挂历）
上海 上海书画出版社 1991 年 76cm（2 开）
定价：CNY17.80

J0124132
1992：妙龄风采 （挂历）
福州 海潮摄影艺术出版社［1991 年］
76cm（2 开）ISBN：7-80562-082-2
定价：CNY15.00

J0124133
1992：名模风采 （摄影挂历）符宁,盛鸣摄
武汉 长江文艺出版社 1991 年 76cm（2 开）
定价：CNY27.00

J0124134
1992：明星 （摄影挂历）辽宁画报社编
沈阳 辽宁美术出版社 1991 年 76cm（2 开）
定价：CNY17.80

J0124135
1992：摩登少女 （摄影挂历）石建敏等摄
郑州 河南美术出版社 1991 年 76cm（2 开）
定价：CNY17.00

J0124136
1992：摩托女郎 （摄影挂历）钱星等摄
石家庄 河北美术出版社 1991 年 76cm（2 开）

J0124137
1992：摩托女郎 （摄影挂历）
沈阳 辽宁美术出版社 1991 年 76cm（2 开）
定价：CNY17.80

J0124138
1992：摩托女郎 （挂历）
北京 中国连环画出版社 1991 年 76cm（2 开）
定价：CNY18.50

J0124139
1992：男明星 （挂历）
上海 上海书画出版社 1991 年 85cm
定价：CNY17.80

J0124140
1992：女界之光 （挂历）
北京 中国旅游出版社［1991 年］76cm（2 开）
定价：CNY19.00

J0124141
1992：娉婷 （摄影挂历）兰洪裕等摄
长春 吉林美术出版社 1991 年 76cm（2 开）
定价：CNY19.80

J0124142
1992：娉婷丽影 （摄影挂历）
福州 福建美术出版社［1991 年］76cm（2 开）
定价：CNY15.00

J0124143
1992：倩影 （摄影挂历）
北京 朝花美术出版社［1991 年］76cm（2 开）
定价：CNY17.80

J0124144
1992：倩影丽影 （摄影挂历）徐风雨摄
南京 江苏美术出版社［1991 年］76cm（2 开）
定价：CNY18.50

J0124145
1992：巧梳妆 （摄影挂历）豫强等摄
杭州 浙江人民美术出版社 1991 年
76cm（2 开）定价：CNY18.20

J0124146
1992：青春 （摄影挂历）
昆明 云南人民出版社［1991 年］107cm（全开）
定价：CNY25.90

J0124147
1992：青春少女 （摄影挂历）
广州 广东科技出版社［1991 年］107cm（全开）
定价：CNY16.00

J0124148
1992：人像摄影 （挂历）
西安 陕西人民美术出版社［1991 年］
76cm（2 开）定价：CNY19.00

J0124149
1992：少年队 （摄影挂历）钱豫强，天鹰摄
杭州 浙江人民出版社 1991 年
76cm（2 开）定价：CNY18.20

J0124150
1992：少女情怀 （摄影挂历）
海口 海南摄影美术出版社 1991 年
76cm（2 开）定价：CNY24.00

J0124151
1992：少女与花卉 （摄影挂历）
昆明 云南人民出版社［1991 年］76cm（2 开）
定价：CNY18.50

J0124152
1992：时装丽人 （挂历）
天津 天津杨柳青画社 1991 年
76cm（2 开）ISBN：7-80503-374-0
定价：CNY19.00

J0124153
1992：时装明星 （挂历）徐树基等摄
北京 农村读物出版社［1991 年］76cm（2 开）
定价：CNY19.00

J0124154
1992：淑女风采 （摄影挂历）
海口　海南摄影美术出版社［1991年］
76cm（2开）定价：CNY18.50

J0124155
1992：天伦之乐 （摄影挂历）山东画报社编
济南　山东美术出版社［1991年］76cm（2开）
定价：CNY18.60

J0124156
1992：婷婷玉立 （摄影挂历）桑榆等摄
上海　上海人民美术出版社［1991年］
53cm（4开）定价：CNY11.70

J0124157
1992：婉风 （摄影挂历）
呼和浩特　内蒙古人民出版社　1991年
76cm（2开）定价：CNY18.00

J0124158
1992：未来影星 （摄影挂历）伍京生摄
北京　人民美术出版社　1991年　76cm（2开）
定价：CNY19.00

J0124159
1992：喜结良缘 （挂历）张英军等摄
上海　上海人民美术出版社［1991年］
85cm（3开）定价：CNY15.00

J0124160
1992：喜盈门 （摄影挂历）姚华平等摄
天津　天津人民美术出版社　1991年　76cm（2开）
ISBN：7-5305-8137-0　定价：CNY18.80

J0124161
1992：鲜花丽人 （挂历）
福州　海潮摄影艺术出版社［1991年］
76cm（2开）ISBN：7-80562-079-2
定价：CNY15.00

J0124162
1992：现代家庭 （摄影挂历）
陈学章，金忆波摄
石家庄　河北美术出版社　1991年　76cm（2开）

J0124163
1992：小宝宝 （摄影挂历）姜锁根等摄
上海　上海人民美术出版社［1991年］85cm
定价：CNY9.50

J0124164
1992：小天使 （摄影挂历）山东画报社编
济南　山东友谊书社　1991年　76cm（2开）
定价：CNY15.40

J0124165
1992：心驰 （挂历）
济南　山东友谊书社［1991年］76cm（2开）
定价：CNY22.00

J0124166
1992：心声 （摄影挂历）
北京　朝花美术出版社　1991年　76cm（2开）
定价：CNY19.00

J0124167
1992：新秀 （挂历）陈春轩,宋士诚摄
上海　上海人民美术出版社［1991年］
76cm（2开）定价：CNY13.50

J0124168
1992：星 （人物摄影挂历）
天津　天津人民美术出版社　1991年　76cm（2开）
ISBN：7-5305-8137-2　定价：CNY18.60

J0124169
1992：幸福家庭 （摄影挂历）尹春华等摄
天津　天津人民美术出版社　1991年　76cm（2开）
ISBN：7-5305-8116-8　定价：CNY18.80

J0124170
1992：幸福少女 （挂历）豪杰摄
兰州　甘肃人民美术出版社［1991年］
76cm（2开）定价：CNY18.50

J0124171
1992：幸福童年 （挂历）
福州　海潮摄影艺术出版社［1991年］
76cm（2开）ISBN：7-80562-074-1
定价：CNY15.00

J0124172
1992：幸福之家 （摄影挂历）
上海　上海书画出版社 1991 年　76cm（2 开）
定价：CNY22.60

J0124173
1992：艳翎佳丽 （挂历）刘海发等摄
天津　天津人民美术出版社 1991 年　76cm（2 开）
ISBN：7-5305-8115-8 定价：CNY18.80

J0124174
1992：窈窕淑女 （挂历）韩志雅等摄
天津　天津杨柳青画社 1991 年　76cm（2 开）
定价：CNY19.00

J0124175
1992：一代佳丽 （摄影挂历）
上海　上海书画出版社 1991 年　76cm（2 开）
定价：CNY18.00

J0124176
1992：银幕天使 （挂历）
杭州　浙江人民美术出版社 1991 年
76cm（2 开）定价：CNY18.20

J0124177
1992：银星 （挂历）黄贝摄
北京　中国电影出版社［1991 年］76cm（2 开）
定价：CNY18.50

J0124178
1992："影后" （摄影挂历）陕西画报社编辑
西安　陕西人民美术出版社［1991 年］
76cm（2 开）定价：CNY19.60

J0124179
1992：影视模特明星 （摄影挂历）
南京　江苏人民出版社 1991 年　76cm（2 开）
定价：CNY18.00

J0124180
1992：影坛影星 （摄影挂历）
杭州　浙江人民美术出版社 1991 年
76cm（2 开）定价：CNY19.00

J0124181
1992：影坛群芳 （摄影挂历）柏雨果等摄
西安　陕西人民美术出版社 1991 年
76cm（2 开）定价：CNY17.40

J0124182
1992：影星 （摄影挂历）
西安　陕西人民美术出版社［1991 年］
76cm（2 开）定价：CNY18.80

J0124183
1992：影星 （摄影挂历）
上海　上海书画出版社 1991 年　76cm（2 开）
定价：CNY17.80

J0124184
1992：影中人 （挂历）
南京　江苏美术出版社［1991 年］76cm（2 开）

J0124185
1992：鱼水情 （摄影挂历）
天津　天津人民美术出版社 1991 年　76cm（2 开）
ISBN：7-5305-81164 定价：CNY16.80

J0124186
1992：欲语含羞 （摄影挂历）
北京　农村读物出版社［1991 年］76cm（2 开）
定价：CNY19.50

J0124187
1992：长命百岁 （儿童摄影挂历）
沈阳　辽宁美术出版社 1991 年　53cm（4 开）
定价：CNY12.00

J0124188
1992：中国历代佳人 （挂历）
谢新发，哑风摄；樊韬编文
郑州　河南美术出版社 1991 年　78cm（2 开）
定价：CNY15.50

J0124189
1992：中国名模 （挂历）李维良等摄
天津　天津人民美术出版社 1991 年　76cm（2 开）
ISBN：7-5305-8117-2 定价：CNY18.80

J0124190
1992：中国名模 （挂历）李维良等摄
北京 中国旅游出版社 1991 年 76cm（2 开）
定价：CNY20.00

J0124191
1992：中国明星 （摄影挂历）
天津 天津人民美术出版社 1991 年 76cm（2 开）
ISBN：7-5305-8137-5 定价：CNY18.80

J0124192
1992：中国模特明星 （摄影挂历）
符宁，盛鸣摄
武汉 长江文艺出版社 1991 年 76cm（2 开）
定价：CNY17.50

J0124193
1992：中国著名模特 （摄影挂历）河川摄
成都 四川人民出版社［1991 年］76cm（2 开）
定价：CNY19.00

J0124194
1992：周恩来 （摄影挂历）杜修贤摄
济南 山东美术出版社 1991 年 76cm（2 开）
定价：CNY19.20
　　作者杜修贤（1926—　），记者、摄影师。生于陕西米脂。历任新华通讯社记者、北京分社摄影组组长、中央新闻组组长、中国图片社副总经理。摄影代表作有《历史性的握手》，主编有《人民的总理》《中南海》《邓颖超影集》等。

J0124195
爱 （摄影 1992 年年历）
沈阳 辽宁美术出版社 1991 年 1 张
53cm（4 开）ISBN：7-5314-0673
定价：CNY0.70

J0124196
白衣少女 （摄影 1992 年年历）
沈阳 辽宁美术出版社［1991 年］1 张
53cm（4 开）ISBN：7-5314-0649
定价：CNY0.70

J0124197
贝斯女郎 （摄影 1992 年年历）许彬摄

沈阳 辽宁美术出版社 1991 年 1 张
53cm（4 开）ISBN：7-5314-0697
定价：CNY0.70

J0124198
财貌双全 （摄影 1992 年年历）
沈阳 辽宁美术出版社 1991 年 1 张
53cm（4 开）ISBN：7-5314-1506
定价：CNY0.70

J0124199
打电话 （1992 年年历）沈新摄
天津 天津人民美术出版社 1991 年 1 张
53cm（4 开）ISBN：7-5305-8120-8
定价：CNY0.60

J0124200
大海的女儿 （摄影 1992 年年历）
沈阳 辽宁美术出版社 1991 年 1 张
53cm（4 开）ISBN：7-5314-0684
定价：CNY0.70

J0124201
电影演员白灵，张鸣鸣 （摄影 1992 年年历）
北京 中国电影出版社［1991 年］1 张
53cm（4 开）定价：CNY0.60

J0124202
电影演员曾丹 （摄影 1992 年年历）
北京 中国电影出版社［1991 年］1 张
53cm（4 开）定价：CNY0.60

J0124203
电影演员陈佩斯 （摄影 1992 年年历）
北京 中国电影出版社［1991 年］1 张
53cm（4 开）定价：CNY0.60

J0124204
电影演员董智芝 （摄影 1992 年年历）
北京 中国电影出版社［1991 年］1 张
53cm（4 开）定价：CNY0.60

J0124205
电影演员侯佳 （摄影 1992 年年历）
北京 中国电影出版社［1991 年］1 张

53cm（4 开）定价：CNY0.60

J0124206
电影演员姬培杰 （摄影 1992 年年历）
北京 中国电影出版社［1991 年］1 张
53cm（4 开）定价：CNY0.60

J0124207
电影演员解蕾 （摄影 1992 年年历）
北京 中国电影出版社［1991 年］1 张
53cm（4 开）定价：CNY0.60

J0124208
电影演员刘培、潘婕 （摄影 1992 年年历）
北京 中国电影出版社［1991 年］1 张
53cm（4 开）定价：CNY0.60

J0124209
电影演员 （摄影 1992 年年历）
北京 中国电影出版社［1991 年］1 张
53cm（4 开）定价：CNY0.60

J0124210
电影演员矛海彤,林海海 （摄影 1992 年年历）
北京 中国电影出版社［1991 年］1 张
76cm（2 开）定价：CNY1.00

J0124211
电影演员瞿颖 （摄影 1992 年年历）
北京 中国电影出版社［1991 年］1 张
53cm（4 开）定价：CNY0.60

J0124212
电影演员史兰芽 （摄影 1992 年年历）
北京 中国电影出版社［1991 年］1 张
53cm（4 开）定价：CNY0.60

J0124213
电影演员宋金姣 （摄影 1992 年年历）
北京 中国电影出版社［1991 年］1 张
53cm（4 开）定价：CNY0.60

J0124214
电影演员夏菁 （摄影 1992 年年历）
北京 中国电影出版社［1991 年］1 张

53cm（4 开）定价：CNY0.60

J0124215
电影演员许晴 （摄影 1992 年年历）
北京 中国电影出版社［1991 年］1 张
76cm（2 开）定价：CNY1.00

J0124216
电影演员于飞鸿 （摄影 1992 年年历）
北京 中国电影出版社［1991 年］1 张
53cm（4 开）定价：CNY0.60

J0124217
电影演员袁茵 （摄影 1992 年年历）
北京 中国电影出版社［1991 年］1 张
53cm（4 开）定价：CNY0.60

J0124218
电影演员张虹 （摄影 1992 年年历）
北京 中国电影出版社［1991 年］1 张
53cm（4 开）定价：CNY0.60

J0124219
电影演员张莉 （摄影 1992 年年历）
北京 中国电影出版社［1991 年］1 张
53cm（4 开）定价：CNY0.60

J0124220
电影演员张琪 （摄影 1992 年年历）
北京 中国电影出版社［1991 年］1 张
53cm（4 开）定价：CNY0.60

J0124221
电影演员赵越 （摄影 1992 年年历）
北京 中国电影出版社［1991 年］1 张
76cm（2 开）定价：CNY1.00

J0124222
电影演员郑爽 （摄影 1992 年年历）
北京 中国电影出版社［1991 年］1 张
53cm（4 开）定价：CNY0.60

J0124223
电影演员朱时茂 （摄影 1992 年年历）
北京 中国电影出版社［1991 年］1 张

53cm（4开）定价：CNY0.60

J0124224
豆豆 （摄影 1992年年历）梁波摄
沈阳 辽宁美术出版社 1991年 1张
53cm（4开）ISBN：7-5314-1503
定价：CNY0.70

J0124225
豆蔻年华 （摄影 1992年年历）钱豫强摄
杭州 浙江人民美术出版社 1991年 1张
76cm（2开）定价：CNY1.20

J0124226
芳容 （1992年年历）钱豫强摄
杭州 浙江人民美术出版社 1991年 1张
78cm（2开）定价：CNY0.80

J0124227
芳姿 （1992年年历）刘海发摄
天津 天津人民美术出版社 1991年 1张
53cm（4开）ISBN：7-5305-8119
定价：CNY0.60

J0124228
菲菲 （摄影 1992年年历）
沈阳 辽宁美术出版社 1991年 1张
53cm（4开）ISBN：7-5314-1573
定价：CNY0.70

J0124229
抚花女孩 （摄影 1992年年历）鹏飞,起奎摄
沈阳 辽宁美术出版社 1991年 1张
53cm（4开）ISBN：7-5314-0652
定价：CNY0.70

J0124230
歌星——李玲玉 （1992年年历）杨妍摄
杭州 浙江人民美术出版社 1991年 1张
53cm（4开）定价：CNY0.60

J0124231
海边少女 （摄影 1992年年历）
沈阳 辽宁美术出版社 ［1991年］1张
53cm（4开）ISBN：7-5314-1556

定价：CNY0.70

J0124232
红帽少女 （摄影 1992年年历）
沈阳 辽宁美术出版社 1991年 1张
53cm（4开）ISBN：7-5314-1582
定价：CNY0.70

J0124233
红帽子 （摄影 1992年年历）杨中俭摄
南京 江苏美术出版社 1991年 1张
78cm（2开）定价：CNY1.20

J0124234
红衣女郎 （摄影 1992年年历）豫强摄
杭州 浙江人民美术出版社 ［1991年］1张
53cm（4开）定价：CNY0.60

J0124235
吉它女 （摄影 1992年年历）鹏飞,辛学摄
沈阳 辽宁美术出版社 1991年 1张
53cm（4开）ISBN：7-5314-0606
定价：CNY0.70

J0124236
吉祥福寿 （摄影 1992年年历）朱介堂作
杭州 浙江人民美术出版社 1991年 1张
76cm（2开）定价：CNY1.20
　　作者朱介堂(1940—　　),上海人。就读于浙
江美术学院附属中等美术专科学校。历任金华
市健康教育所美术工程师。代表作品《新装》《一
杯美酒敬英雄》《恩爱》等。

J0124237
佳佳 （1992年年历）王志强,李正平摄
天津 天津人民美术出版社 1991年 1张
53cm（4开）ISBN：7-5305-8122-2
定价：CNY0.60

J0124238
佳丽 （1992年年历）刘海摄
西安 陕西人民美术出版社 1991年 1张
53cm（4开）定价：CNY0.65

J0124239
嘉丽 （摄影 1992 年年历）
沈阳 辽宁美术出版社 1991 年 1 张
53cm（4 开）ISBN：7-5314-0657
定价：CNY0.70

J0124240
金发女郎 （1992 年年历）钢强摄
杭州 浙江人民美术出版社［1991 年］1 张
53cm（4 开）定价：CNY0.60

J0124241
看谁高 （摄影 1992 年年历）少白摄
沈阳 辽宁美术出版社 1991 年 1 张
53cm（4 开）ISBN：7-5314-1537
定价：CNY0.70

J0124242
空中小姐 （1992 年年历）于云天摄
天津 天津人民美术出版社 1991 年 1 张
53cm（4 开）ISBN：7-5305-8118-4
定价：CNY0.60

J0124243
快乐 （摄影 1992 年年历）日月摄
沈阳 辽宁美术出版社 1991 年 1 张
53cm（4 开）ISBN：7-5314-1560
定价：CNY0.70

J0124244
快乐的童年 （1992 年年历）吴健骅,柳英虎摄
长沙 湖南美术出版社 1991 年 1 张
76cm（2 开）ISBN：7-5314-1556
定价：CNY1.10

J0124245
丽影 （1992 年年历）钱豫强摄
杭州 浙江人民美术出版社 1991 年 1 张
53cm（4 开）定价：CNY0.60

J0124246
妈妈你好 （摄影 1992 年年历）
上海 上海人民美术出版社［1991 年］1 张
53cm（4 开）定价：CNY0.60

J0124247
妈我爱你 （摄影 1992 年年历）孙金媛摄
上海 上海人民美术出版社［1991 年］1 张
78cm（2 开）定价：CNY0.80

J0124248
美女与宠物 （摄影 1992 年年历）
沈阳 辽宁美术出版社 1991 年 1 张
53cm（4 开）ISBN：7-5314-1580
定价：CNY0.70

J0124249
明星 （摄影 1992 年年历）宋士诚,陈春轩摄
上海 上海人民美术出版社 1991 年 1 张
53cm（4 开）定价：CNY0.60

J0124250
摩托女郎 （摄影 1992 年年历）夏大统摄
长沙 湖南美术出版社 1991 年 1 张
76cm（2 开）ISBN：7-5356-1527
定价：CNY1.10

J0124251
凝目 （摄影 1992 年年历）
沈阳 辽宁美术出版社 1991 年 1 张
53cm（4 开）定价：CNY0.70

J0124252
凝思 （1992 年年历）杨妍摄
杭州 浙江人民美术出版社 1991 年 1 张
53cm（4 开）定价：CNY0.60

J0124253
女骑手 （摄影 1992 年年历）刘红军,苏可摄
北京 中国连环画出版社 1991 年 1 张
76cm（2 开）定价：CNY1.50

J0124254
胖胖 （摄影 1992 年年历）山奇摄
沈阳 辽宁美术出版社 1991 年 1 张
53cm（4 开）ISBN：7-5314-1593
定价：CNY0.70

J0124255
倩影 （1992 年年历）钱豫强摄

杭州 浙江人民美术出版社 1991 年 1 张
78cm（2 开）定价：CNY0.80

J0124256
亲密的战友 （1992 年年历）
天津 天津人民美术出版社 1991 年 1 张
53cm（4 开）ISBN：7-5305-8117-6
定价：CNY0.60

J0124257
青年舞蹈家——杨丽萍
（摄影 1992 年年历）沈今声绘
北京 人民美术出版社 1991 年 1 张
76cm（2 开）定价：CNY1.10
　　作者沈今声（1934— ），毕业于中央美术学院。曾任《舞蹈》杂志编辑。代表作《雀之灵》《肯登攀》。

J0124258
青年演员白灵 （1992 年年历）李志宏摄
长沙 湖南美术出版社 1991 年 1 张
53cm（4 开）定价：CNY0.55

J0124259
青年演员金梦 （摄影 1992 年年历）刘海发摄
沈阳 辽宁美术出版社［1991 年］1 张
53cm（4 开）ISBN：7-5314-1531
定价：CNY0.70

J0124260
青年演员许志群 （摄影 1992 年年历）
北京 中国电影出版社［1991 年］1 张
76cm（2 开）定价：CNY1.00

J0124261
青年演员于慧 （1992 年年历）滕俊杰摄
长沙 湖南美术出版社 1991 年 1 张
76cm（2 开）ISBN：7-5356-1529
定价：CNY1.10

J0124262
倾慕 （摄影 1992 年年历）
沈阳 辽宁美术出版社 1991 年 1 张
53cm（4 开）ISBN：7-5314-1544
定价：CNY0.70

J0124263
情侣 （摄影 1992 年年历）
沈阳 辽宁美术出版社 1991 年 1 张
53cm（4 开）ISBN：7-5314-1549
定价：CNY0.70

J0124264
全家喜 （摄影 1992 年年历）李静波摄
沈阳 辽宁美术出版社 1991 年 1 张
53cm（4 开）ISBN：7-5314-1502
定价：CNY0.70

J0124265
柔情 （摄影 1992 年年历）鲁夫摄
沈阳 辽宁美术出版社 1991 年 1 张
53cm（4 开）ISBN：7-5314-1583
定价：CNY0.70

J0124266
上海时装新潮 （摄影 1992 年年历）大海摄
上海 上海人民美术出版社 1991 年 1 张
53cm（4 开）定价：CNY0.60

J0124267
少女 （摄影 1992 年年历）高盛奎摄
杭州 浙江人民美术出版社 1991 年 1 张
53cm（4 开）定价：CNY0.60

J0124268
少女 （摄影 1991 年年历）朱守宪摄
北京 中国妇女出版社［1991 年］1 张
107cm（1 开）定价：CNY5.50

J0124269
十六岁花季 （摄影 1992 年年历）钱豫强摄
杭州 浙江人民美术出版社 1991 年 1 张
53cm（4 开）定价：CNY0.60
　　作者钱豫强（1944— ），浙江嘉善人，历任浙江美术出版社副编审，浙江赛丽美术馆执行馆长。

J0124270
特种兵 （1992 年年历）支柱，李正平摄
天津 天津人民美术出版社 1991 年 1 张
53cm（4 开）ISBN：7-5305-8121-8

定价：CNY0.60

J0124271
童年　（1992 年年历）桑榆摄
上海　上海人民美术出版社　1991 年　1 张
76cm（2 开）定价：CNY1.10

J0124272
童年　（摄影　1992 年年历）马玲玲摄
上海　上海人民美术出版社　1991 年　1 张
53cm（4 开）定价：CNY0.60

J0124273
童年乐　（摄影　1992 年年历）姜银锁摄
沈阳　辽宁美术出版社　1991 年　1 张
53cm（4 开）ISBN：7-5314-1595
定价：CNY0.70

J0124274
娃娃乐　（摄影　1992 年年历）陈小平摄
沈阳　辽宁美术出版社　1991 年　1 张
53cm（4 开）ISBN：7-5314-1594
定价：CNY0.70

J0124275
小伴娘　（摄影　1992 年年历）
沈阳　辽宁美术出版社　1991 年　1 张
53cm（4 开）ISBN：7-5314-0650
定价：CNY0.70

J0124276
小宝宝　（摄影　1992 年年历）李少白摄
沈阳　辽宁美术出版社　1991 年　1 张
53cm（4 开）ISBN：7-5314-1534
定价：CNY0.70
　　作者李少白（1942—　），著名摄影家。生于
重庆。先后任《大众摄影》《中国摄影》等杂志编
委，《中国国家地理》《文明》等杂志签约摄影师。
出版有《李少白摄影作品选》《神秘的紫禁城》
《伟大的长城》《走进故宫》等。

J0124277
小宝宝　（摄影　1992 年年历）
上海　上海人民美术出版社［1991 年］1 张
78cm（2 开）定价：CNY1.10

J0124278
小飞飞　（摄影　1992 年年历）光远摄
杭州　浙江人民美术出版社　1991 年　1 张
53cm（4 开）定价：CNY0.60

J0124279
小乖乖　（摄影　1992 年年历）
沈阳　辽宁美术出版社　1991 年　1 张
53cm（4 开）ISBN：7-5314-1538
定价：CNY0.70

J0124280
小海军　（摄影　1992 年年历）沈欣,庆文摄
天津　天津人民美术出版社　1991 年　1 张
53cm（4 开）ISBN：7-5305-8121-6
定价：CNY0.60

J0124281
小摩托兵　（摄影　1992 年年历）张成,何欢摄
天津　天津人民美术出版社　1991 年　1 张
53cm（4 开）ISBN：7-5305-8121-7
定价：CNY0.50

J0124282
小胖胖　（摄影　1992 年年历）
西安　陕西人民美术出版社　1991 年　1 张
53cm（4 开）定价：CNY0.65

J0124283
小胖子　（摄影　1992 年年历）陈尧摄
沈阳　辽宁美术出版社　1991 年　1 张
53cm（4 开）ISBN：7-5314-1547
定价：CNY0.70

J0124284
小骑手　（摄影　1992 年年历）成渝摄
沈阳　辽宁美术出版社　1991 年　1 张
53cm（4 开）ISBN：7-5314-1511
定价：CNY0.70

J0124285
小琴手　（摄影　1992 年年历）宋士诚摄
上海　上海人民美术出版社　1991 年　1 张
53cm（4 开）定价：CNY0.60

J0124286
小卫士　（摄影 1992 年年历）李正平,陈平摄
天津　天津人民美术出版社　1991 年　1 张
53cm（4 开）ISBN：7-5305-81205
定价：CNY0.60

J0124287
小演员　（摄影 1992 年年历）焦卫摄
西安　陕西人民美术出版社　1991 年　1 张
78cm（2 开）定价：CNY0.78

J0124288
小演员　（摄影 1992 年年历）光远摄
杭州　浙江人民美术出版社　1991 年　1 张
53cm（4 开）定价：CNY0.60

J0124289
新星　（摄影 1992 年年历）
沈阳　辽宁美术出版社　1991 年　1 张
53cm（4 开）ISBN：7-5314-1509
定价：CNY0.70

J0124290
幸福　（摄影 1992 年年历）
上海　上海人民美术出版社［1991 年］1 张
53cm（4 开）定价：CNY0.50

J0124291
幸福的宝宝　（1992 年年历）吴健骅,柳英虎摄
长沙　湖南美术出版社　1991 年　1 张
76cm（2 开）ISBN：7-5356-1555
定价：CNY1.10

J0124292
幸福天使　（1992 年年历）
南京　江苏美术出版社　1991 年　1 张
78cm（2 开）定价：CNY0.85

J0124293
幸福童年　（摄影 1992 年年历）
沈阳　辽宁美术出版社［1991 年］1 张
53cm（4 开）ISBN：7-5314-1542
定价：CNY0.70

J0124294
徐小凤　（摄影 1992 年年历）杨凡摄
上海　上海人民美术出版社　1991 年　1 张
53cm（4 开）定价：CNY0.60

J0124295
延年益寿　（摄影 1992 年年历）
沈阳　辽宁美术出版社　1991 年　1 张
53cm（4 开）ISBN：7-5314-1577
定价：CNY0.70

J0124296
演员　（摄影 1992 年年历）
丁定摄
上海　上海人民美术出版社　1991 年　1 张
53cm（4 开）定价：CNY0.60

J0124297
演员盖莉莉　（摄影 1992 年年历）
沈阳　辽宁美术出版社　1991 年　1 张
53cm（4 开）ISBN：7-5314-1584
定价：CNY0.70

J0124298
演员夏青　（1992 年年历）金以云摄
天津　天津人民美术出版社　1991 年　1 张
53cm（4 开）ISBN：7-5305-8120-1
定价：CNY0.60

J0124299
演员于慧　（摄影 1992 年年历）滕俊杰摄
沈阳　辽宁美术出版社　1991 年　1 张
53cm（4 开）ISBN：7-5314-1522
定价：CNY0.70

J0124300
银色的梦　（摄影 1992 年年历）
沈阳　辽宁美术出版社　1991 年　1 张
53cm（4 开）ISBN：7-5314-0686
定价：CNY0.70

J0124301
英姿　（摄影 1992 年年历）李明摄
沈阳　辽宁美术出版社［1991 年］1 张
53cm（4 开）ISBN：7-5314-1561

定价：CNY0.70

J0124302
影视新秀 （摄影 1992 年年历 一～ 四）
上海 上海人民美术出版社 1991 年 4 张
76cm（2 开）定价：CNY4.40

J0124303
影视演员——张琪 （摄影 1992 年年历）
滕俊杰摄
上海 上海人民美术出版社 1991 年 1 张
53cm（4 开）定价：CNY0.60

J0124304
影星何晴 （摄影 1992 年年历）
沈阳 辽宁美术出版社 1991 年 1 张
53cm（4 开）ISBN：7–5314–1512
定价：CNY0.70

J0124305
影星李勇勇 （1992 年年历）豫强摄
杭州 浙江人民美术出版社 1991 年 1 张
53cm（4 开）定价：CNY0.60

J0124306
影星谭小燕 （1992 年年历）杨妍摄
杭州 浙江人民美术出版社 1991 年 1 张
85cm 定价：CNY0.80

J0124307
影星——陶慧敏 （1992 年年历）豫强,益民摄
杭州 浙江人民美术出版社 1991 年 1 张
76cm（2 开）定价：CNY1.20

J0124308
影中人 （摄影 1992 年年历）
南京 江苏美术出版社 1991 年 1 张
76cm（2 开）定价：CNY1.20

J0124309
友谊 （摄影 1992 年年历）桑榆摄
上海 上海人民美术出版社 1991 年 1 张
76cm（2 开）定价：CNY1.10

J0124310
真开心 （摄影 1992 年年历）梁心摄
沈阳 辽宁美术出版社 1991 年 1 张
53cm（4 开）ISBN：7–5314–1505
定价：CNY0.70

J0124311
祝君如意 （摄影 1992 年年历 一～ 六）
上海 上海人民美术出版社 ［1991 年］6 张
76cm（2 开）定价：CNY8.40

J0124312
祝君幸福 （摄影 1992 年年历）小白摄
沈阳 辽宁美术出版社 1991 年 1 张
53cm（4 开）ISBN：7–5314–1557
定价：CNY0.70

J0124313
祖国的卫士 （摄影 1992 年年历）支柱,何欢摄
天津 天津人民美术出版社 1991 年 1 张
76cm（2 开）ISBN：7–5305–81177
定价：CNY1.10

J0124314
1993：霸王花 （挂历）
长春 吉林美术出版社出版社 1992 年
77cm（2 开）定价：CNY19.80

J0124315
1993：碧玉丽人 （挂历）
天津 天津人民美术出版社 1992 年 77cm（2 开）
ISBN：7–5305–8150–8 定价：CNY20.50

J0124316
1993：港台影星 （挂历）
广州 岭南美术出版社 ［1992 年］77cm（2 开）
定价：CNY16.00

J0124317
1993：港台影星 （挂历）
北京 中国电影出版社 ［1992 年］77cm（2 开）
定价：CNY19.80

J0124318
1993：花与影星 （挂历）

西安　陕西人民美术出版社　1992 年
77cm（2 开）定价：CNY19.00

J0124319
1993：敬爱的领袖毛泽东 （挂历）
北京　中国连环画出版社　1992 年　77cm（2 开）
定价：CNY19.50

J0124320
1993：绝色"影后" （挂历）
广州　岭南美术出版社［1992 年］77×106cm
定价：CNY24.80

J0124321
1993：靓女 （挂历）
天津　天津人民美术出版社　1992 年　77cm（2 开）
ISBN：7-5305-8157-2 定价：CNY18.80

J0124322
1993：梦双姣 （服装新款式掠影　挂历）
西安　陕西人民美术出版社［1992 年］
77cm（2 开）定价：CNY19.80

J0124323
1993：明星·家园 （挂历）
沈阳　辽宁美术出版社　1992 年　77cm（2 开）
定价：CNY24.80

J0124324
1993：明星名画 （挂历）
长沙　湖南美术出版社　1992 年　77cm（2 开）
定价：CNY20.00

J0124325
1993：明星情影 （挂历）
济南　山东美术出版社　1992 年　77cm（2 开）
定价：CNY19.80

J0124326
1993：摩托女郎 （挂历）
天津　天津人民美术出版社　1992 年　77cm（2 开）
ISBN：7-5305-8149-2 定价：CNY20.50

J0124327
1993：欧美时装 （挂历）

银川　宁夏人民出版社［1992 年］77cm（2 开）
定价：CNY21.00

J0124328
1993：青春·时装 （挂历）
长沙　湖南美术出版社　1992 年　77cm（2 开）
定价：CNY20.00

J0124329
1993：情侣与时装 （挂历）
西安　陕西人民美术出版社［1992 年］
77cm（2 开）定价：CNY21.80

J0124330
1993：时尚 （摄影挂历）
天津　天津杨柳青画社　1992 年　77cm（2 开）
ISBN：7-80503-414-4 定价：CNY21.00

J0124331
1993：时装 （挂历）
天津　天津人民美术出版社　1992 年　68cm（3 开）
ISBN：7-5305-8157-9 定价：CNY12.80

J0124332
1993：疑惑 （摄影挂历）
北京　中国戏剧出版社　1992 年　77cm（2 开）
定价：CNY23.00

J0124333
1993：影视情影 （挂历）
北京　中国电影出版社［1992 年］77cm（2 开）
定价：CNY21.00

J0124334
1993：影视新星 （挂历）
北京　中国电影出版社［1992 年］77cm（2 开）
定价：CNY19.00

J0124335
1993：影星 （挂历）
天津　天津人民美术出版社　1992 年　77cm（2 开）
ISBN：7-5305-8150-2 定价：CNY18.50

J0124336
1993：中国影视明星 （挂历）

天津　天津人民美术出版社　1992 年　77cm（2 开）
ISBN：7-5305-8157-7 定价：CNY19.80

J0124337
宝贝 （1993 年年历）豫强摄
杭州　浙江人民美术出版社　1992 年　1 张
53×38cm 定价：CNY0.70

J0124338
边陲丽人 （1993 年年历）小希，克寅摄
南京　江苏美术出版社　1992 年　1 张　68×38cm
定价：CNY0.90

J0124339
草原倩影 （1993 年年历）予强摄
南京　江苏美术出版社　1992 年　1 张　68×38cm
定价：CNY0.90

J0124340
憧憬 （1993 年年历）杨中俭摄
上海　上海人民美术出版社　1992 年　1 张　68cm
定价：CNY1.10

J0124341
芳姿　夏日少女 （1993 年年历）小滨摄
南京　江苏美术出版社　1992 年　1 张　77×53cm
定价：CNY1.20

J0124342
风华
杭州　浙江摄影出版社［1992 年］10 张
17cm（40 开）定价：CNY2.90

J0124343
共产主义接班人 （1993 年年历）刘沈摄
天津　天津人民美术出版社　1992 年　1 张
53×38cm ISBN：7-5305-8155-1
定价：CNY0.65

J0124344
海边情侣 （1993 年年历）
北京　中国电影出版社［1992 年］1 张
77×53cm 定价：CNY1.10

J0124345
红叶情深——时装明星瞿颖 （1993 年年历）
马建国摄
长沙　湖南美术出版社　1992 年　1 张　77×53cm
定价：CNY1.25

J0124346
活力 （1993 年年历）高胜奎摄
天津　天津人民美术出版社　1992 年　1 张
53cm（4 开）ISBN：7-5305-8153-9
定价：CNY0.65

J0124347
快乐的儿童 （1-6 1993 年年历）
上海　上海人民美术出版社［1992 年］1 张
68cm（3 开）定价：CNY7.80

J0124348
丽人 （1993 年年历）豫强摄
杭州　浙江人民美术出版社　1992 年　1 张
53×38cm 定价：CNY0.70

J0124349
美人蕉 （1993 年年历）丁仲安摄
杭州　浙江人民美术出版社　1992 年　1 张
68cm（3 开）定价：CNY1.00

J0124350
魅力 （1993 年年历）徐俊卿，高胜奎摄
天津　天津人民美术出版社　1992 年　1 张
53cm（4 开）ISBN：7-5305-8152-3
定价：CNY0.65

J0124351
妙龄 （1993 年年历）谢新发摄
天津　天津人民美术出版社　1992 年　1 张
53×38cm ISBN：7-5305-8152-5
定价：CNY0.65

J0124352
摩托女郎 （1993 年年历）
北京　中国电影出版社［1992 年］1 张
77×53cm 定价：CNY1.10

J0124353
母子情深 （1993 年年历）寒雅摄
天津　天津人民美术出版社 1992 年　1 张
53×38cm　ISBN：7-5305-8153-6
定价：CNY0.65

J0124354
倩影 （1993 年年历）杨中俭摄
上海　上海人民美术出版社 1992 年　1 张　68cm
定价：CNY1.10

J0124355
俏丽 （1993 年年历）接祖华摄
天津　天津人民美术出版社 1992 年　1 张
53cm（4 开）ISBN：7-5305-8153-4
定价：CNY0.65

J0124356
青春伴侣 （1993 年年历）
北京　中国电影出版社［1992 年］1 张
53×38cm　定价：CNY0.60

J0124357
青春无季 （1993 年年历）
北京　中国电影出版社［1992 年］1 张
53×38cm　定价：CNY0.60

J0124358
青年演员夏莎莎 （1993 年年历）屈正一摄
长沙　湖南美术出版社 1992 年　1 张　77×53cm
定价：CNY1.25

J0124359
情侣 （1993 年年历）
北京　中国电影出版社［1992 年］1 张
77×53cm　定价：CNY0.60

J0124360
柔情　夏日少女 （1993 年年历）兆欣摄
南京　江苏美术出版社 1992 年　1 张　77×53cm
定价：CNY1.20

J0124361
闪光的青春 （1993 年年历）陆明华摄
上海　上海人民美术出版社 1992 年　1 张

77×53cm　定价：CNY1.40

J0124362
时装演员李晓昀 （1993 年年历）施伟才摄
南京　江苏美术出版社 1992 年　1 张
77cm（2 开）定价：CNY1.20

J0124363
挑担女 （1993 年年历）
北京　中国电影出版社［1992 年］1 张
53×38cm　定价：CNY0.60

J0124364
童年 （1993 年年历）杭志忠摄
上海　上海人民美术出版社 1992 年　1 张　68cm
定价：CNY1.10

J0124365
娃娃戏水 （1993 年年历）关平摄
天津　天津人民美术出版社 1992 年　1 张
53cm（4 开）ISBN：7-5305-8155-7
定价：CNY0.65

J0124366
喂,你好 （1993 年年历）李少白摄
天津　天津人民美术出版社 1992 年　1 张
53cm（4 开）ISBN：7-5305-8152-9
定价：CNY0.65
　　作者李少白(1942—　)，著名摄影家。生于
重庆。先后任《大众摄影》《中国摄影》等杂志编
委，《中国国家地理》《文明》等杂志签约摄影师。
出版有《李少白摄影作品选》《神秘的紫禁城》
《伟大的长城》《走进故宫》等。

J0124367
妩媚　夏日少女 （1993 年年历）德安摄
南京　江苏美术出版社 1992 年　1 张
77×53cm　定价：CNY1.20

J0124368
西藏活佛 （1993 年年历）
拉萨　西藏人民出版社［1992 年］1 张
77×53cm　定价：CNY2.50

J0124369
仙童虎趣图 （1993 年年历）李正平等摄
天津　天津人民美术出版社 1992 年　1 张
53×38cm　ISBN：7-5305-8156-7
定价：CNY0.65

J0124370
鲜花献英雄 （一 1993 年年历）
沈阳　辽宁美术出版社 1992 年　1 张　77×53cm
定价：CNY1.48

J0124371
鲜丽　夏日少女 （1993 年年历）兆欣摄
南京　江苏美术出版社 1992 年　1 张　77×53cm
定价：CNY1.20

J0124372
现代模特儿 （意大利"现代模特儿大赛"）
班金鹏摄影
长沙　湖南美术出版社 ［1992 年］8 张
17cm（40 开）定价：CNY2.00

J0124373
新娘 （1993 年年历）骆炳霖摄
南京　江苏美术出版社 1992 年　1 张　77×53cm
定价：CNY1.20

J0124374
幸福生活保卫者 （1993 年年历）靳东立摄
上海　上海人民美术出版社 1992 年　1 张
77×53cm　定价：CNY1.40

J0124375
演员陶慧敏 （1993 年年历）陈诚摄
上海　上海人民美术出版社 1992 年　1 张　68cm
定价：CNY1.10

J0124376
英明领袖毛泽东 （1993 年年历）
天津　天津人民美术出版社 1992 年　1 张
53×38cm　ISBN：7-5305-8151-3
定价：CNY0.65

J0124377
影星李勇勇 （1993 年年历）黄正雄摄

杭州　浙江人民美术出版社 1992 年　1 张
53cm（4 开）定价：CNY0.70

J0124378
影星柳荻 （1993 年年历）
北京　中国电影出版社 ［1992 年］1 张
77×53cm　定价：CNY1.10

J0124379
园丁颂 （1993 年年历）丁英俊摄
杭州　浙江人民美术出版社 1992 年　1 张
68×38cm　定价：CNY1.00

J0124380
祖国卫士 （1993 年年历）支柱摄
天津　天津人民美术出版社 1992 年　1 张
53cm（4 开）ISBN：7-5305-8155-0
定价：CNY0.65

J0124381
1994：比基尼 （摄影挂历）
武汉　湖北美术出版社 ［1993 年］76×53cm
定价：CNY32.80

J0124382
1994：碧波玉姿 （摄影挂历）
杭州　浙江人民美术出版社 1993 年　76×53cm
定价：CNY25.00

J0124383
1994：船王 （摄影挂历）
北京　中国旅游出版社 ［1993 年］77×53cm
定价：CNY31.80

J0124384
1994：大明星巩俐 （摄影挂历）
沈阳　辽宁美术出版社 ［1993 年］77×53cm
定价：CNY34.00

J0124385
1994：儿童挂历
昆明　云南民族出版社 1993 年　52×38cm
定价：CNY4.00

J0124386
1994：芳姿 （摄影挂历）
石家庄 河北美术出版社 1993 年 76×53cm
定价：CNY27.00

J0126703
1994：风韵 （摄影挂历）
沈阳 辽宁美术出版社 1993 年 76×53cm
定价：CNY37.80

J0124387
1994：风韵 （摄影挂历）
北京 中国旅游出版社［1993 年］77×53cm
定价：CNY26.80

J0124388
1994：港台"巨星"（摄影挂历）
南京 江苏人民出版社 1993 年 76×53cm
定价：CNY28.00

J0124389
1994：港台明星 （摄影挂历）
福州 福建美术出版社［1993 年］76×53cm
定价：CNY18.00

J0124390
1994：港台明星 （摄影挂历）
天津 天津人民美术出版社［1993 年］
76×53cm 定价：CNY26.80

J0124391
1994：海之女 （摄影挂历）
杭州 西泠印社［1993 年］76×53cm
定价：CNY28.00

J0124392
1994：好宝宝 （摄影挂历）
上海 上海人民美术出版社［1993 年］
76×53cm 定价：CNY33.00

J0124393
1994：红裙子飘起来 （摄影挂历）
上海 上海人民美术出版社［1993 年］
76×53cm 定价：CNY28.00

J0124394
1994：红星照耀中国
（纪念毛主席诞辰 100 周年 挂历）
南昌 江西美术出版社［1993 年］77×53cm
定价：CNY27.80

J0126712
1994：红嘴唇 （摄影挂历）
南京 江苏美术出版社 1993 年 76×53cm
定价：CNY28.80

J0124395
1994：花梦 （摄影挂历）
广州 广东科技出版社［1993 年］76×53cm
定价：CNY28.80

J0124396
1994：花仙子 （摄影挂历）
上海 上海人民美术出版社［1993 年］
76×53cm 定价：CNY33.00

J0124397
1994：纪念毛泽东同志 （摄影挂历）
西安 陕西人民美术出版社［1993 年］
76×53cm 定价：CNY28.80

J0124398
1994：佳人饰品 （摄影挂历）
北京 中国旅游出版社［1993 年］77×53cm
定价：CNY32.00

J0124399
1994：巾帼英雄 （摄影挂历）
天津 天津人民美术出版社［1993 年］
76×53cm 定价：CNY23.80

J0124400
1994：金纱玉女 （摄影挂历）
上海 上海人民美术出版社［1993 年］
87×56cm

J0124401
1994："巨星"风采 （摄影挂历）
武汉 湖北美术出版社［1993 年］76×53cm
定价：CNY28.80

J0124402
1994：骏马倩姿 （摄影挂历）
石家庄　河北美术出版社［1993 年］76×53cm
定价：CNY32.00

J0124403
1994：美神 （摄影挂历）
武汉　湖北美术出版社［1993 年］76×53cm
定价：CNY32.80

J0124404
1994：梦醒时分 （摄影挂历）
武汉　湖北少年儿童出版社［1993 年］
76×53cm　定价：CNY28.50

J0124405
1994：名车靓女 （摄影挂历）
石家庄　河北美术出版社［1993 年］76×53cm
定价：CNY33.00

J0124406
1994：名模风采 （摄影挂历）
乌鲁木齐　新疆人民出版社　1993 年　76×53cm
定价：CNY26.00

J0124407
1994：名模英姿 （摄影挂历）
武汉　湖北美术出版社［1993 年］76×53cm
定价：CNY26.80

J0124408
1994：摩托明星 （摄影挂历）
天津　天津人民美术出版社［1993 年］
76×53cm　定价：CNY26.80

J0124409
1994：倩女宠物 （摄影挂历）
福州　福建美术出版社［1993 年］76×53cm
定价：CNY18.00

J0124410
1994：倩女星梦 （摄影挂历）
上海　上海人民美术出版社［1993 年］
76×53cm　定价：CNY26.00

J0124411
1994：亲情 （摄影挂历）
南京　江苏美术出版社　1993 年　76×53cm
定价：CNY27.80

J0124412
1994：情思 （摄影挂历）
上海　上海人民美术出版社［1993 年］
76×53cm　定价：CNY32.50

J0124413
1994：情思 （摄影挂历）
天津　天津人民美术出版社［1993 年］
76×53cm　定价：CNY23.80

J0124414
1994：柔娜 （摄影挂历）
石家庄　河北美术出版社［1993 年］76×53cm
定价：CNY28.00

J0124415
1994：少女倩 （摄影挂历）
济南　山东友谊书社　1993 年　76×53cm
定价：CNY26.80

J0124416
1994：淑女情 （摄影挂历）
沈阳　辽宁美术出版社　1993 年　76×53cm
定价：CNY26.80

J0124417
1994：宋庆龄 （摄影挂历）
上海　上海人民美术出版社［1993 年］
87×56cm　定价：CNY33.00

J0124418
1994：天趣 （摄影挂历）
北京　中国旅游出版社［1993 年］77×53cm
定价：CNY26.80

J0124419
1994：恬梦 （摄影挂历）
杭州　浙江人民美术出版社　1993 年　76×53cm
定价：CNY26.00

J0124420
1994：**未来希望** （摄影挂历）
福州　福建美术出版社［1993 年］76×53cm
定价：CNY32.00

J0124421
1994：**五彩梦** （摄影挂历）
北京　中国旅游出版社［1993 年］77×53cm
定价：CNY31.80

J0124422
1994：**现代丽人** （摄影挂历）
杭州　浙江人民美术出版社 1993 年　76×53cm
定价：CNY17.00

J0124423
1994：**香妞** （摄影挂历）
武汉　湖北美术出版社［1993 年］76×53cm
定价：CNY32.80

J0124424
1994：**小倩** （摄影挂历）
天津　天津人民美术出版社［1993 年］
76×53cm 定价：CNY23.80

J0124425
1994：**心中的歌** （摄影挂历）
上海　上海人民美术出版社［1993 年］
76×53cm 定价：CNY33.00

J0124426
1994：**艳妆丽人** （摄影挂历）
南京　江苏美术出版社 1993 年　76×53cm
定价：CNY27.80

J0124427
1994：**一代军戎** （摄影挂历）
石家庄　河北美术出版社［1993 年］76×53cm
定价：CNY33.80

J0124428
1994：**一笑倾城** （摄影挂历）
武汉　湖北美术出版社［1993 年］76×53cm
定价：CNY32.80

J0124429
1994：**熠熠星辉** （摄影挂历）
上海　上海人民美术出版社［1993 年］
76×53cm 定价：CNY28.00

J0124430
1994：**银海星韵** （摄影挂历）
杭州　浙江人民美术出版社 1993 年　76×53cm
定价：CNY26.00

J0124431
1994：**"影后"** （摄影挂历）
石家庄　河北美术出版社［1993 年］100×70cm
定价：CNY45.00

J0124432
1994：**"影后"** （摄影挂历）
杭州　西泠印社［1993 年］87×56cm
定价：CNY31.80

J0124433
1994：**影坛往事** （摄影挂历）
杭州　浙江人民美术出版社 1993 年
76×53cm 定价：CNY27.00

J0124434
1994：**泳装** （摄影挂历）
武汉　湖北美术出版社［1993 年］76×53cm
定价：CNY26.80

J0124435
1994：**鱼水情** （摄影挂历）张兆增，彭宏摄
北京　中国旅游出版社［1993 年］77×53cm
定价：CNY32.80

J0124436
1994：**园中佳丽** （摄影挂历）
沈阳　辽宁美术出版社 1993 年　76×53cm
定价：CNY26.8

J0124437
1994：**正芳年** （摄影挂历）
沈阳　辽宁美术出版社 1993 年　76×53cm
定价：CNY33.80

J0124438
1994：昨夜星辰 （摄影挂历）
成都 四川民族出版社 [1993 年] 76×53cm
定价：CNY27.00

J0124439
1994 中国霸王花 （摄影挂历）
济南 山东友谊书社 1993 年 76×53cm

J0124440
爱洒人间 （摄影 1994 年年历）海发摄
沈阳 辽宁美术出版社 1993 年 1 张 77×53cm
定价：CNY0.98

J0124441
宝宝不要睡懒觉 （摄影 1994 年年历）
马恒福摄
南京 江苏美术出版社 1993 年 1 张 38×53cm
定价：CNY0.75

J0124442
春妮 （摄影 1994 年年历）豫强，晓杨摄
杭州 浙江人民美术出版社 1993 年 1 张
53×38cm 定价：CNY0.75

J0124443
纯洁 （摄影 1994 年年历）王小滨摄
南京 江苏美术出版社 1993 年 1 张 77×53cm
定价：CNY1.40

J0124444
电影演员陈小艺 （摄影 1994 年年历）
北京 中国电影出版社 [1993 年] 1 张
77×53cm 定价：CNY1.30

J0124445
电影演员金梦 （摄影 1994 年年历）叶子摄
杭州 浙江人民美术出版社 1993 年 1 张
53×38cm 定价：CNY0.75

J0124446
电影演员 （摄影 1994 年年历）
北京 中国电影出版社 [1993 年] 1 张
77×53cm 定价：CNY1.30

J0124447
电影演员柳荻 （摄影 1994 年年历）
北京 中国电影出版社 [1993 年] 1 张
77×53cm 定价：CNY1.30

J0124448
电影演员潘婕 （摄影 1994 年年历）
北京 中国电影出版社 [1993 年] 1 张
77×53cm 定价：CNY1.30

J0124449
电影演员孙红娣 （摄影 1994 年年历）
北京 中国电影出版社 [1993 年] 1 张
77×53cm 定价：CNY1.30

J0124450
电影演员肖霞 （摄影 1994 年年历）
北京 中国电影出版社 [1993 年] 1 张
77×53cm 定价：CNY1.30

J0124451
儿童 （一 摄影 1994 年年历）
北京 中国旅游出版社 [1993 年] 1 张
77×53cm 定价：CNY1.95

J0124452
儿童 （二 摄影 1994 年年历）
北京 中国旅游出版社 [1993 年] 1 张
77×53cm 定价：CNY1.95

J0124453
儿童 （三 摄影 1994 年年历）
北京 中国旅游出版社 [1993 年] 1 张
77×53cm 定价：CNY1.95

J0124454
儿童 （四 摄影 1994 年年历）
北京 中国旅游出版社 [1993 年] 1 张
77×53cm 定价：CNY1.95

J0124455
葛优、马晓晴 （摄影 1994 年年历）
北京 中国电影出版社 1993 年 1 张 77×53cm
定价：CNY1.30

J0124456
公主 （摄影 1994 年年历）
南京 江苏美术出版社 1993 年 1 张 77×53cm
定价：CNY1.40

J0124457
贵妇 （摄影 1994 年年历）
南京 江苏美术出版社 1993 年 1 张 77×53cm
定价：CNY1.40

J0124458
海边情侣 （摄影 1994 年年历）
北京 中国电影出版社［1993 年］1 张
77×53cm 定价：CNY1.30

J0124459
好宝宝 （一 摄影 1994 年年历）
上海 上海人民美术出版社 1993 年 1 张
77×53cm 定价：CNY1.90

J0124460
好宝宝 （二 摄影 1994 年年历）
上海 上海人民美术出版社 1993 年 1 张
77×53cm 定价：CNY1.90

J0124461
好宝宝 （三 摄影 1994 年年历）
上海 上海人民美术出版社 1993 年 1 张
77×53cm 定价：CNY1.90

J0124462
好宝宝 （四 摄影 1994 年年历）
上海 上海人民美术出版社 1993 年 1 张
77×53cm 定价：CNY1.90

J0124463
好宝宝 （五 摄影 1994 年年历）
上海 上海人民美术出版社 1993 年 1 张
77×53cm 定价：CNY1.90

J0124464
好宝宝 （六 摄影 1994 年年历）
上海 上海人民美术出版社 1993 年 1 张
77×53cm 定价：CNY1.90

J0124465
好宝宝 （摄影 1994 年年历）陆明华摄
上海 上海人民美术出版社 1993 年 1 张
77×53cm 定价：CNY1.70

J0124466
红星巩俐 （摄影 1994 年年历）
南京 江苏人民出版社 1993 年 1 张 77×53cm
定价：CNY2.50

J0124467
红颜族·春华 （摄影 1994 年年历）伍金生摄
南京 江苏美术出版社 1993 年 1 张 77×53cm
定价：CNY1.40

J0124468
红颜族·秋艳 （摄影 1994 年年历）伍金生摄
南京 江苏美术出版社 1993 年 1 张 77×53cm
定价：CNY1.40

J0124469
花仙子 （一 摄影 1994 年年历）叶导等摄
上海 上海人民美术出版社 1993 年 1 张
77×53cm 定价：CNY1.65
　　作者叶导，擅长摄影。主要年历作品有《花
仙子》《清香》《九寨沟秋色》等。

J0124470
花仙子 （二 摄影 1994 年年历）叶导等摄
上海 上海人民美术出版社 1993 年 1 张
77×53cm 定价：CNY1.65

J0124471
花仙子 （三 摄影 1994 年年历）叶导等摄
上海 上海人民美术出版社 1993 年 1 张
77×53cm 定价：CNY1.65

J0124472
花仙子 （四 摄影 1994 年年历）叶导等摄
上海 上海人民美术出版社 1993 年 1 张
77×53cm 定价：CNY1.65

J0124473
欢乐 （摄影 1994 年年历）
沈阳 辽宁美术出版社 1993 年 1 张 77×53cm

定价: CNY0.98

J0124474
寂寞的小女孩 （摄影 1994 年年历）达隆摄
沈阳 辽宁美术出版社 1993 年 1 张 53×38cm
定价: CNY0.98

J0124475
丽 （摄影 1994 年年历）张甦妍摄
南京 江苏美术出版社 1993 年 1 张 68×38cm
定价: CNY1.05

J0124476
丽人佳影 （摄影 1994 年年历）潘小明摄
沈阳 辽宁美术出版社 1993 年 1 张 77×53cm
定价: CNY1.96

J0124477
绿衣女郎 （摄影 1994 年年历）林震摄
沈阳 辽宁美术出版社 1993 年 1 张 53×38cm
定价: CNY0.98

J0124478
名模瞿颖 （摄影 1994 年年历）
北京 中国电影出版社 ［1993 年］1 张
77×53cm 定价: CNY1.30

J0124479
凝视 （摄影 1994 年年历）华锦洲摄
南京 江苏美术出版社 1993 年 1 张 68×38cm
定价: CNY1.05

J0124480
女仕 （摄影 1994 年年历）
南京 江苏美术出版社 1993 年 1 张 77×53cm
定价: CNY1.40

J0124481
倩女悠然 （摄影 1994 年年历）
北京 中国电影出版社 ［1993 年］1 张
77×53cm 定价: CNY1.30

J0124482
倩影 （摄影 1994 年年历）桑榆摄
沈阳 辽宁美术出版社 1993 年 1 张 53×38cm

定价: CNY0.98

J0124483
倩影 （摄影 1994 年年历）王雄伟摄
杭州 浙江人民美术出版社 1993 年 1 张
53×38cm 定价: CNY0.75

J0124484
俏丽 （摄影 1994 年年历）吉敏摄
沈阳 辽宁美术出版社 1993 年 1 张 53×38cm
定价: CNY0.98

J0124485
俏丽 （摄影 1994 年年历）豫强,新强摄
杭州 浙江人民美术出版社 1993 年 1 张
53×38cm 定价: CNY0.75

J0124486
青春 （摄影 1994 年年历）陈春轩,宋士诚摄
上海 上海人民美术出版社 1993 年 1 张
77×53cm 定价: CNY1.65

J0124487
青年演员郁雯 （摄影 1994 年年历）
豫强,益民摄
杭州 浙江人民美术出版社 1993 年 1 张
53×38cm 定价: CNY0.75

J0124488
轻歌泛舟 （摄影 1994 年年历）石砚摄
沈阳 辽宁美术出版社 1993 年 1 张 38×53cm
定价: CNY0.98

J0124489
秋林丽影 （摄影 1994 年年历）丘山摄
沈阳 辽宁美术出版社 1993 年 1 张 53×38cm
定价: CNY0.98

J0124490
三点潮 （摄影 1994 年年历）
南京 江苏人民出版社 1993 年 1 张 101×68cm
定价: CNY4.00

J0124491
少女 （摄影 1994 年年历）

南京 江苏美术出版社 1993 年 1 张 77×53cm
定价：CNY0.75

J0124492
淘淘 （摄影 1994 年年历）豫强，新强摄
杭州 浙江人民美术出版社 1993 年 1 张
53×38cm 定价：CNY0.75

J0126811
甜蜜蜜 （摄影 1994 年年历）秀文摄
沈阳 辽宁美术出版社 1993 年 1 张
53cm（4 开）定价：CNY0.98

J0124493
喜悦 （摄影 1994 年年历）华锦洲摄
南京 江苏美术出版社 1993 年 1 张 68×38cm
定价：CNY1.05

J0124494
鲜花敬亲人 （摄影 1994 年年历）勤学摄
沈阳 辽宁美术出版社 1993 年 1 张 53×38cm
定价：CNY0.98

J0124495
娴静 （摄影 1994 年年历）周田摄
沈阳 辽宁美术出版社 1993 年 1 张 38×53cm
定价：CNY0.98

J0124496
现代女郎 （摄影 1994 年年历）何兆欣摄
沈阳 辽宁美术出版社 1993 年 1 张 38×53cm
定价：CNY0.98

J0124497
香港周润发 （摄影 1994 年年历）
北京 中国电影出版社 1993 年 1 张 77×53cm
定价：CNY1.30

J0124498
小宝贝 （摄影 1994 年年历）豫强摄
杭州 浙江人民美术出版社 1993 年 1 张
53×38cm 定价：CNY0.75

J0124499
演员 （摄影 1994 年年历）

南京 江苏美术出版社 1993 年 1 张 77×53cm
定价：CNY1.40

J0124500
演员风采 （摄影 1994 年年历）
陈春轩，宋士诚摄
上海 上海人民美术出版社 1993 年 1 张
68×38cm 定价：CNY1.25

J0126820
影视新星 （摄影 1994 年年历）豫强摄
杭州 浙江人民美术出版社 1993 年 1 张
53×38cm 定价：CNY0.75

J0124501
真正的爱情是永不凋谢的 （摄影 1994 年年历）
上海 上海人民美术出版社 1993 年 1 张
35×38cm 定价：CNY0.65

J0124502
姿容 （摄影 1994 年年历）伍京生摄
南京 江苏美术出版社 1993 年 1 张 53×38cm
定价：CNY0.75

J0124503
1995：白领丽人 （摄影挂历）建国，王伟摄
南京 江苏美术出版社 1994 年 77×53cm
定价：CNY34.00

J0124504
1995：碧波玉姿 （摄影挂历）
南京 江苏人民出版社 1994 年 102×72cm
定价：CNY56.00

J0124505
1995：春风丽人 （摄影挂历）于健鹰摄
北京 中国连环画出版社 1994 年 77×53cm
定价：CNY45.80

J0124506
1995：纯真 （摄影挂历）
北京 中国电影出版社 1994 年 77×53cm
定价：CNY42.60

J0124507
1995：风流女侠 （摄影挂历）
天津 天津人民美术出版社 1994 年 有图
77×53cm 定价：CNY39.80

J0124508
1995：港台之星 （摄影挂历）宋士诚摄
上海 上海人民美术出版社 1994 年 有图
77×53cm 定价：CNY42.00

J0124509
1995：港星风流 （摄影挂历）
北京 中国电影出版社 1994 年 有图 77×53cm
定价：CNY29.80

J0124510
1995：共和国仪仗兵 （摄影挂历）宋新明摄
广州 广州出版社 1994 年 有图 77×53cm
定价：CNY46.80

J0124511
1995：贵族风韵 （摄影挂历）
南京 江苏美术出版社 1994 年 有图 77×53cm
定价：CNY41.00

J0124512
1995：好莱坞华裔明星邬君梅 （摄影挂历）
上海 上海人民美术出版社 1994 年 有图
77×53cm 定价：CNY42.00

J0124513
1995：花容月貌 （摄影挂历）
山东友谊出版社编
济南 山东友谊出版社 1994 年 有图 71×48cm
定价：CNY36.00

J0124514
1995：花絮 （摄影挂历）韩志雅等摄
天津 天津人民美术出版社 1994 年 有图
77×53cm

J0124515
1995：花艺 （摄影挂历）
武汉 湖北美术出版社 1994 年 有图 77×53cm
定价：CNY38.80

J0124516
1995：花之韵 （摄影挂历）陈志平,缪林摄
济南 山东美术出版社 1994 年 有图 77×53cm
定价：CNY38.00

J0124517
1995：欢乐家庭 （摄影挂历）
天津 天津人民美术出版社 1994 年 有图
77×53cm 定价：CNY33.50

J0126838
1995：娇媚 （摄影挂历）
武汉 湖北美术出版社 1994 年 有图 77×53cm
定价：CNY38.80

J0124518
1995：姐妹花 （摄影挂历）豫强,杭平摄
杭州 浙江人民美术出版社 1994 年 有图
77×53cm 定价：CNY36.00

J0124519
1995：金童玉女 （摄影挂历）
北京 中国电影出版社 1994 年 有图 77×53cm
定价：CNY42.00

J0124520
1995："巨星" 璀璨 （摄影挂历）
上海 上海人民美术出版社 1994 年 有图
77×53cm 定价：CNY36.00

J0124521
1995："巨星" 名车 （摄影挂历）
武汉 长江文艺出版社 1994 年 有图 77×53cm
定价：CNY38.00

J0124522
1995：科海明星 （摄影挂历）
武汉 湖北美术出版社 1994 年 有图 77×53cm
定价：CNY46.80

J0124523
1995：靓 （摄影挂历）
天津 天津人民美术出版社 1994 年 有图
95×66cm 定价：CNY39.80

J0124524
1995：美在人间 （摄影挂历）朱凡等摄
上海 上海人民美术出版社 1994 年 有图
77×53cm 定价：CNY40.50

J0124525
1995：梦幻童年 （摄影挂历）
北京 中国电影出版社 1994 年 有图 95×66cm
定价：CNY48.00

J0124526
1995：梦忆 （摄影挂历）刘海发等摄
天津 天津人民美术出版社 1994 年 有图
77×53cm 定价：CNY33.50

J0124527
1995：梦中人 （摄影挂历）
武汉 湖北美术出版社 1994 年 有图 77×53cm
定价：CNY39.80

J0124528
1995：名车倩影 （摄影挂历）
河北美术出版社编
石家庄 河北美术出版社 1994 年 有图
74×48cm 定价：CNY41.80

J0124529
1995：名流 （摄影挂历）
北京 中国电影出版社 1994 年 有图 77×53cm
定价：CNY39.80

J0124530
1995：摩托女 （摄影挂历）
天津 天津人民美术出版社 1994 年 有图
77×53cm 定价：CNY39.80

J0124531
1995：宁馨儿 （摄影挂历）湖北美术出版社编
武汉 湖北美术出版社 1994 年 有图 77×53cm
定价：CNY36.80

J0124532
1995：披金挂银 （摄影挂历）豫强摄
杭州 浙江人民美术出版社 1994 年 有图
77×53cm 定价：CNY36.00

J0124533
1995：青春年华 （摄影挂历）
沈阳 辽宁美术出版社 1994 年 有图 77×53cm
定价：CNY39.80

J0124534
1995：情洒申城 （摄影挂历）伍鼎宏等摄
上海 上海人民美术出版社 1994 年 有图
77×53cm 定价：CNY36.80
　　作者伍鼎宏(1948—　)，中国人像摄影学会
会员，上海摄影家协会会员。

J0124535
1995：情依依 （摄影挂历）豫强摄
杭州 浙江人民美术出版社 1994 年 有图
77×53cm 定价：CNY36.00

J0124536
1995：全家福 （摄影挂历）刘海发摄
上海 上海人民美术出版社 1994 年 有图
77×53cm 定价：CNY36.00

J0124537
1995：人面桃花—港台女星 （摄影挂历）
湖北美术出版社编
武汉 湖北美术出版社 1994 年 有图 77×53cm
定价：CNY36.80

J0124538
1995：童真雅趣 （摄影挂历）
广州 广东科技出版社 1994 年 有图 77×53cm
定价：CNY19.50

J0124539
1995：香港红星 （摄影挂历）
杭州 浙江人民美术出版社 1994 年 有图
77×53cm 定价：CNY36.80

J0124540
1995：星 （摄影挂历）
武汉 长江文艺出版社 1994 年 有图 95×66cm
定价：CNY49.80

J0124541
1995：星辰 （摄影挂历）

北京 中国电影出版社 1994 年 有图 77×53cm
定价：CNY36.60

J0124542
1995：星梦 （摄影挂历）豫强,新强摄
杭州 浙江人民美术出版社 1994 年 有图
77×53cm 定价：CNY36.00

J0124543
1995：星星知我心 （摄影挂历）
南京 江苏人民出版社 1994 年 有图 77×53cm
定价：CNY37.00

J0124544
1995：银海之星 （摄影挂历）
北京 中国电影出版社 1994 年 有图 77×53cm
定价：CNY39.80

J0124545
1995：银幕之星 （摄影挂历）中国旅游出版
社编
北京 中国旅游出版社 1994 年 有图 77×53cm
定价：CNY38.00

J0124546
1995：影视红星 （摄影挂历）
武汉 湖北人民出版社 1994 年 有图 77×53cm
定价：CNY42.00

J0124547
1995：影视红星 （摄影挂历）
武汉 长江文艺出版社 1994 年 有图 77×53cm
定价：CNY42.00

J0124548
1995：云裳花客 （摄影挂历）晓明等摄
上海 上海人民美术出版社 1994 年 有图
77×53cm 定价：CNY36.00

J0124549
1995：中国影星 （摄影挂历）
北京 中国电影出版社 1994 年 有图 77×53cm
定价：CNY36.60

J0124550
1995：中国元帅 （摄影挂历）
天津 天津人民美术出版社 1994 年 有图
77×53cm 定价：CNY33.50

J0124551
纯情 （摄影 1995 年农历乙亥年年历）张研摄影
天津 天津人民美术出版社 1994 年 1 张
53×38cm 定价：CNY0.80

J0126873
电影演员巩俐 （摄影 1994 年年历）
北京 中国电影出版社 1994 年 1 张 52×36cm
定价：CNY0.70

J0124552
电影演员李媛媛 （摄影 1995 年年历）
金以云摄影
北京 中国旅游出版社 1994 年 1 张 38×53cm
定价：CNY1.00

J0124553
电影演员柳荻 （摄影 1994 年年历）
北京 中国电影出版社 1994 年 1 张 52×38cm
定价：CNY0.70

J0124554
电影演员柳荻 （摄影 1995 年年历）
北京 中国电影出版社 1994 年 1 张 77×53cm
定价：CNY1.80

J0124555
电影演员柳荻 （摄影 1995 年年历）
北京 中国电影出版社 1994 年 1 张 52×38cm
定价：CNY1.00

J0124556
电影演员潘捷 （摄影 1995 年年历）
北京 中国电影出版社 1994 年 1 张 77×53cm
定价：CNY1.80

J0124557
电影演员石兰 （摄影 1995 年年历）
北京 中国电影出版社 1994 年 1 张 52×38cm
定价：CNY1.00

J0124558
电影演员宋金姣 （摄影 1995 年年历）
北京 中国电影出版社 1994 年 1 张 52×38cm
定价：CNY0.70

J0124559
电影演员孙红 （摄影 1995 年年历）
北京 中国电影出版社 1994 年 1 张 77×53cm
定价：CNY1.80

J0126882
电影演员谭小燕 （摄影 1995 年年历）
金以云摄影
北京 中国旅游出版社 1994 年 1 张 53×38cm
定价：CNY1.00

J0124560
电影演员夏菁 （摄影 1995 年年历）
北京 中国电影出版社 1994 年 1 张 52×38cm
定价：CNY1.00

J0124561
电影演员杨露 （摄影 1995 年年历）
金以云摄影
北京 中国旅游出版社 1994 年 1 张 53×38cm
定价：CNY1.00

J0124562
电影演员张芳 （摄影 1995 年年历）
金以云摄影
北京 中国旅游出版社 1994 年 1 张 53×38cm
定价：CNY1.00

J0124563
电影演员张晓敏 （摄影 1995 年年历）
金以云摄影
北京 中国旅游出版社 1994 年 1 张 53×38cm
定价：CNY1.00

J0124564
电影演员朱时茂 （摄影 1995 年年历）
北京 中国电影出版社 1994 年 1 张 52×38cm
定价：CNY1.00

J0124565
东海丽人行 （摄影 1995 年年历）梅生摄影
北京 中国旅游出版社 1994 年 1 张 77×53cm
定价：CNY1.90

J0124566
风韵 （摄影 1995 年农历乙亥年年历）
陈春轩摄影
天津 天津人民美术出版社 1994 年 1 张
53×38cm 定价：CNY0.80

J0124567
风姿 （摄影 1995 年年历）王伟摄
南京 江苏美术出版社 1994 年 1 张 77×35cm
定价：CNY1.25

J0124568
葛优　马晓晴 （摄影 1995 年年历）
北京 中国电影出版社 1994 年 1 张 77×53cm
定价：CNY1.80

J0124569
海边情侣 （摄影 1995 年年历）
北京 中国电影出版社 1994 年 1 张 77×53cm
定价：CNY1.80

J0124570
海泳 （摄影 1995 年年历）
南京 江苏美术出版社 1994 年 1 张 102×72cm
定价：CNY5.20

J0124571
好宝宝 （摄影 1995 年年历）光明摄
上海 上海人民美术出版社 1994 年 1 张
77×53cm 定价：CNY2.00

J0124572
花容 （摄影 1995 年农历乙亥年年历）
钱豫强摄影
天津 天津人民美术出版社 1994 年 1 张
53×38cm 定价：CNY0.80
　　　作者钱豫强(1944—)，浙江嘉善人，历任
浙江美术出版社副编审，浙江赛丽美术馆执行
馆长。

J0124573
江南佳丽　（摄影　1995 年年历）
南京　江苏美术出版社　1994 年　1 张　77×53cm
定价：CNY1.80

J0124574
娇美　（摄影　1995 年农历乙亥年年历）
谢新发摄
天津　天津人民美术出版社　1994 年　1 张
53×38cm　定价：CNY0.80

J0124575
巾帼英雄　（摄影　1995 年年历）宋士诚摄
上海　上海人民美术出版社　1994 年　1 张
77×53cm　定价：CNY2.00

J0124576
金发　（摄影　1995 年年历）
南京　江苏美术出版社　1994 年　1 张　77×53cm
定价：CNY2.20

J0124577
老寿星　（摄影　1995 年年历）赵之硕摄
北京　中国连环画出版社　1994 年　1 张
77×53cm　定价：CNY2.20

J0124578
乐娃　（摄影　1995 年年历）叶子摄
杭州　浙江人民美术出版社　1994 年　1 张
77×35cm　定价：CNY1.60

J0124579
丽　（摄影　1995 年年历）
南京　江苏美术出版社　1994 年　1 张　102×72cm
定价：CNY5.20

J0124580
丽人　（摄影　1995 年农历乙亥年年历）
徐俊乡摄影
天津　天津人民美术出版社　1994 年　1 张
53×38cm　定价：CNY0.80

J0124581
林芳兵　（摄影　1995 年年历）张动摄
南京　江苏美术出版社　1994 年　1 张　77×35cm

定价：CNY1.25

J0124582
领袖风采　（摄影　1995 年年历）
天津　天津人民美术出版社　1994 年　1 张
38×53cm　定价：CNY1.00

J0124583
毛泽东　（摄影　1994 年年历）
北京　中国电影出版社　1994 年　1 张　52×38cm
定价：CNY0.70

J0126907
毛泽东　（摄影　1995 年年历）
北京　中国电影出版社　1994 年　1 张　52×38cm
定价：CNY1.00

J0124584
矛海童　（摄影　1995 年年历）张动摄
南京　江苏美术出版社　1994 年　1 张
77cm（2 开）定价：CNY1.25

J0124585
魅力　（摄影　1995 年农历乙亥年年历）张研摄
天津　天津人民美术出版社　1994 年　1 张
53×38cm　定价：CNY0.80

J0124586
妙龄　（摄影　1995 年农历乙亥年年历）
高胜奎摄影
天津　天津人民美术出版社　1994 年　1 张
53×38cm　定价：CNY0.80

J0124587
名模矍颖　（摄影　1995 年年历）
北京　中国电影出版社　1994 年　1 张　77×53cm
定价：CNY1.80

J0124588
名模辛颖　（摄影　1995 年年历）
北京　中国电影出版社　1994 年　1 张　52×38cm
定价：CNY1.00

J0124589
明丽　（摄影　1995 年年历）

南京 江苏美术出版社 1994 年 1 张 77×53cm
定价: CNY1.80

J0124590
摩登 （摄影 1995 年农历乙亥年年历）刘海发摄影
天津 天津人民美术出版社 1994 年 1 张
53×38cm 定价: CNY0.80

J0124591
飘逸 （摄影 1995 年年历）
南京 江苏美术出版社 1994 年 1 张 77×53cm
定价: CNY1.80

J0124592
飘逸 （摄影 1994 年年历）
北京 中国电影出版社 1994 年 1 张 52×38cm
定价: CNY0.70

J0124593
倩女悠然 （摄影 1995 年年历）
北京 中国电影出版社 1994 年 1 张 77×53cm
定价: CNY1.80

J0124594
倩影 （摄影 1995 年年历）
南京 江苏美术出版社 1994 年 1 张 77×53cm
定价: CNY2.20

J0124595
俏丽 （摄影 1995 年年历）张研摄
天津 天津人民美术出版社 1994 年 1 张
53×38cm 定价: CNY0.80

J0124596
琴女 （摄影 1995 年年历）
杭州 浙江人民美术出版社 1994 年 1 张
53×38cm 定价: CNY1.30

J0124597
青春 （摄影 1995 年年历）
南京 江苏美术出版社 1994 年 1 张 77×53cm
定价: CNY2.20

J0124598
青春 （摄影 1995 年年历）谢新发摄

上海 上海人民美术出版社 1994 年 1 张
68×37cm 定价: CNY1.40

J0124599
青春 （摄影 1995 年农历乙亥年年历）
天津 天津人民美术出版社 1994 年 1 张
53×38cm 定价: CNY0.80

J0124600
青春伴侣 （摄影 1995 年年历）
北京 中国电影出版社 1994 年 1 张 52×38cm
定价: CNY1.00

J0124601
青春无秀 （摄影 1994 年年历）
北京 中国电影出版社 1994 年 1 张 52×38cm
定价: CNY1.00

J0124602
青年演员伊芳 （摄影 1995 年年历）
北京 中国电影出版社 1994 年 1 张 52×38cm
定价: CNY1.00

J0124603
青年演员张红叶 （摄影 1995 年年历）
北京 中国电影出版社 1994 年 1 张 52×38cm
定价: CNY1.00

J0124604
青年演员张志红 （摄影 1995 年年历）
杭州 浙江人民美术出版社 1994 年 1 张
53×38cm 定价: CNY1.30

J0124605
青年演员赵明明 （摄影 1995 年年历）
北京 中国电影出版社 1994 年 1 张 53×38cm
定价: CNY1.00

J0124606
秋香 （摄影 1995 年年历）
北京 中国电影出版社 1994 年 1 张 53×38cm
定价: CNY1.00

J0124607
瞿颖 （摄影 1995 年年历）张动摄

南京 江苏美术出版社 1994 年 1 张 77×35cm
定价: CNY1.25

J0124608
觑 （摄影 1995 年年历）赵之硕摄
北京 中国连环画出版社 1994 年 1 张
77×53cm 定价: CNY2.20

J0124609
人民领袖毛泽东
（摄影 1995 年农历乙亥年年历）
天津 天津人民美术出版社 1994 年 1 张
77×53cm 定价: CNY1.60

J0124610
师生情 （摄影 1995 年农历乙亥年年历）
天津 天津人民美术出版社 1994 年 1 张
77×53cm 定价: CNY1.60

J0124611
台港"巨星" （摄影 1995 年年历）
北京 中国电影出版社 1994 年 1 张 77×53cm
定价: CNY1.80

J0124612
台港"巨星" （摄影 1995 年年历）
北京 中国电影出版社 1994 年 1 张 77×53cm
定价: CNY1.80

J0124613
台港"巨星" （摄影 1995 年年历）
北京 中国电影出版社 1994 年 1 张 77×53cm
定价: CNY1.80

J0124614
台港"巨星" （摄影 1995 年年历）
北京 中国电影出版社 1994 年 1 张 77×53cm
定价: CNY1.80

J0124615
台港"巨星" （摄影 1995 年年历）
北京 中国电影出版社 1994 年 1 张 77×53cm
定价: CNY1.80

J0124616
台湾"巨星" （摄影 1995 年年历）
北京 中国电影出版社 1994 年 1 张 77×53cm
定价: CNY1.80

J0124617
台湾"巨星" （摄影 1995 年年历）
北京 中国电影出版社 1994 年 1 张 77×53cm
定价: CNY1.80

J0124618
台湾"巨星" （摄影 1995 年年历）
北京 中国电影出版社 1994 年 1 张 77×53cm
定价: CNY1.80

J0124619
台湾"巨星" （摄影 1995 年年历）
北京 中国电影出版社 1994 年 1 张 77×53cm
定价: CNY1.80

J0124620
台湾"巨星" （摄影 1995 年年历）
北京 中国电影出版社 1994 年 1 张 77×53cm
定价: CNY1.80

J0124621
台湾"巨星" （摄影 1995 年年历）
北京 中国电影出版社 1994 年 1 张 77×53cm
定价: CNY1.80

J0124622
台湾"巨星" （摄影 1995 年年历）
北京 中国电影出版社 1994 年 1 张 77×53cm
定价: CNY1.80

J0124623
亭亭玉立 （摄影 1994 年年历）
北京 中国电影出版社 1994 年 1 张
52cm（4 开）定价: CNY0.70

J0124624
王昌娥 （摄影 1995 年年历）张动摄
南京 江苏美术出版社 1994 年 1 张 77×35cm
定价: CNY1.25

J0124625
吻 （摄影 1995 年年历）
北京 中国电影出版社 1994 年 1 张 38×52cm
定价：CNY1.00

J0124626
鲜花献亲人 （摄影 1995 年年历）强远摄
杭州 浙江人民美术出版社 1994 年 1 张
77×35cm 定价：CNY1.60

J0124627
娴雅 （摄影 1995 年年历）陈春轩摄影
天津 天津人民美术出版社 1994 年 1 张
53×38cm 定价：CNY0.80

J0124628
香港周润发 （摄影 1995 年年历）
北京 中国电影出版社 1994 年 1 张 77×53cm
定价：CNY1.80

J0124629
小伙伴 （摄影 1995 年年历）
杭州 浙江人民美术出版社 1994 年 1 张
77×53cm 定价：CNY2.50

J0124630
小明星 （摄影 1995 年年历）浪琴摄
上海 上海人民美术出版社 1994 年 1 张
77×53cm 定价：CNY2.00

J0124631
笑 （摄影 1995 年年历）陈春轩,宋士诚摄
上海 上海人民美术出版社 1994 年 1 张
77×53cm 定价：CNY2.00

J0124632
杨紫琼 （摄影 1995 年年历）
北京 中国电影出版社 1994 年 1 张 77×53cm
定价：CNY1.80

J0124633
一代伟人 （摄影 1994 年年历）
北京 中国电影出版社 1994 年 1 张 52×38cm
定价：CNY1.00

J0124634
英姿 （摄影 1995 年年历）建国,王伟摄
南京 江苏美术出版社 1994 年 4 张 77×35cm
定价：CNY5.00

J0124635
影视新星马羚 （摄影 1994 年年历）
北京 中国电影出版社 1994 年 1 张 52×38cm
定价：CNY0.70

J0124636
影视新秀苗乙乙 （摄影 1995 年年历）
王雄伟摄
杭州 浙江人民美术出版社 1994 年 1 张
53×38cm 定价：CNY1.30

J0124637
影视新秀赵明明 （摄影 1995 年年历）
王雄伟摄
杭州 浙江人民美术出版社 1994 年 1 张
53×38cm 定价：CNY1.30

J0124638
郑爽 （摄影 1995 年年历）张动摄
南京 江苏美术出版社 1994 年 1 张 77×35cm
定价：CNY1.25

J0124639
朱丽欣 （摄影 1995 年年历）张动摄
南京 江苏美术出版社 1994 年 1 张 77×35cm
定价：CNY1.25

J0124640
祖国卫士 （摄影 1995 年农历乙亥年年历）
天津 天津人民美术出版社 1994 年 1 张
77×53cm 定价：CNY1.60

J0124641
1996：灿烂星光 （摄影挂历）
全景图片公司供稿
上海 上海人民美术出版社 1995 年 77×53cm
ISBN：7-5322-1456-7 定价：CNY25.00

J0124642
1996：东方十大名星 （摄影挂历）

新疆美术摄影出版社编
乌鲁木齐 新疆美术摄影出版社 1995 年
77×53cm ISBN：7-80547-344-7
定价：CNY25.00

J0124643
1996：都市丽影　（摄影挂历）芊目等摄
广州 广东科技出版社 1995 年 87×58cm
ISBN：7-5359-1570-1 定价：CNY25.00

J0124644
1996：服饰之花　（摄影挂历）林伟鸣供稿
北京 中国旅游出版社 1995 年 77×53cm
ISBN：7-5032-1181-4 定价：CNY25.00

J0124645
1996：港台明星　（摄影挂历）芊目供稿
上海 上海人民美术出版社 1995 年 74×48cm
ISBN：7-5322-1464-8 定价：CNY24.00

J0124646
1996：华贵新装　（摄影挂历）豫强等摄
杭州 浙江人民美术出版社 1995 年 77×53cm
ISBN：7-5340-0618-X 定价：CNY24.50

J0124647
1996：丽人　（摄影挂历）豫强摄
杭州 浙江人民美术出版社 1995 年 77×53cm
ISBN：7-5340-0620-1 定价：CNY25.00

J0124648
1996：靓女　（摄影挂历）刘海发等摄
天津 天津人民美术出版社 1995 年 77×53cm
ISBN：7-5305-0499-1 定价：CNY25.00

J0124649
1996：倩影　（摄影挂历）黄正雄摄
杭州 西泠印社 1995 年 77×53cm
ISBN：7-80517-172-6 定价：CNY25.00

J0124650
1996：俏丽风采　（摄影挂历）杨柳摄
天津 天津杨柳青画社 1995 年 77×53cm
ISBN：7-80503-285-8 定价：CNY24.80

J0124651
1996：童年岁月　（摄影挂历）
北京 冶金工业出版社 1995 年 77×53cm
ISBN：7-5024-1787-7 定价：CNY25.00

J0124652
1996：娴　（摄影挂历）豫强摄
杭州 浙江人民美术出版社 1995 年 77×53cm
ISBN：7-5340-0616-3 定价：CNY25.00

J0124653
1996：现代时装　（摄影挂历）陕西人民美术
出版社编
西安 陕西人民美术出版社 1995 年 74×58cm
ISBN：7-5368-0745-7 定价：CNY25.00

J0124654
1996：小芳　（摄影挂历）浙江人民美术出版
社编
杭州 浙江人民美术出版社 1995 年 77×53cm
ISBN：7-5340-0621-X 定价：CNY24.50

J0124655
1996：小天使　（摄影挂历）林伟鸣供稿
北京 中国旅游出版社 1995 年 77×53cm
ISBN：7-5032-1179-2 定价：CNY25.00

J0124656
1996：小星星　（摄影挂历）青海人民出版社编
西宁 青海人民出版社 1995 年 77×53cm
ISBN：7-225-01032-8 定价：CNY25.00

J0124657
1996：星光灿烂　（摄影挂历）新疆美术摄影
出版社编
乌鲁木齐 新疆美术摄影出版社 1995 年
77×53cm ISBN：7-80547-345-5
定价：CNY25.00

J0124658
1996：伊人情　（摄影挂历）浙江人民美术出
版社编
杭州 浙江人民美术出版社 1995 年 77×53cm
ISBN：7-5340-0619-8 定价：CNY24.50

J0124659
1996：银海"巨星"（摄影挂历）义勇摄
珠海　珠海出版社　1995 年　75×52cm
ISBN：7-80607-080-X　定价：CNY25.00

J0124660
1996：云南民族　（摄影挂历）欧燕生摄
昆明　云南民族出版社　1995 年　52×38cm
ISBN：7-5367-1097-6　定价：CNY9.00

J0124661
1996：云南民族　（摄影挂历）李跃波等摄
昆明　云南民族出版社　1995 年　52×38cm
ISBN：7-5367-1061-5　定价：CNY5.00

J0124662
碧海佳丽　（摄影 1996 年年历）梅生摄
北京　中国旅游出版社　1995 年　1 张　53×38cm
定价：CNY1.30

J0124663
灿烂星光　（一 摄影 1996 年年历）
上海　上海人民美术出版社　1995 年　1 张
77×53cm　定价：CNY2.40

J0124664
灿烂星光　（二 摄影 1996 年年历）
上海　上海人民美术出版社　1995 年　1 张
77×53cm　定价：CNY2.40

J0124665
灿烂星光　（五 摄影 1996 年年历）
上海　上海人民美术出版社　1995 年　1 张
77×53cm　定价：CNY2.40

J0124666
灿烂星光　（六 摄影 1996 年年历）
上海　上海人民美术出版社　1995 年　1 张
77×53cm　定价：CNY2.40

J0124667
畅想　（摄影 1996 年年历）四星供稿
南京　江苏美术出版社　1995 年　1 张　77×53cm
定价：CNY2.40

J0124668
纯真　（摄影 1996 年年历）陈春轩摄
天津　天津人民美术出版社　1995 年　1 张
53×37cm　定价：CNY1.00

J0124669
电影演员陈红　（摄影 1996 年年历）
西安　陕西人民美术出版社　1995 年　1 张
68×37cm　定价：CNY2.00

J0124670
风流骑士　（摄影 1996 年年历）贾跃平摄
北京　中国旅游出版社　1995 年　1 张　77×53cm
定价：CNY2.60

J0124671
风靡港台的情调钢琴小公主——孙颖小姐
（摄影 1996 年年历）孙杰供稿
南京　江苏美术出版社　1995 年　1 张　68×37cm
定价：CNY1.60

J0124672
共和国保卫者　（摄影 1996 年年历）年华祖摄
上海　上海人民美术出版社　1995 年　1 张
53×77cm　定价：CNY2.40

J0124673
好宝宝　（摄影 1996 年年历）
南京　江苏美术出版社　1995 年　1 张　77×53cm
定价：CNY2.40

J0124674
好宝宝　（摄影 1996 年年历）年华祖摄
上海　上海人民美术出版社　1995 年　1 张
68×37cm　定价：CNY1.60

J0124675
红衣少女　（摄影 1996 年年历）杨中俭摄
北京　中国旅游出版社　1995 年　1 张　53×38cm
定价：CNY1.30
　　作者杨中俭，擅长摄影。主要年历作品有《花
好人妍》《上海外滩》《喜庆临门》等。

J0124676
花仙子　（摄影 1996 年年历）钱豫强摄

北京 中国旅游出版社 1995 年 1 张 53 × 38cm
定价：CNY1.30

J0124677
佳丽 （摄影 1996 年年历）
西安 陕西人民美术出版社 1995 年 1 张
68 × 37cm 定价：CNY2.00

J0124678
静思 （摄影 1996 年年历）杭志忠摄
上海 上海人民美术出版社 1995 年 1 张
68 × 37cm 定价：CNY2.40

J0127003
可爱的武警战士 （摄影 1996 年年历）
年华祖摄
上海 上海人民美术出版社 1995 年 1 张
77 × 53cm 定价：CNY2.40

J0124679
立志夺冠军 （摄影 1996 年年历）姚中玉摄
上海 上海人民美术出版社 1995 年 1 张
77 × 53cm 定价：CNY2.40
　　作者姚中玉，画家。曾任湖南省艺术家书画
院会员、长沙市书法家协会会员等职。主要作品
有《迎风燕舞》《向天歌》《一唱雄鸡天下白》《春
情》《富贵吉祥》等。

J0124680
靓女 （摄影 1996 年年历）鄂毅摄
北京 中国旅游出版社 1995 年 1 张 53 × 38cm
定价：CNY1.30

J0124681
流行时尚 （摄影 1996 年年历）钱豫强摄
北京 中国旅游出版社 1995 年 1 张 53 × 38cm
定价：CNY1.30

J0124682
明媚 （摄影 1996 年年历）陈锦摄
天津 天津人民美术出版社 1995 年 1 张
38 × 53cm 定价：CNY1.00
　　作者陈锦(1955—　),摄影编辑。出生于四
川成都,毕业于云南大学。四川美术出版社摄影
编辑,中国摄影家协会会员。出版有《四川茶铺》

《感怀成都》《高原魂》等。

J0124683
明眸 （摄影 1996 年年历）常春摄
上海 上海人民美术出版社 1995 年 1 张
68 × 37cm 定价：CNY2.40

J0124684
凝思 （摄影 1996 年年历）金光远摄
北京 中国旅游出版社 1995 年 1 张 53 × 38cm
定价：CNY1.30

J0124685
女骑手 （摄影 1996 年年历）梅生摄
北京 中国旅游出版社 1995 年 1 张 53 × 38cm
定价：CNY1.30

J0124686
胖胖 （摄影 1996 年年历）
西安 陕西人民美术出版社 1995 年 1 张
77 × 53cm 定价：CNY2.60

J0124687
媲美 （摄影 1996 年年历）登峰摄
北京 中国连环画出版社 1995 年 1 张
77 × 53cm 定价：CNY2.90

J0124688
倩影 （摄影 1996 年年历）
西安 陕西人民美术出版社 1995 年 1 张
68 × 37cm 定价：CNY2.00

J0124689
俏丽 （摄影 1996 年年历）高胜奎摄
天津 天津人民美术出版社 1995 年 1 张
53 × 37cm 定价：CNY1.00

J0124690
青春 （摄影 1996 年年历）谭尚忍摄
上海 上海人民美术出版社 1995 年 1 张
68 × 37cm 定价：CNY2.40

J0124691
青春 （摄影 1996 年年历）陈春轩摄
天津 天津人民美术出版社 1995 年 1 张

53×37cm 定价：CNY1.00

J0124692
青春年华 （摄影 1996 年年历）
西安 陕西人民美术出版社 1995 年 1 张
68×37cm 定价：CNY2.00

J0124693
青春少女 （摄影 1996 年年历）浪琴摄
上海 上海人民美术出版社 1995 年 1 张
77×53cm 定价：CNY2.40

J0124694
清纯 （摄影 1996 年年历）小林,红林供稿
南京 江苏美术出版社 1995 年 1 张 77×53cm
定价：CNY2.40

J0124695
人民警察爱人民 （摄影 1996 年年历）
谢新发摄
上海 上海人民美术出版社 1995 年 1 张
77×53cm 定价：CNY2.40
　　作者谢新发,擅长年画摄影。主要作品有《节
日欢舞》《风光摄影》《怎样拍摄夜景》等。

J0124696
人民卫士 （摄影 1996 年年历）谢新发摄
上海 上海人民美术出版社 1995 年 1 张
77×53cm 定价：CNY2.40

J0124697
上官婉儿 （摄影 1996 年年历）
南京 江苏美术出版社 1995 年 1 张 77×53cm
定价：CNY2.40

J0124698
深情 （摄影 1996 年年历）高胜奎摄
天津 天津人民美术出版社 1995 年 1 张
53×77cm 定价：CNY1.00

J0124699
神骑佳丽 （摄影 1996 年年历）贾跃平摄
北京 中国旅游出版社 1995 年 1 张 77×53cm
定价：CNY2.60

J0124700
太平公主 （摄影 1996 年年历）
南京 江苏美术出版社 1995 年 1 张 77×53cm
定价：CNY2.40

J0124701
童年 （摄影 1996 年年历）
西安 陕西人民美术出版社 1995 年 1 张
68×37cm 定价：CNY2.00

J0124702
童趣 （摄影 1996 年年历）陈悦摄
天津 天津人民美术出版社 1995 年 1 张
53×37cm 定价：CNY1.00

J0124703
妩媚 （摄影 1996 年年历）
南京 江苏美术出版社 1995 年 1 张 77×53cm
定价：CNY2.40

J0124704
娴静 （摄影 1996 年年历）晓章供稿
南京 江苏美术出版社 1995 年 1 张 77×53cm
定价：CNY2.40

J0124705
小财神 （摄影 1996 年年历）年华祖摄
上海 上海人民美术出版社 1995 年 1 张
77×53cm 定价：CNY2.40

J0124706
小冠军 （摄影 1996 年年历）年华祖摄
上海 上海人民美术出版社 1995 年 1 张
68×37cm 定价：CNY1.60

J0124707
小皇帝 （摄影 1996 年年历）周良摄
天津 天津人民美术出版社 1995 年 1 张
53×37cm 定价：CNY1.00

J0124708
小淘气 （摄影 1996 年年历）
西安 陕西人民美术出版社 1995 年 1 张
77×53cm 定价：CNY2.60

J0124709
小淘气 （摄影 1996 年年历）年华祖摄
上海 上海人民美术出版社 1995 年 1 张
68×37cm 定价：CNY1.60

J0124710
小天真 （摄影 1996 年年历）
西安 陕西人民美术出版社 1995 年 1 张
77×53cm 定价：CNY2.60

J0124711
小小侦察兵 （摄影 1996 年年历）年华祖摄
上海 上海人民美术出版社 1995 年 1 张
77×53cm 定价：CNY2.40

J0124712
小荧星 （摄影 1996 年年历）年华祖摄
上海 上海人民美术出版社 1995 年 1 张
68×37cm 定价：CNY1.60

J0124713
新娘 （摄影 1996 年年历）
西安 陕西人民美术出版社 1995 年 1 张
77×53cm 定价：CNY2.60

J0124714
秀女 （摄影 1996 年年历）杭志忠摄
天津 天津人民美术出版社 1995 年 1 张
53×37cm 定价：CNY1.00

J0124715
窈窕 （摄影 1996 年年历）杭志忠摄
天津 天津人民美术出版社 1995 年 1 张
53×37cm 定价：CNY1.00

J0124716
英姿飒爽 （摄影 1996 年年历）年华祖摄
上海 上海人民美术出版社 1995 年 1 张
77×53cm 定价：CNY2.40

J0124717
战友情深 （摄影 1996 年年历）年华祖摄
上海 上海人民美术出版社 1995 年 1 张
77×53cm 定价：CNY2.40

J0124718
姿容 （摄影 1996 年年历）江苏美术出版社编
南京 江苏美术出版社 1995 年 1 张 77×35cm
定价：CNY1.60

J0124719
祖国卫士 （摄影 1996 年年历）
西安 陕西人民美术出版社 1995 年 1 张
53×77cm 定价：CNY2.80

J0124720
1997：纯情 （摄影挂历）全景图片公司供稿
乌鲁木齐 新疆美术摄影出版社 1996 年
95×69cm ISBN：7-80547-413-3
定价：CNY66.00

J0124721
1997：慈爱 （摄影挂历）福建美术出版社编
福州 福建美术出版社 1996 年 106×77cm
ISBN：7-5393-0399-9 定价：CNY33.00

J0124722
1997：风华正茂 （摄影挂历）向艺摄
乌鲁木齐 新疆美术摄影出版社 1996 年
77×53cm ISBN：7-80547-392-7
定价：CNY27.50

J0124723
1997：风韵 （摄影挂历）崇艺摄
长沙 湖南美术出版社 1996 年 95×70cm
ISBN：7-5356-0897-3 定价：CNY33.80

J0124724
1997：港台红星 （摄影挂历）
福建美术出版社编
福州 福建美术出版社 1996 年 77×53cm
ISBN：7-5393-0446-4 定价：CNY26.80

J0124725
1997：港台之星 （摄影挂历）
福建美术出版社编
福州 福建美术出版社 1996 年 86×57cm
ISBN：7-5393-0435-9 定价：CNY36.00

J0124726
1997：共和国元帅 （摄影挂历）肖冰等摄
天津　天津杨柳青画社　1996 年　77 × 53cm
ISBN：7-80503-319-6　定价：CNY27.30

J0124727
1997：欢乐之家 （摄影挂历）
福建美术出版社编
福州　福建美术出版社　1996 年　53 × 77cm
ISBN：7-5393-0473-1　定价：CNY15.00

J0124728
1997：纪念毛泽东同志 （摄影挂历）
新疆美术摄影出版社编
乌鲁木齐　新疆美术摄影出版社　1996 年
77 × 53cm　ISBN：7-80547-403-6
定价：CNY27.50

J0124729
1997：佳丽风韵 （摄影挂历）全景图片公司
等供稿
上海　上海人民美术出版社　1996 年　77 × 53cm
ISBN：7-5322-1547-4　定价：CNY27.50

J0124730
1997："巨星影后" （摄影挂历）利波供稿
乌鲁木齐　新疆美术摄影出版社　1996 年
106 × 77cm　ISBN：7-80547-428-1
定价：CNY32.00

J0124731
1997：绝代佳人 （摄影挂历）
北京全景图片公司供稿
沈阳　辽宁民族出版社　1996 年　90 × 62cm
ISBN：7-80527-769-9　定价：CNY26.00

J0124732
1997：绝代影星 （摄影挂历）
福建美术出版社编
福州　福建美术出版社　1996 年　106 × 77cm
ISBN：7-5393-0449-9　定价：CNY33.00

J0124733
1997：丽人 （摄影挂历）崇艺摄
长沙　湖南美术出版社　1996 年　74 × 51cm

ISBN：7-5356-0899-X　定价：CNY26.80

J0124734
1997：丽人行 （摄影挂历）福建美术出版社编
福州　福建美术出版社　1996 年　53 × 77cm
ISBN：7-5393-0475-8　定价：CNY15.00

J0124735
1997：丽人行 （摄影挂历）湖北美术出版社编
武汉　湖北美术出版社　1996 年　77 × 53cm
ISBN：7-5394-0613-5　定价：CNY27.50

J0124736
1997：两小无猜 （摄影挂历）
岭南美术出版社编
广州　岭南美术出版社　1996 年　100 × 70cm
ISBN：7-5362-1428-6　定价：CNY32.00

J0124737
1997：靓 （摄影挂历）贾育平摄
福州　福建美术出版社　1996 年　74 × 51cm
ISBN：7-5061-0703-1　定价：CNY27.00

J0124738
1997：毛泽东 （摄影挂历）
广州　岭南美术出版社　1996 年　76 × 52cm
ISBN：7-5362-1493-6　定价：CNY19.00

J0124739
1997：毛泽东同志在含鄱口 （年历画）
吕厚民摄
北京　中国连环画出版社　1996 年　1 张
76 × 52cm　统一书号：85061.92010
定价：CNY3.20
　　作者吕厚民（1928—2015），摄影家。生于黑
龙江依兰。曾任中国摄影协会党组书记，中国文
联副主席，中华民族文化促进会副主席。代表作
品《毛主席和周总理》《周恩来和邓小平在颐和
园》等。

J0124740
1997：名模丽影 （摄影挂历）马东摄
西安　陕西人民美术出版社　1996 年　74 × 58cm
ISBN：7-5368-0826-7　定价：CNY27.50

J0124741
1997：明星风采 （摄影挂历）向艺摄
乌鲁木齐　新疆美术摄影出版社　1996 年
77×53cm　ISBN：7-80547-391-9
定价：CNY27.50

J0124742
1997：倩影 （摄影挂历）张栋摄
天津　天津杨柳青画社　1996 年　77×53cm
ISBN：7-80503-323-4　定价：CNY25.80

J0124743
1997：俏影 （摄影挂历）钱予强摄
南京　江苏美术出版社　1996 年　77×53cm
ISBN：7-5344-0531-9　定价：CNY26.80

J0124744
1997：青春彩照 （摄影挂历）
福建美术出版社编
福州　福建美术出版社　1996 年　106×77cm
ISBN：7-5393-0415-4　定价：CNY33.00

J0124745
1997：青春魅力 （摄影挂历）向艺摄
乌鲁木齐　新疆美术摄影出版社　1996 年
77×53cm　ISBN：7-80547-393-5
定价：CNY27.50

J0124746
1997：如花似玉 （摄影挂历）崇艺摄
长沙　湖南美术出版社　1996 年　95×70cm
ISBN：7-5356-0848-5　定价：CNY33.80

J0124747
1997：时装倩影 （摄影挂历）福建美术出版
社编
福州　福建美术出版社　1996 年　77×53cm
ISBN：7-5393-0476-6　定价：CNY14.50

J0124748
1997：四美争艳 （年历画）梅林摄
北京　中国连环画出版社　1996 年　1 张
52×38cm　统一书号：85061.95043
定价：CNY1.60

J0124749
1997：小姐妹 （年历画）邢延生，接祖华摄
北京　中国连环画出版社　1996 年　1 张
76×52cm　统一书号：85061.92013
定价：CNY3.20

J0124750
1997：新潮时装 （摄影挂历）阿金摄
天津　天津杨柳青画社　1996 年　77×53cm
ISBN：7-80503-334-X　定价：CNY27.00

J0124751
朵朵鲜花献英雄 （摄影 1997 年年历）
张英军等摄
上海　上海人民美术出版社　1996 年　1 张
77×53cm　定价：CNY2.00
　　　作者张英军,摄影有年画《相思奈何天》等。

J0124752
朵朵鲜花献英雄 （摄影年画）张英军等摄
上海　上海人民美术出版社　1996 年　1 张
77×53cm　定价：CNY2.00

J0124753
钢铁长城 （摄影年画）张英军等摄
上海　上海人民美术出版社　1996 年　1 张
77×53cm　定价：CNY2.00

J0124754
歌星风采 （摄影年画）梦露等摄
上海　上海人民美术出版社　1996 年　1 张
77×53cm　定价：CNY4.00

J0124755
光荣的子弟兵 （摄影 1997 年年历）年华祖摄
上海　上海人民美术出版社　1996 年　1 张
77×53cm　定价：CNY2.80

J0124756
好乖乖 （摄影 1997 年年历）年华祖摄
上海　上海人民美术出版社　1996 年　1 张
77×53cm　定价：CNY4.00

J0124757
好好学习　天天向上 （摄影年画）

上海　上海人民美术出版社　1996 年　1 张
77×53cm　定价：CNY2.80

J0124758
好邻居 （摄影 1997 年年历）朱忠祥摄
上海　上海人民美术出版社　1996 年　1 张
77×53cm　定价：CNY4.00

J0124759
佳丽风韵 （一 摄影年画）
上海　上海人民美术出版社　1996 年　1 张
77×53cm　定价：CNY2.80

J0124760
佳丽风韵 （二 摄影年画）
上海　上海人民美术出版社　1996 年　1 张
77×53cm　定价：CNY2.80

J0124761
佳丽风韵 （三 摄影年画）
上海　上海人民美术出版社　1996 年　1 张
77×53cm　定价：CNY2.80

J0124762
佳丽风韵 （四 摄影年画）
上海　上海人民美术出版社　1996 年　1 张
77×53cm　定价：CNY2.80

J0124763
两个小牛仔 （摄影年画）年华祖摄
上海　上海人民美术出版社　1996 年　1 张
77×53cm　定价：CNY4.00

J0124764
流行歌星张颖 （摄影年画）梦露，吴建疆摄
上海　上海人民美术出版社　1996 年　1 张
77×53cm　定价：CNY2.80

J0124765
热爱我们的祖国 （摄影年画）年华祖摄
上海　上海人民美术出版社　1996 年　1 张
77×53cm　定价：CNY2.80

J0124766
人民卫士 （摄影 1997 年年历）张英军等摄

上海　上海人民美术出版社　1996 年　1 张
77×53cm　定价：CNY2.00

J0124767
人民卫士 （摄影 1997 年年历）朱岚等摄
上海　上海人民美术出版社　1996 年　1 张
77×53cm　定价：CNY2.80

J0124768
人民卫士 （摄影年画）张英军等摄
上海　上海人民美术出版社　1996 年　1 张
77×53cm　定价：CNY2.00

J0124769
水兵之歌 （摄影 1997 年年历）年华祖摄
上海　上海人民美术出版社　1996 年　1 张
77×53cm　定价：CNY2.80

J0124770
为人民立新功 （摄影 1997 年年历）年华祖摄
上海　上海人民美术出版社　1996 年　1 张
53×77cm　定价：CNY2.80

J0124771
献给敬爱的老师 （摄影年画）年华祖摄
上海　上海人民美术出版社　1996 年　1 张
77×53cm　定价：CNY2.80

J0124772
1997：母爱 （摄影挂历）吉林摄影出版社编
长春　吉林摄影出版社　1997 年　98×70cm
ISBN：7-80606-084-7　定价：CNY58.80

J0124773
1997：母子情深 （摄影挂历）崇美摄
长沙　湖南美术出版社　1997 年　98×70cm
ISBN：7-5356-1000-5　定价：CNY34.00

J0124774
1998：纯 （摄影挂历）豫强摄
杭州　浙江人民美术出版社　1997 年　76×52cm
ISBN：7-5340-0710-0　定价：CNY27.50

J0124775
1998：纯情 （摄影挂历）黄正雄摄

杭州　西泠印社　1997 年　12 页　75×42cm
ISBN：7-80517-226-9　定价：CNY27.50

J0124776
1998：纯真　（摄影挂历）福建美术出版社编
福州　福建美术出版社　1997 年　98×70cm
ISBN：7-5393-0579-7　定价：CNY33.00

J0124777
1998：村姑　（年历画）
天津　天津人民美术出版社　1997 年　1 张
52×38cm　定价：CNY1.60

J0124778
1998：淡妆浓抹　（摄影挂历）高盛奎摄
西安　陕西人民美术出版社　1997 年　76×52cm
ISBN：7-5368-0960-3　定价：CNY27.50

J0124779
1998：邓小平　（摄影挂历）湖北美术出版社编
武汉　湖北美术出版社　1997 年　76×52cm
ISBN：7-5394-0673-9　定价：CNY27.50

J0124780
1998：电影名星许晴　（摄影挂历）黑冰,绢
子摄
长沙　湖南美术出版社　1997 年　42×42cm
ISBN：7-5356-1027-7　定价：CNY28.00

J0124781
1998：风情　（摄影挂历）高盛奎摄
沈阳　辽宁画报出版社　1997 年　76×52cm
ISBN：7-80601-137-4　定价：CNY25.80

J0124782
1998：共聚天伦　（摄影挂历）
福建美术出版社编
福州　福建美术出版社　1997 年　76×52cm
ISBN：7-5393-0592-4　定价：CNY15.00

J0124783
1998：好人一生平安　（摄影挂历）
福建美术出版社编
福州　福建美术出版社　1997 年　76×52cm
ISBN：7-5393-0562-2　定价：CNY14.50

J0124784
1998：红玫瑰　（摄影挂历）徐俊卿摄
北京　中国画报出版社　1997 年　76×52cm
ISBN：7-80024-347-8　定价：CNY26.50
　　作者徐俊卿,代表作品有《大喜大寿图》《漓江风光》等。

J0124785
1998：虎·妹子　（摄影挂历）高盛奎摄
福州　海潮摄影艺术出版社　1997 年　75×51cm
ISBN：7-80562-441-0　定价：CNY27.50

J0127111
1998：花季　（年历画）
天津　天津人民美术出版社　1997 年　1 张
52×38cm　定价：CNY1.60

J0124786
1998：欢乐时光　（摄影挂历）高盛奎摄
北京　中国旅游出版社　1997 年　12 页　75×52cm
ISBN：7-5032-1470-8　定价：CNY27.00

J0124787
1998：皇家婚纱　（摄影挂历）
苏州　古吴轩出版社　1997 年　77×53cm
ISBN：7-80574-274-X　定价：CNY27.50

J0124788
1998：回忆童年　（摄影挂历）岭南美术出版
社编
广州　岭南美术出版社　1997 年　75×63cm
ISBN：7-5362-1683-1　定价：CNY27.50

J0124789
1998：娇容　（摄影挂历）钱豫强摄
南京　江苏美术出版社　1997 年　76×52cm
ISBN：7-5344-0649-8　定价：CNY27.50

J0124790
1998：娇容　（摄影挂历）高盛奎摄影
沈阳　辽宁画报出版社　1997 年　77×53cm
ISBN：7-80601-141-2　定价：CNY33.00

J0124791
1998：金色的童年　（摄影挂历）

朝花美术出版社编
北京 朝花美术出版社 1997 年 76×52cm
ISBN：7-5056-0275-6 定价：CNY27.50

J0124792
1998：金色童年 （摄影挂历）
福建美术出版社编
福州 福建美术出版社 1997 年 76×52cm
ISBN：7-5393-0585-1 定价：CNY27.50

J0124793
1998："巨星"风采 （摄影挂历）
人民体育出版社编
北京 人民体育出版社 1997 年 86×57cm
ISBN：7-5009-1538-1 定价：CNY40.00

J0124794
1998：绝代"影后" （摄影挂历）
湖北美术出版社编
武汉 湖北美术出版社 1997 年 104×76cm
ISBN：7-5394-0653-4 定价：CNY58.00

J0124795
1998：空姐 （摄影挂历）杨文月摄
北京 中国旅游出版社 1997 年 75×52cm
ISBN：7-5032-1467-8 定价：CNY52.00

J0124796
1998：丽人 （摄影挂历）黄正雄摄
杭州 西泠印社 1997 年 12 页 74×42cm
ISBN：7-80517-232-3 定价：CNY27.50

J0124797
1998：丽人行 （摄影挂历）高盛奎摄
福州 海潮摄影艺术出版社 1997 年 83×57cm
ISBN：7-80562-456-9 定价：CNY48.00

J0124798
1998：领袖毛泽东 （摄影挂历）
徐肖冰，侯波摄
杭州 浙江人民美术出版社 1997 年 76×52cm
ISBN：7-5340-0699-6 定价：CNY27.50

J0124799
1998：梦中人 （摄影挂历）

中国美术学院出版社编
杭州 中国美术学院出版社 1997 年 12 页
75×52cm ISBN：7-81019-579-4
定价：CNY27.50

J0124800
1998：明星风采 （摄影挂历）容兄摄
广州 岭南美术出版社 1997 年 76×52cm
ISBN：7-5362-1609-2 定价：CNY27.50

J0124801
1998：明珠 （摄影挂历）高盛奎摄
沈阳 辽宁画报出版社 1997 年 76×52cm
ISBN：7-80601-138-2 定价：CNY25.80

J0124802
1998：模特"巨星" （摄影挂历）子健鹰等摄
南京 江苏美术出版社 1997 年 75×63cm
ISBN：7-5344-0673-0 定价：CNY26.80

J0124803
1998：摩登 （摄影挂历）高盛奎摄
杭州 浙江人民美术出版社 1997 年 76×52cm
ISBN：7-5340-0706-2 定价：CNY27.50

J0124804
1998：摩托倩女 （摄影挂历）高盛奎摄
福州 海潮摄影艺术出版社 1997 年 76×52cm
ISBN：7-80562-442-9 定价：CNY27.50

J0124805
1998：母子情 （摄影挂历）福建美术出版社编
福州 福建美术出版社 1997 年 98×70cm
ISBN：7-5393-0578-9 定价：CNY33.00

J0124806
1998：牛仔情 （摄影挂历）
海南国际新闻出版中心编
海口 海南国际新闻出版中心 1997 年
76×52cm ISBN：7-80609-562-4

J0124807
1998：千秋正气 （摄影挂历）王忠山摄
北京 中国连环画出版社 1997 年 75×61cm
ISBN：7-5061-0814-3 定价：CNY27.50

J0124808
1998：亲情之乐　（摄影挂历）
奥林匹克出版社编
北京　奥林匹克出版社　1997 年　76×52cm
ISBN：7-80067-316-2　定价：CNY27.50

J0124809
1998：青春无悔　（摄影挂历）
福建美术出版社编
福州　福建美术出版社　1997 年　12 页　75×42cm
ISBN：7-5393-0563-0　定价：CNY17.00

J0127136
1998：群星　（摄影挂历）孙明摄
沈阳　辽宁画报出版社　1997 年　76×52cm
ISBN：7-80601-108-0　定价：CNY27.50

J0124810
1998：人物摄影　（摄影年历）
南京　江苏美术出版社　1997 年　1 张　72×100cm
定价：CNY6.80

J0124811
1998：人之初　（摄影挂历）福建美术出版社编
福州　福建美术出版社　1997 年　98×70cm
ISBN：7-5393-0574-6　定价：CNY33.00

J0124812
1998：时空佳丽　（摄影挂历）高盛奎摄
天津　天津杨柳青画社　1997 年　86×57cm
ISBN：7-80503-352-8　定价：CNY2.00

J0124813
1998：时装名模　（摄影挂历）
内蒙古人民出版社编
呼和浩特　内蒙古人民出版社　1997 年
77×53cm　ISBN：7-204-03679-4
定价：CNY27.50

J0124814
1998：世纪伟人　（摄影挂历）
北京　中国戏剧出版社　1997 年　85×57cm
ISBN：7-104-00874-8　定价：CNY55.00

J0124815
1998：世纪伟人邓小平　（摄影挂历）
长沙　湖南美术出版社　1997 年　12 页　75×42cm
ISBN：7-5356-0988-0　定价：CNY25.50

J0124816
1998：世纪伟人邓小平　（摄影挂历）
江苏美术出版社编
南京　江苏美术出版社　1997 年　87×68cm
ISBN：7-5344-0687-0　定价：CNY32.00

J0124817
1998：谁知芳心　（摄影挂历）贾育平摄
北京　民族出版社　1997 年　76×52cm
ISBN：7-105-02903-X　定价：CNY27.50

J0124818
1998：天真活泼　（摄影挂历）朱飞摄
天津　天津杨柳青画社　1997 年　12 页　75×51cm
ISBN：7-80503-361-7　定价：CNY27.00

J0124819
1998：天姿国色　（摄影年历）吕大千摄
北京　中国旅游出版社　1997 年　1 张　37×52cm
定价：CNY1.70

J0124820
1998：甜美人生　（摄影挂历）杨柳摄
天津　天津杨柳青画社　1997 年　76×52cm
ISBN：7-80503-358-7　定价：CNY27.00

J0124821
1998：甜蜜蜜　（摄影挂历）高盛奎摄
西安　陕西人民美术出版社　1997 年　76×52cm
ISBN：7-5368-0959-X　定价：CNY27.50

J0124822
1998：童趣　（摄影挂历）江苏图片社编
南京　江苏美术出版社　1997 年　76×52cm
ISBN：7-5344-0650-1　定价：CNY27.50

J0124823
1998：童趣　（摄影挂历）陈学章摄
杭州　西泠印社　1997 年　12 页　75×42cm
ISBN：7-80517-230-7　定价：CNY27.50

J0124824
1998：童真天趣 （摄影挂历）上海人民美术出版社编
上海　上海人民美术出版社　1997年　76×52cm
ISBN：7-5322-1700-0 定价：CNY27.50

J0124825
1998：我家宝宝 （摄影挂历）北京仁通文化发展有限公司编
北京　冶金工业出版社　1997年　57×43cm
ISBN：7-5024-2127-0 定价：CNY27.50

J0124826
1998：我们的总设计师——邓小平
（摄影挂历）新华社供稿
海口　海南出版社　1997年　12页　75×51cm
ISBN：7-80617-883-X 定价：CNY27.50

J0124827
1998：我是妞妞 （年历画）李少白摄
天津　天津美术出版社　1997年　1张　52×38cm
定价：CNY1.60
　　作者李少白（1942—　），著名摄影家。生于重庆。先后任《大众摄影》《中国摄影》等杂志编委，《中国国家地理》《文明》等杂志签约摄影师。出版有《李少白摄影作品选》《神秘的紫禁城》《伟大的长城》《走进故宫》等。

J0124828
1998：我要当海军 （摄影年历）袁学军摄
北京　中国旅游出版社　1997年　1张　52×37cm
定价：CNY1.70

J0124829
1998：喜洋洋 （摄影挂历）高盛奎摄
长春　吉林摄影出版社　1997年　12页　69×48cm
ISBN：7-80606-079-0 定价：CNY26.00

J0124830
1998：喜洋洋 （摄影挂历）袁学军摄
重庆　重庆出版社　1997年　12页　75×42cm
ISBN：7-5366-3568-0 定价：CNY27.50

J0124831
1998：喜盈门 （摄影挂历）高长德摄

天津　天津杨柳青画社　1997年　12页　75×51cm
ISBN：7-80503-364-1 定价：CNY27.00

J0124832
1998：小宝贝 （摄影挂历）杨柳摄
天津　天津杨柳青画社　1997年　12页　75×51cm
ISBN：7-80503-349-8 定价：CNY27.00

J0124833
1998：小妹妹 （摄影挂历）贾育平摄影
沈阳　辽宁画报出版社　1997年　77×53cm
ISBN：7-80601-152-8 定价：CNY27.50

J0127161
1998：小妞 （摄影年历）袁学军摄
北京　中国旅游出版社　1997年　1张　52×37cm
定价：CNY1.70

J0124834
1998：小天使 （摄影挂历）
北京　中国世界语出版社　1997年　76×52cm
ISBN：7-5052-0341-X 定价：CNY27.00

J0124835
1998：小小摄影家 （摄影年历）袁学军摄
北京　中国旅游出版社　1997年　1张　52×37cm
定价：CNY1.70

J0124836
1998：星光灿烂 （摄影挂历）
杭州　西泠印社　1997年　12页　75×42cm
ISBN：7-80517-225-0 定价：CNY27.50

J0124837
1998：星星梦 （摄影挂历）高盛奎摄
北京　中国轻工业出版社　1997年　76×52cm
ISBN：7-5019-2151-7 定价：CNY27.50

J0124838
1998：星之梦 （摄影挂历）福建美术出版社编
福州　福建美术出版社　1997年　76×52cm
ISBN：7-5393-0586-X 定价：CNY27.50

J0124839
1998：艳星 （摄影挂历）高盛奎摄影

沈阳　辽宁画报出版社　1997 年　77×53cm
ISBN：7-80601-153-6　定价：CNY27.50

J0124840
1998：一代楷模周恩来　（摄影挂历）
石家庄　河北美术出版社　1997 年　77×53cm
ISBN：7-5310-1006-2　定价：CNY27.50

J0124841
1998：一代名流　（摄影挂历）
哈尔滨　哈尔滨出版社　1997 年　75×50cm
ISBN：7-80639-009-X　定价：CNY27.50

J0124842
1998：一代伟人　（摄影挂历）京飞编辑
呼和浩特　内蒙古人民出版社　1997 年
105×38cm　ISBN：7-204-03471-6
定价：CNY35.00

J0124843
1998：一代伟人邓小平　（摄影挂历）中国
民族摄影艺术出版社编
北京　中国民族摄影艺术出版社　1997 年
69×95cm　ISBN：7-80069-152-7
定价：CNY40.00

J0124844
1998：一世情缘　（摄影挂历）
北京　中国民族摄影艺术出版社　1997 年
85×58cm　ISBN：7-80069-160-8
定价：CNY33.00

J0124845
1998：依依故人情　（摄影挂历）张耀文摄
南京　江苏美术出版社　1997 年　100×70cm
ISBN：7-5344-0674-9　定价：CNY36.00

J0124846
1998：银梦　（摄影挂历）石强等摄
南京　江苏美术出版社　1997 年　75×63cm
ISBN：7-5344-0679-X　定价：CNY26.80

J0124847
1998：银幕之星　（摄影挂历）张冬摄
北京　民族出版社　1997 年　92×66cm

ISBN：7-105-02889-0　定价：CNY26.00

J0124848
1998：影视新秀　（摄影挂历）
内蒙古人民出版社编
呼和浩特　内蒙古人民出版社　1997 年
77×53cm　ISBN：7-204-03680-8
定价：CNY27.50

J0124849
1998：影坛之光　（摄影挂历）
上海人民美术出版社编
上海　上海人民美术出版社　1997 年　76×52cm
ISBN：7-5322-1721-3　定价：CNY27.50

J0124850
1998：影星陈红　（摄影挂历）张耀文摄
北京　奥林匹克出版社　1997 年　84×58cm
ISBN：7-80067-338-3　定价：CNY28.00

J0124851
1998：影星世界　（摄影挂历）刘明忠等摄影
沈阳　辽宁画报出版社　1997 年　77×53cm
ISBN：7-80601-123-4　定价：CNY27.50

J0124852
1998：真心英雄　（摄影挂历）
沈阳　辽宁画报出版社　1997 年　12 页　75×52cm
ISBN：7-80601-139-0　定价：CNY25.80

J0124853
1998：中国人民的儿子——邓小平
（摄影挂历）人民美术出版社编
北京　人民美术出版社　1997 年　76×52cm
ISBN：7-102-01889-4　定价：CNY27.50

J0124854
1998：中国影星　（摄影挂历）
中国电影出版社编
北京　中国电影出版社　1997 年　75×52cm
ISBN：7-106-01193-2　定价：CNY29.80

J0124855
1998：足坛虎将　（摄影挂历）
人民交通出版社编

北京 人民交通出版社 1997 年 86×58cm
ISBN：7-114-02699-4 定价：CNY35.00

J0124856
碧空倩影 （摄影 1998 年年历）建国,石强摄影
南京 江苏美术出版社 1997 年 1 张 77×53cm
定价：CNY2.80

J0124857
陈红 （摄影 1998 年年历）健鹰摄影
南京 江苏美术出版社 1997 年 1 张 77×53cm
定价：CNY2.80

J0124858
芳容 （摄影 1998 年年历）予强摄影
南京 江苏美术出版社 1997 年 1 张 77×53cm
定价：CNY2.80

J0124859
海的女儿 （摄影 1998 年年历）建国摄影
南京 江苏美术出版社 1997 年 1 张 77×53cm
定价：CNY2.80

J0124860
金娃娃 （摄影 1998 年年历）萧骑摄影
北京 中国连环画出版社 1997 年 1 张
76×51cm 定价：CNY3.20

J0124861
母与子 （摄影 1998 年年历）刘海发摄
天津 天津人民美术出版社 1997 年 1 张
52×38cm 定价：CNY1.60

J0124862
母子情趣 （摄影 1998 年年历）周幼马摄影
北京 中国连环画出版社 1997 年 1 张
51×73cm 定价：CNY3.20

J0124863
妞妞 （摄影 1998 年年历）萧璐摄影
北京 中国连环画出版社 1997 年 1 张
76×51cm 定价：CNY3.20

J0124864
女警之歌 （摄影 1998 年年历）建国,石强摄影

南京 江苏美术出版社 1997 年 1 张 77×53cm
定价：CNY2.80

J0124865
情调钢琴公主——孙颖小姐
（摄影 1998 年年历）孙中摄
南京 江苏美术出版社 1997 年 1 张 52×38cm
定价：CNY2.50

J0124866
少女遐想 （摄影 1998 年年历）花娇摄影
南京 江苏美术出版社 1997 年 1 张 77×53cm
定价：CNY2.80

J0124867
史选红 （摄影 1998 年年历）健鹰摄影
南京 江苏美术出版社 1997 年 1 张 77×53cm
定价：CNY2.80

J0124868
小姐妹 （摄影 1998 年年历）
邢延生,接祖华摄影
北京 中国连环画出版社 1997 年 1 张
76×51cm 定价：CNY3.20

J0124869
雄风 （摄影 1998 年年历）刘震摄影
南京 江苏美术出版社 1997 年 1 张 77×53cm
定价：CNY2.80

J0124870
志在海疆 （摄影 1998 年年历）建国,石强摄影
南京 江苏美术出版社 1997 年 1 张 77×53cm
定价：CNY2.80

J0124871
1999：BABY （摄影挂历）
福州 福建美术出版社 1998 年 29×42cm
定价：CNY50.00

J0124872
1999：北京妞 （摄影年历画）袁学军摄
重庆 重庆出版社 1998 年 1 张 53×77cm
定价：CNY2.70

J0124873

1999：超级"巨星" （摄影挂历）陆奕编

福州 海潮摄影艺术出版社 1998 年 77×53cm

ISBN：7-80562-488-7 定价：CNY27.50

J0124874

1999：纯情 （摄影年历画）秀洲摄

南京 江苏人民出版社 1998 年 1 张 77×53cm

定价：CNY3.00

J0124875

1999：乖娃娃 （摄影年历画）

重庆 重庆出版社 1998 年 1 张 53×38cm

定价：CNY1.50

J0127204

1999：军威 （摄影年历画）袁学军摄

重庆 重庆出版社 1998 年 1 张 38×53cm

定价：CNY1.50

　　作者袁学军（1950—　　），四川成都人，解放军画报社主任记者。作品有《我们劳动去》《二重奏》《印象·青藏高原》等。

J0124876

1999：靓丽 （摄影挂历）常春等摄

石家庄 河北美术出版社 1998 年 75×52cm

ISBN：7-5310-1089-5 定价：CNY26.80

J0124877

1999：靓妹 （摄影年历画）袁学军摄

重庆 重庆出版社 1998 年 1 张 68×38cm

定价：CNY2.00

J0124878

1999：绿茵"巨星" （摄影挂历）

王雄伟，钱豫强摄

杭州 浙江人民美术出版社 1998 年 36×35cm

ISBN：7-5340-0802-6 定价：CNY25.00

J0124879

1999：绿茵天骄 （摄影挂历）芊目供稿

福州 福建美术出版社 1998 年 98×70cm

ISBN：7-5393-0701-3 定价：CNY34.00

J0124880

1999：名车丽人 （摄影挂历）高盛奎摄

长春 吉林摄影出版社 1998 年 75×52cm

ISBN：7-80606-242-4 定价：CNY27.50

J0124881

1999：名车少女 （摄影挂历）

北京 中国画报出版社 1998 年 85×56cm

ISBN：7-80024-489-X 定价：CNY35.00

J0124882

1999：明天的太阳 （摄影挂历）全景供稿

福州 福建美术出版社 1998 年 135×96cm

ISBN：7-5393-0723-4 定价：CNY180.00

J0124883

1999：牛仔情 （摄影挂历）

北京 民族出版社 1998 年 77×53cm

ISBN：7-105-03239-1 定价：CNY27.50

J0124884

1999：拼搏 （摄影挂历）体育报社供稿

福州 福建美术出版社 1998 年 70×49cm

ISBN：7-5393-0654-8 定价：CNY17.00

J0124885

1999：千百媚 （摄影挂历）高盛奎摄

石家庄 河北美术出版社 1998 年 88×58cm

ISBN：7-5310-1112-3 定价：CNY30.50

J0124886

1999：俏佳人 （摄影挂历）高盛奎摄

长春 吉林摄影出版社 1998 年 75×52cm

ISBN：7-80606-249-1 定价：CNY27.50

J0124887

1999：亲情 （摄影挂历）芊目，彩虹供稿

福州 福建美术出版社 1998 年 70×49cm

ISBN：7-5393-0717-X 定价：CNY27.50

J0124888

1999：青春靓丽 （摄影挂历）

浙江中亚广告艺术中心供稿

北京 中国文联出版公司 1998 年 76×52cm

ISBN：7-5059-3117-2 定价：CNY27.50

J0124889
1999：青梅竹马 （摄影挂历）
广州 岭南美术出版社 1998年 76×51cm
ISBN：7-5362-1796-X 定价：CNY27.50

J0124890
1999：青年歌手蒋中一 （摄影年历画）
贾育平等摄
南京 江苏美术出版社 1998年 1张 77×53cm
定价：CNY2.80

J0124891
1999：青年演员蒋勤勤 （摄影年历画）
贾育平等摄
南京 江苏美术出版社 1998年 1张 77×53cm
定价：CNY2.80

J0124892
1999：清纯 （摄影挂历）徐俊卿，钱豫强摄
长春 吉林摄影出版社 1998年 75×52cm
ISBN：7-80606-222-X 定价：CNY27.50

J0124893
1999：情侣 （摄影挂历）
西安 陕西旅游出版社 1998年 88×58cm
ISBN：7-5418-1572-1 定价：CNY29.00

J0124894
1999：情侣世界 （摄影挂历）
广州 广东旅游出版社 1998年 100×70cm
ISBN：7-80521-917-6 定价：CNY32.00

J0124895
1999：柔情 （摄影挂历）
南京 江苏文艺出版社 1998年 75×52cm
ISBN：7-5399-1222-7 定价：CNY27.50

J0124896
1999：三个小海军 （摄影年历画）
重庆 重庆出版社 1998年 1张 38×53cm
定价：CNY1.50

J0124897
1999：师生情 （摄影年历画）
重庆 重庆出版社 1998年 1张 68×38cm

定价：CNY2.00

J0124898
1999：世纪"巨星" （摄影挂历）
天津 天津杨柳青画社 1998年 76×52cm
ISBN：7-80503-412-5 定价：CNY27.50

J0124899
1999：天使在人间 （摄影挂历）
美好景象图片公司供稿
福州 海潮摄影艺术出版社 1998年 76×52cm
ISBN：7-80562-500-X 定价：CNY27.50

J0124900
1999：天天向上 （摄影年历画）
重庆 重庆出版社 1998年 1张 68×38cm
定价：CNY2.00

J0124901
1999：天长地久 999 （摄影挂历）全景供稿
福州 福建美术出版社 1998年 96×70cm
ISBN：7-5393-0662-9 定价：CNY33.00

J0124902
1999：天真 （摄影年历画）乔天富摄
重庆 重庆出版社 1998年 1张 68×38cm
定价：CNY2.00
　　作者乔天富（1954— ），高级记者，四川绵竹市人。历任解放军报高级记者，中国摄影家协会理事，中国新闻摄影学会常务理事。代表作品《中国人民解放军驻香港部队》《大阅兵》《军中姐妹》。

J0124903
1999：童年 （摄影挂历）
北京 中国画报出版社 1998年 77×53cm
ISBN：7-80024-493-8 定价：CNY27.50

J0124904
1999：童趣 （摄影挂历）
上海 上海画报出版社 1998年 76×52cm
ISBN：7-80530-338-X 定价：CNY27.50

J0124905
1999：童趣 （摄影挂历）

北京　中国少年儿童出版社　1998 年　57×43cm
ISBN：7-5007-4467-6　定价：CNY22.00

J0124906
1999：童心 （摄影挂历）
北京美好景象图片有限公司供稿
天津　天津杨柳青画社　1998 年　98×70cm
ISBN：7-80503-417-6　定价：CNY34.80

J0124907
1999：童心 （摄影挂历）
杭州　西泠印社　1998 年　75×52cm
ISBN：7-80517-245-5　定价：CNY27.50

J0124908
1999：童真 （摄影挂历）
长沙　湖南美术出版社　1998 年　97×70cm
ISBN：7-5356-1176-1　定价：CNY33.80

J0124909
1999：童真 （摄影挂历）
北京　中国画报出版社　1998 年　77×53cm
ISBN：7-80024-450-4　定价：CNY26.50

J0124910
1999：童真童乐 （摄影挂历）
长春　吉林摄影出版社　1998 年　75×51cm
ISBN：7-80606-211-4　定价：CNY27.50

J0124911
1999：娃娃天地 （摄影挂历）千目供稿
上海　上海人民美术出版社　1998 年　76×53cm
ISBN：7-5322-1913-5　定价：CNY27.50

J0124912
1999：往日情怀 （摄影挂历）何雪峰摄
天津　天津杨柳青画社　1998 年　84×57cm
ISBN：7-80503-402-8　定价：CNY52.00

J0124913
1999：望子成龙 （摄影挂历）东方景象图片
有限公司供稿
天津　天津杨柳青画社　1998 年　76×52cm
ISBN：7-80503-407-9　定价：CNY27.50

J0124914
1999：伟大的母爱 （摄影挂历）芊目供稿
福州　福建美术出版社　1998 年　96×70cm
ISBN：7-5393-0659-9　定价：CNY33.00

J0124915
1999：温情 （摄影挂历）新力编辑
北京　中国画报出版社　1998 年　77×53cm
ISBN：7-80024-429-6　定价：CNY27.50

J0124916
1999：西欧时装 （摄影挂历）陆奕供稿
福州　海潮摄影艺术出版社　1998 年　75×51cm
ISBN：7-80562-507-7　定价：CNY27.50

J0127246
1999：喜妹 （摄影挂历）步铁力，冯杰摄
天津　天津杨柳青画社　1998 年　86×57cm
ISBN：7-80503-240-8　定价：CNY38.00

J0124917
1999：遐想 （摄影年历画）袁学军摄
重庆　重庆出版社　1998 年　1 张　68×38cm
定价：CNY2.00

J0124918
1999：娴静 （摄影年历画）
南京　江苏美术出版社　1998 年　1 张　77×54cm
定价：CNY2.80

J0124919
1999：乡妹子 （摄影挂历）袁学军摄
重庆　重庆出版社　1998 年　87×57cm
ISBN：7-5366-3897-3　定价：CNY36.80
　　作者袁学军(1950—　　)，四川成都人，解放
军画报社主任记者。作品有《我们劳动去》《二
重奏》《印象·青藏高原》等。

J0124920
1999：相恋 （摄影挂历）袁学军摄
北京　中国画报出版社　1998 年　77×53cm
ISBN：7-80024-474-1　定价：CNY27.50

J0124921
1999：相知有缘 （摄影挂历）

福州 福建美术出版社 1998 年 70×49cm
ISBN：7-5393-0688-2 定价：CNY17.00

J0124922
1999：香江名伶 （摄影挂历）芊目供稿
福州 福建美术出版社 1998 年 96×70cm
ISBN：7-5393-0666-1 定价：CNY33.00

J0124923
1999：小海军 （摄影年历画）袁学军摄
重庆 重庆出版社 1998 年 1 张 68×38cm
定价：CNY2.00

J0124924
1999：小小少年 （摄影挂历）
福州 福建省地图出版社 1998 年 97×69cm
ISBN：7-80516-428-2 定价：CNY33.00

J0124925
1999：小小少年 （摄影挂历）
美好景象图片公司供稿
福州 海潮摄影艺术出版社 1998 年 100×70cm
ISBN：7-80562-500-X 定价：CNY47.00

J0124926
1999：小小摄影家 （摄影年历画）袁学军摄
重庆 重庆出版社 1998 年 1 张 68×38cm
定价：CNY2.00

J0124927
1999：心心相印 （摄影挂历）
广州 岭南美术出版社 1998 年 76×51cm
ISBN：7-5362-1792-7 定价：CNY27.50

J0124928
1999：星星 （摄影挂历）振海，易水编辑
北京 中国画报出版社 1998 年 77×52cm
ISBN：7-80024-430-X 定价：CNY27.50

J0124929
1999：幸福家庭 （摄影年历画）
重庆 重庆出版社 1998 年 1 张 68×38cm
定价：CNY2.00

J0124930
1999：延边敖东足球队 （摄影挂历）
延边州包装技术协会，延边足球俱乐部编
延吉 延边人民出版社 1998 年 75×52cm
ISBN：7-80599-960-0 定价：CNY28.00

J0124931
1999：艺坛"巨星" （摄影年历画）向欣摄
南京 江苏美术出版社 1998 年 1 张 77×53cm
定价：CNY2.80

J0124932
1999：银屏伉俪 （摄影挂历）千目摄
上海 上海人民美术出版社 1998 年 83×57cm
ISBN：7-5322-1909-7 定价：CNY33.00

J0124933
1999：银屏新星高燕 （摄影年历画）
贾育平等摄
南京 江苏美术出版社 1998 年 1 张 77×54cm
定价：CNY2.80

J0124934
1999：影坛新花辛莘 （摄影年历画）
贾育平等摄
南京 江苏美术出版社 1998 年 1 张 77×53cm
定价：CNY2.80

J0124935
1999：真情 （摄影挂历）
上海 上海画报出版社 1998 年 76×52cm
ISBN：7-80530-337-1 定价：CNY27.50

J0124936
1999：真情流露 （摄影挂历）
福州 福建美术出版社 1998 年 70×49cm
ISBN：7-5393-0687-4 定价：CNY17.00

J0124937
1999：真情难拒 （摄影挂历）全景供稿
福州 福建美术出版社 1998 年 63×48cm
ISBN：7-5393-0709-9 定价：CNY40.00

J0124938
1999：真情真心 （摄影挂历）芊目等供稿

福州　福建美术出版社　1998 年　96×70cm
ISBN：7-5393-0648-3　定价：CNY33.00

J0124939
1999：中国影星 （摄影挂历）
北京　中国画报出版社　1998 年　77×53cm
ISBN：7-80024-488-1　定价：CNY27.50

J0124940
1999：足坛"巨星" （摄影年历画）向欣摄
南京　江苏美术出版社　1998 年　1 张　77×53cm
定价：CNY2.80

J0124941
1999：足坛"巨星" （摄影挂历）
上海　上海书画出版社　1998 年　76×52cm
ISBN：7-80635-257-0　定价：CNY27.50

J0124942
1999：祖国卫士 （摄影年历画）袁学军摄
重庆　重庆出版社　1998 年　1 张　68×38cm
定价：CNY2.00

J0124943
2000：母子情深 （摄影挂历）
美好景象图片公司供稿
福州　福建美术出版社　1998 年　98×70cm
ISBN：7-5393-0673-4　定价：CNY33.00

J0124944
2000：彩虹仙子 （摄影挂历）
成都　四川美术出版社　1999 年　49×43cm
ISBN：7-5410-1633-0　定价：CNY48.00

J0124945
2000：超级模特 （摄影挂历）
成都　四川美术出版社　1999 年　72×50cm
ISBN：7-5410-1631-4　定价：CNY27.50

J0124946
2000：慈母情 （摄影挂历）彩虹供稿
福州　福建美术出版社　1999 年　98×68cm
ISBN：7-5393-0825-7　定价：CNY33.00

J0124947
2000：芬芳年华 （摄影挂历）
上海书画出版社编
上海　上海书画出版社　1999 年　77×52cm
ISBN：7-80635-371-2　定价：CNY27.50

J0124948
2000：风华正茂 （摄影挂历）刘海发摄
福州　海潮摄影艺术出版社　1999 年　76×52cm
ISBN：7-80562-595-6　定价：CNY27.50

J0124949
2000：乖宝宝 （摄影挂历）全景图片公司摄
南京　江苏美术出版社　1999 年　77×52cm
ISBN：7-5344-0926-8　定价：CNY27.50

J0124950
2000：花季 （摄影挂历）
福州　海潮摄影艺术出版社　1999 年　99×70cm
ISBN：7-80562-583-2　定价：CNY33.00

J0124951
2000：花季 （摄影挂历）
全景美景图片公司供稿
长沙　湖南美术出版社　1999 年　76×52cm
ISBN：7-5356-1334-9　定价：CNY26.50

J0124952
2000：花季 （摄影挂历）徐俊卿摄
广州　岭南美术出版社　1999 年　76×52cm
ISBN：7-5362-1955-5　定价：CNY27.50
　　作者徐俊卿，代表作品有《大喜大寿图》《漓江风光》等。

J0124953
2000：花季 （摄影挂历）周鼎等摄
杭州　中国美术学院出版社　1999 年　77×52cm
ISBN：7-81019-779-7　定价：CNY27.50

J0124954
2000：佳丽 （摄影挂历）王强摄
苏州　古吴轩出版社　1999 年　76×52cm
ISBN：7-80574-407-6　定价：CNY27.50

J0124955
2000：姐妹花 （摄影挂历）
上海 上海画报出版社 1999 年 76×52cm
ISBN：7-80530-480-7 定价：CNY27.50

J0124956
2000：金色童年 （摄影挂历）林伟新供稿
海口 南方出版社 1999 年 76×53cm
ISBN：7-80609-840-2 定价：CNY27.50

J0124957
2000：金色童年 （摄影挂历）裕根绘
上海 上海画报出版社 1999 年 76×52cm
ISBN：7-80530-484-X 定价：CNY27.50

J0124958
2000：锦绣前程 （摄影挂历）
上海 上海画报出版社 1999 年 76×52cm
ISBN：7-80530-477-7 定价：CNY27.50

J0124959
2000：京剧人物 （摄影挂历 英汉对照）
许立仁编文；余志勇等摄；杨亭轩译
北京 外文出版社 1999 年 43×29cm
ISBN：7-119-02487-6 定价：CNY18.60

J0124960
2000：开心 （摄影挂历）千目,全景供稿
上海 上海人民美术出版社 1999 年 76×52cm
ISBN：7-5322-2165-2 定价：CNY27.50

J0124961
2000：快乐小伙伴 （摄影挂历）
美好景象图片公司供稿
福州 海潮摄影艺术出版社 1999 年 76×52cm
ISBN：7-80562-630-8 定价：CNY27.50

J0124962
2000：浪漫童真 （摄彩挂历）千目图片供稿
成都 四川美术出版社 1999 年 76×52cm
ISBN：7-5410-1593-8 定价：CNY27.50

J0124963
2000：浪漫之侣 （摄影挂历）
北京 中国画报出版社 1999 年 76×52cm
ISBN：7-80024-544-6 定价：CNY27.50

J0124964
2000：丽人风韵 （摄影挂历）
上海 上海画报出版社 1999 年 76×52cm
ISBN：7-80530-481-5 定价：CNY27.50

J0124965
2000：一帘幽梦 （摄影挂历）
东方图片公司供稿
杭州 中国美术学院出版社 1999 年 77×52cm
ISBN：7-81019-783-5 定价：CNY27.50

J0124966
2000：美景佳人 （摄影挂历）刘震等摄
石家庄 河北美术出版社 1999 年 76×52cm
ISBN：7-5310-0992-7 定价：CNY26.80

J0127297
2000：明星风采 （摄影挂历）王芳荣供稿
福州 海潮摄影艺术出版社 1999 年 75×51cm
ISBN：7-80562-654-5 定价：CNY27.50

J0124967
2000：母子情 （摄影挂历）千目图片供稿
成都 四川美术出版社 1999 年 76×52cm
ISBN：7-5410-1592-X 定价：CNY27.50

J0124968
2000：少女情怀 （摄影挂历）
上海书画出版社编
上海 上海书画出版社 1999 年 77×52cm
ISBN：7-80635-369-0 定价：CNY27.50

J0124969
2000：神骑女郎 （摄影挂历）冯进,步铁力摄
石家庄 河北美术出版社 1999 年 76×50cm
ISBN：7-5310-1269-3 定价：CNY27.50

J0124970
2000：时装·青春年华 （摄影挂历）
千目图片供稿
福州 福建美术出版社 1999 年 98×68cm
ISBN：7-5393-0829-X 定价：CNY33.00

J0124971
2000：**世纪之婴** （摄影挂历）
湖南美术出版社编
长沙 湖南美术出版社 1999 年 58×43cm
ISBN：7-5356-1345-4 定价：CNY45.00

J0124972
2000：**童年** （摄影挂历）华顿等供稿
苏州 古吴轩出版社 1999 年 76×52cm
ISBN：7-80574-410-6 定价：CNY27.50

J0124973
2000：**童年的梦** （摄影挂历）杨克文供稿
西安 陕西人民美术出版社 1999 年 76×52cm
ISBN：7-5368-1174-8 定价：CNY27.50

J0124974
2000：**童年日记** （摄影挂历）
成都 四川美术出版社 1999 年 72×50cm
ISBN：7-5410-1628-4 定价：CNY27.50

J0124975
2000：**童趣** （摄影挂历）千目供稿
福州 福建美术出版社 1999 年 76×52cm
ISBN：7-5393-0835-4 定价：CNY26.80

J0124976
2000：**童趣** （摄影挂历）千目供稿
上海 上海人民美术出版社 1999 年 76×52cm
ISBN：7-5322-2174-1 定价：CNY27.50

J0124977
2000：**喜盈盈** （摄影挂历）
北京 中国画报出版社 1999 年 76×52cm
ISBN：7-80024-545-4 定价：CNY27.50

J0124978
2000：**小天使** （摄影挂历）全景摄
杭州 浙江人民美术出版社 1999 年 57×43cm
ISBN：7-5340-0595-7 定价：CNY22.00

J0124979
2000：**小小运动员** （摄影挂历）张毅摄
福州 海潮摄影艺术出版社 1999 年 76×52cm
ISBN：7-80562-593-X 定价：CNY27.50

J0124980
2000：**幸福童年** （摄影挂历）芊目供稿
福州 福建美术出版社 1999 年 98×68cm
ISBN：7-5393-0831-1 定价：CNY33.00

J0124981
2000：**依依故人情** （摄影挂历）张耀文摄
南京 江苏美术出版社 1999 年 100×70cm
ISBN：7-5344-0939-X 定价：CNY35.00

J0124982
2000：**忆童年** （摄影挂历）伍鼎宏摄
上海 上海人民美术出版社 1999 年 76×52cm
ISBN：7-5322-2155-5 定价：CNY27.50
　　作者伍鼎宏（1948—　　），中国人像摄影学会
会员，上海摄影家协会会员。

J0124983
2000：**意浓浓** （摄影挂历）贾育平等摄
南京 江苏美术出版社 1999 年 76×53cm
ISBN：7-5344-0931-4 定价：CNY27.50

J0124984
2000：**盈盈** （摄影挂历）东方，千目供稿
上海 上海人民美术出版社 1999 年 76×52cm
ISBN：7-5322-2164-4 定价：CNY27.50

J0124985
2000：**影星魅力** （摄影挂历）
上海书画出版社编
上海 上海书画出版社 1999 年 77×52cm
ISBN：7-80635-370-4 定价：CNY27.50

J0124986
2000：**泳坛之娇** （摄影挂历）
上海 上海画报出版社 1999 年 76×52cm
ISBN：7-80530-479-3 定价：CNY27.50

J0124987
2000：**玉女** （摄影挂历）黄杭晖摄
福州 海潮摄影艺术出版社 1999 年 72×49cm
ISBN：7-80562-641-3 定价：CNY27.50

J0124988
2000：**足坛精英** （摄影挂历）千目图片供稿

成都 四川美术出版社 1999 年 76×52cm
ISBN：7-5410-1596-2 定价：CNY27.50

中国摄影年历——风光摄影

J0124989
西湖名胜 （彩色图片）浙江人民出版社编
［杭州］浙江人民出版社 1960 年 25 张（套）
定价：CNY1.60

J0124990
武汉长江大桥 （1965 年历画）张其军摄影
［武汉］湖北人民出版社 1964 年 ［1 张］
53cm（4 开）定价：CNY0.16

J0124991
香山 文物出版社编辑
［北京］文物出版社 1964 年 8 张（套）
13cm（64 开）定价：CNY0.56

J0124992
长白之春 郎琦摄
长春 吉林人民出版社 1964 年 ［1 张］
13cm（64 开）定价：CNY0.06
　　作者郎琦，满族，摄影家。曾用名魁琦，吉林
珲春人。中国摄影家协会会员、中国艺术摄影家
协会理事。作品有《中国人民解放军入北平仪式》
《踏雪送医》《林海银鹰》等。

J0124993
长白之冬 郎琦摄
长春 吉林人民出版社 1964 年 ［1 张］
13cm（64 开）定价：CNY0.06

J0124994
长白之夏 郎琦摄
长春 吉林人民出版社 1964 年 ［1 张］
13cm（64 开）定价：CNY0.06

J0124995
长春市斯大林大街 郑捷摄
长春 吉林人民出版社 1964 年 ［1 张］
13cm（64 开）定价：CNY0.06
　　作者郑捷，摄影家。摄影宣传画有《优生优

育苗壮成长（1984 年）》，编有《安徒生童话》等。

J0124996
南湖 （明信片）燕烈,张颖摄
上海 上海人民美术出版社 1966 年 重印本
1 套（8 幅）15cm（40 开）统一书号：T8081.8982
定价：CNY0.64

J0124997
南湖 （明信片 中、英、法、西班牙文对照）
上海 上海人民美术出版社 1966 年 8 张
13cm（64 开）

J0124998
阿佤山翠色 （摄影 1972〈农历壬子年〉）
天津 天津人民美术出版社 1971 年 ［1］张
53cm（4 开）定价：CNY0.08

J0124999
大渡河铁索桥 （摄影 1972 年年历）
［石家庄］河北人民出版社 1971 年 ［1］张
53cm（4 开）定价：CNY0.15

J0125000
大渡河铁索桥 （摄影 1972 年年历）
北京 人民出版社 1971 年 ［1］张 53cm（4 开）
定价：CNY0.08

J0125001
大渡河铁索桥 （摄影 1972〈农历壬子年〉）
天津 天津人民美术出版社 1971 年 ［1］张
53cm（4 开）定价：CNY0.08

J0125002
海岛巡逻 （摄影 1972〈农历壬子年〉）
天津 天津人民美术出版社 1971 年 ［1］张
53cm（4 开）定价：CNY0.08

J0125003
庐山雄姿 （摄影 1972 年年历）
［石家庄］河北人民出版社 1971 年 ［1］张
53cm（4 开）定价：CNY0.15

J0125004
庐山雄姿 （摄影 1972 年年历）

北京　人民出版社　1971 年 ［1］张　53cm（4 开）
定价：CNY0.08

J0125005
庐山雄姿 （摄影 1972〈农历壬子年〉）
北京　人民美术出版社　1971 年 ［1］张　53cm（4 开）
定价：CNY0.07

J0125006
庐山雄姿 （摄影 1972〈农历壬子年〉）
天津　天津人民美术出版社　1971 年 ［1］张
53cm（4 开）定价：CNY0.08

J0125007
万里长城 （摄影 1972〈农历壬子年〉）
北京　人民美术出版社　1971 年 ［1］张
53cm（4 开）定价：CNY0.07

J0125008
万里长城 （摄影 1972〈农历壬子年〉）
天津　天津人民美术出版社　1971 年 ［1］张
53cm（4 开）定价：CNY0.08

J0125009
远眺贡嘎山 （摄影 1972〈农历壬子年〉）
天津　天津人民美术出版社　1971 年 ［1］张
53cm（4 开）定价：CNY0.08

J0125010
北京颐和园 （摄影 1973〈农历癸丑年〉年历）
［太原］山西人民出版社　1972 年　39cm（4 开）
定价：CNY0.04

J0125011
革命人民敬仰的地方——韶山
（摄影 1973 年年历）
合肥　安徽人民出版社　1972 年　38cm（6 开）
定价：CNY0.08

J0125012
海港夜景 （1973 年年历）辛凯摄影
［沈阳］辽宁人民出版社　1972 年　54cm（4 开）
定价：CNY0.10

J0125013
黄河 （摄影 1973〈农历癸丑年〉年历）
［郑州］河南人民出版社　1972 年　54cm（4 开）
定价：CNY0.04

J0125014
黄山桃花溪雪景 （摄影 1973 年年历）
［合肥］安徽人民出版社　1972 年　38cm（6 开）
定价：CNY0.08

J0125015
今日黄河泛区 （摄影 1973〈农历癸丑年〉年历）
郑州　河南人民出版社　1972 年　54cm（4 开）
定价：CNY0.07

J0125016
今日南泥湾 （1973〈农历癸丑年〉年历）
卫相摄影
西安　陕西人民出版社　1972 年　54cm（4 开）
定价：CNY0.08

J0125017
井冈山茨坪 （摄影 1973〈农历癸丑年〉年历）
解放军画报社供稿
［南昌］江西人民出版社　1972 年　38cm（6 开）
定价：CNY0.06

J0125018
景山之展 （摄影 1973 年年历）
天津　天津人民美术出版社　1972 年
54cm（4 开）定价：CNY0.10

J0125019
橘子洲头亭 （摄影 1972〈农历壬子年〉年历）
天津　天津人民美术出版社东方红画店　1972 年
［1 幅］54cm（4 开）镶铜边　定价：CNY0.20

J0125020
林海冬运 （1973〈农历癸丑年〉年历）
郎琦摄影
长春　吉林人民出版社　1972 年　54cm（4 开）
定价：CNY0.08
　　作者郎琦，满族，摄影家。曾用名魁琦，吉林
珲春人。中国摄影家协会会员、中国艺术摄影家
协会理事。作品有《中国人民解放军入北平仪式》

《踏雪送医》《林海银鹰》等。

J0125021
六和塔 （摄影 1973 年年历）
杭州 浙江人民出版社 1972 年 38cm（6 开）
定价: CNY0.06

J0125022
六盘山药场 （1973 年年历）马忠义摄影
银川 宁夏人民出版社 1972 年 54cm（4 开）
定价: CNY0.08

J0125023
庐山雄姿 （摄影 1973 年年历）
哈尔滨 黑龙江人民出版社 1972 年
54cm（4 开）定价: CNY0.12

J0125024
毛主席旧居——韶山 （摄影 1973 年年历）
哈尔滨 黑龙江人民出版社 1972 年
54cm（4 开）定价: CNY0.12

J0125025
美丽的草原 （摄影 1973 年年历）
宝音朝克图摄影
呼和浩特 内蒙古人民出版社 1972 年
39cm（4 开）定价: CNY0.04

J0125026
南京长江大桥 （摄影 1973 年年历）
南京 江苏人民出版社 1972 年 54cm（4 开）
定价: CNY0.14

J0125027
钱塘江畔 （摄影 1973 年年历）
天津 天津人民美术出版社 1972 年
54cm（4 开）定价: CNY0.10

J0125028
三潭印月盛夏 （摄影 1973 年年历）
杭州 浙江人民出版社 1972 年 38cm（6 开）
定价: CNY0.06

J0125029
上海港之夜 （摄影 1973〈农历癸丑年〉年历）
郑州 河南人民出版社 1972 年 54cm（4 开）
定价: CNY0.07

J0125030
上海港之夜 （摄影 1973 年年历）
哈尔滨 黑龙江人民出版社 1972 年
54cm（4 开）定价: CNY0.12

J0125031
西湖薛静 （摄影 1973 年年历）
杭州 浙江人民出版社 1972 年 1 张
39cm（8 开）定价: CNY0.08

J0125032
香山红叶 （摄影 1973 年年历）人民画报稿
[石家庄] 河北人民出版社 1972 年 1 张
54cm（4 开）定价: CNY0.15

J0127364
香山红叶 （摄影 1973 年年历）
天津 天津人民出版社 1972 年 1 张
54cm（4 开）定价: CNY0.10

J0125033
雪山红旗卡邦牧场 （摄影 1973〈农历癸丑〉
年历 汉、藏文对照）
[拉萨] 西藏人民出版社 1972 年 [1 张]
39cm（4 开）定价: CNY0.05

J0125034
颐和园 （摄影 1973 年年历）
石家庄 河北人民出版社 1972 年 1 张
54cm（4 开）定价: CNY0.15

J0125035
玉龙春早 （摄影 1973 年年历）
[昆明] 云南人民出版社 1972 年 [1 张]
54cm（4 开）定价: CNY0.05

J0125036
春 （摄影 1974 年年历）李子青摄
南昌 江西人民出版社 1973 年 53cm（4 开）
定价: CNY0.12
　　作者李子青(1935—)，江西画报社高级记
者,美国纽约摄影学会荣誉高级会士。

J0125037
春到西沟 （摄影 1974〈农历甲寅年〉年历）
太原 山西人民出版社 1973 年 43cm（5 开）
定价：CNY0.07

J0125038
大寨新貌 （摄影 1974〈农历甲寅年〉年历）
太原 山西人民出版社 1973 年 45cm（5 开）
定价：CNY0.07

J0125039
孤山枫林 （摄影 1974 年年历）
杭州 浙江人民出版社 1973 年 53cm（4 开）
定价：CNY0.12

J0125040
广东北江 （摄影 1974〈农历甲寅年〉年历）
太原 山西人民出版社 1973 年 45cm（5 开）
定价：CNY0.07

J0125041
广东七星岩 （摄影 1974 年年历）
太原 山西人民出版社 1973 年 45cm（5 开）
定价：CNY0.07

J0125042
海滩新貌──福清县东阁华侨农场
（摄影 1974〈农历甲寅年〉年历）刘杰摄
福州 福建人民出版社 1973 年 53cm（4 开）
定价：CNY0.05

J0125043
河南 （彩色明信片）
郑州 河南人民出版社 1973 年 10 张（套）
15cm（40 开）

J0125044
贺兰山色 （摄影 1974〈农历甲寅年〉年历）
李庆跃摄
银川 宁夏人民出版社 1973 年 38cm（6 开）
定价：CNY0.04
　　作者李庆跃(1933—　),一级摄影师。河北
安平人。历任宁夏人民电影院副院长,电影公司
副经理。

J0125045
黄泛区马群 （摄影 1974〈农历甲寅年〉年历）
凡立摄
郑州 河南人民出版社 1973 年 53cm（4 开）
定价：CNY0.07

J0125046
黄山莲花峰 （摄影 1974〈农历甲寅年〉年历）
合肥 安徽人民出版社 1973 年 53cm（4 开）
定价：CNY0.12

J0125047
黄山云海 （摄影 1974〈农历甲寅年〉年历）
太原 山西人民出版社 1973 年 45cm（5 开）
定价：CNY0.07

J0125048
今日阿佤山 （摄影 1974 年年历）
昆明 云南人民出版社 1973 年 53cm（4 开）
定价：CNY0.10

J0125049
雷山远眺 （摄影 1974 年年历）
成都 四川人民出版社 1973 年 53cm（4 开）
定价：CNY0.07

J0125050
林业生产景象 （摄影 1974〈农历甲寅年〉年历）
农业出版社 1973 年 53cm（4 开）
定价：CNY0.08

J0125051
庐山 （摄影 1974〈农历甲寅年〉年历）
太原 山西人民出版社 1973 年 ［45cm］（5 开）
定价：CNY0.07

J0125052
庐山日出 （摄影 1974〈农历甲寅年〉年历）
刘成龙摄
南昌 江西人民出版社 1973 年
25cm(小 16 开) 定价：CNY0.06

J0125053
庐山小天地 （摄影 1974〈农历甲寅年〉年历）
陆之光摄

南昌 江西人民出版社 1973 年 38cm（6 开）
定价: CNY0.08

J0125054
劈山引来幸福水 （摄影 1974〈农历甲寅年〉年历）王世龙摄
郑州 河南人民出版社 1973 年 53cm（4 开）
定价: CNY0.07

J0125055
秦皇岛外打鱼船
（摄影 1974 年年历）孙忠摄
石家庄 河北人民出版社 1973 年 53cm（4 开）
定价: CNY0.15

J0125056
石林——剑峰池 （摄影 1974 年年历）
昆明 云南人民出版社 1973 年 1 张
53cm（4 开）定价: CNY0.10

J0125057
嵩山日出 （摄影 1974〈农历甲寅年〉年历）
王世龙摄
郑州 河南人民出版社 1973 年 1 张
38cm（6 开）定价: CNY0.04
　　作者王世龙(1930—)，摄影家。河南平舆人，曾用名于一。曾任中国人民解放军军报随军摄影记者，河南新乡日报社摄影美术组长，河南日报社摄影记者，河南人民出版社摄影编辑、编辑室主任、编审委员等职。中国摄影家协会常务理事。作品有《秋收完毕》《山里俏》《山村在欢唱》等。

J0125058
苏堤夕照 （摄影 1974 年年历）
杭州 浙江人民出版社 1973 年 1 张
53cm（4 开）定价: CNY0.16

J0125059
天池风光 （摄影 1974〈农历甲寅年〉年历汉、维吾尔新文字对照）刘浪摄
乌鲁木齐 新疆人民出版社 1973 年 1 张
53cm（4 开）定价: CNY0.08

J0125060
天池风光 （摄影 1974〈农历甲寅年〉年历汉、维吾尔新文字对照）刘浪摄
乌鲁木齐 新疆人民出版社 1973 年 1 张
26cm（16 开）定价: CNY0.04

J0125061
武夷山鹰咀岩 （摄影 1974〈农历甲寅年〉年历）
杨北钊摄
福州 福建人民出版社 1973 年 1 张
53cm（4 开）定价: CNY0.07

J0125062
西湖 （彩色图片）浙江人民出版社编辑
杭州 浙江人民出版社 1973 年 12 张（套）
9cm（128 开）定价: CNY0.30

J0125063
西湖春早 （摄影 1974 年年历）
杭州 浙江人民出版社 1973 年 1 张
53cm（4 开）定价: CNY0.12

J0125064
夏日漓江 （摄影 1974〈农历甲寅年〉年历）
太原 山西人民出版社 1973 年 1 册
［45cm］（5 开）定价: CNY0.07

J0125065
湘江桔子洲 （摄影 1974〈农历甲寅年〉年历）
太原 山西人民出版社 1973 年 1 张
［45cm］（5 开）定价: CNY0.07

J0125066
小瀛洲 （摄影 1974 年年历）
杭州 浙江人民出版社 1973 年 1 张
53cm（4 开）定价: CNY0.12

J0125067
星湖
北京 外文出版社 1973 年 1 册 17cm（32 开）
定价: CNY0.44

J0125068
雅鲁藏布江畔 （摄影 1974 年年历）
拉萨 西藏人民出版社 1973 年 1 张

53cm（4 开）定价：CNY0.08

J0125069
颐和园风景 （摄影 1974 年年历）
石家庄 河北人民出版社 1973 年 1 张
53cm（4 开）定价：CNY0.15

J0125070
豫南春早 （摄影 1974〈农历甲寅年〉年历）
王世龙摄
郑州 河南人民出版社 1973 年 53cm（4 开）
定价：CNY0.07

J0125071
肇庆七星岩 （摄影 1974 年年历）
上海 上海书画社 1973 年 53cm（4 开）
定价：CNY0.08

J0127404
北京颐和园风光
（德文、斯瓦希里文、世界语对照）
北京 外文出版社 1974 年 9 张(套)
15cm（64 开）定价：CNY0.40

J0125072
北京颐和园风光 （英文、法文、西班牙文对照）
北京 外文出版社 1974 年 9 张(套)
15cm（64 开）定价：CNY0.40

J0125073
茶林 （摄影 1975 年年历）朱力，洪兴摄
上海 上海书画社 1974 年 26cm（16 开）
定价：CNY0.03

J0125074
茶山春早 （摄影 1975〈农历乙卯年〉年历）
刘杰摄
［福州］福建人民出版社 1974 年
53cm（4 开）定价：CNY0.07

J0125075
察隅新貌 （摄影 1975 年年历
汉、藏文标题对照）
［拉萨］西藏人民出版社 1974 年 38cm（6 开）
定价：CNY0.10

J0125076
赤水河——红军曾先后四次渡此河作战
（摄影 1975〈农历乙卯年〉年历）贵州新闻图片
社摄影
［贵阳］贵州人民出版社 1974 年 53cm（4 开）
定价：CNY0.07

J0125077
赤水河——红军曾先后四次渡此河作战
（摄影 1976〈农历丙辰年〉年历）贵州新闻图片
社摄影
［贵阳］贵州人民出版社 1975 年 2 版
53cm（4 开）定价：CNY0.07

J0125078
洱海之滨 （摄影 1975 年年历）
［昆明］云南人民出版社 1974 年 39cm（4 开）
定价：CNY0.10

J0125079
风庆轮远航胜利归来 （摄影 1975 年年历）
陈春轩摄
上海 上海书画社 1974 年 53cm（4 开）
定价：CNY0.08

J0125080
福州五一路 （摄影 1975〈农历乙卯年〉年历）
刘杰摄
［福州］福建人民出版社 1974 年 53cm（4 开）
定价：CNY0.07

J0125081
华清池 （彩色明信片辑 中、英文对照）
吴印咸等摄
西安 陕西人民出版社 1974 年 10 张(套)
15cm（64 开）定价：CNY0.50
　　作者吴印咸（1900—1994），摄影艺术家、导
演。原名吴荫诚，祖籍安徽歙县，生于江苏沭阳。
曾在上海美术专科学校学习。历任东北电影制
片厂厂长，北京电影学院副院长兼摄影系主任，
文化部电影局顾问，中国摄影家协会副主席，中
国电影摄影师学会副理事长，全国文学艺术联合
会委员等。代表作品《生死同心》《风云儿女》《坚
苦的奋斗》。

J0125082

今日南泥湾 （摄影集 彩色明信片辑）

吴印咸等摄影

西安 陕西人民出版社 1974年 8幅

11×15cm 统一书号：8094.243 定价：CNY0.42

J0125083

兰考之春 （摄影 1975〈农历乙卯年〉年历）

王世龙摄

[郑州] 河南人民出版社 1974年 38cm（6开）

定价：CNY0.04

　　作者王世龙(1930—)，摄影家。河南平舆人，曾用名于一。曾任中国人民解放军军报随军摄影记者，河南新乡日报社摄影美术组长，河南日报社摄影记者，河南人民出版社摄影编辑、编辑室主任、编审委员等职。中国摄影家协会常务理事。作品有《秋收完毕》《山里俏》《山村在欢唱》等。

J0125084

岭南春色 （摄影 1975〈农历乙卯年〉年历）

[太原] 山西人民出版社 1974年 39cm（4开）

定价：CNY0.08

J0125085

怒江新城——知子罗 （摄影 1975年年历）

[昆明] 云南人民出版社 1974年 39cm（4开）

定价：CNY0.10

J0125086

三腊瀑布 （摄影 1975年年历）

[昆明] 云南人民出版社 1974年 39cm（4开）

定价：CNY0.10

J0125087

三峡风光 （摄影 1975年年历）

[成都] 四川人民出版社 1974年 53cm（4开）

定价：CNY0.07

J0125088

太行秋色 （摄影 1975〈农历乙卯年〉年历）

王世龙摄

[郑州] 河南人民出版社 1974年 53cm（4开）

定价：CNY0.07

J0125089

夏日漓江 （摄影 1975年年历）

[北京] 人民体育出版社 1974年 53cm（4开）

定价：CNY0.12

J0125090

不尽长江滚滚来 （摄影 1976〈农历丙辰年〉年历）苏贻明摄

[武汉] 湖北人民出版社 1975年 53cm（4开）

定价：CNY0.15

J0125091

大明湖 （摄影 1976年年历）鲁群摄

[济南] 山东人民出版社 1975年 53cm（4开）

定价：CNY0.09

J0125092

都江堰鸟瞰 （摄影 1976〈农历丙辰年〉年历）

四川人民出版社摄

[成都] 四川人民出版社 1975年 53cm（4开）

定价：CNY0.07

J0125093

繁忙的渔港 （摄影 1976年年历）时盘棋摄

[济南] 山东人民出版社 1975年 53cm（4开）

定价：CNY0.09

J0125094

贵州黄果树瀑布之夏 （摄影 1976〈农历丙辰年〉年历）钟光葵摄

[北京] 人民体育出版社 1975年 53cm（4开）

定价：CNY0.10

J0125095

黑龙滩水库 （摄影 1976年年历）

[成都] 四川人民出版社 1975年 38cm（6开）

定价：CNY0.03

J0125096

黄山清凉台 （摄影 1976年年历）朱力摄

上海 上海书画社 1975年 26cm（16开）

定价：CNY0.03

　　作者朱力(1937—)，画家。安徽全椒人，安徽艺专毕业。安徽美协会员、国家二级美术师、中国美协会员。出版有《朱力画辑》《朱力国画作品选》《朱力画集》等。

J0125097
建设中的上海　（摄影 1976 年年历）张祖林摄
上海　上海书画社　1975 年　53cm（4 开）
定价：CNY0.06

J0125098
井冈山　（摄影 1976 年年历）吕厚民摄
［南昌］江西人民出版社　1975 年　38cm（6 开）
定价：CNY0.10
　　作者吕厚民(1928—2015)，摄影家。生于黑龙江依兰。曾任中国摄影协会党组书记，中国文联副主席，中华民族文化促进会副主席。代表作品《毛主席和周总理》《周恩来和邓小平在颐和园》等。

J0125099
美丽的西双版纳
（摄影 1976〈农历丙辰年〉年历）
［昆明］云南人民出版社　1975 年　53cm（4 开）
定价：CNY0.12

J0125100
娘子关瀑布　（摄影 1976 年〈农历丙辰年〉年历）
［太原］山西人民出版社　1975 年　53cm（4 开）
定价：CNY0.13

J0125101
山谷之春　（摄影 1976 年年历）吕厚民摄
［南昌］江西人民出版社　1975 年　53cm（4 开）
定价：CNY0.12

J0125102
韶山春　（摄影 1976 年〈农历丙辰年〉年历）
孙忠庭摄
［西安］陕西人民出版社　1975 年　53cm（4 开）
定价：CNY0.11

J0125103
韶山春　（摄影 1976 年年历）孙忠靖摄
上海　上海书画社　1975 年　53cm（4 开）
定价：CNY0.08

J0125104
天山之春　（摄影 1976 年年历）叶树柏摄
［乌鲁木齐］新疆人民出版社　1975 年
53cm（4 开）定价：CNY0.08

J0125105
田园如画　（摄影 1976 年〈农历丙辰年〉年历）
［太原］山西人民出版社　1975 年　53cm（4 开）
定价：CNY0.07

J0125106
无水草原喷银泉　（摄影 1976 年年历）
白斯古郎摄
［呼和浩特］内蒙古人民出版社　1975 年
53cm（4 开）定价：CNY0.05

J0125107
武夷风光　（摄影 1976〈农历丙辰年〉年历）
杨北钊摄
［福州］福建人民出版社　1975 年　53cm（4 开）
定价：CNY0.07

J0125108
碧水青山满树红　（摄影 1977 年年历）
苏茂春摄
乌鲁木齐　新疆人民出版社　1976 年　1 张
53cm（4 开）定价：CNY0.08
　　作者苏茂春(1940—　)，回族，副编审。甘肃静宁县人。新疆美术摄影出版社摄影部副主任、新疆摄影家协会常务理事。

J0125109
大寨全景　（摄影 1977〈农历丁巳年〉年历）
太原　山西人民出版社　1976 年　1 张
53cm（4 开）定价：CNY0.13

J0125110
黄山之晨　（摄影 1977〈农历丁巳年〉年历）
合肥　安徽人民出版社　1976 年　1 张
53cm（4 开）定价：CNY0.16

J0125111
黄洋界　（摄影 1977 年年历）高耿文,王午生摄
南昌　江西人民出版社　1976 年　1 张　53cm（4 开）

J0125112
井冈山龙潭瀑布 （摄影 1977 年年历）
济南　山东人民出版社　1976 年　1 张
53cm（4 开）定价：CNY0.15

J0125113
太行秋色 （摄影 1977〈农历丁巳年〉年历）
太原　山西人民出版社　1976 年　1 张
53cm（4 开）定价：CNY0.08

J0125114
太原迎泽大街 （摄影 1977〈农历丁巳年〉年历）
太原　山西人民出版社　1976 年　1 张
53cm（4 开）定价：CNY0.13

J0125115
西安园林风光　刘志堂摄影
西安　陕西人民出版社　1976 年　1 张
76cm（2 开）定价：CNY0.14

J0125116
欣欣向荣的乌鲁木齐 （摄影 1977 年年历）
武纯展摄
乌鲁木齐　新疆人民出版社　1976 年　1 张
53cm（4 开）定价：CNY0.08

J0125117
白头山天池 （摄影 1978 年年历）吉林省长
白山自然保护区管理局供稿
延吉　延边人民出版社　1977 年　[1 张]
54cm（4 开）定价：CNY0.09

J0125118
春到波密 （摄影 1978 年年历）
拉萨　西藏人民出版社　1977 年　[1 张]
54cm（4 开）定价：CNY0.15

J0125119
德天瀑布 （摄影 1978 年年历）谭志强摄
南宁　广西人民出版社　1977 年　[1 张]
54cm（4 开）定价：CNY0.16

J0125120
高峡平湖 （摄影 1978 年年历）航远摄
成都　四川人民出版社　1977 年　[1 张]

54cm（4 开）定价：CNY0.07

J0125121
花港观鱼 （摄影 1978 年年历）
浙江人民出版社摄
杭州　浙江人民出版社　1977 年　[1 张]
54cm（4 开）定价：CNY0.14

J0125122
井冈山 （摄影 1978 年年历）常春摄
上海　上海人民出版社　1977 年　[1 张]
39cm（8 开）定价：CNY0.15
　　作者常春(1933—　)，河北阜城人。原名李
凤楼。先后任《解放日报》记者、上海人美社编
辑室主任等职，并兼任《摄影家》杂志主编。中国
摄协上海分会会员。主要作品有《出击》《横跨
激流》《上工》等。

J0125123
漓江风光 （摄影 1978 年年历）王守良摄
济南　山东人民出版社　1977 年　[1 张]
39cm（8 开）定价：CNY0.09

J0125124
漓江一角 （摄影 1978 年年历）蒙紫摄
南宁　广西人民出版社　1977 年　[1 张]
54cm（4 开）定价：CNY0.16
　　作者蒙紫(1933—　)，摄影家。历任解放军
画报记者，中国摄影家协会理事，中国旅游出版
社编辑室主任、编委会副主任、高级记者、编审
等。出版了《美丽的桂林》《故宫》《紫禁城》《炎
黄故里》等画册。

J0125125
美丽的瑞丽江 （摄影 1978 年年历）
昆明　云南人民出版社　1977 年　[1 张]
39cm（8 开）定价：CNY0.15

J0125126
钱江春色 （摄影 1978 年年历）
杭州　浙江人民出版社　1977 年　[1 张]
39cm（8 开）定价：CNY0.12

J0125127
瑞雪 （摄影 1978 农历戊午年年历）金德明摄

贵阳 贵州人民出版社 1977 年［1 张］
54cm（4 开）定价：CNY0.07

J0125128
赛里木湖畔 （摄影 1978 年年历）周庆政摄
乌鲁木齐 新疆人民出版社 1977 年［1 张］
54cm（4 开）定价：CNY0.08

J0125129
松花江畔 （摄影 1978 农历戊午年年历）
德振摄
哈尔滨 黑龙江人民出版社 1977 年［1 张］
54cm（4 开）定价：CNY0.15

J0125130
天池 （摄影 1978 年年历）刘凤岐摄
乌鲁木齐 新疆人民出版社 1977 年［1 张］
54cm（4 开）定价：CNY0.08

J0125131
巍巍井冈山 （摄影 1978 年年历）汪伟光摄
南昌 江西人民出版社 1977 年［1 张］
54cm（4 开）定价：CNY0.18

J0125132
云湖天河 （摄影 1978 年年历）陈秀全摄
长沙 湖南人民出版社 1977 年［1 张］
54cm（4 开）定价：CNY0.14

J0125133
北国风光 （摄影 1979 年年历）郎平摄
上海 上海人民美术出版社 1978 年 1 张
53cm（4 开）定价：CNY0.19

J0125134
草原晨曦 （摄影 1979 年年历）
郑州 河南人民出版社 1978 年 1 张
53cm（4 开）定价：CNY0.15

J0125135
承德避暑山庄烟雨楼 （摄影
1979〈农历己未年〉年历）纪梅摄
石家庄 河北人民出版社 1978 年 1 张
53cm（4 升）定价：CNY0.15

J0125136
春江水暖 （摄影 1979 年年历）杨明辉摄
上海 上海人民美术出版社 1978 年 1 张
53cm（4 开）定价：CNY0.19

J0125137
飞来一池伴冰峰 （摄影 1979 年年历）梁枫摄
乌鲁木齐 新疆人民出版社 1978 年 1 张
53cm（4 开）定价：CNY0.18

J0125138
哈巴雪山下 （摄影 1979 年年历）周庭铎摄
昆明 云南人民出版社 1978 年 1 张
53cm（4 开）定价：CNY0.15

J0125139
金沙江石鼓渡 （红军长征渡口 摄影
1979 年年历）李承塘摄
昆明 云南人民出版社 1978 年 1 张
53cm（4 开）定价：CNY0.15

J0125140
漓江春雨 （摄影 1979 年年历）董岩青摄
天津 天津人民美术出版社 1978 年 1 张
53cm（4 开）定价：CNY0.18

J0125141
庐山花径 （摄影 1979 年年历）汪伟光摄
南昌 江西人民出版社 1978 年 1 张
53cm（4 开）定价：CNY0.18

J0125142
庐山仙人洞 （摄影 1979 年年历）黄翔摄
南昌 江西人民出版社 1978 年 1 张
53cm（4 开）定价：CNY0.18

J0125143
路南大叠水 （摄影 1979 年年历）张金明摄
昆明 云南人民出版社 1978 年 1 张
53cm（4 开）定价：CNY0.15

J0125144
韶山灌区景色 （摄影 1979 年年历）赵兵摄
长春 吉林人民出版社 1978 年 1 张
53cm（4 开）定价：CNY0.15

J0125145

太湖之滨 （摄影 1979 年年历）朱宪民摄

长春 吉林人民出版社 1978 年 1 张

53cm（4 开）定价：CNY0.15

　　作者朱宪民（1942— ），编辑。生于山东濮城，祖籍河南范县。历任中国艺术研究院编审，《中国摄影家》杂志社社长兼总编辑，中国摄影艺术研究所所长，中国摄影家协会理事，中国艺术摄影学会副会长。著作有《黄河百姓》《中国摄影家朱宪民作品集》《草原人》等。

J0125146

星湖初夏 （摄影 1979〈农历己未年〉年历）曹欧叶摄

广州 广东人民出版社 1978 年 1 张

53cm（4 开）定价：CNY0.12

J0125147

长春人民广场 （摄影 1979 年年历）曹世玺摄

长春 吉林人民出版社 1978 年 1 张

53cm（4 开）定价：CNY0.15

J0125148

1980 年风光摄影月历 上海人民美术出版社编辑

上海 上海人民美术出版社 1979 年 [1 张]

53cm（4 开）定价：CNY4.00

J0125149

白云山 （中国广州 彩色明信片）广州白云山管理处编辑

上海 上海人民美术出版社 1979 年 12 张

[17cm]（44 开）定价：CNY0.65

J0125150

炳灵风光 （摄影 1980〈农历庚申年〉年历）李智颖摄

兰州 甘肃人民出版社 1979 年 [1 张]

53cm（4 开）定价：CNY0.15

J0125151

苍岩山 （摄影 1980〈农历庚申年〉年历）蔡义鸿,纪梅摄

石家庄 河北人民出版社 1979 年 [1 张]

53cm（4 开）定价：CNY0.18

J0125152

春到边寨 （摄影 1980 年年历）加林摄

成都 四川人民出版社 1979 年 [1 张]

53cm（4 开）定价：CNY0.07

J0125153

春雪 （摄影 1980〈农历庚申年〉年历）刘以宽摄

武汉 湖北人民出版社 1979 年 [1 张]

53cm（4 开）定价：CNY0.20

J0125154

翠池双憩 （摄影 1980 年年历）顾东升摄

南京 江苏人民出版社 1979 年 [1 张]

53cm（4 开）定价：CNY0.16

J0125155

飞翠流丹 （摄影 1980〈农历庚申年〉年历）佟丹梁摄

广州 广东人民出版社 1979 年 [1 张]

53cm（4 开）定价：CNY0.12

J0125156

花溪放鸽桥 （摄影 1980〈农历庚申年〉年历）彭匡摄

贵阳 贵州人民出版社 1979 年 [1 张]

53cm（4 开）定价：CNY0.18

J0125157

今日长征路 （杨柳青年画 1980〈农历庚申年〉年历）刘正作

天津 天津杨柳青画店 1979 年 [1 张]

76cm（2 开）定价：CNY0.14

　　作者刘正（1949— ），女，编辑。天津人，毕业于天津美术学院绘画系。历任天津人民美术出版社编审，中国美术家协会会员，中国工笔画学会会员，中国刘奎龄艺术研究院研究员，天津市美术家协会会员。代表作品有《中国织绣服饰全集》《幸福花开》《庄户剧团》《十二月花神》《春到西花厅》等。

J0125158

崂山 （彩色明信片）

济南 齐鲁书社 1979 年 12 张 [17cm]（44 开）

定价：CNY0.60

J0125159
麦积山 （摄影 1980〈农历庚申年〉年历）
杜玉林摄
兰州 甘肃人民出版社 1979 年 ［1 张］
53cm（4 开）定价：CNY0.15

J0125160
千山龙泉寺 （摄影 1980 年年历）李正丹摄
沈阳 辽宁美术出版社 1979 年 ［1 张］
53cm（4 开）定价：CNY0.12

J0125161
曲阜 （彩色明信片）
济南 齐鲁书社 1979 年 12 张 ［17cm］（44 开）
定价：CNY0.60

J0127495
西班牙舞 （摄影 1980 年年历）吕振模摄
南京 江苏人民出版社 1979 年 ［1 张］
53cm（4 开）定价：CNY0.16

J0125162
西班牙舞 （摄影 1981 年年历）吕振模摄
南京 江苏人民出版社 1980 年 53cm（4 开）
定价：CNY0.15

J0125163
雪 （摄影 1980 年年历）
兰州 甘肃人民出版社 1979 年 ［1 张］
53cm（4 开）定价：CNY0.15

J0125164
樱花盛开西子湖 （摄影 1980〈农历庚申年〉
年历）王英恒摄
北京 人民体育出版社 1979 年 ［1 张］
53cm（4 开）定价：CNY0.18

J0125165
长城 （彩色明信片）韩德洲等摄影
上海 上海人民美术出版社 1979 年 8 张
［17cm］（44 开）定价：CNY0.47

J0125166
1981 年摄影月历 （黄山）
上海 上海人民美术出版社 1980 年

53cm（4 开）定价：CNY3.80

J0125167
北海雪景 （1981〈农历辛酉年〉年历）
华仲明摄
郑州 河南人民出版社 1980 年 38cm（6 开）
定价：CNY0.08

J0125168
北京风光 （摄影明信片辑 汉英文对照）
北京 中国旅游出版社 1980 年 1 册 5 张
19cm（小 32 开）定价：CNY1.00

J0125169
北京天坛 （摄影 1981〈农历辛酉年〉年历）
肖顺权摄
北京 人民美术出版社 1980 年 53cm（4 开）
定价：CNY0.16

J0125170
北岳恒山 （摄影 1981〈农历辛酉年〉年历）
顾棣摄
太原 山西人民出版社 1980 年 53cm（4 开）
定价：CNY0.18

J0125171
崇善寺 （太原 摄影明信片辑 汉英文对照）
马名骏摄影
太原 山西人民出版社 1980 年 10 张（套）
13cm（64 开）定价：CNY0.65

J0125172
春、夏、秋、冬 （摄影 1981 年年历）
杜玉林,刘云石摄
兰州 甘肃人民出版社 1980 年 2 张
76cm（2 开）定价：CNY0.36

J0125173
春光 （摄影 1981〈农历辛酉年〉年历）
张先时摄
长沙 湖南人民出版社 1980 年 53cm（4 开）
定价：CNY0.18

J0125174
春江花月夜 （摄影 1981 年年历）

兰州 甘肃人民出版社 1980 年 53cm（4 开）
定价：CNY0.20

J0125175
春江花月夜 （摄影 1981 年年历）
杭州 西泠印社 1980 年 53cm（4 开）
定价：CNY0.20

J0125176
春意盎然 （摄影 1981 年年历）加林摄
成都 四川人民出版社 1980 年 53cm（4 开）
定价：CNY0.18，CNY0.08（双面胶版纸）

J0125177
春之生 （摄影 1981〈农历辛酉年〉年历）
丁锋摄
福州 福建人民出版社 1980 年 53cm（4 开）
定价：CNY0.20

J0125178
大理风光 （摄影明信片辑 汉英文对照）
大理白族自治州文化馆编；李承埔等摄
昆明 云南人民出版社 1980 年 12 张（套）
15cm（64 开）定价：CNY0.75

J0125179
滇池 （摄影 1981 年年历）张松泉摄
昆明 云南人民出版社 1980 年 39cm（8 开）
定价：CNY0.12

J0125180
滇池西山 （摄影明信片辑 英汉文对照）
李承埔等摄
昆明 云南人民出版社 1980 年 10 张（套）
15cm（64 开）定价：CNY0.65

J0125181
风景摄影 （1981 年年历）
南昌 江西人民出版社 1980 年 53cm（4 开）
定价：CNY0.18

J0125182
故宫 （摄影明信片辑 汉英文对照）
故宫博物院编
北京 文物出版社 1980 年 30 张（套）

17cm（40 开）

J0125183
关帝庙 （山西 摄影明信片辑 汉英文对照）
马名骏等摄影
太原 山西人民出版社 1980 年 10 张（套）
13cm（64 开）定价：CNY0.65

J0125184
河北风光 （摄影明信片辑 汉英文对照）
河北人民出版社编辑
石家庄 河北人民出版社 1980 年 12 张（套）
13cm（64 开）定价：CNY0.60

J0125185
华清池 （摄影明信片辑 汉英文对照）
吴印咸等摄影
西安 陕西人民美术出版社 1980 年 10 张（套）
15cm（64 开）定价：CNY0.50

J0125186
晋祠 （山西 摄影明信片辑 汉英文对照）
马名骏，顾棣摄影
太原 山西人民出版社 1980 年 10 张（套）
13cm（64 开）定价：CNY0.65

J0125187
九寨沟火花海 （摄影 1981 年年历）丁可摄
成都 四川人民出版社 1980 年 53cm（4 开）
定价：CNY0.16

J0125188
九寨沟长海 （摄影 1981 年年历）葛加林摄
成都 四川人民出版社 1980 年 53cm（4 开）
定价：CNY0.18

J0125189
乐山风光 （摄影明信片辑 汉英文对照）
乐山市文物管理所编；陈捷等摄影
成都 四川人民出版社 1980 年 10 张（套）
76cm（2 开）

J0125190
灵隐寺 （摄影明信片辑 汉英文对照）
杭州 浙江人民出版社 1980 年 12 张（套）

13cm（64 开）定价：CNY0.65

J0125191
龙宫洞 （摄影明信片辑　汉英文对照）
江西省彭泽县龙宫洞风景区管理处编
北京　中国旅游出版社　1980 年　10 张（套）
13cm（64 开）定价：CNY0.60

J0125192
庐山恋 （摄影　1981 年年历）宫正摄
上海　上海人民美术出版社　1980 年
53cm（4 开）定价：CNY0.16

J0125193
密云水库 （摄影明信片辑　汉英文对照）
北京出版社，密云水库管理处合编
北京　北京出版社　1980 年　1 册 5 张
19cm（小 32 开）

J0125194
宁波 （摄影明信片辑　汉英文对照）
北京　中国旅游出版社　1980 年　8 张（套）
13cm（64 开）

J0125195
瀑布 （摄影　1981〈农历辛酉年〉年历）
卢孝忠摄
长沙　湖南人民出版社　1980 年　53cm（4 开）
定价：CNY0.18

J0125196
千山 （摄影明信片辑　汉英文对照）
沈阳　辽宁美术出版社　1980 年　10 张（套）
13cm（64 开）定价：CNY0.60

J0125197
山海关 （摄影明信片辑　汉英文对照）
山海关文物保管所编；成大林等摄
北京　文物出版社　1980 年　10 张（套）
13cm（64 开）

J0125198
绍兴 （摄影明信片辑　汉英文对照）
北京　中国旅游出版社　1980 年　8 张（套）
13cm（64 开）

J0125199
石林 （摄影明信片辑　汉英文对照）
北京　中国旅游出版社　1980 年　7 张
横 19cm（小 32 开）定价：CNY1.00

J0125200
双林寺 （山西　摄影明信片辑　汉英文对照）
马名骏等摄影
太原　山西人民出版社　1980 年 ［1 张］
26cm（16 开）定价：CNY0.45

J0125201
台湾风光 （摄影明信片辑　汉英文对照）
上海　上海人民美术出版社　1980 年　8 张（套）
18cm（20 开）定价：CNY0.50

J0125202
太行山风光 （摄影　1981〈农历辛酉年〉年历）
马名骏摄
太原　山西人民出版社　1980 年　53cm（4 开）
定价：CNY0.18

J0125203
泰山 （摄影明信片辑　汉英文对照）
北京　中国旅游出版社　1980 年　12 张（套）
18cm（小 32 开）定价：CNY0.65

J0125204
天鹅湖 （摄影　1981 年年历）王亚辉摄
成都　四川人民出版社　1980 年　53cm（4 开）
定价：CNY0.18，CNY0.08（双面胶版纸）

J0125205
天台山 （摄影明信片辑　汉英文对照）
北京　中国旅游出版社　1980 年　8 张（套）
13cm（64 开）

J0125206
万绿丛中 （摄影　1981〈农历辛酉年〉年历）
郑永吉摄
沈阳　辽宁美术出版社　1980 年　53cm（4 开）
定价：CNY0.16

J0125207
西湖小瀛洲 （摄影　1981 年年历）张克庆摄

杭州　浙江人民美术出版社　1980 年
76cm（2 开）定价：CNY0.16

J0125208
西樵山　（摄影明信片辑　汉英文对照）
北京　中国旅游出版社　1980 年　10 张（套）
18cm（小 32 开）定价：CNY0.65

J0125209
星湖风光　（摄影明信片辑　汉英文对照）
肖百明等摄影
上海　上海人民美术出版社　1980 年　12 张（套）
18cm（小 32 开）定价：CNY0.65

J0125210
玄中寺　（山西　摄影明信片辑　汉英文对照）
马名骏等摄影
太原　山西人民出版社　1980 年　10 张（套）
13cm（64 开）定价：CNY0.65
　　作者马名骏（1933—　），摄影家。河北省阳
原县人。历任山西人民出版社编审，中国摄影家
协会会员，山西省摄影家协会副主席。

J0125211
烟台　（摄影明信片辑　汉英文对照）
济南　齐鲁书社　1980 年　12 张（套）
15cm（64 开）定价：CNY0.60

J0125212
伊岭岩　（摄影明信片辑　汉英文对照）
伊岭岩管理处编
北京　中国旅游出版社　1980 年　1 册 7 张
19cm（小 32 开）定价：CNY1.00

J0125213
永乐宫　（山西　摄影明信片辑　汉英文对照）
马名骏,顾棣摄影
太原　山西人民出版社　1980 年　10 张（套）
13cm（64 开）定价：CNY0.65

J0125214
长城　（摄影明信片贺　汉英文对照）
北京　人民美术出版社　1980 年　12 张（套）
19cm（小 32 开）定价：CNY1.20

J0125215
长江三峡　（摄影明信片辑　汉英文对照）
北京　中国旅游出版社　1980 年　12 张（套）
18cm（小 32 开）定价：CNY0.65

J0125216
1982 年风光摄影月历
上海　上海人民美术出版社　1981 年
54cm（4 开）定价：CNY4.00

J0125217
百泉风光　（1982 农历壬戌年年历）马名骏摄
太原　山西人民出版社　1981 年　54cm（4 开）
定价：CNY0.12

J0125218
晨曦　（1982 年年历）张雅心摄
天津　天津人民美术出版社　1981 年
78cm（2 开）定价：CNY0.30

J0125219
春到石林　（1982 年年历）鄂毅摄
济南　山东人民出版社　1981 年　54cm（4 开）
定价：CNY0.10

J0125220
春江花月夜　（1982 农历壬戌年年历）
高礼先摄
郑州　中州书画社　1981 年　54cm（4 开）
定价：CNY0.09

J0125221
古堡　（1982 年年历）
南京　江苏人民出版社　1981 年　54cm（4 开）
定价：CNY0.18

J0125222
湖光春色　（1982 年年历）马云摄
长沙　湖南美术出版社　1981 年　54cm（4 开）
定价：CNY0.20

J0125223
花径秋色　（1982 年年历）舒宏国摄
南昌　江西人民出版社　1981 年　54cm（4 开）
定价：CNY0.18

J0125224
华山 （1982 年年历）黄继贤摄
西安 陕西人民美术出版社 1981 年 2 张
76cm（2 开）定价：CNY0.36

J0125225
黄山蓬莱三岛一线天 （1982
农历壬戌年年历）马名骏摄
太原 山西人民出版社 1981 年 54cm（4 开）
定价：CNY0.12

J0125226
黄山象石风光 （1982 农历壬戌年年历）
马名骏摄
太原 山西人民出版社 1981 年 54cm（4 开）
定价：CNY0.12

J0125227
黄山雪景 （1982 年年历）何世尧摄
南京 江苏科学技术出版社 1981 年
54cm（4 开）定价：CNY0.18
　　作者何世尧(1935—)，摄影家。生于浙江
永康，曾在人民画报社学习摄影，后任人民画报
社摄影记者。作品有《巍巍长城》《静海晨雾》等，
有风光摄影画册《黄龙》《春雨绵绵》。

J0125228
黄山云海奇观 （1982 农历壬戌年年历）
乐金林摄
北京 人民美术出版社 1981 年 54cm（4 开）
定价：CNY0.16

J0125229
九寨沟瀑布 （1982 年年历）葛加林摄
天津 天津人民美术出版社 1981 年
54cm（4 开）定价：CNY0.20

J0125230
九寨沟秋色 （1982 农历壬戌年年历）
何世尧摄
北京 人民美术出版社 1981 年 54cm（4 开）
定价：CNY0.16

J0125231
昆明滇池 （1982 年年历）鄂毅摄

济南 山东人民出版社 1981 年 54cm（4 开）
定价：CNY0.10
　　作者鄂毅(1941—)，摄影家。毕业于中央
工艺美术学院。曾任北京出版社美术编辑、中国
旅游出版社摄影编辑室主任。中国摄影家协会
会员、中国出版摄影艺术委员会副主任。主要作
品《晨歌》《姐妹松》《苍岩毓秀》等，著有《风光
摄影的理论与实践》。

J0125232
绿波翠竹间 （1982 农历壬戌年年历）
林孙杏摄
北京 人民美术出版社 1981 年 54cm（4 开）
定价：CNY0.16

J0125233
青山岩 （1982 农历壬戌年年历）朱煦摄
长沙 湖南美术出版社 1981 年 54cm（4 开）
定价：CNY0.20

J0125234
摄影风光集锦 （1982 年年历）
南京 江苏科学技术出版社 1981 年
54cm（4 开）定价：CNY0.18

J0125235
太湖之春 （1982 年年历）任涵子摄
南京 江苏科学技术出版社 1981 年
54cm（4 开）定价：CNY0.18

J0125236
天鹅湖 （1982 年年历）池一平,钱豫强摄
杭州 浙江人民美术出版社 1981 年
54cm（4 开）定价：CNY0.19

J0125237
网师园春色 （1982 年年历）刘栖梅摄
南京 江苏科学技术出版社 1981 年
54cm（4 开）定价：CNY0.18

J0125238
卧龙风光 （1982 年年历）彭小岷摄
杭州 浙江人民美术出版社 1981 年
54cm（4 开）定价：CNY0.19

J0125239
西湖之春 （1982 农历壬戌年年历）刘杰摄
福州 福建人民出版社 1981 年 54cm（4 开）
定价：CNY0.20

J0125240
小瀛洲 （1982 年年历）张克庆摄
杭州 浙江人民美术出版社 1981 年
54cm（4 开）定价：CNY0.19

J0125241
兴坪 （1982 农历壬戌年年历）任国兴摄
石家庄 河北人民出版社 1981 年 54cm（4 开）
定价：CNY0.19

J0125242
祖国的南疆 （1982 年年历）张雅心摄
天津 天津人民美术出版社 1981 年
39cm（8 开）定价：CNY0.16

J0125243
《江山如画》风光挂历 陈复礼摄影
武汉 湖北美术出版社 1982 年 54cm（4 开）
定价：CNY3.00

J0125244
1983（澳大利亚风光·挂历） 刘航摄影
杭州 浙江人民美术出版社 1982 年
30cm（12 开）定价：CNY1.80

J0125245
1983（风光挂历） 金铎等摄影
沈阳 辽宁美术出版社 1982 年 39cm（4 开）
定价：CNY2.20

J0125246
1983（祖国风光）
天津 天津人民美术出版社 1982 年
54cm（4 开）定价：CNY1.90

J0125247
1983 年（癸亥年） （岭南风光）
广州 岭南美术出版社 ［1982 年］54cm（4 开）
定价：CNY2.90

J0125248
1983 年风光摄影月历
上海 上海人民美术出版社 1982 年
54cm（4 开）定价：CNY4.00

J0125249
1983 年年历 （世界风光）钟子璋，林雪摄影
北京 人民美术出版社 1982 年 54cm（4 开）
定价：CNY3.30

J0125250
1983 年台历 （世界风光）钟子璋，林雪摄影
北京 人民美术出版社 1982 年 19cm（32 开）
定价：CNY1.10

J0125251
北海琼岛 （摄影 1983 年年历）胡维标摄影
太原 山西人民出版社 1982 年 54cm（4 开）
定价：CNY0.18

J0125252
春 （摄影 1983 年年历）鄂毅摄影
成都 四川人民出版社 1982 年 54cm（4 开）
定价：CNY0.18（铜版纸），CNY0.08（胶版纸）

J0125253
春 （摄影 1983 年年历）易行摄影
成都 四川省新闻图片社 ［1982 年］54cm（4 开）
定价：CNY0.20

J0125254
春风杨柳 （摄影 1983 年年历）吕渝生摄影
成都 四川省新闻图片社 ［1982 年］54cm（4 开）
定价：CNY0.20

J0125255
春光好 （1983 年年历）成砺志作
北京 人民美术出版社 1982 年 54cm（4 开）
定价：CNY0.16
　　作者成砺志(1954—)，江苏扬州人。国家
一级美术师，中国美术家协会会员。主要作品《六
老图·邓小平》《我为祖国争光》《春暖万家》等。

J0125256
春满园 （摄影 1983 年年历）刘力摄影

成都 四川省新闻图片社［1982年］54cm（4开）
定价：CNY0.20

J0125257
春天 （摄影 1983年年历）
石家庄 河北人民美术出版社 1982年
78cm（2开）定价：CNY0.15

J0125258
春意 （摄影 1983年年历）曾宪阳摄影
贵阳 贵州人民出版社 1982年 54cm（4开）
定价：CNY0.18
　　作者曾宪阳（1940—2008），摄影师，漫画家。
贵州贵阳人。曾任贵州省美术出版社副总编辑，
贵州省漫画研究会副会长。主要作品有《昨天我
发薪》《乱弹琴》《三思而后行》等。

J0125259
春游去 （摄影 1983年年历）章光华摄影
杭州 浙江人民美术出版社 1982年
54cm（4开）定价：CNY0.19

J0125260
洞庭之晨 （摄影 1983年年历）陈春轩摄影
长沙 湖南美术出版社 1982年 30cm（15开）
定价：CNY0.07

J0125261
独秀峰 （摄影 1983年年历）孙永学摄影
济南 山东人民出版社 1982年 54cm（4开）
定价：CNY0.18

J0125262
富春江畔 （摄影 1983年年历）何世尧摄影
太原 山西人民出版社 1982年 54cm（4开）
定价：CNY0.18

J0125263
故宫 （摄影明信片辑 汉英文对照）
北京 中国旅游出版社 1982年 10张
13cm（60开）定价：CNY2.50

J0125264
广州名胜古迹 （摄影明信片辑 汉英文对照）
李惠芳等摄影

广州 岭南美术出版社 1982年 11张
13cm（60开）定价：CNY1.00

J0125265
海滨日出 （摄影 1983年年历）王剑摄影
天津 天津人民美术出版社 1982年
54cm（4开）定价：CNY0.18

J0125266
海外琼岛 （摄影 1983年年历）郑昌嶷摄影
合肥 安徽人民出版社 1982年 53cm（4开）
定价：CNY0.12

J0125267
贺兰山冬景 （摄影 1983年年历）石观达摄影
银川 宁夏人民出版社 1982年 78cm（2开）
定价：CNY0.24

J0125268
湖景 （摄影 1983年年历）何世尧摄影
太原 山西人民出版社 1982年 54cm（4开）
定价：CNY0.18

J0125269
湖中金山亭 （摄影 1983年年历）纪梅摄影
石家庄 河北美术出版社 1982年 54cm（4开）
定价：CNY0.20

J0125270
华山 （摄影明信片集 汉英文对照）
张涵毅等摄影
上海 上海人民美术出版社 1982年
19cm（32开）定价：CNY0.70

J0125271
华山秋林 （摄影 1983年年历）张伍毅摄影
长沙 湖南美术出版社 1982年 54cm（4开）
定价：CNY0.20

J0125272
华山云海 （摄影 1983年年历）黄继贤摄影
西安 陕西人民美术出版社 1982年
78cm（2开）定价：CNY0.24

J0125273
华山云雾 （摄影 1983 年年历）王守平摄影
西安 陕西人民美术出版社 1982 年
78cm（2 开）定价：CNY0.24

J0125274
桦林秋晚 （摄影 1983 年年历）金铁路摄影
乌鲁木齐 新疆人民出版社 1982 年
54cm（4 开）定价：CNY0.20

J0125275
黄山风光 （摄影 1983 年年历）郑盘齐摄影
石家庄 河北美术出版社 1982 年 54cm（4 开）
定价：CNY0.20

J0125276
黄山——猴子观海 （摄影 1983 年年历）
杨如鑫摄影
郑州 中州书画社 1982 年 54cm（4 开）
定价：CNY0.09

J0125277
黄山梦笔生花 （摄影 1983 年年历）
沈延太摄影
石家庄 河北美术出版社 1982 年 54cm（4 开）
定价：CNY0.20

J0125278
黄山松风 （摄影 1983 年年历）沈延太摄影
石家庄 河北美术出版社 1982 年 54cm（4 开）
定价：CNY0.20

J0125279
黄山素裹 （摄影 1983 年年历）
石家庄 河北美术出版社 1982 年 54cm（4 开）
定价：CNY0.20

J0125280
黄山烟云 （摄影 1983 年年历）黄克勤摄影
武汉 湖北人民出版社 1982 年 54cm（4 开）
定价：CNY0.20

J0125281
黄山夜雨 （摄影 1983 年年历）沈延太摄影
石家庄 河北美术出版社 1982 年 54cm（4 开）
定价：CNY0.18

J0125282
济南五龙潭 （摄影 1983 年年历）姜伟摄影
济南 山东人民出版社 1982 年 54cm（4 开）
定价：CNY0.18

J0125283
简庆福风光摄影作品选
上海 上海人民美术出版社 1982 年 8 张
[17cm]（44 开）定价：CNY0.47

J0125284
江南秀色 （摄影 1983 年年历）梁枫摄影
沈阳 辽宁美术出版社 1982 年 53cm（4 开）
定价：CNY0.12

J0125285
江天极目 （摄影 1983 年年历）王天瑞摄影
杭州 浙江人民美术出版社 1982 年
54cm（4 开）定价：CNY0.19

J0125286
金鞭岩 （1983 年年历）晓雪摄影
石家庄 河北美术出版社 1982 年 54cm（4 开）
定价：CNY0.20

J0125287
金色的秋天 （摄影 1983 年年历）一海摄影
北京 人民体育出版社 1982 年 54cm（4 开）
定价：CNY0.20

J0125288
静海晴空 （摄影 1983 年年历）何世尧摄影
南昌 江西人民出版社 1982 年 54cm（4 开）
定价：CNY0.22

J0125289
静海晴雪 （摄影 1983 年年历）
石家庄 河北美术出版社 1982 年 54cm（4 开）
定价：CNY0.20

J0125290
九寨秋色 （摄影 1983 年年历）
石家庄 河北美术出版社 1982 年 54cm（4 开）

定价: CNY0.20

J0125291
肯尼亚内罗毕 （摄影 1983 年年历）
北京 人民美术出版社 1982 年 54cm（4 开）
定价: CNY0.20

J0125292
孔桥夕照 （摄影 1983 年年历）
石家庄 河北美术出版社 1982 年 54cm（4 开）
定价: CNY0.20

J0125293
孔桥夕照 （摄影 1983 年年历）何世尧摄影
南昌 江西人民出版社 1982 年 54cm（4 开）
定价: CNY0.22

J0125294
昆明大观楼 （摄影 1983 年年历）
郑州 中州书画社 1982 年 54cm（4 开）
定价: CNY0.18

J0125295
漓江春 （摄影 1983 年年历）郎琦摄影
长春 吉林人民出版社［1982 年］78cm（2 开）
定价: CNY0.25

J0125296
漓江风光 （摄影 1983 年年历）邓朝兴摄影
南宁 广西人民出版社 1982 年 54cm（4 开）
定价: CNY0.20

J0125297
漓江风光 （摄影 1983 年年历）庞守义摄影
济南 山东人民出版社 1982 年 54cm（4 开）
定价: CNY0.18

J0125298
漓江风光 （摄影 1983 年年历）韩宽晨摄影
太原 山西人民出版社 1982 年 54cm（4 开）
定价: CNY0.18

J0125299
漓江风光 （摄影明信片辑 汉英文对照）
北京 外文出版社 1982 年 10 张 13cm（60 开）

定价: CNY1.10

J0125300
漓江烟雨 （摄影 1983 年年历）周桂清摄影
南宁 广西人民出版社 1982 年 54cm（4 开）
定价: CNY0.20

J0125301
漓江渔筏 （摄影 1983 年年历）邓朝兴摄影
南宁 广西人民出版社 1982 年 54cm（4 开）
定价: CNY0.20

J0125302
涟漪轻泛 （摄影 1983 年年历）
南昌 江西人民出版社 1982 年 54cm（4 开）
定价: CNY0.19

J0125303
灵谷塔 （摄影 1983 年年历）叶兴远摄影
南京 江苏人民出版社 1982 年 54cm（4 开）
定价: CNY0.18

J0125304
庐山望江亭 （摄影 1983 年年历）王守良摄影
石家庄 河北美术出版社 1982 年 54cm（4 开）
定价: CNY0.20

J0125305
绿荫掩秀 （摄影 1983 年年历）一虹摄影
南昌 江西人民出版社 1982 年 54cm（4 开）
定价: CNY0.19

J0125306
明园揽胜 （摄影 1983 年年历）
南昌 江西人民出版社 1982 年 54cm（4 开）
定价: CNY0.19

J0125307
诺朗飞瀑 （摄影 1983 年年历）
石家庄 河北美术出版社 1982 年 54cm（4 开）
定价: CNY0.20

J0125308
青岛 （摄影明信片辑 汉英文对照）
济南 山东人民出版社 1982 年 11 张

13cm（60 开）定价：CNY0.56

J0125309
山村晚炊 （摄影 1983 年年历）刘以宽摄影
武汉 湖北人民出版社 1982 年 54cm（4 开）
定价：CNY0.20

J0125310
山涧秋色 （摄影 1983 年年历）
陈春轩,金宝源摄影
长沙 湖南美术出版社 1982 年 30cm（15 开）
定价：CNY0.07

J0125311
少林寺 （摄影明信片辑 汉英文对照）
北京 中国旅游出版社 1982 年 10 张
13cm（60 开）定价：CNY0.60

J0125312
绍兴东湖 （摄影 1983 年年历）高明义摄影
天津 天津人民美术出版社 1982 年 1 张
54cm（4 开）定价：CNY0.18

J0125313
石林 （摄影 1983 年年历）李春耕摄影
石家庄 河北美术出版社 1982 年 1 张
54cm（4 开）定价：CNY0.18

J0125314
石钟山 （摄影明信片辑 汉英文对照）
刘春根,舒宏国摄影
北京 外文出版社 1982 年 8 张 ［17cm］（44 开）
定价：CNY0.60

J0125315
水榭之晨 （摄影 1983 年年历）刘栖梅摄影
南京 江苏人民出版社 1982 年 1 张
54cm（4 开）定价：CNY0.18

J0125316
丝绸之路重镇——凉州 （摄影明信片辑
汉英文对照）新敏撰文；窦实摄影
兰州 甘肃人民出版社 1982 年 12 张
13cm（60 开）定价：CNY0.70

J0125317
丝路朝霞 （1983 年年历）冯斐摄影
乌鲁木齐 新疆人民出版社 1982 年 1 张
53cm（4 开）定价：CNY0.15

J0125318
嵩山 （摄影明信片辑 汉英文对照）
北京 中国旅游出版社 1982 年 10 张
13cm（60 开）定价：CNY0.60

J0125319
苏州怡园 （摄影 1983 年年历）姜伟摄影
济南 山东人民出版社 1982 年 1 张
54cm（4 开）定价：CNY0.18

J0125320
苏州园林 （摄影明信片辑 汉英文对照）
上海 上海人民美术出版社 1982 年 12 张
［17cm］（44 开）定价：CNY0.66

J0125321
田野秋光 （摄影 1983 年年历）何世尧摄影
太原 山西人民出版社 1982 年 1 张
54cm（4 开）定价：CNY0.18

J0125322
潍坊 （摄影明信片辑 汉英文对照）
北京 中国旅游出版社 1982 年 19cm（32 开）

J0125323
西湖春光 （摄影 1983 年年历）何世尧摄影
太原 山西人民出版社 1982 年 1 张
54cm（4 开）定价：CNY0.18

J0125324
西湖春早 （摄影 1983 年年历）张克庆摄影
杭州 浙江人民美术出版社 1982 年 1 张
54cm（4 开）定价：CNY0.19

J0125325
西湖春早 （摄影 1984 年年历）张克庆摄影
杭州 浙江人民美术出版社 1983 年 1 张
54cm（4 开）定价：CNY0.19

J0125326

小溪　（摄影 1983 年年历）金铎摄影

沈阳　辽宁美术出版社 1982 年　1 张

54cm（4 开）定价：CNY0.30

J0125327

玄武湖春色　（摄影 1983 年年历）闵筌摄影

北京　人民美术出版社 1982 年　1 张

54cm（4 开）定价：CNY0.16

J0125328

野果林之春　（摄影 1983 年年历）茹鹏生摄影

乌鲁木齐　新疆人民出版社 1982 年　1 张

54cm（4 开）定价：CNY0.20

J0125329

颐和园　（摄影明信片辑　汉英文对照）

北京　中国旅游出版社 1982 年　10 张

13cm（60 开）定价：CNY0.60

J0125330

颐和园雪景　（摄影 1983 年年历）

郑州　中州书画社 1982 年　1 张　54cm（4 开）

定价：CNY0.18

J0125331

银湖桥畔　（摄影 1983 年年历）李书彬摄影

银川　宁夏人民出版社 1982 年　1 张

54cm（4 开）定价：CNY0.20

J0125332

长海红桦　（摄影 1983 年年历）

石家庄　河北美术出版社 1982 年　54cm（4 开）

定价：CNY0.20

J0125333

镇江　（摄影明信片辑　汉英文对照）

中国国际旅行社镇江支社，镇江中国旅行社编

上海　上海人民美术出版社［1982 年］8 张

19cm（32 开）

J0125334

中国风光　（二 摄影明信片辑　汉英文对照）

北京 中国旅游出版社 1982 年 10 张 13cm（60 开）

J0125335

中国名胜　（一 摄影明信片辑　汉英文对照）

北京 中国旅游出版社 1982 年 10 张 13cm（60 开）

J0125336

中国名胜　（二 摄影明信片辑　汉英文对照）

北京 中国旅游出版社 1982 年 10 张 13cm（60 开）

J0125337

中山陵　（摄影明信片辑　汉英文对照）

南京博物馆编；郭群摄影

北京　文物出版社 1982 年　10 张

J0125338

竹林人家　（摄影 1983 年年历）

南昌　江西人民出版社 1982 年　54cm（4 开）

定价：CNY0.19

J0125339

竹林小憩　（摄影 1983 年年历）四宾摄影

成都　四川省新闻图片社 1982 年　54cm（4 开）

定价：CNY0.20

J0125340

竹林幽径　（摄影 1983 年年历）郑盘齐摄影

石家庄　河北美术出版社 1982 年　54cm（4 开）

定价：CNY0.20

J0125341

1984（风光挂历）

北京　中国旅游出版社［1983 年］78cm（2 开）

定价：CNY4.00

J0125342

1984（风光摄影）

沈阳　辽宁美术出版社 1983 年　54cm（4 开）

定价：CNY3.50

J0125343

1984（风光月历）

石家庄　河北人民出版社 1983 年　76cm（2 开）

定价：CNY3.50

J0125344

1984：桂林山水摄影

南宁 漓江出版社 1983 年 54cm（4 开）
定价：CNY3.40

J0125345
1984：漓江山水摄影
南宁 漓江出版社 1983 年 38cm（6 开）
定价：CNY1.00

J0125346
阿尔泰山风光 （摄影 1984 年年历）
宋士敬摄影
乌鲁木齐 新疆人民出版社 1983 年［1 张］
39cm（4 开）定价：CNY0.20

J0125347
阿勒泰秋色 （摄影 1984〈农历甲子年〉年历）
罗小韵摄影
北京 人民美术出版社 1983 年 76cm（2 开）
定价：CNY0.40
　　作者罗小韵(1953—　　)，女，摄影家。湖南
桂东县人，生于北京，毕业于中国人民大学摄影
专业，获美国纽约大学摄影硕士。出版有《大
西北纪行》《自然与人文的交响诗－三江并流》
《我看美国》《边疆之旅》《中国摄影家罗小韵作
品集》。

J0125348
百渊汇流 （摄影 1984 年年历）杨如鑫摄影
郑州 中州书画社 1983 年 54cm（4 开）
定价：CNY0.18

J0125349
趵突泉 （摄影 1984 年年历）王德荣作
济南 山东人民出版社 1983 年 54cm（4 开）
定价：CNY0.20

J0125350
碧波涟漪 （摄影 1984 年年历）
南昌 江西人民出版社［1983 年］54cm（4 开）
定价：CNY0.19

J0125351
碧瀑红枫 （摄影 1984 年年历）汪伟光摄影
南京 江苏人民出版社 1983 年 54cm（4 开）
定价：CNY0.18

J0125352
碧水银花 （摄影 1984 年年历）郎平摄影
济南 山东画报社 1983 年 78cm（2 开）
定价：CNY0.30

J0125353
冰融 （摄影 1984〈农历甲子年〉年历）
吕相友摄影
北京 人民美术出版社 1983 年 76cm（2 开）
定价：CNY0.40

J0125354
波涛 （摄影 1984〈农历甲子年〉年历）
王世龙摄影
郑州 中州书画社 1983 年 39cm（4 开）
定价：CNY0.12

J0125355
采桑晚归 （摄影 1984 年年历）池一平摄影
杭州 浙江人民美术出版社 1983 年
54cm（4 开）定价：CNY0.19

J0125356
藏南春早 （摄影 1984〈农历甲子年〉年历）
黎军摄影
北京 人民美术出版社 1983 年 54cm（4 开）
定价：CNY0.20

J0125357
朝霞 （摄影 1984〈农历甲子年〉年历）
赵衡生摄影
武汉 湖北人民出版社 1983 年 54cm（4 开）
定价：CNY0.20

J0125358
晨 （摄影 1984 年年历）
沈阳 辽宁美术出版社 1983 年 38cm（6 开）
定价：CNY0.10

J0125359
晨曦 （摄影 1984 年年历）蒋道环摄影
贵阳 贵州人民出版社 1983 年 54cm（4 开）
定价：CNY0.18

J0125360

春草 （摄影 1984〈农历甲子年〉年历）
方辉摄影
石家庄 河北美术出版社 1983 年 54cm（4 开）
定价：CNY0.20

J0125361

春到山村 （摄影 1984〈农历甲子年〉年历）
何世尧摄影
长沙 湖南美术出版社 1983 年 54cm（4 开）
定价：CNY0.20

　　作者何世尧（1935—　　），摄影家。生于浙江
永康，曾在人民画报社学习摄影，后任人民画报
社摄影记者。作品有《巍巍长城》《静海晨雾》等，
有风光摄影画册《黄龙》《春雨绵绵》。

J0125362

春泛西湖 （摄影 1984 年年历）何世尧摄影
济南 山东画报社 1983 年 78cm（2 开）
定价：CNY0.30

J0125363

春江花月夜 （摄影 1984〈农历甲子年〉年历）
石家庄 河北美术出版社 1983 年 54cm（4 开）
定价：CNY0.20

J0125364

春江水暖鸭先知 （摄影
1984〈农历甲子年〉年历）李文奎摄影
太原 山西人民出版社 1983 年 54cm（4 开）
定价：CNY0.18

J0125365

春色满园 （摄影 1984〈农历甲子年〉年历）
苏晓摄影
福州 福建人民出版社 1983 年 54cm（4 开）
定价：CNY0.20

J0125366

春雾茫茫 （摄影 1984 年年历）宋玉洁摄影
沈阳 辽宁美术出版社 1983 年 39cm（4 开）
定价：CNY0.10

J0125367

春游 （摄影 1984〈农历甲子年〉年历）

夏永烈摄影
长沙 湖南美术出版社 1983 年 54cm（4 开）
定价：CNY0.20

J0125368

翠竹碧波 （摄影 1984〈农历甲子年〉年历）
郎琦摄影
沈阳 辽宁美术出版社 1983 年 39cm（4 开）
定价：CNY0.14

J0125369

翠竹碧波送轻舟 （摄影 1984 年年历）
郎琦摄影
济南 山东画报社 1983 年 78cm（2 开）
定价：CNY0.30

J0125370

大连海滨 （摄影 1984〈农历甲子年〉年历）
邢延生摄影
天津 天津人民美术出版社 1983 年
53cm（4 开）定价：CNY0.20

　　作者邢延生，擅长摄影。主要作品有《苗苗》
《花儿朵朵》《景山牡丹》等。

J0125371

大明湖 （摄影 1984 年年历）葛立英摄影
济南 山东人民出版社 1983 年 53cm（4 开）
定价：CNY0.20

J0125372

大明湖铁公祠 （摄影 1984 年年历）
葛立英摄影
济南 山东人民出版社 1983 年 53cm（4 开）
定价：CNY0.20

J0125373

德国慕尼黑 （摄影 1984〈农历甲子年〉年历）
北京 人民美术出版社 1983 年 54cm（4 开）
定价：CNY0.20

J0125374

滇池泛舟 （摄影 1984 年年历）张刘摄影
昆明 云南人民出版社 1983 年 54cm（4 开）
定价：CNY0.18

J0125375
滇池浪花　（摄影　1984 年年历）吕义摄影
天津　天津人民美术出版社　1983 年
38cm（6 开）定价：CNY0.12

J0125376
点缀山河四季春　（摄影
1984〈农历甲子年〉年历）李长捷摄影
长沙　湖南美术出版社　1983 年　54cm（4 开）
定价：CNY0.20

J0125377
东江之春　（摄影　1984 年年历）金耀文摄影
济南　山东画报社　1983 年　78cm（2 开）
定价：CNY0.30

J0125378
断桥夜雪　（摄影　1984 年年历）张克庆摄影
杭州　浙江人民美术出版社　1983 年
54cm（4 开）定价：CNY0.19

J0125379
峨嵋远眺　（摄影　1984〈农历甲子年〉年历）
解逢摄影
重庆　重庆出版社　1983 年　54cm（4 开）
定价：CNY0.20

J0125380
帆　（摄影　1984 年年历）
沈阳　辽宁美术出版社　1983 年　54cm（4 开）
定价：CNY0.20

J0125381
飞流直下　（摄影　1984 年年历）
南昌　江西人民出版社［1983 年］53cm（4 开）
定价：CNY0.19

J0125382
飞瀑　（摄影　1984 年年历）
天津　天津人民美术出版社　1983 年
53cm（4 开）定价：CNY0.20

J0125383
菲律宾风帆　（摄影　1984〈农历甲子年〉年历）
北京　人民美术出版社　1983 年　54cm（4 开）
定价：CNY0.20

J0125384
风景　（摄影　1984 年年历）许志刚等摄影
成都　四川人民出版社　1983 年　54cm（4 开）甲
定价：CNY0.18，CNY0.08（乙）

J0125385
富春江之晨　（摄影　1984 年年历）王天瑞摄影
杭州　浙江人民美术出版社　1983 年
54cm（4 开）定价：CNY0.19

J0125386
故宫　（摄影　1984 年年历）吕义摄影
天津　天津人民美术出版社　1983 年
54cm（4 开）定价：CNY0.20

J0125387
桂林奇峰　（摄影　1984〈农历甲子年〉年历）
张冠嵘摄影
北京　人民美术出版社　1983 年　76cm（2 开）
定价：CNY0.40

J0125388
桂林榕湖　（摄影　1984〈农历甲子年〉年历）
马名骏摄影
太原　山西人民出版社　1983 年　54cm（4 开）
定价：CNY0.18

J0125389
桂林杉湖麻菇亭　（摄影　1984 年年历）浪花摄
南昌　江西人民出版社［1983 年］54cm（4 开）
定价：CNY0.19

J0125390
海滨　（摄影　1984 年年历）
沈阳　辽宁美术出版社　1983 年　54cm（4 开）
定价：CNY0.20

J0125391
海滨之晨　（摄影　1984〈农历甲子年〉年历）
何世尧摄影
石家庄　河北美术出版社　1983 年　54cm（4 开）
定价：CNY0.14

J0125392

海底世界 （摄影 1984 年年历）陈雷生摄影

长沙 湖南美术出版社 1983 年 78cm（2 开）

定价：CNY0.27

J0125393

河畔牧歌 （摄影 1984 年年历）

南昌 江西人民出版社 ［1983 年］54cm（4 开）

定价：CNY0.19

J0125394

红岩村前 （摄影 1984 年年历）轶镜摄影

成都 四川省新闻图片社 ［1983 年］54cm（4 开）

定价：CNY0.20

J0127729

湖南青岩山 （摄影 1984 年年历）纯石摄影

天津 天津人民美术出版社 1983 年

54cm（4 开）定价：CNY0.20

J0125395

花港水清 （摄影 1984 年年历）鄂毅摄影

天津 天津杨柳青画社 1983 年 78cm（2 开）

定价：CNY0.27

J0125396

华清波影 （摄影 1984 年年历）王相摄影

西安 陕西人民美术出版社 1983 年

54cm（4 开）定价：CNY0.18

J0125397

华山劲松 （摄影 1984〈农历甲子年〉年历）

张毓秀摄影

石家庄 河北美术出版社 1983 年 54cm（4 开）

定价：CNY0.20

J0125398

华山西峰 （摄影 1984 年年历）黄继贤摄影

西安 陕西人民美术出版社 1983 年

54cm（4 开）定价：CNY0.18

J0125399

华山秀色 （摄影 1984 年年历）黄继贤摄影

西安 陕西人民美术出版社 1983 年

54cm（4 开）定价：CNY0.24

J0125400

淮安 （汉英文对照）花玉华等摄影

上海 上海人民美术出版社 ［1983 年］8 张

13cm（60 开）定价：CNY0.48

J0125401

黄果天籁 （摄影 1984 年年历）董岩青摄影

天津 天津杨柳青画社 1983 年 54cm（4 开）

定价：CNY0.20

J0125402

黄河壶口大瀑布 （摄影 1984〈农历甲子年〉

年历）顾棣摄影

石家庄 河北美术出版社 1983 年 54cm（4 开）

定价：CNY0.20

　　作者顾棣(1929—)，摄影家。生于河北阜

平。《山西画报》原总编辑、山西省摄影家协会原

副主席。合作编著的图书有《中国解放区摄影史

料》《崇高美的历史再现》《中国摄影史》《沙飞

纪念集》等。

J0125403

黄山 （摄影 1984〈农历甲子年〉年历）

陈春轩摄影

石家庄 河北美术出版社 1983 年 54cm（4 开）

定价：CNY0.20

J0125404

黄山 （摄影 1984 年年历）江桦摄影

沈阳 辽宁美术出版社 1983 年 54cm（4 开）

定价：CNY0.20

J0125405

黄山 （摄影 1984 年年历）徐彬摄影

杭州 西泠印社 1983 年 54cm（4 开）

定价：CNY0.20

J0125406

黄山青松 （摄影 1984 年年历）史元摄影

南昌 江西人民出版社 ［1983 年］54cm（4 开）

定价：CNY0.19

J0125407

黄山清凉台 （摄影 1984 年年历）浪花摄影

南昌 江西人民出版社 ［1983 年］54cm（4 开）

定价: CNY0.19

J0125408
黄山清凉台　（摄影　1984〈农历甲子年〉年历）
肖顺权摄影
北京　人民美术出版社　1983 年　54cm（4 开）
定价: CNY0.20

J0125409
黄山云起　（摄影　1984 年年历）张颖摄影
兰州　甘肃人民出版社　1983 年　54cm（4 开）
定价: CNY0.20
　　作者张颖,作有年画《对镜画容》（越剧《孟丽君》）, 摄影有年画《团圆》（越剧《孟丽君》）等。

J0125410
江水涟涟　（摄影　1984 年年历）梁枫摄影
沈阳　辽宁美术出版社　1983 年　39cm（4 开）
定价: CNY0.10

J0125411
金鞭岩　（摄影　1984〈农历甲子年〉年历）
刘铁生摄影
石家庄　河北美术出版社　1983 年　54cm（4 开）
定价: CNY0.20

J0125412
金色的桦林　（摄影　1984〈农历甲子年〉年历）
罗小韵摄影
北京　人民美术出版社　1983 年　76cm（2 开）
定价: CNY0.40
　　作者罗小韵(1953—　), 女, 摄影家。湖南桂东县人, 生于北京, 毕业于中国人民大学摄影专业, 获美国纽约大学摄影硕士。出版有《大西北纪行》《自然与人文的交响诗－三江并流》《我看美国》《边疆之旅》《中国摄影家罗小韵作品集》。

J0125413
景山雪景　（摄影　1984〈农历甲子年〉年历）
张祖道摄影
石家庄　河北美术出版社　1983 年　54cm（4 开）
定价: CNY0.20
　　作者张祖道(1922—　), 纪实摄影家。生于湖南浏阳, 就读于西南联大社会学系, 毕业于清

华大学社会学系。历任《新观察》杂志摄影记者, 中国摄影家协会理事, 出版有《江村纪事》。

J0125414
九寨冰凌　（摄影　1984〈农历甲子年〉年历）
彭小岷摄影
北京　人民美术出版社　1983 年　76cm（2 开）
定价: CNY0.40

J0125415
九寨沟夏令　（摄影　1984〈农历甲子年〉年历）
彭小岷摄影
北京　人民美术出版社　1983 年　78cm（2 开）
定价: CNY0.40

J0125416
九寨沟长海　（摄影　1984 年年历）金宝源摄影
南京　江苏科学技术出版社　1983 年
53cm（4 开）定价: CNY0.18

J0125417
九寨秋色　（摄影　1984 年年历）雷德泉摄影
成都　四川省新闻图片社　1983 年　53cm（4 开）
定价: CNY0.20

J0125418
漓江泛舟　（摄影　1984〈农历甲子年〉年历）
陈亚江摄影
石家庄　河北美术出版社　1983 年　54cm（4 开）
定价: CNY0.20

J0125419
漓江轻筏　（摄影　1984 年年历）
南昌　江西人民出版社［1983 年］54cm（4 开）
定价: CNY0.19

J0125420
漓江秀色　（摄影　1984〈农历甲子年〉年历）
马名骏摄影
太原　山西人民出版社　1983 年　54cm（4 开）
定价: CNY0.18

J0125421
漓水荡舟　（摄影　1984〈农历甲子年〉年历）
王梧生摄影

太原 山西人民出版社 1983 年 54cm（4 开）
定价：CNY0.18

　　作者王梧生（1942— ），高级摄影师。江苏江宁人。中国摄影家协会会员，广西艺术摄影学会副会长，桂林市艺术摄影学会会长，华中理工大学美术摄影研究室副主任，桂林市展览馆馆长。著有《现代风光摄影技巧》《桂林山水摄影集》等；摄影作品有《奇峰红叶》《晓雾船影》《金光冲破水中天》等。

J0125422
流泉欢腾 （摄影 1984〈农历甲子年〉年历）
王新民摄影
石家庄 河北美术出版社 1983 年 54cm（4 开）
定价：CNY0.20

J0127758
庐山——含鄱口 （摄影 1984 年年历）
张甸摄影
沈阳 辽宁美术出版社 1983 年 54cm（4 开）
定价：CNY0.20

　　作者张甸（1930— ），摄影家。原名张殿宸，生于河北昌黎，毕业于鲁迅文艺学院美术系。历任东北画报社摄影组助理记者，辽宁画报社摄影创作室主任，中国摄影家协会会员。作品有《声震山河》《草原神鹰》《客人来到草原》。

J0125423
庐山——庐林湖 （摄影 1984 年年历）
马元浩摄影
上海 上海书画出版社 1983 年 54cm（4 开）
定价：CNY0.11

J0125424
露 （摄影 1984〈农历甲子年〉年历）纪梅摄影
石家庄 河北美术出版社 1983 年 54cm（4 开）
定价：CNY0.20

J0125425
美景如画 （摄影 1984〈农历甲子年〉年历）
杨明晖摄影
石家庄 河北美术出版社 1983 年 54cm（4 开）
定价：CNY0.20

J0125426
南国之冬 （摄影 1984〈农历甲子年〉年历）
何沛行摄影
广州 岭南美术出版社 ［1983 年］78cm（2 开）
定价：CNY0.25

J0125427
内蒙古昭乌达 （蒙、汉、英文对照）
杨义等摄影
呼和浩特 内蒙古人民出版社 1983 年 10 张 13cm（60 开）定价：CNY0.60

J0125428
盘山秋色 （摄影 1984〈农历甲子年〉年历）
鲍乐摄影
石家庄 河北美术出版社 1983 年 54cm（4 开）
定价：CNY0.20

J0127765
蓬莱初雪 （摄影 1984 年年历）朱力摄影
合肥 安徽人民出版社 1983 年 54cm（4 开）
定价：CNY0.18

　　作者朱力（1937— ），画家。安徽全椒人，安徽艺专毕业。安徽美协会员、国家二级美术师、中国美协会员。出版有《朱力画辑》《朱力国画作品选》《朱力画集》等。

J0125429
七星岩 （摄影 1984 年年历）杨震河摄影
济南 山东画报社 1983 年 78cm（2 开）
定价：CNY0.30

J0125430
奇峰竞秀 （摄影 1984 年年历）
南昌 江西人民出版社 ［1983 年］54cm（4 开）
定价：CNY0.19

J0125431
千岛湖 （汉英文对照）张克庆摄影
杭州 浙江人民美术出版社 1983 年 9 张 ［17cm］（44 开）定价：CNY0.55

　　作者张克庆（1946— ），摄影编辑。重庆人。历任当代文学艺术研究院院士，香港现代摄影学会会员，中国职业摄影撰稿人，中国华侨摄影学会会员，浙江人民出版社美术编辑室，浙江人民

美术出版社摄影年画编辑室。出版有《杭州西湖》
摄影画册。

J0125432
千山之春　（摄影 1984 年年历）张玉桐摄影
沈阳 辽宁美术出版社 1983 年 53cm（4 开）
定价：CNY0.20

J0125433
青海湖　（汉英文对照）詹国光摄影
北京 北京旅游出版社［1983 年］10 张
13cm（60 开）

J0125434
青岩春色　（摄影 1984 年年历）马元浩摄影
上海 上海书画出版社 1983 年 54cm（4 开）
定价：CNY0.11

J0125435
清江叠翠　（摄影 1984〈农历甲子年〉年历）
夏一平摄影
石家庄 河北美术出版社 1983 年 54cm（4 开）
定价：CNY0.20

J0125436
清凉胜景　（摄影 1984〈农历甲子年〉年历）
顾棣摄影
太原 山西人民出版社 1983 年 54cm（4 开）
定价：CNY0.18

J0125437
秋色　（摄影 1984 年年历）
沈阳 辽宁美术出版社 1983 年 39cm（8 开）
定价：CNY0.10

J0125438
秋山　（摄影 1984 年年历）
天津 天津杨柳青画社 1983 年 78cm（2 开）
定价：CNY0.20

J0125439
日出　（摄影 1984 年年历）
沈阳 辽宁美术出版社 1983 年 54cm（4 开）
定价：CNY0.20

J0125440
瑞典乡村　（摄影 1984〈农历甲子年〉年历）
北京 人民美术出版社 1983 年 54cm（4 开）
定价：CNY0.20

J0125441
塞上江南　（摄影 1984 年年历）牛嵩林摄影
天津 天津杨柳青画社 1983 年 54cm（4 开）
定价：CNY0.27
　　　作者牛嵩林（1925—　　），记者、摄影师。大
连庄河市人。历任解放军报社高级记者，中国旅
游出版社编辑室主任，中国摄影家协会会员，中
国老摄影家协会理事。20 世纪 50 年代至 70 年代，
曾担任中央国事采访工作，作品有《伟人的瞬间
画册》《周恩来总理纪念册》《民兵画册》《领袖
风采》《共和国十大将》等画册。

J0125442
三腊瀑布　（摄影 1984 年年历）李承埔摄影
昆明 云南人民出版社 1983 年 53cm（4 开）
定价：CNY0.18

J0125443
山溪　（摄影 1984〈农历甲子年〉年历）
何世尧摄影
石家庄 河北美术出版社 1983 年 53cm（4 开）
定价：CNY0.20

J0125444
山溪　（摄影 1984 年年历）何世尧摄影
南昌 江西人民出版社［1983 年］53cm（4 开）
定价：CNY0.19

J0125445
深谷秋艳　（摄影 1984 年年历）
南昌 江西人民出版社［1983 年］1 张
54cm（4 开）定价：CNY0.19

J0125446
神农架瀑布　（摄影 1984〈农历甲子年〉年历）
刘绍宣摄影
石家庄 河北美术出版社 1983 年 1 张
54cm（4 开）定价：CNY0.20

J0125447

沈阳北陵公园 （摄影 1984 年年历）亚铎摄影
沈阳 辽宁美术出版社 1983 年 1 张
78cm（2 开）定价：CNY0.27

J0125448

盛夏 （摄影 1984 年年历）曾宪阳摄影
贵阳 贵州人民出版社 1983 年 1 张
54cm（4 开）定价：CNY0.18

J0125449

水 （摄影 1984 年年历）纯石摄影
天津 天津人民美术出版社 1983 年 1 张
54cm（4 开）定价：CNY0.20

J0125450

四川乐山 （摄影 1984 年年历）蒋恩有摄影
沈阳 辽宁美术出版社 1983 年 1 张
39cm（4 开）定价：CNY0.16

J0125451

松江迎春 （摄影 1984〈农历甲子年〉年历）
杨荣敏摄影
长春 吉林人民出版社 1983 年 1 张
54cm（4 开）定价：CNY0.20

J0125452

太子雪山 （摄影 1984 年年历）谭志忠摄影
昆明 云南人民出版社 1983 年 1 张
54cm（4 开）定价：CNY0.18

J0125453

腾冲叠水河瀑布 （摄影 1984 年年历）
谭志中摄影
昆明 云南人民出版社 1983 年 1 张
54cm（4 开）定价：CNY0.18

J0125454

天池初夏 （摄影 1984〈农历甲子年〉年历）
邹起程摄影
长春 吉林人民出版社 1983 年 1 张
53cm（4 开）定价：CNY0.20

J0125455

天津风光 （汉英文对照）关平等摄影

天津 天津人民美术出版社 1983 年 10 张
13cm（60 开）定价：CNY0.55

J0125456

万里浮云卷碧山 （摄影 1984〈卸农历甲子年〉
年历）王新民摄影
长沙 湖南美术出版社 1983 年 1 张
53cm（4 开）定价：CNY0.20

J0125457

万里寒光生积雪 （摄影 1984〈农历甲子年〉
年历）王德英摄影
长沙 湖南美术出版社 1983 年 1 张
53cm（4 开）定价：CNY0.20

J0125458

夕归　天鹅湖 （摄影 1984 年年历）
苏茂春摄影
乌鲁木齐 新疆人民出版社 1983 年 1 张
39cm（8 开）定价：CNY0.20

　　作者苏茂春（1940— ），回族，副编审。甘
肃静宁县人。新疆美术摄影出版社摄影部副主
任、新疆摄影家协会常务理事。

J0125459

西班牙舞 （摄影 1984〈农历甲子年〉年历）
任国兴摄影
石家庄 河北美术出版社 1983 年 1 张
54cm（4 开）定价：CNY0.20

J0125460

西班牙舞 （摄影 1984 年年历）李维良摄影
成都 四川省新闻图片社［1983 年］1 张
54cm（4 开）定价：CNY0.20

J0125461

西德纽伦堡 （摄影 1984 年年历）
杭州 浙江人民美术出版社 1983 年 1 张
54cm（4 开）定价：CNY0.19

J0125462

西湖 （摄影 1984 年年历）吕义摄影
天津 天津人民美术出版社 1983 年 1 张
54cm（4 开）定价：CNY0.20

J0125463
西湖春晓 （摄影 1984 年年历）燕毅摄影
济南 山东人民出版社 1983 年 1 张
54cm（4 开）定价：CNY0.20

J0125464
西湖小瀛洲 （摄影 1984 年年历）周毅摄影
济南 山东人民出版社 1983 年 1 张
54cm（4 开）定价：CNY0.20

J0125465
西湖雪景 （摄影 1984〈农历甲子年〉年历）
俞雄伟摄影
郑州 中州书画社 1983 年 1 张 54cm（4 开）
定价：CNY0.18

J0125466
西园佳色 （摄影 1984 年年历）
南昌 江西人民出版社 1983 年 1 张
54cm（4 开）定价：CNY0.19

J0125467
西园秋色 （摄影 1984 年年历）李承墉摄影
昆明 云南人民出版社 1983 年 1 张
54cm（4 开）定价：CNY0.18

J0125468
溪畔 （摄影 1984 年年历）蒋道环摄影
贵阳 贵州人民出版社 1983 年 1 张
54cm（4 开）定价：CNY0.18

J0125469
湘西青岩山 （摄影 1984 年年历）李振廷摄影
沈阳 辽宁美术出版社 1983 年 1 张
54cm（4 开）定价：CNY0.20

J0125470
湘西张家界 （摄影 1984〈农历甲子年〉年历）
杨庆明作
石家庄 河北美术出版社 1983 年 1 张
54cm（4 开）定价：CNY0.20

J0125471
新疆是个好地方 （摄影 1984 年年历）
陈振戈摄影

成都 四川人民出版社 1983 年 1 张 54cm（4 开）
铜版纸 定价：CNY0.18, CNY0.08（胶版纸）

J0125472
新疆之春 （摄影 1984〈农历甲子年〉年历）
陈振戈摄影
长沙 湖南美术出版社 1983 年 1 张
54cm（4 开）定价：CNY0.20

J0125473
秀丽滇池 （摄影 1984 年年历）李承墉摄影
昆明 云南人民出版社 1983 年 1 张
54cm（4 开）定价：CNY0.18

J0125474
雪峰镜海 （摄影 1984 年年历）刘全聚摄影
天津 天津人民美术出版社 1983 年 1 张
54cm（4 开）定价：CNY0.20

J0127812
雪浪朝晖 （摄影 1984 年年历）
南昌 江西人民出版社 ［1983 年］1 张
54cm（4 开）定价：CNY0.19

J0125475
雪山秀色 （摄影 1984 年年历）金宝源摄影
南京 江苏科学技术出版社 1983 年 1 张
54cm（4 开）定价：CNY0.18

J0125476
阳朔景色 （摄影 1984〈农历甲子年〉年历）
王留大摄影
太原 山西人民出版社 1983 年 1 张
54cm（4 开）定价：CNY0.18

J0125477
阳朔迎江阁 （摄影 1984 年年历）马名骏摄影
太原 山西人民出版社 1983 年 1 张
54cm（4 开）定价：CNY0.18

J0125478
一九八四年(风景摄影) 吉林画报社编辑
长春 吉林人民出版社 1983 年 1 张
78cm（2 开）定价：CNY4.30

J0125479

颐和园一角 （摄影 1984〈农历甲子年〉年历）
邢延生摄影
石家庄 河北美术出版社 1983 年 1 张
54cm（4 开）定价：CNY0.20

J0125480

岳麓山 傅昭勋等摄影
长沙 湖南美术出版社［1983 年］8 张
13cm（60 开）定价：CNY0.55

J0125481

岳麓山 （汉英对照）傅昭勋等摄影
长沙 湖南美术出版社［1986 年］8 张
定价：CNY0.90

J0125482

云南石林 （摄影 1984 年年历）宋诚摄影
昆明 云南人民出版社 1983 年 53cm（4 开）
定价：CNY0.18

J0125483

云南石林——莲花峰
（摄影 1984〈农历甲子年〉年历）蒋恩有摄影
沈阳 辽宁美术出版社 1983 年 78cm（2 开）
定价：CNY0.27

J0125484

云雾缥缈的青岩山 （摄影 1984〈农历甲子年〉
年历）王新民摄影
石家庄 河北美术出版社 1983 年 78cm（2 开）
定价：CNY0.27

J0125485

1985（《祖国风光》摄影月历）
石家庄 河北美术出版社 1984 年 78cm（2 开）
定价：CNY3.80

J0125486

1985（风光揽胜摄影挂历）
乌鲁木齐 新疆人民出版社［1984 年］
78cm（2 开）定价：CNY3.90

J0125487

1985（风光摄影·月历）
北京 中国旅游出版社 1984 年 54cm（4 开）
定价：CNY3.50

J0125488

1985（风光摄影挂历） 广东省旅游局编
广州 广东旅游出版社［1984 年］78cm（2 开）

J0125489

1985（风光摄影挂历）
沈阳 辽宁美术出版社 1984 年 78cm（2 开）
定价：CNY4.20

J0125490

1985（风光摄影挂历）
太原 山西人民出版社 1984 年 76cm（2 开）
定价：CNY4.80

J0125491

1985（江山如画摄影挂历）
西安 陕西人民美术出版社 1984 年
54cm（4 开）定价：CNY3.40

J0125492

1985（锦绣山河·风光摄影）
呼和浩特 内蒙古人民出版社 1984 年
78cm（3 开）定价：CNY4.00

J0125493

1985（锦绣山河摄影挂历）
合肥 安徽人民出版社［1984 年］54cm（4 开）
定价：CNY2.20

J0125494

1985（名胜风光挂历） 马元浩等摄
合肥 安徽人民出版社 1984 年 54cm（4 开）
定价：CNY3.60

J0125495

1985（摄影·艺术风光）
杭州 浙江人民美术出版社 1984 年
76cm（2 开）定价：CNY7.00

J0125496

1985（摄影风光）
昆明 云南人民出版社 1984 年 54cm（4 开）

定价: CNY3.00

J0125497
1985（祖国风光摄影挂历）
南京 江苏科学技术出版社 1984 年
78cm（3 开）定价: CNY4.00

J0125498
1985 年风光摄影月历
上海 上海人民美术出版社 1984 年 54×76cm
定价: CNY3.60

J0125499
阿尔及尔港口 （摄影 1985 年年历）
赵淑琪摄影
济南 山东美术出版社 1984 年［1 张］
54cm（4 开）定价: CNY0.20

J0125500
阿尔泰山风光 （摄影 1985 年年历）
何世尧摄影
济南 山东美术出版社 1984 年［1 张］
54cm（4 开）定价: CNY0.20
　　作者何世尧(1935—)，摄影家。生于浙江
永康，曾在人民画报社学习摄影，后任人民画报
社摄影记者。作品有《巍巍长城》《静海晨雾》等，
有风光摄影画册《黄龙》《春雨绵绵》。

J0125501
皑皑白雪 （摄影 1985 年年历）刘世昭摄影
太原 山西人民出版社 1984 年［1 张］
54cm（4 开）定价: CNY0.20
　　作者刘世昭(1948—)，摄影家。四川省成
都市人。作品《神境幽声》《归来的羊群》，摄影
集有《徒步三峡》。

J0125502
北戴河　秦皇岛　山海关 （明信片 汉英文
对照）秦皇岛市外事办公室，北京旅游出版社编
北京 北京旅游出版社［1984 年］9 张
15cm（64 开）

J0125503
北海之夏 （摄影 1985 年年历）梅林摄影
昆明 云南人民出版社 1984 年 54cm（4 开）

定价: CNY0.20

J0125504
北京风光 （第一辑 英汉文对照）何炳富摄影
北京 外文出版社 1984 年 10 张 15cm（64 开）
定价: CNY1.10
　　作者何炳富(1940—)，摄影师。上海人，
军事科学院摄影师，中国摄影家协会会员。

J0125505
北京颐和园万寿山 （摄影 1985 年年历）
王德英摄影
济南 山东美术出版社 1984 年 54cm（4 开）
定价: CNY0.20

J0125506
北京中南海 （摄影 1985 年年历）张志增摄影
济南 山东美术出版社 1984 年 54cm（4 开）
定价: CNY0.20

J0125507
碧翠欲滴 （摄影 1985 年年历）钱万里摄影
西安 陕西人民美术出版社 1984 年
78cm（2 开）定价: CNY0.27

J0125508
避暑山庄风光 （摄影 1985 年年历）
陈克寅摄影
天津 天津人民美术出版社 1984 年
78cm（2 开）定价: CNY0.30

J0125509
潮 （摄影 1985 年年历）张颖摄影
南京 江苏美术出版社 1984 年 54cm（4 开）
定价: CNY0.20

J0125510
潮 （摄影 1985 年年历）
重庆 重庆出版社 1984 年 54cm（4 开）
定价: CNY0.20

J0125511
晨曦 （摄影 1985 年年历）梁枫摄影
沈阳 辽宁美术出版社 1984 年 54cm（4 开）
定价: CNY0.20

J0125512

承德外八庙 （摄影 1985 年年历）刘英杰摄影
太原 山西人民出版社 1984 年 54cm（4 开）
定价：CNY0.20

J0125513

池畔 （摄影 1985 年年历）纯石摄影
天津 天津人民美术出版社 1984 年
54cm（4 开）定价：CNY0.20

J0125514

春到五老峰 （摄影 1985 年年历）江伟光摄影
南昌 江西人民出版社［1984 年］54cm（4 开）
定价：CNY0.19

J0125515

春到五台山 （摄影 1985 年年历）丁允衍摄影
太原 山西人民出版社 1984 年 54cm（4 开）
定价：CNY0.20

J0125516

春的旋律 （摄影 1985 年年历）柴本善摄影
上海 上海书画出版社 1984 年 54cm（4 开）
定价：CNY0.20

J0125517

春泛西湖 （摄影 1985 年年历）卞志武摄影
石家庄 河北美术出版社 1984 年 78cm（2 开）
定价：CNY0.27

　　作者卞志武，摄影家。擅长风光摄影、纪实
摄影和建筑摄影。专注拍摄中国西部壮美的高
原风光、名寺古刹和独特的宗教文化。

J0125518

春风又一枝 （摄影 1985 年年历）刘以宽摄影
武汉 长江文艺出版社 1984 年 54cm（4 开）
定价：CNY0.20

J0125519

春色满园 （摄影 1985 年年历）杨克林摄影
北京 中国文联出版公司 1984 年 54cm（4 开）
定价：CNY0.20

J0125520

春艳 （摄影 1985 年年历）刘震摄影

天津 天津杨柳青画社 1984 年 54cm（4 开）
定价：CNY0.20

J0125521

春意 （摄影 1985 年农历乙丑年年历）
蔡金和摄影
重庆 重庆出版社 1984 年 54cm（4 开）
定价：CNY0.20

J0125522

春意盎然 （摄影 1985 年年历）徐彬摄影
杭州 西泠印社 1984 年 54cm（4 开）
定价：CNY0.20

J0125523

大连海滨 （摄影 1985 年年历）李元奇摄影
沈阳 辽宁美术出版社 1984 年 78cm（2 开）
定价：CNY0.27

J0125524

傣家春 （摄影 1985 年年历）
成都 四川人民出版社 1984 年 54cm（4 开）
定价：CNY0.18

J0125525

洞厅月夜 （摄影 1985 年年历）金德明摄影
贵阳 贵州人民出版社 1984 年 54cm（4 开）
定价：CNY0.18

J0125526

峨嵋松涛 （摄影 1985 年年历）李瑞芝摄影
太原 山西人民出版社 1984 年 54cm（4 开）
定价：CNY0.20

J0125527

帆影 （摄影 1985 年年历）朱云风摄影
合肥 安徽人民出版社 1984 年 78cm（2 开）
定价：CNY0.26

　　作者朱云风(1933—)，高级记者。湖北监
利人。新华社主任记者，新华社黄山记者站站长。

J0125528

飞流直下 （摄影 1985 年年历）梁枫摄影
沈阳 辽宁美术出版社 1984 年 78cm（2 开）
定价：CNY0.27

J0125529
飞流直下 （摄影 1985 年年历）张冠嵘摄影
太原 山西人民出版社 1984 年 54cm（4 开）
定价：CNY0.20

J0125530
高宫夕照 （摄影 1985 年年历）王佐英摄影
长春 吉林人民出版社 1984 年 54cm（4 开）
定价：CNY0.12

J0125531
古城芜湖 （摄影 1985 年年历）凌军摄影
合肥 安徽人民出版社 1984 年 54cm（4 开）
定价：CNY0.20

J0125532
观瀑 （摄影 1985 年年历）晋守贤摄影
天津 天津人民美术出版社 1984 年
54cm（4 开）定价：CNY0.20

J0125533
观瀑 （摄影 1985 年年历）张岚摄影
天津 天津杨柳青画社 1984 年 54cm（4 开）
定价：CNY0.20

J0125534
广东肇庆七星岩 （摄影 1985 年年历）
张宝安摄影
上海 上海人民美术出版社 1984 年
78cm（2 开）定价：CNY0.27
　　作者张宝安,摄影家。华东师范大学教授,
上海市摄影家协会副主席。

J0125535
贵州黄果树瀑布 （摄影 1985 年年历）
夏永烈摄影
南京 江苏科学技术出版社 1984 年
78cm（2 开）定价：CNY0.28

J0125536
桂林美景 （汉日英文对照）漓江出版社编
南宁 漓江出版社 1984 年 10 张 15cm（64 开）
定价：CNY1.00

J0125537
海 （摄影 1985 年年历）李淼摄影
南昌 江西人民出版社［1984 年］78cm（2 开）
定价：CNY0.26

J0125538
海曙晨曦 （摄影 1985 年年历）李淼摄影
成都 四川省新闻图片［1984 年］78cm（2 开）
定价：CNY0.27

J0125539
杭州风光 （摄影 1985 年年历）葛立英摄影
济南 山东美术出版社 1984 年 54cm（4 开）
定价：CNY0.20

J0125540
杭州花港公园 （摄影 1985 年年历）
葛立英摄影
济南 山东美术出版社 1984 年 54cm（4 开）
定价：CNY0.20

J0125541
杭州六和塔 （摄影 1985 年年历）周道明摄影
济南 山东美术出版社 1984 年 54cm（4 开）
定价：CNY0.20
　　作者周道明,中国美术学院从事摄影教学、
编辑工作。

J0125542
杭州西湖 （摄影 1985 年年历）金以云摄影
太原 山西人民出版社 1984 年 54cm（4 开）
定价：CNY0.20

J0125543
杭州玉泉公园 （摄影 1985 年年历）
葛立英摄影
济南 山东美术出版社 1984 年 54cm（4 开）
定价：CNY0.20

J0125544
荷亭风光 牛嵩林摄影
天津 天津杨柳青画社 1984 年 76cm（2 开）
定价：CNY0.40

J0125545
荷亭风光 牛嵩林摄影
天津 天津杨柳青画社 1984 年 76cm(2 开)
定价: CNY0.18

J0125546
黑龙江风光 (汉英文对照)
哈尔滨 黑龙江美术出版社 [1984 年] 10 张
15cm(64 开) 定价: CNY0.60

J0125547
恒山秋色 (摄影 1985 年年历) 李文奎摄影
太原 山西人民出版社 1984 年 54cm(4 开)
定价: CNY0.20

J0125548
湖北石笋峰 (摄影 1985 年年历) 白智摄影
南京 江苏科学技术出版社 1984 年
78cm(2 开) 定价: CNY0.28

J0125549
湖光塔影——无锡太湖
(摄影 1985 年年历) 梅樱摄影
石家庄 河北美术出版社 1984 年 54cm(4 开)
定价: CNY0.20

J0125550
湖畔 (摄影 1985 年年历) 马元浩摄影
南京 江苏美术出版社 1984 年 54cm(4 开)
定价: CNY0.20

J0125551
湖畔清风 (摄影 1985 年年历) 任国兴摄影
石家庄 河北美术出版社 1984 年 54cm(4 开)
定价: CNY0.20

J0125552
华山风光 (摄影 1985 年年历) 黄牛摄影
西安 陕西人民美术出版社 1984 年
76cm(2 开) 定价: CNY0.40

J0125553
华山天下险 (摄影 1985 年年历) 张韫磊摄影
济南 山东美术出版社 1984 年 54cm(4 开)
定价: CNY0.20

作者张韫磊(1926—),记者。山东莱州人。人民画报社高级记者,中国老摄影家协会理事。出版专著有《怎样拍夜景》《神州风光》(画册)等。

J0125554
黄果树瀑布 (摄影 1985 年年历) 冬青摄影
济南 山东美术出版社 1984 年 54cm(4 开)
定价: CNY0.20

J0125555
黄海之湾青岛 (摄影 1985 年年历)
牛嵩林摄影
呼和浩特 内蒙古人民出版社 1984 年
78cm(2 开) 定价: CNY0.24

J0127894
黄河飞瀑 (摄影 1985 年年历) 顾棣摄影
太原 山西人民出版社 1984 年 54cm(4 开)
定价: CNY0.20

J0125556
黄山猴子观海 (摄影 1985 年年历)
沈延太摄影
石家庄 河北美术出版社 1984 年 54cm(4 开)
定价: CNY0.20

J0125557
黄山猴子观海 (摄影 1985 年年历)
季爱群摄影
武汉 长江文艺出版社 1984 年 54cm(4 开)
定价: CNY0.20

J0125558
黄山群峰 (摄影 1985 年年历) 郑昌嶷摄影
合肥 安徽人民出版社 1984 年 54cm(4 开)
定价: CNY0.20

J0125559
黄山四景 (摄影 1985 年年历) 郑昌嶷,凌军摄影
合肥 安徽人民出版社 1984 年 76cm(2 开)
定价: CNY0.40

J0125560

黄山雾景 （摄影 1985 年年历）徐斌摄影
天津 天津人民美术出版社 1984 年
54cm（4 开）定价：CNY0.20
　　作者徐斌，擅长摄影。主要作品有年历《算一算》《喜悦》《小演员》等。

J0125561

黄山烟雨 （摄影 1985 年年历）沈延太摄影
南京 江苏美术出版社 1984 年 54cm（4 开）
定价：CNY0.20

J0125562

黄山玉屏秋色 （摄影 1985 年年历）凌军摄影
上海 上海人民美术出版社 1984 年
78cm（2 开）定价：CNY0.27

J0125563

黄山云涌 （摄影 1985 年年历）郑昌燧摄影
合肥 安徽人民出版社 1984 年 54cm（4 开）
定价：CNY0.20

J0125564

夹岸树花香 （摄影 1985 年农历乙丑年年历）
马亚东摄影
成都 四川省新闻图片社 ［1984 年］54cm（4 开）
定价：CNY0.20

J0125565

金顶夕照 （摄影 1985 年年历）金德明摄影
贵阳 贵州人民出版社 1984 年 54cm（4 开）
定价：CNY0.18

J0125566

金陵瑞雪 （摄影 1985 年年历）晓庄摄影
南京 江苏美术出版社 1984 年 78cm（2 开）
定价：CNY0.28

J0125567

金秋 （摄影 1985 年年历）天鹰摄影
杭州 浙江人民美术出版社 1984 年
54cm（4 开）定价：CNY0.19

J0125568

金色的秋天 （摄影 1985 年年历）刘安新摄影

太原 山西人民出版社 1984 年 54cm（4 开）
定价：CNY0.20

J0125569

金山寺 （摄影 1985 年年历）牛嵩林摄影
呼和浩特 内蒙古人民出版社 1984 年
78cm（2 开）定价：CNY0.24

J0125570

劲松夕照 （摄影 1985 年年历）陈思禹摄影
银川 宁夏人民出版社 1984 年 54cm（4 开）
定价：CNY0.20

J0125571

井冈山瀑布 （摄影 1985 年年历）张韫磊摄影
济南 山东美术出版社 1984 年 54cm（4 开）
定价：CNY0.20
　　作者张韫磊（1926— ），记者。山东莱州人。人民画报社高级记者，中国老摄影家协会理事。出版专著有《怎样拍夜景》《神州风光》（画册）等。

J0125572

九寨初雪 （摄影 1985 年年历）金铎摄影
沈阳 辽宁美术出版社 1984 年 39cm（4 开）
定价：CNY0.14

J0125573

九寨沟泛舟 （摄影 1985 年年历）侯书名摄影
北京 人民美术出版社 1984 年 54cm（4 开）
定价：CNY0.20

J0125574

九寨沟风光 （摄影 1985 年年历）张岚摄影
天津 天津杨柳青画社 1984 年 54cm（4 开）
定价：CNY0.20

J0125575

九寨沟瀑布 （摄影 1985 年年历）崔顺才摄影
天津 天津人民美术出版社 1984 年
78cm（2 开）定价：CNY0.30
　　作者崔顺才（1950— ），河北献县人。任职于天津市群众艺术馆。中国摄影家协会会员。作品有《仙客来》《瓜棚小景》等。

J0125576

九寨沟长海 （摄影 1985 年年历）田民摄影
天津 天津人民美术出版社 1984 年
54cm（4 开）定价：CNY0.20

J0125577

九寨观瀑 （摄影 1985 年年历）吕国庆摄影
沈阳 辽宁美术出版社 1984 年 54cm（4 开）
定价：CNY0.20

J0125578

九寨牧羊 （摄影 1985 年年历）崔顺才摄影
天津 天津人民美术出版社 1984 年
78cm（2 开）定价：CNY0.30
　　　作者崔顺才(1950—　)，河北献县人。任
职于天津市群众艺术馆。中国摄影家协会会员。
作品有《仙客来》《瓜棚小景》等。

J0125579

九寨秋色 （汉英文对照）周槐，郑家声摄影；
四川人民出版社编
成都 四川人民出版社 1984 年 10 张
15cm（64 开）定价：CNY0.75
（摄影明信片辑）

J0125580

九寨秋色 （摄影 1985 年年历）冯伟烈摄影
天津 天津杨柳青画社 1984 年 54cm（4 开）
定价：CNY0.20

J0125581

九寨烟云 （摄影 1985 年年历）陈捷摄影
石家庄 河北美术出版社 1984 年 54cm（4 开）
定价：CNY0.20

J0125582

空谷清溪 （摄影 1985 年年历）冯炜烈摄影
天津 天津人民美术出版社 1984 年
78cm（2 开）定价：CNY0.30

J0125583

昆明大观楼 （摄影 1985 年年历）王守平摄影
西安 陕西人民美术出版社 1984 年
78cm（2 开）定价：CNY0.27

J0125584

漓江 （摄影 1985 年年历）刘秉钧摄影
天津 天津杨柳青画社 1984 年 54cm（4 开）
定价：CNY0.20

J0125585

漓江翠竹 （摄影 1985 年年历）陈亚江摄影
石家庄 河北美术出版社 1984 年 54cm（4 开）
定价：CNY0.20
　　　作者陈亚江(1931—　)，广西灵川人。曾任
中国摄影家协会常务理事、副主席，广西文联委
员，桂林市摄影协会主席，桂林市职工摄影协会
名誉主席。主要作品有《漓江晨景》《阳江晓雾》
《春到漓江》等。

J0125586

漓江畔 （摄影 1985 年年历）徐书摄影
沈阳 辽宁美术出版社 1984 年 54cm（4 开）
定价：CNY0.20

J0125587

漓江山水 （摄影 1985 年年历）张涵毅摄影
昆明 云南人民出版社 1984 年 54cm（4 开）
定价：CNY0.20

J0125588

漓江抒情 （摄影 1985 年年历）张焱摄影
天津 天津人民美术出版社 1984 年
78cm（2 开）定价：CNY0.30

J0125589

漓江夕照 （摄影 1985 年年历）易鸣摄影
郑州 河南人民出版社 1984 年 54cm（4 开）
定价：CNY0.18

J0125590

漓江夕照 （摄影 1985 年年历）宫正摄影
天津 天津人民美术出版社 1984 年
54cm（4 开）定价：CNY0.20

J0125591

漓江小景 （摄影 1985 年年历）肖顺权摄影
天津 天津人民美术出版社 1984 年
39cm（4 开）定价：CNY0.12

J0125592
漓江烟雨 （摄影 1985 年年历）郑军摄影
西安 陕西人民美术出版社 1984 年
78cm（2 开）定价：CNY0.27

J0125593
灵空山招手松 （摄影 1985 年年历）
马名骏摄影
太原 山西人民出版社 1984 年 54cm（4 开）
定价：CNY0.20

J0125594
庐山晨色 （摄影 1985 年年历）青松摄影
天津 天津杨柳青画社 1984 年 54cm（4 开）
定价：CNY0.20

J0125595
绿中缟素 （摄影 1985 年年历）胡庆荣摄影
合肥 安徽科学技术出版社 1984 年
76cm（2 开）定价：CNY0.20

J0125596
美国旧金山 （摄影 1985 年年历）
北京 人民美术出版社 1984 年 54cm（4 开）
定价：CNY0.20

J0125597
美丽的布达拉宫 （摄影 1985 年年历）
程明贵摄影
成都 四川人民出版社 1984 年 54cm（4 开）
定价：CNY0.18

J0125598
苗乡晨曲 （摄影 1985 年年历）金德明摄影
贵阳 贵州人民出版社 1984 年 54cm（4 开）
定价：CNY0.18

J0125599
莫干飞瀑 （摄影 1985 年年历）陈东林摄影
沈阳 辽宁美术出版社 1984 年 39cm（4 开）
定价：CNY0.14
　　作者陈东林（1947—　　），安徽人。中国摄影
家协会会员。主要摄影作品有《茶馆》《元宵节》
《茶香迎远客》等。

J0125600
南国揽胜 （摄影 1985 年农历乙丑年年历）
陆志富摄影
成都 四川省新闻图片社［1984 年］54cm（4 开）
定价：CNY0.20

J0125601
南岳衡山 （摄影 1985 年年历）邹起程摄影
长春 吉林人民出版社 1984 年 54cm（4 开）
定价：CNY0.12

J0125602
蒲江朝阳湖 （旅游天府 汉英文对照）
成都 四川人民出版社 1984 年 10 张
15cm（64 开）定价：CNY0.75

J0125603
普陀山风光 （摄影 1985 年年历）孙永学摄影
济南 山东美术出版社 1984 年 54cm（4 开）
定价：CNY0.20

J0125604
普陀之夏 （摄影 1985 年年历）尹福康摄影
南京 江苏美术出版社 1984 年 54cm（4 开）
定价：CNY0.20

J0125605
瀑布舒洒碧玉 （摄影 1985 年年历）
石文茂摄影
西安 陕西人民美术出版社 1984 年
76cm（2 开）定价：CNY0.40

J0125606
七星岩之晨 （摄影 1985 年年历）陈东林摄影
沈阳 辽宁美术出版社 1984 年 54cm（4 开）
定价：CNY0.20

J0125607
奇峰拔秀 （摄影 1985 年年历）何世尧摄影
南昌 江西人民出版社［1984 年］54cm（4 开）
定价：CNY0.19

J0125608
奇山异石——无锡蠡园 （摄影
1985 年年历）梅樱摄影

石家庄　河北美术出版社　1984 年　54cm（4 开）
定价：CNY0.20

J0125609
黔南第一山　（摄影　1985 年年历）金德明摄影
贵阳　贵州人民出版社　1984 年　54cm（4 开）
定价：CNY0.18

J0125610
倩影清波　（摄影　1985 年年历）邓朝兴摄影
南宁　漓江出版社　1984 年　54cm（4 开）
定价：CNY0.20

J0125611
青岛风光　（汉日英文对照）任锡海，李维深摄影
北京　外文出版社　1984 年　10 张　15cm（64 开）
定价：CNY1.10

J0125612
青岛浴场　（摄影　1985 年年历）牛嵩林摄影
北京　中国旅游出版社　1984 年　76cm（2 开）
定价：CNY0.28

J0125613
青山飞瀑　（摄影　1985 年年历）马元浩摄影
上海　上海书画出版社　1984 年　54cm（4 开）
定价：CNY0.20

J0125614
青松杜鹃　（摄影　1985 年年历）汪维炎摄影
南昌　江西人民出版社［1984 年］54cm（4 开）
定价：CNY0.19

J0125615
秋色　（摄影　1985 年农历乙丑年年历）
重庆　重庆出版社　1984 年　78cm（2 开）
定价：CNY0.28

J0125616
日本三千院　（摄影　1985 年年历）
杭州　浙江人民美术出版社　1984 年
54cm（4 开）定价：CNY0.19

J0125617
瑞士日内瓦　（摄影　1985 年年历）

北京　人民美术出版社　1984 年　54cm（4 开）
定价：CNY0.20

J0125618
上海豫园　（摄影　1985 年农历乙丑年年历）
张玉同摄影
沈阳　辽宁美术出版社　1984 年　1 张
78cm（2 开）定价：CNY0.27
　　作者张玉同,摄影有年画《千山之春》,编著
有《暗室技术问答》。

J0125619
深山雪景　（摄影　1985 年年历）夏永烈摄影
天津　天津人民美术出版社　1984 年　1 张
54cm（4 开）定价：CNY0.20

J0125620
石林剑峰　（摄影　1985 年年历）邵柏林摄影
昆明　云南人民出版社　1984 年　1 张
54cm（4 开）定价：CNY0.20

J0125621
石林秋色　（摄影　1985 年年历）张岚摄影
天津　天津杨柳青画社　1984 年　1 张
54cm（4 开）定价：CNY0.20

J0125622
瘦西湖　（摄影　1985 年年历）蒙紫摄影
太原　山西人民出版社　1984 年　1 张
54cm（4 开）定价：CNY0.20

J0125623
疏柳婆娑　（摄影　1985 年年历）封永清摄影
杭州　浙江人民美术出版社　1984 年　1 张
76cm（2 开）定价：CNY0.35

J0125624
水乡之晨　（摄影　1985 年年历）晓庄摄影
沈阳　辽宁美术出版社　1984 年　1 张
39cm（4 开）定价：CNY0.14
　　作者晓庄,擅长年历摄影。主要作品有《苏
州园林小景》《又一春》《金陵瑞雪》等。

J0125625
四川石宝寨　（摄影　1985 年年历）鄂毅摄影

沈阳　辽宁美术出版社　1984 年　1 张
54cm（4 开）定价：CNY0.20

J0125626
松花江　（汉英文对照）
哈尔滨　黑龙江美术出版社　1984 年　10 张
15cm（64 开）定价：CNY0.60

J0125627
松花江上　（摄影　1985 年年历）夏涛摄影
天津　天津杨柳青画社　1984 年　1 张
54cm（4 开）定价：CNY0.20

J0125628
松江晨曦　（摄影　1985 年年历）鄂毅摄影
沈阳　辽宁美术出版社　1984 年　1 张
54cm（4 开）定价：CNY0.20
　　作者鄂毅（1941—　　），摄影家。毕业于中央
工艺美术学院。曾任北京出版社美术编辑、中国
旅游出版社摄影编辑室主任。中国摄影家协会
会员、中国出版摄影艺术委员会副主任。主要作
品《晨歌》《姐妹松》《苍岩毓秀》等，著有《风光
摄影的理论与实践》。

J0125629
嵩山少林寺　（摄影　1985 年年历）雨林摄影
南昌　江西人民出版社［1984 年］1 张
54cm（4 开）定价：CNY0.19

J0125630
苏堤春晓　（摄影　1985 年年历）卞志武摄影
石家庄　河北美术出版社　1984 年　1 张
78cm（2 开）定价：CNY0.27

J0125631
苏州风光　（摄影　1985 年年历）吴中格摄影
济南　山东美术出版社　1984 年　1 张
54cm（4 开）定价：CNY0.20

J0125632
苏州退思园　（摄影　1985 年年历）吴中格摄影
济南　山东美术出版社　1984 年　1 张
54cm（4 开）定价：CNY0.20

J0125633
苏州园林　（摄影　1985 年年历）张玉同摄影
沈阳　辽宁美术出版社　1984 年　1 张
78cm（2 开）定价：CNY0.27

J0125634
索溪群峰　（摄影　1985 年年历）金宝源摄影
石家庄　河北美术出版社　1984 年　1 张
54cm（4 开）定价：CNY0.20

J0125635
塔影　（摄影　1985 年年历）李晓斌摄影
南昌　江西人民出版社［1984 年］1 张
54cm（4 开）定价：CNY0.19

J0125636
踏春　（摄影 1985 年农历乙丑年年历）段超摄影
成都　四川省新闻图片社［1984 年］1 张
54cm（4 开）定价：CNY0.20

J0127976
太行风貌　（摄影　1985 年年历）铭骏摄影
太原　山西人民出版社　1984 年　1 张
54cm（4 开）定价：CNY0.20

J0125637
太湖春　（摄影　1985 年年历）晓庄摄影
沈阳　辽宁美术出版社　1984 年　1 张
54cm（4 开）定价：CNY0.20

J0125638
太湖春　（摄影　1987 年年历）晓庄摄影
沈阳　辽宁美术出版社　1986 年　1 张
53cm（4 开）定价：CNY0.25

J0125639
太湖日出　（摄影　1985 年年历）茅瑾摄影
南京　江苏科学技术出版社　1984 年　1 张
78cm（2 开）定价：CNY0.28

J0125640
太湖秀色　（摄影　1985 年年历）林日雄摄影
石家庄　河北美术出版社　1984 年　1 张
54cm（4 开）定价：CNY0.20

J0125641
太湖珍珠 （珍珠制品 摄影 1985 年年历）
俞京隆摄影
南京 江苏美术出版社 1984 年 1 张
54cm（4 开）定价：CNY0.20

J0125642
太湖之晨 （摄影 1985 年年历）马元浩摄影
南京 江苏科学技术出版社 1984 年 1 张
78cm（2 开）定价：CNY0.28

J0125643
泰山索道 （摄影 1985 年年历）葛立英摄影
济南 山东美术出版社 1984 年 1 张
54cm（4 开）定价：CNY0.20

J0125644
桃花依旧笑春风 （摄影 1985 年年历）
西安 陕西人民美术出版社 1984 年 1 张
78cm（2 开）定价：CNY0.27

J0127985
天池 （摄影 1985 年年历）苏茂春摄影
乌鲁木齐 新疆人民出版社 1984 年 1 张
54cm（4 开）定价：CNY0.20
　　作者苏茂春（1940— ），回族，副编审。甘
肃静宁县人。新疆美术摄影出版社摄影部副主
任、新疆摄影家协会常务理事。

J0125645
天池瑞雪 （摄影 1985 年年历）苏茂春摄影
乌鲁木齐 新疆人民出版社 1984 年 1 张
78cm（2 开）定价：CNY0.27

J0125646
天鹅湖 （摄影 1985 年年历）张朝玺摄影
石家庄 河北美术出版社 1984 年 1 张
54cm（4 开）定价：CNY0.20

J0125647
天鹅湖 （摄影 1985 年年历）何世尧摄影
乌鲁木齐 新疆人民出版社 1984 年 1 张
78cm（2 开）定价：CNY0.27

J0125648
天堑一线通——重庆索道 （摄影
1985 年农历乙丑年年历）芳草摄影
成都 四川省新闻图片社［1984 年］1 张
54cm（4 开）定价：CNY0.20

J0125649
天山牧场 （摄影 1985 年年历）刘志斌摄影
北京 中国旅游出版社 1984 年 1 张
76cm（2 开）定价：CNY0.28

J0125650
天子山 敬有权等摄影
长沙 湖南美术出版社 1984 年 8 张
15cm（64 开）定价：CNY0.55

J0125651
天子山春色 （摄影 1985 年年历）金宝源摄影
南京 江苏科学技术出版社 1984 年 1 张
78cm（2 开）定价：CNY0.28

J0125652
外国风光集锦 （摄影 1985 年年历）
成都 四川人民出版社 1984 年 1 张
54cm（4 开）定价：CNY0.18

J0125653
万绿丛中 （摄影 1985 年年历）唐禹民摄影
福州 福建人民出版社 1984 年 1 张
54cm（4 开）定价：CNY0.20
　　作者唐禹民（1940— ），记者。出生于辽宁
朝阳市。历任国家体育总局中国体育杂志社摄
影部主任，中国体育记者协会理事，中国体育摄
影学会副主席兼秘书长等。著有《抹不掉的记忆》
《体育摄影理论与实践》等。

J0125654
万寿山夕照 （摄影 1985 年年历）刘全聚摄影
天津 天津人民美术出版社 1984 年 1 张
54cm（4 开）定价：CNY0.20

J0125655
巍巍泰山 （摄影 1985 年年历）常春摄影
南昌 江西人民出版社［1984 年］1 张
54cm（4 开）定价：CNY0.19

J0125656

无锡锡山之春 （摄影 1985 年年历画）
谢新发摄影
上海 上海人民美术出版社 1984 年 1 张
78cm（2 开）定价：CNY0.27

J0125657

无锡之夏 （摄影 1985 年年历）董岩青摄影
天津 天津杨柳青画社 1984 年 1 张
54cm（4 开）定价：CNY0.20

J0125658

五台山秋色 （摄影 1985 年年历）顾棣摄影
太原 山西人民出版社 1984 年 1 张
54cm（4 开）定价：CNY0.20

J0125659

武夷山风光 （摄影 1985 年年历）徐震时摄影
太原 山西人民出版社 1984 年 1 张
54cm（4 开）定价：CNY0.20
　　作者徐震时，擅长摄影。主要作品有《胜景大观》《皇家园林》《山溪春晓》等。

J0125660

雾霭双峰 （摄影 1985 年年历）邓凛然摄影
南昌 江西人民出版社 1984 年 1 张
54cm（4 开）定价：CNY0.19

J0125661

雾海观潮 （摄影 1985 年年历）陈东林摄影
长春 吉林人民出版社 1984 年 1 张
54cm（4 开）定价：CNY0.12

J0125662

西安华清池 （摄影 1985 年年历）陈东林摄影
长春 吉林人民出版社 1984 年 1 张
54cm（4 开）定价：CNY0.12
　　作者陈东林（1947— ），安徽人。中国摄影家协会会员。主要摄影作品有《茶馆》《元宵节》《茶香迎远客》等。

J0125663

西海云涌 （摄影 1985 年年历）袁廉民摄影
合肥 安徽人民出版社 1984 年 1 张
54cm（4 开）定价：CNY0.20

　　作者袁廉民（1932— ），国家一级摄影师。浙江慈溪人。历任中国摄影家协会理事，中国老摄影家协会理事、安徽摄影家协会名誉主席、英国皇家摄影学会会士、世界华人摄影学会会员。代表作品有《蒸蒸日上》《松魂》等。

J0125664

西湖 （四 汉英文对照）张克庆等摄影
杭州 浙江人民美术出版社 1984 年 12 张
13cm（64 开）定价：CNY0.65
（摄影明信片辑）

J0125665

西湖春色 （摄影 1985 年年历）卞志武摄影
石家庄 河北美术出版社 1984 年 1 张
54cm（4 开）定价：CNY0.20
　　作者卞志武，摄影家。擅长风光摄影、纪实摄影和建筑摄影。专注拍摄中国西部壮美的高原风光、名寺古刹和独特的宗教文化。

J0125666

西湖断桥 （摄影 1985 年年历）周道民摄影
昆明 云南人民出版社 1984 年 1 张
54cm（4 开）定价：CNY0.20

J0125667

西湖泛舟 （摄影 1985 年年历）徐邦摄影
石家庄 河北美术出版社 1984 年 1 张
76cm（2 开）定价：CNY0.40

J0125668

西湖放鹤亭 （摄影 1985 年年历）葛立英摄影
济南 山东美术出版社 1984 年 1 张
54cm（4 开）定价：CNY0.20

J0125669

西湖倩影 （摄影 1985 年年历）张克庆摄影
北京 人民美术出版社［1984 年］1 张
54cm（4 开）定价：CNY0.20

J0125670

西湖盛夏 （摄影 1985 年年历）徐邦摄影
石家庄 河北美术出版社 1984 年 1 张
76cm（2 开）定价：CNY0.40

J0125671

西湖夕照 （摄影 1985 年年历）徐邦摄影
石家庄 河北美术出版社 1984 年 1 张
76cm（2 开）定价：CNY0.40

J0125672

西苑秋色 （摄影 1985 年年历）杨成忠摄影
昆明 云南人民出版社 1984 年 1 张
54cm（4 开）定价：CNY0.20

J0125673

霞光 （摄影 1985 年年历）王文进摄影
武汉 长江文艺出版社 1984 年 1 张
54cm（4 开）定价：CNY0.20

J0125674

新疆阿尔泰山 （摄影 1985 年年历）可人摄影
南京 江苏美术出版社 1984 年 1 张
78cm（2 开）定价：CNY0.28

J0125675

新疆阿尔泰山 （摄影 1985 年年历）
何世尧摄影
济南 山东美术出版社 1984 年 1 张
54cm（4 开）定价：CNY0.20

J0125676

秀峰龙潭 （摄影 1985 年年历）宫正摄影
天津 天津人民美术出版社 1984 年 1 张
54cm（4 开）定价：CNY0.20

J0125677

秀丽的昆明湖 （摄影 1985 年农历乙丑年年
历）芳草摄影
成都 四川省新闻图片社［1984 年］1 张
54cm（4 开）定价：CNY0.20

J0125678

玄武湖雪景 （摄影 1985 年年历）李以恭摄影
南京 江苏美术出版社 1984 年 1 张
78cm（2 开）定价：CNY0.28

J0125679

雪逐春风来 （摄影 1985 年年历）邹起桯摄影
长沙 湖南美术出版社 1984 年 1 张
54cm（4 开）定价：CNY0.20

J0125680

扬州春色 （摄影 1985 年年历）于天为摄影
太原 山西人民出版社 1984 年 1 张
54cm（4 开）定价：CNY0.20

J0125681

扬州风光 （摄影 1985 年年历）张玉同摄影
沈阳 辽宁美术出版社 1984 年 1 张
85cm（3 开）定价：CNY0.27

J0125682

扬州风光 （摄影 1985 年年历）于天为摄影
太原 山西人民出版社 1984 年 1 张
54cm（4 开）定价：CNY0.20

J0125683

扬州瘦西湖 （摄影 1985 年年历）朱云风摄影
合肥 安徽人民出版社 1984 年 1 张
54cm（4 开）定价：CNY0.20
　　作者朱云风(1933—)，高级记者。湖北监
利人。新华社主任记者,新华社黄山记者站站长。

J0125684

扬州瘦西湖 （摄影 1985 年年历）蒙紫摄影
沈阳 辽宁美术出版社 1984 年 1 张
54cm（4 开）定价：CNY0.20
　　作者蒙紫(1933—)，摄影家。历任解放军
画报记者,中国摄影家协会理事,中国旅游出版
社编辑室主任、编委会副主任、高级记者、编审
等。出版了《美丽的桂林》《故宫》《紫禁城》《炎
黄故里》等画册。

J0125685

颐和园 （摄影 1985 年年历）杨苗摄影
沈阳 辽宁美术出版社 1984 年 1 张
54cm（4 开）定价：CNY0.20

J0125686

颐和园夕照 （摄影 1985 年年历）许东升摄影
北京 人民美术出版社［1984 年］1 张
54cm（4 开）定价：CNY0.20

J0125687
玉泉千瓣荷 （摄影 1985 年农历乙丑年年历）
董乐义摄影
武汉 长江文艺出版社 1984 年 54cm（4 开）
定价：CNY0.20

J0125688
园林之春 （摄影 1985 年农历乙丑年年历）
林日雄摄影
合肥 安徽人民出版社 1984 年 54cm（4 开）
定价：CNY0.20

J0125689
长白山之夏 （摄影 1985 年年历）苏楠摄影
长春 吉林人民出版社 1984 年 54cm（4 开）
定价：CNY0.12

J0125690
长城红叶 （摄影 1985 年年历）胡维标摄影
长春 吉林人民出版社 1984 年 54cm（4 开）
定价：CNY0.12

J0128032
长城秋色 （摄影 1985 年年历）于云天摄影
北京 人民美术出版社 ［1984 年］54cm（4 开）
定价：CNY0.20

J0125691
长城秋色 （摄影 1985 年年历）鄂毅摄影
天津 天津杨柳青画社 1984 年 78cm（2 开）
定价：CNY0.27

J0125692
长城秋色 （摄影 1985 年年历）蒙紫摄影
北京 中国旅游出版社 1984 年 76cm（2 开）
定价：CNY0.28

J0125693
中南海风光 （摄影 1985 年农历乙丑年年历）
北京 北京美术摄影出版社 1984 年 4 张
78cm（2 开）定价：CNY0.48

J0125694
竹山小径 （摄影 1985 年年历）穆红摄影
天津 天津人民美术出版社 1984 年

78cm（2 开）定价：CNY0.30

J0125695
1986：风光摄影
石家庄 河北美术出版社 1985 年 53cm（4 开）
定价：CNY4.00

J0125696
1986：风光摄影
长沙 湖南美术出版社 1985 年 85cm（3 开）
定价：CNY5.50

J0125697
1986：风光摄影
北京 中国旅游出版社 1985 年 85cm（3 开）
定价：CNY5.20

J0125698
1986：风光摄影——春光如画
石家庄 河北美术出版社 1985 年 85cm（3 开）
定价：CNY4.80

J0125699
1986：风光摄影——烟波江南
沈阳 辽宁美术出版社 1985 年 53cm（4 开）
定价：CNY4.20

J0125700
1986：风光摄影——祖国风光
石家庄 河北美术出版社 1985 年 85cm（3 开）
定价：CNY5.00

J0125701
1986：风景摄影
长春 吉林美术出版社 1985 年 53cm（4 开）
定价：CNY4.20

J0125702
1986：风景摄影
长春 吉林人民出版社 1985 年 85cm（3 开）
定价：CNY5.70

J0125703
1986：风景摄影
南昌 江西人民出版社 1985 年 53cm（4 开）

定价：CNY4.00

J0125704
1986：风景摄影
西安　陕西人民美术出版社　1985 年
53cm（4 开）定价：CNY3.90

J0125705
1986：风景摄影
天津　天津人民美术出版社　1985 年
53cm（4 开）定价：CNY4.20

J0125706
1986：美国日本风光月历　郑为摄
上海　上海书画出版社　1985 年　53cm（4 开）
定价：CNY4.00

J0125707
1986：摄影——楚天风光
武汉　长江文艺出版社　1985 年　53cm（4 开）
定价：CNY4.20

J0125708
1986：摄影——花园城市
上海　上海人民美术出版社　1985 年
73cm（2 开）定价：CNY6.00

J0125709
1986：摄影——泰山
济南　山东美术出版社　1985 年　85cm（3 开）
定价：CNY4.80

J0125710
1986：摄影——祖国风光
沈阳　辽宁美术出版社　1985 年　85cm（3 开）
定价：CNY5.30

J0125711
1986：艺术摄影风光年历　高源等摄影
成都　四川人民出版社　1985 年　54×76cm
定价：CNY4.20

J0125712
1986：中国风光摄影
北京　中国旅游出版社　1985 年　76cm（2 开）

J0125713
1986：珠海特区　李志均摄
广州　岭南美术出版社［1985 年］53cm（4 开）
定价：CNY3.90

J0125714
1986 年摄影风光月历
上海　上海人民美术出版社　1985 年
85cm（3 开）定价：CNY5.30

J0125715
百泉风光　（摄影 1986 年农历丙寅年年历）
王世龙摄影
郑州　河南美术出版社　1985 年　1 张
53cm（4 开）定价：CNY0.23

J0125716
北海夕晖　（摄影 1986 年年历）段震中摄影
合肥　安徽美术出版社　1985 年　1 张
78cm（3 开）定价：CNY0.35
　　作者段震中（1944—　　），河南滑县人。毕业于中央工艺美术学院。中国电影家协会会员、中国电影美术学会会员，北京电影制片厂美术设计师。担任过数十部影片和多部电视剧的美术设计，主要有《元帅之死》《四个小伙伴》等。

J0125717
北海之夏　（摄影 1986 年年历）
北京　北京美术出版社　1985 年　1 张
76cm（2 开）定价：CNY0.48

J0125718
北京钓鱼台　（摄影 1986 年年历）牛嵩林摄影
沈阳　辽宁美术出版社　1985 年　1 张
78cm（2 开）定价：CNY0.34
　　作者牛嵩林（1925—　　），记者、摄影师。大连庄河市人。历任解放军报社高级记者，中国旅游出版社编辑室主任，中国摄影家协会会员，中国老摄影家协会理事。20 世纪 50 年代至 70 年代，曾担任中央国事采访工作，作品有《伟人的瞬间画册》《周恩来总理纪念册》《民兵画册》《领袖风采》《共和国十大将》等画册。

J0125719
北京天坛　（摄影 1986 年年历）贾鸿勋摄影

北京　人民美术出版社　1985 年　1 张
76cm（2 开）定价：CNY0.48

J0125720
北京颐和园　（摄影 1986 年年历）尤宗摄影
太原　山西人民出版社　1985 年　1 张
53cm（4 开）定价：CNY0.24

J0125721
碧峰轻舟　（摄影 1986 年年历）王守平摄影
西安　陕西人民美术出版社　1985 年　1 张
78cm（2 开）定价：CNY0.32

J0125722
波月洞　梁少明等摄影
长沙　湖南美术出版社　1985 年　8 张
15cm（40 开）定价：CNY0.60

J0125723
朝渡彩云中　（摄影 1986 年年历）张颖摄影
上海　上海人民美术出版社　1985 年　1 张
54cm（4 开）定价：CNY0.24

J0125724
晨　（摄影 1986 年年历）肖星摄影
长春　吉林人民出版社　1985 年　1 张
54cm（4 开）定价：CNY0.24

J0125725
春　（摄影 1986 年年历）
南京　江苏美术出版社　1985 年　1 张
54cm（4 开）定价：CNY0.24

J0125726
春　（摄影 1986 年年历）刘春根摄影
南昌　江西人民出版社［1985 年］1 张
54cm（4 开）定价：CNY0.24

J0125727
春　（摄影 1986 年年历）蒋忠利摄影
上海　上海人民美术出版社　1985 年　1 张
54cm（4 开）定价：CNY0.24

J0125728
春　（摄影 1986 年年历）岑永生摄影

上海　上海人民美术出版社　1985 年　1 张
54cm（4 开）定价：CNY0.35

J0125729
春　（摄影 1986 年年历）华云摄影
重庆　重庆出版社　1985 年　1 张　54cm（4 开）
定价：CNY0.20

J0125730
春到小瀛洲　（摄影 1986 年年历）张克庆摄影
西安　陕西人民美术出版社　1985 年　1 张
54cm（4 开）定价：CNY0.24

J0125731
春风杨柳　（摄影 1986 年农历丙寅年年历）
梁国骥摄影
广州　岭南美术出版社　1985 年　1 张
39cm（4 开）定价：CNY0.20

J0125732
春风又绿江南岸　（摄影 1986 年年历）
肖星摄影
长春　吉林人民出版社　1985 年　1 张
54cm（4 开）定价：CNY0.24

J0125733
春光明媚　（摄影 1986 年年历）董岩清摄影
天津　天津人民美术出版社　1985 年　1 张
76cm（2 开）定价：CNY0.45

J0125734
春色　（摄影 1986 年年历）董岩青摄影
天津　天津人民美术出版社　1985 年　1 张
78cm（2 开）定价：CNY0.35
　　作者董岩青（1925— ），山东蓬莱人。笔名
冬山，别名董宝珊。中国摄影家协会会员，天津
摄影家协会理事、顾问。作品有《我为祖国献石
油》《早班车》《古街新雪》等。

J0125735
春望　（摄影 1986 年年历）马元浩摄影
福州　福建美术出版社［1985 年］1 张
54cm（4 开）定价：CNY0.24

J0125736
春游 （摄影 1986 年年历）兆欣摄影
杭州 浙江人民美术出版社 1985 年 1 张
54cm（4 开）定价：CNY0.24

J0125737
大观楼新景 （摄影 1986 年年历）杨长福摄影
昆明 云南出版社 1985 年 1 张 53cm（4 开）
定价：CNY0.22

J0125738
傣族风情 （摄影 1986 年年历）蒋健球摄影
沈阳 辽宁美术出版社 1985 年 1 张
54cm（4 开）定价：CNY0.25

J0125739
冬 （摄影 1986 年年历）岑永生摄影
上海 上海人民美术出版社 1985 年 1 张
53cm（4 开）定价：CNY0.35

J0125740
冬 （摄影 1986 年年历）张侯权摄影
上海 上海人民美术出版社 1985 年 1 张
53cm（4 开）定价：CNY0.24

J0125741
峨眉金顶 （摄影 1986 年年历）任国恩摄影
重庆 重庆出版社 1985 年 1 张 54cm（4 开）
定价：CNY0.20

J0125742
风帆 （摄影 1986 年年历）李兰英摄影
石家庄 河北美术出版社 1985 年 1 张
78cm（3 开）定价：CNY0.32

J0125743
风光明信片 （汉英对照）上海人民美术出版社
上海 上海人民美术出版社 1985 年 11 张
14cm（64 开）定价：CNY0.88

J0125744
枫林夕照 （摄影 1986 年年历）金宝源摄影
合肥 安徽科学技术出版社 1985 年 1 张
78cm（2 开）定价：CNY0.35

J0125745
光辉初露 （摄影 1986 年年历）王英恒摄影
北京 人民体育出版社 1985 年 1 张
78cm（3 开）定价：CNY0.33

J0125746
广州区庄立体交叉 （摄影 1986 年年历）
李蕾摄影
广州 岭南美术出版社 1985 年 1 张
36cm（6 开）定价：CNY0.20

J0125747
贵州黄果树瀑布 （摄影 1986 年年历）
李械摄影
石家庄 河北美术出版社 1985 年 1 张
54cm（4 开）定价：CNY0.22

J0125748
桂林蘑菇亭 （摄影 1986 年年历）林雨摄影
重庆 重庆出版社 1985 年 1 张 39cm（4 开）
定价：CNY0.12

J0125749
桂林杉湖 （摄影 1986 年农历丙寅年年历）
蒙紫摄影
太原 山西人民出版社 1985 年 1 张
54cm（4 开）定价：CNY0.24

J0125750
海的早晨 （摄影 1986 年年历）高强摄影
成都 四川省新闻图片社 [1985 年] 1 张
76cm（2 开）定价：CNY0.44

J0125751
海南晨曲 （摄影 1986 年农历丙寅年年历）
刘安新摄影
太原 山西人民出版社 1985 年 1 张
54cm（4 开）定价：CNY0.24

J0125752
杭州放鹤亭 （摄影 1986 年年历）徐震时摄影
济南 山东美术出版社 1985 年 1 张
54cm（4 开）定价：CNY0.24
　　作者徐震时，擅长摄影。主要作品有《胜景大观》《皇家园林》《山溪春晓》等。

J0125753
杭州灵隐 （摄影 1986 年年历）冬青摄影
济南 山东美术出版社 1985 年 1 张
54cm（4 开）定价：CNY0.24

J0125754
鹤乡晨曲 （摄影 1986 年年历）贾明祖摄影
西安 陕西人民美术出版社 1985 年 1 张
54cm（4 开）定价：CNY0.22

J0125755
黑龙江之冬 （汉、英、日、俄对照）
刘向阳等摄影
哈尔滨 黑龙江美术出版社 1985 年 10 张
15cm（40 开）定价：CNY0.75

J0125756
虎丘之春 （摄影 1986 年年历）
韩洪,王广林摄影
合肥 安徽人民出版社 1985 年 1 张
78cm（2 开）定价：CNY0.28

J0125757
华山风云 （摄影 1986 年年历）黄牛摄影
西安 陕西人民美术出版社 1985 年 1 张
53cm（4 开）定价：CNY0.24

J0125758
华山西峰 （摄影 1986 年年历）丛树敏摄影
济南 山东美术出版社 1985 年 1 张
53cm（4 开）定价：CNY0.24

J0125759
黄果树瀑布 （摄影 1986 年年历）朱力摄影
合肥 安徽美术出版社 1985 年 1 张
54cm（4 开）定价：CNY0.24
　　作者朱力(1937—),画家。安徽全椒人,安徽艺专毕业。安徽美协会员、国家二级美术师、中国美协会员。出版有《朱力画辑》《朱力国画作品选》《朱力画集》等。

J0125760
黄河 （摄影 1986 年年历）牛嵩林摄影
沈阳 辽宁美术出版社 1985 年 1 张
78cm（2 开）定价：CNY0.34

J0125761
黄河喷流华山险 （摄影 1986 年年历）
黄继贤摄影
西安 陕西人民美术出版社 1985 年 1 张
76cm（2 开）定价：CNY0.50

J0125762
黄河喷流华山险 （摄影 1987 年年历）
黄继贤摄影
西安 陕西人民美术出版社 1986 年 1 张
76cm（2 开）定价：CNY0.50

J0125763
黄鹤楼 （汉英对照）黄克勤等摄影
武汉 湖北人民出版社 1985 年 10 张
15cm（40 开）定价：CNY2.00

J0125764
黄龙洞 （汉英对照）唐杰之,田波摄影
长沙 湖南美术出版社 1985 年 8 张
15cm（40 开）定价：CNY0.75

J0125765
黄龙奇观 （汉英文对照 摄影集）王文相等摄影
北京 中国画报出版公司 1985 年 10 张
15cm（64 开）定价：CNY1.40

J0125766
黄龙奇景 （汉英对照）王文相等摄影
成都 四川人民出版社 1985 年 10 张
15cm（40 开）定价：CNY1.40

J0125767
黄山 （汉英日对照）永学摄影
北京 外文出版社 1985 年 10 张 有照片
20cm（32 开）定价：CNY1.10

J0125768
黄山佛光 （摄影 1986 年年历）孙永学摄影
石家庄 河北美术出版社 1985 年 1 张
78cm（2 开）定价：CNY0.32

J0125769
黄山观瀑楼 （摄影 1986 年年历）林日雄摄影
合肥 安徽美术出版社 1985 年 1 张

54cm（4开）定价：CNY0.24

J0125770
黄山群峰 （摄影 1986 年年历）陈谋荃摄影
合肥 安徽美术出版社 1985 年 1 张
54cm（4开）定价：CNY0.24

J0125771
黄山桃花溪之秋 （摄影 1986 年年历）
陈谋荃摄影
合肥 安徽美术出版社 1985 年 1 张
54cm（4开）定价：CNY0.24

J0125772
黄山秀姿 （摄影 1986 年年历）凌军摄影
合肥 安徽美术出版社 1985 年 1 张
54cm（4开）定价：CNY0.24

J0128115
黄山雪松 （摄影 1986 年年历）陈谋荃摄影
合肥 安徽美术出版社 1985 年 1 张
54cm（4开）定价：CNY0.24

J0125773
寄畅园之春 （摄影 1986 年年历）任涵子摄影
合肥 安徽美术出版社 1985 年 1 张
54cm（4开）定价：CNY0.24

J0125774
江南春早 （摄影 1986 年年历）谢新发摄影
石家庄 河北美术出版社 1985 年 1 张
［78cm］（3开）定价：CNY0.32

J0125775
江南三月 （摄影 1986 年年历）肖星摄影
长春 吉林人民出版社 1985 年 1 张
53cm（4开）定价：CNY0.24

J0125776
节日的北海 （摄影 1986 年年历）肖顺权摄影
北京 人民美术出版社 1985 年 1 张
53cm（4开）定价：CNY0.24

J0125777
金顶奇观 李荣卿等摄影

成都 四川人民出版社 1985 年 10 张
15cm（40开）定价：CNY1.45

J0125778
金山芳州 （摄影 1986 年年历）孙永学摄影
济南 山东美术出版社 1985 年 1 张
54cm（4开）定价：CNY0.24

J0125779
九华胜景 （摄影 1986 年年历）
郑昌蕤,宋庆涛摄影
合肥 安徽美术出版社 1985 年 1 张
53cm（4开）定价：CNY0.24

J0125780
九寨瀑布 （摄影 1986 年年历）任涵子摄影
南京 江苏美术出版社 1985 年 1 张
53cm（4开）定价：CNY0.24

J0128124
昆明大观楼 （摄影 1986 年农历丙寅年年历）
田捷明摄影
成都 四川省新闻图片社［1985 年］1 张
54cm（4开）定价：CNY0.23

J0125781
莱茵瀑布 （摄影 1986 年年历）钟仪摄影
南京 江苏美术出版社 1985 年 1 张
54cm（4开）定价：CNY0.26

J0125782
漓江 （汉英对照）中国旅游出版社
北京 中国旅游出版社 1985 年 10 张
15cm（40开）定价：CNY0.80

J0125783
漓江春色 （摄影 1986 年年历）陈峰摄影
兰州 甘肃人民出版社 1985 年 1 张
54cm（4开）定价：CNY0.22

J0125784
漓江风光 （汉日对照）桂林市旅游局编
北京 中国旅游出版社 1985 年 10 张
15cm（40开）定价：CNY1.00

J0125785
漓江渔舟 （摄影 1986 年年历）马元浩摄影
上海 上海书画出版社 1985 年 1 张
54cm（4 开）定价：CNY0.24

J0125786
蠡园泛舟 （摄影 1986 年年历）谢新发摄影
石家庄 河北美术出版社 1985 年 1 张
54cm（4 开）定价：CNY0.23

J0125787
丽江黑龙谭 （摄影 1986 年年历）王钟虎摄影
天津 天津人民美术出版社 1985 年 1 张
53cm（4 开）定价：CNY0.25

J0125788
灵隐风光 （摄影 1986 年年历）鲁美摄影
济南 山东美术出版社 1985 年 1 张
54cm（4 开）定价：CNY0.24

J0128133
龙潭飞瀑 （摄影 1986 年年历）任国恩摄影
太原 山西人民出版社 1985 年 1 张
53cm（4 开）定价：CNY0.24

J0125789
芦苇青青 （摄影 1986 年年历）徐昕摄影
南京 江苏美术出版社 1985 年 1 张
54cm（4 开）定价：CNY0.24

J0125790
庐山三叠泉 （摄影 1986 年年历）万心华摄影
天津 天津人民美术出版社 1985 年 1 张
78cm（2 开）定价：CNY0.35

J0125791
路南大叠水 （摄影 1986 年年历）朱明斌摄影
昆明 云南人民出版社 1985 年 1 张
54cm（4 开）定价：CNY0.22

J0125792
绿浪 （摄影 1986 年年历）天鹰摄影
杭州 浙江人民美术出版社 1985 年 1 张
54cm（4 开）定价：CNY0.24

J0125793
绿林探胜 （摄影 1986 年年历）
上海 上海人民美术出版社 1985 年 1 张
54cm（4 开）定价：CNY0.24

J0125794
满园春色 （摄影 1986 年年历）牛嵩林摄影
石家庄 河北美术出版社 1985 年 1 张
78cm（2 开）定价：CNY0.32

J0125795
美国街景 （摄影 1986 年年历）陈长芬摄影
长春 吉林人民出版社 1985 年 1 张
54cm（4 开）定价：CNY0.24
作者陈长芬（1941— ），书画家、摄影家。生于湖南衡阳市。任中国文学艺术界联合会第七届全国委员会委员，中国艺术摄影学会副会长。代表作品有《关山万里》《裂变》《长城两边的百姓》。

J0125796
孟子故里 （A）山东友谊书社编
济南 山东人民出版社 1985 年 5 张
15cm（40 开）定价：CNY0.35

J0125797
孟子故里 （B）山东友谊书社编
济南 山东人民出版社 1985 年 5 张
15cm（40 开）定价：CNY0.35

J0125798
明月中秋 （摄影 1986 年年历）张颖摄影
上海 上海人民美术出版社 1985 年 1 张
78cm（2 开）定价：CNY0.32

J0125799
南岳 （汉英对照）湖南美术出版社
长沙 湖南美术出版社 1985 年 8 张
15cm（40 开）定价：CNY0.60

J0125800
宁静——九寨风光 （摄影 1986 年年历）
任涵子摄影
南京 江苏美术出版社 1985 年 1 张
53cm（4 开）定价：CNY0.24

J0125801

蓬莱阁 （摄影 1986 年年历）冬山摄影
天津 天津人民美术出版社 1985 年 1 张
54cm（4 开）定价：CNY0.25

J0125802

蓬莱仙景 （摄影 1986 年年历）李淼摄影
南昌 江西人民出版社［1985 年］1 张
54cm（4 开）定价：CNY0.24

J0125803

奇峰绕雾 （摄影 1986 年年历）夏永烈摄影
上海 上海人民美术出版社 1985 年 1 张
54cm（4 开）定价：CNY0.24

J0125804

秦岭云涛 （摄影 1986 年年历）王守平摄影
西安 陕西人民美术出版社 1985 年 1 张
78cm（2 开）定价：CNY0.32

J0128150

青岛海滨 （摄影 1986 年年历）赵淑琪摄影
济南 山东美术出版社 1985 年 1 张
54cm（4 开）定价：CNY0.24

J0125805

轻舟桂林风光 （摄影 1986 年年历）
胡武功摄影
石家庄 河北美术出版社 1985 年 1 张
54cm（4 开）定价：CNY0.12

　　作者胡武功(1949—)，摄影记者。生于陕
西西安。现任陕西省摄影家协会主席。出版文
集《摄影家的眼睛》《中国影像革命》,摄影画册
《胡武功摄影作品集》《四方城》《西安记忆》《藏
着的关中》等。

J0125806

曲院风荷秋色 （摄影 1986 年年历）
尹福康摄影
沈阳 辽宁美术出版社 1985 年 1 张
53cm（4 开）定价：CNY0.25

J0125807

日本一景 （摄影 1986 年年历）陈长芬摄影
长春 吉林人民出版社 1985 年 1 张

38cm（6 开）定价：CNY0.14

　　作者陈长芬(1941—),书画家、摄影家。
生于湖南衡阳市。任中国文学艺术界联合会第
七届全国委员会委员,中国艺术摄影学会副会
长。代表作品有《关山万里》《裂变》《长城两边
的百姓》。

J0125808

三清山风光 （之一 汉英对照）
江西省玉山县旅游服务公司编
上海 学林出版社 1985 年 11 张 13cm（60 开）
定价：CNY0.75

J0125809

三清山风光 （之二 汉英对照）
江西省玉山县旅游服务公司编
上海 学林出版社 1985 年 11 张 13cm（60 开）
定价：CNY0.75

J0125810

三清山之秋 （摄影 1986 年年历）舒宏国摄影
南昌 江西人民出版社［1985 年］1 张
53cm（4 开）定价：CNY0.24

J0125811

沙滩上 （摄影 1986 年年历）
南京 江苏美术出版社 1985 年 1 张
78cm（2 开）定价：CNY0.32

J0125812

山村暮色 （摄影 1986 年年历）
上海 上海人民美术出版社 1985 年 1 张
53cm（4 开）定价：CNY0.24

J0125813

山谷人家——九寨风光 （摄影
1986 年年历）任涵子摄影
南京 江苏美术出版社 1985 年 1 张
53cm（4 开）定价：CNY0.24

J0125814

山涧 （摄影 1986 年年历）赵衡生摄影
武汉 湖北美术出版社 1985 年 1 张
53cm（4 开）定价：CNY0.24

J0125815
山色空濛雨亦奇 （摄影 1986 年年历）
王守平摄影
西安 陕西人民美术出版社 1985 年 1 张
85cm（3 开）定价：CNY0.32

J0125816
沈阳北陵 （摄影 1986 年年历）陈熙芳摄影
沈阳 辽宁美术出版社 1985 年 1 张
78cm（2 开）定价：CNY0.34

J0125817
十八罗汉朝南海 （摄影 1986 年年历）
凌军摄影
合肥 安徽美术出版社 1985 年 1 张
53cm（4 开）定价：CNY0.24

J0125818
石猴观海 （摄影 1986 年年历）任国恩摄影
太原 山西人民出版社 1985 年 1 张
53cm（4 开）定价：CNY0.24

J0125819
水上碧波庄 （摄影 1986 年农历丙寅年年历）
冬山摄影
天津 天津人民美术出版社 1985 年 1 张
53cm（4 开）定价：CNY0.25

J0125820
水树秋色 （摄影 1986 年年历）王广林摄影
南京 江苏美术出版社 1985 年 1 张
53cm（4 开）定价：CNY0.24
　　作者王广林（1944— ），记者。江苏铜山人，
历任新华日报社摄影部主任,中国摄影家协会会
员,江苏新闻摄影协会副会长,江苏年画研究会
理事。

J0125821
水乡暮色 （摄影 1986 年年历）刘伟摄影
上海 上海人民美术出版社 1985 年 1 张
［78cm］（3 开）定价：CNY0.32

J0125822
松岳长青 （摄影 1986 年年历）张克庆摄影
杭州 浙江人民美术出版社 1985 年 1 张

54cm（4 开）定价：CNY0.24

J0125823
苏州虎丘雪景 （摄影 1986 年年历）
郑可俊摄影
重庆 重庆出版社 1985 年 1 张 54cm（4 开）
定价：CNY0.20

J0125824
苏州水乡游 （汉英对照）苏州市旅游汽车公
司编；周德仁等摄影
上海 上海人民美术出版社 1985 年 ［10］张
20cm（32 开）

J0125825
太行秋色 （摄影 1986 年年历）王留大摄影
太原 山西人民出版社 1985 年 1 张
53cm（4 开）定价：CNY0.24

J0125826
太湖春光 （摄影 1986 年年历）晓庄摄影
西安 陕西人民美术出版社 1985 年 1 张
53cm（4 开）定价：CNY0.24

J0125827
太湖美：桃花坞·菜花坞
（摄影 1986 年年历）顾东升摄影
南京 江苏美术出版社 1985 年 1 张
［78cm］（2 开）定价：CNY0.32

J0125828
天池 （摄影 1986 年年历）高礼双摄影
北京 人民美术出版社 1985 年 1 张
53cm（4 开）定价：CNY0.24

J0125829
天坛春色 （摄影 1986 年年历）张朝玺摄影
天津 天津人民美术出版社 1985 年 1 张
53cm（4 开）定价：CNY0.25

J0125830
万寿山,昆明湖 （摄影 1986 年年历）
北京 北京美术摄影出版社 1985 年 1 张
76cm（2 开）定价：CNY0.46

J0125831
五台山风光 （摄影 1986 年年历）顾棣摄影
太原 山西人民出版社 1985 年 1 张
53cm（4 开）定价：CNY0.24

J0125832
武陵风光 （摄影 1986 年年历）陈春轩摄影
南昌 江西人民出版社［1985 年］1 张
54cm（4 开）定价：CNY0.24

J0125833
西班牙舞 （摄影 1986 年农历丙寅年年历）
马元浩摄影
武汉 长江文艺出版社 1985 年 2 版 1 张
53cm（4 开）定价：CNY0.24

J0125834
西海落日 （摄影 1986 年年历）袁廉民摄影
合肥 安徽美术出版社 1985 年 1 张
53cm（4 开）定价：CNY0.24

J0125835
西海牌坊峰 （摄影 1986 年年历）郑昌曧摄影
合肥 安徽美术出版社 1985 年 1 张
53cm（4 开）定价：CNY0.24

J0125836
西海云涌 （摄影 1986 年年历）袁廉民摄影
合肥 安徽美术出版社 1985 年 1 张
53cm（4 开）定价：CNY0.24

J0125837
西湖 （汉英对照）张克庆,张侯权摄影
杭州 西湖摄影艺术出版社 1985 年 10 张
13cm（60 开）定价：CNY1.00

J0125838
西湖 （汉英对照 二）张克庆摄影
杭州 西湖摄影艺术出版社 1987 年 10 张
定价：CNY1.20
　　作者张克庆(1946—),摄影编辑。重庆人。
历任当代文学艺术研究院院士,香港现代摄影学
会会员,中国职业摄影撰稿人,中国华侨摄影学
会会员,浙江人民出版社美术编辑室,浙江人民
美术出版社摄影年画编辑室。出版有《杭州西湖》

摄影画册。

J0125839
西湖春浓 （摄影 1986 年年历）张克庆摄影
杭州 浙江人民美术出版社 1985 年 1 张
53cm（4 开）定价：CNY0.24

J0125840
西湖小景 （摄影 1986 年年历）鲁美摄影
济南 山东美术出版社 1985 年 1 张
53cm（4 开）定价：CNY0.24

J0125841
西湖小瀛州 （摄影 1986 年年历）任国兴摄影
石家庄 河北美术出版社 1985 年 1 张
53cm（4 开）定价：CNY0.22

J0125842
西子湖畔 （摄影 1986 年年历）奚天鹰摄影
福州 福建美术出版社 1985 年 1 张
53cm（4 开）定价：CNY0.24

J0125843
溪水潺潺 （摄影 1986 年年历）张沅生摄影
天津 天津人民美术出版社 1985 年 1 张
54cm（4 开）定价：CNY0.25

J0125844
雪后黄山 （摄影 1986 年年历）孙永学摄影
石家庄 河北美术出版社 1985 年 1 张
78cm（2 开）定价：CNY0.30

J0125845
阳朔风光 （摄影 1986 年年历）一平摄影
石家庄 河北美术出版社 1985 年 1 张
53cm（4 开）定价：CNY0.12

J0125846
椰林风情 （摄影 1986 年年历）庞渝江摄影
成都 四川省新闻图片社［1985 年］1 张
78cm（2 开）定价：CNY0.31

J0125847
一九八六：风光摄影
南京 江苏人民出版社 1985 年 1 张

53cm（4开）定价：CNY4.50

J0125848
一九八六：世界风光　肖俊摄影
哈尔滨 北方文艺出版社［1985年］1张
53cm（4开）定价：CNY3.80

J0125849
一九八六：外国名城　童乡摄
北京 中国戏剧出版社 1985年 1张
73cm（2开）定价：CNY8.00

J0125850
一九八六年摄影风光月历
北京 农村读物出版社［1985年］1张
73cm（2开）定价：CNY7.40

J0125851
颐和园万寿山　（摄影 1986年年历）
沈治昌摄影
上海 上海书画出版社 1985年 1张
54cm（4开）定价：CNY0.24

J0125852
颐和园谐趣图　（摄影 1986年年历）
北京 北京美术出版社 1985年 1张
76cm（2开）定价：CNY0.46

J0125853
玉屏石壁　（摄影 1986年年历）朱力摄影
合肥 安徽美术出版社 1985年 1张
53cm（4开）定价：CNY0.24

J0125854
玉屏迎客　（摄影 1986年年历）郑昌嶷摄影
合肥 安徽美术出版社 1985年 1张
53cm（4开）定价：CNY0.24

J0125855
玉台仙境　（摄影 1986年年历）汪维炎摄影
南昌 江西人民出版社［1985年］1张
53cm（4开）定价：CNY0.24

J0125856
园林佳境　（摄影 1986年年历）肖星摄影

长春 吉林出版社 1985年 1张 54cm（4开）
定价：CNY0.24

J0125857
云南石林　（摄影 1986年年历）季增摄影
石家庄 河北美术出版社 1985年 1张
53cm（4开）定价：CNY0.12

J0125858
长城　（摄影 1986年年历）严钟义摄影
西安 陕西人民美术出版社 1985年 1张
76cm（2开）定价：CNY0.50

J0125859
长城——八达岭　（摄影 1986年年历）
王文波摄影
北京 北京美术摄影出版社 1985年 1张
76cm（2开）定价：CNY0.46

J0125860
长城秋色　（摄影 1986年年历）卞志武摄影
石家庄 河北美术出版社 1985年 1张
53cm（4开）定价：CNY0.24

J0125861
长城秋色　（摄影 1986年年历）胡维标摄影
重庆 重庆出版社 1985年 1张 53cm（4开）
定价：CNY0.20
　　作者胡维标(1939—　　)，著名风光摄影家。
江苏镇江市人。毕业于中国人民解放军防化学
兵工程指挥学院新闻系。中国摄影家协会会员。
摄影作品以旅游风光、古今建筑、文物为主。主
要作品有《长城风光》《北京风光荟萃》《故宫》
《天安门》。

J0125862
长城一隅　（摄影 1986年年历）江皓摄影
成都 四川省新闻图片社［1985年］1张
［78cm］（3开）定价：CNY0.31

J0125863
长江　（摄影 1986年年历）牛嵩林摄影
沈阳 辽宁美术出版社 1985年 1张 38×69cm
定价：CNY0.34

J0125864
镇江金山寺　（摄影 1986 年年历）牛嵩林摄影
沈阳 辽宁美术出版社 1985 年 1 张
78cm（2 开）定价：CNY0.34

J0125865
珠海香洲远眺　（摄影
1986 年农历丙寅年年历）李志均摄影
广州 岭南美术出版社 1985 年 1 张
39cm（4 开）定价：CNY0.20

J0125866
1987：北美风光　（摄影挂历）何良摄影
广州 岭南美术出版社 1986 年 53cm（4 开）
定价：CNY4.80

J0125867
1987：楚天揽胜　（摄影挂历）
武汉 湖北人民出版社 1986 年 78cm（2 开）
定价：CNY5.50

J0125868
1987：春和景明　（摄影挂历）
郑州 河南美术出版社［1986 年］76cm（2 开）
定价：CNY8.50

J0125869
1987：风光　（摄影挂历）
长春 吉林美术出版社 1986 年 76cm（2 开）
定价：CNY8.50

J0125870
1987：风光
成都 四川美术出版社 1986 年 2 版
76cm（2 开）定价：CNY8.40

J0125871
1987：风光如画　（摄影挂历）
石家庄 河北美术出版社 1986 年 76cm（2 开）
定价：CNY7.90

J0125872
1987：风光摄影
沈阳 辽宁美术出版社 1986 年 78cm（2 开）
定价：CNY3.50

J0125873
1987：风光摄影
乌鲁木齐 新疆人民出版社 1986 年
78cm（2 开）定价：CNY5.80

J0125874
1987：风景　（摄影挂历）
南宁 广西人民出版社 1986 年 76cm（2 开）
定价：CNY4.50

J0125875
1987：风景　（摄影挂历）
长春 吉林人民出版社 1986 年 78cm（2 开）
定价：CNY5.70

J0125876
1987：风景　（摄影挂历）
南昌 江西人民出版社 1986 年 78cm（2 开）
定价：CNY5.30

J0125877
1987：风景　（摄影挂历）
天津 天津人民美术出版社 1986 年
78cm（2 开）定价：CNY5.50

J0125878
1987：福建风光　（摄影挂历）
厦门 鹭江出版社 1986 年 76cm（2 开）
定价：CNY4.50

J0125879
1987：广州新姿　（摄影挂历）
广州 岭南美术出版社 1986 年 53cm（4 开）
定价：CNY4.20

J0125880
1987：黄山天下奇　（摄影挂历）
合肥 安徽美术出版社 1986 年 53cm（4 开）
定价：CNY4.30

J0125881
1987：济南风光　（摄影挂历）
济南 山东人民出版社 1986 年 76cm（2 开）
定价：CNY8.00

J0125882
1987：锦绣山河 （摄影挂历）
北京 中国旅游出版社 1986 年 76cm（2 开）
定价：CNY8.80

J0125883
1987：锦绣中华风光 （摄影挂历）
重庆 重庆出版社 1986 年 78cm（2 开）
定价：CNY5.00

J0125884
1987：旧金山 （摄影挂历）
上海 上海画报出版社 1986 年 53cm（4 开）
定价：CNY4.20

J0125885
1987：欧洲掠影 （摄影挂历）浩之摄影
杭州 浙江人民美术出版社 1986 年
53cm（4 开）定价：CNY3.50

J0125886
1987：四川风光 （摄影挂历）
北京 中国旅游出版社 1986 年 53cm（4 开）
定价：CNY5.50

J0125887
1987：四季风采 （摄影挂历）
桂林 漓江出版社 1986 年 78cm（2 开）
定价：CNY3.60

J0125888
1987：天下第一奇山 （摄影挂历）
合肥 安徽美术出版社 1986 年 78cm（2 开）
定价：CNY5.60

J0125889
1987：田园风光 （摄影挂历）
昆明 云南人民出版社 1986 年 78cm（2 开）
定价：CNY5.50

J0125890
1987：无限风光 （摄影挂历）
武汉 湖北美术出版社 1986 年 53cm（4 开）
定价：CNY4.50

J0125891
1987：五彩四季 （摄影挂历）
杭州 西湖摄影艺术出版社 1986 年
78cm（2 开）定价：CNY5.30

J0125892
1987：夏威夷 （摄影挂历）毛澹然摄影
上海 上海画报出版社 1986 年 53cm（4 开）
定价：CNY4.20

J0125893
1987：园林风光 （摄影挂历）
北京 中国旅游出版社 1986 年 78cm（2 开）
定价：CNY5.50

J0125894
1987：云南风光 （摄影挂历）
昆明 云南人民出版社 1986 年 53cm（4 开）
定价：CNY4.50

J0125895
1987：中国名胜 （摄影挂历）
杭州 杭州人民美术出版社 1986 年
53cm（4 开）定价：CNY4.30

J0125896
1987：中国名胜 （摄影挂历）
杭州 杭州人民美术出版社 1986 年
76cm（2 开）定价：CNY8.80

J0125897
1987：中国名胜 （摄影挂历）
北京 中国旅游出版社 1986 年 78cm（2 开）
定价：CNY6.00

J0125898
1987：中国十大风景名胜 （摄影挂历）
广州 科学普及出版社广州分社 1986 年
76cm（2 开）定价：CNY8.20

J0125899
1987：自然美 （摄影挂历）
武汉 湖北科学技术出版社 1986 年
76cm（2 开）定价：CNY8.70

J0125900

1987 年世界风光塑料月历　莫北权摄影
上海　上海人民美术出版社 1986 年
78cm（2 开）定价：CNY5.50

J0125901

1988：风光摄影
沈阳　辽宁美术出版社 1986 年 78cm（2 开）

J0125902

1988：风光摄影　（挂历）
重庆　重庆出版社 1986 年 76cm（2 开）
定价：CNY11.00

J0125903

八达岭　（摄影 1987 年年历）高强摄影
沈阳　辽宁美术出版社 1986 年 1 张
78cm（2 开）定价：CNY0.34

J0128250

巴山　（汉英对照）祝云清等摄
成都　四川人民出版社 1986 年 10 张
定价：CNY1.30

J0125904

北国风光　（摄影 1987 年年历）张韫磊摄影
济南　山东美术出版社 1986 年 1 张
53cm（4 开）定价：CNY0.25
　　作者张韫磊（1926—　　），记者。山东莱州
人。人民画报社高级记者,中国老摄影家协会理
事。出版专著有《怎样拍夜景》《神州风光》（画
册）等。

J0125905

北京八大处小景　（摄影 1987 年年历）
关平摄影
天津　天津人民美术出版社 1986 年 1 张
76cm（2 开）定价：CNY0.25

J0125906

北京钓鱼台　（摄影 1987 年年历）张彬摄影
沈阳　辽宁美术出版社 1986 年 1 张
53cm（4 开）定价：CNY0.25

J0125907

北京钓鱼台风光　（摄影 1987 年年历）
张兆基摄影
郑州　河南美术出版社 1986 年 1 张
76cm（2 开）定价：CNY0.50

J0125908

北京颐和园　（摄影 1987 年年历）鄂毅摄影
成都　四川美术出版社 1986 年 1 张
53cm（4 开）定价：CNY0.24

J0125909

彩虹飞渡　（摄影 1987 年年历）
陈洛才,谢建良摄影
广州　岭南美术出版社 1986 年 1 张
53cm（4 开）定价：CNY0.30

J0125910

层林尽染　（摄影 1987 年年历）晓雪摄影
石家庄　河北美术出版社 1986 年 1 张
53cm（4 开）定价：CNY0.14

J0125911

层林尽染　（摄影 1987 年年历）
长春　吉林美术出版社 1986 年 1 张
53cm（4 开）定价：CNY0.24

J0125912

朝阳　（摄影 1987 年年历）元厦摄影
福州　福建美术出版社 1986 年 1 张
53cm（4 开）定价：CNY0.24

J0125913

晨　（摄影 1987 年年历）马云摄影
杭州　江苏美术出版社 1986 年 1 张
53cm（4 开）定价：CNY0.25

J0125914

晨风　（摄影 1987 年年历）马元浩摄影
福州　福建美术出版社 1986 年 1 张
78cm（2 开）定价：CNY0.32

J0125915

晨曲　（摄影 1987 年年历）姜兵和摄影
广州　岭南美术出版社 1986 年 1 张

J0125916—J0125932　　　　中国历代图书总目·艺术卷

53cm（4开）定价：CNY0.20

J0125916
池畔 （摄影 1987年年历）何兆欣摄影
南京 江苏美术出版社 1986年 1张
53cm（4开）定价：CNY0.25

J0125917
初夏 （摄影 1987年年历）元气摄影
福州 福建美术出版社 1986年 1张
53cm（4开）定价：CNY0.24

J0125918
春 （摄影 1987年年历 日本风光）
石家庄 河北美术出版社 1986年 1张
53cm（4开）定价：CNY0.11

J0125919
春 （摄影 1987年年历）朱宪民摄影
武汉 湖北美术出版社 1986年 1张
53cm（4开）定价：CNY0.24
　　作者朱宪民（1942— ），编辑。生于山东濮
城，祖籍河南范县。历任中国艺术研究院编审，
《中国摄影家》杂志社社长兼总编辑，中国摄影艺
术研究所所长，中国摄影家协会理事，中国艺术
摄影学会副会长。著作有《黄河百姓》《中国摄
影家朱宪民作品集》《草原人》等。

J0125920
春 （摄影 1987年年历）赖里克摄影
上海 上海书画出版社 1986年 1张
53cm（4开）定价：CNY0.24

J0125921
春草 （摄影 1987年年历）费文麓摄影
西安 陕西人民美术出版社 1986年 1张
53cm（4开）定价：CNY0.24

J0125922
春到北海 （摄影 1987年年历）胡维标摄影
成都 四川省新闻图片社 ［1986年］1张
53cm（4开）定价：CNY0.23

J0125923
春到山野 （摄影 1987年年历）

太原 山西人民出版社 1986年 1张
76cm（2开）定价：CNY0.48

J0125924
春的呼唤 （摄影 1987年年历）沈今声摄影
福州 福建美术出版社 1986年 1张
53cm（4开）定价：CNY0.24

J0125925
春江花月夜 （摄影 1987年年历）刘海发摄影
上海 上海人民美术出版社 1986年 1张
53cm（4开）定价：CNY0.37

J0125926
春江花月夜 （摄影 1987年年历）尹福康摄影
成都 四川美术出版社 1986年 1张
53cm（4开）定价：CNY0.24

J0125927
春日芳踪 （摄影 1987年年历）田源摄影
南昌 江西人民美术出版社 ［1986年］1张
53cm（4开）定价：CNY0.24

J0125928
春雪 （摄影 1987年年历）顾文荣摄影
西安 陕西人民美术出版社 1986年 1张
53cm（4开）定价：CNY0.24

J0125929
春之歌 （摄影 1987年年历）陈亚江摄影
石家庄 河北美术出版社 1986年 1张
78cm（2开）定价：CNY0.20

J0125930
春之歌 （摄影 1987年年历）陈亚江摄影
石家庄 河北美术出版社 1986年 1张
53cm（4开）定价：CNY0.25

J0125931
春之歌 （摄影 1987年年历）纯石摄影
成都 四川美术出版社 1986年 1张
53cm（4开）定价：CNY0.24

J0125932
大叠水 （摄影 1987年年历）李振廷摄影

呼和浩特 内蒙古人民出版社 1986 年 2 张
78cm（2 开）定价：CNY0.34

J0125933
傣家春 （摄影 1987 年年历）尹福康摄影
成都 四川美术出版社 1986 年 1 张
53cm（4 开）定价：CNY0.24

J0125934
带操 （摄影 1987 年年历）王洪洵摄影
天津 天津人民美术出版社 1986 年 1 张
53cm（4 开）定价：CNY0.25

J0125935
丹枫迎秋 （摄影 1987 年年历）培良摄影
南京 江苏美术出版社 1986 年 1 张
78cm（2 开）定价：CNY0.34

J0125936
都江堰 （汉英对照）张德重摄影
成都 四川人民出版社［1986 年］10 张
定价：CNY1.45

J0125937
峨眉 （汉英对照）祝云清等摄影
成都 四川人民出版社 1986 年 10 张
定价：CNY1.30

J0125938
峨眉风光 （汉英对照）陈锦，高源摄影
成都 四川人民出版社［1986 年］10 张
定价：CNY1.50
　　作者陈锦（1955—　），摄影编辑。出生于四
川成都，毕业于云南大学。四川美术出版社摄影
编辑，中国摄影家协会会员。出版有《四川茶铺》
《感怀成都》《高原魂》等。

J0125939
峨眉松涛 （摄影 1987 年年历）孙茂明摄影
沈阳 辽宁美术出版社 1986 年 1 张
78cm（2 开）定价：CNY0.34

J0125940
峨眉雪景 （摄影 1987 年年历）李诚摄影
上海 上海书画出版社 1986 年 1 张

53cm（4 开）定价：CNY0.24

J0125941
菲律宾风光 （摄影 1987 年年历）田原摄影
沈阳 辽宁美术出版社 1986 年 1 张
53cm（4 开）定价：CNY0.25

J0125942
高邮风光 张元奇，闻廉摄影
南京 江苏人民出版社 1986 年 8 张
定价：CNY1.00

J0125943
广州风光 （第二辑 汉日英对照）赵慕志摄影
北京 外文出版社 1986 年 10 张
定价：CNY1.30

J0125944
桂林骆驼山 （摄影 1987 年年历）张焱摄影
天津 天津人民美术出版社 1986 年 1 张
53cm（4 开）定价：CNY0.25

J0125945
海滩漫步 （巴基斯坦风光）茹遂初摄影
武汉 湖北美术出版社 1986 年 1 张
53cm（4 开）定价：CNY0.24

J0125946
海滩拾贝 （摄影 1987 年年历）郭宗敏摄影
太原 山西人民出版社 1986 年 1 张
53cm（4 开）定价：CNY0.24

J0125947
杭州灵隐寺 （摄影 1987 年年历）何世尧摄影
成都 四川省新闻图片社 1986 年 1 张
78cm（2 开）定价：CNY0.31

J0125948
杭州平湖秋月 （摄影 1987 年年历）厉美摄影
济南 山东美术出版社 1986 年 1 张
53cm（4 开）定价：CNY0.25

J0125949
湖光秀色 （摄影 1987 年年历）
石家庄 河北美术出版社 1986 年 1 张

53cm（4开）定价：CNY0.25

J0125950
湖畔 （摄影 1987 年年历）唐禹民摄影
福州 福建美术出版社 1986 年 1 张
53cm（4开）定价：CNY0.24

J0125951
湖畔风光 （摄影 1987 年年历）王秀琴摄影
西安 陕西科学技术出版社 1986 年 1 张
53cm（4开）定价：CNY0.28

J0125952
花溪龙宫 （摄影 1987 年年历）严钟义摄影
太原 山西人民出版社 1986 年 1 张
53cm（4开）定价：CNY0.24

J0125953
华清池 （汉英对照）吴印咸等摄影
西安 陕西旅游出版社［1986 年］10 张

J0128301
华清池 （摄影 1987 年年历）高宏摄影
天津 天津人民美术出版社 1986 年 1 张
53cm（4开）定价：CNY0.25

J0125954
华山南天门 （摄影 1987 年年历）黄继贤摄影
西安 陕西人民美术出版社 1986 年 1 张
78cm（2开）定价：CNY0.32

J0125955
黄果树瀑布 （摄影 1987 年年历）马元浩摄影
南昌 江西人民出版社［1986 年］1 张
78cm（2开）定价：CNY0.33

J0125956
黄果树之春 （摄影 1987 年年历）季增摄影
石家庄 河北美术出版社 1986 年 1 张
53cm（4开）定价：CNY0.14

J0125957
黄鹤楼 刘陆久摄影
武汉 湖北美术出版社 1986 年 1 张
78cm（2开）定价：CNY0.36

J0125958
黄龙风光 （第二辑 汉英对照）吴天昊摄影
北京 外文出版社 1986 年 10 张
定价：CNY1.30

J0125959
黄龙奇观 （汉英文对照 摄影集）人民画报
社，四川黄龙管理局编辑
北京 中国画报出版公司 1986 年 102 页
15cm（64开）定价：CNY22.40

J0125960
黄山青松 （摄影 1987 年年历）徐斌摄影
西安 陕西人民美术出版社 1986 年 1 张
53cm（4开）定价：CNY0.24

J0125961
黄山云海 （摄影 1987 年年历）张庆鸿摄影
太原 山西人民出版社 1986 年 1 张
53cm（4开）定价：CNY0.24

J0128310
黄山云海 （摄影 1987 年年历）王守平摄影
西安 陕西人民美术出版社 1986 年 1 张
78cm（2开）定价：CNY0.32

J0125962
加拿大温哥华 （摄影 1987 年年历）
周俊彦摄影
北京 中国电影出版社 1986 年 1 张
107cm（全开）定价：CNY0.58

J0125963
嘉陵江风光 （汉、日、英对照）
北京 外文出版社 1986 年 10 张
定价：CNY1.30

J0125964
嘉陵江上 （摄影 1987 年年历）陈振戈摄影
福州 福建美术出版社 1986 年 1 张
78cm（2开）定价：CNY0.32

J0125965
江南春色 （摄影 1987 年年历）谢新发摄影
成都 四川美术出版社 1986 年 1 张

53cm（4开）定价：CNY0.24

J0125966
江南风光好 （摄影 1987年年历）徐昕摄影
南京 江苏美术出版社 1986年 1张
53cm（4开）定价：CNY0.25

J0125967
金秋 （摄影 1987年年历）张文摄影
武汉 湖北美术出版社 1986年 1张
53cm（4开）定价：CNY0.24

J0125968
金色的秋天 （摄影 1987年年历）
郑州 河南美术出版社 1986年 1张
76cm（2开）定价：CNY0.50

J0125969
静静的江水 （摄影 1987年年历）晓雪摄影
石家庄 河北美术出版社 1986年 1张
53cm（4开）定价：CNY0.14
　　作者晓雪，擅长年历摄影。主要作品有《青年电影演员——陈冲》《老寿星》《演员吴海燕》等。

J0125970
九寨沟瀑布 （摄影 1987年年历）任涵之摄影
西安 陕西人民美术出版社 1986年 2张
53cm（4开）定价：CNY0.24

J0125971
君山 （汉英对照）王巧书等摄影
长沙 湖南美术出版社 1986年 10张
定价：CNY0.80

J0125972
克拉玛依 赵承安，王钟虎摄影
乌鲁木齐 新疆人民出版社 ［1986年］
10张（40开）定价：CNY1.20

J0125973
蓝色的大海 （摄影 1987年年历）
石家庄 河北美术出版社 1986年 1张
53cm（4开）定价：CNY0.14

J0125974
漓江春 （摄影 1987年年历）郁东, 亚江摄影
石家庄 河北美术出版社 1986年 1张
53cm（4开）定价：CNY0.25

J0125975
漓江书童山 （摄影 1987年年历）陈亚江摄影
石家庄 河北美术出版社 1986年 1张
53cm（4开）定价：CNY0.14
　　作者陈亚江(1931—　)，广西灵川人。曾任中国摄影家协会常务理事、副主席，广西文联委员，桂林市摄影协会主席，桂林市职工摄影协会名誉主席。主要作品有《漓江晨景》《阳江晓雾》《春到漓江》等。

J0125976
莲花湖——镜泊湖风光 （摄影
1987年年历）黎昌杰摄影
北京 人民美术出版社 1986年 1张 78cm（2开）
定价：CNY0.33

J0125977
林中采撷 （摄影 1987年年历）
杨克林，沈润樵摄影
上海 上海书画出版社 1986年 1张 78cm（2开）
定价：CNY0.32

J0125978
柳荫下 （摄影 1987年年历）刘克成摄影
福州 福建美术出版社 1986年 1张 78cm（2开）
定价：CNY0.32

J0125979
楼阁参差倚夕阳 （摄影 1987年年历）
施大光摄影
沈阳 岭南美术出版社 1986年 1张 53cm（4开）
定价：CNY0.25

J0125980
庐山三叠泉 （摄影 1987年年历）万心华摄影
南昌 江西人民出版社 ［1986年］1张（2开）
定价：CNY0.33

J0125981
庐山小天池 （摄影 1987年年历）陈春轩摄影

西安 陕西人民美术出版社 1986 年 1 张
78cm（2 开）定价：CNY0.32

J0125982
芒市菩提寺 （摄影 1987 年年历）陈尚坤摄影
长沙 湖南少年儿童出版社 1986 年 1 张
53cm（4 开）定价：CNY0.30

J0125983
美国"冬日" （摄影 1987 年年历）
郑州 河南美术出版社 1986 年 1 张 76cm（2 开）
定价：CNY0.50

J0125984
美国费城郊区公园 （摄影 1987 年年历）
张世范,熊兆志摄影
石家庄 河北美术出版社 1986 年 1 张 53cm（4 开）
定价：CNY0.14

J0125985
美景如画 （摄影 1987 年年历）邓洪秀摄影
石家庄 河北美术出版社 1986 年 1 张
53cm（4 开）定价：CNY0.25

J0125986
缅甸"大金塔佛塔群" （摄影 1987 年年历）
陈卫中摄影
南京 江苏美术出版社 1986 年 1 张
53cm（4 开）定价：CNY0.24

J0125987
缅甸"水上餐厅" （摄影 1987 年年历）
陈卫中摄影
南京 江苏美术出版社 1986 年 1 张
53cm（4 开）定价：CNY0.25

J0125988
纳凉 （斯里兰卡热带丛林之一 摄影
1987 年年历）陈卫中摄影
南京 江苏美术出版社 1986 年 1 张
76cm（2 开）定价：CNY0.50

J0125989
南海风光 （摄影 1987 年年历）鄂毅摄影
成都 四川美术出版社 1986 年 1 张

53cm（4 开）定价：CNY0.24

J0125990
南京风光 （汉英对照 1）周世平等摄影
南京 江苏人民出版社 1986 年 10 张
定价：CNY1.20

J0125991
南京风光 （汉英对照 2）王承友等摄影
南京 江苏人民出版社 1986 年 8 张

J0125992
内蒙古 （汉、日、英对照）屠忠国等摄影
北京 外文出版社 1986 年 10 张
定价：CNY1.50

J0125993
普陀山 （汉、英、日对照）永学摄影
北京 外文出版社 1986 年 10 张 15cm（40 开）
定价：CNY1.40

J0125994
秦皇岛 （汉英对照）秦皇岛市摄影协会编
北京 北京出版社［1986 年］10 张

J0125995
青岩山 （摄影 1987 年年历）金宝源摄影
武汉 长江文艺出版社 1986 年 1 张
53cm（4 开）定价：CNY0.24

J0125996
清漓泛舟 （摄影 1987 年年历）杨佐桓摄影
石家庄 河北美术出版社 1986 年 1 张
53cm（4 开）定价：CNY0.14

J0125997
清香阁 （摄影 1987 年年历）赵志光作
太原 山西人民出版社 1986 年 1 张
53cm（4 开）定价：CNY0.24
　　作者赵志光（1938—　），编辑。河北怀安人,
毕业于天津美术学院中国画专业。历任山西人
民出版社编审、副总编辑,中国版协连环画研究
会常务理事,山西省美术家协会原副主席、顾问,
山西省花鸟画学会会长,中国工艺美术学会山西
分会理事。代表品有《清香图》《翠阴小鸟》《玉

*艳冰姿》*等。

J0125998
秋景澄兰 （摄影 1987 年年历）
成都 四川省新闻图片社 1986 年 1 张
53cm（4 开）定价：CNY0.23

J0125999
曲径通幽 （摄影 1987 年年历）天鹰,兆欣摄影
南京 江苏美术出版社 1986 年 1 张
78cm（2 开）定价：CNY0.34

J0126000
曲院风荷 （摄影 1987 年年历）任鲸摄影
杭州 浙江人民美术出版社 1986 年 1 张
76cm（2 开）定价：CNY0.45

J0126001
瑞士"古城堡" （摄影 1987 年年历）
北京 中国电影出版社 1986 年 1 张
53cm（4 开）定价：CNY0.25

J0128351
瑞雪 （摄影 1987 年年历）和作摄影
石家庄 河北美术出版社 1986 年 1 张
53cm（4 开）定价：CNY0.25

J0126002
塞纳河畔 （摄影 1987 年年历）
西安 陕西人民美术出版社 1986 年 1 张
53cm（4 开）定价：CNY0.24

J0126003
三峡 （汉英文对照）祝云清等摄影
成都 四川人民出版社 1986 年 10 张
定价：CNY1.30

J0126004
山村小景 （摄影 1987 年年历）
上海 上海人民美术出版社 1986 年 1 张
53cm（4 开）定价：CNY0.27

J0126005
山泉水清 （摄影 1987 年年历）陈洛才摄影
广州 岭南美术出版社 1986 年 1 张

38cm（6 开）定价：CNY0.20

J0126006
深谷幽境 （摄影 1987 年年历）谢新发摄影
石家庄 河北美术出版社 1986 年 1 张
53cm（4 开）定价：CNY0.14

J0126007
深圳新貌 （摄影 1987 年年历）周泌军摄影
郑州 河南美术出版社 1986 年 1 张
76cm（2 开）定价：CNY0.50

J0126008
神女 （汉英对照）重庆长江轮船公司旅行服
务社编；祝云清等摄影
成都 四川人民出版社 1986 年 10 张
定价：CNY1.30

J0126009
石林 （摄影 1987 年年历）晓雪摄影
石家庄 河北美术出版社 1986 年 1 张
53cm（4 开）定价：CNY0.14

J0128360
石林风光 （摄影 1987 年年历）张书永摄影
济南 山东美术出版社 1986 年 1 张
53cm（4 开）定价：CNY0.25

J0126010
四川普格温泉 （摄影 1987 年年历）晓雪摄影
石家庄 河北美术出版社 1986 年 1 张
53cm（4 开）定价：CNY0.14

J0126011
四川普格温泉 （摄影 1987 年年历）
马元浩摄影
南昌 江西人民出版社 [1986 年] 1 张
53cm（4 开）定价：CNY0.33

J0126012
松涛峰影 （摄影 1987 年年历）张克庆摄影
杭州 浙江人民美术出版社 1986 年 1 张
76cm（2 开）定价：CNY0.28

J0126013
苏州园林 （摄影 1987 年年历）王德英摄影
郑州 河南美术出版社 1986 年 1 张
76cm（2 开）定价：CNY0.50

J0126014
索溪峪 唐杰之,孙智和摄影
长沙 湖南美术出版社 1986 年 8 张
定价：CNY0.80

J0126015
天津古文化街 （汉英对照）魏克晶等摄影
天津 天津古籍出版社 1986 年 8 张
定价：CNY1.40
　　作者魏克晶(1940—2018),研究员。生于四川。历任天津市文化局文物处副研究员,兼中国长城学会理事,天津市建筑学会建筑历史与理论学术委员会副主任,市园林学会、文博学会理事。

J0126016
天津古长城·蓟县太平寨 （汉英对照）
魏克晶,张一玲摄
天津 天津古籍出版社 1986 年 6 张
定价：CNY1.10

J0126017
天山风光 （摄影 1987 年年历）包乐摄影
天津 天津人民美术出版社 1986 年 1 张
53cm（4 开）定价：CNY0.25

J0126018
天下雄关——嘉峪关 （汉英对照）杜者摄影
兰州 甘肃人民出版社 1986 年 12 张
定价：CNY1.50

J0126019
万绿丛中 （摄影 1987 年年历）盼飞摄影
福州 福建美术出版社 1986 年 1 张
78cm（2 开）定价：CNY0.32

J0126020
万寿仙境 （摄影 1987 年年历）张弘强摄影
上海 上海书画出版社 1986 年 1 张
53cm（4 开）定价：CNY0.24

J0126021
潍坊十笏园 （摄影 1987 年年历）厉英摄影
济南 山东美术出版社 1986 年 1 张
53cm（4 开）定价：CNY0.25

J0126022
蔚蓝色的天空 （摄影 1987 年年历）
马名骏摄影
太原 山西人民出版社 1986 年 1 张
76cm（2 开）定价：CNY0.48
　　作者马名骏(1933—　　),摄影家。河北省阳原县人。历任山西人民出版社编审,中国摄影家协会会员,山西省摄影家协会副主席。

J0126023
五台秋色 （摄影 1987 年年历）顾棣摄影
太原 山西人民出版社 1986 年 1 张
53cm（4 开）定价：CNY0.24

J0126024
五台山菩萨顶 （摄影 1987 年年历）顾棣摄影
太原 山西人民出版社 1986 年 1 张
53cm（4 开）定价：CNY0.24

J0126025
夕阳驼影 （摄影 1987 年年历）
福州 福建美术出版社 1986 年 1 张
53cm（4 开）定价：CNY0.24

J0126026
西湖春色 （摄影 1987 年年历）徐震时摄影
西安 陕西人民美术出版社 1986 年 1 张
53cm（4 开）定价：CNY0.24

J0126027
西湖风光——苏堤晚晴
（摄影 1987 年年历）任国恩摄影
沈阳 辽宁美术出版社 1986 年 1 张
53cm（4 开）定价：CNY0.25

J0126028
西湖秋色 （摄影 1987 年年历）谷维恒摄影
呼和浩特 内蒙古人民出版社 1986 年 1 张
53cm（4 开）定价：CNY0.25
　　作者谷维恒(1944—　　),山东人。中国摄影学会陕西省分会、中国摄影家协会会员。摄影作品有《石林奇观》《黄山佛光》《悬空寺夜色》等。

J0126029
西丽湖远眺　（摄影 1987 年年历）沈仁摄影
兰州 甘肃人民出版社 1986 年 1 张
53cm（4 开）定价：CNY0.24

J0126030
西岳华山　（摄影 1987 年年历）黄继贤摄影
西安 陕西人民美术出版社 1986 年 1 张
76cm（2 开）定价：CNY0.32

J0126031
夏威夷海滨　（摄影 1987 年年历）
北京 中国电影出版社 1986 年 1 张
76cm（2 开）定价：CNY0.30

J0126032
香港维多利亚湾　（摄影 1987 年年历）
北京 中国电影出版社 1986 年 1 张
76cm（2 开）定价：CNY0.30

J0126033
象山水月　（摄影 1987 年年历）陈亚江摄影
石家庄 河北美术出版社 1986 年 1 张
53cm（4 开）定价：CNY0.14

J0126034
小憩　（斯里兰卡热带丛林之二
摄影 1987 年年历）陈卫中摄影
南京 江苏美术出版社 1986 年 1 张
76cm（2 开）定价：CNY0.50

J0126035
星湖风光　（汉英对照）叶树梭，卢平摄影
广州 广东旅游出版社 1986 年 10 张
定价：CNY1.40

J0126036
雪景　（摄影 1987 年年历）
沈阳 辽宁美术出版社 1986 年 1 张
53cm（4 开）定价：CNY0.25

J0126037
艳阳如花　（摄影 1987 年年历）浩人摄影
福州 福建美术出版社 1986 年 1 张
78cm（2 开）定价：CNY0.24

J0126038
扬帆远航　（摄影 1987 年年历）
天津 天津人民美术出版社 1986 年 1 张
76cm（2 开）定价：CNY0.45

J0126039
一九八七：风光摄影
兰州 甘肃人民出版社 1986 年 76cm（2 开）
定价：CNY4.50

J0126040
一九八七：风光摄影
长春 吉林美术出版社 1986 年 78cm（2 开）
定价：CNY5.70

J0126041
一九八七：风光摄影
呼和浩特 内蒙古人民出版社 1986 年
76cm（2 开）定价：CNY7.80

J0128393
一九八七：风光摄影
天津 天津杨柳青画社 1986 年 53cm（4 开）
定价：CNY4.20

J0126042
一九八七：风光摄影
延吉 延边人民出版社 1986 年 76cm（2 开）
定价：CNY5.70

J0126043
一九八七：风景摄影
太原 山西人民出版社 1986 年 74cm（3 开）
定价：CNY7.00

J0126044
一九八七：风景摄影
太原 山西人民出版社 1986 年 55cm（4 开）
定价：CNY4.00

J0126045
一九八七：山光水色 （摄影挂历）
天津　天津人民美术出版社　1986 年
78cm（2 开）定价：CNY7.50

J0126046
一九八七：香港风光 （摄影挂历）
济南　山东美术出版社　1986 年　78cm（2 开）
定价：CNY5.50

J0126047
一九八七：艺术风光 （摄影挂历）
南京　江苏美术出版社　1986 年　78cm（2 开）
定价：CNY5.80

J0126048
一九八七年《风光摄影》年历　陈长芬摄影
北京　人民邮电出版社　1986 年　76cm（2 开）
定价：CNY6.00
　　作者陈长芬(1941—　　)，书画家、摄影家。
生于湖南衡阳市。任中国文学艺术界联合会第
七届全国委员会委员，中国艺术摄影学会副会
长。代表作品有《关山万里》《裂变》《长城两边
的百姓》。

J0126049
银色世界 （摄影 1987 年年历）
太原　山西人民出版社　1986 年　1 张
76cm（2 开）定价：CNY0.48

J0126050
玉龙雪山 （摄影 1987 年年历）梅延林摄影
成都　四川省新闻图片社　1986 年　1 张
53cm（4 开）定价：CNY0.23

J0126051
岳阳楼 （汉英对照）王巧书等摄影
长沙　湖南美术出版社　1986 年　8 张
定价：CNY0.80

J0126052
云南风光 （摄影 1987 年年历）张书永摄影
南昌　江西人民出版社　1986 年　1 张
78cm（2 开）定价：CNY0.33

J0126053
云南风光 （摄影 1987 年年历）张书永摄影
济南　山东美术出版社　1986 年　1 张
53cm（4 开）定价：CNY0.25

J0126054
云南风光集　朱明斌等摄影
潞西　德宏民族出版社　1986 年　10 张
定价：CNY1.30

J0126055
云南西双版纳 （摄影 1987 年年历）吴兵摄影
南昌　江西人民出版社 ［1986 年］1 张
78cm（2 开）定价：CNY0.33

J0126056
长安八景 （汉英对照）陆震华摄影
西安　陕西人民美术出版社　1986 年　8 张
定价：CNY1.10

J0126057
长城秋色 （摄影 1987 年年历）雷斌摄影
北京　人民美术出版社　1986 年　1 张
53cm（4 开）定价：CNY0.24

J0126058
长城秋色 （摄影 1987 年年历）牛嵩林摄影
天津　天津人民美术出版社　1986 年　1 张
76cm（2 开）定价：CNY0.45

J0126059
肇庆七星岩 （摄影 1987 年年历）郭律摄影
北京　人民美术出版社　1986 年　1 张
78cm（2 开）定价：CNY0.33

J0126060
直耸云霄——黄山 （摄影 1987 年年历）
袁廉民摄影
南京　江苏美术出版社　1986 年　1 张
53cm（4 开）定价：CNY0.25
　　作者袁廉民(1932—　　)，国家一级摄影师。
浙江慈溪人。历任中国摄影家协会理事，中国老
摄影家协会理事、安徽摄影家协会名誉主席、英
国皇家摄影学会会士、世界华人摄影学会会员。
代表作品有《蒸蒸日上》《松魂》等。

J0126061

中山陵园风光 （汉英对照）童天立等摄影

南京 江苏人民出版社 1986 年 10 张

定价：CNY1.20

J0126062

竹映朝晖 （1987 年年历）王道伟摄影

长春 吉林美术出版社 1986 年 1 张

53cm（4 开）定价：CNY0.24

J0126063

1988：北京风光 （摄影挂历）

北京 农村读物出版社［1987 年］74cm（3 开）

定价：CNY6.80

J0126064

1988：北京新貌 （摄影挂历）

北京 北京出版社［1987 年］76cm（2 开）

定价：CNY10.00

J0126065

1988：春风江南 （摄影挂历）

杭州 浙江人民美术出版社 1987 年 74cm（3 开）

定价：CNY6.50

J0128418

1988：风光览胜 （摄影挂历）

天津 天津杨柳青画社［1987 年］74cm（3 开）

J0126066

1988：风光摄影 （挂历）

北京 北京工艺美术出版社［1987 年］

76cm（2 开）定价：CNY11.00

J0126067

1988：风光摄影 （挂历）

沈阳 春风文艺出版社 1987 年 78cm（3 开）

定价：CNY9.00

J0126068

1988：风光摄影 （挂历）

南京 江苏美术出版社 1987 年 76cm（2 开）

定价：CNY6.90

J0126069

1988：风光摄影 （挂历）

沈阳 辽宁美术出版社 1987 年 76cm（2 开）

定价：CNY9.00

J0126070

1988：风光摄影 （挂历）

沈阳 辽宁美术出版社 1987 年 78cm（3 开）

定价：CNY6.50

J0126071

1988：风光摄影 （挂历）

沈阳 辽宁人民出版社 1987 年 76cm（2 开）

定价：CNY9.00

J0126072

1988：风光摄影 （挂历）

广州 岭南美术出版社 1987 年 78cm（3 开）

定价：CNY6.50

J0126073

1988：风光摄影 （挂历）

北京 人民美术出版社 1987 年 78cm（3 开）

定价：CNY6.80

J0126074

1988：风光摄影 （挂历）

济南 山东美术出版社 1987 年 78cm（3 开）

定价：CNY6.80

J0126075

1988：风光摄影 （挂历）

太原 山西人民出版社 1987 年 76cm（2 开）

定价：CNY9.60

J0126076

1988：风光摄影 （挂历）

西安 陕西人民美术出版社 1987 年 76cm（2 开）

定价：CNY5.80

J0126077

1988：风光摄影 （挂历）

西安 陕西人民美术出版社 1987 年

76cm（2 开）定价：CNY10.50

J0126078
1988：风光摄影 （挂历）
西安 陕西人民美术出版社 1987 年
78cm（3 开）定价：CNY7.00

J0126079
1988：风光摄影 （挂历）
上海 上海人民美术出版社 1987 年
76cm（2 开）定价：CNY9.50

J0126080
1988：风光摄影 （挂历）
成都 四川美术出版社 1987 年 78cm（3 开）
定价：CNY5.80

J0126081
1988：风光摄影 （挂历）
昆明 云南民族出版社［1987 年］53cm（4 开）
定价：CNY2.00

J0126082
1988：风光摄影 （挂历）
北京 中国电影出版社 1987 年 76cm（2 开）
定价：CNY11.50

J0126083
1988：风景 （摄影挂历）
乌鲁木齐 新疆人民出版社 1987 年 78cm（3 开）
定价：CNY5.70

J0126084
1988：光照中华 （风光摄影挂历）
郑曙光等摄影
济南 山东友谊书社 1987 年 76cm（2 开）
定价：CNY10.00

J0126085
1988：海岸 （摄影挂历）
杭州 西湖摄影艺术出版社 1987 年 53cm（4 开）
定价：CNY2.50

J0126086
1988：海的遐想 （摄影挂历）
杭州 西湖摄影艺术出版社 1987 年 53cm（4 开）
定价：CNY2.50

J0126087
1988：海风 （摄影挂历）江西画报社编
南昌 江西人民出版社［1987 年］76cm（2 开）
定价：CNY7.80

J0126088
1988：环球行 （风光摄影）
北京 朝花美术出版社 1987 年 76cm（2 开）
定价：CNY9.00

J0126089
1988：黄山风光摄影 （挂历）
合肥 安徽美术出版社［1987 年］78cm（3 开）
定价：CNY7.50

J0126090
1988：江山多娇 （摄影挂历）
福州 福建美术出版社 1987 年（4 开）
定价：CNY4.90

J0126091
1988：九州方圆 （风光摄影）景海摄影
杭州 西湖摄影艺术出版社 1987 年 78cm（3 开）
定价：CNY6.50

J0128445
1988：满园春色 （摄影挂历）
上海 上海人民美术出版社 1987 年 78cm（3 开）
定价：CNY5.00

J0126092
**1988：美丽的一刻·欢乐的一天·平安的一
年·幸福到永远** （风光摄影）
杭州 西湖摄影艺术出版社 1987 年 78cm（3 开）
定价：CNY6.50

J0126093
1988：名山大川 （摄影挂历）
上海 上海书画出版社 1987 年 53cm（4 开）
定价：CNY5.00

J0126094
1988：名胜大观 （摄影挂历）
郑州 河南美术出版社 1987 年 78cm（3 开）
定价：CNY7.50

J0126095
1988：南极风光 （摄影挂历）
武汉 湖北少年儿童出版社 1987年 53cm（4开）
定价：CNY7.50

J0126096
1988：齐鲁大观 （摄影挂历）和进海等摄影
济南 山东友谊书社 1987年 76cm（2开）
定价：CNY10.00

J0126097
1988：山明水秀 （摄影挂历）
天津 天津人民美术出版社 1987年 76cm（2开）
定价：CNY9.50

J0126098
1988：十大名胜 （摄影挂历）
杭州 浙江人民美术出版社 1987年 78cm（3开）
定价：CNY6.50

J0126099
1988：世界大都市 （摄影挂历）
北京 中国电影出版社［1987年］76cm（2开）
定价：CNY9.50

J0128454
1988：世界大观 （摄影挂历）
重庆 重庆出版社 1987年 76cm（2开）
定价：CNY11.00

J0126100
1988：西湖天下景 （摄影挂历）
杭州 浙江人民美术出版社 1987年 78cm（3开）
定价：CNY6.50

J0126101
1988：西域风光 （摄影挂历）
乌鲁木齐 新疆人民出版社 1987年 76cm（2开）
定价：CNY9.00

J0126102
1988：逸情 （风光摄影挂历）邹起程等摄影
长春 吉林美术出版社 1987年 78cm（3开）
定价：CNY6.50

J0126103
1988：长城 （摄影挂历）
太原 北岳文艺出版社［1987年］76cm（2开）
定价：CNY9.80

J0126104
1988：长江风光 （摄影挂历）
武汉 湖北人民出版社［1987年］76cm（2开）
定价：CNY11.00

J0126105
1988：中国风光 （摄影挂历）
济南 山东美术出版社 1987年 76cm（2开）
定价：CNY10.00

J0126106
1988：中国风光 （摄影挂历）
北京 中国电影出版社［1987年］78cm（3开）
定价：CNY6.50

J0126107
1988：中国风光 （摄影挂历）
北京 中国连环画出版社［1987年］76cm（2开）
定价：CNY10.00

J0126108
1988：中华大地 （摄影挂历）
杭州 浙江人民美术出版社 1987年 76cm（2开）
定价：CNY9.50

J0126109
1988：中华五岳 （摄影挂历）
杭州 浙江人民美术出版社 1987年 78cm（3开）
定价：CNY6.50

J0126110
1988：自然风光月历
石家庄 河北美术出版社 1987年 78cm（3开）
定价：CNY6.40

J0126111
1988：祖国风光 （摄影挂历）
南京 江苏美术出版社 1987年 76cm（2开）
定价：CNY9.90

J0126112
1988：祖国风光 （摄影挂历）
延吉　延边人民出版社［1987年］78cm（3开）
定价：CNY6.50

J0126113
巴黎风光　陈守义等摄影
杭州　浙江摄影出版社　1987年　10张
定价：CNY1.30

J0126114
巴西伊瓜苏瀑布 （摄影　1988年年历）
芮连侠摄影
北京　人民美术出版社　1987年　1张
53cm（4开）定价：CNY0.28

J0126115
北海之夏 （摄影　1988年年历）肖顺权摄影
上海　上海人民美术出版社　1987年　1张
76cm（2开）定价：CNY0.60

　　作者肖顺权(1934—　)，曾用名肖顺泉、肖舜权。河北博野人。曾任人民美术出版社总编办公室副主任、摄影部副主任等职。主要作品有《唐永泰公主墓壁画集》《故宫》《元明清雕塑》等。

J0126116
北京西山 （摄影　1988年年历）
北京　中国电影出版社［1987年］1张
76cm（2开）定价：CNY0.30

J0126117
北京西山八大处 （摄影　1988年年历）
张仁东摄影
济南　山东美术出版社　1987年　1张
53cm（4开）定价：CNY0.33

J0126118
炳灵寺石窟 （汉英对照）张宝玺摄影；
刘云译
兰州　甘肃人民出版社　1987年　10张
13cm（60开）定价：CNY1.50

J0126119
晨晖 （摄影　1988年年历）王小平摄影

太原　山西人民出版社　1987年　1张
54cm（4开）定价：CNY0.30

J0126120
晨露 （摄影　1988年年历）刘臣摄影
石家庄　河北美术出版社　1987年　1张
54cm（4开）定价：CNY0.26

J0126121
晨曲 （摄影　1988年年历）张克庆摄影
杭州　浙江人民美术出版社　1987年　1张
54cm（4开）定价：CNY0.30

J0126122
承德避暑山庄水心榭 （摄影　1988年年历）
梦晨摄影
天津　天津人民美术出版社　1987年　1张
53cm（4开）定价：CNY0.30

J0126123
池塘清趣 （摄影　1988年年历）晓安摄影
西安　陕西人民美术出版社　1987年　1张
76cm（2开）定价：CNY0.37

J0126124
春 （摄影　1988年年历）郭大公摄影
沈阳　辽宁美术出版社　1987年　1张
53cm（4开）定价：CNY0.30

J0126125
春 （摄影　1988年年历）岑安摄影
西安　陕西人民美术出版社　1987年　1张
53cm（4开）定价：CNY0.30

J0126126
春到小瀛洲 （摄影　1988年年历）肖顺权摄影
北京　人民美术出版社　1987年　1张
76cm（2开）定价：CNY0.42

J0126127
春光好 （摄影　1988年年历）陈振新摄影
北京　人民美术出版社　1987年　1张
53cm（4开）定价：CNY0.28

　　作者陈振新(1950—　)，江苏南通市人。中国美术家协会会员，中国民间艺术家协会会员。

任职于人民美术出版社。创作和发表了大量美术、摄影作品。主要作品有《大家动手,植树栽花,美化环境》《期望》《林》等。

J0126128
春光妩媚 (摄影 1988 年年历)弓铭摄影
郑州 河南美术出版社 1987 年 1 张
76cm(2 开)定价:CNY0.65

J0126129
春光妩媚 (摄影 1988 年年历)钱豫强摄影
杭州 浙江人民美术出版社 1987 年 1 张
53cm(4 开)定价:CNY0.30

J0126130
春明 (摄影 1988 年年历)杨如鑫摄影
郑州 河南美术出版社 1987 年 1 张
53cm(4 开)定价:CNY0.33

J0126131
春天 (摄影 1988 年年历)张涵毅摄影
石家庄 河北美术出版社 1987 年 1 张
76cm(2 开)定价:CNY0.22

J0126132
春晓 (摄影 1988 年年历)娄晓曦摄影
杭州 西湖摄影艺术出版社 1987 年 1 张
53cm(4 开)定价:CNY0.29

J0126133
春意 (摄影 1988 年年历)杨长福摄影
昆明 云南人民出版社 1987 年 1 张
53cm(4 开)定价:CNY0.30

J0126134
翠谷瀑声 (摄影 1988 年年历)卞志武摄影
杭州 浙江人民美术出版社 1987 年 1 张(2 开)
定价:CNY0.60

J0126135
德国之秋 (摄影 1988 年年历)
太原 山西人民出版社 1987 年 1 张
76cm(2 开)定价:CNY0.58

J0126136
东坡赤壁 (摄影 1988 年年历)李一方摄影
武汉 长江文艺出版社 1987 年 1 张
53cm(4 开)定价:CNY0.28

J0126137
冬 (摄影 1988 年年历)张志明摄影
西安 陕西人民美术出版社 1987 年 1 张
53cm(4 开)定价:CNY0.30

J0126138
峨眉山 (汉英对照)吴健等摄影
成都 四川美术出版社 1987 年 10 张
15cm(40 开)定价:CNY1.45

J0126139
峨眉山 (汉英对照)林义平等摄影
成都 四川美术出版社 1987 年 10 张
15cm(40 开)定价:CNY1.50

J0126140
菲律宾日落景色 (摄影 1988 年年历)
北京 人民体育出版社 1987 年 1 张
53cm(4 开)定价:CNY0.30

J0126141
风和日丽 (摄影 1988 年年历)马元浩摄影
西安 陕西人民美术出版社 1987 年 1 张
53cm(4 开)定价:CNY0.30

J0126142
风景 (摄影 1988 年年历)华仲明摄影
南京 江苏美术出版社 1987 年 1 张
107cm(全开)定价:CNY1.75

J0126143
风筝城——潍坊 (汉英对照)刘福聚摄影
北京 中国旅游出版社 1987 年 10 张
定价:CNY1.20

J0126144
凤凰振羽 (摄影 1988 年年历)孙肃显摄影
郑州 河南美术出版社 1987 年 1 张
78cm(3 开)定价:CNY0.43

J0126145

佛教圣地——五台山 （摄影 1988 年年历）
英艺摄影
上海 上海书画出版社 1987 年 1 张（4 开）
定价：CNY0.30
　　作者英艺,擅长摄影。主要的年历作品有《祝您长寿》《幸福儿童》《小司机》等。

J0126146

福建风光 （一 汉英对照）王颂宪等摄影
福州 福建人民出版社 1987 年 10 张
定价：CNY1.50

J0126147

福建风光 （二 汉英对照）王颂宪等摄影
福州 福建人民出版社 1987 年 10 张
定价：CNY1.50
　　本书由福建人民出版社和福建美术出版社联合出版。

J0126148

橄榄坝椰林 （摄影 1988 年年历）张金明摄影
昆明 云南人民出版社 1987 年 1 张
53cm（4 开）定价：CNY0.22

J0126149

故宫 （摄影 1988 年年历）肖顺权摄影
北京 北京美术摄影出版社 1987 年 1 张
76cm（2 开）定价：CNY0.50

J0126150

故宫 （摄影 1988 年年历）肖顺权摄影
上海 上海人民美术出版社 1987 年 1 张
76cm（2 开）定价：CNY0.60

J0126151

广东七星岩 （摄影 1988 年年历）陈东林摄影
天津 天津人民美术出版社 1987 年 1 张
78cm（3 开）定价：CNY0.45

J0126152

广州名胜 （汉、日、英对照）赵慕志摄影
北京 外文出版社 1987 年 10 张
定价：CNY1.70

J0126153

海南岛 （汉英对照）李伟平摄影
广州 广东旅游出版社［1987 年］10 张
15cm（40 开）定价：CNY1.50

J0126154

海滩上 （摄影 1988 年年历）尹春华摄影
福州 福建美术出版社 1987 年 1 张
78cm（2 开）定价：CNY0.36
　　作者尹春华,擅长摄影。主要年历作品有《凝视》《梦乡》《小青河上》等。

J0126155

海为龙世界 （摄影 1988 年年历）徐书摄影
沈阳 辽宁美术出版社 1987 年 1 张
53cm（4 开）定价：CNY0.30

J0126156

海韵 （摄影 1988 年年历）
桂林 漓江出版社 1987 年 1 张 76cm（2 开）
定价：CNY0.64

J0126157

杭州花港 （摄影 1988 年年历）牛嵩林摄影
天津 天津人民美术出版社 1987 年 1 张
53cm（4 开）定价：CNY0.30

J0126158

杭州曲院风荷 （摄影 1988 年年历）
牛嵩林摄影
天津 天津人民美术出版社 1987 年 1 张
76cm（2 开）定价：CNY0.60

J0126159

杭州西湖湖心亭 （摄影 1988 年年历）
肖顺权摄影
北京 人民美术出版社 1987 年 1 张
76cm（2 开）定价：CNY0.42

J0126160

湖边 （摄影 1988 年年历）周必云摄影
福州 福建美术出版社［1987 年］1 张
定价：CNY0.28

J0126161

花下寻声　（摄影　1988 年年历）

福州　福建美术出版社　1987 年　1 张

76cm（2 开）定价：CNY0.28

J0126162

淮阴风光　（汉英对照）顾树春等摄影

南京　江苏人民出版社　1987 年　8 张

15cm（40 开）定价：CNY1.50

J0126163

黄果树瀑布　（摄影　1988 年年历）谷维恒摄影

北京　人民美术出版社　1987 年　1 张

78cm（2 开）定价：CNY0.42

J0126164

黄鹤楼　（摄影　1988 年年历）张志民摄影

北京　人民美术出版社　1987 年　1 张

53cm（4 开）定价：CNY0.28

J0126165

黄山　（摄影　1988 年年历）张景富摄影

天津　天津人民美术出版社　1987 年　1 张

78cm（2 开）定价：CNY0.45

J0126166

黄山朝晖　（摄影　1988 年年历）国人摄影

西安　陕西人民美术出版社　1987 年　1 张

53cm（4 开）定价：CNY0.30

J0126167

黄山雪景　（摄影　1988 年年历）林伟新摄影

南京　江苏美术出版社　1987 年　1 张

53cm（4 开）定价：CNY0.32

J0126168

黄山烟云　（摄影　1988 年年历）任国恩摄影

西安　陕西人民美术出版社　1987 年　1 张

53cm（4 开）定价：CNY0.30

J0126169

黄山银装　（摄影　1988 年年历）谢新发摄影

石家庄　河北美术出版社　1987 年　1 张

76cm（2 开）定价：CNY0.38

　　作者谢新发，擅长年画摄影。主要作品有《节

日欢舞》《风光摄影》《怎样拍摄夜景》等。

J0126170

黄山诸峰罕出群　（摄影　1988 年年历）

谢新发摄影

长沙　湖南美术出版社　1987 年　1 张

76cm（2 开）定价：CNY0.70

J0126171

激流　（摄影　1988 年年历）张玉同摄影

沈阳　辽宁美术出版社　1987 年　1 张

76cm（2 开）定价：CNY0.40

J0126172

江南春早　（摄影　1988 年年历）岳鹏飞摄影

天津　天津人民美术出版社　1987 年　1 张

53cm（4 开）定价：CNY0.30

J0126173

江畔　（摄影　1988 年年历）林全铨摄影

福州　福建美术出版社［1987 年］1 张

53cm（4 开）定价：CNY0.28

J0126174

金陵古今山水胜迹四十八景

（一　汉英对照）庄中，郑卫摄影

南京　江苏人民出版社　1987 年　10 张（60 开）

定价：CNY1.20

J0128530

金陵古今山水胜迹四十八景

（二　汉英对照）庄中，郑卫摄影

南京　江苏人民出版社　1987 年　8 张（60 开）

定价：CNY1.20

J0126175

金陵古今山水胜迹四十八景

（三　汉英对照）庄中，郑卫摄影

南京　江苏人民出版社　1987 年　8 张（60 开）

定价：CNY1.20

J0126176

金陵古今山水胜迹四十八景

（四　汉英对照）庄中，郑卫摄影

南京　江苏人民出版社　1987 年　8 张（60 开）

定价: CNY1.20

J0126177
金陵古今山水胜迹四十八景
（五 汉英对照）庄中，郑卫摄影
南京 江苏人民出版社 1987年 8张（60开）
定价: CNY1.20

J0126178
金陵古今山水胜迹四十八景
（六 汉英对照）庄中，郑卫摄影
南京 江苏人民出版社 1987年 8张（60开）
定价: CNY1.20

J0126179
金秋 （摄影 1988年年历）王守平摄影
西安 陕西人民美术出版社 1987年 1张
53cm（4开）定价: CNY0.30

J0126180
金沙滩上 （摄影 1988年年历）林金铨摄影
福州 福建美术出版社 ［1987年］1张
53cm（4开）定价: CNY0.28

J0126181
金山寺 （摄影 1988年年历）肖顺权摄影
北京 人民美术出版社 1987年 1张
76cm（2开）定价: CNY0.42

J0126182
锦绣中华 （汉英对照）何世尧等摄影
南京 江苏人民出版社 ［1987年］12张
19cm（32开）

J0126183
劲松独秀白云山 （摄影 1988年年历）
西安 陕西人民美术出版社 1987年 1张
定价: CNY0.37

J0126184
景色宜人 （摄影 1988年年历）劳丁摄影
长春 吉林美术出版社 1987年 1张（2开）
定价: CNY0.40

J0126185
景山公园 （摄影 1988年年历）肖顺权摄影
北京 人民美术出版社 1987年 1张
76cm（2开）定价: CNY0.42

J0126186
景胜山名 （摄影 1988年年历）张春峰摄影
石家庄 河北美术出版社 1987年 1张（2开）
定价: CNY0.38
　　作者张春峰（1929— ），书画家。出生于河北武强县。笔名武艺，号西园，居号泥香草堂。毕业于河北省艺术干部学校。曾任河北美术出版社副社长、纽约东西方艺术家协会民俗艺术委员会副主席等职。主要作品有《雄鹰图》《母子虎》《草书虎字》等。

J0126187
九华山 （日、汉、英对照）曹向东等摄影
北京 中国旅游出版社 1987年 10张（60开）
定价: CNY1.30

J0126188
九寨风光 （汉英对照）李杰等摄影
成都 四川美术出版社 1987年 10张（60开）
定价: CNY1.45

J0126189
九寨沟 （摄影 1988年年历）谷维恒摄影
北京 人民美术出版社 1987年 1张
53cm（4开）定价: CNY0.28

J0128546
九寨沟 （汉英对照）何远达等摄影
成都 四川人民出版社 1987年 10张（60开）
定价: CNY1.50

J0126190
九寨沟 （汉、日、英对照）吴天昊摄影
北京 外文出版社 1987年 10张（60开）
定价: CNY1.50

J0126191
九寨沟瀑布 （摄影 1988年年历）赵绍波摄影
太原 山西人民出版社 1987年 1张
53cm（4开）定价: CNY0.30

J0126192

九寨沟长海秋色 （摄影　1988 年年历）

川图摄影

成都　四川省新闻图片社　1987 年　1 张

76cm（2 开）定价：CNY0.55

J0126193

拙政园 （摄影　1988 年年历）任国兴摄影

石家庄　河北美术出版社　1987 年　1 张

53cm（4 开）定价：CNY0.16

J0126194

峻岭 （摄影　1988 年年历）李森摄影

成都　四川美术出版社　1987 年　1 张

53cm（4 开）定价：CNY0.28

J0126195

康巴的春天 （摄影　1988 年年历）陈振戈摄影

重庆　重庆出版社　1987 年　1 张　53cm（4 开）

定价：CNY0.30

J0126196

昆明翠湖 （摄影　1988 年年历）陈书帛摄影

北京　人民美术出版社　1987 年　1 张

53cm（4 开）定价：CNY0.28

J0126197

昆明翠湖 （汉英对照）杨长富等摄影

昆明　云南民族出版社［1987 年］10 张

定价：CNY1.20

J0128555

昆明翠园 （摄影　1988 年年历）张玉同摄影

沈阳　辽宁美术出版社　1987 年　1 张

76cm（2 开）定价：CNY0.40

　　作者张玉同，摄影有年画《千山之春》，编著
有《暗室技术问答》。

J0126198

昆明风光 （汉、日、英对照）张金明，王滇云
摄影

北京　外文出版社　1987 年　10 张

定价：CNY1.60

J0126199

乐山胜景 （汉英对照）河川等摄影

成都　四川美术出版社　1987 年　10 张

定价：CNY1.50

J0126200

冷月 （摄影　1988 年年历）周雁鸣摄影

杭州　西湖摄影艺术出版社　1987 年　1 张

定价：CNY0.29

J0126201

漓江 （摄影　1988 年年历）

北京　人民美术出版社　1987 年　1 张（2 开）

定价：CNY0.42

J0126202

漓江 （汉英对照）莫文兴摄影

北京　印刷工业出版社　1987 年　10 张

15cm（40 开）定价：CNY1.20

J0126203

漓江浪石风光 （摄影　1988 年年历）

陈亚江摄影

石家庄　河北美术出版社　1987 年　1 张（4 开）

定价：CNY0.26

　　作者陈亚江（1931—　），广西灵川人。曾任
中国摄影家协会常务理事、副主席，广西文联委
员，桂林市摄影协会主席，桂林市职工摄影协会
名誉主席。主要作品有《漓江晨景》《阳江晓雾》
《春到漓江》等。

J0126204

丽江风光 （摄影　1988 年年历）陈振戈摄影

北京　人民美术出版社　1987 年　1 张

53cm（4 开）定价：CNY0.28

J0126205

庐山秀色 （摄影　1988 年年历）陈春轩摄影

上海　上海人民美术出版社　1987 年　1 张

定价：CNY0.42

J0126206

绿杨荫里白沙堤 （摄影　1988 年年历）

肖顺权摄影

北京　人民美术出版社　1987 年　1 张

76cm（2开）定价：CNY0.42

　　作者肖顺权（1934— ），曾用名肖顺泉、肖舜权。河北博野人。曾任人民美术出版社总编办公室副主任、摄影部副主任等职。主要作品有《唐永泰公主墓壁画集》《故宫》《元明清雕塑》等。

J0126207

满枝金秋色 （摄影 1988年年历）林伟新摄影
南京 江苏美术出版社 1987年 1张
76cm（2开）定价：CNY0.43

J0126208

曼飞龙塔 （摄影 1988年年历）谷维恒摄影
北京 人民美术出版社 1987年 1张
53cm（4开）定价：CNY0.28

　　作者谷维恒（1944— ），山东人。中国摄影学会陕西省分会、中国摄影家协会会员。摄影作品有《石林奇观》《黄山佛光》《悬空寺夜色》等。

J0126209

美国夏威夷的盛夏 （摄影 1988年年历）
北京 人民体育出版社 1987年 1张
53cm（4开）定价：CNY0.30

J0126210

勉县武侯祠 （摄影 1988年年历）薛锦锡摄影
西安 陕西人民美术出版社 1987年 1张
76cm（2开）定价：CNY0.40

J0126211

名胜古刹 （摄影 1988年年历 之一 瑞丽姐东缅寺）马元浩摄影
上海 上海书画出版社 1987年 1张
76cm（2开）定价：CNY0.65

J0126212

名胜古刹 （摄影 1988年年历 之二 浙江国清寺）马元浩摄影
上海 上海书画出版社 1987年 1张
76cm（2开）定价：CNY0.65

J0126213

名胜古刹 （摄影 1988年年历 之三 香港九龙湾）马元浩摄影

上海 上海书画出版社 1987年 1张
76cm（2开）定价：CNY0.65

J0126214

名胜古刹 （摄影 1988年年历 之四 广州光孝寺）马元浩摄影
上海 上海书画出版社 1987年 1张
76cm（2开）定价：CNY0.65

J0126215

名胜古刹 （摄影 1988年年历 之五 福建鼓山）马元浩摄影
上海 上海书画出版社 1987年 1张
76cm（2开）定价：CNY0.65

J0126216

名胜古刹 （摄影 1988年年历 之六 福建古寺）马元浩摄影
上海 上海书画出版社 1987年 1张
76cm（2开）定价：CNY0.65

J0126217

明十三陵 （汉英对照）魏玉清编写；
朱力，郑虹等摄影
北京 朝花美术出版社 [1987年] 10张

J0126218

南北石窟寺 （汉英对照）张宝玺摄影；刘云译
兰州 甘肃人民出版社 1987年 10张
定价：CNY1.50

J0128577

南京玄武湖芳桥 （摄影 1988年年历）
牛嵩林摄影
天津 天津人民美术出版社 1987年 1张
76cm（2开）定价：CNY0.45

J0126219

南亚风光 陈龙昌编辑；钱玉骊，华锦洲摄影
北京 华夏出版社 1987年 10张 13cm（60开）
定价：CNY1.50

J0126220

楠溪江——温州永嘉风光 （汉英对照）
叶新仁等摄影

北京 中国旅游出版社 1987 年 10 张
15cm（40 开）定价：CNY1.20

J0126221
宁河小三峡 （汉英对照）陈池春等摄影
成都 四川人民出版社 1987 年 8 张
定价：CNY1.20

J0126222
普陀山 （汉英对照）池一平,张候权摄影
杭州 浙江摄影出版社 1987 年 10 张
13cm（60 开）定价：CNY1.70

J0126223
千岛湖 （汉英对照）张克庆,王锦秋摄影
杭州 西湖摄影艺术出版社 1987 年 10 张
定价：CNY1.40

J0126224
青岩山瞭望 （摄影 1988 年年历）常春摄影
石家庄 河北美术出版社 1987 年 1 张
53cm（4 开）定价：CNY0.30

J0126225
青岩山秋色 （摄影 1988 年年历）林伟新摄影
南京 江苏美术出版社 1987 年 1 张
53cm（4 开）定价：CNY0.32

J0126226
清江竞帆 （摄影 1988 年年历）张克庆摄影
杭州 浙江人民美术出版社 1987 年 1 张
78cm（2 开）定价：CNY0.40

J0126227
清泉幽趣 （摄影 1988 年年历）何世尧摄影
南京 江苏美术出版社 1987 年 1 张
76cm（2 开）定价：CNY0.65

J0126228
秋色 （摄影 1988 年年历）
武汉 湖北少年儿童出版社 1987 年 1 张
53cm（4 开）定价：CNY0.30

J0126229
秋野 （摄影 1988 年年历）

昆明 云南人民出版社 1987 年 1 张
53cm（4 开）定价：CNY0.22

J0126230
瞿塘峡 （摄影 1988 年年历）黄继贤摄影
北京 人民美术出版社 1987 年 1 张
53cm（4 开）定价：CNY0.28

J0126231
日本富士山 （摄影 1988 年年历）宫正摄影
重庆 重庆出版社 1987 年 1 张 78cm（3 开）
定价：CNY0.44

J0126232
厦门菽庄花园 （摄影 1988 年年历）
牛嵩林摄影
石家庄 河北美术出版社 1987 年 1 张
76cm（2 开）定价：CNY0.38

J0126233
山光秀色 （摄影 1988 年年历）刘万恭摄影
天津 天津人民美术出版社 1987 年 1 张
53cm（4 开）定价：CNY0.30

J0126234
上海外滩 （摄影 1988 年年历）杨中俭摄影
北京 人民美术出版社 1987 年 1 张
53cm（4 开）定价：CNY0.28

J0126235
上海外滩 （摄影 1988 年年历）宋士诚摄影
天津 天津人民美术出版社 1987 年 1 张
76cm（2 开）定价：CNY0.60

J0126236
上海豫园 （摄影 1988 年年历）杨中俭摄影
北京 人民美术出版社 1987 年 1 张
53cm（4 开）定价：CNY0.28

J0126237
深圳湾浴场 （摄影 1988 年年历）牛嵩林摄影
重庆 重庆出版社 1987 年 1 张 53cm（4 开）
定价：CNY0.30

J0126238
神州风光 （汉英对照）何世光等摄影
南京 江苏人民出版社 1987年 8张
13cm（60开）

J0126239
狮子观海 （摄影 1988年年历）张克庆摄影
杭州 浙江人民美术出版社 1987年 1张（4开）
定价：CNY0.30

J0126240
狮子观云海 （摄影 1988年年历）王守平摄影
西安 陕西人民美术出版社 1987年 1张（4开）
定价：CNY0.37

J0126241
十渡秋韵 （摄影 1988年年历）关平摄影
天津 天津人民美术出版社 1987年 1张
53cm（4开）定价：CNY0.30

J0126242
石林 （摄影 1988年年历）肖顺权摄影
北京 人民美术出版社 1987年 1张
53cm（4开）定价：CNY0.28

J0126243
石林 （汉、日、英对照）张金明,王滇云摄影
北京 外文出版社 1987年 10张
定价：CNY1.50

J0126244
石林奇景 （英汉对照）鲁进,齐森摄影
昆明 云南人民出版社［1987年］8张
定价：CNY1.50

J0126245
石林奇景 （英汉对照）鲁进,齐森摄
昆明 云南人民出版社［1988年］8张
13cm（60开）定价：CNY1.80

J0126246
水映红叶 （摄影 1988年年历）芮连侠摄影
郑州 河南美术出版社 1987年 1张
76cm（2开）定价：CNY0.65

J0126247
松花湖秋色 （摄影 1988年年历）黄禄奎摄影
南宁 广西人民出版社 1987年 1张
53cm（4开）定价：CNY0.31

J0126248
松峦叠翠 （摄影 1988年年历）张春峰摄影
石家庄 河北美术出版社 1987年 1张（2开）
定价：CNY0.38
　　作者张春峰（1929—　），书画家。出生于河北武强县。笔名武艺,号西园,居号泥香草堂。毕业于河北省艺术干部学校。曾任河北美术出版社副社长、纽约东西方艺术家协会民俗艺术委员会副主席等职。主要作品有《雄鹰图》《母子虎》《草书虎字》等。

J0126249
苏州留园 （摄影 1988年年历）牛嵩林摄影
天津 天津人民美术出版社 1987年 1张
76cm（2开）定价：CNY0.45

J0126250
苏州名园狮子林 （摄影 1988年年历）
牛嵩林摄影
天津 天津人民美术出版社 1987年 1张
76cm（2开）定价：CNY0.60

J0126251
苏州园林 （摄影 1988年年历）
北京 中国电影出版社［1987年］1张
76cm（2开）定价：CNY0.32

J0126252
苏州园林小景 （摄影 1988年年历）晓庄摄影
天津 天津人民美术出版社 1987年 1张
53cm（4开）定价：CNY0.30
　　作者晓庄,擅长年历摄影。主要作品有《苏州园林小景》《又一春》《金陵瑞雪》等。

J0126253
苏州园林小景 （摄影 1989年年历）晓庄摄
天津 天津人民美术出版社 1988年 1张
53cm（4开）定价：CNY0.40

J0126254

天池小瀑布 （摄影 1988 年年历）苏茂春摄影
乌鲁木齐 新疆人民出版社 1987 年 1 张
53cm（4 开）定价：CNY0.20

　　作者苏茂春（1940— ），回族，副编审。甘肃静宁县人。新疆美术摄影出版社摄影部副主任、新疆摄影家协会常务理事。

J0126255

天池秀色 （摄影 1988 年年历）宋士敬摄影
重庆 重庆出版社 1987 年 1 张 76cm（2 开）
定价：CNY0.30

J0126256

天子山观景 （摄影 1988 年年历）张涵毅摄影
石家庄 河北美术出版社 1987 年 1 张
［76cm］（2 开）定价：CNY0.38

J0126257

通海秀山 （汉英对照）华松等摄影
昆明 云南民族出版社 ［1987 年］10 张
15cm（40 开）定价：CNY1.20

J0126258

浯溪 （汉英对照）赵扬名摄影
长沙 湖南美术出版社 1987 年 8 张
15cm（40 开）定价：CNY1.50

J0126259

武当山 李福堂等摄影
武汉 湖北人民出版社 1987 年 10 张

J0126260

武汉黄鹤楼 （摄影 1988 年年历）彭年生摄影
济南 山东美术出版社 1987 年 1 张
76cm（2 开）定价：CNY0.45

　　作者彭年生（1955— ），美术摄影编辑。生于湖北武汉市，毕业于武汉大学新闻系艺术摄影专业。历任长江文艺出版社副社长，湖北美术出版社副社长，中国摄影家协会会员等职。出版有《思想者——彭年生摄影作品集》《性格肖像——彭年生摄影作品集》等。

J0126261

武夷山天游胜景 （摄影 1988 年年历）

刘荣虎摄影
上海 上海书画出版社 1987 年 1 张
53cm（4 开）定价：CNY0.30

J0126262

西德风光 （摄影 1988 年年历）弓铭摄影
郑州 河南美术出版社 1987 年 1 张
53cm（4 开）定价：CNY0.33

J0126263

西德乡村小景 （摄影 1988 年年历）
钟向东摄影
南京 江苏美术出版社 1987 年 1 张
76cm（2 开）定价：CNY0.65

J0126264

西湖 （汉英对照 一）
杭州 浙江人民出版社 ［1987 年］10 张
定价：CNY1.50

J0126265

西湖小瀛洲 （摄影 1988 年年历）劲草摄影
石家庄 河北美术出版社 1987 年
1 张 53cm（4 开）定价：CNY0.28

J0126266

西湖新十景 （汉英对照）张克庆，张侯权摄影
杭州 西湖摄影艺术出版社 1987 年 10 张
定价：CNY1.20

J0126267

西山名胜 （汉英对照）承南,刘源摄影
昆明 云南人民出版社 ［1987 年］10 张
定价：CNY1.50

J0126268

西岳华山 （摄影 1988 年年历）杨力民摄影
北京 人民美术出版社 1987 年 1 张
53cm（4 开）定价：CNY0.28

J0126269

西椎山 （汉英对照）李伟平等摄影
广州 广东旅游出版社 ［1987 年］10 张
定价：CNY1.60

J0126270
夏　（摄影　1988 年年历）
西安　陕西人民美术出版社 1987 年　1 张
53cm（4 开）定价：CNY0.30

J0126271
夏日西湖　（摄影　1988 年年历）张候权摄影
上海　上海人民美术出版社 1987 年　1 张
76cm（2 开）定价：CNY0.60

J0126272
夏威夷风光　（摄影　1988 年年历）张雅心摄影
重庆　重庆出版社 1987 年　1 张
53cm（4 开）定价：CNY0.30

J0126273
香港澳门　（汉英对照）余培勤等摄影
广州　广东旅游出版社［1987 年］10 张
［18cm］（48 开）定价：CNY1.50

J0126274
香港浅水湾　（摄影　1988 年年历）马名骏摄影
太原　山西人民出版社 1987 年　1 张
53cm（4 开）定价：CNY0.30

J0126275
香凝富贵满园春　（摄影　1988 年年历）
宋士诚摄影
天津　天津人民美术出版社 1987 年　1 张
76cm（2 开）定价：CNY0.45

J0126276
香山秋色　（摄影　1988 年年历）张志明摄影
西安　陕西人民美术出版社 1987 年　1 张
53cm（4 开）定价：CNY0.30

J0126277
湘潭　贺秋云摄影
长沙　湖南美术出版社［1987 年］8 张
15cm（40 开）定价：CNY1.60

J0126278
小青河上　（摄影　1988 年年历）尹春华摄影
福州　福建美术出版社［1987 年］1 张
［76cm］（2 开）定价：CNY0.36

J0126279
秀丽的漓江　（摄影　1988 年年历）陈亚江摄影
石家庄　河北美术出版社 1987 年　1 张
53cm（4 开）定价：CNY0.26

J0126280
雪　（摄影　1988 年年历）娄晓曦摄影
重庆　重庆出版社 1987 年　1 张 53cm（4 开）
定价：CNY0.30

J0126281
雪山　（摄影　1988 年年历）杨庆明摄影
西安　陕西人民美术出版社 1987 年　1 张
53cm（4 开）定价：CNY0.30

J0126282
烟台栖云阁　（摄影　1988 年年历）刘震摄影
天津　天津人民美术出版社 1987 年　1 张
53cm（4 开）定价：CNY0.30

J0126283
烟霞　（摄影　1988 年年历）阿凡摄影
西安　陕西人民美术出版社 1987 年　1 张
76cm（2 开）定价：CNY0.37

J0126284
延安古槐说枣园　（摄影　1988 年年历）
西安　陕西人民美术出版社 1987 年　1 张
76cm（2 开）定价：CNY0.37

J0126285
岩峰奇景　（摄影　1988 年年历）徐中定摄影
上海　上海人民美术出版社 1987 年　1 张
76cm（2 开）定价：CNY0.60

J0126286
扬州风光　（汉英对照）扬州外办供稿
南京　江苏人民出版社 1987 年　10 张
定价：CNY1.50

J0126287
扬州瘦西湖雪霁　（摄影　1988 年年历）
孙化奎摄影
北京　人民美术出版社 1987 年　1 张
53cm（4 开）定价：CNY0.28

J0126288
羊城八景　（汉英对照）麦英能等摄影
广州　广东旅游出版社［1987年］10张
定价：CNY1.30

J0126289
阳朔　（汉、日、英对照）王梧生摄影
北京　外文出版社［1987年］10张
定价：CNY1.70
　　　作者王梧生（1942—　　），高级摄影师。江苏江宁人。中国摄影家协会会员，广西艺术摄影学会副会长，桂林市艺术摄影学会会长，华中理工大学美术摄影研究室副主任，桂林市展览馆馆长。著有《现代风光摄影技巧》《桂林山水摄影集》等；摄影作品有《奇峰红叶》《晓雾船影》《金光冲破水中天》等。

J0126290
阳朔烟云　（摄影　1988年年历）黄文兴摄影
西安　陕西人民美术出版社　1987年　1张
53cm（4开）定价：CNY0.30

J0126291
幽谷洞流溢芬芳　（摄影　1988年年历）
谢新发摄影
长沙　湖南美术出版社　1987年　1张
76cm（2开）定价：CNY0.70

J0126292
幽谷清泉　（摄影　1988年年历）川图摄影
成都　四川省新闻图片社　1987年　1张
76cm（2开）定价：CNY0.55

J0126293
玉泉　（摄影　1988年年历）张玉同摄影
沈阳　辽宁美术出版社　1987年　1张
［78cm］（3开）定价：CNY0.40

J0126294
云南风光　（摄影　1988年年历）王忠家摄影
济南　山东美术出版社　1987年　1张
53cm（4开）定价：CNY0.33

J0126295
栈道最险数华山　（摄影　1988年年历）

西安　陕西人民美术出版社　1987年　1张
76cm（2开）定价：CNY0.37

J0126296
张家界跳鱼潭　（摄影　1988年年历）
谢新发摄影
石家庄　河北美术出版社　1987年　1张
定价：CNY0.38

J0126297
长安飞瀑鲸鱼沟　（摄影　1988年年历）
西安　陕西人民美术出版社　1987年　1张
76cm（2开）定价：CNY0.37

J0126298
长白飞瀑　（摄影　1988年年历）李长捷摄影
北京　人民美术出版社　1987年　1张
53cm（4开）定价：CNY0.28

J0126299
长城　（摄影　1988年年历）肖顺权摄影
北京　人民美术出版社　1987年　1张
［78cm］（3开）定价：CNY0.42

J0126300
长城金秋　（摄影　1988年年历）高强摄影
杭州　西湖摄影艺术出版社　1987年　1张
76cm（2开）定价：CNY0.56

J0128660
长江源　（汉英对照）刘培德摄影
武汉　湖北人民出版社　1987年　10张
定价：CNY1.30

J0126301
镇江金山寺　（摄影　1988年年历）厉英摄影
济南　山东美术出版社　1987年　1张
53cm（4开）定价：CNY0.33

J0126302
中南海　（汉英对照）
北京　北京美术摄影出版社［1987年］10张

J0126303
中南海

北京 北京美术摄影出版社［1988 年］10 张
13cm（60 开）

J0126304
重庆长江大桥 （摄影 1988 年年历）
重庆 重庆出版社 1987 年 1 张 53cm（4 开）
定价：CNY0.30

J0126305
珠海九州城 （摄影 1988 年年历）马名骏摄影
太原 山西人民出版社 1987 年 1 张
53cm（4 开）定价：CNY0.30

J0126306
珠海枇杷苑 （摄影 1988 年年历）牛嵩林摄影
石家庄 河北美术出版社 1987 年 1 张
76cm（2 开）定价：CNY0.38

J0126307
祖国风光 鄂毅等摄影
成都 四川美术出版社［1987 年］10 张
19cm（32 开）定价：CNY1.45

J0126308
1988：北京新貌 （摄影挂历）
北京 北京出版社［1988 年］76cm（2 开）
定价：CNY10.00

J0126309
1988：风光摄影 （挂历）
延吉 延边人民出版社 1988 年 76cm（2 开）
定价：CNY9.30

J0126310
1988：中国十大风景名胜 （摄影挂历）
天津 天津杨柳青画社 1988 年 78cm（3 开）
定价：CNY6.50

J0126311
1989：巴山蜀水 （摄影挂历）
成都 四川人民出版社［1988 年］76cm（2 开）
定价：CNY13.00

J0126312
1989：春之韵 （摄影挂历）

南京 江苏文艺出版社 1988 年 76cm（2 开）
定价：CNY14.00

J0126313
1989：大西北风光 （摄影挂历）
西安 陕西人民美术出版社 1988 年
76cm（2 开）定价：CNY14.50

J0126314
1989：点染江山 （摄影挂历）
天津 天津杨柳青画社 1988 年 76cm（2 开）
定价：CNY11.50

J0126315
1989：东方之珠 （摄影挂历）
长春 吉林美术出版社 1988 年 78cm（3 开）
定价：CNY7.90

J0126316
1989：芳草碧天 （摄影挂历）
福州 福建美术出版社［1988 年］78cm（3 开）
定价：CNY7.80

J0126317
1989：风光 （摄影挂历）
长春 吉林美术出版社［1988 年］76cm（2 开）
定价：CNY11.00

J0126318
1989：风光摄影 （挂历）
石家庄 河北美术出版社 1988 年 78cm（3 开）
定价：CNY8.00

J0126319
1989：风光摄影 （挂历）
西安 陕西旅游出版社 1988 年 76cm（2 开）
定价：CNY10.00

J0126320
1989：风光摄影 （挂历）
昆明 云南人民出版社 1988 年 78cm（3 开）
定价：CNY5.00

J0126321
1989：风景摄影 （挂历）

石家庄　河北美术出版社　1988 年　76cm（2 开）
定价：CNY11.80

J0126322
1989：风景摄影　（挂历）
南京　南京工学院出版社［1988 年］
27cm（20 开）定价：CNY1.70

J0126323
1989：桂林胜境　（摄影挂历）
南宁　广西人民出版社　1988 年　76cm（2 开）
定价：CNY14.00

J0126324
1989：花月春风　（摄影挂历）
杭州　浙江人民美术出版社　1988 年
78cm（3 开）定价：CNY7.40

J0126325
1989：锦绣三秦　（摄影挂历）
西安　陕西人民美术出版社　1988 年
78cm（3 开）定价：CNY8.20

J0126326
1989：锦绣山河　（摄影挂历）
济南　山东美术出版社　1988 年　76cm（2 开）
定价：CNY11.00

J0126327
1989：锦绣中华　（摄影挂历）
北京　中国旅游出版社　1988 年　78cm（3 开）
定价：CNY8.20

J0126328
1989：景观　（摄影挂历）
上海　上海画报出版社［1988 年］76cm（2 开）
定价：CNY13.00

J0126329
1989：揽胜　（摄影挂历）
福州　福建科学技术出版社［1988 年］
76cm（2 开）定价：CNY8.00

J0126330
1989：吕厚民国外风光摄影作品

（挂历）吕厚民摄
南昌　江西人民出版社［1988 年］76cm（2 开）
定价：CNY12.00
　　　作者吕厚民（1928—2015），摄影家。生于黑龙江依兰。曾任中国摄影协会党组书记，中国文联副主席，中华民族文化促进会副主席。代表作品《毛主席和周总理》《周恩来和邓小平在颐和园》等。

J0126331
1989：美哉中华　（摄影挂历）
长沙　湖南美术出版社　1988 年　76cm（2 开）
定价：CNY11.00

J0126332
1989：美哉中华　（摄影挂历）
南京　江苏科学技术出版社　1988 年
76cm（2 开）定价：CNY13.00

J0126333
1989：绮丽风光　（摄影挂历）
天津　天津杨柳青画社　1988 年　76cm（2 开）
定价：CNY11.50

J0126334
1989：秋韵　（摄影挂历）
福州　福建美术出版社［1988 年］78cm（3 开）
定价：CNY7.80

J0128695
1989：山　（风光摄影家何世尧作品选　挂历）
何世尧摄
沈阳　辽宁人民出版社　1988 年　76cm（2 开）
定价：CNY15.00
　　　作者何世尧（1935—　　　），生于浙江永康。摄影家。1952 年入人民画报社学习摄影。后任人民画报社摄影记者。作品有《巍巍长城》《静海晨雾》等，有风光摄影画册《黄龙》。《春雨绵绵》1982 年获第十二届全国摄影艺术展览银牌奖。

J0126335
1989：山川竞秀　（摄影挂历）
南昌　江西人民出版社［1988 年］76cm（2 开）
定价：CNY12.00

J0126336
1989：山川丽秀（摄影挂历）
郑州 河南美术出版社 1988 年 78cm（3 开）
定价：CNY7.50

J0126337
1989：山川云秀（摄影挂历）
天津 天津人民美术出版社 1988 年
78cm（3 开）定价：CNY8.00

J0126338
1989：山河颂（摄影挂历）
长春 吉林人民出版社［1988 年］76cm（2 开）
定价：CNY11.00

J0126339
1989：山河秀（摄影挂历）
长春 吉林美术出版社 1988 年 78cm（3 开）
定价：CNY7.90

J0126340
1989：山水恋（摄影家金铎风光作品选
挂历）金铎摄
沈阳 辽宁人民出版社 1988 年 78cm（3 开）

J0126341
1989：神州揽胜（摄影挂历）
西安 陕西人民美术出版社 1988 年
76cm（2 开）定价：CNY14.50

J0128703
1989：世界风光（摄影挂历）
广州 广东科技出版社 1988 年 76cm（2 开）
定价：CNY14.50

J0126342
1989：世界风光（摄影挂历）
南京 河海大学出版社［1988 年］76cm（2 开）
定价：CNY12.50

J0126343
1989：世界风光（摄影挂历）
南昌 江西科学技术出版社［1988 年］
76cm（2 开）定价：CNY6.80

J0126344
1989：世界风光（摄影挂历）
沈阳 辽宁人民出版社 1988 年 76cm（2 开）
定价：CNY12.00

J0126345
1989：世界风光（摄影挂历）
广州 岭南美术出版社 1988 年 76cm（2 开）

J0126346
1989：世界风光（摄影挂历）
广州 岭南美术出版社 1988 年 76cm（2 开）
定价：CNY13.00

J0126347
1989：世界风光（摄影挂历）
北京 农村读物出版社［1988 年］76cm（2 开）
定价：CNY12.50

J0126348
1989：世界风光（摄影挂历）
太原 山西科学教育出版社 1988 年
76cm（2 开）定价：CNY13.50

J0126349
1989：世界风光（摄影挂历）
上海 上海人民美术出版社 1988 年
76cm（2 开）定价：CNY12.50

J0126350
1989：丝路风光（摄影挂历）
乌鲁木齐 新疆人民出版社 1988 年
76cm（2 开）定价：CNY8.00

J0126351
1989：外国风光（摄影挂历）
石家庄 河北美术出版社 1988 年 53cm（4 开）
定价：CNY6.00

J0126352
1989：无限风光（摄影挂历）
杭州 浙江人民美术出版社 1988 年
76cm（2 开）定价：CNY12.00

J0126353
1989：仙境世界 （摄影挂历）
沈阳 辽宁人民出版社出版社［1988年］
76cm（2开）定价：CNY12.50

J0126354
1989：异国风光 （摄影挂历）
沈阳 辽宁人民出版社［1988年］78cm（3开）
定价：CNY8.00

J0126355
1989：异国风情 （摄影挂历）
沈阳 辽宁人民出版社 1988年 78cm（3开）
定价：CNY8.00

J0126356
1989：云程万里 （摄影挂历）
天津 天津杨柳青画社 1988年 76cm（2开）
定价：CNY11.50

J0126357
1989：中国风光 （摄影挂历）
天津 天津杨柳青画社 1988年 76cm（2开）
定价：CNY11.50

J0126358
1989：中国名胜一百景 （摄影挂历）
杭州 浙江摄影出版社 1988年 78cm（3开）
定价：CNY7.80

J0126359
1989：中国十大名胜 （摄影挂历）
南京 江苏美术出版社 1988年 76cm（2开）
定价：CNY13.00

J0126360
1989：祖国风光 （摄影挂历）
长春 吉林美术出版社［1988年］78cm（3开）
定价：CNY7.90

J0126361
1989：祖国风光 （摄影挂历）
上海 上海人民美术出版社［1988年］
76cm（2开）定价：CNY12.50

J0126362
巴黎拉德芳诗 （摄影 1989年年历）杨力民摄
北京 人民美术出版社 1988年 1张
53cm（4开）定价：CNY0.40

J0126363
北海 （摄影 1989年年历）于云天摄
北京 人民美术出版社 1988年 1张
53cm（4开）定价：CNY0.40

J0126364
北海盛夏 （摄影 1989年年历）田捷民摄影
成都 四川省新闻图片社［1988年］1张
76cm（2开）定价：CNY0.30
　　作者田捷民（1954— ），浙江人。重庆市新
闻图片社主任记者。历任四川省摄影家协会副
主席、中国摄影家协会理事、重庆市文联委员、
重庆市摄影家协会驻会副主席兼秘书长等。代
表作有《影人史进》《重担在肩》《照野皑皑融
雪》等。

J0126365
北京新园林风光 （摄影 1989年年历）刘震摄
天津 天津人民美术出版社 1988年 1张
76cm（2开）定价：CNY0.80

J0126366
承德避暑山庄 （摄影 1989年年历）陈克寅摄
南京 江苏美术出版社 1988年 1张
76cm（2开）定价：CNY0.80

J0128729
初夏 （摄影 1989年年历）豫强摄
杭州 浙江人民美术出版社 1988年 1张
76cm（2开）定价：CNY0.50

J0126367
春 （摄影 1989年农历己巳年年历）木子摄
武汉 湖北美术出版社 1988年 1张
53cm（4开）定价：CNY0.38

J0126368
春 （摄影 1989年年历）徐希摄
北京 人民美术出版社 1988年 1张
53cm（4开）定价：CNY0.40

J0126369
春 （摄影 1989 年年历）张九荣摄
北京 人民美术出版社 1988 年 1 张
53cm（4 开）定价：CNY0.40
　　作者张九荣，画家、摄影家。摄影作品有年画《花卉仕女图》《春》等。

J0126370
春 （摄影 1989 年年历）谭尚忍摄
上海 上海书画出版社 1988 年 1 张
53cm（4 开）定价：CNY0.40

J0126371
春的旋律 （摄影 1989 年农历己巳年年历）
天一摄
武汉 湖北美术出版社 1988 年 1 张
53cm（4 开）定价：CNY0.38

J0126372
春光融融 （摄影 1989 年年历）
南昌 江西人民出版社［1988 年］1 张
76cm（2 开）定价：CNY0.40

J0126373
春江花月夜 （摄影 1989 年年历）晓柳摄
上海 上海人民美术出版社 1988 年 1 张
78cm（3 开）定价：CNY0.55

J0126374
春江花月夜 （摄影 1988 年年历）安安摄
成都 四川省新闻图片社［1988 年］1 张
53cm（4 开）定价：CNY0.28

J0126375
春恋 （摄影 1989 年农历己巳年年历）刘云石摄
武汉 湖北美术出版社 1988 年 1 张
53cm（4 开）定价：CNY0.38

J0126376
春满人间 （摄影 1989 年年历）林海摄
济南 山东美术出版社 1988 年 1 张
53cm（4 开）定价：CNY0.38

J0126377
春曲 （摄影 1989 年农历己巳年年历）

蒋元幅，韩志雅摄
武汉 湖北美术出版社 1988 年 1 张
53cm（4 开）定价：CNY0.38

J0126378
春水飞舟 （摄影 1989 年年历）凌岚摄
广州 岭南美术出版社 1988 年 1 张
53cm（4 开）定价：CNY0.20

J0126379
春水绿波 （摄影 1989 年年历）王万录摄
石家庄 河北美术出版社 1988 年 1 张
53cm（4 开）定价：CNY0.40

J0126380
春天的气息 （摄影 1989 年年历）天鹰摄
南京 江苏美术出版社 1988 年 1 张
76cm（2 开）定价：CNY0.99

J0126381
春艳 （摄影 1989 年年历）伟新摄
南京 江苏美术出版社 1988 年 1 张
76cm（2 开）定价：CNY0.53

J0126382
春意 （摄影 1989 年年历）丁定摄
郑州 河南美术出版社 1988 年 1 张
76cm（2 开）定价：CNY0.47

J0126383
春意盎然 （摄影 1989 年年历）林伟新摄
天津 天津人民美术出版社 1988 年 1 张
53cm（4 开）定价：CNY0.40

J0126384
春意浓 （摄影 1989 年年历）高山摄
重庆 重庆出版社 1988 年 1 张 54cm（4 开）
定价：CNY0.35

J0126385
春雨绵绵 （摄影 1989 年年历）何世尧摄
南京 江苏古籍出版社 1988 年 1 张
76cm（2 开）定价：CNY0.80

J0126386

春韵 （摄影 1989 年年历）郭阿根摄
西安 陕西人民美术出版社 1988 年 1 张
76cm（2 开）定价：CNY0.96

J0126387

大观园 （汉日英对照）北京大观园管理委员
会编
北京 北京美术摄影出版社 ［1988 年］10 张
13cm（60 开）

J0126388

大观园 （摄影 1989 年年历）李长捷摄
北京 人民美术出版社 1988 年 1 张
76cm（2 开）定价：CNY0.54

J0126389

大理观音十塘 （摄影 1989 年年历）高中摄
天津 天津人民美术出版社 1988 年 1 张
53cm（4 开）定价：CNY0.40

J0126390

法国巴黎艾菲尔铁塔风光
（摄影 1989 年年历）鲍加摄
南京 江苏美术出版社 1988 年 1 张
78cm（2 开）定价：CNY0.55

　　作者鲍加（1933— ），一级美术师,擅长油
画。祖籍安徽歙县,生于湖北武汉市。曾在中央
美术学院油画系进修。中国美术家协会常务理
事、中国美术家协会安徽分会主席等。油画作品
有《淮海大捷》《激流》《大漠千里》等。出版有《自
然流韵》《山川情怀》《鲍加画集》等。

J0126391

飞瀑奇观 （摄影 1989 年年历）彭匡摄影
贵阳 贵州美术出版社 ［1988 年］1 张
76cm（2 开）定价：CNY0.96

J0126392

古城流霞 （摄影 1989 年年历）黄继贤摄
西安 陕西人民美术出版社 1988 年 1 张
76cm（2 开）

J0126393

古城长安 （摄影 1989 年年历）黄继贤摄

西安 陕西人民美术出版社 1988 年 1 张
76cm（2 开）定价：CNY0.55

J0126394

广东建设新貌 （汉英对照）何沛行等摄
广州 岭南美术出版社 ［1988 年］10 张
13cm（60 开）

J0126395

广州风光 李伟平等摄
广州 广东旅游出版社 ［1988 年］10 张
13cm（60 开）定价：CNY1.60

J0126396

广州珠江畔 （摄影 1989 年年历）何沛行摄
石家庄 河北美术出版社 1988 年 1 张
53cm（4 开）定价：CNY0.54

J0126397

贵州黄果树瀑布 （摄影 1989 年年历）冬青摄
济南 山东美术出版社 1988 年 1 张
53cm（4 开）定价：CNY0.40

J0126398

桂林风景 （摄影 1989 年年历）张炎摄
天津 天津人民美术出版社 1988 年 1 张
53cm（4 开）定价：CNY0.40

J0126399

桂林伏波山 （摄影 1989 年年历）陈亚江摄
郑州 河南美术出版社 1988 年 1 张
76cm（2 开）定价：CNY0.47

J0126400

桂林梦幻 （汉日英对照）王梧生摄
北京 外文出版社 1988 年 8 张 13cm（60 开）
定价：CNY1.70

　　作者王梧生（1942— ），高级摄影师。江
苏江宁人。中国摄影家协会会员,广西艺术摄影
学会副会长,桂林市艺术摄影学会会长,华中理
工大学美术摄影研究室副主任,桂林市展览馆馆
长。著有《现代风光摄影技巧》《桂林山水摄影
集》等；摄影作品有《奇峰红叶》《晓雾船影》《金
光冲破水中大》等。

J0126401
桂林兴坪 （摄影　1989 年年历）张仁东摄
石家庄　河北美术出版社　1988 年　1 张
53cm（4 开）定价：CNY0.24

J0126402
海滨盛夏 （摄影　1989 年年历）冯炜烈摄
天津　天津人民美术出版社　1988 年　1 张
76cm（2 开）定价：CNY0.80

J0126403
海滨浴场 （摄影　1989 年农历己巳年年历）
张雅心摄
重庆　重庆出版社　1988 年　1 张　53cm（4 开）
定价：CNY0.35

J0126404
海螺沟冰川公园 （汉英对照）金昌平等摄
成都　四川人民出版社　1988 年　10 张　13cm（60 开）

J0126405
海南风光 （摄影　1989 年农历己巳年年历）
天鹰摄
武汉　湖北美术出版社　1988 年　1 张
53cm（4 开）定价：CNY0.38

J0126406
行云流水 （摄影　1989 年年历）晓马摄
杭州　浙江人民美术出版社　1988 年　1 张
53cm（4 开）定价：CNY0.37

J0128770
杭州庭园秋景 （摄影　1989 年年历）尹福康摄
石家庄　河北美术出版社　1988 年　1 张
53cm（4 开）定价：CNY0.54

J0126407
杭州西湖宝俶塔 （摄影　1989 年年历）
陈东林摄
天津　天津人民美术出版社　1988 年　1 张
53cm（4 开）定价：CNY0.55

J0126408
虹消雨霁 （摄影　1989 年年历）彭石根摄
广州　岭南美术出版社　1988 年　1 张

53cm（4 开）定价：CNY0.27

J0126409
湖畔 （摄影　1989 年年历）卢援朝摄
北京　人民美术出版社　1988 年　1 张
53cm（4 开）定价：CNY0.40

J0126410
虎丘春早 （摄影　1989 年年历）陈建行摄
西安　陕西人民美术出版社　1988 年　1 张
53cm（4 开）定价：CNY0.45

J0126411
黄果树大瀑布 （摄影　1989 年年历）邢延生摄
天津　天津人民美术出版社　1988 年　1 张
53cm（4 开）定价：CNY0.40

J0126412
黄果树飞瀑 （摄影　1989 年农历己巳年年历）
陈维援摄
武汉　湖北美术出版社　1988 年　1 张
53cm（4 开）定价：CNY0.38

J0126413
黄果树瀑布 （摄影　1989 年年历）王美德摄
杭州　浙江人民美术出版社　1988 年　1 张
53cm（4 开）定价：CNY0.37

J0126414
黄鹤楼新姿 （摄影　1989 年年历）李朝春摄
武汉　湖北美术出版社　1988 年　1 张
53cm（4 开）定价：CNY0.38

J0126415
黄龙风光 （摄影　1988 年年历）川图摄
成都　四川省新闻图片社［1988 年］1 张
76cm（2 开）定价：CNY0.55

J0126416
黄山风姿 （摄影　1989 年年历）郑维汉摄
长春　吉林美术出版社　1988 年　1 张
76cm（2 开）定价：CNY0.60

J0126417
黄山胜景猴子观海 （摄影　1989 年年历）

杨克林摄
天津 天津人民美术出版社 1988 年 1 张
53cm（4 开）定价：CNY0.40

J0126418
黄山疏篁趣 （摄影 1989 年年历）林伟新摄影
成都 四川省新闻图片社［1988 年］1 张
76cm（2 开）定价：CNY0.70

J0126419
黄山雪霁 （摄影 1989 年年历）谷维恒摄
北京 人民美术出版社 1988 年 1 张
53cm（4 开）定价：CNY0.40

J0126420
黄山烟云 （摄影 1989 年年历）杨银乐摄
西安 陕西人民美术出版社 1988 年 1 张
76cm（2 开）定价：CNY0.96

J0126421
黄山烟云 （摄影 1988 年年历）
成都 四川省新闻图片社［1988 年］1 张
53cm（4 开）定价：CNY0.28

J0126422
黄山云影 （摄影 1989 年年历）
长春 吉林美术出版社 1988 年 1 张
53cm（4 开）定价：CNY0.45

J0126423
黄石 （汉英对照）燕杨等摄
武汉 长江文艺出版社［1988 年］10 张
13cm（60 开）定价：CNY1.50

J0126424
江南春色 （摄影 1989 年年历）杨银乐摄
西安 陕西人民美术出版社 1988 年 1 张
76cm（2 开）定价：CNY0.96

J0126425
江畔 （摄影 1990 年年历）吴寿华,涧南摄影
福州 福建美术出版社［1988 年］1 张
76cm（2 开）定价：CNY0.55

J0126426
金沙滩上 （摄影 1989 年年历）寿华,涧南摄影
福州 福建美术出版社［1988 年］1 张
53cm（4 开）定价：CNY0.40

J0126427
金山塔新荷 （摄影 1989 年年历）胡维标摄
天津 天津人民美术出版社 1988 年 1 张
76cm（2 开）定价：CNY0.55

J0126428
金山亭春色 （摄影 1989 年年历）季增摄
石家庄 河北美术出版社 1988 年 1 张
53cm（4 开）定价：CNY0.24

J0126429
九寨飞瀑 （摄影 1989 年年历）林伟新摄
上海 上海书画出版社 1988 年 1 张
53cm（4 开）定价：CNY0.40

J0126430
九寨情语 （摄影 1989 年年历）陈振戈摄
上海 上海书画出版社 1988 年 1 张
53cm（4 开）定价：CNY0.40

J0126431
娟娟娥眉 （摄影 1988 年年历）张苏妍摄
成都 四川省新闻图片社［1988 年］1 张
53cm（4 开）定价：CNY0.28

J0126432
昆明翠湖公园 （摄影 1989 年年历）小舟摄
石家庄 河北美术出版社 1988 年 1 张
53cm（4 开）定价：CNY0.40

J0126433
昆明大观公园 （摄影 1989 年年历）张玉同摄
沈阳 辽宁美术出版社 1988 年 1 张
53cm（4 开）定价：CNY0.45

J0126434
昆明大观楼 （摄影 1989 年农历己巳年年历）
武汉 湖北美术出版社 1988 年 1 张
53cm（4 开）定价：CNY0.38

J0126435
兰州　李志民等摄
兰州　甘肃画报社　1988年　10张　13cm（60开）
定价：CNY1.70

J0126436
漓江畔　（摄影　1989年年历）李瑞雨摄
天津　天津人民美术出版社　1988年　1张
53cm（4开）定价：CNY0.40

J0126437
漓江秀色　（摄影　1989年年历）杨银乐摄
西安　陕西人民美术出版社　1988年　1张
53cm（4开）定价：CNY0.45

J0126438
联邦德国风光　（摄影　1989年年历）张书永摄
济南　山东美术出版社　1988年　1张
53cm（4开）定价：CNY0.40

J0126439
灵栖洞天　（汉英对照）李文畔等摄
上海　上海人民美术出版社［1988年］8张
13cm（60开）

J0126440
鹿顶迎晖　（摄影　1989年年历）沈治昌摄
上海　上海书画出版社　1988年　1张
53cm（4开）定价：CNY0.40
　　作者沈治昌，摄影家。作品有年历画《电影演员陈剑月》《电影演员殷亭如》《颐和园万寿山》《鹿顶迎晖》等。

J0126441
路南石林　（摄影　1989年年历）牛嵩林摄
石家庄　河北美术出版社　1988年　1张
53cm（4开）定价：CNY0.54

J0126442
伦敦大桥　（摄影　1989年年历）
北京　人民美术出版社　1988年　1张
53cm（4开）定价：CNY0.40

J0126443
绿波碧玉　（摄影　1989年农历己巳年年历）
凌岚摄
广州　岭南美术出版社　1988年　1张
53cm（4开）定价：CNY0.40

J0126444
绿波清流画长安　（摄影　1989年年历）
黄继贤摄
西安　陕西人民美术出版社　1988年　1张
76cm（2开）定价：CNY0.55

J0126445
绿荫晨曲　（摄影　1989年年历）伍力成摄
天津　天津人民美术出版社　1988年　1张
53cm（4开）定价：CNY0.55

J0126446
满园春色　（摄影　1989年年历）杨中俭摄
北京　人民美术出版社　1988年　1张
53cm（4开）定价：CNY0.40

J0126447
满园春色　（摄影　1989年年历）伍力成摄
天津　天津人民美术出版社　1988年　1张
76cm（2开）定价：CNY0.55

J0126448
美国公园之秋　（摄影　1989年年历）钟正训摄
南京　江苏美术出版社　1988年　1张
76cm（2开）定价：CNY0.55

J0126449
莫斯科红场　（摄影　1989年年历）徐希摄
北京　人民美术出版社　1988年　1张
53cm（4开）定价：CNY0.40

J0126450
南国风光　范瑜，刀国华摄
昆明　云南人民出版社　1988年　10张
13cm（60开）定价：CNY1.70

J0126451
瀑布　（摄影　1989年年历）陈卫中摄
南京　江苏美术出版社　1988年　1张
53cm（4开）定价：CNY0.40

J0126452
千幛迭翠 （摄影 1989 年年历）张荧磊摄影
福建 福建美术出版社［1988 年］1 张
76cm（2 开）定价：CNY0.55

J0126453
青龙探海(五针松) （摄影 1989 年年历）
林伟新摄
南宁 广西人民出版社 1988 年 1 张
53cm（4 开）定价：CNY0.44

J0126454
青山秀水 （摄影 1989 年年历）
西安 陕西人民美术出版社［1988 年］1 张
76cm（2 开）

J0126455
清凉山上望延河 （摄影 1989 年年历）
黄继贤摄
西安 陕西人民美术出版社 1988 年 1 张
76cm（2 开）定价：CNY0.96

J0126456
清西陵风光 （汉英对照）刘振武摄
石家庄 河北美术出版社 1988 年 10 张
13cm（60 开）定价：CNY1.30

J0126457
如琴湖晨曦 （摄影 1989 年农历己巳年年历）
张沅生摄
武汉 湖北美术出版社 1988 年 1 张
53cm（4 开）定价：CNY0.38

J0126458
瑞士四州湖 （摄影 1989 年年历）
北京 人民美术出版社 1988 年 1 张
53cm（4 开）定价：CNY0.40

J0126459
瑞雪丰年 （摄影 1989 年年历）张逊三书；
王勇，历英摄
济南 山东美术出版社 1988 年 1 张
76cm（2 开）定价：CNY0.50

J0126460
塞北严冬 （摄影 1989 年年历）丁凤岭摄
北京 人民美术出版社 1988 年 1 张
53cm（4 开）定价：CNY0.40

J0126461
沙滩上 （摄影 1989 年年历）李学峰摄影
福州 福建美术出版社［1988 年］1 张
53cm（4 开）定价：CNY0.40

J0126462
沙滩上 （摄影 1989 年年历）
南京 江苏美术出版社 1988 年 1 张
76cm（2 开）定价：CNY0.43

J0126463
厦门鼓浪屿 （摄影 1989 年年历）王志强摄
石家庄 河北美术出版社 1988 年 1 张
53cm（4 开）定价：CNY0.54

J0126464
山青水秀 （摄影 1989 年年历）陈仁东摄
石家庄 河北美术出版社 1988 年 1 张
53cm（4 开）定价：CNY0.24

J0126465
山舞银蛇 （摄影 1989 年年历）
成都 四川省新闻图片社［1988 年］1 张
76cm（2 开）定价：CNY0.38

J0126466
上海黄浦江畔 （摄影 1989 年年历）唐载清摄
上海 上海书画出版社 1988 年 1 张
53cm（4 开）定价：CNY0.40

J0128831
绍兴东湖 （摄影 1989 年年历）何世尧摄
南京 江苏古籍出版社 1988 年 1 张
76cm（2 开）定价：CNY0.80

J0126467
狮子林 （摄影 1989 年年历）童川摄
石家庄 河北美术出版社 1988 年 1 张
53cm（4 开）定价：CNY0.24

J0126468
世界风光 （二 汉英对照）俞进等摄
杭州 浙江摄影出版社 1988 年 10 张
13cm（60 开）定价：CNY1.50

J0126469
四川乐山栈道 （摄影 1989 年年历）葛立英摄
济南 山东美术出版社 1988 年 1 张
53cm（4 开）定价：CNY0.40

J0126470
苏州园林 （摄影 1989 年年历）冶黄摄
杭州 浙江人民美术出版社 1988 年 1 张
53cm（4 开）定价：CNY0.37

J0126471
苏州拙政园 （摄影 1989 年年历）张玉同摄
沈阳 辽宁美术出版社 1988 年 1 张
53cm（4 开）定价：CNY0.45

J0126472
泰山一角 （摄影 1989 年年历）王世元摄
石家庄 河北美术出版社 1988 年 1 张
53cm（4 开）定价：CNY0.40

J0126473
巍峨长城 （摄影 1989 年年历）牛嵩林摄
天津 天津人民美术出版社 1988 年 1 张
76cm（2 开）定价：CNY0.80

J0126474
武汉黄鹤楼公园 （摄影 1989 年年历）
姜衍波摄
济南 山东美术出版社 1988 年 1 张
53cm（4 开）定价：CNY0.40

J0128840
武陵佛光 （摄影 1989 年年历）史青龙摄
武汉 湖北人民出版社 1988 年 1 张
39cm（8 开）定价：CNY0.20

J0126475
西安华清池 （摄影 1989 年农历己巳年年历）
张华摄
武汉 湖北美术出版社 1988 年 1 张

53cm（4 开）定价：CNY0.36

J0126476
西柏坡 （1948—1988）蔡义鸿等摄
石家庄 河北美术出版社 1988 年 12 张
13cm（60 开）定价：CNY1.80

J0126477
西湖美景 （摄影 1989 年年历）韩志雅摄
武汉 湖北美术出版社 1988 年 1 张
53cm（4 开）定价：CNY0.38

J0126478
西湖小瀛洲 （摄影 1989 年年历）申少斌摄
石家庄 河北美术出版社 1988 年 1 张
53cm（4 开）定价：CNY0.24

J0126479
西湖小瀛洲 （摄影 1989 年农历己巳年年历）
张华摄
武汉 湖北美术出版社 1988 年 1 张
53cm（4 开）定价：CNY0.38

J0126480
西子湖泛舟 （摄影 1989 年农历己巳年年历）
徐俊卿摄
武汉 湖北美术出版社 1988 年 1 张
53cm（4 开）定价：CNY0.38
　　作者徐俊卿，代表作品有《大喜大寿图》《漓江风光》等。

J0126481
下龙风光 （摄影 1989 年年历）李云发摄
石家庄 河北美术出版社 1988 年 1 张
53cm（4 开）定价：CNY0.24

J0126482
夏 （摄影 1989 年年历）
沈阳 辽宁美术出版社 1988 年 1 张
39cm（8 开）定价：CNY0.23

J0126483
夏日 （摄影 1989 年年历）
南京 江苏美术出版社 1988 年 1 张
76cm（2 开）定价：CNY0.55

J0126484
斜阳丽影 （摄影 1989 年农历己巳年年历）
胡祥胜摄
武汉 湖北美术出版社 1988 年 1 张
53cm（4 开）定价：CNY0.38

J0126485
玄武湖 （摄影 1989 年年历）童川摄
石家庄 河北美术出版社 1988 年 1 张
53cm（4 开）定价：CNY0.40

J0126486
玄武湖之春 （摄影 1989 年年历）晓庄摄
西安 陕西人民美术出版社 1988 年 1 张
53cm（4 开）定价：CNY0.45

J0126487
雪树银花烟雨楼 （摄影 1989 年年历）
陈克寅摄
石家庄 河北美术出版社 1988 年 1 张
53cm（4 开）定价：CNY0.40

J0126488
扬州瘦西湖 （摄影 1989 年年历）颜德昌摄
上海 上海书画出版社 1988 年 1 张
53cm（4 开）定价：CNY0.40

J0126489
颐和园 （摄影 1989 年年历）张鸿宝摄
北京 人民美术出版社 1988 年 1 张
53cm（4 开）定价：CNY0.40

J0126490
颐和园 （摄影 1989 年年历）陈振新摄
上海 上海书画出版社 1988 年 1 张
53cm（4 开）定价：CNY0.56
　　作者陈振新(1950—)，江苏南通市人。中
国美术家协会会员，中国民间艺术家协会会员。
任职于人民美术出版社。创作和发表了大量美
术、摄影作品。主要作品有《大家动手，植树栽花，
美化环境》《期望》《林》等。

J0126491
易罗池之春 （摄影 1989 年年历）张玉同摄
沈阳 辽宁美术出版社 1988 年 1 张
53cm（4 开）定价：CNY0.45

J0126492
雨露阳光 （摄影 1989 年农历己巳年年历）
广州 岭南美术出版社 1988 年 1 张
53cm（4 开）定价：CNY0.40

J0126493
玉泉秋色 （摄影 1989 年年历）申少斌摄
石家庄 河北美术出版社 1988 年 1 张
53cm（4 开）定价：CNY0.24

J0126494
郁郁青峰 （摄影 1989 年年历）
长春 吉林美术出版社 1988 年 1 张
53cm（4 开）定价：CNY0.45

J0126495
月到风来亭 （摄影 1989 年年历）张玉同摄
沈阳 辽宁美术出版社 1988 年 1 张
53cm（4 开）定价：CNY0.45

J0126496
云南滇池之滨 （摄影 1989 年年历）牛嵩林摄
石家庄 河北美术出版社 1988 年 1 张
53cm（4 开）定价：CNY0.54

J0126497
张家界风光 （摄影 1989 年年历）何世尧摄
南京 江苏古籍出版社 1988 年 1 张
76cm（2 开）定价：CNY0.80

J0126498
长白秋色 （摄影 1989 年年历）刘鹏摄
长春 吉林美术出版社 1988 年 1 张
53cm（4 开）定价：CNY0.45

J0126499
长江三峡 （摄影 1989 年年历）徐震时摄
南京 江苏美术出版社 1988 年 1 张
76cm（2 开）定价：CNY0.80

J0126500
珍珠滩大瀑布 （摄影 1989 年年历）尹维生摄
北京 人民美术出版社 1988 年 1 张

53cm（4 开）定价：CNY0.40

J0126501
中国石林 （大石林 汉英日对照）
石林风景区管理委员会编；杨新民摄
昆明 云南民族出版社 ［1988 年］6 张
13cm（60 开）定价：CNY1.40
（系列明信片 1）

J0126502
中国石林 （乃古石林 汉英日对照）
石林风景区管理委员会编；杨新民摄
昆明 云南民族出版社 ［1988 年］6 张
13cm（60 开）定价：CNY1.40
（系列明信片 3）

J0126503
中国石林 （小石林 汉英日对照）
石林风景区管理委员会编；杨新民摄
昆明 云南民族出版社 ［1988 年］6 张
13cm（60 开）定价：CNY1.40
（系列明信片 2）

J0126504
珠海拱北 （摄影 1989 年农历己巳年年历）
崔汉平,何沛行摄
广州 岭南美术出版社 1988 年 1 张
53cm（4 开）定价：CNY0.40

J0126505
1990：彩云 （摄影挂历）
上海 上海人民美术出版社 ［1989 年］
78cm（3 开）定价：CNY10.20

J0126506
1990：春和景明 （摄影挂历）
天津 天津杨柳青画社 1989 年 76cm（2 开）
定价：CNY16.00

J0126507
1990：春华 （摄影挂历）
南京 江苏人民出版社 1989 年 78cm（3 开）
定价：CNY10.00

J0126508
1990：春色满园 （摄影挂历）
上海 上海书画出版社 1989 年 76cm（2 开）
定价：CNY16.30

J0126509
1990：春馨 （摄影挂历）
哈尔滨 黑龙江美术出版社 1989 年
76cm（2 开）定价：CNY16.50

J0126510
1990：春韵 （摄影挂历）
西安 陕西人民美术出版社 ［1989 年］
78cm（3 开）定价：CNY11.50

J0126511
1990：春之歌 （摄影挂历）
沈阳 辽宁美术出版社 1989 年 78cm（3 开）
定价：CNY11.80

J0126512
1990：风光 （摄影挂历）
西安 陕西人民美术出版社 ［1989 年］
107cm（全开）定价：CNY17.50

J0126513
1990：风光好 （摄影挂历）
武汉 长江文艺出版社 1989 年 76cm（2 开）
定价：CNY15.50

J0126514
1990：风光摄影 （挂历）
西安 三秦出版社 1989 年 76cm（2 开）
定价：CNY15.00

J0126515
1990：风景独好 （摄影挂历）
兰州 甘肃人民出版社 1989 年 76cm（2 开）
定价：CNY16.00

J0126516
1990：风景摄影 （挂历）
拉萨 西藏人民出版社 1989 年 78cm（3 开）
定价：CNY9.50

J0126517
1990：风景这边独好 （摄影挂历）
武汉　长江文艺出版社　1989 年　76cm（2 开）
定价：CNY14.00

J0126518
1990：海风 （摄影挂历）
南京　江苏美术出版社　1989 年　78cm（3 开）
定价：CNY9.80

J0126519
1990：海风 （摄影挂历）
沈阳　辽宁美术出版社　1989 年　76cm（2 开）
定价：CNY15.80

J0126520
1990：海外风光 （摄影挂历）
北京　中国电影出版社［1989 年］78cm（3 开）
定价：CNY12.00

J0126521
1990：湖畔情趣 （摄影挂历）
石家庄　河北美术出版社　1989 年　76cm（2 开）
定价：CNY17.30

J0126522
1990：华夏风采 （摄影挂历）
石家庄　河北美术出版社　1989 年　76cm（2 开）
定价：CNY17.30

J0126523
1990：华夏胜境月历 （摄影挂历）
上海　上海人民美术出版社［1989 年］
78cm（3 开）定价：CNY10.20

J0126524
1990：画情诗意 （摄影挂历）
石家庄　河北美术出版社　1989 年　78cm（3 开）
定价：CNY9.90

J0126525
1990：江山多娇 （摄影挂历）
西安　陕西人民美术出版社［1989 年］
76cm（2 开）定价：CNY16.50

J0126526
1990：江山秀丽 （摄影挂历）
天津　天津杨柳青画社　1989 年　76cm（2 开）
定价：CNY16.00

J0126527
1990：锦绣山河 （摄影挂历）
长春　吉林美术出版社　1989 年　76cm（2 开）
定价：CNY15.80

J0126528
1990：锦绣中华 （摄影挂历）
长春　吉林人民出版社［1989 年］76cm（2 开）
定价：CNY15.50

J0126529
1990：京华美 （摄影挂历）
北京　北京美术摄影出版社　1989 年
76cm（2 开）定价：CNY16.00

J0126530
1990：满园春色 （摄影挂历）
天津　天津杨柳青画社　1989 年　76cm（2 开）
定价：CNY16.00

J0126531
1990：美景如画 （摄影挂历）
西安　陕西人民美术出版社［1989 年］
78cm（3 开）定价：CNY11.50

J0126532
1990：名山大川 （摄影挂历）
成都　四川人民出版社［1989 年］76cm（2 开）
定价：CNY16.50

J0126533
1990：齐山秀水甲天下 （摄影挂历）
桂林　广西师范大学出版社　1989 年　76cm（2 开）
定价：CNY16.50

J0126534
1990：人间仙境 （摄影挂历）
长沙　湖南美术出版社　1989 年　76cm（2 开）
定价：CNY15.00

J0126535
1990：山光水秀 （摄影挂历）
长春 吉林美术出版社 1989 年 76cm（2 开）
定价：CNY13.50

J0126536
1990：山明水秀 （摄影挂历）
南京 江苏人民出版社 1989 年 78cm（3 开）
定价：CNY10.00

J0126537
1990：山明水秀 （摄影挂历）
上海 上海人民美术出版社［1989 年］
76cm（2 开）定价：CNY16.00

J0126538
1990：四季如意 （摄影挂历）
杭州 西泠印社 1989 年 78cm（3 开）
定价：CNY10.20

J0126539
1990：天堂秀色 （摄影挂历）
杭州 浙江人民美术出版社［1989 年］
76cm（2 开）定价：CNY17.50

J0126540
1990：中国风光 （摄影挂历）
广州 岭南美术出版社［1989 年］76cm（2 开）
定价：CNY16.00

J0126541
1990：中国七大古都 （摄影挂历）
石家庄 河北美术出版社 1989 年 76cm（2 开）
定价：CNY22.00

J0126542
1990：中华揽胜 （摄影挂历）
杭州 浙江摄影出版社 1989 年 76cm（2 开）
定价：CNY15.40

J0126543
1990：中外风光精粹 （摄影挂历）
济南 山东友谊书社 1989 年 76cm（2 开）
定价：CNY15.50

J0126544
白龙洞 （摄影 1990 年年历）
昆明 云南民族出版社［1989 年］1 张
53cm（4 开）定价：CNY1.00

J0126545
草原情 （摄影 1990 年年历）高原摄影
杭州 浙江摄影出版社 1989 年 1 张
53cm（4 开）定价：CNY0.50

J0126546
朝鲜乡村风光 （摄影 1990 年年历）
上海 上海书画出版社 1989 年 1 张
76cm（2 开）定价：CNY1.30

J0126547
晨曦 （摄影 1990 年年历）
广州 岭南美术出版社 1989 年 1 张
38cm（6 开）定价：CNY0.28

J0126548
池畔 （摄影 1990 农历庚午年年历）邵黎阳摄影
天津 天津人民美术出版社 1989 年 1 张
53cm（4 开）定价：CNY0.50

J0126549
初春 （摄影 1990 年农历庚午年年历）任涵之
摄影
西安 陕西人民美术出版社 1989 年 1 张
53cm（4 开）定价：CNY0.55

J0126550
初夏 （摄影 1990 年年历）谢新发摄影
天津 天津人民美术出版社 1989 年 1 张
76cm（2 开）定价：CNY0.75

J0128917
春 （摄影 1989 年年历）吕大千摄影
福州 福建美术出版社［1989 年］1 张
53cm（4 开）定价：CNY0.40

J0126551
春 （摄影 1990 年年历）（日）入江泰吉摄影
兰州 甘肃人民出版社 1989 年 1 张
53cm（4 开）定价：CNY0.47

J0126552

春 （摄影 1990 年年历）

长沙 湖南美术出版社 1989 年 1 张

76cm（2 开）定价：CNY0.90

J0126553

春 （摄影 1990 年农历庚午年年历）吉先敏摄影

天津 天津人民美术出版社 1989 年 1 张

53cm（4 开）定价：CNY0.50

J0126554

春、夏、秋、冬 （摄影 1990 年年历）夏青摄影

上海 上海人民美术出版社［1989 年］4 张

76cm（2 开）定价：CNY5.20

J0126555

春城新姿 （摄影 1990 年年历）杨中俭摄影

石家庄 河北美术出版社 1989 年 1 张

76cm（2 开）定价：CNY0.90

J0126556

春华 （摄影 1990 年农历庚午年年历）常春摄影

北京 人民美术出版社 1989 年 1 张

53cm（4 开）定价：CNY0.50

　　作者常春(1933—　　)，河北阜城人。原名李凤楼。先后任《解放日报》记者、上海人美社编辑室主任等职，并兼任《摄影家》杂志主编。中国摄协上海分会会员。主要作品有《出击》《横跨激流》《上工》等。

J0126557

春华 （摄影 1990 年农历庚午年年历）常青摄影

天津 天津人民美术出版社 1989 年 1 张

53cm（4 开）定价：CNY0.50

J0126558

春天 （摄影 1990 年农历庚午年年历）

杨银乐摄影

西安 陕西人民美术出版社 1989 年 1 张

53cm（4 开）定价：CNY0.55

J0126559

春晓 （摄影 1990 年农历庚午年年历）鄂毅摄影

天津 天津人民美术出版社 1989 年 1 张

76cm（2 开）定价：CNY0.75

J0126560

春意盎然 （摄影 1989 年年历）杨克林摄影

成都 四川省新闻图片社［1989 年］1 张

76cm（2 开）定价：CNY0.45

J0126561

春之曲 （摄影 1990 年年历）韩志雅，朱永炜摄影

杭州 浙江摄影出版社 1989 年 1 张

53cm（4 开）定价：CNY0.50

J0126562

翠湖情 （摄影 1990 年农历庚午年年历）

马元浩摄影

福州 福建美术出版社 1989 年 1 张

53cm（4 开）定价：CNY0.45

J0126563

大洋洲塔西提岛 （摄影 1990 年年历）

上海 上海书画出版社 1989 年 1 张

76cm（2 开）定价：CNY1.30

J0126564

丹枫迎秋 （摄影 1990 年年历）

李兆欣，李宁摄影

南京 江苏美术出版社 1989 年 1 张

76cm（2 开）定价：CNY0.80

J0126565

冬 （摄影 1990 年农历庚午年年历）何兆欣摄影

武汉 长江文艺出版社 1989 年 1 张

76cm（2 开）定价：CNY1.00

J0126566

法国圣伊坦尼雪景

（摄影 1990 年农历庚午年年历）

北京 人民美术出版社 1989 年 1 张

76cm（2 开）定价：CNY1.00

J0126567

法兰克福之晨 （摄影 1990 年年历）

李宝义摄影

沈阳 辽宁美术出版社 1989 年 1 张

53cm（4 开）定价：CNY0.55

J0126568
帆 （摄影 1990 年年历）
上海 上海人民美术出版社 1989 年 1 张
53cm（4 开）定价：CNY0.35

J0126569
飞流直下 （摄影 1990 农历庚午年年历）
孔艺摄影
武汉 湖北美术出版社 1989 年 1 张
76cm（2 开）定价：CNY1.10

J0126570
鼓浪屿之春 （摄影 1990 年年历）叶天荣摄影
上海 上海书画出版社 1989 年 1 张
53cm（4 开）定价：CNY0.75
　　作者叶天荣，擅长摄影。主要作品有《杭州
云溪》《巾帼英雄》《鼓浪屿之春》等。

J0126571
广州草暖园 （摄影 1990 年年历）牛嵩林摄影
重庆 重庆出版社 1989 年 1 张 53cm（4 开）
定价：CNY0.45

J0126572
贵德风光 贾洪，朱枫摄影
西宁 青海人民出版社 1989 年 10 张
15cm（40 开）定价：CNY2.00

J0126573
海 （摄影 1990 年年历）
杭州 浙江摄影出版社 1989 年 1 张
76cm（2 开）定价：CNY1.00

J0126574
海边 （摄影 1990 年年历）尹春华摄影
西安 陕西人民美术出版社 1989 年 1 张
76cm（2 开）定价：CNY0.96

J0126575
海滨留影 （摄影 1990 年年历）
南京 江苏美术出版社 1989 年 1 张
76cm（2 开）定价：CNY1.05

J0126576
海滨之夏 （摄影 1990 年年历）

福州 福建美术出版社 1989 年 1 张
53cm（4 开）定价：CNY0.45

J0126577
海风 （摄影 1990 年年历）
福州 福建美术出版社［1989 年］1 张
76cm（2 开）定价：CNY0.65

J0126578
海风 （摄影 1990 年年历）
长沙 湖南美术出版社 1989 年 1 张
76cm（2 开）定价：CNY0.90

J0126579
海港风光 （摄影 1990 年农历庚午年年历）
西安 陕西人民美术出版社 1989 年 1 张
53cm（4 开）定价：CNY0.55

J0126580
海滩 （摄影 1990 年农历庚午年年历）刘欣摄影
天津 天津人民美术出版社 1989 年 1 张
76cm（2 开）定价：CNY0.75

J0126581
海滩情影 （摄影 1990 年年历）
长沙 湖南美术出版社 1989 年 1 张
76cm（2 开）定价：CNY0.90

J0126582
海滩上 （摄影 1990 年年历）
福州 福建美术出版社［1989 年］1 张
76cm（2 开）定价：CNY0.65

J0126583
海霞 （摄影 1990 年年历）天鹰摄影
杭州 浙江人民美术出版社 1989 年 1 张
76cm（2 开）定价：CNY1.15

J0126584
海浴 （摄影 1990 年农历庚午年年历）
周俊彦摄影
武汉 长江文艺出版社 1989 年 1 张
76cm（2 开）定价：CNY0.90

J0126585
杭州保俶塔 （摄影 1990 年农历庚午年年历）
陈东林摄影
天津 天津人民美术出版社 1989 年 1 张
53cm（4 开）定价：CNY0.50

J0126586
航海去 （摄影 1990 年年历）夏文字摄影
天津 天津人民美术出版社 1989 年 1 张
76cm（2 开）定价：CNY1.00

J0126587
湖中波影 （摄影 1990 年农历庚午年年历）
张董芬摄影
西安 陕西人民美术出版社 1989 年 1 张
76cm（2 开）定价：CNY1.05

J0126588
花港仲夏 （摄影 1990 年年历）豫强摄影
杭州 浙江人民美术出版社 1989 年 1 张
76cm（2 开）定价：CNY0.80

J0126589
华清池 （摄影 1990 年年历）赵绍波摄影
太原 山西人民出版社 1989 年 1 张
76cm（2 开）定价：CNY1.10

J0126590
华夏胜景 （摄影 1990 年年历）
上海 上海人民美术出版社 1989 年 4 张
76cm（2 开）定价：CNY3.00

J0126591
黄山石猴观海 （摄影 1990 年年历）田京摄影
天津 天津人民美术出版社 1989 年 1 张
76cm（2 开）定价：CNY1.00

J0126592
江西三青山 （摄影 1990 年农历庚午年年历）
鄂毅摄影
西安 陕西人民美术出版社 1989 年 1 张
76cm（2 开）定价：CNY0.75

J0126593
郊外 （摄影 1989 年年历）刘京成摄影

福州 福建美术出版社 ［1989 年］1 张
53cm（4 开）定价：CNY0.40

J0126594
金秋 （摄影 1990 年农历庚午年年历）
胡维标摄影
天津 天津人民美术出版社 1989 年 1 张
76cm（2 开）定价：CNY0.75
　　作者胡维标(1939—　　)，著名风光摄影家。江苏镇江市人。毕业于中国人民解放军防化学兵工程指挥学院新闻系。中国摄影家协会会员。摄影作品以旅游风光、古今建筑、文物为主。主要作品有《长城风光》《北京风光荟萃》《故宫》《天安门》。

J0126595
金山岭长城 （摄影 1990 年农历庚午年年历）
胡维标摄影
天津 天津人民美术出版社 1989 年 1 张
53cm（4 开）定价：CNY0.50

J0126596
九曲风光 （摄影 1989 年年历）吴保光摄影
福建 福建美术出版社 ［1989 年］1 张
76cm（2 开）定价：CNY0.55

J0126597
九寨沟情思 （摄影 1990 年农历庚午年年历）
王富第摄影
石家庄 河北美术出版社 1989 年 1 张
53cm（4 开）定价：CNY0.45

J0126598
九寨沟之冬 （摄影 1990 年年历）高英熙摄影
重庆 重庆出版社 1989 年 1 张 53cm（4 开）
定价：CNY0.45

J0126599
九寨沟之行 （摄影 1990 年农历庚午年年历）
牛犇东摄影
石家庄 河北美术出版社 1989 年 1 张
53cm（4 开）定价：CNY0.45

J0126600
绝顶人来少 （摄影 1990 年农历庚午年年历）

宋刚明摄影
武汉 湖北美术出版社 1989 年 1 张
53cm（4 开）定价：CNY0.45

J0126601
漓江黄布风光 （摄影 1990 年年历）
陈亚江摄影
石家庄 河北美术出版社 1989 年 1 张
53cm（4 开）定价：CNY0.45
　　作者陈亚江（1931—　），广西灵川人。曾任
中国摄影家协会常务理事、副主席，广西文联委
员，桂林市摄影协会主席，桂林市职工摄影协会
名誉主席。主要作品有《漓江晨景》《阳江晓雾》
《春到漓江》等。

J0126602
漓江渔舟 （摄影 1989 年年历）田捷民摄影
成都 四川省新闻图片社［1989 年］1 张
76cm（2 开）定价：CNY0.70
　　作者田捷民（1954—　），浙江人。重庆市新
闻图片社主任记者。历任四川省摄影家协会副
主席、中国摄影家协会理事、重庆市文联委员、
重庆市摄影家协会驻会副主席兼秘书长等。代
表作有《影人史进》《重担在肩》《照野皑皑融
雪》等。

J0126603
漓江之晨 （摄影 1990 年年历）王守平摄影
西安 陕西人民美术出版社 1989 年 1 张
76cm（2 开）定价：CNY0.75

J0126604
蠡湖之春
（摄影 1990 年农历庚午年年历）杨银乐摄影
西安 陕西人民美术出版社 1989 年 1 张
76cm（2 开）定价：CNY0.75

J0126605
丽日 （摄影 1990 年年历）谭尚忍摄影
广州 岭南美术出版社 1989 年 1 张
53cm（4 开）定价：CNY0.36

J0126606
龙宫漫游 （摄影 1990 年年历）张刘摄影
重庆 1989 年 1 张 53cm（4 开）定价：CNY0.45

J0126607
绿茵春煦 （摄影 1990 年年历）刘世昭摄影
天津 天津人民美术出版社 1989 年 1 张
53cm（4 开）定价：CNY0.50

J0126608
美国韦斯特福特 （摄影 1990 年年历）
上海 上海书画出版社 1989 年 1 张
76cm（2 开）定价：CNY1.30

J0126609
美国亚特兰大之夜 （摄影 1990 年年历）
爱德华·希姆士摄影
南京 江苏美术出版社 1989 年 1 张
76cm（2 开）定价：CNY1.05

J0126610
美丽的桂林 （汉、日、英对照）莫文兴等摄
南宁 广西人民出版社 1989 年 10 张
15cm（40 开）定价：CNY2.00

J0126611
南国古榕 （摄影 1990 年年历）王滇云摄影
重庆 重庆出版社 1989 年 1 张 38cm（6 开）
定价：CNY0.25

J0126612
南国情 （摄影 1990 年年历 一）
晔石，林伟新摄影
上海 上海书画出版社 1989 年 1 张
53cm（4 开）定价：CNY0.50
　　作者晔石，擅长摄影。主要作品有《南海姑
娘》《南国情》《四季山水》等。

J0126613
南国情 （摄影 1990 年年历 二）晔石，
林伟新摄影
上海 上海书画出版社 1989 年 1 张
53cm（4 开）定价：CNY0.50

J0126614
南国情 （摄影 1990 年年历 三）晔石，
林伟新摄影
上海 上海书画出版社 1989 年 1 张
53cm（4 开）定价：CNY0.50

J0126615
南国情 （摄影 1990 年年历 四）晔石，
林伟新摄影
上海 上海书画出版社 1989 年 1 张
53cm（4 开）定价：CNY0.50

J0126616
南海夕照 （摄影 1990 年年历）王秉龙摄影
天津 天津人民美术出版社 1989 年 1 张
76cm（2 开）定价：CNY0.75

J0126617
蓬莱仙境 （摄影 1990 年年历）李静波摄影
沈阳 辽宁画报社 1989 年 1 张 53cm（4 开）
定价：CNY0.55

J0126618
七里香
杭州 浙江摄影出版社［1989 年］10 张
15cm（40 开）定价：CNY2.70

J0126619
秦淮风光　童天立摄
南京 南京出版社 1989 年 10 张 15cm（40 开）

J0126620
青岛海滨 （摄影 1990 年年历）耿涛摄影
天津 天津人民美术出版社 1989 年 1 张
53cm（4 开）定价：CNY0.50

J0126621
秋 （摄影 1990 年农历庚午年年历）
北京 人民美术出版社 1989 年 1 张
53cm（4 开）定价：CNY0.50

J0126622
日本山村风光 （摄影 1990 年年历）
上海 上海书画出版社 1989 年 1 张
76cm（2 开）定价：CNY1.30

J0126623
瑞士秋色 （摄影 1990 年年历）
上海 上海书画出版社 1989 年 1 张
76cm（2 开）定价：CNY1.30

J0126624
瑞雪 （摄影 1990 年农历庚午年年历）
陈东林摄影
天津 天津人民美术出版社 1989 年 1 张
76cm（2 开）定价：CNY0.75
　　作者陈东林(1947—　　)，安徽人。中国摄影
家协会会员。主要摄影作品有《茶馆》《元宵节》
《茶香迎远客》等。

J0126625
厦门菽庄园之夏 （摄影 1990 年年历）
牛嵩林摄影
石家庄 河北美术出版社 1989 年 1 张
53cm（4 开）定价：CNY0.45

J0126626
山谷秋色 （摄影 1990 年年历）
南京 江苏美术出版社 1989 年 1 张
76cm（2 开）定价：CNY1.05

J0126627
山河秀色 （摄影 1990 年农历庚午年年历）
武汉 湖北少年儿童出版社 1989 年 7 张
76cm（2 开）定价：CNY10.80

J0126628
山间小道 （摄影 1990 年年历）
南京 江苏美术出版社 1989 年 1 张
76cm（2 开）定价：CNY1.05

J0126629
深圳风光 （摄影 1990 年农历庚午年年历）
黄慕超摄影
武汉 湖北美术出版社 1989 年 1 张
53cm（4 开）定价：CNY0.45

J0126630
石林风光 （摄影 1990 年农历庚午年年历）
公益摄影
武汉 长江文艺出版社 1989 年 1 张
53cm（4 开）定价：CNY0.45

J0126631
世界风光：英国、奥地利　刘合心摄影
西安 陕西人民美术出版社［1989 年］

8 张　15cm（40 开）定价：CNY1.90

J0126632
世界风情 （摄影　1990 年年历）康志荣摄影
上海　上海人民美术出版社　1989 年　1 张
53cm（4 开）定价：CNY0.50

J0126633
树林中 （摄影　1990 年农历庚午午年历）
福州　鹭江出版社［1989 年］1 张　76cm（2 开）
定价：CNY0.65

J0126634
树荫 （摄影　1990 年年历）谢新发摄影
南京　江苏美术出版社　1989 年　1 张
53cm（4 开）定价：CNY0.53

J0126635
树正瀑布 （摄影　1990 年农历庚午年年历）
刘世昭摄影
石家庄　河北美术出版社　1989 年　1 张
53cm（4 开）定价：CNY0.45

J0126636
水之情 朱延明，牛俊国摄影
兰州　甘肃人民出版社［1989 年］8 张
15cm（40 开）定价：CNY2.00

J0126637
天平山秋色 （摄影　1990 年年历）叶天荣摄影
上海　上海书画出版社　1989 年　1 张
53cm（4 开）定价：CNY0.75
　　作者叶天荣，擅长摄影。主要作品有《杭州
云溪》《巾帼英雄》《鼓浪屿之春》等。

J0126638
武陵天子山 （摄影　1990 年年历）胡维标摄影
重庆　重庆出版社　1989 年　1 张　76cm（2 开）
定价：CNY0.70

J0126639
西德风光 （摄影　1990 年年历）
南京　江苏美术出版社　1989 年　1 张
76cm（2 开）定价：CNY1.05

J0126640
西河边上 （摄影　1989 年年历）
吴寿华，涧南摄影
福州　福建美术出版社［1989 年］1 张
76cm（2 开）定价：CNY0.55

J0126641
西湖之春 （摄影　1990 年年历）陈春轩摄影
天津　天津人民美术出版社　1989 年　1 张
76cm（2 开）定价：CNY1.00

J0126642
溪水 （摄影　1990 年年历）
南京　江苏美术出版社　1989 年　1 张
76cm（2 开）定价：CNY1.05

J0126643
夏日 （摄影　1990 年年历）
重庆　重庆出版社　1989 年　1 张　54cm（4 开）
定价：CNY0.45

J0126644
夏日滨海 （摄影　1990 年年历）
重庆　重庆出版社　1989 年　1 张　54cm（4 开）
定价：CNY0.45

J0126645
小桥、流水、人家
（摄影　1990 年农历庚午年年历）黄乐摄影
天津　天津人民美术出版社　1989 年　1 张
76cm（2 开）定价：CNY0.75

J0126646
小溪秋色 （摄影　1991 年年历）大光摄影
沈阳　辽宁美术出版社　1989 年　1 张
53cm（4 开）定价：CNY0.55

J0126647
宣良九乡风光 （摄影　1990 年年历）
周思福，郑祖英摄影
昆明　云南民族出版社［1989 年］1 张
53cm（4 开）定价：CNY0.90

J0126648
雪情 （摄影　1990 年年历）

南京　江苏人民出版社　1989 年　1 张
76cm（2 开）定价：CNY1.00

J0126649
雁荡山　（汉英对照）谢军等摄
杭州　浙江摄影出版社［1989 年］8 张
15cm（40 开）定价：CNY1.80

J0126650
阳朔书童山　（摄影　1990 年年历）田京摄影
天津　天津人民美术出版社　1989 年　1 张
76cm（2 开）定价：CNY1.00

J0126651
阳朔之夏　（摄影　1990 年年历）房勇摄影
沈阳　辽宁画报社　1989 年　1 张　53cm（4 开）
定价：CNY0.55

J0126652
颐和园冬雪　（摄影　1990 年农历庚午年年历）
江汀摄影
北京　人民美术出版社　1989 年　1 张
53cm（4 开）定价：CNY0.50

J0126653
幽谷清泉　（摄影　1990 年农历庚午年年历）
国人摄影
西安　陕西人民美术出版社　1989 年　1 张
76cm（2 开）定价：CNY0.75

J0126654
云南石林　（摄影　1989 年年历）笪建华摄影
成都　四川省新闻图片社［1989 年］1 张
53cm（4 开）定价：CNY0.32

J0126655
张家界山水　（摄影　1990 年农历庚午年年历）
杨中俭摄影
石家庄　河北美术出版社　1989 年　1 张
76cm（2 开）定价：CNY0.65

J0126656
长城颂　（摄影　1989 年年历）乔天富摄影
成都　四川省新闻图片社　1989 年　1 张
53cm（4 开）定价：CNY0.35

作者乔天富（1954—　），高级记者，四川绵
竹市人。历任解放军报高级记者，中国摄影家协
会理事，中国新闻摄影学会常务理事。代表作品
《中国人民解放军驻香港部队》《大阅兵》《军中
姐妹》。

J0126657
长江三峡　（汉、英、日、俄对照）
沈延太摄；廖频编
北京　外文出版社　1989 年　8 张　15cm（40 开）
定价：CNY1.60

J0126658
珠海九洲城　（摄影　1990 年年历）牛嵩林摄影
重庆　重庆出版社　1989 年　1 张　53cm（4 开）
定价：CNY0.45

J0126659
珠海新貌　（摄影　1990 年年历）牛奔东摄影
杭州　浙江摄影出版社　1989 年　1 张
76cm（2 开）定价：CNY1.00

J0126660
竹乡　（摄影　1990 年农历庚午年年历）
牟航远摄影
北京　人民美术出版社　1989 年　1 张
53cm（4 开）定价：CNY0.50

J0126661
［1991 年画中游］　（摄影挂历　中国风光）
昆明　云南人民出版社　1990 年　76cm（2 开）
定价：CNY17.50

J0129029
1991 :《光与影》艺术　（风光摄影：挂历）
南京　外文出版社　1990 年　53cm（4 开）
定价：CNY12.00

J0126662
1991 : 碧水秀川　（挂历）卞志武等摄
天津　天津杨柳青画社　1990 年　76cm（2 开）
作者卞志武，摄影家。擅长风光摄影、纪实
摄影和建筑摄影。专注拍摄中国西部壮美的高
原风光、名寺古刹和独特的宗教文化。

J0126663
1991：城市之光 （摄影挂历）
长沙 湖南美术出版社 1990 年 76cm（2 开）
定价：CNY15.00

J0126664
1991：春 （摄影挂历）
沈阳 辽宁美术出版社 1990 年 76cm（2 开）
定价：CNY14.50

J0126665
1991：大地诗 （风光摄影挂历）志武等摄
杭州 浙江人民美术出版社 1990 年
76cm（2 开）定价：CNY16.00

J0126666
1991：都市博揽 （摄影挂历）
昆明 云南人民出版社 1990 年 76cm（2 开）
定价：CNY20.50

J0126667
1991：都市风光 （摄影挂历）
上海 上海人民美术出版社 1990 年
76cm（2 开）定价：CNY17.50

J0126668
1991：风光 （摄影挂历）侯贺良摄
济南 山东友谊书社 1990 年 76cm（2 开）
定价：CNY17.80

J0126669
1991：风光荟萃 （摄影挂历）辽宁画报社编
沈阳 辽宁美术出版社 1990 年 76cm（2 开）
定价：CNY16.50

J0126670
1991：风光无限 （摄影挂历）赵绍波等摄
太原 山西人民出版社 1990 年 定价：CNY19.00

J0126671
1991：风光宜人 （摄影挂历）胡长水编
济南 山东美术出版社 1990 年 76cm（2 开）
定价：CNY16.50

J0126672
1991：恭贺新禧 （风景摄影挂历）
广州 岭南美术出版社 1990 年 76cm（2 开）
定价：CNY16.00

J0126673
1991：恭贺新禧 （中国风光摄影挂历）
广州 岭南美术出版社 1990 年 76cm（2 开）
定价：CNY16.00

J0126674
1991：恭贺新禧 （风光摄影挂历）
杭州 浙江摄影出版社 1990 年 76cm（2 开）
定价：CNY14.00

J0126675
1991：国外风光 （摄影挂历）
郝宝生，焦洪波摄
石家庄 河北美术出版社 1990 年 76cm（2 开）
定价：CNY20.80

J0126676
1991：海外风光 （摄影挂历）
西安 陕西人民美术出版社 1990 年
76cm（2 开）定价：CNY16.80

J0126677
1991：海外风光 （摄影挂历）
北京 中国电影出版社 1990 年 76cm（2 开）
定价：CNY18.00

J0126678
1991：黄山 （摄影挂历）袁廉民等摄
南京 江苏人民出版社 1990 年 78cm（3 开）
定价：CNY11.00

J0126679
1991：黄山恋 （摄影挂历）林伟新摄
上海 上海书画出版社 1990 年 78cm（3 开）
定价：CNY10.70

J0126680
1991：江海之恋 （摄影挂历）杨克林摄
上海 上海人民美术出版社 1990 年
78cm（3 开）定价：CNY10.80

作者杨克林,擅长摄影。主要作品有年历《时装·女东方衫》《怒放》《漫游太空》等。

J0126681
1991：江山多娇 （摄影挂历）
逄国成,肖顺成摄
青岛　青岛出版社　1990 年　76cm（2 开）
定价：CNY18.00

J0126682
1991：江山多娇 （摄影挂历）
昆明　云南民族出版社　1990 年　76cm（2 开）
定价：CNY15.50

J0126683
1991：江山如画 （摄影挂历）
石家庄　河北美术出版社　1990 年　76cm（2 开）

J0126684
1991：江涛拥翠 （摄影挂历）卞志武摄
天津　天津杨柳青画社　1990 年　76cm（2 开）
定价：CNY16.80

J0126685
1991：郊野风光 （摄影挂历）
福州　福建美术出版社　1990 年　107cm（全开）
定价：CNY30.00

J0126686
1991：锦绣神州 （摄影挂历）
北京　新华出版社　1990 年　76cm（2 开）
定价：CNY19.80

J0126687
1991：锦绣中华 （摄影挂历）黄继贤摄
西安　陕西人民美术出版社　1990 年
107cm（全开）定价：CNY18.00

J0126688
1991：景趣 （挂历）方永熙等摄
天津　天津杨柳青画社　1990 年　76cm（2 开）
定价：CNY16.80

J0126689
1991：丽日南天 （摄影挂历）王静等摄

石家庄　河北美术出版社　1990 年　76cm（2 开）
定价：CNY17.00

J0126690
1991：绿色的诗 （摄影挂历）豫强,易水摄
杭州　浙江人民美术出版社　1990 年
76cm（2 开）定价：CNY16.50

J0126691
1991：绿水青山 （摄影挂历）卞志武等摄
北京　朝花美术出版社　1990 年　76cm（2 开）
定价：CNY18.00

J0126692
1991：名城风光 （摄影挂历）
沈阳　辽宁美术出版社　1990 年　76cm（2 开）
定价：CNY16.00

J0126693
1991：南岛风情 （摄影挂历）
石家庄　河北美术出版社　1990 年　76cm（2 开）
定价：CNY20.50

J0126694
1991：奇妙世界 （风光摄影挂历）
上海书画出版社编
上海　上海书画出版社　1990 年　76cm（2 开）
定价：CNY19.00

J0126695
1991：青山绿水 （摄影挂历）尹福康等摄
杭州　西泠印社　1990 年　78cm（3 开）
定价：CNY10.60

J0129064
1991：三峡风光 （摄影挂历）王道生等摄
昆明　云南人民出版社　1990 年　76cm（2 开）
定价：CNY19.50

J0126696
1991：山河美 （摄影挂历）郑捷等摄
长春　吉林人民出版社　1990 年　76cm（2 开）
定价：CNY16.50
作者郑捷,摄影家。摄影宣传画有《优生优育苗壮成长（1984 年）》,编有《安徒生童话》等。

J0126697

1991：山明水秀 （摄影挂历）辽宁画报社编
沈阳　辽宁美术出版社　1990 年　78cm（3 开）
定价：CNY12.30

J0126698

1991：神州大地 （摄影挂历）
济南　山东美术出版社　1990 年　76cm（2 开）
定价：CNY17.00

J0126699

1991：神州大地 （摄影挂历）林伟新摄
上海　上海书画出版社　1990 年　76cm（2 开）
定价：CNY16.80

J0126700

1991：神州画屏 （挂历）华青艺术图片社摄
石家庄　河北美术出版社　1990 年　76cm（2 开）
定价：CNY17.00

J0126701

1991：诗与景 （摄影挂历）方永熙等摄
上海　上海人民美术出版社　1990 年
76cm（2 开）定价：CNY19.00

J0126702

1991：四季缤纷 （风光摄影挂历）
杭州　西泠印社　1990 年　76cm（2 开）
定价：CNY17.50

J0126703

1991：四季光耀 （摄影挂历）
兰州　甘肃人民美术出版社　1990 年
76cm（2 开）定价：CNY16.80

J0126704

1991：四季十二彩 （风光摄影挂历）
南京　江苏科学技术出版社　1990 年
78cm（3 开）定价：CNY11.00

J0126705

1991：仙山琼阁 （风光摄影挂历）孙智和等摄
长沙　湖南美术出版社　1990 年　78cm（3 开）
定价：CNY7.50

J0126706

1991：异国风光 （摄影挂历）华锦洲等摄
天津　天津人民美术出版社　1990 年
76cm（2 开）定价：CNY18.80

J0126707

1991：中国风光 （摄影挂历）梅延林摄
武汉　湖北美术出版社　1990 年　76cm（2 开）
定价：CNY16.80

J0126708

1991：中国名胜 （风光摄影挂历）
广州　岭南美术出版社　1990 年　76cm（2 开）
定价：CNY15.50

J0126709

1991：中国名胜 （摄影挂历）杨克林摄
上海　上海人民美术出版社　1990 年
76cm（2 开）定价：CNY16.40

J0126710

1991：醉人的海之风 （摄影挂历）娄晓曦摄
长沙　湖南美术出版社　1990 年　107cm（全开）
定价：CNY18.50

　　作者娄晓曦，摄影家。主要作品有《重庆长
江大桥》《雪》《思念》等。

J0126711

巴拿马风光 （摄影 1991 年年历）马元浩摄
天津　天津人民美术出版社　1990 年　1 张
53cm（4 开）定价：CNY0.50

　　作者马元浩（1944—　），摄影家、导演。毕
业于上海财经学院。中国摄影家协会会员，英国
皇家摄影学会高级会士。出版有《中国古代雕塑
观音》等。

J0126712

北京天坛 （摄影 1991 年年历）鄂毅摄
天津　天津人民美术出版社　1990 年　1 张
53cm（4 开）定价：CNY0.75

J0126713

北京中南海 （摄影 1991 年年历）孙肃显摄
上海　上海书画出版社　1990 年　1 张
76cm（2 开）定价：CNY0.75

J0126714
草原 （摄影 1991 年年历）曲盐摄
沈阳 辽宁美术出版社 1990 年 1 张
53cm（4 开）定价：CNY0.55

J0126715
池趣 （摄影 1991 年年历）陈春轩摄
西安 陕西人民美术出版社 1990 年 1 张
53cm（4 开）定价：CNY0.45

J0126716
春风杨柳 （摄影 1991 年年历）桑榆摄
上海 上海人民美术出版社 1990 年 1 张
定价：CNY0.75

J0126717
春华 （摄影 1991 年年历）滕俊杰摄
天津 天津人民美术出版社 1990 年 1 张
53cm（4 开）定价：CNY0.50
　　作者滕俊杰(1957—　)，一级导演。江苏苏州人。历任上海东方电视台文艺频道总监兼主编，上海文广新闻传媒集团副总裁，上海广播电视台副台长，上海市文化广播影视管理局党委委员、艺术总监。上海文化广播影视集团有限公司监事长、上海市文联副主席。出版散文集《沧海飞跃》《电视方程式》《凌步拂云》等。

J0126718
春满人间 （摄影 1991 年年历）刘吉厚作
沈阳 辽宁美术出版社 1990 年 1 张
53cm（4 开）定价：CNY0.55
　　作者刘吉厚(1942—2011)，满族，画家。辽宁宽甸人。历任辽宁美术出版社编辑，外联部编审，辽宁形象传播研究会常务副会长、秘书长。作品有《鸿福满堂》《春满人间》，出版有《刘吉厚作品选集》等。

J0126719
春情 （摄影 1991 年年历）
南京 江苏美术出版社 1990 年 1 张
76cm（2 开）定价：CNY0.80

J0126720
春天 （摄影 1991 年年历）
沈阳 辽宁美术出版社 1990 年 1 张
53cm（4 开）定价：CNY0.55

J0126721
春天 （摄影 1991 年年历）谭荣摄
天津 天津人民美术出版社 1990 年 1 张
53cm（4 开）定价：CNY0.50

J0126722
春夜 （摄影 1991 年年历）尹春华,梦宇摄
天津 天津人民美术出版社 1990 年 1 张
53cm（4 开）定价：CNY0.50

J0126723
春之恋 （摄影 1991 年年历）叶导摄
上海 上海书画出版社 1990 年 1 张
定价：CNY0.50
　　作者叶导，擅长摄影。主要年历作品有《花仙子》《清香》《九寨沟秋色》等。

J0126724
大海之恋 （摄影 1991 年年历）
石家庄 河北美术出版社 1990 年 1 张
76cm（2 开）定价：CNY1.00

J0126725
都市风光 （摄影 1991 年年历）
上海 上海人民美术出版社 1990 年 6 张
76cm（2 开）定价：CNY6.00

J0126726
渡假村 （摄影 1991 年年历）高亚雄摄
沈阳 辽宁美术出版社 1990 年 1 张
76cm（2 开）定价：CNY0.75

J0126727
高山流水 （摄影 1991 年年历）马玲玲摄
上海 上海人民美术出版社 1990 年 1 张
76cm（2 开）定价：CNY1.00

J0126728
高原盛夏 （摄影 1991 年年历）
沈阳 辽宁美术出版社 1990 年 1 张
76cm（2 开）定价：CNY0.55

J0126729
海风 （摄影 1991 年年历）许志刚摄
南昌 江西人民出版社 1990 年 1 张
76cm（2 开）定价：CNY0.75

J0126730
海风 （摄影 1991 年年历）山东美术出版社摄
济南 山东美术出版社 1990 年 1 张
76cm（2 开）定价：CNY1.00

J0126731
海南 （摄影 1991 年年历）卞志斌摄
天津 天津杨柳青画社 1990 年 1 张
53cm（4 开）定价：CNY0.50

J0126732
海南风光 （摄影 1991 年年历）王守平摄
西安 陕西人民美术出版社 1990 年 1 张
76cm（2 开）定价：CNY0.78

J0126733
海南风光 （摄影 1991 年年历）卞志斌摄
天津 天津杨柳青画社 1990 年 1 张
53cm（4 开）定价：CNY0.50

J0126734
海南风姿 （摄影 1991 年年历）
石家庄 河北美术出版社 1990 年 1 张
76cm（2 开）定价：CNY1.00

J0126735
海之情 （摄影 1991 年年历）
石家庄 河北美术出版社 1990 年 1 张
76cm（2 开）定价：CNY1.00

J0126736
杭州花港公园 周俊彦摄
济南 山东美术出版社 1990 年 1 张
53cm（4 开）定价：CNY0.50

J0126737
湖畔春光 （摄影 1991 年年历）杨乐银摄
西安 陕西人民美术出版社 1990 年 1 张
76cm（2 开）定价：CNY0.78

J0126738
黄山 （摄影 1991 年年历）陈东林摄
天津 天津人民美术出版社 1990 年 1 张
76cm（2 开）定价：CNY0.75

J0126739
黄山猴子观海 （摄影 1991 年年历）吕宗尹摄
西安 陕西人民美术出版社 1990 年 1 张
76cm（2 开）定价：CNY0.78

J0126740
黄山奇观 （水彩 1991 年年历）朱子容摄
杭州 浙江人民美术出版社 1990 年 1 张
76cm（2 开）定价：CNY0.75

J0126741
江南春色 （摄影 1991 年年历）牛嵩林摄
兰州 甘肃人民美术出版社 1990 年 1 张
76cm（2 开）定价：CNY0.78
　　作者牛嵩林（1925—　　），记者、摄影师。大连庄河市人。历任解放军报社高级记者，中国旅游出版社编辑室主任，中国摄影家协会会员，中国老摄影家协会理事。20 世纪 50 年代至 70 年代，曾担任中央国事采访工作，作品有《伟人的瞬间画册》《周恩来总理纪念册》《民兵画册》《领袖风采》《共和国十大将》等画册。

J0126742
江山丽影 （摄影 1991 年年历）
石家庄 河北美术出版社 1990 年 1 张
76cm（2 开）定价：CNY1.00

J0126743
金秋 （摄影 1991 年年历）万田摄
沈阳 辽宁美术出版社 1990 年 1 张
53cm（4 开）定价：CNY0.55

J0126744
丽日南天 （摄影 1991 年年历）
石家庄 河北美术出版社 1990 年 1 张
76cm（2 开）定价：CNY1.00

J0126745
临潼华清池 （摄影 1991 年年历）张玉同摄
沈阳 辽宁美术出版社 1990 年 1 张

53cm（4 开）定价：CNY0.55

　　作者张玉同,摄影有年画《千山之春》,编著有《暗室技术问答》。

J0126746
庐山胜景　（摄影 1991 年年历）维维摄
天津　天津人民美术出版社 1990 年　1 张
53cm（4 开）定价：CNY0.50

J0126747
绿洲　（摄影 1991 年年历）卞志武摄
天津　天津杨柳青画社 1990 年　1 张
76cm（2 开）定价：CNY0.50

J0126748
马来西亚城市街景　（摄影 1991 年年历）
沈阳　辽宁美术出版社 1990 年　1 张
53cm（4 开）定价：CNY0.55

J0126749
南岛情　（摄影 1991 年年历）
石家庄　河北美术出版社 1990 年　1 张
76cm（2 开）定价：CNY1.00

J0126750
南国风情　（摄影 1991 年年历）卞志武摄
天津　天津杨柳青画社 1990 年　1 张
76cm（2 开）定价：CNY1.04

J0126751
南国园林　（摄影 1991 年年历）肖力摄
广州　岭南美术出版社 1990 年　1 张
53cm（4 开）定价：CNY0.60

J0126752
峭壁苍松　（摄影 1991 年年历）崔顺才摄
长沙　湖南美术出版社 1990 年　1 张
76cm（2 开）定价：CNY0.90

　　作者崔顺才（1950—　　）,河北献县人。任职于天津市群众艺术馆。中国摄影家协会会员。作品有《仙客来》《瓜棚小景》等。

J0126753
清波碧莲　（摄影 1991 年年历）新发摄
南京　江苏美术出版社 1990 年　1 张

76cm（2 开）定价：CNY0.80

J0126754
秋色　（摄影 1991 年年历）
天津　天津杨柳青画社 1990 年　1 张
38cm（8 开）定价：CNY0.30

J0126755
山青水秀　（摄影 1991 年年历）李为摄
沈阳　辽宁美术出版社 1990 年　1 张
53cm（4 开）定价：CNY0.55

J0126756
山水情浓　（摄影 1991 年年历）一君摄
石家庄　河北美术出版社 1990 年　1 张
76cm（2 开）定价：CNY1.00

J0126757
深圳风光　（摄影 1991 年年历）黄慕超摄
武汉　湖北美术出版社 1990 年　1 张
53cm（4 开）定价：CNY0.50

J0126758
深圳街景　（摄影 1991 年年历）孙智利摄
天津　天津人民美术出版社 1990 年　1 张
76cm（2 开）定价：CNY0.50

J0126759
深圳西丽湖风光　（摄影 1991 年年历）
姜大斧摄
济南　山东美术出版社 1990 年　1 张 53cm（4 开）

J0126760
苏州·退思园　（摄影 1991 年年历）
南京　江苏美术出版社 1990 年　1 张
76cm（2 开）定价：CNY1.05

J0126761
苏州虎丘　（摄影 1991 年年历）何兆欣摄
上海　上海书画出版社 1990 年　1 张
53cm（4 开）定价：CNY0.50

J0126762
天涯海角　（摄影 1991 年年历）王守平摄
西安　陕西人民美术出版社 1990 年　1 张

76cm（2开）定价：CNY0.78

J0126763
同庆丰年 （摄影 1991年年历）易木摄
北京 人民美术出版社 1990年 1张
76cm（2开）定价：CNY0.90

J0126764
万水千山总是情 （摄影 1991年年历）
晓林,哗石摄
上海 上海书画出版社 1990年 1张
76cm（2开）定价：CNY0.75

J0126765
西安华清池 （摄影 1991年年历）陈东林摄
西安 陕西人民美术出版社 1990年 1张
76cm（2开）定价：CNY0.78

J0126766
西湖初冬 （摄影 1991年年历）天鹰摄
杭州 浙江人民美术出版社 1990年 1张
53cm（4开）定价：CNY0.50

J0126767
西湖花港 （摄影 1991年年历）陈东林摄
天津 天津人民美术出版社 1990年 1张
76cm（2开）定价：CNY0.75
　　作者陈东林(1947—),安徽人。中国摄影
家协会会员。主要摄影作品有《茶馆》《元宵节》
《茶香迎远客》等。

J0126768
西湖之春 （摄影 1991年年历）陈东林摄
天津 天津人民美术出版社 1990年 1张
76cm（2开）定价：CNY0.75

J0126769
溪水清淳 （摄影 1991年年历）一鸣摄
石家庄 河北美术出版社 1990年 1张
76cm（2开）定价：CNY1.00

J0126770
玄武湖观鱼亭 （摄影 1991年年历）牛嵩林摄
天津 天津杨柳青画社 1990年 1张
76cm（2开）定价：CNY1.00

J0126771
延安枣园 （摄影 1991年年历）黄继贤摄
西安 陕西人民美术出版社 1990年 1张
76cm（2开）定价：CNY0.78

J0126772
扬州·个园 （摄影 1991年年历）
南京 江苏美术出版社 1990年 1张
76cm（2开）定价：CNY1.05

J0126773
扬州瘦西湖 （摄影 1991年年历）施大光摄
沈阳 辽宁美术出版社 1990年 1张
53cm（4开）定价：CNY0.55

J0126774
颐和园 （摄影 1991年年历）杨茵摄
杭州 浙江人民美术出版社 1990年 1张
53cm（4开）定价：CNY0.50

J0126775
幽谷含秀 （摄影 1991年年历）一鸣摄
石家庄 河北美术出版社 1990年 1张
76cm（2开）定价：CNY0.75

J0126776
长城秋色 （摄影 1991年年历）卞志武摄
天津 天津杨柳青画社 1990年 1张
76cm（2开）定价：CNY1.00

J0126777
肇庆七星岩 （摄影 1991年年历）姜衍波摄
上海 上海书画出版社 1990年 1张
定价：CNY0.50

J0126778
中国园林风光 （摄影 1991年年历）
张宝声等摄
上海 上海书画出版社 1990年 6张
定价：CNY6.00

J0126779
自然之美 （摄影 1991年年历）
石家庄 河北美术出版社 1990年 1张
76cm（2开）定价：CNY1.00

J0126780
1992:"皇家花园"今貌 （摄影挂历）
姜维朴等摄
北京 中国连环画出版社 1991 年 76cm（2 开）
定价: CNY17.50

　　作者姜维朴(1926—2019),编辑。山东黄县人,毕业于山东大学文艺系。历任人民美术出版社《连环画报》编辑室主任、副主编,中国连环画出版社总编辑等。代表作品有《鲁迅论连环画》《要摄取事物的本质》《连环画艺术论》等。

J0126781
1992:爱之岛 （挂历）杨中俭摄
郑州 河南美术出版社 1991 年 76cm（2 开）
定价: CNY20.00

J0126782
1992:碧水峰翠 （挂历）卞志武等摄
天津 天津杨柳青画社 1991 年 76cm（2 开）
定价: CNY17.80

J0126783
1992:春 （摄影挂历）
沈阳 辽宁美术出版社 1991 年 76cm（2 开）
定价: CNY23.80

J0126784
1992:春 （摄影挂历）陈春轩等摄
上海 上海人民美术出版社［1991 年］
76cm（2 开）定价: CNY17.80

J0126785
1992:春畅 （挂历）于志新等摄
天津 天津杨柳青画社 1991 年 76cm（2 开）
定价: CNY17.80

J0126786
1992:春到人家 （摄影挂历）
北京 朝花美术出版社 1991 年 76cm（2 开）
定价: CNY19.00

J0126787
1992:春色满园 （一 摄影挂历）丹青摄
广州 岭南美术出版社 1991 年 76cm（2 开）
定价: CNY16.00

J0126788
1992:春色满园 （二 摄影挂历）丹青摄
广州 岭南美术出版社 1991 年 76cm（2 开）
定价: CNY16.00

J0126789
1992:春色满园 （摄影挂历）丹青摄
广州 岭南美术出版社 1991 年 76cm（2 开）
定价: CNY25.00

J0126790
1992:春韵 （挂历）陈春轩,邵黎阳摄
石家庄 河北美术出版社 1991 年 76cm（2 开）

J0126791
1992:大自然景融 （摄影挂历）
广州 岭南美术出版社 1991 年 53cm（4 开）
定价: CNY15.00

J0126792
1992:都市的风姿 （挂历）
上海 上海人民美术出版社［1991 年］
76cm（2 开）定价: CNY17.80

J0126793
1992:都市风光 （摄影挂历）
济南 山东美术出版社 1991 年 76cm（2 开）
定价: CNY18.70

J0126794
1992:都市风光 （挂历）接祖华设计
北京 中国电影出版社［1991 年］76cm（2 开）
定价: CNY18.00

J0126795
1992:高山寄情 （摄影挂历）
石家庄 河北美术出版社 1991 年 76cm（2 开）

J0126796
1992:古堡风光 （摄影挂历）
福州 海潮摄影艺术出版社［1991 年］
76cm（2 开）ISBN: 7–80562–074–1
定价: CNY15.00

J0126797
1992：桂林山水 （挂历）
桂林 漓江出版社［1991年］38cm（8开）
定价：CNY6.20

J0126798
1992：桂林山水情 （摄影挂历）余亚万摄
上海 上海人民美术出版社［1991年］
76cm（2开）定价：CNY18.00

J0126799
1992：海外胜景 （挂历）
上海 上海人民美术出版社［1991年］
76cm（2开）定价：CNY13.50

J0126800
1992：花园之国 （摄影挂历）林日雄摄
石家庄 河北美术出版社 1991年 76cm（2开）
定价：CNY17.50

J0126801
1992：华夏胜景 （摄影挂历）谷维恒等摄
南京 江苏美术出版社 1991年 85cm
定价：CNY11.50

J0126802
1992：画情诗意·唐诗十二景 （挂历）崔浩摄
石家庄 河北美术出版社 1991年 76cm（2开）
定价：CNY18.00

J0126803
1992：环球风光 （摄影挂历）
北京 中国旅游出版社［1991年］
76cm（2开）定价：CNY25.00

J0126804
1992：黄山奇观 （挂历）陈书帛摄
天津 天津人民美术出版社 1991年 76cm（2开）
ISBN：7-5305-8116-1 定价：CNY16.80

J0126805
1992：黄山奇松 （挂历）
福州 海潮摄影艺术出版社［1991年］
76cm（2开）ISBN：7-80562-87-3
定价：CNY19.00

J0126806
1992：黄山颂 （挂历）凌军等摄
福州 海潮摄影艺术出版社［1991年］
76cm（2开）ISBN：7-80562-027-X
定价：CNY18.00

J0126807
1992：佳景 （摄影挂历）
上海 上海书画出版社 1991年 76cm（2开）
定价：CNY22.60

J0126808
1992：江山多娇 （摄影挂历）
海口 海南摄影美术出版社 1991年
76cm（2开）定价：CNY18.50

J0126809
1992：江山如画 （摄影挂历）鄂毅等摄
长沙 湖南美术出版社 1991年 76cm（2开）
定价：CNY19.00

J0126810
1992：江山如画 （摄影挂历）高明义等摄
西安 陕西旅游出版社 1991年 76cm（2开）
定价：CNY17.50

J0126811
1992：江山如画 （摄影挂历）杨克林等摄
上海 上海人民美术出版社［1991年］
76cm（2开）定价：CNY18.00

J0126812
1992：锦绣江南 （挂历）霍生联等摄
沈阳 辽宁美术出版社 1991年 76cm（2开）
定价：CNY17.80

J0126813
1992：锦绣山川 （挂历）
郑州 河南美术出版社 1991年 53cm（4开）
定价：CNY12.50

J0126814
1992：锦绣中华 （挂历）张朝玺等摄
天津 天津人民美术出版社 1991年 76cm（2开）
ISBN：7-5305-8115-1 定价：CNY18.80

J0126815
1992：景趣 （挂历）王伟等摄
南京 江苏美术出版社 1991 年 76cm（2 开）
定价：CNY18.00

J0126816
1992：九寨金秋 （摄影挂历）
石家庄 河北美术出版社 1991 年 76cm（2 开）

J0126817
1992：蓝天·白云 （挂历）
呼和浩特 内蒙古人民出版社 1991 年
76cm（2 开）定价：CNY18.00

J0126818
1992：美在自然中 （摄影挂历）
昆明 云南民族出版社［1991 年］76cm（2 开）
定价：CNY18.50

J0126819
1992：妙境 （摄影挂历）张玉同等摄
沈阳 辽宁美术出版社 1991 年 76cm（2 开）
定价：CNY17.80

J0126820
1992：凝香叠翠 （摄影挂历）倪炎等摄
天津 天津人民美术出版社 1991 年 76cm（2 开）
ISBN：7-5305-8117-4 定价：CNY18.80

J0126821
1992：欧洲风光 （摄影挂历）
夏小希，吴德璋摄
南京 江苏美术出版社 1991 年 76cm（2 开）
定价：CNY18.00

J0126822
1992：七彩 （摄影挂历）
昆明 云南人民出版社 1991 年 76cm（2 开）
定价：CNY19.00

J0126823
1992：清风 （摄影挂历）永熙等摄
杭州 浙江人民美术出版社 1991 年
76cm（2 开）定价：CNY18.20

J0126824
1992：清风流水 （挂历）刘四维等摄
天津 天津人民美术出版社 1991 年 76cm（2 开）
ISBN：7-5305-8136-6 定价：CNY18.80

J0126825
1992：热带风光 （摄影挂历）
昆明 云南人民出版社［1991 年］76cm（2 开）
定价：CNY18.50

J0126826
1992：山河美 （摄影挂历）王文波等摄
北京 中国电影出版社［1991 年］76cm（2 开）
定价：CNY18.50

J0126827
1992：山清水秀 （摄影挂历）
郑州 河南美术出版社 1991 年 76cm（2 开）
定价：CNY20.00

J0126828
1992：山山水水总是情 （摄影挂历）
天津 天津人民美术出版社 1991 年
76cm（2 开）定价：CNY18.60

J0129198
1992：山之魂 （摄影挂历）
昆明 昆明人民出版社 1991 年
76cm（2 开）定价：CNY12.00

J0126829
1992：上海欢迎你——少女与雕塑
（挂历）邵黎阳等摄
上海 上海人民美术出版社［1991 年］
76cm（2 开）定价：CNY17.80

J0126830
1992：世界风光 （摄影挂历）张朝玺摄
天津 天津人民美术出版社［1991 年］
76cm（2 开）ISBN：7-5305-8117-5
定价：CNY21.00

J0126831
1992：世界美景 （摄影挂历）
西安 陕西人民美术出版社［1991 年］

76cm（2开）定价: CNY17.40

J0126832
1992：丝绸之路风光 （摄影挂历）常庚等摄
乌鲁木齐 新疆人民出版社 1991 年
76cm（2 开）定价: CNY17.80

J0126833
1992：苏州园林 （摄影挂历）陈健行摄
南京 江苏美术出版社 1991 年 76cm（2 开）
定价: CNY18.90

J0126834
1992：五洲行 （摄影挂历）陕西画报社编辑
西安 陕西人民美术出版社 ［1991 年］
76cm（2 开）定价: CNY18.60

J0126835
1992：西藏风景 （摄影挂历）丹增朗杰等摄
拉萨 西藏人民出版社 ［1991 年］76cm（2 开）
定价: CNY13.00

J0126836
1992：西南风情 （摄影挂历）桑榆等摄
上海 上海人民美术出版社 ［1991 年］
76cm（2 开）定价: CNY18.00

J0126837
1992：西洋景 （摄影挂历）
南京 江苏美术出版社 1991 年 85cm
定价: CNY11.50

J0126838
1992：中国风光 （摄影挂历）牛犇东摄影
北京 中国旅游出版社 ［1991 年］76cm（2 开）
定价: CNY19.00

J0126839
碧湖情深 （摄影 1992 年年历）
沈阳 辽宁美术出版社 1991 年 1 张
53cm（4 开）ISBN: 7-5314-0672
定价: CNY0.70

J0126840
碧潭红叶 （摄影 1992 年年历）李文山摄

沈阳 辽宁美术出版社 1991 年 1 张
53cm（4 开）ISBN: 7-5314-1525
定价: CNY0.70

J0126841
城市风光 （摄影 1992 年年历）何沛行摄
沈阳 辽宁美术出版社 1991 年 1 张
53cm（4 开）ISBN: 7-5314-1576
定价: CNY0.70

J0126842
春、夏、秋、冬 （摄影 1992 年年历）陈冬林摄
天津 天津人民美术出版社 1991 年 2 张
76cm（2 开）ISBN: 7-5305-81344
定价: CNY2.20

J0126843
春意芳情 （1992 年年历）豫强，益民摄
杭州 浙江人民美术出版社 ［1991 年］1 张
53cm（4 开）定价: CNY0.60

J0126844
钓鱼台之夏 （1992 年年历）书帛摄
南京 江苏美术出版社 1991 年 1 张
76cm（2 开）定价: CNY1.15

J0129215
姑苏虎丘 （1992 年年历）健行摄
南京 江苏美术出版社 1991 年 1 张
76cm（2 开）定价: CNY1.15

J0126845
故宫 （摄影 明信片）文物出版社编辑
北京 文物出版社 1991 年 2 版 25 张
15cm（64 开）ISBN: 7-5010-0259-2

J0126846
桂林山水 （1992 年年历）朱子容作
天津 天津人民美术出版社 1991 年 1 张
76cm（2 开）ISBN: 7-5305-81237
定价: CNY1.10

J0126847
海滨 （1992 年年历）金以云摄
长沙 湖南美术出版社 1991 年 1 张

78cm（2 开）定价：CNY0.80

J0126848

海风 （1992 年年历）姚重庆摄
天津　天津人民美术出版社　1991 年　1 张
53cm（4 开）ISBN：7-5305-8121-4
定价：CNY0.60
　　作者姚重庆(1943—　　)，山东济南人。毕业于中央美术学院附中。擅长油画、连环画、年画。曾任天津人民美术出版社美术编审、中国出版社工作部协会年画艺术委员会秘书长。主要作品《彭大将军》《油画展厅》《周恩来的青少年时代》等。

J0126849

海南凌水 （摄影 1992 年年历）王苗摄
天津　天津人民美术出版社　1991 年　1 张
76cm（2 开）ISBN：7-5305-81342
定价：CNY1.10
　　作者王苗(1951—　　)，摄影家。北京人。历任中国新闻社摄影记者，香港中国旅游出版社副社长、总编辑，中国摄影家协会理事。出版摄影集有《敦煌飞天》《西藏神秘的高原》等。

J0126850

海滩风情 （摄影 1992 年年历）宏泰摄
上海　上海人民美术出版社　1991 年　1 张
［40cm］（6 开）定价：CNY0.40

J0126851

黄山日出 （1992 年年历）谷维恒摄
天津　天津人民美术出版社　1991 年　1 张
53cm（4 开）ISBN：7-5305-8123-3
定价：CNY0.60

J0126852

黄山迎客松 （摄影 1992 年年历）
南京　江苏美术出版社　1991 年　1 张
76cm（2 开）定价：CNY1.15

J0126853

嘉定汇龙潭 （摄影 1992 年年历）张玉同摄
沈阳　辽宁美术出版社　1991 年　1 张
53cm（4 开）ISBN：7-5314-1586
定价：CNY0.70

J0126854

江山如画 （摄影）
上海　上海人民美术出版社　1991 年　4 张
76cm（2 开）定价：CNY4.40

J0126855

金秋 （1992 年年历）王勇摄
西安　陕西人民美术出版社　1991 年　1 张
53cm（4 开）定价：CNY0.65

J0126856

九寨沟瀑布 （摄影 1992 年年历）谢新发摄
天津　天津人民美术出版社　1991 年　1 张
53cm（4 开）ISBN：7-5305-8112-9
定价：CNY0.60

J0126857

九寨森林 （摄影 1992 年年历）秋叶摄
沈阳　辽宁美术出版社　1991 年　1 张
53cm（4 开）ISBN：7-5314-0680
定价：CNY0.70

J0126858

漓江细雨 （1992 年年历）关平摄
天津　天津人民美术出版社　1991 年　1 张
53cm（4 开）ISBN：7-5305-8122-5
定价：CNY0.60

J0126859

丽江黑龙潭 （摄影 1992 年年历）尹福康摄
天津　天津人民美术出版社　1991 年　1 张
53cm（4 开）ISBN：7-5305-8121-5
定价：CNY0.60

J0126860

满园春色 （1992 年年历）王有宗摄
西安　陕西人民美术出版社　1991 年　1 张
78cm（2 开）定价：CNY0.78

J0126861

美丽的内蒙古 （摄影 明信片）
宝音朝克图等摄
呼和浩特　内蒙古人民出版社［1991 年］10 张
15cm（64 开）定价：CNY3.98

J0126862

南海椰林 （1992年年历）杨茵摄
天津 天津人民美术出版社 1991年 1张
53cm（4开）ISBN：7-5305-8123-4
定价：CNY0.60

J0126863

宁波风光 （摄影 明信片）郭一清等摄
上海 上海人民美术出版社 1991年 10页
15cm（64开）ISBN：7-5322-0869-9
定价：CNY2.50

J0126864

秦淮灯影 （摄影 1992年年历）夏夜摄
南京 江苏美术出版社 1991年 1张
76cm（2开）定价：CNY1.15

J0126865

秋色 （1992年年历）
西安 陕西人民美术出版社 ［1991年］1张
78cm（2开）定价：CNY0.78

J0126866

秋艳 （摄影 1992年年历）
上海 上海人民美术出版社 1991年 1张
53cm（4开）定价：CNY0.60

J0126867

秋韵 （摄影 1992年年历）白桦摄
沈阳 辽宁美术出版社 1991年 1张
53cm（4开）ISBN：7-5314-1596
定价：CNY0.70

J0126868

秋韵 （1992年年历）
杭州 浙江人民美术出版社 1991年 1张
78cm（2开）定价：CNY0.80

J0126869

森林里有一条路 （摄影 1992年年历）
沈阳 辽宁美术出版社 1991年 1张 53cm（4
开）ISBN：7-5314-0648 定价：CNY0.70

J0126870

瘦西湖 （摄影 1992年年历）张玉同摄

沈阳 辽宁美术出版社 1991年 1张
53cm（4开）ISBN：7-5314-1521
定价：CNY0.70

J0126871

苏州虎丘 （摄影 1992年年历）陈健行摄
天津 天津人民美术出版社 1991年 1张
53cm（4开）ISBN：7-5305-81228
定价：CNY0.60

J0126872

苏州狮子林 （摄影 1992年年历）张玉同摄
沈阳 辽宁美术出版社 1991年 1张
53cm（4开）ISBN：7-5314-1587
定价：CNY0.70

J0126873

踏浪 （1992年年历）姚重庆摄
天津 天津人民美术出版社 1991年 1张
53cm（4开）ISBN：7-5305-8118-1
定价：CNY0.60

　　作者姚重庆(1943—　)，山东济南人。毕业
于中央美术学院附中。擅长油画、连环画、年画。
曾任天津人民美术出版社美术编审、中国出版
社工作部协会年画艺术委员会秘书长。主要作
品《彭大将军》《油画展厅》《周恩来的青少年时
代》等。

J0126874

太湖风光 （摄影 1992年年历）陈书帛摄
天津 天津人民美术出版社 1991年 1张
76cm（2开）ISBN：7-5305-81341
定价：CNY1.10

J0126875

夏日 （1992年年历）沈新摄
天津 天津人民美术出版社 1991年 1张
53cm（4开）定价：CNY0.60

J0126876

夏日风采 （1992年年历）雄伟,忠星摄
杭州 浙江人民美术出版社 1991年 1张
53cm（4开）定价：CNY0.60

J0126877
夏韵 （摄影 1992 年年历）振戈摄
沈阳 辽宁美术出版社 1991 年 1 张
76cm（2 开）ISBN：7-5314-1546
定价：CNY1.40

J0126878
兴坪山水甲桂林 （摄影 1992 年年历）
张玉同摄
沈阳 辽宁美术出版社 1991 年 1 张
53cm（4 开）ISBN：7-5314-1508
定价：CNY0.70
　　作者张玉同,摄影有年画《千山之春》,编著
有《暗室技术问答》。

J0126879
云南丽江黑龙潭 （摄影 1992 年年历）
陈书帛摄
北京 北京美术摄影出版社 1991 年 1 张
76cm（2 开）定价：CNY1.10

J0126880
长海霞影 （摄影 1992 年年历）秋叶摄
沈阳 辽宁美术出版社 1991 年 1 张
53cm（4 开）ISBN：7-5314-1597
定价：CNY0.70

J0129252
1993：海外掠影 （挂历）
上海 上海人民美术出版社［1992 年］
77cm（2 开）定价：CNY24.80

J0126881
1993：京华新姿 （摄影挂历）
北京 中国连环画出版社 1992 年 77cm（2 开）
定价：CNY19.50

J0126882
1993：揽胜 （挂历）
广州 岭南美术出版社［1992 年］77cm（2 开）
定价：CNY19.20

J0126883
1993：奇景胜观 （挂历）
银川 宁夏人民出版社［1992 年］77cm（2 开）

定价：CNY20.50

J0126884
1993：神奇西藏 （挂历）
拉萨 西藏人民出版社 1992 年 68cm（3 开）
定价：CNY26.80

J0126885
1994：锦绣中华 （摄影挂历）
北京 文物出版社 1992 年 77cm（2 开）
定价：CNY24.00

J0126886
波光潋影 方绍楚等摄
北京 今日中国出版社［1992 年］10 张
17cm（40 开）ISBN：7-80572-0295-X
定价：CNY2.00

J0126887
垂瀑 （1993 年年历）伟新摄
南京 江苏美术出版社 1992 年 1 张 53×38cm
定价：CNY0.65

J0126888
春风日日香 （1993 年年历）松林作
杭州 浙江人民美术出版社 1992 年 1 张
68×38cm 定价：CNY1.00

J0129261
春天 （1993 年年历）梅红,刘沈摄
天津 天津人民美术出版社 1992 年 1 张
53×38cm ISBN：7-5305-8152-2
定价：CNY0.65

J0126889
春之声 （1993 年年历）陆海林摄
上海 上海人民美术出版社 1992 年 1 张
68×38cm 定价：CNY1.10
　　作者陆海林,年画作家。连云港市市美术馆
馆长。

J0126890
翠湖城堡 （1993 年年历）
沈阳 辽宁美术出版社 1992 年 1 张 77×53cm
定价：CNY1.48

J0126891

大漠风情 （沙漠 汉英对照）周幼马等摄影
北京 今日中国出版社［1992 年］10 张
17cm（40 开）ISBN：7-5072-0253-4
定价：CNY2.00

J0126892

冬日梦境 （雪 汉英对照）刘臣等摄影
北京 今日中国出版社［1992 年］10 张
17cm（40 开）ISBN：7-5072-0254-2
定价：CNY2.20

J0126893

峰峦叠翠 （山 汉英对照）萧玉刚,严忠义摄
北京 今日中国出版社［1992 年］10 张
17cm（40 开）ISBN：7-5072-0294-1
定价：CNY2.00

J0126894

黄果树瀑布 （1993 年年历）谢建民摄
广州 岭南美术出版社 1992 年 1 张
53cm（4 开）定价：CNY0.70

J0126895

金色的池塘 （1993 年年历）王耕摄
上海 上海人民美术出版社 1992 年 1 张
39cm（6 开）定价：CNY0.40

J0129269

漓江美景 （汉、英、日文对照）周桂清等摄
南宁 广西人民出版社［1992 年］2 版 10 张
17cm（40 开）ISBN：7-219-00249-1
定价：CNY2.30

J0126896

漓江烟雨 （1993 年年历）陈亚江摄
南宁 广西美术出版社［1992 年］1 张
33cm（5 开）定价：CNY0.40

J0126897

美国亚利桑那州 （1993 年年历）
沈阳 辽宁美术出版社 1992 年 1 张 77×53cm
定价：CNY1.48

J0126898

梦幻无穷 （云）倪亚云等摄影
北京 今日中国出版社［1992 年］10 张
17cm（40 开）ISBN：7-5072-0252-6
定价：CNY2.20

J0126899

楠溪江晨曲 （1993 年年历）杨茵摄
天津 天津人民美术出版社 1992 年 1 张 68cm
ISBN：7-5305-8156-2 定价：CNY1.00
　　作者杨茵,擅长摄影。主要的年历作品有《颐
和园》《华堂飘香》《楠溪江晨曲》等。

J0126900

天地同辉 （太阳 汉英对照）章祥法等摄
北京 今日中国出版社［1992 年］10 张
17cm（40 开）ISBN：7-5072-0251-8
定价：CNY2.20

J0126901

西湖景色 （1993 年年历）豫强摄
杭州 浙江人民美术出版社 1992 年 1 张
53×38cm 定价：CNY0.70

J0126902

夏 （1993 年年历）志忠摄
上海 上海人民美术出版社 1992 年 1 张 68cm
定价：CNY1.10

J0126903

夏日 （1993 年年历）
上海 上海人民美术出版社 1992 年 1 张
53cm（4 开）定价：CNY0.70

J0126904

雪路银峰 （1993 年年历）金采石摄
沈阳 辽宁美术出版社 1992 年 1 张
53cm（4 开）定价：CNY0.76

J0126905

雪山深湖 （1993 年年历）
长沙 湖南美术出版社 1992 年 1 张
53cm（4 开）定价：CNY0.70

J0126906
阳朔美景 （汉、英、日文对照）李云发等摄
南宁 广西人民出版社［1992年］2版 10张
17cm（40开）ISBN：7-219-00248-3
定价：CNY2.30

J0126907
野渡无人舟自横 （1993年年历）
野渡,李静波摄
沈阳 辽宁美术出版社 1992年 1张 77×53cm
定价：CNY1.48

J0126908
颐和园 （汉英对照）姚天新摄影、撰文
北京 北京出版社［1992年］10张
17cm（40开）ISBN：7-200-01594-6

J0126909
颐和园之春 （1993年年历）胡维标摄
天津 天津人民美术出版社 1992年 1张
68cm ISBN：7-5305-8156-1
定价：CNY1.00

J0126910
1994、1995：青山碧水 （摄影挂历）
沈阳 辽宁美术出版社［1993年］77×53cm
定价：CNY26.80

J0126911
1994：碧波叠翠 （摄影挂历）
天津 天津人民美术出版社［1993年］
76×53cm 定价：CNY26.80

J0126912
1994：春 （摄影挂历）
北京 中国旅游出版社［1993年］77×53cm
定价：CNY26.80

J0126913
1994：春之魅 （摄影挂历）
杭州 西泠印社［1993年］76×53cm
定价：CNY28.00

J0126914
1994：大观园 （摄影挂历）

南京 江苏美术出版社 1993年 76×53cm
定价：CNY27.80

J0126915
1994：大自然 （摄影挂历）
郑州 河南美术出版社 1993年 76×53cm
定价：CNY35.00

J0126916
1994：都市风光 （摄影挂历）
北京 中国旅游出版社［1993年］77×53cm
定价：CNY31.80

J0126917
1994：古都寻梦 （摄影挂历）
武汉 湖北美术出版社［1993年］76×53cm
定价：CNY32.80

J0126918
1994：海风 （摄影挂历）
杭州 西泠印社［1993年］76×53cm
定价：CNY32.00

J0126919
1994：海之恋 （摄影挂历）
沈阳 辽宁美术出版社 1993年 76×53cm
定价：CNY33.80

J0126920
1994：季季春 （摄影挂历）
北京 中国旅游出版社［1993年］77×53cm
定价：CNY31.80

J0126921
1994：江南水乡 （摄影挂历）
广州 岭南美术出版社［1993年］76×53cm
定价：CNY33.00

J0126922
1994：江山多娇 （摄影挂历）
石家庄 河北美术出版社 1993年 76×53cm
定价：CNY27.00

J0126923
1994：江山多娇 （摄影挂历）

杭州　西泠印社［1993 年］76×53cm
定价：CNY28.00

J0126924
1994：金秋韵 （摄影挂历）
北京　中国旅游出版社［1993 年］77×53cm
定价：CNY31.80

J0126925
1994：锦绣中华 （摄影挂历）董瑞成等摄
北京　中国旅游出版社［1993 年］77×53cm
定价：CNY27.80

J0126926
1994：锦绣山川 （摄影挂历）
南京　江苏美术出版社 1993 年　87×56cm
定价：CNY31.50

J0126927
1994：九寨秀色 （摄影挂历）
沈阳　辽宁美术出版社［1993 年］76×53cm
定价：CNY26.80

J0126928
1994：九洲风光 （摄影挂历）
福州　福建美术出版社［1993 年］76×53cm
定价：CNY18.00

J0126929
1994：浪 （摄影挂历）
西安　陕西人民美术出版社［1993 年］
76×53cm　定价：CNY25.60

J0126930
1994：黎明 （摄影挂历）
广州　岭南美术出版社［1993 年］26×26cm
定价：CNY13.80

J0126931
1994：名山丽苑 （摄影挂历）
福州　福建美术出版社［1993 年］76×53cm
定价：CNY32.00

J0126932
1994：南海风 （摄影挂历）

天津　天津人民美术出版社［1993 年］
76×53cm　定价：CNY26.80

J0126933
1994：清风秋月 （摄影挂历）
天津　天津人民美术出版社［1993 年］
76×53cm　定价：CNY26.80

J0126934
1994：情人岛 （摄影挂历）
沈阳　辽宁美术出版社 1993 年　76×53cm
定价：CNY25.80

J0126935
1994：秋阳 （摄影挂历）
成都　四川民族出版社［1993 年］76×53cm
定价：CNY27.00

J0126936
1994：丝绸之路风光 （摄影挂历）
沈阳　辽宁美术出版社 1993 年　76×53cm
定价：CNY26.00

J0126937
1994：桃园梦境 （摄影挂历）
天津　天津人民美术出版社［1993 年］
76×53cm　定价：CNY26.80

J0126938
1994：秀丽风光 （摄影挂历）
武汉　湖北美术出版社［1993 年］76×53cm
定价：CNY32.80

J0126939
1994：长江之源 （摄影挂历）
沈阳　辽宁美术出版社［1993 年］100×73cm
定价：CNY44.80

J0126940
1994：中华大地 （摄影挂历）
上海　上海人民美术出版社［1993 年］
76×53cm　定价：CNY30.00

J0126941
1994：中华美景 （摄影挂历）

南京 江苏美术出版社 1993 年 76×53cm
定价：CNY27.80

J0126942
1994：自然风光 （摄影挂历）
武汉 湖北美术出版社［1993 年］95×73cm
定价：CNY70.00

J0126943
1994：自然风光 （摄影挂历）
济南 山东友谊书社 1993 年 76×53cm
定价：CNY28.80

J0126944
1994：自然美景 （摄影挂历）
广州 广东科技出版社［1993 年］76×53cm
定价：CNY18.80

J0126945
1994：自然美景 （摄影挂历）
北京 中国旅游出版社［1993 年］77×53cm
定价：CNY28.80

J0126946
碧水轻舟 （摄影 1994 年年历）张玉同摄
沈阳 辽宁美术出版社 1993 年 1 张 53×38cm
定价：CNY0.98

J0126947
彩云 （摄影 1994 年年历）黄正雄摄
南京 江苏美术出版社 1993 年 1 张 77×53cm
定价：CNY1.40

J0126948
春韵 （摄影 1994 年年历）兆欣摄
南京 江苏美术出版社 1993 年 1 张 68×38cm
定价：CNY1.05

J0126949
飞瀑流晖 （摄影 1994 年年历）秀艳摄
沈阳 辽宁美术出版社 1993 年 1 张 53×38cm
定价：CNY0.98

J0126950
飞瀑迎春 （摄影 1994 年年历）浪琴摄

上海 上海人民美术出版社 1993 年 1 张
34×35cm 定价：CNY0.65

J0126951
海韵 （摄影 1994 年年历）
北京 中国电影出版社［1993 年］1 张
77×53cm 定价：CNY1.30

J0126952
湖影荡舟 （摄影 1994 年年历）岫石摄
沈阳 辽宁美术出版社 1993 年 1 张 38×53cm
定价：CNY0.98

J0126953
黄龙飞瀑 （摄影 1994 年年历）阿伦摄
沈阳 辽宁美术出版社 1993 年 1 张 53×38cm
定价：CNY0.98

J0126954
黄龙瀑布 （摄影 1994 年年历）雨田摄
沈阳 辽宁美术出版社 1993 年 1 张 53×38cm
定价：CNY0.98

J0126955
黄龙秋色 （摄影 1994 年年历）刘杰摄
沈阳 辽宁美术出版社 1993 年 1 张 53×38cm
定价：CNY0.98

J0126956
黄山奇观 （摄影 1994 年年历）忻正伯摄
上海 上海人民美术出版社 1993 年 1 张
35×38cm 定价：CNY0.65

J0126957
劲松 （摄影 1994 年年历）
南京 江苏美术出版社 1993 年 1 张 77×53cm
定价：CNY1.40

J0126958
静物——秋韵 （摄影 1994 年年历）杨中俭摄
上海 上海人民美术出版社 1993 年 1 张
77×53cm 定价：CNY1.65

J0126959
九寨初雪 （摄影 1994 年年历）肖崔摄

沈阳 辽宁美术出版社 1993 年 1 张 38×53cm
定价: CNY0.98

J0126960
九寨飞瀑 （摄影 1994 年年历）李文山摄
沈阳 辽宁美术出版社 1993 年 1 张 38×53cm
定价: CNY0.98

J0126961
九寨沟长海 （摄影 1994 年年历）阿伦摄
沈阳 辽宁美术出版社 1993 年 1 张 38×53cm
定价: CNY0.98

J0126962
漓江渔舟 （摄影 1994 年年历）秀艳摄
沈阳 辽宁美术出版社 1993 年 1 张 38×53cm
定价: CNY0.98

J0126963
绿荫古亭 （摄影 1994 年年历）张玉同摄
沈阳 辽宁美术出版社 1993 年 1 张 38×53cm
定价: CNY0.98

J0126964
南岛椰林 （摄影 1994 年年历）雷池摄
沈阳 辽宁美术出版社 1993 年 1 张 38×53cm
定价: CNY0.98

J0126965
楠溪江暮色 （摄影 1994 年年历）江小铎摄
上海 上海人民美术出版社 1993 年 1 张
34×35cm 定价: CNY0.65

J0126966
秋情红艳 （摄影 1994 年年历）
北京 中国电影出版社 [1993 年] 1 张
53×38cm 定价: CNY0.70

J0126967
三峡宏图 （宣传画 1994 年年历）光远,承斌作
杭州 浙江人民美术出版社 1993 年 1 张
53×77cm 定价: CNY1.50

J0126968
山青水秀 （摄影 1994 年年历）卞志武摄

南京 江苏美术出版社 1993 年 1 张 77×53cm
定价: CNY1.40

J0126969
书童山 （摄影 1994 年年历）张玉同摄
沈阳 辽宁美术出版社 1993 年 1 张 38×53cm
定价: CNY0.98

J0126970
苏州园林 （摄影 1994 年年历）忠仁摄
沈阳 辽宁美术出版社 1993 年 1 张 38×53cm
定价: CNY0.98

J0126971
我爱祖国山河美 （摄影 1994 年年历）
靳东立摄
上海 上海人民美术出版社 1993 年 1 张
77×53cm 定价: CNY1.65

J0126972
西湖佳景 （摄影 1994 年年历）周忠仁摄
沈阳 辽宁美术出版社 1993 年 1 张 38×53cm
定价: CNY0.98

J0126973
西湖夏荷 （摄影 1994 年年历）豫强摄
杭州 浙江人民美术出版社 1993 年 1 张
68×38cm 定价: CNY1.10

J0126974
西子湖畔 （摄影 1994 年年历）吕悦摄
沈阳 辽宁美术出版社 1993 年 1 张 38×53cm
定价: CNY0.98

J0126975
夏之浪 （摄影 1994 年年历）伍京生摄
南京 江苏美术出版社 1993 年 1 张 38×53cm
定价: CNY0.75

J0126976
长城秋色 （摄影 1994 年年历）卞志武摄
南京 江苏美术出版社 1993 年 1 张 77×53cm
定价: CNY1.40

J0126977
竹亭翠影 （摄影 1994 年年历）石川摄
沈阳 辽宁美术出版社 1993 年 1 张 38×53cm
定价：CNY0.98

J0126978
1995：东方之珠 （摄影挂历）
北京 中国电影出版社 1994 年 有图 77×53cm
定价：CNY42.60

J0126979
1995：姑苏风情 （摄影挂历）
南京 江苏美术出版社 1994 年 有图 35×38cm

J0126980
1995：江山多娇 （摄影挂历）
南昌 江西美术出版社 1994 年 有图 102x72cm
定价：CNY48.00

J0126981
1995：美丽的城市 （摄影挂历）
上海 上海人民美术出版社 1994 年 有图
102x72cm 定价：CNY44.00

J0126982
1995：名都名城 （摄影挂历）莫北权,王潮摄
上海 上海人民美术出版社 1994 年 有图
77×53cm 定价：CNY39.00

J0126983
1995：山川情 （摄影挂历）姜维朴摄
北京 中国连环画出版社 1994 年 有图
77×53cm 定价：CNY29.00
　　作者姜维朴(1926—2019),编辑。山东黄县
人,毕业于山东大学文艺系。历任人民美术出版
社《连环画报》编辑室主任、副主编,中国连环画
出版社总编辑等。代表作品有《鲁迅论连环画》
《要摄取事物的本质》《连环画艺术论》等。

J0126984
1995：山水盘景 （摄影挂历）
广州 广东科技出版社 1994 年 有图 77×53cm
定价：CNY19.50

J0126985
1995：四季情韵 （摄影挂历）
湖北美术出版社编
石家庄 河北美术出版社 1994 年 有图
74×48cm 定价：CNY41.80

J0126986
1995：旖旎风光 （摄影挂历）
武汉 湖北美术出版社 1994 年 有图 73×96cm
定价：CNY52.00

J0126987
1995：源源流长 （摄影挂历）
广州 广东科技出版社 1994 年 有图 95×66cm
定价：CNY42.00

J0126988
1995：中国国家公园风光 （摄影挂历）
谷维恒摄
北京 中国旅游出版社 1994 年 有图 77×53cm
定价：CNY35.80
　　作者谷维恒(1944—　),山东人。中国摄影
学会陕西省分会、中国摄影家协会会员。摄影作
品有《石林奇观》《黄山佛光》《悬空寺夜色》等。

J0126989
1995：自然风光 （摄影挂历）
武汉 湖北美术出版社 1994 年 有图 73×96cm
定价：CNY48.00

J0126990
1995：自然美境 （摄影挂历）
山东友谊出版社编
济南 山东友谊出版社 1994 年 有图 77×53cm
定价：CNY38.80

J0126991
澳大利亚悉尼 （摄影 1995 年年历）
北京 中国电影出版社 1994 年 1 张 77×53cm
定价：CNY1.80

J0126992
川西秋色 （摄影 1995 年年历）陈锦摄
南京 江苏美术出版社 1994 年 1 张 77×53cm
定价：CNY1.80

作者陈锦(1955—),摄影编辑。出生于四川成都,毕业于云南大学。四川美术出版社摄影编辑,中国摄影家协会会员。出版有《四川茶铺》《感怀成都》《高原魂》等。

J0126993
春回大地 （摄影 1995 年年历）
杭州 浙江人民美术出版社 1994 年 1 张
77×35cm 定价: CNY1.60

J0126994
春韵 （摄影 1995 年年历）石强摄
南京 江苏美术出版社 1994 年 1 张 77×53cm
定价: CNY1.80

J0126995
飞瀑 （摄影 1995 年农历乙亥年年历）
天津 天津人民美术出版社 1994 年 1 张
53×38cm 定价: CNY0.80

J0126996
贵州黄果树 （摄影 1995 年年历）
南京 江苏美术出版社 1994 年 1 张 77×53cm
定价: CNY1.80

J0126997
桂林西郎山 （摄影 1995 年年历）高明义摄
北京 中国连环画出版社 1994 年 1 张
77×53cm 定价: CNY2.20

J0126998
海滨 （摄影 1995 年年历）
南京 江苏美术出版社 1994 年 1 张 102×72cm
定价: CNY5.20

J0126999
海风 （摄影 1995 年年历）
南京 江苏美术出版社 1994 年 1 张 102×72cm
定价: CNY5.20

J0127000
海南椰林 （摄影 1995 年年历）陈锦摄
南京 江苏美术出版社 1994 年 1 张 77×53cm
定价: CNY1.80

J0127001
海韵 （摄影 1995 年年历）
北京 中国电影出版社 1994 年 1 张 77×53cm
定价: CNY1.80

J0127002
黄果树瀑布 （摄影 1995 年农历乙亥年年历）
张词祖摄影
天津 天津人民美术出版社 1994 年 1 张
38×53cm 定价: CNY0.80

作者张词祖,主要摄影作品为《海棠枝头》。

J0127003
江西南昌滕王阁 （摄影 1995 年年历）
姜维朴摄
北京 中国连环画出版社 1994 年 1 张
77×53cm 定价: CNY2.20

作者姜维朴(1926—2019),编辑。山东黄县人,毕业于山东大学文艺系。历任人民美术出版社《连环画报》编辑室主任、副主编,中国连环画出版社总编辑等。代表作品有《鲁迅论连环画》《要摄取事物的本质》《连环画艺术论》等。

J0127004
锦绣中华 （摄影 1995 年年历）胡美摄
上海 上海人民美术出版社 1994 年 1 张
77×53cm 定价: CNY2.00

J0127005
九寨沟冬 （摄影 1995 年年历）叶导摄
上海 上海人民美术出版社 1994 年 1 张
77×53cm 定价: CNY2.00

J0127006
九寨沟秋色 （摄影 1995 年年历）叶导摄
上海 上海人民美术出版社 1994 年 1 张
77×53cm 定价: CNY2.00

J0127007
九寨秋色 （摄影 1995 年年历）
杭州 浙江人民美术出版社 1994 年 1 张
53×38cm 定价: CNY1.30

J0127008
昆明大观楼 （摄影 1995 年年历）高明义摄

北京 中国连环画出版社 1994 年 1 张
77×53cm 定价：CNY2.20

J0127009
劳山怪石岩 （摄影 1995 年年历）梅林摄
北京 中国连环画出版社 1994 年 1 张
77×53cm 定价：CNY2.20

J0127010
南国风光 （摄影 1995 年年历）
天津 天津人民美术出版社 1994 年 1 张
53×38cm 定价：CNY0.80

J0127011
南国夏日 （摄影 1995 年年历）
天津 天津人民美术出版社 1994 年 1 张
53×38cm 定价：CNY0.80

J0127012
山青水秀 （摄影 1995 年年历）陈锦摄影
天津 天津人民美术出版社 1994 年 1 张
53×38cm 定价：CNY0.80
　　作者陈锦(1955—)，摄影编辑。出生于四
川成都，毕业于云南大学。四川美术出版社摄影
编辑，中国摄影家协会会员。出版有《四川茶铺》
《感怀成都》《高原魂》等。

J0127013
上海南京路之夜 （摄影 1995 年年历）
姜维朴摄
北京 中国连环画出版社 1994 年 1 张
77×53cm 定价：CNY2.20
　　作者姜维朴(1926—2019)，编辑。山东黄县
人，毕业于山东大学文艺系。历任人民美术出版
社《连环画报》编辑室主任、副主编，中国连环画
出版社总编辑等。代表作品有《鲁迅论连环画》
《要摄取事物的本质》《连环画艺术论》等。

J0127014
深圳深南中路一角 （摄影 1995 年年历）
于健鹰摄
北京 中国连环画出版社 1994 年 1 张
77×53cm 定价：CNY2.20

J0127015
泰国大王宫 （摄影 1995 年年历）鄂毅摄影
北京 中国旅游出版社 1994 年 1 张 53×77cm
定价：CNY1.90
　　作者鄂毅(1941—)，摄影家。毕业于中央
工艺美术学院。曾任北京出版社美术编辑、中国
旅游出版社摄影编辑室主任。中国摄影家协会
会员、中国出版摄影艺术委员会副主任。主要作
品《晨歌》《姐妹松》《苍岩毓秀》等，著有《风光
摄影的理论与实践》。

J0127016
武汉黄鹤楼 （摄影 1995 年年历）
南京 江苏美术出版社 1994 年 1 张 77×53cm
定价：CNY1.80

J0127017
西湖之春 （摄影 1995 年年历）
杭州 浙江人民美术出版社 1994 年 1 张
77×35cm 定价：CNY1.60

J0127018
香山春色 （摄影 1995 年年历）牛崇林摄
北京 中国连环画出版社 1994 年 1 张
77×53cm 定价：CNY2.20

J0127019
扬州瘦西湖 （摄影 1995 年年历）陈书帛摄影
北京 中国旅游出版社 1994 年 1 张 53×38cm
定价：CNY1.00

J0127020
扬州瘦西湖 （摄影 1996 年年历）陈书帛摄
北京 中国旅游出版社 1995 年 1 张 53×38cm
定价：CNY1.30

J0127021
颐和园夕照 （摄影 1995 年年历）高明义摄
北京 中国连环画出版社 1994 年 1 张
77×53cm 定价：CNY2.20

J0127022
迎客松 （摄影 1995 年农历乙亥年年历）
刘传炎摄影
天津 天津人民美术出版社 1994 年 1 张

53×38cm 定价：CNY0.80

J0127023
1995：临潼 （摄影挂历）任永健摄
西宁 青海人民出版社 1995 年 1 张 77×53cm
定价：CNY38.00

J0127024
1996：春 （摄影挂历）刘海发等摄
天津 天津人民美术出版社 1995 年 77×53cm
ISBN：7-5305-0503-3 定价：CNY25.00

J0127025
1996：大都市掠影 （摄影挂历）陈纪萱等摄
广州 广东人民出版社 1995 年 78×50cm
ISBN：7-218-01802-5 定价：CNY25.00

J0127026
1996：东方之珠 （摄影挂历）芊目等摄
广州 广东科技出版社 1995 年 99×70cm
ISBN：7-5359-1566-3 定价：CNY28.80

J0127027
1996：都市田园 （摄影挂历）冯进摄
西安 陕西人民美术出版社 1995 年 86×58cm
ISBN：7-5368-0765-1 定价：CNY25.00

J0127028
1996：都市之光 （摄影挂历）
新疆美术摄影出版社编
乌鲁木齐 新疆美术摄影出版社 1995 年
77×53cm ISBN：7-80547-343-9
定价：CNY25.00

J0127029
1996：都市之光 （摄影挂历）重庆出版社编
重庆 重庆出版社 1995 年 75×42cm
ISBN：5366.866

J0127030
1996：繁华 （摄影挂历）高盛奎,方国良摄
杭州 浙江人民美术出版社 1995 年 87×57cm
ISBN：7-5340-0572-8 定价：CNY28.00

J0127031
1996：飞瀑迎春 （摄影挂历）利津多供稿
上海 上海人民美术出版社 1995 年 77×53cm
定价：CNY25.00

J0127032
1996：古堡风情 （摄影挂历）
全景图片公司供稿
上海 上海人民美术出版社 1995 年 74×48cm
定价：CNY24.00

J0127033
1996：国外都市风光 （摄影挂历）冯力等摄
石家庄 河北美术出版社 1995 年 77×53cm
ISBN：7-5310-0705-3 定价：CNY25.00

J0127034
1996：华山 （摄影挂历）秦小平摄
西安 陕西人民美术出版社 1995 年 86×58cm
ISBN：7-5368-0756-2 定价：CNY24.00
　　　作者秦小平（1956— ），风光摄影家。历任
中国摄影家学会会员,陕西省摄影家协会会员,
陕西省艺术摄影学会理事,陕西省渭南市摄影家
协会顾问。出版有《仙石峪水——华山仙峪》《尧
头古窑场》。

J0127035
1996：华山揽胜 （摄影挂历）王守平等摄
西安 陕西人民美术出版社 1995 年 74×58cm
ISBN：7-5368-0752-X 定价：CNY25.00

J0127036
1996：黄山奇松 （摄影挂历）林伟新等摄
广州 广东科技出版社 1995 年 77×53cm
ISBN：7-5359-1507-8 定价：CNY25.00

J0127037
1996：江山多娇 （摄影挂历）黑星图片社供稿
兰州 甘肃人民美术出版社 1995 年 77×53cm
ISBN：7-80588-112-X 定价：CNY25.00

J0127038
1996：锦绣中华 （摄影挂历）东京等摄
西安 陕西人民美术出版社 1995 年 74×58cm
ISBN：7-5368-0751-1 定价：CNY25.00

J0127039
1996：青海风光 （摄影挂历）
中国人民银行青海省分行编
西宁 青海人民出版社 1995 年 77×53cm
ISBN：7-225-01187-1 定价：CNY30.00

J0127040
1996：山光水色
（摄影挂历）湖北美术出版社编
武汉 湖北美术出版社 1995 年 70×95cm
ISBN：7-5394-0571-6 定价：CNY26.00

J0127041
1996：山明水秀 （摄影挂历）林伟新等摄
广州 广东科技出版社 1995 年 99×70cm
ISBN：7-5359-1568-X 定价：CNY28.80

J0127042
1996：神游山水 （摄影挂历）
重庆 重庆出版社 1995 年 78×52cm
ISBN：5366.863

J0127043
1996：胜境 （摄影挂历）义勇摄
珠海 珠海出版社 1995 年 75×52cm
ISBN：7-80607-079-6 定价：CNY25.00

J0127044
1996：诗情画意 （摄影挂历）
陈春轩,宋士诚摄
上海 上海人民美术出版社 1995 年 77×53cm
ISBN：7-5322-1457-5 定价：CNY25.00

J0127045
1996：世界风光 （摄影挂历）继良等供稿
武汉 湖北美术出版社 1995 年 74×48cm
ISBN：7-5394-0570-8 定价：CNY22.00

J0127046
1996：世界名胜 （摄影挂历）林伟新等摄
广州 广东科技出版社 1995 年 99×70cm
ISBN：7-5359-1517-5 定价：CNY28.80

J0127047
1996—1997：天然画卷 （双年摄影挂历）

温克信摄
南京 江苏科学技术出版社 1995 年 19×26cm
ISBN：7-5345-2015-0 定价：CNY5.00

J0127048
春 （摄影 1996 年年历）钱豫强摄
天津 天津人民美术出版社 1995 年 1 张
53×37cm 定价：CNY1.00

J0127049
春到华山 （摄影 1996 年年历）
西安 陕西人民美术出版社 1995 年 1 张
77×53cm 定价：CNY2.60

J0127050
德国风光 （摄影 1996 年年历）李佳凯摄
沈阳 辽宁美术出版社 1995 年 1 张 38×53cm
定价：CNY1.30

J0127051
钓鱼台一角 （摄影 1996 年年历）牛嵩林摄
北京 中国连环画出版社 1995 年 1 张
77×53cm 定价：CNY2.90

J0127052
杭州曲院风荷 （摄影 1996 年年历）牛嵩林摄
北京 中国连环画出版社 1995 年 1 张
77×53cm 定价：CNY2.90

J0127053
杭州曲院风荷 （摄影 1998 年年历）
牛嵩林摄影
北京 中国连环画出版社 1997 年 1 张
77×53cm 定价：CNY3.20

J0127054
黄果树飞瀑 （摄影 1996 年年历）书帛摄
南京 江苏美术出版社 1995 年 1 张 77×53cm
定价：CNY2.20

J0127055
黄山松柏 （摄影 1996 年年历）中俭摄
南京 江苏美术出版社 1995 年 1 张 77×53cm
定价：CNY2.40

J0127056
假日 （摄影 1996 年年历）
天津 天津人民美术出版社 1995 年 1 张
53×37cm 定价：CNY1.00

J0127057
江西龙虎山 （摄影 1996 年年历）谷维恒摄
沈阳 辽宁美术出版社 1995 年 1 张 38×53cm
定价：CNY1.30

J0127058
节日北京街景 （摄影 1996 年年历）陈书帛摄
北京 中国旅游出版社 1995 年 1 张 53×38cm
定价：CNY1.30

J0127059
金秋 （摄影 1996 年年历）谢新发摄
上海 上海人民美术出版社 1995 年 1 张
77×53cm 定价：CNY2.40

J0127060
金秋时节 （摄影 1996 年年历）朝阳摄
北京 中国连环画出版社 1995 年 1 张
77×53cm 定价：CNY2.90

J0127061
庐山冬雪 （摄影 1996 年年历）殷锡祥摄
北京 中国旅游出版社 1995 年 1 张 53×38cm
定价：CNY1.30

J0127062
庐山松 （摄影 1996 年年历）杭志忠摄
上海 上海人民美术出版社 1995 年 1 张
77×53cm 定价：CNY2.40

J0127063
琼岛今更美 （摄影 1996 年年历）张惠芬摄
北京 中国连环画出版社 1995 年 1 张
53×77cm 定价：CNY2.90

J0127064
绍兴东湖 （摄影 1996 年年历）陈春轩摄
上海 上海人民美术出版社 1995 年 1 张
77×53cm 定价：CNY2.40

J0127065
绍兴东湖 （摄影 1996 年年历）高明义摄
北京 中国连环画出版社 1995 年 1 张
77×53cm 定价：CNY2.90

J0127066
深圳香密湖 （摄影 1996 年年历）牛嵩林摄
北京 中国连环画出版社 1995 年 1 张
77×53cm 定价：CNY2.90

J0127067
深圳香密湖 （摄影 1998 年年历）牛嵩林摄影
北京 中国连环画出版社 1997 年 1 张
77×53cm 定价：CNY3.20

J0127068
泰国大王宫 （摄影 1996 年年历）鄂毅摄
沈阳 辽宁美术出版社 1995 年 1 张 38×53cm
定价：CNY1.30

J0127069
天涯海角风光美 （摄影 1996 年年历）
高明义摄
北京 中国连环画出版社 1995 年 1 张
53×77cm 定价：CNY2.90

J0127070
五彩缤纷 （摄影 1996 年年历）姜维朴摄
北京 中国连环画出版社 1995 年 1 张
77×53cm 定价：CNY2.90
　　作者姜维朴(1926—2019)，编辑。山东黄县
人，毕业于山东大学文艺系。历任人民美术出版
社《连环画报》编辑室主任、副主编，中国连环画
出版社总编辑等。代表作品有《鲁迅论连环画》
《要摄取事物的本质》《连环画艺术论》等。

J0127071
西湖公园 （摄影 1996 年年历）谷维恒摄
沈阳 辽宁美术出版社 1995 年 1 张 38×53cm
定价：CNY1.30

J0127072
夏日 （摄影 1996 年年历）姚中玉摄
上海 上海人民美术出版社 1995 年 1 张
77×53cm 定价：CNY2.40

作者姚中玉,画家。曾任湖南省艺术家书画院会员、长沙市书法家协会会员等职。主要作品有《迎风燕舞》《向天歌》《一唱雄鸡天下白》《春情》《富贵吉祥》等。

J0127073
夏日　（摄影 1996 年年历）
天津　天津人民美术出版社 1995 年　1 张
53×37cm　定价：CNY1.00

J0127074
夏威夷海滨　（摄影 1996 年年历）方钧强摄
北京　中国连环画出版社 1995 年　1 张
77×53cm　定价：CNY2.90

J0127075
新加坡风光　（摄影 1996 年年历）鄂毅摄
沈阳　辽宁美术出版社 1995 年　1 张　38×53cm
定价：CNY1.30

J0127076
新疆天池　（摄影 1996 年年历）孙振宇摄
北京　中国连环画出版社 1995 年　1 张
77×53cm　定价：CNY2.90

J0127077
雄姿　（摄影 1996 年年历）建华供稿
南京　江苏美术出版社 1995 年　1 张　77×53cm
定价：CNY2.40

J0127078
云山远眺　（摄影 1996 年年历）王建华供稿
南京　江苏美术出版社 1995 年　1 张　53×77cm
定价：CNY2.40

J0127079
长城雄姿　（摄影 1996 年年历）高明义摄
北京　中国连环画出版社 1995 年　1 张
77×53cm　定价：CNY2.90

J0127080
1997：'97 回归香港风光　（摄影挂历）
福建美术出版社编
福州　福建美术出版社 1996 年　77×53cm
ISBN：7-5393-0487-1　定价：CNY16.00

J0127081
1997：北京钓鱼台国宾馆　（年历画）
牛嵩林摄
北京　中国连环画出版社 1996 年　1 张
52×76cm　统一书号：85061.95046
定价：CNY3.20

J0127082
1997：北京中央电视塔　（年历画）高明义摄
北京　中国连环画出版社 1996 年　1 张
52×38cm　统一书号：85061.96009
定价：CNY1.60

J0127083
1997：城市风光　（摄影挂历）
江苏美术出版社编
南京　江苏美术出版社 1996 年　77×53cm
ISBN：7-5344-0524-6　定价：CNY26.00

J0127084
1997：春　（摄影挂历）新疆美术摄影出版社编
乌鲁木齐　新疆美术摄影出版社 1996 年
77×53cm　ISBN：7-80547-400-1
定价：CNY27.50

J0127085
1997：春水　（摄影挂历）杨柳摄
天津　天津杨柳青画社 1996 年　77×53cm
ISBN：7-80503-300-5　定价：CNY27.00

J0127086
1997：大自然　（摄影挂历）景喜摄
天津　天津杨柳青画社 1996 年　86×57cm
ISBN：7-80503-322-6　定价：CNY30.80

J0127087
1997：大自然　（摄影挂历）西泠印社编
杭州　西泠印社 1996 年　77×53cm
ISBN：7-80517-208-0　定价：CNY27.50

J0127088
1997：东方明珠——庆回归　（摄影挂历）
福建美术出版社编
福州　福建美术出版社 1996 年　77×53cm
ISBN：7-5393-0456-1　定价：CNY26.00

J0127089
1997：都市大观 （摄影挂历）
全景图片公闻供稿
乌鲁木齐 新疆美术摄影出版社 1996 年
70×94cm ISBN：7-80547-409-5
定价：CNY38.00

J0127090
1997：都市风采 （摄影挂历）
福建美术出版社编
福州 福建美术出版社 1996 年 53×77cm
ISBN：7-5393-0416-2 定价：CNY15.00

J0127091
1997：都市风光 （摄影挂历）
上海人民美术出版社编
上海 上海人民美术出版社 1996 年 95×69cm
ISBN：7-5322-1569-5 定价：CNY32.50

J0127092
1997：都市景观 （摄影挂历）
福建美术出版社编
福州 福建美术出版社 1996 年 77×53cm
ISBN：7-5393-0466-9 定价：CNY16.00

J0127093
1997：多彩的世界 （摄影挂历）
云南人民出版社编
昆明 云南人民出版社 1996 年 77×53cm
ISBN：7-222-01958-8 定价：CNY18.00

J0127094
1997：风光独好 （摄影挂历）崇艺摄
长沙 湖南美术出版社 1996 年 69×98cm
ISBN：7-5356-0847-7 定价：CNY33.80

J0127095
1997：贵州风雨桥 （年历画）牛嵩林摄
北京 中国连环画出版社 1996 年 1 张
76×52cm 统一书号：85061.94015
定价：CNY3.20

J0127096
1997：杭州曲院风荷 （年历画）牛嵩林摄
北京 中国连环画出版社 1996 年 1 张

76×52cm 统一书号：85061.95005
定价：CNY3.20

J0127097
1997：红枫银瀑 （摄影挂历）利津多供稿
上海 上海人民美术出版社 1996 年 95×69cm
ISBN：7-5322-1533-4 定价：CNY33.00

J0127098
1997：湖光山色 （摄影挂历）杨柳摄
天津 天津杨柳青画社 1996 年 77×53cm
ISBN：7-80503-282-3 定价：CNY27.00

J0127099
1997：江山多娇 （摄影挂历）侯波等摄
南昌 江西美术出版社 1996 年 98×69cm
ISBN：7-80580-308-0 定价：CNY35.00

J0127100
1997：九洲大地 （摄影挂历）
福建美术出版社编
福州 福建美术出版社 1996 年 77×53cm
ISBN：7-5393-0453-7 定价：CNY14.50

J0127101
1997：漓江风光 （摄影挂历）关建中摄
广州 岭南美术出版社 1996 年 57×40cm
ISBN：7-5362-1459-6 定价：CNY18.00

J0127102
1997：漓江风光 （年历画）高明义摄
北京 中国连环画出版社 1996 年 1 张
52×76cm 统一书号：85061.96003
定价：CNY3.20

J0127103
1997：美丽的巴音郭楞 （摄影挂历）
乌鲁木齐 新疆人民出版社 1996 年 43×38cm
ISBN：7-228-04005-8 定价：CNY25.00

J0127104
1997：名城风光 （摄影挂历）
福建美术出版社编
福州 福建美术出版社 1996 年 77×53cm
ISBN：7-5393-0405-7 定价：CNY26.00

J0127105
1997：名塔奇观 （摄影挂历）
福建美术出版社编
福州　福建美术出版社　1996 年　77×53cm
ISBN：7-5393-0454-5　定价：CNY14.50

J0127106
1997：南国风光 （摄影挂历）
陕西人民美术出版社编
西安　陕西人民美术出版社　1996 年　74×58cm
ISBN：7-5368-0847-X　定价：CNY27.50

J0127107
1997：欧陆情怀 （摄影挂历）
中国美术学院出版社编
杭州　中国美术学院出版社　1996 年　77×53cm
ISBN：7-81019-506-9　定价：CNY27.50

J0127108
1997：欧美风光 （摄影挂历）
福建美术出版社编
福州　福建美术出版社　1996 年　77×53cm
ISBN：7-5393-0496-0　定价：CNY16.00

J0129483
1997：奇峰如画 （摄影挂历）袁廉民摄
南昌　江西美术出版社　1996 年　98×69cm
ISBN：7-80580-303-X　定价：CNY35.00

J0127109
1997：奇观异景 （摄影挂历）
福建美术出版社编
福州　福建美术出版社　1996 年　70×100cm
ISBN：7-5393-0414-6　定价：CNY37.00

J0127110
1997：青岛风貌 （年历画）高明义摄
北京　中国连环画出版社　1996 年　1 张
76×52cm　统一书号：85061.96002
定价：CNY3.20

J0127111
1997：青山秀水 （摄影挂历）牛嵩林等摄
天津　天津杨柳青画社　1996 年　77×53cm
ISBN：7-80503-316-1　定价：CNY27.00

J0127112
1997：人间仙境 （摄影挂历）爱民供稿
乌鲁木齐　新疆美术摄影出版社　1996 年
77×53cm　ISBN：7-80547-430-3
定价：CNY26.80

J0127113
1997：山水寄怀 （摄影挂历）
福建美术出版社编
福州　福建美术出版社　1996 年　77×53cm
ISBN：7-5393-0413-8　定价：CNY26.80

J0127114
1997：深圳西丽湖 （年历画）牛嵩林摄
北京　中国连环画出版社　1996 年　1 张
76×52cm　统一书号：85061.96004
定价：CNY3.20

J0127115
1997：深圳香密湖 （年历画）牛嵩林摄
北京　中国连环画出版社　1996 年　1 张
76×52cm　统一书号：85061.93021
定价：CNY3.20

J0129491
1997：世界风光 （摄影挂历）许安宁摄
北京　中国旅游出版社　1996 年　77×53cm
ISBN：7-5032-1302-7　定价：CNY27.50

J0127116
1997：世界名都 （摄影挂历）
福建美术出版社编
福州　福建美术出版社　1996 年　106×77cm
ISBN：7-5393-0445-6　定价：CNY33.00

J0127117
1997：世界十大名城 （摄影挂历）崇艺摄
长沙　湖南美术出版社　1996 年　74×51cm
ISBN：7-5356-0853-1　定价：CNY26.80

J0127118
1997：世界十大名胜 （摄影挂历）崇艺摄
长沙　湖南美术出版社　1996 年　74×51cm
ISBN：7-5356-0851-5　定价：CNY26.80

J0127119
1997：四季写真　（摄影挂历）新疆美术摄影
出版社编
乌鲁木齐　新疆美术摄影出版社　1996 年
77×53cm　ISBN：7-80547-397-8
定价：CNY27.50

J0127120
1997：四季绚丽　（摄影挂历）
福建美术出版社编
福州　福建美术出版社　1996 年　70×100cm
ISBN：7-5393-0397-2　定价：CNY34.00

J0127121
1997：塔里木风景线　（摄影挂历）
乌鲁木齐　新疆人民出版社　1996 年　38×43cm
ISBN：7-228-04004-X　定价：CNY25.00

J0127122
1997：夏威夷市内广场　（年历画）方钧强摄
北京　中国连环画出版社　1996 年　1 张
76×52cm　统一书号：85061.95032
定价：CNY3.20

J0127123
1997：香港风光　（摄影挂历）
福建美术出版社编
福州　福建美术出版社　1996 年　106×77cm
ISBN：7-5393-0462-6　定价：CNY33.00

J0127124
1997：中国山水　（摄影挂历）
上海人民美术出版社编
上海　上海人民美术出版社　1996 年　77×53cm
ISBN：7-5322-1610-1　定价：CNY27.50

J0127125
1997：中华黄山　（摄影挂历）杨柳摄
天津　天津杨柳青画社　1996 年　77×53cm
ISBN：7-80503-330-7　定价：CNY27.00

J0127126
1997：重归自然　（摄影挂历）利波供稿
乌鲁木齐　新疆美术摄影出版社　1996 年
77×53cm　ISBN：7-80547-429-X

定价：CNY26.80

J0127127
1997：自然风光　（摄影挂历）刘颖,李柔韧摄
沈阳　辽宁美术出版社　1996 年　76×52cm
ISBN：7-5314-1428-7　定价：CNY19.80

J0127128
1997：自然风光　（摄影挂历）田雨摄
西安　陕西人民美术出版社　1996 年　74×58cm
ISBN：7-5368-0827-5　定价：CNY27.50

J0127129
1997：自然风光　（摄影挂历）
全景图片公司供稿
乌鲁木齐　新疆美术摄影出版社　1996 年
70×94cm　ISBN：7-80547-410-9
定价：CNY38.00

J0127130
1997：自然风光：一九九七香港回归纪念
（摄影挂历）郭新摄
乌鲁木齐　新疆美术摄影出版社　1996 年
38×43cm　ISBN：7-80547-372-2
定价：CNY27.50
　　作者郭新（1960—　　），在新疆克拉玛依从事
宣传工作,摄有《大漠·太阳与生命：郭新摄影作
品集》。

J0127131
1997：自然胜景　（摄影挂历）
上海人民美术出版社编
上海　上海人民美术出版社　1996 年　95×69cm
ISBN：7-5322-1562-8　定价：CNY32.50

J0127132
1997：自然旋律　（摄影挂历）刘德保摄
乌鲁木齐　新疆美术摄影出版社　1996 年
70×94cm　ISBN：7-80547-405-2
定价：CNY33.00

J0127133
1997：自然之歌　（摄影挂历）
江苏美术出版社编
南京　江苏美术出版社　1996 年　77×53cm

ISBN：7-5344-0512-2 定价：CNY27.50

J0127134
大瀑布 （摄影年画）张士摄
上海 上海人民美术出版社 1996 年 1 张
37×106cm 定价：CNY2.90

J0127135
飞瀑彩虹 （摄影 1997 年年历）张士摄
上海 上海人民美术出版社 1996 年 1 张
77×53cm 定价：CNY4.00

J0127136
漓江风光 桂林市摄影家协会编
南宁 广西美术出版社 1996 年 10 张 11×15cm
ISBN：7-80625-138-3 定价：CNY5.00

J0127137
蠡园之春 （摄影 1997 年年历）晓朱摄
上海 上海人民美术出版社 1996 年 1 张
77×53cm 定价：CNY2.80

J0127138
上海十大新景观 （汉、英、日对照）
莫炳春等摄
上海 上海画报出版社 1996 年 10 张
15cm（64 开）ISBN：7-80530-178-6

J0127139
颐和园 （汉、英、世界语对照）高明主等摄
北京 北京工艺美术出版社，中国世界语出版社
1996 年 20 张 10×15cm 定价：CNY18.00

J0127140
长江三峡 （摄影年画）张士摄
上海 上海人民美术出版社 1996 年 1 张
37×106cm 定价：CNY2.90

J0127141
1997：世界风光 （摄影挂历）于健鹰摄
长春 吉林摄影出版社 1997 年 76×52cm
ISBN：7-80606-078-2 定价：CNY27.50

J0127142
1998：巴黎之春 （摄影挂历）

上海人民美术出版社［摄］
上海 上海人民美术出版社 1997 年 106×75cm
ISBN：7-5322-1703-5 定价：CNY33.00

J0127143
1998：白龙湖风光 （摄影挂历）胡亮等摄
成都 四川人民出版社 1997 年 76×52cm
ISBN：7-220-03837-2 定价：CNY28.50

J0127144
1998：滨海之都 （摄影挂历）尹福康摄
上海 上海人民美术出版社 1997 年 76×52cm
ISBN：7-5322-1704-3 定价：CNY27.50

J0127145
1998：彩云 （摄影挂历）
浙江人民美术出版社编
杭州 浙江人民美术出版社 1997 年 76×52cm
ISBN：7-5340-0712-7 定价：CNY27.50

J0127146
1998：城市风光 （摄影挂历）
中国民族摄影艺术出版社编
北京 中国民族摄影艺术出版社 1997 年
69×95cm ISBN：7-80069-155-1
定价：CNY40.00

J0127147
1998：春 （摄影年历）杨茵摄
北京 中国旅游出版社 1997 年 1 张 52×37cm
定价：CNY1.70

J0127148
1998：东方明珠 （摄影挂历）
中国民族摄影艺术出版社编
北京 中国民族摄影艺术出版社 1997 年
96×53cm ISBN：7-80069-156-X
定价：CNY27.50

J0127149
1998：东南亚 （摄影挂历）骆清敏摄影
沈阳 辽宁画报出版社 1997 年 86×58cm
ISBN：7-80601-157-9 定价：CNY38.00

J0127150
1998：都市　（摄影挂历）刘小雯摄
杭州　杭州出版社　1997年　76×52cm
ISBN：7-80633-049-6　定价：CNY27.50

J0127151
1998：都市风采　（摄影挂历）
甘肃人民美术出版社编
兰州　甘肃人民美术出版社　1997年　76×52cm
ISBN：7-80588-176-6　定价：CNY28.00

J0127152
1998：都市新貌　（摄影挂历）
福建美术出版社编
福州　福建美术出版社　1997年　76×52cm
ISBN：7-5393-0589-4　定价：CNY15.00

J0127153
1998：法国漫游　（摄影挂历）刘建新摄
上海　上海人民美术出版社　1997年　76×52cm
ISBN：7-5322-1701-9　定价：CNY27.50

J0127154
1998：飞游香港　（摄影挂历）刘海发摄
西宁　青海人民出版社　1997年　86×58cm
ISBN：7-225-01356-4　定价：CNY52.80

J0127155
1998：风景如画　（摄影挂历）
福建美术出版社编
福州　福建美术出版社　1997年　70×95cm
ISBN：7-5393-0549-5　定价：CNY34.00

J0127156
1998：风景线　（摄影挂历）
海潮摄影艺术出版社编
福州　海潮摄影艺术出版社　1997年　75×63cm
ISBN：7-80562-454-2　定价：CNY15.00

J0127157
1998：皈依自然　（摄影挂历）卞志武摄
北京　中国旅游出版社　1997年　12页　75×52cm
ISBN：7-5032-1457-0　定价：CNY27.00

J0127158
1998：海外风光　（摄影挂历）
海潮摄影艺术出版社编
福州　海潮摄影艺术出版社　1997年　68×100cm
ISBN：7-80562-452-6　定价：CNY34.00

J0127159
1998：华夏揽胜　（记事年历）刘文敏摄影
北京　中国三峡出版社　1997年　25×18cm
ISBN：7-80099-279-9　定价：CNY52.00
　　作者刘文敏，中国三峡出版社社长，曾任人民画报社主任记者、中国画报出版社常务副社长，中国摄影家协会会员，中国新闻摄影协会理事。

J0127160
1998：黄果树大瀑布　（摄影年历）王洪生摄
北京　中国旅游出版社　1997年　1张
52×37cm　定价：CNY1.70

J0127161
1998：黄河虎口　（摄影挂历）惠怀杰摄
郑州　黄河水利出版社　1997年　41×71cm
ISBN：7-80621-163-2　定价：CNY36.00
　　作者惠怀杰（1954—　　），摄影家。陕西子洲人，中国摄影家协会会员，中国艺术摄影学会会员。出版《审美与文化》《黄河壶口》《黄河风光》《黄河壶口瀑布》《中国西部黄土高原》等。

J0127162
1998：回归大自然　（摄影挂历）
北京　宗教文化出版社　1997年　76×52cm
ISBN：7-80123-104-X　定价：CNY26.50

J0127163
1998：回归自然　（摄影挂历）
东方图片公司供稿
杭州　中国美术学院出版社　1997年　12页
75×52cm　ISBN：7-81019-578-6
定价：CNY27.50

J0127164
1998：佳景天成　（摄影挂历）
福建美术出版社编
福州　福建美术出版社　1997年　98×70cm

ISBN：7-5393-0551-7 定价：CNY33.00

J0127165
1998：江南忆 （摄影挂历）田原摄影设计
杭州 西泠印社 1997年 12页 75×42cm
ISBN：7-80517-227-7 定价：CNY27.50

J0127166
1998：江山锦绣 （摄影挂历）陈春轩等摄影
石家庄 河北美术出版社 1997年 77×53cm
ISBN：7-5310-0908-0 定价：CNY26.00

J0127167
1998：江山如画 （摄影挂历）伟新，张雄摄
上海 上海书画出版社 1997年 76×52cm
ISBN：7-80635-085-3 定价：CNY27.50

J0127168
1998：美的风景线 （摄影挂历）
南京 江苏美术出版社 1997年 29×35cm
ISBN：7-5344-0677-3 定价：CNY24.00

J0127169
1998：梦境 （摄影挂历）王铭摄
天津 天津杨柳青画社 1997年 86×57cm
ISBN：7-80503-353-6 定价：CNY52.00

J0129546
1998：梦中景 （摄影挂历）高盛奎摄
北京 中国戏剧出版社 1997年 76×52cm
ISBN：7-104-00855-1 定价：CNY31.00

J0127170
1998：青青河边草 （摄影挂历）龚宿，赵堡摄
天津 天津人民美术出版社 1997年 76×52cm
ISBN：7-5305-0671-4 定价：CNY27.50

J0127171
1998：三峡情 （摄影挂历）刘文敏摄影
沈阳 辽宁画报出版社 1997年 77×53cm
ISBN：7-80601-149-8 定价：CNY27.50
　　作者刘文敏，中国三峡出版社社长，曾任
人民画报社主任记者、中国画报出版社常务副
社长，中国摄影家协会会员，中国新闻摄影协会
理事。

J0127172
1998：山高水长 （摄影挂历）杨柳摄
天津 天津杨柳青画社 1997年 12页 75×42cm
ISBN：7-80503-348-X 定价：CNY27.00

J0127173
1998：山河颂 （摄影挂历）永富等摄
杭州 浙江人民美术出版社 1997年 76×52cm
ISBN：7-5340-0714-3 定价：CNY27.50

J0127174
1998：世界风光 （摄影挂历）邹本东摄
济南 山东画报出版社 1997年 12页 53×76cm
ISBN：7-80603-117-0 定价：CNY27.50

J0127175
1998：世界风光 （摄影挂历）王忠山摄
北京 中国连环画出版社 1997年 75×61cm
ISBN：7-5061-0813-5 定价：CNY27.50

J0127176
1998：世界自然遗产·九寨、黄龙
（摄影挂历）四川民族出版社编
成都 四川民族出版社 1997年 12页 75×42cm
ISBN：7-5409-1942-6 定价：CNY26.50

J0127177
1998：水长流　情长存 （摄影挂历）
福建美术出版社编
福州 福建美术出版社 1997年 98×70cm
ISBN：7-5393-0552-5 定价：CNY33.00

J0127178
1998：水长情在 （摄影挂历）林伟新摄
西安 陕西人民美术出版社 1997年 57×43cm
ISBN：7-5368-0954-9 定价：CNY28.00

J0127179
1998：水之韵 （摄影挂历）福建美术出版社编
福州 福建美术出版社 1997年 57×43cm
ISBN：7-5393-0567-3 定价：CNY17.50

J0127180
1998：四季十二彩 （摄影挂历）
广州 岭南美术出版社 1997年 76×52cm

ISBN：7-5362-1687-4 定价：CNY27.50

J0127181
1998：田野风光 （摄影挂历）
福建美术出版社编
福州 福建美术出版社 1997 年 39×43cm
ISBN：7-5393-0590-8 定价：CNY25.00

J0127182
1998：无限风光 （摄影挂历）
湖南美术出版社编
长沙 湖南美术出版社 1997 年 70×95cm
ISBN：7-5356-0976-7 定价：CNY24.00

J0127183
1998：五彩瀑布 （摄影挂历）
北京黑星正片公司供稿
北京 中国画报出版社 1997 年 75×51cm
ISBN：7-80024-391-5 定价：CNY26.00

J0127184
1998：五洲风情 （摄影挂历）
上海人民美术出版社编
上海 上海人民美术出版社 1997 年 98×70cm
ISBN：7-5322-1754-X 定价：CNY32.50

J0127185
1998：西部风光 （摄影挂历）王达风摄
重庆 重庆出版社 1997 年 12 页 75×51cm
ISBN：7-5366-3567-2 定价：CNY27.50

J0127186
1998：新加坡风光 （摄影挂历）邓力众摄影
沈阳 辽宁画报出版社 1997 年 86×58cm
ISBN：7-80601-116-1 定价：CNY36.80

J0127187
1998：新西湖集锦 （摄影挂历）陈学章等摄影
杭州 西泠印社 1997 年 77×52cm
ISBN：7-80517-228-5 定价：CNY27.50

J0127188
1998：亚洲明珠 （摄影挂历）章伟华摄
沈阳 辽宁画报出版社 1997 年 76×52cm
ISBN：7-80601-109-9 定价：CNY27.50

J0127189
1998：异域采风 （摄影挂历）金岚摄影
沈阳 辽宁美术出版社 1997 年 12×22cm
ISBN：85314-3116 定价：CNY20.00

J0127190
1998：迎客松 （摄影挂历）张雄,伟新摄
上海 上海书画出版社 1997 年 92×66cm
ISBN：7-80635-088-8 定价：CNY32.50

J0127191
1998：中华山水 （摄影挂历）
内蒙古人民出版社［编］
呼和浩特 内蒙古人民出版社 1997 年
74×51cm ISBN：7-204-03560-7
定价：CNY32.80

J0127192
1998：竹风 （摄影年历）王伟,石强摄
南京 江苏美术出版社 1997 年 1 张 72×100cm
定价：CNY6.00

J0127193
1998：壮丽河山 （摄影挂历）骆青敏摄
西宁 青海人民出版社 1997 年 76×52cm
ISBN：7-225-01355-6 定价：CNY32.80

J0127194
1998：自然风光 （摄影挂历）
中国民族摄影艺术出版社编
北京 中国民族摄影艺术出版社 1997 年
93×71cm ISBN：7-80069-154-3
定价：CNY40.00

J0127195
1998：自然景观 （摄影挂历）
苏州 古吴轩出版社 1997 年 77×53cm
ISBN：7-80574-265-0 定价：CNY29.50

J0127196
1998：自然景观 （摄影挂历）容兄摄
广州 岭南美术出版社 1997 年 76×52cm
ISBN：7-5362-1608-4 定价：CNY27.50

J0127197
1998：自然美景 （摄影挂历）
岭南美术出版社编
广州 岭南美术出版社 1997年 68×100cm
ISBN：7-5362-1680-7 定价：CNY38.00

J0127198
1998：自然奇观 （摄影挂历）
福建美术出版社编
福州 福建美术出版社 1997年 76×52cm
ISBN：7-5393-0588-6 定价：CNY27.50

J0127199
碧湖上 （摄影年画）维恒摄
南京 江苏美术出版社 1997年 1张 38×104cm
定价：CNY2.80

J0127200
碧塘琼楼——珠海九洲城
（摄影 1998年年历）牛嵩林摄影
北京 中国连环画出版社 1997年 1张
76×51cm 定价：CNY3.20
　　作者牛嵩林（1925—　 ），记者、摄影师。大
连庄河市人。历任解放军报社高级记者，中国旅
游出版社编辑室主任，中国摄影家协会会员，中
国老摄影家协会理事。20世纪50年代至70年代，
曾担任中央国事采访工作，作品有《伟人的瞬间
画册》《周恩来总理纪念册》《民兵画册》《领袖
风采》《共和国十大将》等画册。

J0127201
波光流韵——无锡吟园
（摄影 1998年年历）牛嵩林摄影
北京 中国连环画出版社 1997年 1张
51×73cm 定价：CNY3.20

J0127202
飞瀑图 （摄影 1998年年历）江山摄影
南京 江苏美术出版社 1997年 1张 77×53cm
定价：CNY2.80

J0127203
古堡雄姿 （摄影 1998年年历）全景摄影
南京 江苏美术出版社 1997年 1张 77×53cm
定价：CNY2.80

J0127204
古殿云影——北京天坛祈年殿
（摄影 1998年年历）高明义摄影
北京 中国连环画出版社 1997年 1张
77×53cm 定价：CNY3.20

J0127205
古塔清荫——常州文笔塔
（摄影 1998年年历）高明义摄影
北京 中国连环画出版社 1997年 1张
76×51cm 定价：CNY3.20

J0127206
海天明珠：世界名城悉尼 （摄影年画）建华摄
南京 江苏美术出版社 1997年 1张 53×150cm
定价：CNY6.00

J0127207
杭州玉泉 （摄影 1998年年历）池士潭摄
天津 天津人民美术出版社 1997年 1张
76×34cm 定价：CNY2.40

J0127208
湖光云影——昆明翠湖
（摄影 1998年年历）王志坚摄影
北京 中国连环画出版社 1997年 1张
51×73cm 定价：CNY3.20

J0127209
花彩扶疏上西窗 （摄影年画）王伟,石强摄
南京 江苏美术出版社 1997年 1张 53×150cm
定价：CNY6.00

J0127210
皇家别墅 （摄影 1998年年历）全景摄影
南京 江苏美术出版社 1997年 1张 77×53cm
定价：CNY2.80

J0127211
辉煌——上海南京路 （摄影 1998年年历）
于健鹰摄影
北京 中国连环画出版社 1997年 1张
77×53cm 定价：CNY3.20

J0127212
蓝色海滨 （摄影 1998 年年历）建华摄影
南京 江苏美术出版社 1997 年 1 张 77×53cm
定价：CNY2.80

J0127213
漓江晨晖 （摄影 1998 年年历）维恒摄影
南京 江苏美术出版社 1997 年 1 张 87×57cm
定价：CNY3.00

J0127214
楼的乐章——新加坡市政广场
（摄影 1998 年年历）于健鹰摄影
北京 中国连环画出版社 1997 年 1 张
51×73cm 定价：CNY3.20

J0127215
马六甲总督广场 （摄影 1998 年年历）
于健鹰摄影
北京 中国连环画出版社 1997 年 1 张
77×53cm 定价：CNY3.20

J0127216
清风叶黄还待霜 （摄影年画）王伟摄
南京 江苏美术出版社 1997 年 1 张 53×150cm
定价：CNY6.00

J0129594
秋染山野 （摄影 1998 年年历）于健鹰摄影
北京 中国连环画出版社 1997 年 1 张
76×51cm 定价：CNY3.20

J0127217
人在清幽——肇庆星湖
（摄影 1998 年年历）王志坚摄影
北京 中国连环画出版社 1997 年 1 张
77×53cm 定价：CNY3.20

J0127218
山花烂漫 （摄影 1998 年年历）建国,石强摄影
南京 江苏美术出版社 1997 年 1 张 77×53cm
定价：CNY2.80

J0127219
深圳西丽湖 （摄影 1998 年年历）牛嵩林摄影
北京 中国连环画出版社 1997 年 1 张
76×51cm 定价：CNY3.20

J0127220
苏州拙政园 （摄影 1998 年年历）池士潭摄
天津 天津人民美术出版社 1997 年 1 张
76×34cm 定价：CNY2.40

J0127221
雾锁奇峰：广西桂林 （摄影年画）兆兴摄
南京 江苏美术出版社 1997 年 1 张 53×150cm
定价：CNY6.00

J0127222
西湖湛碧亭 （摄影 1998 年年历）刘震摄
天津 天津人民美术出版社 1997 年 1 张
76×34cm 定价：CNY2.40

J0127223
夏威夷市内广场 （摄影 1998 年年历）
方钧强摄影
北京 中国连环画出版社 1997 年 1 张
76×51cm 定价：CNY3.20

J0127224
香港铜锣湾 （摄影 1998 年年历）梅林摄影
北京 中国连环画出版社 1997 年 1 张
51×73cm 定价：CNY3.20

J0127225
小亭繁英——北京龙潭公园
（摄影 1998 年年历）王志坚摄影
北京 中国连环画出版社 1997 年 1 张
76×51cm 定价：CNY3.20

J0127226
雪山下 （摄影年画）维恒摄
南京 江苏美术出版社 1997 年 1 张 38×104cm
定价：CNY2.50

J0127227
扬州古运河 （摄影 1998 年年历）池士潭摄
天津 天津人民美术出版社 1997 年 1 张
76×34cm 定价：CNY2.40

J0127228
阳光海湾 （摄影 1998 年年历）刘震摄影
南京 江苏美术出版社 1997 年 1 张 77×53cm
定价：CNY2.80

J0127229
颐和园 （摄影年画）维恒摄
南京 江苏美术出版社 1997 年 1 张 38×104cm
定价：CNY2.80

J0127230
云海清松 （摄影年画）王伟,石强摄
南京 江苏美术出版社 1997 年 1 张 53×150cm
定价：CNY6.00

J0127231
云山碧水：云南泸沽湖 （摄影年画）维恒摄
南京 江苏美术出版社 1997 年 1 张 53×150cm
定价：CNY6.00

J0127232
张家界奇峰 （摄影 1998 年年历）维恒摄影
南京 江苏美术出版社 1997 年 1 张 87×57cm
定价：CNY3.00

J0127233
1999：不夜城 （摄影挂历）
杭州 西泠印社 1998 年 75×52cm
ISBN：7-80517-244-7 定价：CNY27.50

J0127234
1999：城市花园 （摄影年历画）
南京 江苏美术出版社 1998 年 1 张 86×58cm
定价：CNY3.20

J0127235
1999：峨嵋仙山瑞雪 （摄影年历画）
重庆 重庆出版社 1998 年 1 张 77×53cm
定价：CNY2.70

J0127236
1999：粉衣少女 （摄影年历画）建国,王传摄
南京 江苏美术出版社 1998 年 1 张 77×53cm
定价：CNY2.80

J0127237
1999：海南风光 （摄影年历画）
重庆 重庆出版社 1998 年 1 张 77×53cm
定价：CNY2.70

J0127238
1999：海南丽日 （摄影年历画）谷静,夏枫摄
南京 江苏美术出版社 1998 年 1 张 77×53cm
定价：CNY3.20

J0127239
1999：黄山云涛 （摄影年历画）刘震,钟植摄
南京 江苏美术出版社 1998 年 1 张 77×53cm
定价：CNY3.20

J0127240
1999：林间小路 （摄影年历画）
南京 江苏人民出版社 1998 年 1 张 86×57cm
定价：CNY3.50

J0127241
1999：美丽大自然 （摄影挂历）
广州 岭南美术出版社 1998 年 70×102cm
ISBN：7-5362-1841-X 定价：CNY45.00

J0127242
1999：美在自然 （摄影挂历）美好景象供稿
福州 福建美术出版社 1998 年 75×52cm
ISBN：7-5393-0684-X 定价：CNY26.80

J0127243
1999：名城博览 （摄影挂历）全美供稿
长沙 湖南美术出版社 1998 年 76×52cm
ISBN：7-5356-1131-1 定价：CNY26.50

J0127244
1999：名城胜景 （摄影挂历）
东方景象图片公司供稿
福州 海潮摄影艺术出版社 1998 年 75×51cm
ISBN：7-80562-501-8 定价：CNY27.50

J0127245
1999：名山胜景 （摄影挂历）林伟新,张雄编
上海 上海书画出版社 1998 年 77×53cm
ISBN：7-80635-249-X 定价：CNY35.20

J0127246
1999：南海风 （摄影挂历）邱东皓摄
苏州 古吴轩出版社 1998 年 77×53cm
ISBN：7-80574-327-4 定价：CNY26.80

J0127247
1999：欧陆胜景 （摄影挂历）吕伟摄
苏州 古吴轩出版社 1998 年 35×37cm
ISBN：7-80574-324-X 定价：CNY25.00

J0127248
1999：绮丽风光 （摄影挂历）郑鲁言编
福州 海潮摄影艺术出版社 1998 年 76×52cm
ISBN：7-80562-480-1 定价：CNY27.50

J0127249
1999：青藏高原罗高湖 （摄影年历画）
南京 江苏美术出版社 1998 年 1 张 77×53cm
定价：CNY2.80

J0127250
1999：秋韵 （摄影年历画）袁学军摄
重庆 重庆出版社 1998 年 1 张 53×77cm
定价：CNY2.70

J0127251
1999：山高水长 （摄影挂历）东方景象图片
公司供稿
福州 海潮摄影艺术出版社 1998 年 116×87cm
ISBN：7-80562-498-4 定价：CNY68.00

J0127252
1999：山涧清流 （摄影年历画）
南京 江苏人民出版社 1998 年 1 张 86×57cm
定价：CNY3.50

J0127253
1999：山恬水韵 （摄影年历画）
南京 江苏人民出版社 1998 年 1 张 86×57cm
定价：CNY3.50

J0127254
1999：神山仙水——兔年好运 （摄影挂历）
胡雪法编
郑州 河南美术出版社 1998 年 86×57cm

ISBN：7-5401-0732-4 定价：CNY52.00

J0127255
1999：世纪西湖情 （摄影挂历）陈学章等摄
杭州 西泠印社 1998 年 76×52cm
ISBN：7-80517-254-4 定价：CNY27.50

J0127256
1999：世界风光 （摄影挂历）骆青敏摄
通辽 内蒙古少年儿童出版社 1998 年
74×52cm ISBN：7-5312-0951-9
定价：CNY27.50

J0127257
1999：世界名景 （摄影挂历）邰书摄
长春 吉林摄影出版社 1998 年 75×52cm
ISBN：7-80606-180-7 定价：CNY27.50

J0127258
1999：世界名胜 （摄影挂历）邰书摄
长春 吉林摄影出版社 1998 年 75×52cm
ISBN：7-80606-179-7 定价：CNY27.50

J0127259
1999：世外桃源 （摄影挂历）
广州 岭南美术出版社 1998 年 70×100cm
ISBN：7-5362-1794-3 定价：CNY38.00

J0127260
1999：水乡情 （摄影挂历）桑榆等摄
上海 上海人民美术出版社 1998 年 76×53cm
ISBN：7-5322-1935-6 定价：CNY35.20

J0127261
1999：水乡情 （摄影挂历）林伟新,张雄编
上海 上海书画出版社 1998 年 76×52cm
ISBN：7-80635-190-6 定价：CNY27.50

J0127262
1999：水韵 （摄影挂历）刘文敏等绘
郑州 黄河水利出版社 1998 年 35×37cm
ISBN：7-80621-224-8 定价：CNY28.00
　　作者刘文敏,中国三峡出版社社长,曾任
人民画报社主任记者、中国画报出版社常务副
社长,中国摄影家协会会员,中国新闻摄影协会

理事。

J0127263
1999：水之歌 （摄影挂历）豫强，芊目摄
杭州 浙江人民美术出版社 1998 年 75×52cm
ISBN：7-5340-0785-2 定价：CNY27.50

J0127264
1999：四季风 （摄影挂历）江苏图片社编
南京 江苏美术出版社 1998 年 86×57cm
ISBN：7-5344-0798-2 定价：CNY35.00

J0127265
1999：四季写真 （摄影挂历）全美供稿
长沙 湖南美术出版社 1998 年 76×53cm
ISBN：7-5356-1128-1 定价：CNY26.50

J0127266
1999：天然风光 （摄影挂历）
海口 海南出版社 1998 年 70×96cm
ISBN：7-80645-149-8 定价：CNY33.80

J0127267
1999：田园牧歌 （摄影挂历）
呼和浩特 内蒙古人民出版社 1998 年
68×98cm ISBN：7-204-04176-3
定价：CNY34.00

J0127268
1999：万里春 （摄影挂历）全景图片公司供稿
天津 天津杨柳青画社 1998 年 70×100cm
ISBN：7-80503-355-2 定价：CNY34.80

J0127269
1999：我的祖国 （中国风光摄影艺术
摄影挂历）于云天摄
南昌 江西美术出版社 1998 年 76×52cm
ISBN：7-80580-489-3 定价：CNY29.50

J0127270
1999：西域神韵 （高屯子摄影作品选
摄影挂历）高屯子摄
成都 四川民族出版社 1998 年 77×52cm
ISBN：7-5409-2043-2 定价：CNY27.50

J0127271
1999：异国风光 （加拿大掠影 摄影挂历）
张遐道摄
南京 江苏美术出版社 1998 年 35×37cm
ISBN：7-5344-0817-2 定价：CNY26.00

J0127272
1999：幽境 （摄影挂历）董永越摄
天津 天津杨柳青画社 1998 年 105×38cm
ISBN：7-80503-385-4 定价：CNY27.00

J0127273
1999：渔 （摄影挂历）东方图片公司供稿
杭州 中国美术学院出版社 1998 年 86×38cm
ISBN：7-81019-672-3 定价：CNY26.50

J0127274
1999：源远流长 （摄影挂历）继法摄
天津 天津杨柳青画社 1998 年 75×52cm
ISBN：7-80503-244-0 定价：CNY27.00

J0127275
1999：月亮湾湾 （摄影挂历）高盛奎摄
长春 吉林摄影出版社 1998 年 75×52cm
ISBN：7-80606-241-6 定价：CNY27.50

J0129654
1999：云南大理三塔 （摄影年历画）
南京 江苏美术出版社 1998 年 1 张 77×53cm
定价：CNY2.80

J0127276
1999：中国胜景 （摄影挂历）卞志武等摄
南京 江苏美术出版社 1998 年 77×53cm
ISBN：7-5344-0813-X 定价：CNY27.50

J0127277
1999：中华黄山松 （摄影挂历）陈国富供稿
呼和浩特 内蒙古人民出版社 1998 年
86×57cm ISBN：7-204-04313-8
定价：CNY35.00

J0127278
1999：自然风光 （摄影挂历）
上海 上海画报出版社 1998 年 73×95cm

ISBN：7-80530-331-2　定价：CNY33.00

J0127279
1999：自然景观　（摄影挂历）芊目供稿
广州　岭南美术出版社　1998 年　99×70cm
ISBN：7-5362-1866-4　定价：CNY34.80

J0127280
1999：自然美　（摄影挂历）全景，达志摄
北京　中国画报出版社　1998 年　70×100cm
ISBN：7-80024-426-1　定价：CNY33.00

J0127281
1999：自然美景　（摄影挂历）彩虹供稿
福州　福建美术出版社　1998 年　70×49cm
ISBN：7-5393-0714-5　定价：CNY17.00

J0127282
1999：自然美景　（摄影挂历）
全景图片公司供稿
南京　江苏人民出版社　1998 年　86×57cm
ISBN：7-214-02140-4　定价：CNY35.00

J0127283
1999：自然美景　（摄影挂历）
北京　中国摄影出版社　1998 年　99×70cm
ISBN：7-80007-266-5　定价：CNY33.00

J0127284
1999：自然之恋　（摄影挂历）郑必新编
福州　海潮摄影艺术出版社　1998 年　57×42cm
ISBN：7-80562-447-X　定价：CNY33.00

J0127285
1999：自然之韵　（摄影挂历）
北京　中国画报出版社　1998 年　85×57cm
ISBN：7-80024-452-0　定价：CNY30.00

J0127286
1999：走进非洲　（摄影挂历）安忠供稿
苏州　古吴轩出版社　1998 年　35×37cm
ISBN：7-80574-335-5　定价：CNY25.00

J0127287
1999：走进自然　（摄影挂历）乔天富等摄

重庆　重庆出版社　1998 年　76×52cm
ISBN：7-5366-3899-X　定价：CNY27.50
　　　作者乔天富（1954—　），高级记者，四川绵竹市人。历任解放军报高级记者，中国摄影家协会理事，中国新闻摄影学会常务理事。代表作品《中国人民解放军驻香港部队》《大阅兵》《军中姐妹》。

J0127288
2000：城市之光　（摄影挂历）东方，全景供稿
上海　上海人民美术出版社　1999 年　76×52cm
ISBN：7-5322-2166-0　定价：CNY27.50

J0127289
2000：春　（摄影挂历）杨克文供稿
西安　陕西人民美术出版社　1999 年　76×52cm
ISBN：7-5368-1162-4　定价：CNY27.50

J0127290
2000：春的梦　（摄影挂历）
北京　中国画报出版社　1999 年　76×52cm
ISBN：7-80024-539-X　定价：CNY27.50

J0127291
2000：春天的日记　（摄影挂历）华新公司供稿
长沙　湖南美术出版社　1999 年　58×43cm
ISBN：7-5356-1340-3　定价：CNY45.00

J0127292
2000：春天有约　（摄影挂历）美好景象供稿
福州　福建美术出版社　1999 年　76×52cm
ISBN：7-5393-0814-1　定价：CNY26.80

J0127293
2000：春夏秋冬　（摄影挂历）全景美景图片公司供稿
长沙　湖南美术出版社　1999 年　76×52cm
ISBN：7-5356-1330-6　定价：CNY26.50

J0127294
2000：春之歌　（摄影挂历）芊目供稿
福州　福建美术出版社　1999 年　76×52cm
ISBN：7-5393-0844-3　定价：CNY17.00

J0127295
2000：大都市 （摄影挂历）
成都　四川美术出版社　1999 年　74×50cm
ISBN：7-5410-1647-0 定价：CNY27.50

J0127296
2000：大自然 （摄影挂历）李洪锦供稿
成都　四川美术出版社　1999 年　58×42cm
ISBN：7-5410-1594-6 定价：CNY45.00

J0127297
2000：都市风采 （摄影挂历）
东方印象图片公司供稿
上海　上海画报出版社　1999 年　76×52cm
ISBN：7-80530-474-2 定价：CNY27.50

J0127298
2000：都市风光 （摄影挂历）
广州　岭南美术出版社　1999 年　100×70cm
ISBN：7-5362-1845-1 定价：CNY27.50

J0127299
2000：飞瀑迎祥 （摄影挂历）纤目，美好供稿
上海　上海文化出版社　1999 年　76×52cm
ISBN：7-80646-078-0 定价：CNY27.50

J0127300
2000：古堡情怀 （摄影挂历）
成都　四川美术出版社　1999 年　58×43cm
ISBN：7-5410-1632-2 定价：CNY45.00

J0127301
2000：海韵 （摄影挂历）
上海　上海画报出版社　1999 年　57×43cm
ISBN：7-80530-494-7 定价：CNY42.00

J0127302
2000：华夏胜景 （摄影挂历）李长捷等摄
石家庄　河北美术出版社　1999 年　76×52cm
ISBN：7-5310-0990-0 定价：CNY26.80

J0127303
2000：环球 （摄影挂历）裘家康等摄
苏州　古吴轩出版社　1999 年　76×53cm
ISBN：7-80574-409-2 定价：CNY27.50

J0127304
2000：环球都市 （摄影挂历）张毅摄
福州　海潮摄影艺术出版社　1999 年　76×52cm
ISBN：7-80562-588-3 定价：CNY27.50

J0127305
2000：环球风光 （摄影挂历）
广州　岭南美术出版社　1999 年　51×76cm
ISBN：7-5362-2004-9 定价：CNY32.80

J0127306
2000：黄龙·九寨沟 （摄影挂历）高屯子摄
成都　四川美术出版社　1999 年　76×52cm
ISBN：7-5410-1584-9 定价：CNY27.50
（世界自然遗产）

J0127307
2000：景象如梦 （摄影挂历）
芊目图片公司供稿
福州　海潮摄影艺术出版社　1999 年　68×97cm
ISBN：7-80562-632-4 定价：CNY34.00

J0127308
2000：两岸风光 （摄影挂历）陈祖民等摄
上海　上海画报出版社　1999 年　76×52cm
ISBN：7-80530-476-9 定价：CNY27.50

J0127309
2000：流水之诗 （摄影挂历）
兰州　敦煌文艺出版社　1999 年　71×51cm
ISBN：7-80587-508-1 定价：CNY33.00

J0127310
2000：美景大自然 （摄影挂历）
广州　岭南美术出版社　1999 年　70×100cm
ISBN：7-5362-1846-X 定价：CNY45.00

J0127311
2000：名园美景 （摄影挂历）
苏州　古吴轩出版社　1999 年　76×53cm
ISBN：7-80574-406-8 定价：CNY27.50

J0127312
2000：名园美景 （摄影挂历）
上海书画出版社编

上海　上海书画出版社　1999 年　77×52cm
ISBN：7-80635-374-7　定价：CNY27.50

J0127313
2000：名园诗韵 （摄影挂历）牛嵩林等供稿
石家庄　河北美术出版社　1999 年　76×52cm
ISBN：7-5310-0993-5　定价：CNY26.80

J0127314
2000：千禧龙年看上海 （摄影挂历）
欧阳鹤摄
北京　中国电影出版社　1999 年　58×43cm
ISBN：7-106-01486-9　定价：CNY48.00

J0127315
2000：聆听大自然 （摄影挂历）
福州　福建省地图出版社　1999 年　67×98cm
ISBN：7-80516-469-X　定价：CNY34.00

J0127316
2000：泉 （摄影挂历）金光远摄
杭州　浙江人民美术出版社　1999 年　76×52cm
ISBN：7-5340-0597-3　定价：CNY27.50

J0127317
2000：山川揽胜 （摄影挂历）卞志武等摄
南京　江苏美术出版社　1999 年　77×52cm
ISBN：7-5344-0922-5　定价：CNY27.50

J0127318
2000：生命与自然 （摄影挂历）芊目供稿
福州　福建美术出版社　1999 年　57×42cm
ISBN：7-5393-0848-6　定价：CNY28.00

J0127319
2000：世界奇景 （摄影挂历）
上海　上海人民美术出版社　1999 年　38×49cm
ISBN：7-5322-2182-2　定价：CNY42.00

J0127320
2000：世界自然遗产——九寨沟·黄龙
（摄影挂历）高屯子摄
成都　四川美术出版社　1999 年　35×38cm
ISBN：7-5410-1612-5　定价：CNY32.00

J0127321
2000：田园风光 （摄影挂历绘）
兰州　甘肃人民美术出版社　1999 年　70×102cm
ISBN：7-80588-302-5　定价：CNY45.00

J0127322
2000：现代都市 （摄影挂历）全景美景图片
公司供稿
长沙　湖南美术出版社　1999 年　76×52cm
ISBN：7-5356-1327-6　定价：CNY26.50

J0127323
2000：新世纪大都会——城市之光
（摄影挂历）
福州　福建省地图出版社　1999 年　67×98cm
ISBN：7-80516-470-3　定价：CNY34.00

J0127324
2000：旭日东升 （摄影挂历）彩虹供稿
福州　福建美术出版社　1999 年　98×68cm
ISBN：7-5393-0827-3　定价：CNY33.00

J0127325
2000：雅鲁藏布江大峡谷 （摄影挂历）
吕玲珑供稿
西安　陕西人民美术出版社　1999 年　76×56cm
ISBN：7-5368-1185-3　定价：CNY27.50

J0127326
2000：异域美景 （摄影挂历）伍鼎宏摄
福州　海潮摄影艺术出版社　1999 年　76×52cm
ISBN：7-80562-585-9　定价：CNY27.50
　　作者伍鼎宏（1948—　），中国人像摄影学会
会员，上海摄影家协会会员。

J0127327
2000：迎接新世纪——上海新景观
（摄影挂历）谢新发等摄
上海　上海人民美术出版社　1999 年　76×52cm
ISBN：7-5322-2144-X　定价：CNY27.50

J0127328
2000：拥抱自然 （摄影挂历）全景等供稿
福州　福建美术出版社　1999 年　70×98cm
ISBN：7-5393-0805-2　定价：CNY34.00

J0127329
2000：园林风光 （摄影挂历）全景美景图片
公司供稿
长沙 湖南美术出版社 1999 年 76×52cm
ISBN：7-5356-1329-2 定价：CNY26.50

J0127330
2000：中华泰山 （摄影挂历）王德全等摄
北京 中国文联出版公司 1999 年 86×57cm
ISBN：7-5059-3381-7 定价：CNY46.00

J0127331
2000：壮丽山河 （摄影挂历）秦小平等供稿
西安 陕西人民美术出版社 1999 年 70×100cm
ISBN：7-5368-1180-2 定价：CNY33.00
　　作者秦小平(1956—)，风光摄影家。历任
中国摄影家学会会员，陕西省摄影家协会会员，
陕西省艺术摄影学会理事，陕西省渭南市摄影家
协会顾问。出版有《仙石峪水——华山仙峪》《尧
头古窑场》。

J0127332
2000：自然风光 （摄影挂历）东方供稿
上海 上海人民美术出版社 1999 年 76×52cm
ISBN：7-5322-2169-5 定价：CNY27.50

J0127333
2000：自然景观 （摄影挂历）古吴轩出版社编
苏州 古吴轩出版社 1999 年 76×53cm
ISBN：7-80574-413-O 定价：CNY27.50

J0127334
2000：自然美录 （摄影挂历）
天津 天津杨柳青画社 1999 年 68×99cm
ISBN：7-80503-469-9 定价：CNY38.50

J0127335
2000：自然神曲 （摄影挂历）
芊目图片公司供稿
福州 海潮摄影艺术出版社 1999 年 76×52cm
ISBN：7-80562-624-3 定价：CNY27.50

J0127336
2000：自然神韵 （摄影挂历）
天津 天津杨柳青画社 1999 年 58×42cm

ISBN：7-80503-457-5 定价：CNY42.00

J0127337
2000：自然有约 （摄影挂历）
上海 上海画报出版社 1999 年 76×52cm
ISBN：7-80530-485-8 定价：CNY27.50

J0127338
2000：自然之韵 （摄影挂历）
北京 中国画报出版社 1999 年 75×52cm
ISBN：7-80024-541-1 定价：CNY27.50

中国摄影年历——舞台摄影

J0127339
葵花向太阳 郑震孙摄
上海 上海人民美术出版社 1965 年
53cm（4 开）定价：CNY0.30
（音乐舞蹈史诗《东方红》之一）

J0127340
音乐舞蹈史诗《东方红》序曲：葵花向太阳
（一九六六年〈农历丙午年〉历画）
［北京］中国电影出版社 1965 年 53cm（4 开）
定价：CNY0.08

J0127341
1970（农历庚戌年） （京剧《红灯记》剧照）
［昆明］云南人民出版社 1969 年 53cm（4 开）
定价：CNY0.16

J0127342
1971 年月历（农历辛亥年） （革命现代京剧
《智取威虎山》剧照 "中国人民解放军侦察排长
杨子荣"）
郑州 河南人民出版社 1970 年 1 张
54cm（4 开）定价：CNY0.07

J0127343
1971 年月历（农历辛亥年） （革命现代京剧
《红灯记》剧照 "接应交通员"）
呼和浩特 内蒙古自治区人民出版社 1970 年
1 张 26cm（16 开）

J0127344

1971 年月历（农历辛亥年）（革命现代京剧
《红灯记》剧照"无产阶级英雄李玉和"）

呼和浩特 内蒙古自治区人民出版社 1970 年
1 张 26cm（16 开）定价: CNY0.03

J0127345

1971 年月历（农历辛亥年）（革命现代京剧
《沙家浜》剧照"十八勇士坚持战斗·在芦荡"）

呼和浩特 内蒙古自治区人民出版社 1970 年
1 张 26cm（16 开）定价: CNY0.03

J0127346

1971 年月历（农历辛亥年）（革命现代京剧
《沙家浜》剧照"突破"）

呼和浩特 内蒙古自治区人民出版社 1970 年
1 张 26cm（16 开）

J0127347

1971 年月历（农历辛亥年）（革命现代京剧
《沙家浜》剧照"新四军某部连指导员郭建光"）

呼和浩特 内蒙古自治区人民出版社 1970 年
1 张 26cm（16 开）

J0129727

1971 年月历（农历辛亥年）（革命现代京剧
《智取威虎山》剧照"深山问苦"）

呼和浩特 内蒙古自治区人民出版社 1970 年
1 张 26cm（16 开）定价: CNY0.03

J0127348

1971 年月历（农历辛亥年）（革命现代舞剧
《红色娘子军》剧照"常青指路,奔向红区"）

呼和浩特 内蒙古自治区人民出版社 1970 年
1 张 26cm（16 开）定价: CNY0.03

J0127349

1971 年月历（农历辛亥年）（革命现代舞剧
《红色娘子军》剧照"吴清华仇恨满腔,逃出匪巢"）

呼和浩特 内蒙古自治区人民出版社 1970 年
1 张 26cm（16 开）

J0127350

1971 年月历（农历辛亥年）（革命现代舞剧
《红色娘子军》剧照"常青指路,奔向红区"）

太原 山西人民出版社 1970 年 1 张
39cm（4 开）定价: CNY0.05

J0127351

1971 年月历（农历辛亥年）（革命现代舞剧
《红色娘子军》剧照"红色娘子军连在进行军事
操练"）

太原 山西人民出版社 1970 年 1 张
39cm（4 开）定价: CNY0.05

J0127352

1971 年月历（农历辛亥年）（革命现代舞剧
《红色娘子军》剧照"吴清华仇恨满腔,逃出匪巢"）

太原 山西人民出版社 1970 年 1 张
39cm（4 开）定价: CNY0.05

J0127353

1971 年月历（农历辛亥年）（革命现代京剧
《红灯记》剧照"浑身是胆雄赳赳"）

天津 天津人民美术出版社 1970 年 1 张
54cm（4 开）定价: CNY0.07

J0127354

1971 年月历（农历辛亥年）（革命现代京剧
《沙家浜》剧照"突击进军"）

天津 天津人民美术出版社 1970 年 1 张
54cm（4 开）定价: CNY0.07

J0127355

1971 年月历（农历辛亥年）（革命现代京剧
《智取威虎山》剧照"杨子荣为消灭顽匪,纵马扬
鞭直奔匪巢威虎山"）

天津 天津人民美术出版社 1970 年 1 张
54cm（4 开）定价: CNY0.07

J0127356

1971 年月历（农历辛亥年）（革命现代舞剧
《红色娘子军》剧照"常青指路,奔向红区"）

天津 天津人民美术出版社 1970 年 1 张
54cm（4 开）定价: CNY0.07

J0127357

1971 年月历（夏历辛亥年）（革命现代京剧
《海港》剧照）

南宁 广西人民出版社 1970 年 1 张

54cm（4开）定价：CNY0.07

J0127358
1971 年月历（夏历辛亥年）（革命现代京剧
《红灯记》剧照"提起敌寇心肺炸"）
南宁 广西人民出版社 1970 年 1 张
39cm（4开）定价：CNY0.06

J0127359
1971 年月历（夏历辛亥年）（革命现代京剧
《红灯记》剧照"提起敌寇心肺炸"）
南宁 广西人民出版社 1970 年 1 张
54cm（4开）定价：CNY0.07

J0127360
1971 年月历（夏历辛亥年）（革命现代京剧
《红灯记》剧照"无产阶级英雄李玉和"）
南宁 广西人民出版社 1970 年 1 张
39cm（4开）定价：CNY0.06

J0127361
1971 年月历（夏历辛亥年）（革命现代京剧
《智取威虎山》剧照"打虎上山"）
南宁 广西人民出版社 1970 年 1 张
54cm（4开）定价：CNY0.07

J0127362
1971 年月历（夏历辛亥年）（革命现代京剧
《智取威虎山》剧照"中国人民解放军某部侦察
排长杨子荣"）
南宁 广西人民出版社 1970 年 1 张
39cm（4开）定价：CNY0.04

J0127363
1971 年月历（夏历辛亥年）（革命现代京剧
《智取威虎山》剧照"中国人民解放军某部侦察
排长杨子荣"）
贵阳 贵州人民出版社 1970 年 1 张
54cm（4开）定价：CNY0.07

J0127364
1971 年月历（阴历辛亥年）（革命现代京剧
《红灯记》剧照"无产阶级英雄李玉和"）
西宁 青海人民出版社 1970 年 1 张
26cm（16开）定价：CNY0.03

J0127365
1971 年月历（阴历辛亥年）（革命现代舞剧
《红色娘子军》剧照"常青指路,奔向红区"）
西宁 青海人民出版社 1970 年 1 张
26cm（16开）定价：CNY0.03

J0127366
1971 年月历（阴历辛亥年）月建节气表
（革命现代京剧《沙家浜》剧照"突击进军"）
济南 山东人民出版社 1970 年 1 张
39cm（4开）定价：CNY0.05

J0127367
革命现代京剧《沙家浜》（彩色剧照明信片）
上海市出版"革命组"编辑；新华社供稿
上海 上海市出版"革命组" 1970 年 10 张（套）
13cm（60开）定价：CNY0.42

J0127368
革命现代京剧《智取威虎山》
（彩色剧照明信片）
北京 外文出版社 1970 年 12 张（套）
16cm（44开）定价：CNY0.12
　　本作品分别用越南文、日文、阿拉伯文、英
文、俄文、法文、德文、西班牙文、世界语 9 种文
字出版。

J0127369
［1972 年年历］（剧照——杨子荣）
［南宁］广西壮族自治区人民出版社［1971 年］
［1］张 26cm（16开）定价：CNY0.03

J0127370
［1972 年年历］（剧照——李玉和 二十四节气）
［贵阳］贵州人民出版社［1971 年］［1］张
53cm（4开）定价：CNY0.07

J0127371
［1972 年年历］（剧照——常青指路奔向红区）
［武汉］湖北人民出版社［1971 年］［1］张
53cm（4开）定价：CNY0.07

J0127372
［1972 年年历］（剧照——痛说革命家史）
［武汉］湖北人民出版社［1971 年］［1］张

53cm（4开）定价：CNY0.07

J0127373
［**1972年年历**］（《沙家浜》剧照——指导员
郭建光）
［长春］吉林人民出版社［1971年］［1］张
53cm（4开）定价：CNY0.07

J0127374
［**1972年年历**］（剧照——阿庆嫂）
［南京］江苏人民出版社［1971年］［1］张
53cm（4开）定价：CNY0.14

J0127375
［**1972年年历**］（《沙家浜》剧照——阿庆嫂
汉蒙文对照）
［呼和浩特］内蒙古自治区人民出版社
［1971年］［1张］38cm（6开）定价：CNY0.04

J0127376
［**1972年年历**］（《沙家浜》剧照——郭建光
汉蒙文对照）
［呼和浩特］内蒙古自治区人民出版社
［1971年］［1］张 53cm（4开）定价：CNY0.05

J0127377
［**1972年年历**］（《智取威虎山》剧照
汉蒙文对照）
［呼和浩特］内蒙古自治区人民出版社
［1971年］［1］张 38cm（6开）定价：CNY0.04

J0127378
［**1972年年历**］（剧照——郭建光）
［西宁］青海人民出版社［1971年］［1］张
26cm（16开）定价：CNY0.03

J0127379
［**1972年年历**］（剧照——阿庆嫂）
［西安］陕西人民出版社［1971年］［1］张
53cm（4开）定价：CNY0.06

J0127380
［**1972年年历**］（剧照——坚决要求上战场的
常宝）
［西安］陕西人民出版社［1971年］［1］张

53cm（4开）定价：CNY0.08

J0127381
［**1972年年历**］（剧照——吴清华）
［成都］四川人民出版社［1971年］［1］张
53cm（4开）定价：CNY0.14

J0127382
［**1972年年历**］（剧照——李玉和）
［乌鲁木齐］新疆维吾尔自治区人民出版社
［1971年］［1］张 38cm（6开）定价：CNY0.04

J0127383
［**1972年年历**］（剧照——杨子荣）
［乌鲁木齐］新疆维吾尔自治区人民出版社
［1971年］［1］张 38cm（6开）定价：CNY0.04

J0127384
［**1972年年历**］（《红色娘子军》剧照）
［杭州］浙江人民出版社［1971年］［12］张
9cm（60开）定价：CNY0.15

J0127385
［**1972年年历**］（《智取威虎山》剧照）
［杭州］浙江人民出版社［1971年］［12］张
9cm 定价：CNY0.15

J0127386
［**1972年年历**］（剧照——洪常青）
［杭州］浙江人民出版社［1971年］［1］张
38cm（6开）定价：CNY0.06

J0127387
［**1972年年历**］（剧照——吴清华冲击虎口）
［杭州］浙江人民出版社［1971年］［1］张
38cm（6开）定价：CNY0.06

J0127388
［**1972年年历**］（剧照——吴清华死也不做奴隶）
［杭州］浙江人民出版社［1971年］［1］张
38cm（6开）定价：CNY0.06

J0127389
［**1972年年历**］（剧照——杨子荣）
［杭州］浙江人民出版社［1971年］［1］张

53cm（4开）定价：CNY0.10

J0127390
[一九七二年《红灯记》剧照]
[济南] 山东人民出版社 [1971 年] [1] 张
53cm（4开）定价：CNY0.05

J0127391
1972 年年历 （《红灯记》剧照）
[福州] 福建人民出版社 [1971 年] [1] 张
53cm（4开）定价：CNY0.05

J0127392
红色娘子军 （剧照 1972 年年历）
[呼和浩特] 内蒙古自治区人民出版社 1971 年
[1] 张 53cm（4开）定价：CNY0.07

J0127393
红色娘子军 （剧照 1972 年年历）
[呼和浩特] 内蒙古自治区人民出版社 1971 年
[1] 张 53cm（4开）定价：CNY0.05

J0127394
红色娘子军 （剧照 1972 年年历 汉蒙文对照）
[呼和浩特] 内蒙古自治区人民出版社 1971 年
[1] 张 53cm（4开）定价：CNY0.04

J0127395
红色娘子军 （剧照 1972〈农历壬子年〉）
[太原] 山西人民出版社 1971 年 [1] 张
53cm（4开）定价：CNY0.05

J0127396
红色娘子军 （明信片）
北京 外文出版社 1971 年 1 套（16 幅）
15cm（40 开）

J0127397
现代京剧《红灯记》 （剧照 1972 年年历
汉蒙文对照）
[呼和浩特] 内蒙古自治区人民出版社 1971 年
[1] 张 26cm（16 开）定价：CNY0.03

J0127398
智取威虎山 （剧照 1972〈农历壬子年〉）
[太原] 山西人民出版社 1971 年 [1] 张
53cm（4开）定价：CNY0.05

J0127399
《龙江颂》剧照 （社员在喷农药
1973〈农历癸丑年〉年历）
[南昌] 江西人民出版社 1972 年 [1 张]
38cm（6开）定价：CNY0.06

J0127400
革命现代京剧《海港》剧照 （方海珍
1973 年年历）
[贵阳] 贵州人民出版社 1972 年 54cm（4开）
定价：CNY0.07

J0127401
革命现代京剧《龙江颂》剧照
（江水英 1973 年年历）
兰州 甘肃人民出版社 1972 年 39cm（4开）
定价：CNY0.04

J0127402
革命现代京剧《龙江颂》剧照
（江水英 1973〈农历癸丑年〉年历）
郑州 河南人民出版社 1972 年 54cm（4开）
定价：CNY0.07

J0127403
革命现代京剧《龙江颂》剧照 （江水英领导
群众学习毛主席著作 1973 年年历）
沈阳 辽宁人民出版社 1972 年 54cm（4开）
定价：CNY0.10

J0127404
革命现代京剧《龙江颂》剧照
（江水英 1973 年年历 汉、藏文对照）
西宁 青海人民出版社 1972 年 39cm（4开）
定价：CNY0.05

J0127405
革命现代京剧《龙江颂》剧照 （江水英带领
群众学习毛主席著作 1973 年年历）
济南 山东人民出版社 1972 年 54cm（4开）
定价：CNY0.06

J0127406
革命现代京剧《龙江颂》剧照
（江水英 1973〈农历癸丑年〉年历）
西安 陕西人民出版社 1972 年 54cm（4 开）
定价：CNY0.08

J0127407
革命现代京剧《智取威虎山》剧照
（1972〈农历壬子年〉年历）
南宁 广西人民出版社 1972 年［1 幅］
38cm（6 开）定价：CNY0.06

J0127408
革命现代京剧《智取威虎山》剧照
（1972〈农历壬子年〉年历）
南宁 广西人民出版社 1972 年［1 幅］
54cm（4 开）定价：CNY0.08

J0127409
革命现代舞剧《白毛女》剧照
（红太阳照亮杨各庄 1973 年年历）
石家庄 河北人民出版社 1972 年 54cm（4 开）
定价：CNY0.15

J0127410
革命现代舞剧《白毛女》剧照 （喜儿
1973〈农历癸丑年〉年历 汉、藏文对照）
西宁 青海人民出版社 1972 年 27cm（16 开）
定价：CNY0.03

J0127411
革命现代舞剧《白毛女》剧照
（高举钢枪的喜儿 1973 年年历）
济南 山东人民出版社 1972 年 54cm（4 开）
定价：CNY0.07

J0127412
革命现代舞剧《白毛女》剧照
（太阳出来了 1973〈农历癸丑年〉年历）
太原 山西人民出版社 1972 年 39cm（4 开）
定价：CNY0.05

J0127413
革命现代舞剧《白毛女》喜儿剧照
（1973 年年历）

石家庄 河北人民出版社 1972 年 27cm（16 开）
定价：CNY0.15

J0127414
革命现代舞剧《红色娘子军》剧照
（吴清华 1973 年年历）
兰州 甘肃人民出版社 1972 年 54cm（4 开）
定价：CNY0.08

J0127415
革命现代舞剧《红色娘子军》剧照
（1972〈农历壬子年〉年历）
南宁 广西人民出版社 1972 年［1 张］
38cm（6 开）定价：CNY0.06

J0127416
革命现代舞剧《龙江颂女》喜儿剧照
（江水英 1973 年年历）
石家庄 河北人民出版社 1972 年 54cm（4 开）
定价：CNY0.15

J0127417
龙江大队党支部书记江水英——革命现代京剧《龙江颂》剧照
（1973〈农历癸丑年〉年历）
福州 福建人民出版社 1972 年 54cm（4 开）
定价：CNY0.06

J0127418
采药舞 （舞蹈照片 1974 年年历）吴云龙摄
济南 山东人民出版社 1973 年 53cm（4 开）
定价：CNY0.12

J0127419
革命现代京剧《奇袭白虎团》剧照
（严伟才 1974〈农历甲寅年〉年历）
兰州 甘肃人民出版社 1973 年 38cm（6 开）
定价：CNY0.04

J0127420
革命现代京剧《奇袭白虎团》剧照
（严伟才 1974〈农历甲寅年〉年历）
兰州 甘肃人民出版社 1973 年 53cm（4 开）
定价：CNY0.08

J0127421
革命现代京剧《奇袭白虎团》剧照
（严伟才带领战士侦察 1974 年年历）
兰州 甘肃人民出版社 1973 年 53cm（4 开）
定价：CNY0.08

J0127422
杂技 （彩色图片）广州杂技团供稿
北京 人民美术出版社 1973 年 10 张（套）
15cm（40 开）定价：CNY0.50

J0127423
杂技 （明信片）上海人民杂技团编
上海 上海人民出版社 1973 年 13 幅 15cm（40 开）
统一书号：8171.601 定价：CNY0.57

J0127424
半篮花生 （剧照 1975 年年历）
[杭州] 浙江人民出版社 1974 年 39cm（4 开）
定价：CNY0.11

J0127425
革命现代京剧《杜鹃山》彩色影片剧照
（农民自卫军党代表柯湘 1975〈农历乙卯年〉
年历）
[太原] 山西人民出版社 1974 年 [45cm]（5 开）
定价：CNY0.09

J0127426
革命现代京剧《杜鹃山》剧照
（党代表柯湘 1975〈农历乙卯年〉年历）
[兰州] 甘肃人民出版社 1974 年 53cm（4 开）
定价：CNY0.07

J0127427
革命现代京剧《杜鹃山》剧照 （1975 年年历）
[石家庄] 河北人民出版社 1974 年 53cm（4 开）
定价：CNY0.08

J0127428
革命现代京剧《杜鹃山》剧照 （柯湘
1975 年年历）李晨声摄
[石家庄] 河北人民出版社 1974 年 53cm（4 开）
定价：CNY0.15

J0127429
革命现代京剧《杜鹃山》剧照 （柯湘
1975 年年历）
[石家庄] 河北人民出版社 1974 年 53cm（4 开）
定价：CNY0.08

J0127430
革命现代京剧《杜鹃山》剧照
（党代表柯湘 1975〈农历乙卯年〉年历）
[哈尔滨] 黑龙江人民出版社 1974 年
38cm（6 开）定价：CNY0.04

J0127431
革命现代京剧《杜鹃山》剧照 （农民自卫军
党代表柯湘 1975〈农历乙卯年〉年历）
[武汉] 湖北人民出版社 1974 年 38cm（6 开）
定价：CNY0.10

J0127432
革命现代京剧《杜鹃山》剧照 （农民自卫军
党代表柯湘 1975 年年历）新华社稿
[南昌] 江西人民出版社 1974 年 53cm（4 开）
定价：CNY0.12

J0127433
革命现代京剧《杜鹃山》剧照 （党代表柯湘
1975〈农历乙卯年〉年历）李晨声摄
北京 人民美术出版社 1974 年 53cm（4 开）
定价：CNY0.18

J0127434
革命现代京剧《杜鹃山》剧照 （农民自卫军
党代表柯湘 1975 年年历）
[济南] 山东人民出版社 1974 年 53cm（4 开）
定价：CNY0.07

J0127435
革命现代京剧《杜鹃山》剧照 （农民自卫军
党代表柯湘 一九七五年〈阴历乙卯年〉月建表）
[济南] 山东人民出版社 1974 年 53cm（4 开）
定价：CNY0.05

J0127436
革命现代京剧《杜鹃山》剧照 （党代表柯湘
1975 年年历）中国图片社供稿

上海　上海书画社　1974 年　53cm（4 开）
定价：CNY0.08，CNY0.20（铜版纸精印）

J0127437
革命现代京剧《杜鹃山》剧照
（劝阴下山　1975 年年历）
［杭州］浙江人民出版社　1974 年　39cm（4 开）
定价：CNY0.11

J0127438
**革命现代京剧《杜鹃山》——农民自卫军
党代表柯湘**　（剧照　1975 年年历）
［石家庄］河北人民出版社　1974 年　53cm（4 开）
定价：CNY0.15

J0127439
革命现代京剧《平原作战》剧照　（八路军排
长赵勇刚　1975〈农历乙卯年〉年历）
［兰州］甘肃人民出版社　1974 年　53cm（4 开）
定价：CNY0.07

J0127440
革命现代京剧《平原作战》剧照　（八路军排
长赵勇刚　1975〈农历乙卯年〉年历）
［哈尔滨］黑龙江人民出版社　1974 年
38cm（6 开）定价：CNY0.04

J0127441
革命现代京剧《平原作战》剧照　（1975 年
年历）新华社稿；沈文献设计
［南昌］江西人民出版社　1974 年　39cm（4 开）
定价：CNY0.12

J0127442
革命现代京剧《平原作战》剧照　（八路军排
长赵勇刚　1975〈农历乙卯年〉年历）
［太原］山西人民出版社　1974 年［45cm］（5 开）
定价：CNY0.09

J0127443
革命现代京剧《平原作战》剧照　（青纱帐里
1975 年年历）
［西安］陕西人民出版社　1974 年　53cm（4 开）
定价：CNY0.07

J0127444
革命现代京剧《平原作战》剧照　（八路军排
长赵勇刚　1975 年年历）中国图片社供稿
上海　上海书画社　1974 年　53cm（4 开）
定价：CNY0.08

J0127445
革命现代京剧彩色影片《杜鹃山》柯湘剧照
（1975 年年历）
［沈阳］辽宁人民出版社　1974 年　38cm（6 开）
定价：CNY0.06

J0127446
杂技　（彩色明信片辑　中、英、法文对照）
上海　上海人民出版社　1974 年　12 张（套）
15cm（64 开）

J0127447
草原儿女　（剧照　1976 年〈农历丙辰年〉年历）
［太原］山西人民出版社　1975 年　53cm（4 开）
定价：CNY0.07

J0129828
革命现代京剧《杜鹃山》　（柯湘　剧照
1976 年年历）
［郑州］河南人民出版社　1975 年　53cm（4 开）
定价：CNY0.07

J0127448
革命现代舞剧《草原儿女》　（剧照　1976 年
〈农历丙辰年〉年历）
［石家庄］河北人民出版社　1975 年　53cm（4 开）
定价：CNY0.15

J0127449
革命现代舞剧《草原儿女》　（少先队员斯琴
清点羊群发现少了一只　剧照　1976〈农历丙辰
年〉年历）
［南京］江苏人民出版社　1975 年　53cm（4 开）
定价：CNY0.07

J0127450
革命现代舞剧《草原儿女》　（小兄妹发现刀
鞘和断绳，两相对照，判定有人在暗中破坏
剧照　1976 年年历）

［南京］江苏人民出版社 1975 年 53cm（4 开）
定价：CNY0.14

J0127451
革命现代舞剧《草原儿女》
（剧照 1976〈农历丙辰年〉年历）
北京 人民美术出版社 1975 年 53cm（4 开）
定价：CNY0.07，CNY0.18（铜版纸）

J0127452
革命现代舞剧《草原儿女》
（剧照 1976〈农历丙辰年〉月建节气表）
［济南］山东人民出版社 1975 年 53cm（4 开）
定价：CNY0.05

J0127453
革命现代舞剧《草原儿女》
（剧照 1976 年年历）
［西安］陕西人民出版社 1975 年 53cm（4 开）
定价：CNY0.15

J0127454
革命现代舞剧《杜鹃山》
（剧照 1976 年年历）
［南宁］广西人民出版社 1975 年 53cm（4 开）
定价：CNY0.08

J0127455
革命现代舞剧《沂蒙颂》
（剧照 1976〈农历丙辰年〉年历）
［石家庄］河北人民出版社 1975 年 53cm（4 开）
定价：CNY0.08

J0127456
革命现代舞剧《沂蒙颂》 （剧照 1976 年年历）
［南京］江苏人民出版社 1975 年 53cm（4 开）
定价：CNY0.07

J0127457
革命现代舞剧《沂蒙颂》
（剧照 1976〈农历丙辰年〉年历）
北京 人民美术出版社 1975 年 53cm（4 开）
定价：CNY0.07

J0127458
革命现代舞剧《沂蒙颂》 （英嫂剧照
一九七六年〈农历丙辰年〉月建节气表）
［济南］山东人民出版社 1975 年 53cm（4 开）
定价：CNY0.05

J0127459
革命现代舞剧《沂蒙颂》
（剧照 1976 年〈农历丙辰年〉年历）
［太原］山西人民出版社 1975 年 53cm（4 开）
定价：CNY0.07

J0127460
革命现代舞剧《沂蒙颂》 （剧照 1976 年年历）
［杭州］浙江人民出版社 1975 年 53cm（4 开）
定价：CNY0.10

J0127461
琼花 （摄影 1976〈农历丙辰年〉年历）
［昆明］云南人民出版社 1975 年 53cm（4 开）
定价：CNY0.12

J0127462
撒拉族舞蹈《摘花椒》
（剧照 1976〈农历丙辰年〉年历）
［西宁］青海人民出版社 1975 年 53cm（4 开）
定价：CNY0.12

J0127463
土族舞蹈《春燕展翅》
（剧照 1976〈农历丙辰年〉年历）
［西宁］青海人民出版社 1975 年 38cm（6 开）
定价：CNY0.09

J0127464
舞蹈《送水》 （剧照 1976 年年历）王德荣摄
［济南］山东人民出版社 1975 年 53cm（4 开）
定价：CNY0.10

J0127465
舞台新歌 （剧照 1976 年〈农历丙辰年〉年历）
［太原］山西人民出版社 1975 年 53cm（4 开）
定价：CNY0.13

J0127466
吕剧《半边天》剧照 （1977年〈阴历丁巳年〉
月建节气表）
济南　山东人民出版社　1976年　1张
53cm（4开）定价：CNY0.05

J0127467
蝶恋花 （剧照　1978农历戊午年年历）
王世龙摄
郑州　河南人民出版社　1977年［1张］
54cm（4开）定价：CNY0.15

J0127468
蝶恋花 （剧照　1978年年历）
天津　天津人民美术出版社　1977年［1张］
54cm（4开）定价：CNY0.18

J0127469
舞剧《蝶恋花》（剧照之一　1978年年历）
王群摄
沈阳　辽宁人民出版社　1977年［1张］
39cm（8开）定价：CNY0.08

J0127470
小刀会 （剧照　1978年年历）狄嵩华摄
上海　上海人民出版社　1977年［1张］
39cm（8开）定价：CNY0.10

J0127471
音乐舞蹈史诗《东方红》剧照
（一九七八　农历戊午年月建节气表）
济南　山东人民出版社　1977年［1张］
54cm（4开）定价：CNY0.05

J0127472
1979年摄影戏曲月历
上海　上海人民美术出版社　1978年　1张
53cm（4开）定价：CNY2.50

J0127473
宝玉与黛玉 （剧照　1979年年历）曹震云摄
南昌　江西人民出版社　1978年　1张
53cm（4开）定价：CNY0.18

J0127474
荷花舞 （摄影　1979年年历）
济南　山东人民出版社　1978年　1张
53cm（4开）定价：CNY0.18

J0127475
荷花舞 （民间舞蹈　1979年月历）
天津人民美术出版社摄影
天津　天津人民美术出版社　1978年　1张
53cm（4开）定价：CNY0.50

J0127476
红灯照 （京剧）姜伟摄
济南　山东人民出版社　1978年　76cm（2开）
定价：CNY0.11
　　作者姜伟（1932—　　），摄影家。江苏涟水
人。山东人民出版社从事摄影工作,中国摄影家
协会、中华全国新闻工作者协会会员。

J0127477
红灯照 （剧照　1979年年历）常素琴摄
济南　山东人民出版社　1978年　1张
53cm（4开）定价：CNY0.18

J0127478
红灯照 （剧照　1979〈农历己未年〉年历）
左志明,陈锡陌摄
西安　陕西人民出版社　1978年　1张
53cm（4开）定价：CNY0.15

J0127479
红灯照 王景仁,陈娟美摄影
上海　上海人民美术出版社　1978年　2张（套）
76cm（2开）定价：CNY0.22

J0127480
红云 （舞蹈　1979〈农历己未年〉年历）
天津人民美术出版社摄
天津　天津人民美术出版社　1978年　1张
53cm（4开）定价：CNY0.18

J0127481
京剧《红灯照》
（摄影　1979〈农历己未年〉年历）翁乃强摄
石家庄　河北人民出版社　1978年　1张

78cm（2开）定价：CNY0.20

J0127482
楼台相会　（摄影 1979年年历）杨靖摄
西安　陕西人民出版社 1978年　1张
53cm（4开）定价：CNY0.15

J0127483
穆桂英　（摄影 1979年年历）任涵子摄
南京　江苏人民出版社 1978年　1张
53cm（4开）定价：CNY0.16

J0127484
穆桂英　（摄影 1979年年历）周正伦摄
成都　四川人民出版社 1978年　1张
53cm（4开）定价：CNY0.07

J0127485
越剧《红楼梦》（摄影 1979年年历）曹震云摄
上海　上海人民美术出版社 1978年　1张
53cm（4开）定价：CNY0.15

J0127486
铡美案　（摄影 1979年年历）马元浩摄
合肥　安徽人民出版社 1978年　1张
53cm（4开）定价：CNY0.18

J0127487
摘葡萄　（舞蹈 1979年年历）肖百明摄
上海　上海人民美术出版社 1978年　1张
53cm（4开）定价：CNY0.15

J0127488
百花公主　（摄影 1980年年历）文长生摄
南京　江苏人民出版社 1979年［1张］
53cm（4开）定价：CNY0.14

J0127489
宝莲灯　（摄影 1980〈农历庚申年〉年历）
纪梅摄
石家庄　河北人民出版社 1979年［1张］
53cm（4开）定价：CNY0.18

J0127490
碧玉簪　（摄影 1980年年历）

杭州　浙江人民出版社 1979年［1张］
53cm（4开）定价：CNY0.18

J0127491
挡马　（摄影 1980〈农历庚申年〉年历）纪梅摄
石家庄　河北人民出版社 1979年［1张］
53cm（4开）定价：CNY0.18

J0127492
反弹琵琶伎乐天　（舞剧丝路花雨
1980〈农历庚申年〉年历）董岩青摄
天津　天津人民美术出版社 1979年［1张］
78cm（2开）定价：CNY0.30

J0127493
贵妃醉酒　（摄影 1980年年历）
兰州　甘肃人民出版社 1979年［1张］
53cm（4开）定价：CNY0.15

J0127494
贵妃醉酒　（摄影 1980〈农历庚申年〉年历）
天津　天津杨柳青画店 1979年［1张］
53cm（4开）定价：CNY0.25（铁皮包边）

J0127495
贵妃醉酒　（摄影 1980年年历）王天权摄
杭州　浙江人民出版社 1979年［1张］
53cm（4开）定价：CNY0.18

J0127496
桂英打雁　（摄影 1980年年历）加林摄
成都　四川人民出版社 1979年［1张］
53cm（4开）定价：CNY0.08

J0127497
荷花舞　（摄影 1980年年历）刘志堂,陈锡陌摄
西安　陕西人民美术出版社 1979年［1张］
53cm（4开）定价：CNY0.15

J0127498
扈三娘　（摄影 1980〈农历庚申年〉年历）
刘震摄
天津　天津杨柳青画店 1979年［1张］78cm（2开）
定价：CNY0.24

J0127499
花田写扇 （摄影 1980 年年历）加林摄
成都 四川人民出版社 1979 年 ［1 张］
53cm（4 开）定价：CNY0.08

J0127500
化蝶 （摄影 1980 年年历）钟向东摄
南京 江苏人民出版社 1979 年 ［1 张］
53cm（4 开）定价：CNY0.14

J0127501
火焰驹 （摄影 1980〈农历庚申年〉年历）
范德元摄
兰州 甘肃人民出版社 1979 年 ［1 张］
53cm（4 开）定价：CNY0.15

J0127502
火焰驹 （摄影 1980〈农历庚申年〉年历）
范德元摄
武汉 湖北人民出版社 1979 年 ［1 张］
53cm（4 开）定价：CNY0.20

J0127503
梁山伯与祝英台 （摄影 1980 年年历）
范德元摄
济南 山东人民出版社 1979 年 ［1 张］
53cm（4 开）定价：CNY0.08

J0127504
梁山伯与祝英台 （摄影 1980 年年历）
曹震云摄
上海 上海人民美术出版社 1979 年 ［1 张］
53cm（4 开）定价：CNY0.10

J0127505
梁山伯祝英台 （摄影 1980 年年历）范德元摄
成都 四川人民出版社 1979 年 ［1 张］
53cm（4 开）定价：CNY0.08

J0127506
楼台相会 （摄影 1980 年年历）范德元摄
沈阳 辽宁美术出版社 1979 年 ［1 张］
53cm（4 开）定价：CNY0.15

J0127507
莫愁女 （摄影 1980 年年历）李以恭摄
南京 江苏人民出版社 1979 年 ［1 张］
53cm（4 开）定价：CNY0.16

J0127508
穆桂英 （剧照 1980 年年历）
合肥 安徽人民出版社 1979 年 ［1 张］
53cm（4 开）定价：CNY0.18

J0127509
穆桂英挂帅 （摄影 1980〈农历庚申年〉年历）
王世龙摄
郑州 河南人民出版社 1979 年 ［1 张］
53cm（4 开）定价：CNY0.15

J0127510
丝路花雨 （舞剧二 1980〈农历庚申年〉年历）
董岩青摄
天津 天津人民美术出版社 1979 年 ［1 张］
78cm（2 开）定价：CNY0.30
　　作者董岩青(1925—　)，山东蓬莱人。笔名
冬山，别名董宝珊。中国摄影家协会会员，天津
摄影家协会理事、顾问。作品有《我为祖国献石
油》《早班车》《古街新雪》等。

J0127511
丝路花雨 （舞剧一 1980〈农历庚申年〉年历）
董岩青摄
天津 天津人民美术出版社 1979 年 ［1 张］
78cm（2 开）定价：CNY0.30

J0127512
丝路花雨——反弹琵琶伎乐天
（摄影 1980〈农历庚申年〉年历）陈之涛摄
兰州 甘肃人民出版社 1979 年 ［1 张］
53cm（4 开）定价：CNY0.15
　　作者陈之涛，摄影艺术家。

J0127513
丝路花雨——反弹琵琶伎乐天舞姿
（摄影 1980 年年历）吕振模摄
南京 江苏人民出版社 1979 年 ［1 张］
53cm（4 开）定价：CNY0.16

J0127514

丝路花雨——凭栏仙女
（摄影 1980〈农历庚申年〉年历）陈之涛摄
兰州 甘肃人民出版社 1979 年［1 张］
53cm（4 开）定价：CNY0.15

作者陈之涛，摄影艺术家。

J0127515

太空曲 （摄影 1980 年年历）尹福康摄
上海 上海人民美术出版社 1979 年［1 张］
53cm（4 开）定价：CNY0.15

作者尹福康(1927—)，摄影家。江苏南京人。曾任上海人民美术出版社副编审、上海市摄影家协会副主席等职。主要作品有《烟笼峰岩》《向荒山要宝》《晒盐》《工人新村》等。

J0127516

戏剧集锦 （摄影 1980〈农历庚申年〉年历）
张祖道摄
石家庄 河北人民出版社 1979 年［1 张］
76cm（2 开）定价：CNY0.14

作者张祖道(1922—)，纪实摄影家。生于湖南浏阳，就读于西南联大社会学系，毕业于清华大学社会学系。历任《新观察》杂志摄影记者，中国摄影家协会理事，出版有《江村纪事》。

J0127517

薛刚反朝 （摄影 1980〈农历庚申年〉年历）
顾棣，李瑞芝摄
太原 山西人民出版社 1979 年［1 张］
53cm（4 开）定价：CNY0.18

J0127518

长绸舞 （摄影 1980〈农历庚申年〉年历）
任国兴摄
石家庄 河北人民出版社 1979 年［1 张］
53cm（4 开）定价：CNY0.18

J0127519

长鼓舞 （摄影 1980 年年历）
郑州 河南人民出版社 1979 年［1 张］
53cm（4 开）定价：CNY0.15

J0127520

长鼓舞 （摄影 1980〈农历庚申年〉年历）

朱宪民摄
太原 山西人民出版社 1979 年［1 张］
53cm（4 开）定价：CNY0.18

作者朱宪民(1942—)，编辑。生于山东濮城，祖籍河南范县。历任中国艺术研究院编审，《中国摄影》杂志社社长兼总编辑，中国摄影艺术研究所所长，中国摄影家协会理事，中国艺术摄影学会副会长。著作有《黄河百姓》《中国摄影家朱宪民作品集》《草原人》等。

J0127521

长鼓舞 （摄影 1980 年年历）李立摄
延吉 延边人民出版社 1979 年［1 张］
53cm（4 开）定价：CNY0.10

J0127522

打金枝 （摄影 1981〈农历辛酉年〉年历）
石观达摄
银川 宁夏人民出版社 1980 年 53cm（4 开）
定价：CNY0.20

J0127523

打金枝 （摄影 1981 年年历）马名骏摄
太原 山西人民出版社 1980 年 53cm（4 开）
定价：CNY0.18

J0127524

反弹琵琶 （摄影 1981〈农历辛酉年〉年历）
胡旭宁摄
南宁 广西人民出版社 1980 年 53cm（4 开）
定价：CNY0.20

J0127525

反弹琵琶伎乐天 （摄影 1981 年年历）
杨克林摄
成都 四川人民出版社 1980 年 53cm（4 开）
定价：CNY0.08

J0127526

飞吧！金色的凤凰 （摄影 1981 年年历）
池一平，钱豫强摄
杭州 浙江人民美术出版社 1980 年
78cm（2 开）定价：CNY0.22

J0127527

光绪与珍妃 （摄影 1981 年年历）郑永吉摄
沈阳 辽宁美术出版社 1980 年 53cm（4 开）
定价：CNY0.22

J0127528

贵妃醉酒 （摄影 1981〈农历辛酉年〉年历）
黄克勤摄
武汉 湖北人民出版社 1980 年 78cm（2 开）
定价：CNY0.30

J0127529

虹桥赠珠 （摄影 1981〈农历辛酉年〉年历）
肖顺权,徐震时摄
北京 人民美术出版社 1980 年 53cm（4 开）
定价：CNY0.16

　　作者肖顺权(1934—)，曾用名肖顺泉、肖
舜权。河北博野人。曾任人民美术出版社总编
办公室副主任、摄影部副主任等职。主要作品
有《唐永泰公主墓壁画集》《故宫》《元明清雕塑》
等。作者徐震时，擅长摄影。主要作品有《胜景
大观》《皇家园林》《山溪春晓》等。

J0127530

扈家庄 （摄影 1981 年年历）汪伟光摄
南昌 江西人民出版社 1980 年 53cm（4 开）
定价：CNY0.18

J0129912

花灯舞 （摄影 1981 年年历）池一平,钱豫强摄
杭州 浙江人民美术出版社 1980 年
53cm（4 开）定价：CNY0.16

J0127531

孔雀恋歌 （摄影 1981 年年历）邹本东摄
济南 山东人民出版社 1980 年 53cm（4 开）
定价：CNY0.09

J0127532

孟丽君 （摄影 1981 年年历）吴报章摄
杭州 西泠印社 1980 年 53cm（4 开）
定价：CNY0.22

J0127533

女驸马 （摄影 1981 年年历）陈玉华摄

合肥 安徽人民出版社 1980 年 53cm（4 开）
定价：CNY0.20

J0127534

扑蝶盛会 （摄影 1981 年年历）
南昌 江西人民出版社 1980 年 53cm（4 开）
定价：CNY0.18

J0127535

雀桥相会 （摄影 1981 年年历）
南昌 江西人民出版社 1980 年 53cm（4 开）
定价：CNY0.18

J0127536

拾玉镯 （摄影 1981〈农历辛酉年〉年历）
纪梅摄
石家庄 河北人民出版社 1980 年 53cm（4 开）
定价：CNY0.20

J0127537

拾玉镯 （摄影 1981〈农历辛酉年〉年历）
肖顺权,徐震时摄
北京 人民美术出版社 1980 年 53cm（4 开）
定价：CNY0.16

　　作者肖顺权(1934—)，曾用名肖顺泉、肖
舜权。河北博野人。曾任人民美术出版社总编
办公室副主任、摄影部副主任等职。主要作品
有《唐永泰公主墓壁画集》《故宫》《元明清雕塑》
等。作者徐震时，擅长摄影。主要作品有《胜景
大观》《皇家园林》《山溪春晓》等。

J0127538

丝路花雨 （摄影 1981 年年历）
兰州 甘肃人民出版社 1980 年 53cm（4 开）
定价：CNY0.20

J0127539

丝路花雨 （摄影 1981 年年历 二）陈建腾摄
石家庄 河北人民出版社 1980 年 53cm（4 开）
定价：CNY0.20

J0127540

丝路花雨 （摄影 1981〈农历辛酉年〉年历 三）
陈建腾摄
石家庄 河北人民出版社 1980 年 53cm（4 开）

定价：CNY0.20

J0127541
丝路花雨 （摄影 1981〈农历辛酉年〉年历 四）
陈建腾摄
石家庄 河北人民出版社 1980 年 53cm（4 开）
定价：CNY0.20

J0127542
丝路花雨 （摄影 1981〈农历辛酉年〉年历 五）
陈建腾摄
石家庄 河北人民出版社 1980 年 53cm（4 开）
定价：CNY0.20

J0127543
丝路花雨 （摄影 1981〈农历辛酉年〉年历）
任国兴摄
石家庄 河北人民出版社 1980 年 39cm（8 开）
定价：CNY0.13

J0127544
丝路花雨 （摄影 1981 年年历）林兰摄
郑州 河南人民出版社 1980 年 53cm（4 开）
定价：CNY0.10

J0127545
丝路花雨 （摄影 1981〈农历辛酉年〉年历）
长沙 湖南人民出版社 1980 年 53cm（4 开）
统一书号：8233·23 定价：CNY0.18

J0127546
丝路花雨 （摄影 1981 年年历 一）吕振模等摄
南京 江苏人民出版社 1980 年 53cm（4 开）
定价：CNY0.18

J0127547
丝路花雨 （摄影 1981 年年历 二）吕振模等作
南京 江苏人民出版社 1980 年 78cm（2 开）
定价：CNY0.18

J0127548
丝路花雨 （摄影 1981 年年历 三）吕振模等摄
南京 江苏人民出版社 1980 年 53cm（4 开）
定价：CNY0.18

J0127549
丝路花雨 （摄影 1981 年年历 四）吕振模摄
南京 江苏人民出版社 1980 年 53cm（4 开）
定价：CNY0.18

J0127550
丝路花雨 （摄影 1981 年年历）
沈阳 辽宁美术出版社 1980 年 53cm（4 开）
定价：CNY0.15

J0127551
丝路花雨 （摄影 1981 年年历）王景仁摄
上海 上海人民美术出版社 1980 年
53cm（4 开）定价：CNY0.16

J0127552
丝路花雨 （摄影 1981 年年历）杉人摄
杭州 浙江人民美术出版社 1980 年
53cm（4 开）定价：CNY0.20

J0127553
太空曲 （摄影 1981 年年历）尹福康摄
长沙 湖南人民出版社 1980 年 53cm（4 开）
定价：CNY0.21

J0127554
铁弓缘 （摄影 1981 年年历）李月斌摄
昆明 云南人民出版社 1980 年 53cm（4 开）
定价：CNY0.18

J0127555
同心结 （摄影 1981 年年历）池一平摄
杭州 浙江人民美术出版社 1980 年
53cm（4 开）定价：CNY0.20

J0127556
文成公主 （摄影 1981 年年历）
骆中琦,范爱全摄
南京 江苏人民出版社 1980 年 53cm（4 开）
定价：CNY0.15

J0127557
文成公主 （摄影 1981 年年历）李崇成摄
天津 天津人民美术出版社 1980 年
53cm（4 开）定价：CNY0.20

J0127558
文成公主 （摄影 1981〈农历辛酉年〉年历）
刘震摄
天津 天津杨柳青画店 1980 年 78cm（2 开）
定价：CNY0.27

J0127559
舞 （摄影 1981 年年历）全昌植摄
长沙 湖南人民出版社 1980 年 53cm（4 开）
定价：CNY0.20

J0127560
西厢记 （摄影 1981〈农历辛酉年〉年历）
纪梅摄
石家庄 河北人民出版社 1980 年 53cm（4 开）
定价：CNY0.20

J0127561
西厢记 （1981 年年历）上海越剧院供稿
杭州 浙江人民美术出版社 1980 年
53cm（4 开）定价：CNY0.17

J0127562
西园记 （摄影 1981 年年历）池一平,钱豫强摄
杭州 浙江人民美术出版社 1980 年
76cm（2 开）定价：CNY0.16
　　作者钱豫强(1944—),浙江嘉善人,历任
浙江美术出版社副编审,浙江赛丽美术馆执行
馆长。

J0127563
昭君出塞 （摄影 1981 年年历）
杭州 西泠印社 1980 年 78cm（2 开）
定价：CNY0.25

J0127564
霸王别姬 （1982 年年历）佐力摄
天津 天津人民美术出版社 1981 年
54cm（4 开）定价：CNY0.20

J0127565
白娘子 （1982 年年历）陈振戈摄
成都 四川人民出版社 1981 年 54cm（4 开）
定价：CNY0.08

J0127566
北路梆子 （1982 农历壬戌年年历）李惠普摄
太原 山西人民出版社 1981 年 54cm（4 开）
定价：CNY0.12

J0127567
奔月 （1982 农历壬戌年年历）沈今声摄
北京 人民美术出版社 1981 年 54cm（4 开）
定价：CNY0.16

J0127568
奔月 （1982 年年历）许晓明摄
上海 上海人民美术出版社 1981 年
54cm（4 开）定价：CNY0.19

J0127569
奔月(神话舞剧) （1982 农历壬戌年年历）
沈今声摄
武汉 湖北人民出版社 1981 年 54cm（4 开）
定价：CNY0.20
　　作者沈今声(1934—),毕业于中央美术学
院。曾任《舞蹈》杂志编辑。代表作《崔之灵》《肯
登攀》。

J0127570
茶瓶计 （1982 农历壬戌年年历）刘震摄
天津 天津杨柳青画店 1981 年 78cm（2 开）
定价：CNY0.27

J0127571
滇剧《白蛇传》白会楼结亲 （1982 年年历）
杨振华摄
昆明 云南人民出版社 1981 年 39cm（8 开）
定价：CNY0.15

J0127572
凤还巢 （1982 年年历）南辕摄
天津 天津人民美术出版社 1981 年
54cm（4 开）定价：CNY0.20

J0127573
歌剧《第一百个新娘》剧照 （1982 年年历）
华绍祖摄
天津 天津人民美术出版社 1981 年
54cm（4 开）定价：CNY0.20

J0127574

贵妃醉酒 （1982 年年历）南辕摄

天津 天津人民美术出版社 1981 年

54cm（4 开）定价：CNY0.20

J0127575

红娘子护送陈圆圆 （1982 农历壬戌年年历）

鄂毅摄

北京 人民美术出版社 1981 年 54cm（4 开）

定价：CNY0.16

J0127576

纪鸾英上阵 （剧照）陈春轩摄

上海 上海人民美术出版社 1981 年［1 张］

76cm（2 开）定价：CNY0.16

J0127577

孔雀恋歌 （1982 年年历）谢新发，杨克林摄

上海 上海人民美术出版社 1981 年

54cm（4 开）统一书号：8081.12447

定价：CNY0.19

J0127578

李慧娘 （1982 年年历）曹震云摄

上海 上海人民美术出版社 1981 年

54cm（4 开）定价：CNY0.16

J0129961

李天保娶亲 （1982 年年历）程忠摄

兰州 甘肃人民出版社 1981 年 54cm（4 开）

定价：CNY0.20

J0127579

曼苏尔 （1982 农历壬戌年年历）胡宪国摄

银川 宁夏人民出版社 1981 年 54cm（4 开）

定价：CNY0.20

J0127580

眉户剧《屠夫状元》 （1982 年年历）西影摄

兰州 甘肃人民出版社 1981 年 54cm（4 开）

定价：CNY0.20

J0127581

孟丽君 （1982 年年历）吴报章摄

杭州 西泠印社 1981 年 54cm（4 开）

定价：CNY0.20

J0127582

穆桂英 （1982 年年历）郑昌巍摄

合肥 安徽人民出版社 1981 年 54cm（4 开）

定价：CNY0.18

J0127583

柔密欧·幽丽亚 （1982 年年历）姜节安摄

上海 上海人民美术出版社 1981 年

54cm（4 开）定价：CNY0.16

J0127584

拾玉镯 （1982 年年历）张德重摄

成都 四川人民出版社 1981 年 54cm（4 开）

统一书号：8118.952 定价：CNY0.18

J0127585

天国春秋 （1982 年年历）池一平，钱豫强摄

杭州 浙江人民美术出版社 1981 年

54cm（4 开）定价：CNY0.19

J0127586

铁弓缘 （1982 农历壬戌年年历）

肖顺权，徐震时摄

北京 人民美术出版社 1981 年 54cm（4 开）

定价：CNY0.16

　　作者肖顺权（1934— ），曾用名肖顺泉、肖舜权。河北博野人。曾任人民美术出版社总编办公室副主任、摄影部副主任等职。主要作品有《唐永泰公主墓壁画集》《故宫》《元明清雕塑》等。作者徐震时，擅长摄影。主要作品有《胜景大观》《皇家园林》《山溪春晓》等。

J0127587

巫山恋 （1982 年年历）厉胜利，毛宁训摄

南京 江苏人民出版社 1981 年 54cm（4 开）

定价：CNY0.18

J0127588

舞蹈 （1982 年年历）张甸摄

沈阳 辽宁美术出版社 1981 年 54cm（4 开）

定价：CNY0.18

J0127589

喜读西厢 （1982 年年历）吴文忠摄

合肥　安徽人民出版社　1981 年　54cm（4 开）

统一书号：17102.195　定价：CNY0.18

J0127590

扬剧(风月同天) （1982 年年历）陈春轩摄

上海　上海人民美术出版社　1981 年

54cm（4 开）定价：CNY0.16

J0127591

杨排风 （1982 农历壬戌年年历）

肖顺权,徐震时摄

北京　人民美术出版社　1981 年　54cm（4 开）

定价：CNY0.16

J0127592

玉莲 （1982 农历壬戌年年历）王景仁摄

北京　人民美术出版社　1981 年　54cm（4 开）

定价：CNY0.16

J0127593

越剧(彩楼记) （1982 年年历）

尹福康,王全亨摄

上海　上海人民美术出版社　1981 年

54cm（4 开）定价：CNY0.16

　　作者尹福康(1927—　　),摄影家。江苏南京人。曾任上海人民美术出版社副编审、上海市摄影家协会副主席等职。主要作品有《烟笼峰岩》《向荒山要宝》《晒盐》《工人新村》等。

J0127594

战洪洲 （1982 农历壬戌年年历）李书彬摄

银川　宁夏人民出版社　1981 年　78cm（2 开）

定价：CNY0.24

J0127595

珍珠仙子 （1982 年年历）长文摄

合肥　安徽人民出版社　1981 年　54cm（4 开）

统一书号：17102.194　定价：CNY0.18

J0127596

中路梆子小宴 （1982 农历壬戌年年历）

马名骏摄

太原　山西人民出版社　1981 年　54cm（4 开）

定价：CNY0.12

J0127597

珠塔姻缘 （1982 年年历）陈春轩摄

南昌　江西人民出版社　1981 年　54cm（4 开）

统一书号：8110.278　定价：CNY0.18

J0127598

珠塔姻缘 （剧照）陈春轩摄

南昌　江西人民出版社　1981 年［1 张］

76cm（2 开）定价：CNY0.16

J0127599

状元媒 （1982 年年历）南辕摄

天津　天津人民美术出版社　1981 年

54cm（4 开）定价：CNY0.20

J0127600

追鱼 （1982 农历壬戌年年历）杨如鑫摄

郑州　中州书画社　1981 年　54cm（4 开）

定价：CNY0.18

J0127601

《红楼梦》 （舞剧剧照 1983 年年历）顾东升摄影

上海　上海人民美术出版社　1982 年［1 张］

54cm（4 开）定价：CNY0.16

J0127602

1983（剧照挂历）

北京　中国戏剧出版社　1982 年　54cm（4 开）

定价：CNY3.20

J0127603

1983（舞蹈摄影挂历）

昆明　云南人民出版社　1982 年　38cm（6 开）

定价：CNY0.80

J0127604

1983（戏曲月历）

上海　上海人民美术出版社　1982 年

38cm（6 开）定价：CNY1.30

J0127605

1983 年戏剧舞蹈月历

上海　上海人民美术出版社　1982 年

54cm（4开）定价：CNY4.00

J0127606
百花公主 （摄影 1983年年历）关景宇摄影
北京 人民美术出版社 1982年 54cm（4开）
定价：CNY0.16
　　作者关景宇（1940— ），北京人。历任北京
出版社美术编辑、人民美术出版社《连环画报》
编辑部副主编。擅长连环画、插图。作品有连环
画《林道静》《骆驼祥子》《豹子湾战斗》等。

J0127607
百花公主 （摄影 1983年年历）尹福康摄影
成都 四川人民出版社 1982年 54cm（4开）
定价：CNY0.18

J0127608
百花赠剑 （摄影 1983年年历）尹福康,王全
亨摄影
上海 上海人民美术出版社 1982年
54cm（4开）定价：CNY0.16

J0127609
波斯舞 （剧照 1983年年历）张朝玺摄影
石家庄 河北美术出版社 1982年 54cm（4开）
定价：CNY0.18

J0127610
波斯舞少女 （剧照 1983年年历）张朝玺摄影
天津 天津美术出版社 1982年 54cm（4开）
定价：CNY0.18

J0127611
钗头凤 （剧照 1983年年历）穆家宏,谢新发
摄影
天津 天津人民美术出版社 1982年
54cm（4开）定价：CNY0.18

J0127612
杜十娘 （剧照 1983年年历）温素文等摄影
石家庄 河北美术出版社 1982年 54cm（4开）
定价：CNY0.20
　　作者温素文（1931— ），女。照相技师。辽
宁新民人。历任中国摄影家吉林分会会员,长春
电影制片厂人像摄影师,长春市摄影家协会常务

理事、副主席。作品有《重逢》《松花湖之秋》《湖
满渔歌》,编写《人像摄影入门》。

J0127613
杜十娘 （剧照 1983年年历）
北京 中国电影出版社 1982年 76cm（2开）
定价：CNY0.20

J0127614
飞天舞 （剧照 1983年年历）沈今声摄影
武汉 湖北人民出版社 1982年 54cm（4开）
定价：CNY0.20

J0127615
风雪配 （摄影 1983年年历）陆振隆摄影
郑州 中州书画社 1982年 54cm（4开）
定价：CNY0.09

J0127616
贵妃醉酒 （剧照 1983年年历）方辉摄影
济南 山东人民出版社 1982年 54cm（4开）
定价：CNY0.18

J0127617
贵妃醉酒 （剧照 1983年年历）李向军摄影
天津 天津人民美术出版社 1982年
54cm（4开）定价：CNY0.18

J0130001
红牡丹 （剧照 1983年年历）杨克林摄影
成都 四川人民出版社 1982年 54cm（4开）
铜版纸 定价：CNY0.18,CNY0.08（胶版纸）

J0127618
红娘 （剧照 1983年年历）段超等摄影
成都 四川省新闻图片社 1982年 54cm（4开）
定价：CNY0.20

J0127619
扈三娘 （剧照 1983年年历）关景宇摄影
北京 人民美术出版社 1982年 54cm（4开）
定价：CNY0.16
　　作者关景宇（1940— ），北京人。历任北京
出版社美术编辑、人民美术出版社《连环画报》
编辑部副主编。擅长连环画、插图。 作品有连

环画《林道静》《骆驼祥子》《豹子湾战斗》等。

瑶》等。

J0127620
花烛夜 （1983 年年历）朱幼虹,张冬冬摄影
杭州 浙江人民美术出版社 1982 年
78cm（2 开）统一书号：8156.268
定价：CNY0.22

J0127621
巾帼雄风 （剧照 1983 年年历）刘震,张煜摄影
天津 天津杨柳青画店 1982 年 78cm（2 开）
定价：CNY0.27

J0127622
巾帼梁红玉 （剧照 1983 年年历）
陈湘华摄影
石家庄 河北美术出版社 1982 年 54cm（4 开）
定价：CNY0.18

J0127623
巾帼英雄穆桂英 （剧照 1983 年年历）
刘立滨等摄影
北京 中国戏剧出版社 1982 年 54cm（4 开）
定价：CNY0.20

J0127624
金玉奴 （摄影 1983 年年历）费文麓等摄影
石家庄 河北美术出版社 1982 年 54cm（4 开）
定价：CNY0.18

J0127625
吕瑞英扮演的萧皇后 （剧照 1983 年年历）
王彬,张颖摄影
杭州 西泠印社 1982 年 54cm（4 开）
定价：CNY0.20

J0127626
孟丽君 （剧照 1983 年年历）夏永烈摄影
长沙 湖南美术出版社 1982 年 54cm（4 开）
定价：CNY0.20
　　作者夏永烈(1935—　)，笔名夏咏，江苏无锡人。江苏太仓师范毕业。历任《新民晚报》《解放日报》等摄影记者,中国摄影家协会上海分会会员,中国摄影家协会会员。主要作品有《鹿跳》《冬练三九》《滑雪队的早锻炼》《长白踏琼

J0127627
穆桂英趟马下山《穆柯寨》
（剧照 1983 年年历）刘立滨等作
北京 中国戏剧出版社 1982 年 54cm（4 开）
定价：CNY0.20

J0127628
诺桑王子中的英卓拉姆
（剧照 1983 年年历）年炘摄影
拉萨 西藏人民出版社 1982 年 54cm（4 开）
定价：CNY0.16

J0127629
三关点帅 （剧照 1983 年年历）马明俊作
太原 山西人民出版社 1982 年 54cm（4 开）
定价：CNY0.18

J0127630
少年英雄陆文龙 （剧照 1983 年年历）
刘立滨等摄影
北京 中国戏剧出版社 1982 年 1 张
54cm（4 开）定价：CNY0.20

J0127631
丝路花雨 （剧照 1983 年年历）陈连信摄影
太原 山西人民出版社 1982 年 1 张
54cm（4 开）定价：CNY0.18

J0127632
苏小妹三难新郎 （剧照 1983 年年历）
刘震,张煜摄影
天津 天津杨柳青画店 1982 年 1 张
78cm（2 开）定价：CNY0.27

J0127633
孙玉姣 （《拾玉镯》剧照 1983 年年历）
刘立滨等摄影
北京 中国戏剧出版社 1982 年 1 张
54cm（4 开）定价：CNY0.20

J0127634
唐赛儿 （剧照 1983 年年历）邹本东摄影
济南 山东人民出版社 1982 年 1 张

54cm（4 开）定价：CNY0.18

J0127635
舞蹈 （摄影 1983 年年历）陈春轩摄影
上海 上海人民美术出版社 1982 年 1 张
54cm（4 开）定价：CNY0.16

J0127636
舞姬 （剧照 1983 年年历）张朝玺,华绍祖摄影
天津 天津人民美术出版社 1982 年 1 张
54cm（4 开）定价：CNY0.18

J0127637
西厢记 （剧照 1983 年年历）冯伟烈摄影
石家庄 河北美术出版社 1982 年 1 张
54cm（4 开）定价：CNY0.18

J0127638
小鹿舞 （舞剧《卓瓦桑姆》剧照 1983 年年历）
高英熙摄影
成都 四川人民出版社 1982 年 1 张
54cm（4 开）定价：CNY0.18

J0127639
杨宗保 （剧照 1983 年年历）邹本东摄影
济南 山东人民出版社 1982 年 1 张
54cm（4 开）定价：CNY0.18

J0127640
印度《拍球舞》 （剧照 1983 年年历）徐斌摄影
石家庄 河北美术出版社 1982 年 1 张
54cm（4 开）定价：CNY0.18

J0127641
印度舞 （剧照 1983 年年历）张朝玺摄影
石家庄 河北美术出版社 1982 年 54cm（4 开）
定价：CNY0.18

J0127642
印度舞 （剧照 1983 年年历）张朝玺摄影
天津 天津人民美术出版社 1982 年
54cm（4 开）定价：CNY0.18

J0127643
印度舞少女 （剧照 1983 年年历）张朝玺摄影

天津 天津人民美术出版社 1982 年
54cm（4 开）定价：CNY0.18

J0127644
英娘美姿 （剧照 1983 年年历）陈连信摄影
太原 山西人民出版社 1982 年 54cm（4 开）
定价：CNY0.18

J0127645
越剧《西厢记》剧照 （1983 年年历）段超等摄
成都 四川省新闻图片社［1982 年］54cm（4 开）
定价：CNY0.20

J0127646
长坂坡 （剧照 1983 年年历）段超等摄影
成都 四川新闻图片社 1982 年 54cm（4 开）
定价：CNY0.20

J0127647
追鱼 （剧照 1983 年年历）陈宏仁摄影
西安 陕西人民美术出版社 1982 年
54cm（4 开）定价：CNY0.18
　　作者陈宏仁（1937— ），上海人。毕业于山
东师范学院美术科。中国摄影家协会会员。主
要摄影作品有《猫头鹰》《骆驼》《五老峰》等。

J0127648
阿里巴巴 （剧照 1984 年年历）陈春轩摄影
天津 天津人民美术出版社 1983 年［1 张］
54cm（4 开）定价：CNY0.20

J0127649
半屏山 （剧照 1984 年年历）陈春轩摄影
天津 天津人民美术出版社 1983 年
54cm（4 开）定价：CNY0.20

J0127650
川剧《古墓香魂》 （剧照 1984 年年历）
张华铬摄影
成都 四川人民出版社 1983 年 53cm（4 开）
定价：CNY0.08

J0127651
川剧《花田写扇》 （剧照 1984 年年历）
蜀艺摄影

成都　四川省新闻图片社［1983年］53cm（4开）
定价：CNY0.20

J0127652

闯王义军女将慧梅——京剧《慧梅》
（剧照　1984〈农历甲子年〉年历）费文麓摄影
北京　中国戏剧出版社　1983年　54cm（4开）
定价：CNY0.20

J0127653

春山春水碧迢迢　（剧照　1984〈农历甲子年〉
年历）张冠嵘摄影
长沙　湖南美术出版社　1983年　54cm（4开）
定价：CNY0.20

J0127654

打金枝　（摄影　1984年年历）陈春轩,夏永烈
摄影
天津　天津人民美术出版社　1983年
54cm（4开）定价：CNY0.20

J0127655

黛玉读西厢　（剧照　1984年年历）方辉摄影
济南　山东人民出版社　1983年　54cm（4开）
定价：CNY0.20

J0127656

儿童舞剧《我爱敦煌》（剧照　1984年年历）
陈振戈摄影
兰州　甘肃人民出版社　1983年　53cm（4开）
定价：CNY0.20

J0127657

凤还巢　（摄影　1984〈农历甲子年〉年历）
任国兴摄影
石家庄　河北美术出版社　1983年　54cm（4开）
定价：CNY0.20

J0127658

歌剧《第一百个新娘》（剧照　1984〈农历甲
子年〉年历）华绍祖摄影
石家庄　河北美术出版社　1983年　54cm（4开）
定价：CNY0.20

J0127659

格萨尔赛马称王　（剧照　1984〈农历甲子年〉
年历）朱力摄影
北京　中国戏剧出版社　1983年　54cm（4开）
定价：CNY0.20

　　作者朱力（1937—　），画家。安徽全椒人,
安徽艺专毕业。安徽美协会员、国家二级美术师、
中国美协会员。出版有《朱力画辑》《朱力国画
作品选》《朱力画集》等。

J0127660

公主与素珍　（剧照　1984年年历）
合肥　安徽人民出版社　1983年　54cm（4开）

J0127661

古墓香魂　（剧照　1984年年历）张华铭摄影
成都　四川人民出版社　1983年　54cm（4开）
定价：CNY0.18

J0127662

红娘子　（剧照　1984〈农历甲子年〉年历）
驰古摄影
北京　人民美术出版社　1983年　54cm（4开）
定价：CNY0.16

J0127663

花仙——舞剧《卓瓦桑姆》
（剧照　1984年年历）陈振戈摄影
上海　上海人民美术出版社　1983年
54cm（4开）定价：CNY0.19

J0127664

花仙卓瓦桑姆　（摄影　1984年年历）
方维元摄影
成都　四川民族出版社　1983年　54cm（4开）甲
定价：CNY0.18,CNY0.08（乙）

J0127665

黄梅戏《女驸马》　（剧照　1984〈农历甲子年〉
年历）张祖道摄影
石家庄　河北美术出版社　1983年　54cm（4开）
定价：CNY0.20

　　作者张祖道（1922—　）,纪实摄影家。生于
湖南浏阳,就读于西南联大社会学系,毕业于清
华大学社会学系。历任《新观察》杂志摄影记者,

中国摄影家协会理事,出版有《江村纪事》。

J0127666
借姑娘 （剧照 1984年年历）王步贵摄影
太原 山西人民出版社 1983年 54cm（4开）
定价: CNY0.18

J0127667
晋水咽 （剧照 1984〈农历甲子年〉年历）
顾棣摄影
太原 山西人民出版社 1983年 78cm（2开）
定价: CNY0.24

J0127668
京剧《慧梅》中的闯王义军女将慧梅
（剧照 1984〈农历甲子年〉年历）费文蘸摄影
北京 中国戏剧出版社 1983年 54cm（4开）
定价: CNY0.20

J0127669
梁祝 （剧照 1984年年历）小济摄影
杭州 浙江人民美术出版社 1983年
54cm（4开）定价: CNY0.19

J0127670
孟丽君 （剧照 1984年年历）池一平摄影
杭州 浙江人民美术出版社 1983年
78cm（2开）定价: CNY0.24

J0127671
哪吒 （剧照 1984年年历）李辉摄影
天津 天津杨柳青画社 1983年 78cm（2开）
定价: CNY0.27

J0127672
哪吒出世 （剧照 1984〈农历甲子年〉年历）
徐春摄影
石家庄 河北美术出版社 1983年 54cm（4开）
定价: CNY0.20

J0127673
哪吒闹海中的鱼仙 （剧照 1984年年历）
张朝玺摄影
天津 天津人民美术出版社 1983年
54cm（4开）定价: CNY0.20

J0127674
霓裳羽衣舞曲 （摄影 1984年年历）林群摄影
合肥 安徽人民出版社 1983年 54cm（4开）
定价: CNY0.18

J0127675
珊瑚舞 （剧照 1984〈农历甲子年〉年历）
晓雪摄影
石家庄 河北美术出版社 1983年［1张］
54cm（4开）定价: CNY0.20

J0127676
扇鼓舞 （剧照 1984年年历）王忠根摄影
上海 上海人民美术出版社 1983年［1张］
54cm（4开）定价: CNY0.19

J0127677
双锁山 （剧照 1984年年历）顾棣,刘安新摄影
太原 山西人民出版社 1983年 1张
54cm（4开）定价: CNY0.18

J0127678
舞蹈 （摄影 1984年年历）方晖摄影
济南 山东人民出版社 1983年 1张
54cm（4开）定价: CNY0.20

J0127679
舞蹈《半屏山》 （剧照 1984年年历）
陈春轩摄影
上海 上海人民美术出版社 1983年 1张
54cm（4开）定价: CNY0.19

J0127680
舞蹈《报春》 （剧照 1984〈农历甲子年〉年历）
郑盘齐摄影
石家庄 河北美术出版社 1983年 1张
54cm（4开）定价: CNY0.20

J0127681
舞蹈《奔月》 （剧照 1984〈农历甲子年〉年历）
李维良摄影
成都 四川省新闻图片社［1983年］1张
54cm（4开）定价: CNY0.20

J0127682

舞蹈《敦煌彩塑》（剧照 1984 年年历）
江聪摄影
贵阳 贵州人民出版社 1983 年 1 张
54cm（4 开）定价：CNY0.18

J0127683

舞蹈《凤鸣岐山》（剧照 1984〈农历甲子年〉
年历）陈春轩摄影
郑州 中州书画社 1983 年 1 张 54cm（4 开）
定价：CNY0.18

J0127684

舞蹈《小孔雀》（剧照 1984 年年历）
谢新发摄影
上海 上海人民美术出版社 1983 年 1 张
54cm（4 开）定价：CNY0.19

　　作者谢新发，擅长年画摄影。主要作品有《节
日欢舞》《风光摄影》《怎样拍摄夜景》等。

J0127685

舞蹈《小天鹅》（剧照 1984〈农历甲子年〉年
历）李建东摄影
郑州 中州书画社 1983 年 1 张 54cm（4 开）
定价：CNY0.18

J0127686

舞蹈《鱼美人》（剧照 1984〈农历甲子年〉
年历）徐斌摄影
郑州 中州书画社 1983 年 1 张 54cm（4 开）
定价：CNY0.18

J0127687

舞蹈《啄木鸟》（剧照 1984 年年历）
谢新发摄影
上海 上海人民美术出版社 1983 年 1 张
54cm（4 开）定价：CNY0.19

J0127688

舞剧《嫦娥奔月》（剧照 1984 年年历）
尹福康摄影
上海 上海人民美术出版社 1983 年 1 张
54cm（4 开）定价：CNY0.19

J0127689

一九八四年（剧照）
北京 中国戏剧出版社［1983 年］1 张
54cm（4 开）定价：CNY3.20

J0127690

越剧《战金山》（剧照 1984 年年历）陈曦摄影
成都 四川省新闻图片社［1983 年］54cm（4 开）
定价：CNY0.20

J0127691

赠镯 （剧照 1984 年年历）顾棣,刘安新摄影
太原 山西人民出版社 1983 年 54cm（4 开）
定价：CNY0.18

J0127692

珍珠舞 （剧照 1984〈农历甲子年〉年历）
晓雪摄影
石家庄 河北美术出版社 1983 年 54cm（4 开）
定价：CNY0.20

J0127693

《回荆州》剧照 （摄影 1985 年年历）
王秉龙摄影
太原 山西人民出版社 1984 年［1 张］
54cm（4 开）定价：CNY0.20

　　作者王秉龙（1943—　），生于山西祁县。中
国戏剧家协会会员，北京美术家协会会员。擅长
楷书、魏碑、行书。出版《科学发明家故事》《明
史演义》等多部连环画册；改编拍摄并出版了几
百种传统戏曲年画,被称为中国戏曲年画摄影第
一人。

J0127694

1985（东方歌舞） 程京京摄影
北京 中国旅游出版社 1984 年 54cm（4 开）
定价：CNY3.50

J0127695

1985（剧照挂历）
哈尔滨 黑龙江美术出版社 1984 年
54cm（4 开）定价：CNY3.20

J0127696

1985（剧照挂历）

哈尔滨　黑龙江美术出版社［1984年］
54cm（4开）定价：CNY3.50

J0127697
霸王别姬　（剧照　1985年农历乙丑年年历）
夏永烈摄影
重庆　重庆出版社　1984年　54cm（4开）
定价：CNY0.20

J0127698
春草闯堂　（摄影　1985年年历）纪梅摄影
石家庄　河北美术出版社　1984年　54cm（4开）
定价：CNY0.20

J0127699
待月西厢　（摄影　1985年年历）夏永烈摄影
南宁　漓江出版社　1984年　54cm（4开）
定价：CNY0.20
　　作者夏永烈（1935— 　），笔名夏咏，江苏无
锡人。江苏太仓师范毕业。历任《新民晚报》《解
放日报》等摄影记者，中国摄影家协会上海分会
会员，中国摄影家协会会员。主要作品有《鹿
跳》《冬练三九》《滑雪队的早锻炼》《长白踏琼
瑶》等。

J0127700
洞房　（剧照　1985年年历）池一平等摄影
杭州　浙江人民美术出版社　1984年
54cm（4开）定价：CNY0.19

J0127701
傅全香　（剧照　1985年年历）
南昌　江西人民出版社［1984年］54cm（4开）
定价：CNY0.19

J0127702
**寒江关、杨继业与佘赛花　凤仪亭
牡丹亭**　（摄影　1985年年历）何沛行摄影
石家庄　河北美术出版社　1984年　4张
78cm（2开）定价：CNY1.00

J0127703
红罗记　　葛立英摄
济南　山东美术出版社　1984年　76cm（2开）
统一书号：8332.105　定价：CNY0.18

J0130088
红罗记　（摄影　1985年年历）葛立英摄影
济南　山东美术出版社　1984年　54cm（4开）
定价：CNY0.20

J0127704
红娘　（剧照　1985年年历）刘震，张煜摄影
天津　天津杨柳青画社　1984年　78cm（2开）
定价：CNY0.27

J0127705
花为媒　（摄影　1985年农历乙丑年年历）
兆欣摄影
合肥　安徽人民出版社　1984年　54cm（4开）
定价：CNY0.20

J0127706
花为媒　（摄影　1985年年历）王守信摄影
石家庄　河北美术出版社　1984年　54cm（4开）
定价：CNY0.10

J0127707
金玉奴　（摄影　1985年农历乙丑年年历）
尹福康摄影
重庆　重庆出版社　1984年　54cm（4开）
定价：CNY0.20

J0130093
穆桂英　（剧照　1985年年历）任国兴摄影
石家庄　河北美术出版社　1984年　54cm（4开）
定价：CNY0.20

J0127708
穆桂英　（剧照　1985年年历）刘震，张煜摄影
天津　天津杨柳青画社　1984年　54cm（4开）
定价：CNY0.20

J0127709
十一郎　（摄影　1985年年历）费文麓摄影
石家庄　河北美术出版社　1984年　1张
54cm（4开）定价：CNY0.20

J0127710
苏武牧羊　（剧照　1985年年历）刘震，张煜摄影
天津　天津杨柳青画社　1984年　1张

54cm（4 开）定价：CNY0.20

J0127711
孙二娘打店 （摄影 1985 年年历）任国兴摄影
石家庄 河北美术出版社 1984 年 1 张
54cm（4 开）定价：CNY0.20

J0127712
天鹅舞 （摄影 1985 年年历）天鹰，大林摄影
杭州 浙江人民美术出版社 1984 年 1 张
78cm（2 开）定价：CNY0.24

J0127713
万端思绪对月谈 （剧照 1985 年年历）
陌竹摄影
西安 陕西人民美术出版社 1984 年 1 张
78cm（2 开）定价：CNY0.27

J0127714
王文娟 （剧照 1985 年年历）
南昌 江西人民出版社［1984 年］1 张
54cm（4 开）定价：CNY0.19

J0127715
舞蹈 （摄影 1985 年年历）冬青摄影
济南 山东美术出版社 1984 年 1 张
54cm（4 开）定价：CNY0.20

J0127716
舞蹈《蝶双飞》 （摄影 1985 年年历）
李维良摄影
武汉 长江文艺出版社 1984 年 1 张
54cm（4 开）定价：CNY0.20

J0127717
舞蹈——敦煌彩塑 （摄影 1985 年年历）
天鹰，宁秋摄影
杭州 浙江人民美术出版社 1984 年 1 张
54cm（4 开）定价：CNY0.19

J0127718
舞蹈剧照 （摄影 1985 年农历乙丑年年历）
陈哲摄影
合肥 安徽人民出版社［1984 年］1 张
54cm（4 开）定价：CNY0.20

J0127719
舞剧《奔月》剧照 （1985 年农历乙丑年年历）
杨克林摄影
合肥 安徽人民出版社［1984 年］1 张
54cm（4 开）定价：CNY0.20

J0127720
音乐舞蹈史诗《中国革命之歌》
北京 人民美术出版社［1984 年］10 张
15cm（64 开）定价：CNY0.70

J0127721
杂技艺术 （摄影 1985 年农历乙丑年年历）
浩森摄影
成都 四川省新闻图片社［1984 年］54cm（4开）
定价：CNY0.20

J0127722
蒂结连理 （剧照 1986 年年历）
北京 中国电影出版社 1985 年 1 张
76cm（2 开）定价：CNY0.30

J0127723
贵妃醉酒 （摄影 1986 年年历）兆欣，荃中摄影
南京 江苏美术出版社 1985 年 1 张
54cm（4 开）定价：CNY0.24

J0127724
花仙卓瓦桑姆 （剧照 1986 年年历）
张金智摄影
石家庄 河北美术出版社 1985 年 1 张
53cm（4 开）定价：CNY0.12

J0127725
晋剧《碧玉簪》 （剧照 1986 年年历）
高士萍，张克勤摄影
太原 山西人民出版社 1985 年 1 张
54cm（4 开）定价：CNY0.24

J0127726
晋剧《雏凤凌空》 （剧照 1986 年年历）
马名骏摄影
太原 山西人民出版社 1985 年 1 张
54cm（4 开）定价：CNY0.24

J0127727

晋剧《五女拜寿》（剧照 1986 年年历）
范岐山摄影
太原 山西人民出版社 1985 年 1 张
54cm（4 开）定价：CNY0.24

J0127728

晋剧新秀宋转转 （剧照 1986 年年历）
丁希贤摄影
太原 山西人民出版社 1985 年 1 张
54cm（4 开）定价：CNY0.24

J0127729

梁红玉 （剧照 1986 年年历）王广林摄影
合肥 安徽美术出版社 1985 年 1 张
54cm（4 开）定价：CNY0.24

　　作者王广林(1944—)，记者。江苏铜山人，
历任新华日报社摄影部主任，中国摄影家协会会
员，江苏新闻摄影协会副会长，江苏年画研究会
理事。

J0127730

梁红玉 （剧照 1986 年年历）陈振戈摄影
呼和浩特 内蒙古人民出版社 1985 年 1 张
54cm（4 开）定价：CNY0.22

J0127731

龙女 （剧照 1986 年年历）孙骅麟摄影
长沙 湖南美术出版社 1985 年 1 张
53cm（4 开）定价：CNY0.25

J0127732

穆桂英 （摄影 1986 年年历）陈春轩,徐斌摄影
重庆 重庆出版社 1985 年 1 张 54cm（4 开）
定价：CNY0.20

J0127733

麒麟引凤 （摄影 1986 年年历）谢新发摄影
长春 吉林人民出版社 1985 年 1 张
54cm（4 开）定价：CNY0.24

J0127734

秦俑魂 （汉英对照）郭佑民摄影
西安 陕西人民美术出版社 1985 年 8 张
13cm（60 开）定价：CNY1.10

J0127735

三进店 （剧照 1986 年年历）宋建宏摄影
郑州 河南美术出版社 1985 年 1 张
85cm（3 开）定价：CNY0.30

J0127736

三看御妹 （剧照 1986 年年历）杨永明摄影
郑州 河南美术出版社 1985 年 1 张
85cm（3 开）定价：CNY0.30

　　作者杨永明，云南保山人。曾任德宏州摄影
家协会理事、中国橡树摄影网会员。主要作品
有《传授》《泼水欢歌》《春眠不觉晓》《相聚喊
沙》等。

J0127737

唐伯虎与秋香 （摄影 1986 年年历）
陶基中,何兆欣摄影
西安 陕西人民美术出版社 1985 年 1 张
54cm（4 开）定价：CNY0.23

J0127738

舞 （摄影 1986 年年历）杨克林,陈春轩摄影
上海 上海人民美术出版社 1985 年 1 张
78cm（2 开）定价：CNY0.32

J0127739

舞蹈 （摄影 1986 年年历）陈春轩摄影
济南 山东美术出版社 1985 年 1 张
54cm（4 开）定价：CNY0.24

J0127740

舞蹈 （摄影 1986 年年历）
北京 中国电影出版社 1985 年 1 张
76cm（2 开）定价：CNY0.30

J0127741

舞姿 （摄影 1986 年年历）马元浩摄影
武汉 湖北美术出版社 1985 年 1 张
54cm（4 开）定价：CNY0.24

J0127742

婺剧《铁灵关》 （剧照 1986 年年历）回声摄影
成都 四川省新闻图片社 ［1985 年］1 张
54cm（4 开）定价：CNY0.23

J0127743
薛宝钗 （剧照 1986 年年历）高国强摄影
南京 江苏美术出版社 1985 年 1 张
78cm（2 开）定价：CNY0.32

J0127744
编钟乐舞 （摄影 1987 年年历）刘绍宣摄影
武汉 湖北美术出版社 1986 年 1 张
53cm（4 开）定价：CNY0.24

J0127745
凤鸣岐山（周洁） （摄影 1987 年年历）
海华摄影
上海 上海人民美术出版社 1986 年 1 张
53cm（4 开）定价：CNY0.24

J0127746
花为媒 （摄影 1987 年年历）纪梅摄影
石家庄 河北美术出版社 1986 年 1 张
53cm（4 开）定价：CNY0.14

J0127747
荟萃——六月雪 （摄影 1987 年年历）
曹厚德摄影
上海 上海人民美术出版社 1986 年 1 张
53cm（4 开）定价：CNY0.24

J0127748
京剧《西厢记》 （摄影 1987 年年历）
王秉龙摄影
太原 山西人民出版社 1986 年 1 张
53cm（4 开）定价：CNY0.24

J0127749
昆曲《女驸马》 （摄影 1987 年年历）
太原 山西人民出版社 1986 年 1 张
53cm（4 开）定价：CNY0.24

J0127750
昆曲《游园惊梦》 （摄影 1987 年年历）
王秉龙摄影
太原 山西人民出版社 1986 年 1 张
53cm（4 开）定价：CNY0.24

J0127751
舞 （摄影 1987 年年历）杨克林,沈润樵摄影
上海 上海人民美术出版社 1986 年 1 张
78cm（2 开）定价：CNY0.32

J0127752
舞姿 （摄影 1987 年年历）尹福康摄影
天津 天津人民美术出版社 1986 年 1 张
53cm（4 开）定价：CNY0.25

J0127753
扬剧《莫愁女》 （摄影 1987 年年历）
董岩青摄影
石家庄 河北美术出版社 1986 年 1 张
78cm（2 开）定价：CNY0.32

J0127754
音乐舞蹈史诗《中国革命之歌》剧照——祖国晨曲 （摄影 1987 年年历）王洪旬摄影
福州 福建美术出版社 1986 年 1 张
53cm（4 开）定价：CNY0.24

J0127755
音乐舞蹈史诗《中国革命之歌》剧照——祖国晨曲 （摄影 1987 年年历）王洪旬摄影
兰州 甘肃人民出版社 1986 年 1 张
78cm（2 开）定价：CNY0.32

J0130142
1988：京剧剧照 （挂历）
沈阳 辽宁美术出版社 1987 年（3 开）
定价：CNY6.50

J0127756
1988：剧照挂历
太原 北岳文艺出版社 [1987 年]（3 开）
定价：CNY7.00

J0127757
1988：剧照挂历
北京 中国连环画出版社 1987 年 78cm（3 开）
定价：CNY7.00

J0127758
1988：舞 （剧照挂历）杨恩等摄影

长春 吉林美术出版社 1987 年（3 开）

定价: CNY6.50

J0127759

1988：越剧红楼梦剧照 （挂历）

上海 上海人民美术出版社 1987 年（3 开）

定价: CNY7.20

J0127760

百花赠剑 （摄影 1988 年年历）王秉龙摄影

长春 吉林美术出版社 1987 年 1 张（4 开）

定价: CNY0.30

J0127761

庚娘 （剧照 1988 年年历）姜伟摄影

济南 山东美术出版社 1987 年 1 张

53cm（4 开）定价: CNY0.33

J0127762

花为媒 （摄影 1988 年年历）郭阿根摄影

杭州 西湖摄影艺术出版社 1987 年 1 张（2 开）

定价: CNY0.29

J0127763

牡丹亭 （摄影 1988 年年历）王秉龙摄影

重庆 重庆出版社 1987 年 1 张 定价: CNY0.30

　　作者王秉龙（1943— ），生于山西祁县。中国戏剧家协会会员,北京美术家协会会员。擅长楷书、魏碑、行书。出版《科学发明家故事》《明史演义》等多部连环画册；改编拍摄并出版了几百种传统戏曲年画,被称为中国戏曲年画摄影第一人。

J0127764

送凤冠 （摄影 1988 年年历）叶天荣摄影

上海 上海人民美术出版社 1987 年 1 张

54cm（4 开）定价: CNY0.30

　　作者叶天荣,擅长摄影。主要作品有《杭州云溪》《巾帼英雄》《鼓浪屿之春》等。

J0127765

舞 （摄影 1988 年年历）马元浩摄影

西安 陕西人民美术出版社 1987 年 1 张（4 开）

定价: CNY0.30

J0127766

莺莺——越剧《西厢记》

（摄影 1988 年年历）叶天荣摄影

上海 上海人民美术出版社 1987 年 1 张

定价: CNY0.30

　　作者叶天荣,擅长摄影。主要作品有《杭州云溪》《巾帼英雄》《鼓浪屿之春》等。

J0127767

貂蝉 （剧照 1988 年年历）

成都 四川省新闻图片社［1988 年］1 张

54cm（4 开）定价: CNY0.28

J0127768

费翔的歌 （摄影 1989 年年历）费文麓摄

上海 上海人民美术出版社 1988 年 1 张

54cm（4 开）定价: CNY0.40

J0127769

贵妃醉酒 （摄影 1989 年年历）姜衍波摄

济南 山东美术出版社 1988 年 1 张

54cm（4 开）定价: CNY0.40

J0127770

赏夏 （剧照 1989 年年历）

成都 四川省新闻图片社［1988 年］1 张

78cm（2 开）定价: CNY0.45

J0127771

舞 （摄影 1989 年农历己巳年年历）万录摄

武汉 湖北美术出版社 1988 年 1 张

54cm（4 开）定价: CNY0.38

J0127772

舞 （摄影 1989 年年历）龚田夫摄

昆明 云南人民出版社 1988 年 1 张

54cm（4 开）定价: CNY0.38

J0127773

舞姿 （摄影 1989 年年历）陈卫中摄

兰州 甘肃人民出版社 1988 年 1 张

54cm（4 开）定价: CNY0.45

J0127774

西厢记 （剧照 1989 年年历）

成都　四川省新闻图片社［1988年］1张
54cm（4开）定价：CNY0.28

J0127775
越剧《三结鸾凤》——美满姻缘
（剧照 1989年年历）尹福康供稿
石家庄　河北美术出版社 1988年 1张
54cm（4开）定价：CNY0.40

J0127776
贵妃醉酒　（摄影 1990年年历）张吉忠摄影
重庆　重庆出版社 1989年 1张 78cm（2开）
定价：CNY0.70

J0127777
盟誓　（剧照 1989年年历）
成都　四川省新闻图片社［1989年］1张
54cm（4开）定价：CNY0.32

J0127778
牡丹亭、游园　（摄影 1990年年历）
王秉龙摄影
重庆　重庆出版社 1989年 1张 54cm（4开）
定价：CNY0.45

J0127779
三看御妹　（摄影 1990年年历）
尹福康,谭尚忍摄影
上海　上海人民美术出版社 1989年 1张
54cm（4开）定价：CNY0.75

J0127780
双珠凤　（摄影 1990年年历）
尹福康,谭尚忍摄影
上海　上海人民美术出版社 1989年 1张
78cm（2开）定价：CNY0.75
　　作者尹福康（1927—　），摄影家。江苏南京
人。曾任上海人民美术出版社副编审、上海市摄
影家协会副主席等职。主要作品有《烟笼峰岩》
《向荒山要宝》《晒盐》《工人新村》等。

J0127781
丝路花雨　（摄影 1990年年历）徐源蓉摄影
北京　朝花美术出版社 1989年 1张
76cm（2开）定价：CNY1.00

J0127782
舞蹈　（摄影 1989年年历）马奔摄影
福州　福建美术出版社［1989年］1张
54cm（4开）定价：CNY0.40

J0127783
舞姿　（摄影 1990年年历）谭尚忍摄影
广州　岭南美术出版社 1989年 1张
54cm（4开）定价：CNY0.55

J0127784
1991：人间佳话　（剧照挂历）
石家庄　河北美术出版社 1990年 76cm（2开）
定价：CNY17.00

J0127785
舞　（摄影 1991年年历）李庆峰摄
沈阳　辽宁美术出版社 1990年 1张
53cm（4开）定价：CNY0.55

J0127786
1992：爱情的故事　（戏剧摄影挂历）
沈阳　辽宁美术出版社 1991年 85cm（3开）
定价：CNY14.80

J0127787
1992：金陵十二钗　（剧照挂历）
沈阳　辽宁美术出版社 1991年 76cm（2开）
定价：CNY25.00

J0127788
武则天　（一 摄影 1996年年历）
南京　江苏美术出版社 1995年 1张 77×53cm
定价：CNY2.40

J0127789
武则天　（二 摄影 1996年年历）
南京　江苏美术出版社 1995年 1张 77×53cm
定价：CNY2.40

J0127790
1998：威虎山　（摄影挂历）董庆摄
北京　知识出版社 1997年 76×52cm
ISBN：7-5015-1548-4 定价：CNY27.00

J0127791
1999：天鹅湖 （摄影挂历）
福州 福建美术出版社 1998 年 58×43cm
ISBN：7-5393-0704-8 定价：CNY17.00

J0127792
1999：天鹅湖 （摄影挂历）豫强摄
杭州 浙江人民美术出版社 1998 年 75×52cm
ISBN：7-5340-0786-0 定价：CNY27.50

中国摄影年历

——动体、夜间、空中、水下摄影

J0127793
体操运动 吴寅伯摄影；上海人民美术出版社编
上海 上海人民美术出版社 1960 年 10 张（套）
定价：CNY0.40

J0127794
上海港之夜 （摄影 1972〈农历壬子年〉）
天津 天津人民美术出版社 1971 年［1］张
53cm（4 开） 定价：CNY0.08

J0127795
黄浦江畔节日之夜 （摄影 1973 年年历）
上海 上海书画社 1972 年 54cm（4 开）
定价：CNY0.05

J0127796
织网舞 （1973 年年历）人民画报稿
石家庄 河北人民出版社 1972 年 54cm（4 开）
定价：CNY0.15

J0127797
纺织女工 （舞蹈照片 1974 年年历）
石家庄 河北人民出版社 1973 年 53cm（4 开）
定价：CNY0.15

J0127798
各族人民大团结 （舞蹈照片 1974 年年历）
石家庄 河北人民出版社 1973 年 53cm（4 开）
定价：CNY0.15

J0127799
滑冰 （摄影 1974 年年历）高明义摄
济南 山东人民出版社 1973 年 53cm（4 开）
定价：CNY0.12

J0127800
跳水表演 （摄影 1974 年年历）
上海 上海书画社 1973 年 1 张 25cm（16 开）
定价：CNY0.06

J0127801
剑术 （摄影 1975〈农历乙卯年〉年历）
［成都］四川人民出版社 1974 年 53cm（4 开）
定价：CNY0.07

J0127802
剑术对练 （摄影 1975 年年历）
［北京］人民体育出版社 1974 年 39cm（4 开）
定价：CNY0.12

J0127803
景颇族舞蹈——采茶 （摄影 1975 年年历）
［昆明］云南人民出版社 1974 年 39cm（4 开）
定价：CNY0.10

J0127804
武术 （彩色明信片辑）上海市武术队供稿；
陈春轩摄
上海 上海人民出版社 1974 年 12 张（套）
15cm（64 开）定价：CNY0.53

J0127805
游泳 （摄影 1975〈农历乙卯年〉年历）
［成都］四川人民出版社 1974 年 53cm（4 开）
定价：CNY0.07

J0127806
三峡夜航 （摄影 1976 年年历）高石汉摄
［成都］四川人民出版社 1975 年 53cm（4 开）
定价：CNY0.07

J0127807
武术新花 （摄影 1976 年〈农历丙辰年〉年历）
章械华摄
［石家庄］河北人民出版社 1975 年 53cm（4 开）

定价: CNY0.15

J0127808
再登珠穆朗玛峰 （摄影 1976 年年历）
［拉萨］西藏人民出版社 1975 年 38cm（6 开）
定价: CNY0.10

J0127809
武术新苗 （摄影 1977 年年历）李雪明摄
南昌 江西人民出版社 1976 年 1 张
53cm（4 开）定价: CNY0.12

J0127810
幸福光 （舞蹈 1977 年年历）航远摄
成都 四川民族出版社 1976 年 1 张
53cm（4 开）定价: CNY0.13

J0127811
幸福光 （舞蹈 1977 年年历）航远摄
成都 四川人民出版社 1976 年 1 张
53cm（4 开）定价: CNY0.07

J0127812
竹排女工 （舞蹈 摄影 1977 年年历）朝红摄
南京 江苏人民出版社 1976 年 1 张
53cm（4 开）定价: CNY0.14

J0127813
节日之夜 （摄影 1978 年年历）张德重摄
成都 四川人民出版社 1977 年 ［1 张］
54cm（4 开）定价: CNY0.07

J0127814
首钢节日之夜 （摄影 1978 年年历）郑震孙摄
上海 上海人民出版社 1977 年 ［1 张］
39cm（8 开）定价: CNY0.15

J0127815
双剑 （摄影 1978 年年历）
南京 江苏人民出版社 1977 年 ［1 张］
54cm（4 开）定价: CNY0.08（单面胶版纸），
CNY0.14（双面胶版纸）

J0127816
盅碗舞 （摄影 1978 年年历）翁乃强摄

上海 上海人民出版社 1977 年 ［1 张］
39cm（8 开）定价: CNY0.10

J0127817
采茶舞 （摄影 1979 年年历）文长生摄
南京 江苏人民出版社 1978 年 1 张
53cm（4 开）定价: CNY0.16

J0127818
朝鲜民族舞蹈 （摄影 1979 年年历）
济南 山东人民出版社 1978 年 1 张
53cm（4 开）定价: CNY0.18

J0127819
大家都来跳个舞蹈 （摄影 1979 年年历）
金德明摄
贵阳 贵州人民出版社 1978 年 1 张
53cm（4 开）定价: CNY0.18

J0127820
枸杞舞 （摄影 1979〈农历己未年〉年历）
刘崇德摄
银川 宁夏人民出版社 1978 年 1 张
53cm（4 开）定价: CNY0.16

J0127821
节日之夜 （摄影 1979 年年历）范希胜摄
上海 上海人民美术出版社 1978 年 1 张
53cm（4 开）定价: CNY0.15

J0127822
孔雀舞 （民间舞蹈 1979 年月历）天津人民美
术出版社摄影
天津 天津人民美术出版社 1978 年 1 张
53cm（4 开）定价: CNY0.50

J0127823
孔雀展翅 （傣族舞蹈 1979 年年历）郑永琦摄
南京 江苏人民出版社 1978 年 1 张
53cm（4 开）定价: CNY0.18
　　作者郑永琦(1939—　　)满族,摄影师。生于
辽宁大连。历任中国国际文艺家协会博学会员、
高级摄影师,中国摄影家协会会员,大连市群众
艺术馆研究馆员,大连理工大学兼职教授。出版
《俄罗斯之冬》《女性篇》《模特篇》《人生一程又

一程——郑永琦人物摄影作品选》。

J0127824
米酒献给华主席 （舞蹈 1979 年年历）
天津人民美术出版社摄影
天津 天津人民美术出版社 1978 年 1 张
78cm（2 开）定价：CNY0.24

J0127825
蜜蜂与熊 （舞蹈 1979〈农历己未年〉年历）
纪梅摄
石家庄 河北人民出版社 1978 年 1 张
53cm（4 开）定价：CNY0.15

J0127826
彝族舞 （摄影 1979 年年历）
济南 山东人民出版社 1978 年 1 张
53cm（4 开）定价：CNY0.18

J0127827
傣族舞蹈 （摄影 1980 年年历）
池一平,钱豫强摄
杭州 浙江人民出版社 1979 年［1 张］
53cm（4 开）定价：CNY0.15

J0127828
丰收舞 （摄影 1980 年年历）郑震孙摄
太原 山西人民出版社 1979 年［1 张］
53cm（4 开）定价：CNY0.18

J0127829
翩翩起舞 （摄影 1980〈农历庚申年〉年历）
王铁光摄
北京 人民体育出版社 1979 年［1 张］
53cm（4 开）定价：CNY0.18

J0127830
扇舞 （摄影 1980 年年历）吕振模摄
南京 江苏人民出版社 1979 年［1 张］
53cm（4 开）定价：CNY0.16

J0127831
舞蹈三潭印月 （摄影 1980 年年历）
池一平,钱豫强摄
杭州 浙江人民出版社 1979 年［1 张］

53cm（4 开）定价：CNY0.15

J0127832
新嫁娘——婚礼舞 （摄影 1980 年年历）
郑永琦摄
南京 江苏人民出版社 1979 年［1 张］
53cm（4 开）定价：CNY0.12
　　作者郑永琦(1939—)满族,摄影师。生于
辽宁大连。历任中国国际文艺家协会博学会员、
高级摄影师,中国摄影家协会会员,大连市群众
艺术馆研究馆员,大连理工大学兼职教授。出版
《俄罗斯之冬》《女性篇》《模特篇》《人生一程又
一程——郑永琦人物摄影作品选》。

J0127833
芭蕾之花 （摄影明信片辑 汉英文对照）
上海芭蕾舞团演出
上海 上海人民美术出版社 1980 年 11 张（套）
18cm（小 32 开）定价：CNY0.60

J0127834
斗牛舞 （摄影 1981 年年历）王亚辉摄
成都 四川人民出版社 1980 年 53cm（4 开）
定价：CNY0.16

J0127835
滑冰 （摄影 1981〈农历辛酉年〉年历）
晓晨摄
合肥 安徽人民出版社 1980 年 53cm（4 开）
定价：CNY0.20

J0127836
孔雀舞 （摄影 1981 年年历）沈今声摄
南昌 江西人民出版社 1980 年 39cm（8 开）
定价：CNY0.16
　　作者沈今声(1934—),毕业于中央美术学
院。曾任《舞蹈》杂志编辑。代表作《雀之灵》《肯
登攀》。

J0127837
曼舞 （摄影 1981 年年历）陈建腾摄
长沙 湖南人民出版社 1980 年 53cm（4 开）
定价：CNY0.18

J0127838
南宁　（摄影明信片辑　汉英文对照）
广西旅游局编
北京　中国旅游出版社　1980年　1册7张
19cm（小32开）定价：CNY1.00

J0127839
轻歌曼舞　（摄影　1981年年历）王全亨摄
上海　上海人民美术出版社　1980年
53cm（4开）定价：CNY0.15

J0127840
秋游　（摄影　1981〈农历辛酉年〉年历）冯文摄
北京　人民体育出版社　1980年　53cm（4开）
定价：CNY0.20

J0127841
伞舞　（摄影　1981年年历）颖士摄
合肥　安徽人民出版社　1980年　53cm（4开）
定价：CNY0.20

J0127842
丝路之舞　（摄影　1981年年历）戴敦邦作
上海　上海书画出版社　1980年　53cm（4开）
定价：CNY0.11
　　作者戴敦邦(1938—　　)，国画家，教授。号
民间艺人，江苏丹徒人。毕业于上海第一师范学
校。历任《中国少年报》《儿童时代》美术编辑，
上海交通大学人文学院教授等。主要作品《水浒
人物一百零八图》《戴敦邦水浒人物谱》《戴敦
邦新绘红楼梦》《戴敦邦古典文学名著画集》等；
连环画代表作品有《一支驳壳枪》《水上交通站》
《大泽烈火》《蔡文姬》等。

J0127843
小天鹅舞　（摄影　1981〈农历辛酉年〉年历）
文长生摄
福州　福建人民出版社　1980年　53cm（4开）
定价：CNY0.20

J0127844
秧歌舞　（摄影　1981〈农历辛酉年〉年历）
刘宝成摄
沈阳　辽宁美术出版社　1980年　78cm（2开）
定价：CNY0.30

J0127845
艺术体操　（摄影　1981年年历）吕振模，郑卫摄
南京　江苏人民出版社　1980年　53cm（4开）
定价：CNY0.18

J0127846
印度舞　（摄影　1981〈农历辛酉年〉年历）
雨花摄
合肥　安徽人民出版社　1980年　53cm（4开）
定价：CNY0.20

J0127847
自由体操　（摄影　1981年年历）王鸿依摄
合肥　安徽人民出版社　1980年　53cm（4开）
定价：CNY0.20

J0127848
自由体操　（摄影　1981年年历）张克庆摄
杭州　浙江人民美术出版社　1980年
39cm（8开）定价：CNY0.17

J0127849
芭蕾舞剧(希尔微亚)　（1982年年历）
刘建华摄
西安　陕西人民美术出版社　1981年
39cm（8开　）定价：CNY0.15

J0127850
比翼翱翔　（1982农历壬戌年年历）李—摄
北京　人民体育出版社　1981年　54cm（4开）
定价：CNY0.20

J0127851
波斯舞　（1982年年历）徐斌摄
郑州　中州书画社　1981年　54cm（4开）
定价：CNY0.18

J0127852
拍球舞　（1982农历壬戌年年历）徐斌摄
郑州　中州书画社　1981年　54cm（4开）
定价：CNY0.09

J0127853
水(傣族独舞)　（1982农历壬戌年年历）
刘振国摄

长沙 湖南美术出版社 1981 年 54cm（4 开）
定价：CNY0.20

J0127854
塔里木舞 （1982 年年历）肖旭摄
杭州 浙江人民美术出版社 1981 年
54cm（4 开）定价：CNY0.19

J0127855
雪鹰舞 （1982 年年历）王亚辉摄
成都 四川人民出版社 1981 年 54cm（4 开）
定价：CNY0.08

J0127856
鱼舞 （1982 年年历）李承埔摄
昆明 云南人民出版社 1981 年 54cm（4 开）
定价：CNY0.18

J0127857
1983（芭蕾舞专辑）
天津 天津人民美术出版社 1982 年
54cm（4 开）定价：CNY3.50

J0127858
1983（冰上芭蕾）
广州 岭南美术出版社 1982 年 39cm（4 开）
定价：CNY2.80

J0130246
1983（体育摄影挂历）
北京 人民体育出版社 1982 年 54cm（4 开）
定价：CNY3.50

J0127859
冰灯 （摄影明信片辑 汉英文对照）
黑龙江省旅游局编；杨力等摄
北京 中国旅游出版社 1982 年 19cm（32 开）
定价：CNY1.00

J0127860
东方的微笑 （舞蹈 1983 年年历）张祖道摄影
武汉 湖北人民出版社 1982 年 54cm（4 开）
定价：CNY0.20
　　作者张祖道（1922— ），纪实摄影家。生于
湖南浏阳，就读于西南联大社会学系，毕业于清

华大学社会学系。历任《新观察》杂志摄影记者，
中国摄影家协会理事，出版有《江村纪事》。

J0127861
技巧运动 （摄影 1983 年年历）金矢摄影
北京 人民体育出版社 1982 年 54cm（4 开）
定价：CNY0.20

J0127862
健与美 （摄影 1983 年年历）大鹏摄影
北京 人民体育出版社 1982 年 54cm（4 开）
定价：CNY0.20

J0127863
曼舞婆娑 （摄影 1983 年年历）
南昌 江西人民出版社 1982 年 54cm（4 开）
定价：CNY0.19

J0127864
浦江游览 （摄影明信片 汉英文对照）
上海 上海人民美术出版社［1982 年］8 张
13cm（60 开）

J0127865
纱巾舞 （摄影 1983 年年历）张朝玺摄影
天津 天津人民美术出版社 1982 年
54cm（4 开）定价：CNY0.18

J0127866
游园 （摄影 1983 年年历）关景宇摄影
北京 人民美术出版社 1982 年 54cm（4 开）
定价：CNY0.16
　　作者关景宇（1940— ），北京人。历任北京
出版社美术编辑、人民美术出版社《连环画报》
编辑部副主编。擅长连环画、插图。作品有连环
画《林道静》《骆驼祥子》《豹子湾战斗》等。

J0127867
韵律体操 （摄影 1983 年年历）新萌，晓勃摄影
北京 人民体育出版社 1982 年 54cm（4 开）
定价：CNY0.20

J0127868
1984：旅游风光
杭州 浙江人民美术出版社 1983 年

54cm（4 开）定价：CNY3.40

J0127869
芭蕾舞《天鹅湖》（剧照 1984 年年历）
陈振戈摄影
上海 上海人民美术出版社 1983 年
54cm（4 开）定价：CNY0.19

J0127870
蚌舞（摄影 1984〈农历甲子年〉年历）
徐春摄影
石家庄 河北美术出版社 1983 年 54cm（4 开）
定价：CNY0.20

J0127871
冰上舞蹈（摄影 1984〈农历甲子年〉年历）
周铁侠摄影
广州 岭南美术出版社［1983 年］78cm（2 开）
定价：CNY0.25
　　作者周铁侠(1943—　　)，人民体育出版社编
审，中国摄影家协会理事，中国体育摄影学会副
秘书长。

J0127872
冰坛明珠（摄影 1983 年年历）
广州 岭南美术出版社［1983 年］30cm（15 开）
定价：CNY0.20

J0127873
并步按掌（摄影 1984 年年历）
南昌 江西人民出版社［1983 年］54cm（4 开）
定价：CNY0.19

J0127874
插步上刺剑（摄影 1984 年年历）
南昌 江西人民出版社［1983 年］54cm（4 开）
定价：CNY0.19

J0127875
单刀进双枪（摄影 1984 年年历）
南昌 江西人民出版社［1983 年］54cm（4 开）
定价：CNY0.19

J0127876
东方歌舞（摄影 1984 年年历）曹奇摄影

成都 四川人民出版社 1983 年 54cm（4 开）
定价：CNY0.18（铜版纸），CNY0.08（胶版纸）

J0127877
对刺剑（摄影 1984 年年历）
南昌 江西人民出版社［1983 年］54cm（4 开）
定价：CNY0.19

J0127878
仿唐乐舞（汉英文对照）陕西省外办宣传处
陕西省歌舞团编
西安 陕西人民美术出版社［1983 年］
21cm（32 开）定价：CNY0.90

J0127879
弓步崩枪（摄影 1984 年年历）
南昌 江西人民出版社［1983 年］53cm（4 开）
定价：CNY0.19

J0127880
健美（摄影 1984 年年历）周铁侠摄影
南京 江苏人民出版社 1983 年 54cm（4 开）
定价：CNY0.18

J0127881
健美（摄影 1984 年年历）王英恒摄影
南宁 漓江出版社 1983 年 54cm（4 开）
定价：CNY0.20

J0130270
健美（摄影 1984〈农历甲子年〉年历）
周铁侠摄影
广州 岭南美术出版社［1983 年］54cm（4 开）
定价：CNY0.30

J0127882
健美（摄影 1984 年年历）沈治昌摄影
上海 上海书画出版社 1983 年 54cm（4 开）
定价：CNY0.11

J0127883
健美曲（摄影 1984〈农历甲子年〉年历）
孙文志摄影
武汉 湖北人民出版社 1983 年 54cm（4 开）
定价：CNY0.20

J0127884

拧身格剑 （摄影 1984 年年历）
南昌 江西人民出版社［1983 年］54cm（4 开）
定价：CNY0.19

J0127885

翩翩起舞 （摄影 1984〈农历甲子年〉年历）
陈湘华摄影
北京 人民美术出版社 1983 年 54cm（4 开）
定价：CNY0.20

J0127886

扑步亮刀 （摄影 1984 年年历）
南昌 江西人民出版社［1983 年］54cm（4 开）
定价：CNY0.19

J0127887

雀儿山下新龙舞 （摄影 1984〈农历甲子年〉
年历）程明贵摄影
石家庄 河北美术出版社 1983 年 54cm（4 开）
定价：CNY0.20

J0127888

山城夜景 （摄影 1984〈农历甲子年〉年历）
赵纬泽摄影
重庆 重庆出版社 1983 年 53cm（4 开）
定价：CNY0.20

J0127889

绳操 （摄影 1984〈农历甲子年〉年历）
王英恒摄影
北京 人民体育出版社 1983 年 1 张
78cm（2 开）定价：CNY0.28

J0127890

双人技巧 （摄影 1984 年年历）顾泉雄摄影
兰州 甘肃人民出版社 1983 年 1 张
54cm（4 开）定价：CNY0.20

J0127891

提膝按钩 （摄影 1984 年年历）
南昌 江西人民出版社［1983 年］1 张
54cm（4 开）定价：CNY0.19

J0127892

跳步背棍 （摄影 1984 年年历）
南昌 江西人民出版社［1983 年］1 张
54cm（4 开）定价：CNY0.19

J0127893

无锡古运河游 （汉英文对照）陆炳荣摄影
上海 上海人民美术出版社［1983 年］8 张
13cm（60 开）

J0127894

无锡太湖游 （汉英文对照）陆炳荣,朱维胜摄影
上海 上海人民美术出版社［1983 年］8 张
13cm（60 开）

J0127895

武术新苗 （摄影 1984〈农历甲子年〉年历）
张华铭摄影
重庆 重庆出版社 1983 年 1 张 54cm（4 开）
定价：CNY0.20

　　作者张华铭,摄影家。著有《自然之花,中国
人体艺术摄影》,与陈耀武合作《有阳光下的中国
人体》。

J0127896

现代芭蕾舞 （摄影 1984 年年历）李兰英摄影
成都 四川人民出版社 1983 年 1 张 54cm（4 开）
铜版纸 定价：CNY0.18, CNY0.08（胶版纸）

J0127897

艺术体操 （摄影 1984 年年历）陈雷生摄影
长沙 湖南美术出版社 1983 年 1 张
54cm（4 开）定价：CNY0.27

J0127898

艺术体操 （摄影 1984 年年历）孙文志摄影
天津 天津杨柳青画社 1983 年 1 张
53cm（4 开）定价：CNY0.20

J0127899

艺术体操 （摄影 1984〈农历甲子年〉年历）
龙雨摄影
郑州 中州书画社 1983 年 1 张 39cm（8 开）
定价：CNY0.12

J0127900
艺术体操——球操 （摄影 1984 年年历）
金禺摄影
天津 天津人民美术出版社 1983 年 1 张
54cm（4 开）定价：CNY0.20

J0127901
印度拍球舞 （摄影 1984 年年历）
刘震,张煜摄影
天津 天津杨柳青画社 1983 年 54cm（4 开）
定价：CNY0.20

J0127902
印度舞 （摄影〈1984 农历甲子年〉年历）
晓雪摄影
石家庄 河北美术出版社 1983 年 54cm（4 开）
定价：CNY0.20

J0127903
优美的圈操 （摄影 1984 年年历）王英恒摄影
北京 人民体育出版社 1983 年 54cm（4 开）
定价：CNY0.20

J0127904
游春 （摄影 1984 年年历）冯静之摄影
合肥 安徽人民出版社 1983 年 54cm（4 开）
定价：CNY0.18

J0127905
游泳 （摄影 1984〈农历甲子年〉年历）
春播摄影
北京 人民美术出版社 1983 年 54cm（4 开）
定价：CNY0.20

J0127906
游园 （摄影 1984 年年历）晓庄,张亚生摄影
南京 江苏人民出版社 1983 年 54cm（4 开）
定价：CNY0.18

J0127907
游踪 （摄影 1984〈农历甲子年〉年历）
杜煌庄摄影
长沙 湖南美术出版社 1983 年 54cm（4 开）
定价：CNY0.20

J0127908
鱼舞 （摄影 1984〈农历甲子年〉年历）
徐春摄影
石家庄 河北美术出版社 1983 年 54cm（4 开）
定价：CNY0.20

J0127909
1985（芭蕾舞剧照）
广州 广东科技出版社 ［1984 年］76cm（2 开）
定价：CNY4.20

J0127910
1985（第十二届世界大学生运动会专辑）
（摄影挂历）
天津 天津人民美术出版社 1984 年
54cm（4 开）定价：CNY3.50

J0127911
**1985（零的突破——洛杉矶 23 届奥运会纪
念专辑）**（摄影挂历）
天津 天津人民美术出版社 1984 年
54cm（4 开）

J0127912
1985（体操摄影挂历） 刘天等摄影
广州 岭南美术出版社 ［1984 年］78cm（3 开）
定价：CNY4.20

J0127913
1985（体育摄影挂历）
北京 人民体育出版社 1984 年 54cm（4 开）
定价：CNY3.50

J0127914
1985（体育摄影挂历）
天津 天津杨柳青画社 1984 年 76cm（2 开）
定价：CNY6.60

J0127915
1985（武术摄影挂历）
北京 人民体育出版社 1984 年 36cm（12 开）
定价：CNY0.60

J0127916
1985（舞蹈摄影挂历）

乌鲁木齐 新疆人民出版社 1984 年
54cm（4 开）定价：CNY3.20

J0127917
1985：旅美掠影 （摄影挂历）
杭州 浙江人民美术出版社 1984 年
54cm（4 开）定价：CNY2.50

J0127918
芭蕾舞 （摄影 1985 年年历）陈健腾摄影
杭州 西泠印社 1984 年 54cm（4 开）
定价：CNY0.20

J0127919
芭蕾舞《天鹅湖》中的小天鹅
（摄影 1985 年年历）陈建腾摄影
石家庄 河北美术出版社 1984 年 54cm（4 开）
定价：CNY0.20

J0127920
芭蕾舞新秀汪其凤 （摄影 1985 年农历乙丑
年年历）王云福摄影
重庆 重庆出版社 1984 年 54cm（4 开）
定价：CNY0.20

J0127921
棒操 （摄影 1985 年年历）金鹰摄影
北京 人民体育出版社 1984 年［1 张］
54cm（4 开）定价：CNY0.20

J0127922
北陵之夜 （摄影 1985 年年历）金铎摄影
沈阳 辽宁美术出版社 1984 年 39cm（4 开）
定价：CNY0.10

J0127923
单刀对双枪 （摄影 1985 年年历）吴虚摄影
北京 人民体育出版社 1984 年 54cm（4 开）
定价：CNY0.20

J0127924
第五届全运会集锦 （摄影 1985 年年历）
天津 天津人民美术出版社 1984 年
54cm（4 开）定价：CNY0.20

J0127925
第五届全运会开幕式团体操
（摄影 1985 年年历）
天津 天津人民美术出版社 1984 年
54cm（4 开）定价：CNY0.20

J0127926
东方歌舞 （摄影 1985 年年历 二）程京京摄影
北京 中国旅游出版社 1984 年 54cm（4 开）
定价：CNY0.30

J0127927
花笠舞 （摄影 1985 年年历）卜志武摄影
石家庄 河北美术出版社 1984 年 54cm（4 开）
定价：CNY0.20

J0127928
花样游泳 （摄影 1985 年年历）王洪俊摄影
北京 人民体育出版社 1984 年 54cm（4 开）
定价：CNY0.20

J0127929
剑术 （摄影 1985 年年历）王英恒摄影
长沙 湖南美术出版社 1984 年 54cm（4 开）
定价：CNY0.20

J0127930
剑术 （摄影 1985 年年历）邵华安摄影
南宁 漓江出版社 1984 年 54cm（4 开）
定价：CNY0.20

J0127931
剑术 （摄影 1985 年年历）江河摄影
北京 人民体育出版社 1984 年 78cm（2 开）
定价：CNY0.28

J0127932
剑术 （摄影 1985 年年历）刘震摄影
天津 天津人民美术出版社 1984 年
54cm（4 开）定价：CNY0.20

J0127933
剑舞 （摄影 1985 年年历）王青摄影
天津 大津杨柳青画社 1984 年 54cm（4 开）
定价：CNY0.20

J0127934
健美 （摄影 1985 年年历）唐禹民摄影
南京 江苏美术出版社 1984 年 54cm（4 开）
定价：CNY0.20

J0127935
健美 （摄影 1985 年农历乙丑年年历）田野摄影
成都 四川省新闻图片社 ［1984 年］54cm（4 开）
定价：CNY0.20

J0127936
健与美 （摄影 1985 年年历）王新民摄影
石家庄 河北美术出版社 1984 年 54cm（4 开）
定价：CNY0.20

J0127937
孔雀舞 （摄影 1985 年年历）沈今声摄影
郑州 河南人民出版社 1984 年 78cm（2 开）
定价：CNY0.24

J0127938
孔雀舞 （摄影 1985 年年历）王洪洵摄影
长沙 湖南美术出版社 1984 年 54cm（4 开）
定价：CNY0.20

J0127939
孔雀舞 （摄影 1985 年年历）沈今声摄影
重庆 重庆出版社 1984 年 54cm（4 开）
定价：CNY0.20

J0127940
翩翩起舞 （摄影 1985 年年历）李维良摄影
武汉 长江文艺出版社 1984 年 54cm（4 开）
定价：CNY0.20

J0127941
球操 （摄影 1985 年年历）张涵毅,宋士诚摄影
上海 上海人民美术出版社 1984 年
54cm（4 开）定价：CNY0.20

J0127942
圈操 （摄影 1985 年年历）丁奇摄影
北京 人民体育出版社 1984 年 54cm（4 开）
定价：CNY0.20

J0127943
圈操 （摄影 1985 年年历）邵华安摄影
上海 上海人民美术出版社 1984 年
54cm（4 开）定价：CNY0.20

J0127944
拳术 （摄影 1985 年年历）邵华安摄影
南宁 漓江出版社 1984 年 54cm（4 开）
定价：CNY0.20

J0127945
纱巾操 （摄影 1985 年年历）王新民摄影
长沙 湖南美术出版社 1984 年 54cm（4 开）
定价：CNY0.20

J0127946
纱巾操 （摄影 1985 年年历）王英恒摄影
北京 人民体育出版社 1984 年 78cm（2 开）
定价：CNY0.28

J0127947
纱巾舞 （摄影 1985 年年历）张朝玺摄影
石家庄 河北美术出版社 1984 年 54cm（4 开）
定价：CNY0.20

J0127948
双刀 （摄影 1985 年农历乙丑年年历）
张吉忠摄影
重庆 重庆出版社 1984 年 1 张 54cm（4 开）
定价：CNY0.20

J0127949
双练 （摄影 1985 年年历）雨林摄影
南昌 江西人民出版社 ［1984 年］1 张
54cm（4 开）定价：CNY0.19

J0127950
双人艺术体操 （摄影 1985 年年历）朱涛摄影
合肥 安徽人民出版社 1984 年 1 张
39cm（8 开）定价：CNY0.10

J0127951
藤圈操 （摄影 1985 年年历）张连城摄影
郑州 河南人民出版社 1984 年 1 张
39cm（8 开）定价：CNY0.12

J0127952
藤圈操 （摄影 1985 年年历）孙文志摄影
天津 天津杨柳青画社 1984 年 1 张
54cm（4 开）定价：CNY0.20

J0127953
藤圈操 （摄影 1985 年年历）陈石摄影
武汉 长江文艺出版社 1984 年 1 张
54cm（4 开）定价：CNY0.20

J0127954
体育 （摄影 1985 年年历）陈春轩等摄影
上海 上海人民美术出版社 1984 年 1 张
54cm（4 开）定价：CNY0.20

J0127955
武术《单刀进双枪》
（摄影 1985 年农历乙丑年年历）王英恒摄影
长沙 湖南美术出版社 1984 年 1 张
54cm（4 开）定价：CNY0.20

J0127956
武术《南拳》 （摄影 1985 年年历）罗文发摄影
长沙 湖南美术出版社 1984 年 1 张
54cm（4 开）定价：CNY0.20

J0127957
舞翩翩 （摄影 1985 年年历）雨新,方工作
西宁 青海人民出版社 1984 年 1 张
78cm（2 开）定价：CNY0.30
　　作者雨新(1927—　),画家。本名王宗光,北京顺义人。曾任荣宝斋咨询委员会委员、中国老年书画研究会创作员。主要作品有《怎样画蝴蝶》《怎样画草虫》《怎样画牡丹花石》等。作者方工,女,画家。原名王振芳。擅画猫。与其父合作绘著并出版《画猫技法基础》《百猫百蝶图》等。

J0127958
小歌舞 （摄影 1985 年年历）卞志武摄影
天津 天津人民美术出版社 1984 年 1 张
54cm（4 开）定价：CNY0.20

J0127959
艺术体操 （摄影 1985 年年历）农雨摄影

成都 四川人民出版社 1984 年 1 张
54cm（4 开）定价：CNY0.18

J0127960
艺术体操 （摄影 1985 年年历）孙文志摄影
武汉 长江文艺出版社 1984 年 1 张
54cm（4 开）定价：CNY0.20

J0127961
艺术体操——火棒操 （摄影 1985 年年历）
刘占军摄影
北京 中国旅游出版社 1984 年 1 张
78cm（2 开）定价：CNY0.20

J0127962
银川清真寺夜景 （摄影 1985 年年历）
陈思禹摄影
银川 宁夏人民出版社 1984 年 1 张
54cm（4 开）定价：CNY0.20

J0127963
印度舞 （摄影 1985 年年历）卞志武摄影
北京 中国旅游出版社 1984 年 54cm（4 开）
定价：CNY0.20

J0127964
英娘独舞 （摄影 1985 年年历）张连城摄影
北京 人民体育出版社 1984 年 54cm（4 开）
定价：CNY0.20

J0127965
幽香妙舞 （摄影 1985 年年历）梁羽泽摄影
广州 岭南美术出版社 1984 年 39cm（4 开）
定价：CNY0.20

J0127966
游园 （摄影 1985 年年历）陆振隆摄影
郑州 河南人民出版社 1984 年 54cm（4 开）
定价：CNY0.18

J0127967
游园留影 （摄影 1985 年年历）马奔摄影
福州 福建人民出版社 1984 年 54cm（4 开）
定价：CNY0.20

J0127968
游园小憩 （摄影 1985 年农历乙丑年年历）
庞渝江摄影
成都 四川省新闻图片社［1984 年］54cm（4 开）
定价：CNY0.20

J0127969
1986：芭蕾舞
长沙 湖南美术出版社 1985 年 53cm（4 开）
定价：CNY4.00

J0127970
1986：武术摄影
上海 上海人民美术出版社 1985 年
53cm（4 开）定价：CNY2.50

J0127971
1986 年艺术体操月历   朝花美术出版社编
北京 朝花美术出版社 1985 年 53cm（4 开）
定价：CNY4.20

J0127972
奥运会冠军 （摄影 1986 年年历）
张小京，王洪俊摄影
上海 上海人民美术出版社 1985 年 1 张
54cm（4 开）定价：CNY0.20

J0127973
奥运会花剑冠军栾菊杰
（摄影 1986 年年历）李亚欧摄影
北京 人民体育出版社 1985 年 1 张
78cm（2 开）定价：CNY0.33

J0127974
奥运会金牌获得者马燕红
（摄影 1986 年年历）吴为摄影
北京 人民体育出版社 1985 年 1 张
78cm（2 开）定价：CNY0.33

J0127975
奥运会金星李宁 （摄影 1986 年年历）
诚实摄影
北京 人民体育出版社 1985 年 1 张
78cm（2 开）定价：CNY0.33

J0127976
芭蕾舞 （摄影 1986 年年历）谢力行摄影
武汉 湖北美术出版社 1985 年 1 张
54cm（4 开）定价：CNY0.24

J0127977
芭蕾舞《天鹅湖》中的白天鹅
（摄影 1986 年农历丙寅年年历）陈湘华摄影
广州 岭南美术出版社 1985 年 1 张
54cm（4 开）定价：CNY0.30

J0127978
冰灯奇观 （摄影 1986 年年历）咸玉昆摄影
天津 天津人民美术出版社 1985 年 1 张
53cm（4 开）定价：CNY0.25

J0127979
波光月影 （摄影 1986 年年历）谢力行摄影
武汉 湖北美术出版社 1985 年 1 张
54cm（4 开）定价：CNY0.24

J0127980
彩带舞姿 （摄影 1986 年年历）江河摄影
北京 人民体育出版社 1985 年 1 张
78cm（2 开）定价：CNY0.33

J0130370
迪斯尼乐园 （摄影 1986 年年历）梁铨摄影
合肥 安徽美术出版社 1985 年 1 张
54cm（4 开）定价：CNY0.24

J0127981
蝴蝶舞 （摄影 1986 年年历）陈振戈摄影
北京 人民美术出版社 1985 年 1 张
54cm（4 开）定价：CNY0.18

J0127982
欢腾的节日——上海国庆之夜
（摄影 1986 年年历）张颖摄影
上海 上海人民美术出版社 1985 年 1 张
53cm（4 开）定价：CNY0.24

J0127983
黄山月夜 （摄影 1986 年年历）张颖摄影
长沙 湖南美术出版社 1985 年 1 张

54cm（4开）定价：CNY0.25

J0127984
节日之夜　（摄影 1986 年年历）王世龙摄影
郑州 河南美术出版社 1985 年 1 张
53cm（4开）定价：CNY0.23

J0127985
喀什赛乃姆　（摄影 1986 年年历）梁枫摄影
乌鲁木齐 新疆人民出版社 1985 年 1 张
54cm（4开）定价：CNY0.20

J0127986
孔雀舞　（摄影 1986 年年历）傅福强,春毅摄影
上海 上海人民美术出版社 1985 年 1 张
53cm（4开）定价：CNY0.24

J0127987
翩翩起舞　（摄影 1986 年年历）马元浩摄影
成都 四川省新闻图片社［1985 年］1 张
54cm（4开）定价：CNY0.23

J0127988
平湖竞舟　（摄影 1986 年年历）谭铁民摄影
西安 陕西人民美术出版社 1985 年 1 张
［78cm］（3开）定价：CNY0.32
　　作者谭铁民（1932—1983），摄影家。原名谭铮，曾用笔名谭晓、集英。生于山东潍坊市。主要摄影作品有《把电输往农村》《锦绣坡田》《盖叫天》《织网舞》《钱江潮》等。

J0127989
起舞　（摄影 1986 年年历）张甸摄影
南昌 江西人民出版社［1985 年］1 张
54cm（4开）定价：CNY0.24

J0127990
绍兴　（汉英日对照）中国旅游出版社
北京 中国旅游出版社 1985 年 10 张
15cm（40开）定价：CNY0.80

J0127991
深圳游　（摄影 1986 年年历）马元浩摄影
南昌 江西人民出版社［1985 年］1 张
76cm（2开）定价：CNY0.48

J0127992
深圳游之九　（摄影 1986 年年历）马元浩摄影
南昌 江西人民出版社［1985 年］1 张
76cm（2开）定价：CNY0.48

J0127993
深圳游之三　（摄影 1986 年年历）马元浩摄影
南昌 江西人民出版社［1985 年］1 张
76cm（2开）定价：CNY0.48

J0127994
深圳游之五　（摄影 1986 年年历）马元浩摄影
南昌 江西人民出版社［1985 年］1 张
76cm（2开）定价：CNY0.48

J0127995
双人芭蕾　（摄影 1986 年年历）杨亚伦摄影
长沙 湖南美术出版社 1985 年 1 张
53cm（4开）定价：CNY0.25

J0127996
双人体操　（摄影 1986 年年历）
王兰峰,林声摄影
合肥 安徽人民出版社 1985 年 1 张
53cm（4开）定价：CNY0.20

J0130387
乌孜别克舞——拉莱　（摄影 1986 年年历）
梁枫摄影
乌鲁木齐 新疆人民出版社 1985 年 1 张
76cm（2开）

J0127997
一九八六：国外现代舞
中华旅游纪念品联合开发总公司,金陵公司编
南京 江苏人民出版社［1985 年］1 张
73cm（2开）

J0127998
一九八六：交谊舞　张甸等摄
沈阳 春风文艺出版社 1985 年 1 张
［78cm］（3开）定价：CNY5.50

J0127999
伊斯兰教圣地——麦加"天房"　（摄影 1986

年年历：公历、农历、伊斯兰教历对照表）
《宁夏画报》编
银川　宁夏人民出版社 1985 年　1 张
53cm（4 开）定价：CNY0.30

J0128000
艺术体操：藤圈操　（1986 年年历）金禹摄影
天津　天津人民美术出版社 1985 年　1 张
53cm（4 开）定价：CNY0.25

J0128001
游春　（摄影 1986 年年历）高士萍，张克勤摄影
太原　山西人民出版社 1985 年　1 张
54cm（4 开）定价：CNY0.24

J0128002
鱼舞　（摄影 1986 年年历）马少华摄影
济南　山东美术出版社 1985 年　1 张
54cm（4 开）定价：CNY0.24

J0128003
月下习武　（摄影 1986 年年历）段震中摄影
合肥　安徽美术出版社 1985 年　1 张
［78cm］（3 开）定价：CNY0.35

J0128004
1987：仿唐舞月历　张岩摄影
天津　天津人民美术出版社 1986 年
76cm（2 开）定价：CNY7.50

J0128005
1987：立体摄影　（挂历）
上海　上海人民美术出版社 1986 年
53cm（4 开）

J0128006
1987：日本行　（摄影挂历）
杭州　杭州人民美术出版社 1986 年
53cm（4 开）定价：CNY4.50

J0128007
1987：舞蹈　（摄影挂历）刘海发，徐志刚摄影
上海　上海人民美术出版社 1986 年
53cm（4 开）定价：CNY5.50

J0128008
1987：新疆旅游月历　梁枫等摄影
乌鲁木齐　新疆人民出版社 1986 年
76cm（2 开）定价：CNY5.90

J0128009
1987：艺术体操　（摄影挂历）
通辽　内蒙古少年儿童出版社［1986 年］
78cm（3 开）定价：CNY5.50

J0128010
1987：异国舞姿　（摄影挂历）
沈阳　辽宁美术出版社 1986 年　53cm（4 开）
定价：CNY4.00

J0128011
奥运会跳水冠军周继红
（摄影 1987 年年历）孙志文摄影
武汉　湖北美术出版社 1986 年　1 张
53cm（4 开）定价：CNY0.24

J0128012
芭蕾舞　（摄影 1987 年年历　一）
长沙　湖南美术出版社 1986 年　1 张
78cm（2 开）定价：CNY0.33

J0130404
芭蕾舞剧梁山伯与祝英台　（汉、英、日对照）
沈阳　辽宁美术出版社 1986 年　10 张
定价：CNY2.00

J0128013
冰灯　（英汉对照）徐玉发等摄影
哈尔滨　黑龙江美术出版社 1986 年　10 张
定价：CNY0.95

J0128014
冰上芭蕾　罗文发摄影
长沙　湖南美术出版社 1986 年　8 张
定价：CNY1.15

J0128015
彩带飞舞　（摄影 1987 年年历）刘定传摄影
上海　上海人民美术出版社 1986 年　1 张
78cm（2 开）定价：CNY0.32

J0128016
彩龙飞舞 （摄影 1987 年年历）方绍楚摄影
石家庄 河北美术出版社 1986 年 1 张
53cm（4 开）定价：CNY0.14

J0128017
打网球 （摄影 1987 年年历）兆欣摄影
南京 江苏人民出版社 1986 年 1 张
78cm（2 开）定价：CNY0.34

J0128018
反弹琵琶(董智芝) （摄影 1987 年年历）
海华摄影
上海 上海人民美术出版社 1986 年 1 张
53cm（4 开）定价：CNY0.24

J0128019
花样游泳 （摄影 1987 年年历）田青摄影
北京 人民体育出版社 1986 年 1 张
78cm（2 开）定价：CNY0.35

J0128020
回头望月 （摄影 1987 年年历）王道伟摄影
北京 人民体育出版社 1986 年 1 张
78cm（2 开）定价：CNY0.35

J0130413
剑术 （摄影 1987 年年历）金禺摄影
天津 天津人民美术出版社 1986 年 1 张
53cm（4 开）定价：CNY0.25

J0128021
健美 （摄影 1987 年年历）尹康福摄影
上海 上海人民美术出版社 1986 年 1 张
53cm（4 开）定价：CNY0.24

J0128022
健美迪斯科 （摄影 1987 年年历）方学摄影
北京 人民体育出版社 1986 年 1 张
78cm（2 开）定价：CNY0.35

J0128023
节日之夜 （拉萨公园 摄影 1987 年年历）
陈锦摄影
成都 四川美术出版社 1986 年 1 张
53cm（4 开）定价：CNY0.24

　　作者陈锦（1955— ），摄影编辑。出生于四
川成都，毕业于云南大学。四川美术出版社摄影
编辑，中国摄影家协会会员。出版有《四川茶铺》
《感怀成都》《高原魂》等。

J0128024
节日之夜 （摄影 1987 年年历）张克庆摄影
杭州 浙江人民美术出版社 1986 年 1 张
53cm（4 开）定价：CNY0.28

J0128025
洛杉矶迪斯尼乐园一角
（摄影 1987 年年历）徐希摄影
北京 人民美术出版社 1986 年 1 张
53cm（4 开）定价：CNY0.24

J0128026
美国迪斯尼乐园迷人王国
（摄影 1987 年年历）赵贵德摄影
石家庄 河北美术出版社 1986 年 1 张
53cm（4 开）定价：CNY0.25

J0128027
霓裳羽衣舞 （摄影 1987 年年历）安平摄影
北京 人民体育出版社 1986 年 1 张
78cm（2 开）定价：CNY0.35

J0128028
拍球 （摄影 1987 年年历）许志钢摄影
上海 上海人民美术出版社 1986 年 1 张
53cm（4 开）定价：CNY0.37

J0128029
轻歌曼舞 （摄影 1987 年年历）叶导摄影
南昌 江西人民出版社 ［1986 年］1 张
53cm（4 开）定价：CNY0.24

　　作者叶导，擅长摄影。主要年历作品有《花
仙子》《清香》《九寨沟秋色》等。

J0128030
轻歌漫舞 （摄影 1987 年年历）臧德宽摄影
沈阳 辽宁美术出版社 1986 年 1 张
53cm（4 开）定价：CNY0.25

J0128031
轻盈的舞姿 （摄影　1987 年年历）夏雨摄影
北京　人民体育出版社　1986 年　1 张
53cm（4 开）定价：CNY0.27

J0128032
秋舞 （摄影　1987 年年历）边颖摄影
沈阳　辽宁美术出版社　1986 年　1 张
53cm（4 开）定价：CNY0.25

J0128033
球操 （摄影　1987 年年历）李学峰摄影
南京　江苏美术出版社　1986 年　1 张
53cm（4 开）定价：CNY0.25

J0128034
球操 （摄影　1987 年年历）南海摄影
北京　人民体育出版社　1986 年　1 张
53cm（4 开）定价：CNY0.27

J0128035
球操 （摄影　1987 年年历）金禺摄影
天津　天津人民美术出版社　1986 年　1 张
53cm（4 开）定价：CNY0.25

J0128036
日本东京迪士尼乐园的灰姑娘城
（摄影　1987 年年历）赛英摄影
沈阳　辽宁美术出版社　1986 年　1 张
53cm（4 开）定价：CNY0.17

J0128037
扇舞 （摄影　1987 年年历）金禺摄影
天津　天津人民美术出版社　1986 年　1 张
53cm（4 开）定价：CNY0.25

J0128038
扇子操 （摄影　1987 年年历）丁明摄影
北京　人民体育出版社　1986 年　1 张
53cm（4 开）定价：CNY0.30

J0128039
绳操 （摄影　1987 年年历）初阳摄影
北京　人民体育出版社　1986 年　1 张
53cm（4 开）定价：CNY0.27

J0128040
圣诞夜 （摄影　1987 年年历）杨妍摄影
杭州　浙江人民美术出版社　1986 年　1 张
53cm（4 开）定价：CNY0.28

J0128041
双钩 （摄影　1987 年年历）叶舟摄影
北京　人民体育出版社　1986 年　1 张
78cm（2 开）定价：CNY0.35

J0128042
双剑 （摄影　1987 年年历）郑直摄影
北京　人民体育出版社　1986 年　1 张
53cm（4 开）定价：CNY0.27

J0128043
踏青 （摄影　1987 年年历）兆欣摄影
南京　江苏人民出版社　1986 年　1 张
78cm（2 开）定价：CNY0.34

J0128044
天安门节日之夜 （摄影　1987 年年历）
华仲明摄影
北京　北京美术摄影出版社　1986 年　1 张
53cm（4 开）定价：CNY0.24

J0128045
羊城之夜 （摄影　1987 年年历）陈洛才摄影
广州　岭南美术出版社　1986 年　1 张
38cm（6 开）定价：CNY0.15

J0128046
一九八七：民族舞蹈 （摄影挂历）
北京　朝花美术出版社　1986 年　78cm（2 开）
定价：CNY6.00

J0128047
一九八七：舞蹈 （摄影挂历）
哈尔滨　黑龙江美术出版社　1986 年
78cm（2 开）定价：CNY5.50

J0128048
一九八七：现代舞 （挂历）
南京　江苏美术出版社　1986 年　78cm（2 开）
定价：CNY5.30

J0128049
一九八七年《十三届世界杯足球大赛》月历
饶广平摄影
北京　中国连环画出版社　1986 年　78cm（2 开）
定价：CNY5.80

J0128050
艺术体操 （摄影 1987 年年历）陈文卫摄影
南宁　广西人民出版社　1986 年　1 张
53cm（4 开）定价：CNY0.24

J0128051
艺术体操 （摄影 1987 年年历）李鹏摄影
武汉　湖北美术出版社　1986 年　1 张
53cm（4 开）定价：CNY0.24

J0128052
艺术体操 （摄影 1987 年年历）张小京摄影
成都　四川省新闻图片社　1986 年　1 张
53cm（4 开）定价：CNY0.23

J0128053
艺术体操 （摄影 1987 年年历）金禹摄影
天津　天津人民美术出版社　1986 年　1 张
53cm（4 开）定价：CNY0.25

J0128054
艺术体操——球操 （摄影 1987 年年历）
王洪旬摄影
兰州　甘肃人民出版社　1986 年　1 张
53cm（4 开）定价：CNY0.24

J0128055
银湖之夜 （摄影 1987 年年历）郑建文摄影
广州　岭南美术出版社　1986 年　1 张
53cm（4 开）定价：CNY0.20

J0128056
印度舞 （摄影 1987 年年历）纯石摄影
成都　四川美术出版社　1986 年　1 张
53cm（4 开）定价：CNY0.24

J0128057
韵律操 （摄影 1987 年年历）金禹摄影
天津　天津人民美术出版社　1986 年　1 张

76cm（2 开）定价：CNY0.45

J0128058
珠宝舞 （摄影 1987 年年历）边颖摄影
沈阳　辽宁美术出版社　1986 年　1 张
53cm（4 开）定价：CNY0.25

J0128059
自贡灯会 （汉英对照）高石汉，余铭源摄影
北京　外文出版社　1986 年　10 张　15cm（40 开）

J0128060
1988：芭蕾舞 （摄影挂历）
上海　学林出版社［1987 年］（3 开）
定价：CNY6.00

J0128061
1988：朝鲜舞蹈 （摄影挂历）
北京　民族出版社　1987 年　78cm（3 开）
定价：CNY5.10

J0128062
1988：敦煌舞 （摄影挂历）
北京　中国电影出版社［1987 年］78cm（3 开）
定价：CNY6.50

J0128063
1988：健美 （摄影挂历）
广州　岭南美术出版社　1987 年（3 开）

J0128064
1988：健美 （摄影挂历）
赤峰　内蒙古科学技术出版社［1987 年］（3 开）
定价：CNY6.00

J0128065
1988：健美 （摄影挂历）
西安　陕西人民美术出版社　1987 年（3 开）
定价：CNY7.80

J0128066
1988：旅游胜地 （摄影挂历）
天津　天津人民美术出版社　1987 年
78cm（3 开）定价：CNY6.50

J0128067
1988：体育摄影　（挂历）
武汉　湖北教育出版社［1987年］（3开）
定价：CNY7.00

J0128068
1988：体育月历　（摄影挂历）刘洋等摄影
北京　人民体育出版社　1987年　78cm（3开）
定价：CNY6.50

J0128069
1988：体育月历　（摄影挂历）
北京　人民体育出版社　1987年　54cm（4开）
定价：CNY6.00

J0128070
1988：武术　（摄影挂历）
天津　天津人民美术出版社　1987年
78cm（3开）定价：CNY6.50

J0128071
1988：舞　（摄影挂历）
济南　山东友谊书社　1987年（2开）
定价：CNY10.50

J0128072
1988：艺术体操　（摄影挂历）
郑州　河南美术出版社　1987年（3开）
定价：CNY7.50

J0128073
1988：艺术体操　（摄影挂历）
上海　上海人民美术出版社　1987年（3开）
定价：CNY6.30

J0128074
芭蕾　尹福康等摄影
上海　上海人民美术出版社　1987年　8张
定价：CNY1.10
　　作者尹福康（1927—　　），摄影家。江苏南京
人。曾任上海人民美术出版社副编审、上海市摄
影家协会副主席等职。主要作品有《烟笼峰岩》
《向荒山要宝》《晒盐》《工人新村》等。

J0128075
棒操　（摄影　1988年年历）陈明摄影
北京　人民体育出版社　1987年　1张
定价：CNY0.38

J0128076
冰灯艺术　（汉英对照）刘永昌等摄影
哈尔滨　黑龙江美术出版社［1987年］10张
定价：CNY0.95

J0128077
冰上芭蕾
上海　上海人民出版社　1987年　8张
定价：CNY1.10

J0128078
反弹琵琶　（摄影　1988年年历）邵华安摄影
石家庄　河北美术出版社　1987年　1张
78cm（3开）定价：CNY0.22

J0128079
歌舞升平　（摄影　1988年年历）刘海发摄影
上海　上海人民美术出版社　1987年　1张（4开）
定价：CNY0.30

J0130473
剑术　（摄影　1988年年历）唐禹民摄影
郑州　河南美术出版社　1987年　1张
78cm（2开）定价：CNY0.43

J0128080
健美　（"天霸杯"全国健美精英赛）
陈振戈等摄影
贵阳　贵州美术出版社［1987年］16张
15cm（40开）定价：CNY2.90

J0128081
健美操　（摄影　1988年年历）
尹福康,谢新发摄影
杭州　西泠印社　1987年　1张　定价：CNY0.28

J0128082
健与美　（摄影　1988年年历）唐禹民,立宾摄影
郑州　河南美术出版社　1987年　1张
定价：CNY0.33

J0128083
乐山国际龙舟会 （汉英对照）
于志力等摄影；陈遐龄等撰文
成都 四川人民出版社 1987 年 12 张

J0128084
旅游去 （摄影 1988 年年历）杨育光摄影
福州 福建美术出版社 1987 年 1 张（2 开）
定价：CNY0.36

J0128085
旅游去 （摄影 1990 年年历）杨育光摄影
福州 福建美术出版社 [1989 年] 1 张
78cm（2 开）定价：CNY0.65

J0128086
马拉多纳带球突破 （摄影 1988 年年历）
廖德营摄影
北京 人民体育出版社 1987 年 1 张
53cm（4 开）定价：CNY0.30

J0128087
琵琶舞 （摄影 1988 年年历）晓安摄影
西安 陕西人民美术出版社 1987 年 1 张（4 开）
定价：CNY0.30

J0128088
翩翩起舞 （摄影 1988 年年历）友人摄影
北京 人民体育出版社 1987 年 1 张
78cm（2 开）定价：CNY0.38

J0128089
球操 （摄影 1988 年年历）王洪生摄影
郑州 河南美术出版社 1987 年 1 张
54cm（4 开）定价：CNY0.33

J0128090
球操 （摄影 1988 年年历）
北京 人民体育出版社 1987 年 1 张
76cm（2 开）定价：CNY0.47

J0128091
燃灯舞 （摄影 1988 年年历）李兰英摄影
长春 吉林美术出版社 1987 年 1 张
54cm（4 开）定价：CNY0.30

J0128092
上海节日之夜 （摄影 1988 年年历）春诚摄影
上海 上海书画出版社 1987 年 1 张
76cm（2 开）定价：CNY0.42

J0128093
双人舞 （摄影 1988 年年历）刘立宾摄影
西安 陕西人民美术出版社 1987 年 1 张
[78cm]（3 开）定价：CNY0.37
　　作者刘立宾（1944—　），现任中国商务广告
协会副会长兼秘书长、《国际广告》杂志社社长兼
总编辑，兼任中国传媒大学博士生导师、多所大
学客座教授。《中国广告作品年鉴》主编、《中国
营销创意作品年鉴》主编等。

J0128094
天涯游 （汉英对照）温泉摄影
广州 广东旅游出版社 [1987 年] 10 张
定价：CNY1.50

J0128095
舞剧《林黛玉》 （摄影 1988 年年历）
成都 四川美术出版社 1987 年 1 张（4 开）
定价：CNY0.28

J0128096
香港夜色 （摄影 1988 年年历）史力军摄影
天津 天津人民美术出版社 1987 年 1 张
76cm（2 开）定价：CNY0.60

J0128097
颐和园之夜 （摄影 1988 年年历）于云天摄影
北京 人民美术出版社 1987 年 1 张（2 开）
定价：CNY0.42

J0128098
艺术体操 邵华安，林伟新摄影
贵阳 贵州美术出版社 [1987 年] 8 张
定价：CNY1.10

J0128099
艺术体操 （摄影 1988 年年历）郭阿根摄影
西安 陕西人民美术出版社 1987 年 1 张
76cm（2 开）定价：CNY0.30

J0128100
艺术体操 （摄影 1988 年年历）谢新发摄影
上海 上海人民美术出版社 1987 年 1 张
53cm（4 开）定价: CNY0.30

J0128101
游园留影 （摄影 1988 年年历）马元浩摄影
福州 福建美术出版社 1987 年 1 张
定价: CNY0.36

J0128102
自贡灯会 （摄影 1988 年年历）欧阳竞摄影
成都 四川美术出版社 1987 年 1 张
78cm（2 开）定价: CNY0.38

J0128103
1988：健美 （摄影挂历）
北京 北京体育学院出版社 ［1988 年］
78cm（3 开）

J0128104
1988：体育摄影 （挂历）
北京 北京体育学院出版社 ［1988 年］
78cm（3 开）定价: CNY6.80

J0128105
1989：畅游世界 （摄影挂历）
海口 海南人民出版社 ［1988 年］76cm（2 开）
定价: CNY13.50

J0128106
1989：桂林游 （摄影挂历）
上海 上海书画出版社 1988 年 54cm（4 开）
定价: CNY5.80

J0128107
1989：健美 （摄影挂历）
西安 陕西人民美术出版社 1988 年
78cm（3 开）定价: CNY8.20

J0128108
1989：健美风情 （摄影挂历）
西安 陕西人民美术出版社 ［1988 年］
76cm（2 开）定价: CNY15.00

J0128109
1989：健与美 （摄影挂历）
上海 上海社会科学院出版社 ［1988 年］
76cm（2 开）定价: CNY8.00

J0128110
1989：旅游风光 （摄影挂历）
沈阳 辽宁人民出版社 1988 年 78cm（3 开）
定价: CNY8.00

J0128111
1989：舞 （摄影挂历）
杭州 浙江人民美术出版社 1988 年
78cm（3 开）定价: CNY7.50

J0128112
1989：舞蹈 （摄影挂历）
上海 上海人民美术出版社 ［1988 年］
78cm（3 开）定价: CNY7.50

J0128113
芭蕾陈雁 （摄影 1989 年年历）元浩摄
杭州 浙江人民美术出版社 1988 年 1 张
54cm（4 开）定价: CNY0.37

J0128114
冰灯奇观 （摄影 1989 年年历）郑学清摄
天津 天津人民美术出版社 1988 年 1 张
54cm（4 开）定价: CNY0.40

J0128115
俯瞰桂林 （汉英对照）祝长生摄；刘英文
桂林 漓江出版社 1988 年 7 张 13cm（60 开）
定价: CNY1.80

J0128116
高尔夫球 （摄影 1989 年年历）
北京 人民体育出版社 1988 年 1 张
54cm（4 开）定价: CNY0.40

J0128117
古舞新韵 （摄影 1989 年年历）
南京 江苏美术出版社 1988 年 1 张
76cm（2 开）定价: CNY0.80

J0128118
花剑对舞 （摄影 1989 年年历）小京摄
成都 四川省新闻图片社［1988 年］1 张
54cm（4 开）定价：CNY0.28

J0128119
健与美 （摄影 1989 年农历己巳年年历）李诚摄
广州 岭南美术出版社 1988 年 1 张
54cm（4 开）定价：CNY0.40

J0128120
劲舞 （摄影 1989 年年历）龚洁摄
南宁 广西人民出版社 1988 年 1 张
54cm（4 开）定价：CNY0.44

J0128121
龙飞凤舞 （摄影 1989 年年历）建乐，俊昌摄
济南 山东美术出版社 1988 年 1 张
78cm（2 开）定价：CNY0.50

J0128122
霹雳舞
（摄影 1989 年农历己巳年年历）何沛行摄
武汉 湖北美术出版社 1988 年 1 张
54cm（4 开）定价：CNY0.38

J0128123
秋游 （摄影 1989 年年历）春诚摄
上海 上海人民美术出版社［1988 年］1 张
54cm（4 开）定价：CNY0.52

J0128124
球操 （摄影 1989 年年历）张小京摄影
成都 四川省新闻图片社［1988 年］1 张
54cm（4 开）定价：CNY0.45

J0128125
十五的月亮 （摄影 1988 年年历）
成都 四川省新闻图片社［1988 年］1 张
54cm（4 开）定价：CNY0.28

J0128126
武术新花 （摄影 1989 年年历）陈振新摄
北京 人民美术出版社 1988 年 1 张
54cm（4 开）定价：CNY0.40

作者陈振新（1950— ），江苏南通市人。中国美术家协会会员，中国民间艺术家协会会员。任职于人民美术出版社。创作和发表了大量美术、摄影作品。主要作品有《大家动手，植树栽花，美化环境》《期望》《林》等。

J0128127
武术新苗 （摄影 1989 年年历）张连成摄
天津 天津人民美术出版社 1988 年 1 张
54cm（4 开）定价：CNY0.40

J0128128
舞蹈 （摄影 1989 年年历）
北京 中国电影出版社［1988 年］1 张
76cm（2 开）定价：CNY0.38

J0128129
颐和园玉带桥月夜 （摄影 1989 年年历）
何炳富摄
北京 北京美术摄影出版社 1988 年 1 张
54cm（4 开）定价：CNY0.36

作者何炳富（1940— ），摄影师。上海人，军事科学院摄影师，中国摄影家协会会员。

J0128130
英国圣保罗教堂夜色 （摄影 1988 年年历）
袁伯成摄
成都 四川省新闻图片社［1988 年］1 张
54cm（4 开）定价：CNY0.28

J0128131
1990：健美 （摄影挂历）
杭州 西泠印社 1989 年 76cm（2 开）
定价：CNY15.50

J0128132
1990：健之美体育挂历 （摄影挂历）
北京 人民体育出版社 1989 年 76cm（2 开）
定价：CNY16.00

J0128133
1990：欧洲之旅 （摄影挂历）
南京 江苏美术出版社 1989 年 76cm（2 开）
定价：CNY16.00

J0128134
1990：**霹雳舞** （摄影挂历）
上海 上海书画出版社 1989 年 78cm（3 开）
定价：CNY10.70

J0128135
1990：**双人舞** （摄影挂历）
上海 上海人民美术出版社 ［1989 年］
78cm（3 开）定价：CNY10.20

J0128136
1990：**水上芭蕾** （摄影挂历）
上海 上海人民美术出版社 ［1989 年］
78cm（3 开）定价：CNY10.20

J0128137
1990：**星辰** （摄影挂历）
杭州 浙江摄影出版社 1989 年 54cm（4 开）
定价：CNY7.00

J0128138
1990：**银河** （摄影挂历）
福州 福建美术出版社 ［1989 年］76cm（2 开）
定价：CNY15.00

J0130533
芭蕾新星陈雁 （摄影 1990 年年历）
谢新发摄影
上海 上海人民美术出版社 1989 年 1 张
78cm（2 开）定价：CNY0.75

J0128139
健美 （摄影 1990 年年历）陈振戈摄影
石家庄 河北美术出版社 1989 年 1 张
78cm（2 开）定价：CNY0.65

J0128140
健美 （摄影 1990 年年历）许琰摄影
长春 吉林人民出版社 ［1989 年］1 张
76cm（2 开）定价：CNY1.20

J0128141
健美 （摄影 1990 年年历）英艺，建敏摄影
上海 上海书画出版社 1989 年 1 张
54cm（4 开）定价：CNY0.50

J0128142
健美女郎 （摄影 1990 年年历）
南昌 江西人民出版社 ［1989 年］1 张
78cm（2 开）定价：CNY0.75

J0128143
健美双星 （摄影 1990 年年历）李健石摄影
广州 岭南美术出版社 1989 年 1 张
54cm（4 开）定价：CNY0.55

J0128144
健体娇容 （摄影 1990 年年历）程全归摄影
广州 岭南美术出版社 1989 年 1 张
54cm（4 开）定价：CNY0.55

J0128145
圈操 （摄影 1990 年年历）孙文志摄影
重庆 重庆出版社 1989 年 1 张 54cm（4 开）
定价：CNY0.45

J0128146
武术新秀 （摄影 1989 年年历）郭延民摄影
成都 四川省新闻图片社 ［1989 年］1 张
54cm（4 开）定价：CNY0.32

J0130542
舞姿婀娜 （摄影 1990 年年历）钟向东摄影
重庆 重庆出版社 1989 年 1 张 54cm（4 开）
定价：CNY0.45

J0128147
雁塔月夜 （摄影 1990 年年历）马凌云摄影
西安 陕西人民美术出版社 1989 年 1 张
54cm（4 开）定价：CNY0.55

J0128148
长穗双剑 （摄影）
北京 人民体育出版社 1989 年 1 张
76cm（2 开）定价：CNY0.50

J0128149
1991：**驰骋** （摄影挂历）陈春轩等摄
天津 天津人民美术出版社 1990 年
76cm（2 开）定价：CNY16.80

J0128150

1991：春花秋月 （摄影挂历）

天津　天津人民美术出版社　1990 年

76cm（2 开）定价：CNY17.00

J0128151

1991：世界旅游胜地 （摄影挂历）

山东美术出版社编

济南　山东美术出版社　1990 年　76cm（2 开）

定价：CNY19.00

J0128152

1991：体育 （摄影挂历）

北京　人民体育出版社　1990 年　53cm（4 开）

定价：CNY10.50

J0128153

1991：舞 （摄影挂历）张岩摄

天津　天津人民美术出版社　1990 年

76cm（2 开）定价：CNY9.00

J0128154

1991：舞 （摄影挂历）张铁林摄

天津　天津杨柳青画社　1990 年　76cm（2 开）

J0128155

1991：新疆舞蹈 （摄影挂历）常庚等摄

乌鲁木齐　新疆人民出版社　1990 年

76cm（2 开）定价：CNY16.00

J0128156

健美 （摄影 1991 年年历）沈黎摄

南京　江苏美术出版社　1990 年　1 张

78cm（2 开）定价：CNY0.80

J0128157

健美 （摄影 1991 年年历）沈黎摄

上海　上海书画出版社　1990 年　1 张

78cm（2 开）定价：CNY0.75

J0128158

翎舞 （摄影 1991 年年历）刘海发摄

石家庄　河北美术出版社　1990 年　1 张

53cm（4 开）定价：CNY0.50

J0128159

盛京之夜 （摄影 1991 年年历）里木摄

沈阳　辽宁美术出版社　1990 年　1 张

76cm（2 开）定价：CNY0.55

J0128160

1992：海底奇观 （摄影挂历）

北京　中国旅游出版社 ［1991 年］76cm（2 开）

定价：CNY16.50

J0128161

1992：海底世界 （摄影挂历）

广州　岭南美术出版社　1991 年　76cm（2 开）

定价：CNY16.00

J0128162

1992：环球旅行

（摄影挂历）山东美术出版社编

济南　山东美术出版社　1991 年　76cm（2 开）

定价：CNY17.80

J0128163

1992：旅游风景 （摄影挂历）

北京　中国旅游出版社　1991 年　76cm（2 开）

J0128164

1992：漫游神州 （摄影挂历）

海口　海南摄影美术出版社　1991 年

76cm（2 开）定价：CNY18.00

J0128165

1992：漫游世界 （挂历）贾育平等摄

杭州　浙江人民美术出版社　1991 年

76cm（2 开）定价：CNY18.00

J0128166

1992：星辰 （挂历）张动摄

北京　中国电影出版社 ［1991 年］76cm（2 开）

定价：CNY18.50

J0128167

1992：夜之媚 （摄影挂历）钱惠良等摄

石家庄　河北美术出版社　1991 年　76cm（2 开）

J0128168
欢歌狂舞 （摄影 1992 年年历）
沈阳 辽宁美术出版社 1991 年 1 张
53cm（4 开）ISBN：7-5314-0643
定价：CNY0.70

J0128169
环球旅行 （摄影 1992 年年历 一~ 六）
上海 上海人民美术出版社［1991 年］6 张
76cm（2 开）定价：CNY8.40

J0128170
环球旅行 （一 摄影 1994 年年历）
上海 上海人民美术出版社 1993 年 1 张
77×53cm 定价：CNY1.90

J0128171
环球旅行 （二 摄影 1994 年年历）
上海 上海人民美术出版社 1993 年 1 张
77×53cm 定价：CNY1.90

J0128172
环球旅行 （三 摄影 1994 年年历）
上海 上海人民美术出版社 1993 年 1 张
77×53cm 定价：CNY1.90

J0128173
环球旅行 （四 摄影 1994 年年历）
上海 上海人民美术出版社 1993 年 1 张
77×53cm 定价：CNY1.90

J0128174
环球旅行 （五 摄影 1994 年年历）
上海 上海人民美术出版社 1993 年 1 张
77×53cm 定价：CNY1.90

J0128175
环球旅行 （六 摄影 1994 年年历）
上海 上海人民美术出版社 1993 年 1 张
77×53cm 定价：CNY1.90

J0128176
霹雳舞 （摄影 1992 年年历）肖安摄
上海 上海人民美术出版社［1991 年］1 张
85cm 定价：CNY0.80

J0128177
日本迪斯尼 （摄影 1992 年年历）
沈阳 辽宁美术出版社 1991 年 1 张
53cm（4 开）ISBN：7-5314-1523
定价：CNY0.70

J0128178
香港夜色 （摄影 1992 年年历）王苗摄
天津 天津人民美术出版社 1991 年 1 张
76cm（2 开）ISBN：7-5305-81269
定价：CNY1.10
　　　作者王苗（1951— ），摄影家。北京人。历
任中国新闻社摄影记者,香港中国旅游出版社副
社长、总编辑,中国摄影家协会理事。出版摄影
集有《敦煌飞天》《西藏神秘的高原》等。

J0128179
银河——上海小夜曲 （二 1993 年年历）
桑榆,尹福康摄
上海 上海人民美术出版社 1992 年 1 张
77×53cm 定价：CNY2.30

J0128180
星光——上海小夜曲 （三 1993 年年历）
桑榆摄
上海 上海人民美术出版社 1992 年 1 张
77×53cm 定价：CNY2.30

J0128181
霓虹 （上海小夜曲 四 1993 年年历）桑榆摄
上海 上海人民美术出版社 1992 年 1 张
77×53cm 定价：CNY2.30

J0128182
1994：健与美 （摄影挂历）
上海 上海人民美术出版社［1993 年］
76×53cm ISBN：7-5002-0667-4
定价：CNY28.00

J0128183
1994：生命在于运动 （摄影挂历）
南京 江苏人民出版社［1993 年］76×53cm
定价：CNY28.00

J0128184
1994：世界夜景 （摄影挂历）
广州 广东科技出版社 ［1993 年］76×53cm
定价：CNY18.80

J0128185
上海之夜 （一 摄影 1994 年年历）桑榆摄
上海 上海人民美术出版社 1993 年 1 张
77×53cm 定价：CNY2.70

J0128186
上海之夜 （二 摄影 1994 年年历）桑榆摄
上海 上海人民美术出版社 1993 年 1 张
77×53cm 定价：CNY2.70

J0128187
上海之夜 （摄影 1994 年年历）桑榆摄
上海 上海人民美术出版社 1993 年 1 张
77×53cm 定价：CNY2.70

J0128188
1995：东南亚之旅 （摄影挂历）
北京 中国电影出版社 1994 年 有图 77×53cm
定价：CNY29.80

J0128189
1995：健与美 （摄影挂历）
沈阳 辽宁美术出版社 1994 年 有图 77×53cm
定价：CNY39.80

J0128190
1995：青春健美 （摄影挂历）静安等摄
上海 上海人民美术出版社 1994 年 有图
77×53cm 定价：CNY36.80

J0128191
1995：夜上海 （摄影挂历）谢新发等摄
上海 上海人民美术出版社 1994 年 有图
77×53cm 定价：CNY36.00

J0128192
浪花 （摄影 1995 年年历）
南京 江苏美术出版社 1994 年 1 张 77×53cm
定价：CNY1.80

J0128193
1996：林芝览胜　度假探秘 （摄影挂历）
西藏旅游局编
拉萨 西藏人民出版社 1995 年 77×53cm
定价：CNY24.00

J0128194
1996：世界之旅 （摄影挂历）刘文敏摄
北京 中国三峡出版社 1995 年 72×48cm
ISBN：7-80099-102-4 定价：CNY23.50
　　作者刘文敏，中国三峡出版社社长，曾任
人民画报社主任记者、中国画报出版社常务副
社长，中国摄影家协会会员，中国新闻摄影协会
理事。

J0128195
安顺龙官 （摄影 1996 年年历）牛嵩林摄
北京 中国连环画出版社 1995 年 1 张
77×53cm 定价：CNY2.90

J0128196
北京天坛 （摄影 1996 年年历）
北京 中国旅游出版社 1995 年 1 张 38×53cm
定价：CNY1.30

J0128197
北京之夜 （摄影 1996 年年历）孙振宇摄
北京 中国连环画出版社 1995 年 1 张
53×77cm 定价：CNY2.90

J0128198
上海东方明珠夜景 （摄影 1996 年年历）
新发、杭岚摄
上海 上海人民美术出版社 1995 年 1 张
35×53cm 定价：CNY0.90

J0128199
上海新外滩之夜 （摄影 1996 年年历）
吕大千摄
北京 中国旅游出版社 1995 年 1 张 53×77cm
定价：CNY2.60

J0128200
上海之夜 （摄影 1996 年年历）陈东林摄
北京 中国旅游出版社 1995 年 1 张 26×38cm

定价：CNY0.80

J0128201
香港夜景 （摄影 1996 年年历）王文波摄
北京 中国旅游出版社 1995 年 1 张 53×38cm
定价：CNY1.30

J0128202
夜深圳 （摄影 1996 年年历）梅林摄
北京 中国连环画出版社 1995 年 1 张
53×77cm 定价：CNY2.90

J0128203
1997：国庆之夜 （年历画）李英敏摄
北京 中国连环画出版社 1996 年 1 张
38×52cm 统一书号：85061.96012
定价：CNY1.60

J0128204
1997：环球揽胜 （摄影挂历）中国美术学院
出版社编
杭州 中国美术学院出版社 1996 年 77×53cm
ISBN：7-81019-505-0 定价：CNY27.50

J0128205
1997：环球旅行 （摄影挂历）上海人民美术
出版社编
上海 上海人民美术出版社 1996 年 95×69cm
ISBN：7-5322-1570-9 定价：CNY32.50

J0128206
1997：环球游 （摄影挂历）严播等摄
杭州 浙江人民美术出版社 1996 年 76×52cm
ISBN：7-5340-0499-3 定价：CNY27.50

J0128207
1997：田原之旅 （摄影挂历）北京全景图片
公司供稿
沈阳 辽宁民族出版社 1996 年 58×85cm
ISBN：7-80527-703-6 定价：CNY27.00

J0128208
钢铁长城 （摄影 1997 年年历）张英军等摄
上海 上海人民美术出版社 1996 年 1 张
77×53cm 定价：CNY2.00

作者张英军,摄影有年画《相思奈何天》等。

J0128209
紫禁城 （汉英日对照）
北京 中国旅游出版社 1996 年 10 张 10×15cm
定价：CNY6.00

J0128210
1998：'98 北京国安足球队 （摄影挂历）
刘占坤摄
北京 中信出版社 1997 年 77×53cm
ISBN：7-80073-166-9 定价：CNY39.00

J0128211
1998：港澳 （摄影挂历）骆青敏摄
天津 天津杨柳青画社 1997 年 86×57cm
ISBN：7-80503-366-8 定价：CNY30.80

J0128212
1998：港澳游 （摄影挂历）高盛奎摄
北京 中国戏剧出版社 1997 年 76×52cm
ISBN：7-104-00856-X 定价：CNY31.00

J0128213
1998：华夏城乡游 （摄影挂历 汉英对照）
北京 中国旅游出版社 1997 年 39×42cm
ISBN：7-5032-1483-X

J0128214
1998：欧洲漫游 （任涵子旅欧掠景
摄影挂历）任涵子摄
南京 江苏美术出版社 1997 年 34×37cm
ISBN：7-5344-0682-X 定价：CNY25.00

J0128215
1998：新·马·泰 （摄影挂历）骆清敏摄
福州 海潮摄影艺术出版社 1997 年 87×68cm
ISBN：7-80562-443-7 定价：CNY48.00

J0128216
1998：中国芭蕾 （摄影挂历）刘占坤摄影
北京 中信出版社 1997 年 77×53cm
ISBN：7-80073-156-1 定价：CNY40.00

J0128217
1998：走游香港 （摄影挂历）黄红摄
北京　知识出版社　1997 年　76×52cm
ISBN：7-5015-1591-3　定价：CNY27.00

J0128218
马六甲度假村 （摄影 1998 年年历）
于健鹰摄影
北京　中国连环画出版社　1997 年　1 张
51×73cm　定价：CNY3.20

J0128219
天安门之夜 （摄影 1998 年年历）王建华摄影
南京　江苏美术出版社　1997 年　1 张　77×53cm
定价：CNY2.80

J0128220
1999：爱拼才会赢 （摄影挂历）体育报社供稿
福州　福建美术出版社　1998 年　1 张　86×70cm
ISBN：7-5393-0649-1　定价：CNY33.00

J0128221
1999：叱咤篮坛 （摄影挂历）刘海发编
北京　知识出版社　1998 年　77×53cm
ISBN：7-5015-1733-9　定价：CNY27.50

J0128222
1999：浪漫之旅 （摄影挂历）
北京　中国画报出版社　1998 年　104×73cm
ISBN：7-80024-469-5　定价：CNY50.00

J0128223
1999：世界之旅 （摄影挂历）赵淑琪等摄
济南　山东美术出版社　1998 年　76×52cm
ISBN：7-5330-1144-9　定价：CNY27.50

J0128224
2000：大洋洲行 （摄影挂历）
福州　海潮摄影艺术出版社　1999 年　37×52cm
ISBN：7-80562-612-X　定价：CNY18.50

J0128225
2000：名城之旅 （摄影挂历）全景图片制作
公司供稿
福州　海潮摄影艺术出版社　1999 年　76×52cm

ISBN：7-80562-631-6　定价：CNY27.50

J0128226
2000：世纪之旅 （摄影挂历）
苏州　古吴轩出版社　1999 年　76×52cm
ISBN：7-80574-414-9　定价：CNY27.50

J0128227
2000：世纪之旅 （摄影挂历）全景供稿
西安　陕西人民美术出版社　1999 年　100×70cm
ISBN：7-5368-1206-X　定价：CNY33.00

中国摄影年历——新闻摄影

J0128228
大寨玉茭丰收图 （公元一九六六年〈阴历丙午年〉节气表）王文学摄影
太原　山西人民出版社　1965 年　53cm（4 开）
定价：CNY0.08

J0128229
大寨玉茭丰收图 （公元一九六六年〈阴历丙午年〉节气表）王文学摄影
太原　山西人民出版社　1965 年　38cm（6 开）
定价：CNY0.04

J0128230
浇铸钢锭 （1973〈农历癸丑年〉年历）
《广西画报》记者摄影
[南宁] 广西人民出版社　1972 年　39cm（4 开）
定价：CNY0.04

J0128231
林县红旗渠 （摄影 1973〈农历癸丑年〉年历）
郑州　河南人民出版社　1972 年　54cm（4 开）
定价：CNY0.07

J0128232
副业生产景象 （摄影 1974〈农历甲寅年〉年历）
农业出版社　1973 年　53cm（4 开）
定价：CNY0.08

J0128233
机插 （摄影 1974 年年历）《人民画报》供稿

南宁　广西人民出版社　1973 年　38cm（6 开）
定价：CNY0.04

J0128234
插秧忙　（摄影 1975 年年历）
［昆明］云南人民出版社　1974 年　39cm（4 开）
定价：CNY0.10

J0128235
春到红旗渠　（摄影 1975 年年历）
天津　天津人民美术出版社　1974 年
53cm（4 开）定价：CNY0.10

J0128236
大理社员织渔网　（摄影　1975〈农历乙卯年〉
年历）
［成都］四川人民出版社　1974 年　53cm（4 开）
定价：CNY0.07

J0128237
娄山关　（摄影 1975〈农历乙卯年〉年历）
贵州新闻图片社摄影
［贵阳］贵州人民出版社　1974 年　53cm（4 开）
定价：CNY0.07

J0130634
昔阳大寨团结沟渡槽　（摄影　1975〈农历乙
卯年〉年历）
［太原］山西人民出版社　1974 年　39cm（4 开）
定价：CNY0.08

J0128238
昔阳东冶头稻田　（摄影　1975〈农历乙卯年〉
年历）
［太原］山西人民出版社　1974 年　39cm（4 开）
定价：CNY0.08

J0128239
大寨新貌　（摄影 1976 年〈农历丙辰年〉年历）
［太原］山西人民出版社　1975 年　53cm（4 开）
定价：CNY0.07

J0128240
菜花　（摄影 1976 年年历）
［成都］四川人民出版社　1975 年　53cm（4 开）

定价：CNY0.04

J0128241
庆丰收　（摄影 1977〈农历丁巳年〉年历）
合肥　安徽人民出版社　1976 年　1 张
53cm（4 开）定价：CNY0.14

J0128242
欣欣向荣的高原牧区　（摄影 1977 年年历）
拉萨　西藏人民出版社　1976 年　1 张
53cm（4 开）定价：CNY0.14

J0128243
毛主席和周总理、朱委员长在一起
（摄影　1978 年年历）
杭州　浙江人民出版社　1977 年［1 张］
54cm（4 开）定价：CNY0.14

J0128244
奶茶献给华主席　（摄影 1978 年年历）梁枫摄
乌鲁木齐　新疆人民出版社　1977 年［1 张］
54cm（4 开）定价：CNY0.08

J0128245
颂歌献给华主席　（摄影 1978 年年历）王诚摄
南昌　江西人民出版社　1977 年［1 张］
39cm（8 开）定价：CNY0.10

J0128246
衷心爱戴华主席　（摄影 1978 年年历）
狄嵩华摄
上海　上海人民出版社　1977 年［1 张］
54cm（4 开）定价：CNY0.19

J0128247
奶茶献给华主席　（摄影 1979 年年历）
陈健腾摄
成都　四川人民出版社　1978 年　1 张
53cm（4 开）定价：CNY0.18

J0128248
火车飞来大凉山　（摄影 1980 年年历）加林摄
成都　四川人民出版社　1979 年［1 张］
53cm（4 开）定价：CNY0.08

J0128249
苗苗 （摄影 1983 年年历）段超摄影
成都 四川新闻图片社 1982 年 54cm（4 开）
定价：CNY0.20

J0128250
一个最好 （摄影 1983 年年历）穆家宏，倪嘉德摄影
南昌 江西人民出版社［1982 年］1 张
54cm（4 开）定价：CNY0.19

J0128251
妙指新曲 （摄影 1984 年年历）李维良摄影
成都 四川省新闻图片社［1983 年］54cm（4 开）
定价：CNY0.20

J0128252
乒坛名将童玲 （摄影 1984 年年历）渝美摄影
成都 四川省新闻图片社［1983 年］54cm（4 开）
定价：CNY0.20

J0128253
一个娃娃好 （摄影 1984 年年历）陈扬坤摄影
福州 福建人民出版社 1983 年 1 张
53cm（4 开）定价：CNY0.20

J0130651
避暑山庄 （摄影 1985 年农历乙丑年年历）
草芳摄影
成都 四川省新闻图片社［1984 年］54cm（4 开）
定价：CNY0.20

J0128254
革命精神代代传 （摄影 1985 年年历）
丁锋摄影
福州 福建人民出版社 1984 年 54cm（4 开）
定价：CNY0.20

J0128255
女排高手——杨锡兰 （摄影 1985 年农历乙丑年年历）河川摄影
成都 四川省新闻图片社［1984 年］54cm（4 开）
定价：CNY0.20

J0128256
排坛精英 （摄影 1985 年农历乙丑年年历）
河川摄影
成都 四川省新闻图片社［1984 年］54cm（4 开）
定价：CNY0.20

J0128257
一个宝宝好 （摄影 1985 年年历）顾久太摄影
福州 福建人民出版社 1984 年 1 张
54cm（4 开）定价：CNY0.20

J0128258
祖国万岁 （摄影 1985 年农历乙丑年年历）
戴纪明摄影
成都 四川省新闻图片社［1984 年］54cm（4 开）
定价：CNY0.20

J0128259
国庆盛典 （摄影 1986 年年历）肖顺权摄影
北京 人民美术出版社 1985 年 1 张
54cm（4 开）定价：CNY0.24
　　作者肖顺权（1934— ），曾用名肖顺泉、肖舜权。河北博野人。曾任人民美术出版社总编办公室副主任、摄影部副主任等职。主要作品有《唐永泰公主墓壁画集》《故宫》《元明清雕塑》等。

J0128260
国庆之夜 （摄影 1986 年年历）肖顺权摄影
北京 人民美术出版社 1985 年 1 张
54cm（4 开）定价：CNY0.24

J0128261
苗苗 （摄影 1986 年年历）陈振戈摄影
成都 四川省新闻图片社［1985 年］1 张
54cm（4 开）定价：CNY0.23

J0128262
国庆之夜 （摄影 1987 年年历）李志恒摄影
太原 山西人民出版社 1986 年 1 张
53cm（4 开）定价：CNY0.24

J0128263
1988：穆青国外摄影作品 （挂历）
太原 北岳文艺出版社［1987 年］（4 开）

定价：CNY5.40

J0128264
建设中的深圳 （摄影　1988 年年历）
牛嵩林摄影
天津　天津人民美术出版社　1987 年　1 张
53cm（4 开）定价：CNY0.30

J0128265
军威雄壮 （摄影　1989 年年历）耿兴余摄影
成都　四川省新闻图片社［1988 年］1 张
54cm（4 开）定价：CNY0.35

J0128266
苗苗 （摄影　1988 年年历）孙德西摄
成都　四川省新闻图片社［1988 年］1 张
54cm（4 开）定价：CNY0.28

J0128267
难忘的瞬间　　葛力群主编
沈阳　辽宁美术出版社　1988 年　230 页
26cm（16 开）ISBN：7-5314-0042-1
定价：CNY12.00

　　本摄影画册分两部分：第一部分选编 228 幅
重要历史瞬间的珍贵照片，形象地再现了中国人
民在中国共产党的领导下，从抗日战争到党的第
十三次全国代表大会召开期间，进行武装斗争、
打败日本侵略者、解放全中国、创建新中国，以
及进行抗美援朝战争和社会主义革命与建设等
各个阶段许多难忘的历史瞬间。第二部分是摄
影记者谈照片的拍摄经过和体会的文章，并附插
图 73 幅。

J0128268
女子健美 （摄影　1988 年年历）张京摄
成都　四川省新闻图片社［1988 年］1 张
54cm（4 开）定价：CNY0.28

J0128269
天安门盛景 （摄影　1992 年年历）张朝玺摄
天津　天津人民美术出版社　1991 年　1 张
78cm（2 开）ISBN：7-5305-2523-5
定价：CNY1.10

J0128270
1994：南巡风采 （摄影挂历）
广州　广州出版社　1993 年　54×78cm
定价：CNY33.00

J0128271
三峡宏图 （周总理视察三峡　摄影　1995 年年历）
南京　江苏美术出版社　1994 年　1 张　53×77cm
定价：CNY1.80

J0128272
**1997：1953 年毛泽东同志和周恩来同志在
最高国务会议上** （年历画）吕厚民摄
北京　中国连环画出版社　1996 年　1 张
76×52cm　统一书号：85061.92012
定价：CNY3.20

　　作者吕厚民（1928—2015），摄影家。生于黑
龙江依兰。曾任中国摄影协会党组书记，中国文
联副主席，中华民族文化促进会副主席。代表作
品《毛主席和周总理》《周恩来和邓小平在颐和
园》等。

J0128273
1997：毛泽东同志在天安门城楼
（年历画）吕厚民摄
北京　中国连环画出版社　1996 年　1 张
76×52cm　统一书号：85061.92011
定价：CNY3.20

J0130672
1998：毛泽东在天安门城楼上 （年历画）
天津　天津美术出版社　1997 年　1 张　52×38cm
定价：CNY1.60

J0128274
1999：五十周年庆典 （摄影挂历）
北京　中国画报出版社　1998 年　86×58cm
ISBN：7-80024-492-X　定价：CNY35.00

J0128275
2000：中国大阅兵 （摄影挂历）李靖摄
南京　江苏美术出版社　1999 年　77×52cm
ISBN：7-5344-0933-0　定价：CNY29.50

中国摄影年历——建筑摄影

J0128276
吉林大学化学楼　赵兵摄
长春 吉林人民出版社 1964 年［1 张］
13cm（64 开）定价：CNY0.06

J0128277
少年宫　中国福利会少年宫编；吴文钦摄
上海 上海人民美术出版社 1964 年 12 张（套）
13cm（60 开）定价：CNY0.96

J0128278
长春地质学院　刘凤鸣摄
长春 吉林人民出版社 1964 年［1 张］
13cm（64 开）定价：CNY0.06

J0128279
长春第一汽车制造厂　肖莹摄
长春 吉林人民出版社 1964 年［1 张］
13cm（64 开）定价：CNY0.06

J0128280
长春第一汽车制造厂工人新村　赵兵摄
长春 吉林人民出版社 1964 年［1 张］
13cm（64 开）定价：CNY0.06

J0128281
长春市第二百货商店　赵兵摄
长春 吉林人民出版社 1964 年［1 张］
13cm（64 开）定价：CNY0.06

J0128282
长春市人民广场一角　赵兵摄
长春 吉林人民出版社 1964 年［1 张］
13cm（64 开）定价：CNY0.06

J0128283
新安江水电站　（明信片）郭仕仪摄
上海 上海人民美术出版社 1966 年 8 张
15cm（64 开）定价：CNY0.64

J0128284
天安门的早晨　（摄影 1972〈农历壬子年〉）
天津 天津人民美术出版社 1971 年［1］张
53cm（4 开）定价：CNY0.08

J0128285
北京民族文化宫　（摄影 1973〈农历癸丑年〉年历）
［太原］山西人民出版社 1972 年 39cm（4 开）
定价：CNY0.04

J0128286
北京人民大会堂　（摄影 1973〈农历癸丑年〉年历）
［太原］山西人民出版社 1972 年 39cm（4 开）
定价：CNY0.04

J0128287
北京天安门　（摄影 1973〈农历癸丑年〉年历）
［太原］山西人民出版社 1972 年 39cm（4 开）
定价：CNY0.04

J0128288
北京站　（摄影 1973〈农历癸丑年〉年历）
［太原］山西人民出版社 1972 年 39cm（4 开）
定价：CNY0.04

J0128289
人民大会堂　（摄影 1973 年〈阴历癸丑年〉月建节气表）
济南 山东人民出版社 1972 年 54cm（4 开）
定价：CNY0.05

J0130689
韶山毛主席旧居　（摄影 1973〈农历癸丑年〉年历）
［贵阳］贵州人民出版社 1972 年 54cm（4 开）
定价：CNY0.07

J0128290
首都北京天安门　（摄影 1973〈阴历癸丑年〉月建节气表）
济南 山东人民出版社 1972 年 1 张
54cm（4 开）定价：CNY0.05

J0128291
天安门的早晨　（摄影 1973 年年历）

哈尔滨 黑龙江人民出版社 1972 年 1 张
54cm（4 开）定价：CNY0.12

J0128292
天安门的早上 （摄影 1973〈农历癸丑年〉年历）
郑州 河南人民出版社 1972 年 1 张
54cm（4 开）定价：CNY0.07

J0128293
延河桥 （摄影 1973 年年历）
合肥 安徽人民出版社 1972 年 1 张
38cm（6 开）定价：CNY0.08

J0128294
紫金山天文台 （摄影 1973 年年历）
［南京］江苏人民出版社 1972 年 54cm（4 开）
定价：CNY0.14

J0128295
兰州炼油厂 （摄影 1974〈农历甲寅年〉年历）
兰州 甘肃人民出版社 1973 年 38cm（6 开）
定价：CNY0.04

J0128296
辽宁展览馆 （摄影 1974 年年历）
沈阳 辽宁人民出版社 1973 年 53cm（4 开）
定价：CNY0.05

J0128297
毛主席韶山旧居 （摄影 1974 年年历）
长沙 湖南人民出版社 1973 年 25cm（小 16 开）
定价：CNY0.05

J0128298
新安江水电站 （彩色明信片 中、英文对照）
徐春荣摄
上海 上海人民出版社 1973 年 12 张（大套）
15cm（40 开）

J0128299
新安江水电站 （摄影 1974 年年历）
杭州 浙江人民出版社 1973 年 1 张
53cm（4 开）定价：CNY0.18

J0128300
邕江大厦 （摄影 1974〈农历甲寅年〉年历）
王瑞祥摄
南宁 广西人民出版社 1973 年 38cm（6 开）
定价：CNY0.04

J0128301
钟楼 （摄影 1974〈农历甲寅年〉年历）王凌摄
西安 陕西人民出版社 1973 年 38cm（6 开）
定价：CNY0.12

J0128302
丹江口水利枢纽
（摄影 1975〈农历乙卯年〉年历）
［武汉］湖北人民出版社 1974 年 38cm（6 开）
定价：CNY0.10

J0128303
福州乌龙江大桥
（摄影 1975〈农历乙卯年〉年历）刘杰摄
［福州］福建人民出版社 1974 年 53cm（4 开）
定价：CNY0.07

J0128304
国庆之夜的首都体育馆
（摄影 1975〈农历乙卯年〉年历）
［北京］人民体育出版社 1974 年 53cm（4 开）
定价：CNY0.20

J0128305
龙海县西溪闸桥全景 （摄影 1975〈农历乙
卯年〉年历）刘杰摄
［福州］福建人民出版社 1974 年 53cm（4 开）
定价：CNY0.07

J0128306
山区水库 （摄影 1975〈农历乙卯年〉年历）
朱广智摄
［郑州］河南人民出版社 1974 年 39cm（4 开）
定价：CNY0.05

J0128307
雄伟壮丽的天安门 （摄影 1975 年年历 汉、
蒙文标题）
［呼和浩特］内蒙古人民出版社 1974 年

53cm（4开）定价：CNY0.07

J0128308
爱晚亭 （摄影 1976年年历）傅昭勋摄
［长沙］湖南人民出版社 1975年 53cm（4开）
定价：CNY0.14

J0128309
成昆铁路 （摄影 1976年年历）
韩德洲,孙树明摄
上海 上海书画社 1975年 53cm（4开）
定价：CNY0.08

J0128310
毛主席韶山旧居 （摄影 1976年年历）
言浩生摄
［长沙］湖南人民出版社 1975年 53cm（4开）
定价：CNY0.14

J0128311
天安门广场 （摄影 1976年年历）
［呼和浩特］内蒙古人民出版社 1975年
53cm（4开）定价：CNY0.07

J0128312
新北京饭店 （摄影 1976年〈农历丙辰年〉年历）
［太原］山西人民出版社 1975年 53cm（4开）
定价：CNY0.07

J0128313
新建的大桥 （摄影 1976年年历）
［拉萨］西藏人民出版社 1975年 38cm（6开）
定价：CNY0.10

J0128314
玉华山庄 （摄影 1976年〈农历丙辰年〉年历）
双毅摄
［哈尔滨］黑龙江人民出版社 1975年
53cm（4开）定价：CNY0.10

J0128315
布达拉宫一瞥 （摄影 1977年年历）
拉萨 西藏人民出版社 1976年 1张
53cm（4开）定价：CNY0.10

J0128316
黄浦江大桥通车 （摄影 1977年年历）
尹福康摄
上海 上海书画社 1976年 1张 53cm（4开）
定价：CNY0.18

J0128317
辉县石门水库
（摄影 1977〈农历丁巳年〉年历）王世龙摄
郑州 河南人民出版社 1976年 1张
53cm（4开）定价：CNY0.14
　　　作者王世龙(1930—),摄影家。河南平舆
人,曾用名于一。曾任中国人民解放军军报随军
摄影记者,河南新乡日报社摄影美术组长,河南
日报社摄影记者,河南人民出版社摄影编辑、编
辑室主任、编审委员等职。中国摄影家协会常务
理事。作品有《秋收完毕》《山里俏》《山村在欢
唱》等。

J0128318
林县南谷洞水库 （摄影 1977〈农历丁巳年〉
年历）魏德忠摄
郑州 河南人民出版社 1976年 1张
53cm（4开）定价：CNY0.14

J0128319
毛主席韶山旧居 （摄影 1977年年历）
陈秀全摄
长沙 湖南人民出版社 1976年 1张
53cm（4开）定价：CNY0.14

J0128320
太原火车站夜景 （摄影 1977〈农历丁巳年〉
年历）
太原 山西人民出版社 1976年 1张
53cm（4开）定价：CNY0.13

J0128321
雄伟庄严的北京天安门广场
（摄影 1977—1978年年历）
兰州 甘肃人民出版社 1976年 1张
78cm（2开）定价：CNY0.25

J0128322
爱晚亭 （摄影 1978年年历）陈秀全摄

长沙　湖南人民出版社　1977 年 ［1 张］
54cm（4 开）定价：CNY0.14

J0128323
乐山凌云岩　（摄影　1978 年年历）航远摄
成都　四川人民出版社　1977 年 ［1 张］
54cm（4 开）定价：CNY0.07

J0128324
毛主席纪念堂
（摄影　1978 农历戊午年年历）袁汝逊摄
石家庄　河北人民出版社　1977 年 ［1 张］
54cm（4 开）定价：CNY0.15

J0128325
毛主席纪念堂　（摄影　1978
农历戊午年年历）双毅摄
沈阳　辽宁人民出版社　1977 年 ［1 张］
39cm（8 开）定价：CNY0.10

J0128326
毛主席纪念堂　（摄影　1978 年年历）
吴印咸,刘志堂摄
西安　陕西人民出版社　1977 年 ［1 张］
54cm（4 开）定价：CNY0.18
　　作者吴印咸(1900—1994),摄影艺术家、导
演。原名吴荫诚,祖籍安徽歙县,生于江苏沭阳。
曾在上海美术专科学校学习。历任东北电影制
片厂厂长,北京电影学院副院长兼摄影系主任,
文化部电影局顾问,中国摄影家协会副主席,中
国电影摄影师学会副理事长,全国文学艺术联合
会委员等。代表作品《生死同心》《风云儿女》《坚
苦的奋斗》。

J0128327
毛主席纪念堂
（摄影　1978 农历戊午年年历）双毅摄
昆明　云南人民出版社　1977 年 ［1 张］
54cm（4 开）定价：CNY0.18

J0128328
天安门广场　（摄影　1978 年年历）
第一汽车制造厂轿车分厂作
长春　吉林人民出版社　1977 年 ［1 张］
54cm（4 开）定价：CNY0.18

J0128329
望江楼　（摄影　1978 年年历）苏良质摄
成都　四川人民出版社　1977 年 ［1 张］
54cm（4 开）定价：CNY0.13

J0128330
西山朝阳亭　（摄影　1978 年年历）麦启深摄
南宁　广西人民出版社　1977 年 ［1 张］
54cm（4 开）定价：CNY0.16

J0128331
雄伟庄严的毛主席纪念堂　（摄影　1978 年年历）
兰州　甘肃人民出版社　1977 年 ［1 张］
54cm（4 开）定价：CNY0.18

J0128332
雄伟庄严的毛主席纪念堂　（摄影　1978 年年历）
济南　山东人民出版社　1977 年 ［1 张］
54cm（4 开）定价：CNY0.15

J0128333
长沙新客站　（摄影　1978 年年历）徐雄摄
长沙　湖南人民出版社　1977 年 ［1 张］
54cm（4 开）定价：CNY0.14

J0128334
毛主席纪念堂　（彩色明信片）
北京　北京出版社　1979 年　10 张　15cm（64 开）
定价：CNY0.70

J0128335
布达拉宫　（摄影明信片辑　汉英文对照）西藏
自治区文物管理委员会编；张涵毅,杨克林摄影
上海　上海人民美术出版社　1980 年　11 张（套）
18cm（小 32 开）定价：CNY0.60

J0128336
布达拉宫　（1982 农历壬戌年年历）肖顺权摄
北京　人民美术出版社　1981 年　54cm（4 开）
定价：CNY0.16

J0128337
黄山玉屏楼文殊台　（1982 农历壬戌年年历）
韩宽晨,王留大摄
太原　山西人民出版社　1981 年　54cm（4 开）

定价：CNY0.12

J0128338
天坛 （1982 农历壬戌年年历）顾棣摄
太原 山西人民出版社 1981年 54cm（4开）
定价：CNY0.12
　　作者顾棣（1929—　　），摄影家。生于河北阜平。《山西画报》原总编辑、山西省摄影家协会原副主席。合作编著的图书有《中国解放区摄影史料》《崇高美的历史再现》《中国摄影史》《沙飞纪念集》等。

J0128339
悉尼歌剧院 （1982年年历）刘航摄
杭州 浙江人民美术出版社 1981年
39cm（8开）定价：CNY0.16

J0128340
颐和园石舫 （1982年年历）周毅摄
济南 山东人民出版社 1981年 54cm（4开）
定价：CNY0.10

J0128341
在巴黎杜伊勒利宫前 （1982年年历）江美摄
南京 江苏人民出版社 1981年 54cm（4开）
定价：CNY0.18

J0128342
北海五龙亭 （摄影 1983年年历）王德英摄影
济南 山东人民出版社 1982年 54cm（4开）
定价：CNY0.18

J0128343
成都望江楼 （摄影 1983年年历）陈德龙摄影
成都 四川人民出版社 1982年 54cm（4开）
铜版纸 定价：CNY0.18，CNY0.08（胶版纸）

J0128344
法国巴黎艾菲尔铁塔 （摄影 1983年年历）
北京 人民美术出版社 1982年 54cm（4开）
定价：CNY0.20

J0128345
西南师范学院 （摄影明信片 汉英文对照）
西南师范学院编辑

北京 中国旅游出版社 1982年 18页 13cm（60开）

J0128346
小桥弯弯 （摄影 1983年年历）一虹摄影
南昌 江西人民出版社 1982年 1张
54cm（4开）定价：CNY0.19

J0128347
北京古观象台 （汉英文对照）北京天文馆摄制
北京 测绘出版社 ［1983年］15张
13cm（60开）定价：CNY0.80

J0128348
北京故宫 （摄影 1984年年历）高原摄影
沈阳 辽宁美术出版社 1983年 78cm（2开）
定价：CNY0.27

J0128349
沉香亭 （摄影 1984年年历）孙永学摄影
济南 山东人民出版社 1983年 54cm（4开）
定价：CNY0.20

J0128350
大勐笼笋塔 （摄影 1984年年历）张启泰摄影
昆明 云南人民出版社 1983年 53cm（4开）
定价：CNY0.18

J0128351
桂林花桥 （摄影 1984〈农历甲子年〉年历）
马元浩摄影
石家庄 河北美术出版社 1983年 54cm（4开）
定价：CNY0.20

J0128352
金陵饭店 （摄影 1984年年历）汪文华摄影
南京 江苏人民出版社 1983年 54cm（4开）
定价：CNY0.18

J0128353
金陵饭店 （摄影 1984年年历 汉、英对照）
北京 中国旅游出版社 1983年 76cm（2开）

J0128354
泉州古塔 （摄影 1984〈农历甲子年〉年历）
胡国钦摄影

石家庄　河北美术出版社　1983 年　54cm（4 开）
定价：CNY0.20

J0128355
扇面亭　（摄影　1984 年年历）葛立英摄影
济南　山东人民出版社　1983 年［1 张］
54cm（4 开）定价：CNY0.20

J0128356
天坛双环亭　（摄影　1984 年年历）来启斌摄影
天津　天津人民美术出版社　1983 年　1 张
39cm（8 开）定价：CNY0.12

J0128357
北京北海白塔　（摄影　1985 年年历）周毅摄影
上海　上海人民美术出版社　1984 年
78cm（2 开）定价：CNY0.27

J0128358
北京故宫太和殿　（摄影　1985 年年历）
白亮摄影
北京　中国旅游出版社　1984 年　76cm（2 开）
定价：CNY0.28

J0128359
布达拉宫　（摄影　1985 年年历）黄守祥摄影
沈阳　辽宁美术出版社　1984 年　54cm（4 开）
定价：CNY0.20

J0128360
布达拉宫　（摄影　1985 年年历）张冠嵘摄影
太原　山西人民出版社　1984 年　54cm（4 开）
定价：CNY0.20

J0128361
成都望江楼　（摄影　1985 年年历）马名骏摄影
太原　山西人民出版社　1984 年　54cm（4 开）
定价：CNY0.20
　　　作者马名骏(1933—　　)，摄影家。河北省阳
原县人。历任山西人民出版社编审，中国摄影家
协会会员，山西省摄影家协会副主席。

J0128362
承德金山亭　（摄影　1985 年年历）关平摄影
天津　天津人民美术出版社　1984 年

39cm（4 开）定价：CNY0.12

J0128363
钓鱼台之春　（摄影　1985 年农历乙丑年年历）
牛嵩林摄影
沈阳　辽宁美术出版社　1984 年　54cm（4 开）
定价：CNY0.20

J0128364
钓鱼台之夏　（摄影　1985 年年历）牛嵩林摄影
呼和浩特　内蒙古人民出版社　1984 年
78cm（2 开）定价：CNY0.24

J0128365
法国古堡　（摄影　1985 年年历）
济南　山东美术出版社　1984 年　54cm（4 开）
定价：CNY0.20

J0128366
节日的天安门　（摄影　1985 年年历）
刘英杰摄影
北京　中国旅游出版社　1984 年　54cm（4 开）
定价：CNY0.28

J0128367
晶宫殿　（摄影　1985 年年历）洪志文摄影
贵阳　贵州人民出版社　1984 年　54cm（4 开）
定价：CNY0.18

J0128368
人民大会堂　（摄影　1985 年年历）刘英杰摄影
北京　中国旅游出版社　1984 年　76cm（2 开）
定价：CNY0.28

J0128369
白金汉宫　（摄影　1986 年年历）沈延太摄影
沈阳　辽宁美术出版社　1985 年　1 张
53cm（4 开）定价：CNY0.25

J0128370
北海五龙亭　（摄影　1986 年年历）孙永学摄影
济南　山东美术出版社　1985 年　1 张
53cm（4 开）定价：CNY0.24

J0128371

布达拉宫 （摄影 1986 年年历）徐振时摄影
太原 山西人民出版社 1985 年 1 张
53cm（4 开）定价：CNY0.24

J0128372

布达拉宫 （摄影 1986 年年历）黄渝生摄影
成都 四川省新闻图片社 [1985 年] 1 张
53cm（4 开）定价：CNY0.23

J0128373

峨嵋山中心亭 （摄影 1986 年年历）
徐震时摄影
济南 山东美术出版社 1985 年 1 张
54cm（4 开）定价：CNY0.24

J0128374

风穴寺 （摄影 1986 年年历）王根乾摄影
郑州 河南美术出版社 1985 年 1 张
53cm（4 开）定价：CNY0.23

J0128375

故宫 （建筑摄影 汉英对照）文物出版社
北京 文物出版社 1985 年 10 张 15cm（40 开）
定价：CNY1.00

J0128376

故宫 （内景摄影 汉英对照）文物出版社
北京 文物出版社 1985 年 10 张 15cm（40 开）
定价：CNY1.00

J0130777

广州白天鹅宾馆 （摄影 1986 年年历）
陈建康摄影
广州 岭南美术出版社 1985 年 1 张
53cm（4 开）定价：CNY0.30

J0128377

广州中国大酒店 （摄影 1986 年年历）
谢建良摄影
广州 岭南美术出版社 1985 年 1 张
53cm（4 开）定价：CNY0.30

J0128378

金陵饭店远眺 （摄影 1986 年年历）

周培良摄影
南京 江苏美术出版社 1985 年 1 张
54cm（4 开）定价：CNY0.24

J0128379

南京金陵饭店 （摄影 1986 年农历丙寅年年历）
汪英摄影
太原 山西人民出版社 1985 年 1 张
54cm（4 开）定价：CNY0.24

J0128380

青岛迎宾馆 （摄影 1986 年年历）赵淑琪摄影
济南 山东美术出版社 1985 年 1 张
54cm（4 开）定价：CNY0.25

J0128381

桃花深处兴庆宫 （摄影 1986 年年历）
黄牛摄影
西安 陕西人民美术出版社 1985 年 1 张
76cm（2 开）定价：CNY0.50

J0128382

天安门广场 （汉英对照）中国旅游出版社
北京 中国旅游出版社 1985 年 10 张
13cm（60 开）定价：CNY1.00

J0128383

天坛 （摄影 1986 年年历）谷维恒摄影
南昌 江西人民出版社 [1985 年] 1 张
53cm（4 开）定价：CNY0.24
　　作者谷维恒（1944—　 ），山东人。中国摄影
学会陕西省分会、中国摄影家协会会员。摄影作
品有《石林奇观》《黄山佛光》《悬空寺夜色》等。

J0128384

1987：饭店·酒家 （摄影挂历）汪流摄影
广州 岭南美术出版社 1986 年 53cm（4 开）
定价：CNY4.20

J0128385

1987：广东庭院 （摄影挂历）
广州 岭南美术出版社 1986 年 53cm（4 开）
定价：CNY4.20

J0128386
1987：美国现代建筑内景 （摄影挂历）
戴复东摄影
上海 上海画报出版社 1986 年 53cm（4 开）
定价：CNY4.20

J0128387
澳大利亚悉尼歌剧院 （摄影 1987 年年历）
北京 中国电影出版社 1986 年 1 张
76cm（2 开）定价：CNY0.30

J0128388
白宫 （摄影 1987 年年历）叶启森摄影
太原 山西人民出版社 1986 年 1 张
76cm（2 开）定价：CNY0.48

J0128389
北海白塔 （摄影 1987 年年历）贾鸿勋摄影
北京 人民美术出版社 1986 年 1 张
53cm（4 开）定价：CNY0.24

J0128390
北京北海静心斋 （摄影 1987 年年历）
立英摄影
济南 山东美术出版社 1986 年 1 张
53cm（4 开）定价：CNY0.25

J0128391
北京故宫 （摄影 1987 年年历）白亮摄影
北京 人民美术出版社 1986 年 1 张
78cm（2 开）定价：CNY0.33

J0128392
北京天坛双亭 （摄影 1987 年年历）
牛嵩林摄影
郑州 河南美术出版社 1986 年 1 张
76cm（2 开）定价：CNY0.50

J0128393
避暑山庄烟雨楼 （摄影 1987 年年历）
张仁东摄影
济南 山东美术出版社 1986 年 1 张
53cm（4 开）定价：CNY0.25

J0128394
大理三塔 （摄影 1987 年年历）高礼双摄影
北京 人民美术出版社 1986 年 1 张
76cm（2 开）定价：CNY0.48

J0128395
广州花园酒店 （摄影 1987 年年历）李蕾摄影
广州 岭南美术出版社 1986 年 1 张
53cm（4 开）定价：CNY0.20

J0128396
广州花园酒店雄姿 （摄影 1987 年年历）
罗清摄影
广州 岭南美术出版社 1986 年 1 张
53cm（4 开）定价：CNY0.20

J0128397
南京长江大桥 （汉英对照）周世平等摄影
南京 江苏人民出版社 1986 年 8 张（46 开）
定价：CNY1.40

J0128398
青岛小鱼山公园观潮阁
（摄影 1987 年年历）姜衍波摄影
济南 山东美术出版社 1986 年 1 张
53cm（4 开）定价：CNY0.25

J0128399
天坛双环亭 （摄影 1987 年年历）张朝玺摄影
天津 天津人民美术出版社 1986 年 1 张
78cm（2 开）定价：CNY0.35

J0128400
天坛双亭 （摄影 1987 年年历）吕同举摄影
沈阳 辽宁美术出版社 1986 年 1 张
78cm（2 开）定价：CNY0.34

J0128401
巍巍长城 （摄影 1987 年年历）任国思摄影
杭州 浙江人民美术出版社 1986 年 1 张
53cm（4 开）定价：CNY0.28

J0128402
西藏农牧学院 （汉藏文对照）王倬摄影
北京 中国旅游出版社 1986 年 10 张

J0128403

颐和园山色湖光楼 （摄影 1987 年年历）
立英摄影
济南 山东美术出版社 1986 年 1 张
53cm（4 开）定价：CNY0.25

J0128404

应县木塔 （摄影 1987 年年历）李文奎摄影
太原 山西人民出版社 1986 年 1 张
53cm（4 开）定价：CNY0.24

J0128405

1988：雅室宜人 （摄影挂历）
福州 福建美术出版社［1987 年］（4 开）
定价：CNY2.30

J0128406

1988：中国名塔 （摄影挂历）
上海 上海书画出版社 1987 年（3 开）
定价：CNY6.30

J0128407

北京钓鱼台国宾馆 （摄影 1988 年年历）
陈书帛摄影
北京 人民美术出版社 1987 年 1 张
53cm（4 开）定价：CNY0.28

J0128408

北京故宫 （摄影 1988 年年历）春光摄影
上海 上海人民美术出版社 1987 年 1 张
76cm（2 开）定价：CNY0.60

J0130810

北京天坛双亭 （摄影 1988 年年历）
刘春根摄影
郑州 河南美术出版社 1987 年 1 张
53cm（4 开）定价：CNY0.33

J0128409

北京中山公园桃花坞 （摄影 1988 年年历）
景轩摄影
天津 天津人民美术出版社 1987 年 1 张
76cm（2 开）定价：CNY0.45

J0128410

宾馆精萃 （汉英对照）钟新和等摄影
广州 岭南美术出版社 1987 年 10 张
15cm（40 开）定价：CNY1.50

J0128411

布达拉宫 （摄影 1988 年年历）国人摄影
西安 陕西人民美术出版社 1987 年 1 张
53cm（4 开）定价：CNY0.30

J0128412

布达拉宫之晨 （摄影 1988 年年历）
徐震时摄影
北京 人民美术出版社 1987 年 1 张
76cm（2 开）定价：CNY0.56
　　作者徐震时，擅长摄影。主要作品有《胜景大观》《皇家园林》《山溪春晓》等。

J0128413

成都杜甫草堂 （汉英对照）丁浩，钱一华摄影
成都 四川人民出版社 1987 年 10 张
定价：CNY1.50

J0128414

大观园沁芳亭 （摄影 1988 年年历）
张肇基摄影
太原 山西人民出版社 1987 年 1 张
53cm（4 开）定价：CNY0.30

J0128415

德国古堡 （摄影 1988 年年历）芮连侠摄影
郑州 河南美术出版社 1987 年 1 张
54cm（4 开）定价：CNY0.33

J0130818

钓鱼台国宾馆 （摄影 1988 年年历）
肖顺权摄影
北京 北京美术摄影出版社 1987 年 1 张
76cm（2 开）定价：CNY0.50

J0128416

法国古堡 （摄影 1988 年年历）钟向东摄影
南京 江苏美术出版社 1987 年 1 张
76cm（2 开）定价：CNY0.65

J0128417
放鹤亭 （摄影 1988 年年历）白铁摄影
杭州 西湖摄影艺术出版社 1987 年 1 张
78cm（2 开）定价：CNY0.41

J0128418
广州白天鹅宾馆 （摄影 1988 年年历）
何世尧摄影
南京 江苏美术出版社 1987 年 1 张
53cm（4 开）定价：CNY0.43

J0128419
广州天河体育中心 陈绍礼等摄影
广州 岭南美术出版社 1987 年 10 张

J0128420
华清池石舫 （摄影 1988 年年历）杨力民摄影
北京 人民美术出版社 1987 年 1 张（4 开）
定价：CNY0.28

J0128421
昆明海埂公园石舫 （摄影 1988 年年历）
云川摄影
昆明 云南人民出版社 1987 年 1 张
53cm（4 开）定价：CNY0.28

J0128422
南京夫子庙 （汉英对照）吴海由等摄影
南京 江苏人民出版社 1987 年 8 张
13cm（60 开）定价：CNY1.50

J0128423
上海宾馆 （摄影 1988 年年历）沈治昌摄影
西安 陕西人民美术出版社 1987 年 1 张
85cm（3 开）定价：CNY0.37

J0128424
塔 （汉英对照）张金明等摄影
昆明 云南人民出版社 ［1987 年］10 张
15cm（40 开）定价：CNY1.50

J0128425
特区深圳西丽塔 （摄影 1988 年年历）
牛嵩林摄影
天津 天津人民美术出版社 1987 年 1 张（2 开）

定价：CNY0.45

J0128426
天安门 （汉英对照）
北京 北京美术摄影出版社 ［1987 年］10 张

J0128427
天安门 （汉英对照）
北京 北京美术摄影出版社 ［1988 年］10 张
13cm（60 开）定价：CNY1.70

J0128428
天坛双亭 （摄影 1988 年年历）春光摄影
上海 上海人民美术出版社 1987 年 1 张
76cm（2 开）定价：CNY0.60

J0128429
武侯祠 （汉英对照）高华敏，张德重摄影
成都 四川人民出版社 1987 年 10 张
定价：CNY1.50

J0128430
西双版纳飞龙白塔 （摄影 1988 年年历）
杨克林摄影
上海 上海书画出版社 1987 年 1 张（2 开）
定价：CNY0.42
　　作者杨克林，擅长摄影。主要作品有年历《时装·女东方衫》《怒放》《漫游太空》等。

J0128431
颐和园知春亭 （摄影 1988 年年历）
于天为摄影
郑州 河南美术出版社 1987 年 1 张（4 开）
定价：CNY0.33

J0130835
1989：楼阁大观 （摄影挂历）
杭州 浙江人民美术出版社 1988 年
78cm（3 开）定价：CNY7.40

J0128432
北海白塔 （摄影 1989 年年历）陈振新摄
上海 上海书画出版社 1988 年 1 张
54cm（4 开）定价：CNY0.56
　　作者陈振新（1950—　 ），江苏南通市人。中

国美术家协会会员,中国民间艺术家协会会员。任职于人民美术出版社。创作和发表了大量美术、摄影作品。主要作品有《大家动手,植树栽花,美化环境》《期望》《林》等。

J0128433
布达拉宫 (摄影 1989 年年历)刘发辉摄
西安 陕西人民美术出版社 1988 年 1 张
76cm(2 开) 定价: CNY0.96

J0128434
大理三塔 (摄影 1989 年年历)陈书帛摄
杭州 浙江人民美术出版社 1988 年 1 张
78cm(2 开) 定价: CNY0.50

J0128435
钓鱼台国宾馆 (摄影 1989 年年历)肖顺权摄
北京 人民美术出版社 1988 年 1 张
76cm(2 开) 定价: CNY0.80

J0128436
济南解放阁 (摄影 1989 年年历)姜衍波摄
济南 山东美术出版社 1988 年 1 张
54cm(4 开) 定价: CNY0.38

J0128437
美国洛杉矶好运旅馆中庭
(摄影 1989 年年历)钟正训摄
南京 江苏美术出版社 1988 年 1 张
78cm(2 开) 定价: CNY0.55

J0128438
天安门广场 (汉英对照)
北京 北京美术摄影出版社 [1988 年] 10 张
13cm(60 开) 定价: CNY1.70

J0130843
天河体育城 李伟平,黄启光摄
广州 广东旅游出版社 [1988 年] 10 张
13cm(60 开) 定价: CNY1.60

J0128439
温泉别墅 (摄影 1989 年年历)牛嵩林摄
重庆 重庆出版社 1988 年 1 张 54cm(4 开)
定价: CNY0.35

作者牛嵩林(1925—),记者、摄影师。大连庄河市人。历任解放军报社高级记者,中国旅游出版社编辑室主任,中国摄影家协会会员,中国老摄影家协会理事。20 世纪 50 年代至 70 年代,曾担任中央国事采访工作,作品有《伟人的瞬间画册》《周恩来总理纪念册》《民兵画册》《领袖风采》《共和国十大将》等画册。

J0128440
西安宾馆 (汉英文对照)裴长菊,付丽茹编;忠义摄
西安 陕西旅游出版社 [1988 年] 10 张
13cm(60 开)

J0128441
云南大理白塔 (摄影 1988 年年历)徐洁民摄
成都 四川省新闻图片社 [1988 年] 1 张
54cm(4 开) 定价: CNY0.28

J0128442
珠海宾馆 (摄影 1989 年年历)李长捷摄
北京 人民美术出版社 1988 年 1 张
78cm(2 开) 定价: CNY0.54

J0128443
珠海特区渡假村 (摄影 1989 年年历)
何沛行摄
石家庄 河北美术出版社 1988 年 1 张
54cm(4 开) 定价: CNY0.54

J0128444
1990:皇官·国宝 (摄影挂历)
北京 人民美术出版社 1989 年 76cm(2 开)
定价: CNY18.00

J0128445
1990:美居 (摄影挂历)
沈阳 辽宁画报社 1989 年 76cm(2 开)
定价: CNY15.80

J0128446
1990:现代居室 (摄影挂历)
厦门 鹭江出版社 [1989 年] 76cm(2 开)
定价: CNY12.50

J0128447
版纳曼听白塔
（摄影 1990 年农历庚午年年历）周俊彦摄影
武汉 长江文艺出版社 1989 年 1 张
78cm（2 开）定价：CNY1.30
　　作者周俊彦，作有年画《插花艺术 5》《影视新星谭小燕》《年画／宣传画：万事如意——青年演员谭小燕》等。

J0128448
布达拉宫　（摄影 1990 年农历庚午年年历）
马元浩摄影
北京 人民美术出版社 1989 年 1 张
76cm（2 开）定价：CNY1.00

J0128449
广东顺德仙泉宾馆　（摄影 1990 年年历）
谢建良，何沛行摄影
广州 岭南美术出版社 1989 年 1 张
39cm（4 开）定价：CNY0.36

J0128450
广州花园酒店　（摄影 1990 年年历）
谢建良摄影
广州 岭南美术出版社 1989 年 1 张
39cm（4 开）定价：CNY0.36

J0128451
花丛中的天安门　（摄影 1990 年农历庚午年年历）路怀中摄影
北京 人民美术出版社 1989 年 1 张
76cm（2 开）定价：CNY1.00

J0128452
金陵饭店　（摄影 1990 年年历）周培良摄影
南京 江苏美术出版社 1989 年 1 张
78cm（2 开）定价：CNY0.75

J0128453
金屋　（摄影 1990 年农历庚午年年历）
王志强，晓溪摄影
天津 天津人民美术出版社 1989 年 1 张
76cm（2 开）定价：CNY1.00

J0128454
巨厦身影（法兰克福）　（摄影 1990 年年历）
李宝义摄影
沈阳 辽宁美术出版社 1989 年 1 张
54cm（4 开）定价：CNY0.55

J0128455
美厅　（摄影 1990 年农历庚午年年历）
王志强，谭尚忍摄影
天津 天津人民美术出版社 1989 年 1 张
76cm（2 开）定价：CNY1.00

J0128456
水上楼阁　（摄影 1990 年农历庚午年年历）
梅延林摄影
武汉 长江文艺出版社 1989 年 1 张
54cm（4 开）定价：CNY0.45

J0128457
天坛双环亭　（摄影 1990 年农历庚午年年历）
鄂毅摄影
西安 陕西人民美术出版社 1989 年 1 张
78cm（2 开）定价：CNY0.75

J0128458
天坛双环亭·首都风貌　（摄影 1990 年年历）
北京 北京美术摄影出版社 1989 年 1 张
76cm（2 开）定价：CNY0.70

J0128459
云南西双版纳飞龙笋塔　（摄影 1990 年农历庚午年年历）贾鸿勋，齐卫东摄影
北京 人民美术出版社 1989 年 1 张
76cm（2 开）定价：CNY1.00

J0128460
1991：居室　（摄影挂历）
福州 福建美术出版社 1990 年 76cm（2 开）
定价：CNY13.50

J0128461
1991：可爱的家　（摄影挂历）
广州 岭南美术出版社 1990 年 76cm（2 开）
定价：CNY15.50

J0128462
1991：世界建筑 （摄影挂历）
太原　山西人民出版社 1990 年 76cm（2 开）
定价：CNY19.00

J0128463
1991：外国建筑 （摄影挂历）
南京　江苏美术出版社 1990 年 78cm（3 开）
定价：CNY10.40

J0128464
1991：玉宇琼阁 （摄影挂历）卞志武等摄
天津　天津杨柳青画社 1990 年 76cm（2 开）
定价：CNY16.80
　　作者卞志武，摄影家。擅长风光摄影、纪实摄影和建筑摄影。专注拍摄中国西部壮美的高原风光、名寺古刹和独特的宗教文化。

J0128465
1992：古建风光 （摄影挂历）
北京　文物出版社 1990 年 76cm（2 开）
定价：CNY18.00

J0128466
北京天安门 （摄影 1991 年年历）孙肃显摄
上海　上海书画出版社 1990 年 1 张（2 开）
定价：CNY0.75

J0128467
节日的天安门 （摄影 1991 年年历）金耀文摄
长沙　湖南美术出版社 1990 年 1 张
定价：CNY0.90

J0128468
舒适 （摄影 1991 年年历）杨茵摄
天津　天津杨柳青画社 1990 年 1 张
76cm（2 开）定价：CNY0.50

J0128469
天津水晶宫饭店
（摄影 1991 年年历）崔顺才摄
天津　天津人民美术出版社 1990 年 1 张
76cm（2 开）定价：CNY1.00
　　作者崔顺才（1950—　　），河北献县人。任职于天津市群众艺术馆。中国摄影家协会会员。

作品有《仙客来》《瓜棚小景》等。

J0128470
雄伟的天安门 （摄影 1991 年年历）崔顺才摄
天津　天津人民美术出版社 1990 年 1 张
76cm（2 开）定价：CNY1.00

J0128471
亚运舞台 （二）周源，吴鹏摄
北京　奥林匹克出版社 1990 年 10 张
15cm（40 开）ISBN：7-80067-134-8
定价：CNY3.20
（北京亚运系列明信片·北京新景）

J0128472
1992：爱的小屋 （摄影挂历）
上海　上海书画出版社 1991 年 76cm（2 开）
定价：CNY18.00

J0128473
1992：大酒店 （摄影挂历）陈春轩等摄
上海　上海人民美术出版社［1991 年］
76cm（2 开）定价：CNY18.00

J0128474
1992：当代雅居 （摄影挂历）
北京　中国旅游出版社［1991 年］76cm（2 开）
定价：CNY16.50

J0128475
1992：豪华居室 （摄影挂历）辽宁画报社编
沈阳　辽宁美术出版社 1991 年 76cm（2 开）
定价：CNY17.80

J0128476
1992：家 （摄影挂历）
呼和浩特　内蒙古少年儿童出版社［1991 年］
76cm（2 开）定价：CNY18.90

J0128477
1992：丽人雅居 （摄影挂历）焦卫摄
西安　陕西人民美术出版社 1991 年
76cm（2 开）定价：CNY17.40

J0128478
1992：美好家居 （摄影挂历）
石家庄　河北美术出版社　1991 年　76cm（2 开）

J0128479
1992：摩登家庭 （摄影挂历）
天津　天津杨柳青画社　1991 年　76cm（2 开）
定价：CNY19.00

J0128480
1992：摩登居室 （摄影挂历）
上海　上海人民美术出版社 ［1991 年］
76cm（2 开）定价：CNY13.50

J0128481
1992：摩登居室 （摄影挂历）刘延平等摄
杭州　浙江人民美术出版社 ［1991 年］
76cm（2 开）定价：CNY18.00

J0128482
1992：室雅情融 （摄影挂历）邵华安等摄
上海　上海人民美术出版社 ［1991 年］
76cm（2 开）定价：CNY18.00

J0128483
1992：温馨居室 （挂历）山东画报社编辑
济南　山东友谊书社　1991 年　76cm（2 开）
定价：CNY18.00

J0128484
1992：温馨小屋 （摄影挂历）
福州　海潮摄影艺术出版社 ［1991 年］
76cm（2 开）ISBN：7-80562-0 定价：CNY25.00

J0128485
1992：温馨之家 （挂历）
济南　山东友谊书社　1991 年　76cm（2 开）
定价：CNY19.00

J0128486
1992：现代一流住宅 （摄影挂历）
广州　岭南美术出版社　1991 年　76cm（2 开）
定价：CNY16.00

J0128487
1992：新家 （挂历）成渝摄
石家庄　河北美术出版社　1991 年　76cm（2 开）

J0128488
1992：雅居乐 （挂历）
海口　海南摄影美术出版社　1991 年
76cm（2 开）定价：CNY18.50

J0128489
1992：雅居情 （挂历）
呼和浩特　内蒙古人民出版社　1991 年
76cm（2 开）定价：CNY18.00

J0128490
1992：雅室情 （挂历）
济南　山东美术出版社　1991 年　76cm（2 开）
定价：CNY17.80

J0128491
1992：亚运之光 （摄影挂历）唐禹民等摄
天津　天津人民美术出版社　1991 年
76cm（2 开）
ISBN：7-5305-8117-0 定价：CNY18.80

J0128492
北京天安门 （摄影 1992 年年历）张鸿保摄
西安　陕西人民美术出版社　1991 年　1 张
53cm（4 开）定价：CNY0.65

J0128493
曼谷皇宫 （摄影 1992 年年历）马元浩摄
天津　天津人民美术出版社　1991 年　1 张
76cm（2 开）ISBN：7-5305-81343
定价：CNY1.10

J0130899
天安门上 （摄影 1992 年年历）陈平，何欢摄
天津　天津人民美术出版社　1991 年　1 张
76cm（2 开）ISBN：7-5305-8180
定价：CNY1.10

J0128494
我爱天安门 （1992 年年历）张成，何欢摄
天津　天津人民美术出版社　1991 年　1 张

53cm（4 开）ISBN：7–5305–8121–9
定价：CNY0.60

　　作者张成，擅长摄影。主要年历作品有《致敬》《夏日》《对旗下》等。

J0128495
我的小天地 （摄影 1992 年年历）
沈阳 辽宁美术出版社 1991 年 1 张
53cm（4 开）ISBN：7–5314–1529
定价：CNY0.70

J0128496
我的小屋 （1992 年年历）丹旗摄
杭州 浙江人民美术出版社 1991 年 1 张
53cm（4 开）定价：CNY0.60

J0128497
园林 （摄影 1992 年年历）胡维标摄
天津 天津人民美术出版社 1991 年 1 张
76cm（2 开）ISBN：7–5305–81238
定价：CNY1.10

　　作者胡维标（1939—　 ），著名风光摄影家。江苏镇江市人。毕业于中国人民解放军防化学兵工程指挥学院新闻系。中国摄影家协会会员。摄影作品以旅游风光、古今建筑、文物为主。主要作品有《长城风光》《北京风光荟萃》《故宫》《天安门》。

J0128498
1993：摩登居室 （挂历）
南京 江苏美术出版社 1992 年 77cm（2 开）
定价：CNY25.00

J0128499
1993：泰国建筑 （挂历）
广州 岭南美术出版社［1992 年］77cm（2 开）
定价：CNY17.00

J0128500
国外优雅居室 （1993 年年历）
上海 上海人民美术出版社［1992 年］6 张
77×53cm 定价：CNY10.20

J0128501
1994：豪华家居 （摄影挂历）

广州 广东科技出版社［1993 年］76×53cm
定价：CNY18.80

J0128502
1994：豪华居室 （摄影挂历）
武汉 湖北少年儿童出版社 1993 年 76×53cm
定价：CNY28.80

J0128503
1994：华丽居室 （摄影挂历）
上海 上海人民美术出版社［1993 年］
100×70cm 定价：CNY35.00

J0128504
1994：美居博览 （摄影挂历）
南京 江苏美术出版社 1993 年 76×53cm
定价：CNY27.80

J0128505
1994：欧洲城堡 （摄影挂历）
上海 上海人民美术出版社［1993 年］
100×70cm 定价：CNY37.50

J0128506
1994：如意家庭 （摄影挂历）
天津 天津人民美术出版社［1993 年］
76×53cm 定价：CNY26.80

J0128507
1994：现代豪华居室 （挂历）
南昌 江西美术出版社［1993 年］77×53cm
定价：CNY27.80

J0128508
1994：新居乐 （摄影挂历）
上海 上海人民美术出版社［1993 年］
76×53cm 定价：CNY32.00

J0128509
北京天安门 （摄影 1994 年年历）梅生摄
上海 上海人民美术出版社［1993 年］1 张
77×53cm 定价：CNY1.60

J0128510
厦门码头 （摄影 1994 年年历）刘敏摄

沈阳 辽宁美术出版社 1993 年 1 张 38×53cm
定价：CNY0.98

J0128511
苏州北塔 （摄影 1994 年年历）石川摄
沈阳 辽宁美术出版社 1993 年 1 张 53×38cm
定价：CNY0.98

J0128512
苏州东园 （摄影 1994 年年历）张玉同摄
沈阳 辽宁美术出版社 1993 年 1 张 38×53cm
定价：CNY0.98

J0128513
新居乐 （一 1994 年年历）
上海 上海人民美术出版社 ［1993 年］1 张
77×53cm 定价：CNY1.90

J0128514
新居乐 （二 1994 年年历）
上海 上海人民美术出版社 ［1993 年］1 张
77×53cm 定价：CNY1.90

J0128515
新居乐 （三 1994 年年历）
上海 上海人民美术出版社 ［1993 年］1 张
77×53cm 定价：CNY1.90

J0128516
新居乐 （四 1994 年年历）
上海 上海人民美术出版社 ［1993 年］1 张
77×53cm 定价：CNY1.90

J0128517
新居乐 （五 1994 年年历）
上海 上海人民美术出版社 ［1993 年］1 张
77×53cm 定价：CNY1.90

J0128518
新居乐 （六 1994 年年历）
上海 上海人民美术出版社 ［1993 年］1 张
77×53cm 定价：CNY1.90

J0128519
1995：贵族之家 （摄影挂历）

武汉 长江文艺出版社 1994 年 有图 77×53cm
定价：CNY38.00

J0128520
1995：豪华居室 （摄影挂历）
广州 广东科技出版社 1994 年 有图 95×66cm
定价：CNY52.80

J0128521
1995：华丽家居 （摄影挂历）
北京 中国电影出版社 1994 年 有图 95×66cm
定价：CNY58.00

J0128522
1995：华丽居室 （摄影挂历）
武汉 湖北美术出版社 1994 年 有图 73×96cm
定价：CNY48.00

J0128523
1995：小康之家 （摄影挂历）
武汉 长江文艺出版社 1994 年 有图 77×53cm
定价：CNY39.80

J0128524
北京金朗酒店 （摄影 1995 年年历）梅林摄
北京 中国连环画出版社 1994 年 1 张
77×53cm 定价：CNY2.20

J0128525
北京蓝岛大厦 （摄影 1995 年年历）梅林摄
北京 中国连环画出版社 1994 年 1 张
77×53cm 定价：CNY2.20

J0128526
海南东坡书院 （摄影 1995 年年历）高明义摄
北京 中国连环画出版社 1994 年 1 张
77×53cm 定价：CNY2.20

J0128527
海南东坡书院 （摄影 1996 年年历）高明义摄
北京 中国连环画出版社 1995 年 1 张
77×53cm 定价：CNY2.90

J0128528
居室 （摄影 1995 年年历）

南京　江苏美术出版社　1994 年　1 张　77×53cm
定价：CNY2.20

J0128529
上海金城大厦 （摄影 1995 年年历）于健鹰摄
北京　中国连环画出版社　1994 年　1 张
77×53cm　定价：CNY2.20

J0128530
上海金城大厦 （摄影 1996 年年历）于健鹰摄
北京　中国连环画出版社　1995 年　1 张
77×53cm　定价：CNY2.90

J0128531
石屋 （摄影 1995 年年历）
南京　江苏美术出版社　1994 年　1 张　102×72cm
定价：CNY5.20

J0128532
石屋 （摄影 1995 年年历）
南京　江苏美术出版社　1994 年　1 张　77×53cm
定价：CNY2.20

J0128533
1996：**典雅居室** （摄影挂历）冯力等摄
石家庄　河北美术出版社　1995 年　77×53cm
ISBN：7-5310-0703-7 定价：CNY25.00

J0128534
1996：**豪门别墅** （摄影挂历）何小芳摄
广州　广东科技出版社　1995 年　99×70cm
ISBN：7-5359-1526-4 定价：CNY28.80

J0128535
1996：**豪门名居** （摄影挂历）芊目等摄
广州　广东科技出版社　1995 年　99×70cm
ISBN：7-5359-1567-1 定价：CNY28.80

J0128536
1996：**花园别墅** （摄影挂历）全景,雪红摄
杭州　浙江人民美术出版社　1995 年　77×53cm
ISBN：7-5340-0612-0 定价：CNY24.50

J0128537
1996：**京城豪居** （摄影挂历）冯进摄

西安　陕西人民美术出版社　1995 年　86×58cm
ISBN：7-5368-0766-X 定价：CNY25.00

J0128538
1996：**庭院别墅** （摄影挂历）芊目等摄
广州　广东科技出版社　1995 年　99×70cm
ISBN：7-5359-1569-8 定价：CNY28.80

J0128539
1996：**现代居室** （摄影挂历）全景供稿
上海　上海人民美术出版社　1995 年　78×48cm
ISBN：7-5322-1461-3 定价：CNY24.00

J0128540
1996：**现代一流住宅** （摄影挂历）山松摄
北京　中国连环画出版社　1995 年　77×53cm
ISBN：7-5061-0651-5 定价：CNY25.00

J0128541
1996：**中国民居** （摄影挂历）
李玉祥,朱成梁摄
南京　江苏美术出版社　1995 年　35×38cm
ISBN：7-5344-0452-5 定价：CNY24.00

J0128542
北京国贸大厦 （摄影 1996 年年历）梅林摄
北京　中国连环画出版社　1995 年　1 张
53×77cm　定价：CNY2.90

J0128543
北京天安门 （摄影 1996 年年历）梅生摄
北京　中国旅游出版社　1995 年　1 张　77×53cm
定价：CNY2.60

J0128544
大理三塔 （摄影 1996 年年历）
西安　陕西人民美术出版社　1995 年　1 张
77×53cm　定价：CNY2.60

J0128545
广州光孝寺 （摄影 1996 年年历）任一摄
北京　中国连环画出版社　1995 年　1 张
77×53cm　定价：CNY2.90

J0128546
美国旧金山艺术宫 （摄影 1996 年年历）
杨茵摄
北京 中国旅游出版社 1995 年 1 张 53×38cm
定价：CNY1.30
　　作者杨茵,擅长摄影。主要的年历作品有《颐和园》《华堂瓢香》《楠溪江晨曲》等。

J0128547
南亚别墅 （摄影 1996 年年历）夏辰摄
沈阳 辽宁美术出版社 1995 年 1 张 38×53cm
定价：CNY1.30

J0128548
现代居室 （一 摄影 1996 年年历）
上海 上海人民美术出版社 1995 年 1 张
77×53cm 定价：CNY2.50

J0128549
现代居室 （二 摄影 1996 年年历）
上海 上海人民美术出版社 1995 年 1 张
77×53cm 定价：CNY2.50

J0128550
现代居室 （三 摄影 1996 年年历）
上海 上海人民美术出版社 1995 年 1 张
77×53cm 定价：CNY2.50

J0128551
现代居室 （四 摄影 1996 年年历）
上海 上海人民美术出版社 1995 年 1 张
77×53cm 定价：CNY2.50

J0128552
现代居室 （五 摄影 1996 年年历）
上海 上海人民美术出版社 1995 年 1 张
77×53cm 定价：CNY2.50

J0128553
现代居室 （六 摄影 1996 年年历）
上海 上海人民美术出版社 1995 年 1 张
77×53cm 定价：CNY2.50

J0128554
云南曼春满佛寺 （摄影 1996 年年历）
吕大千摄
北京 中国旅游出版社 1995 年 1 张 38×53cm
定价：CNY1.30

J0128555
1997：安顺龙宫 （年历画）年嵩林摄
北京 中国连环画出版社 1996 年 1 张
76×52cm 统一书号：85061.95006
定价：CNY3.20

J0128556
1997：别墅名车 （摄影挂历）
海潮摄影艺术出版社编
广州 岭南美术出版社 1996 年 68×100cm
ISBN：7-5362-1429-4 定价：CNY32.00

J0128557
1997：富豪山庄 （摄影挂历）金光远摄
天津 天津杨柳青画社 1996 年 86×57cm
ISBN：7-80503-327-7 定价：CNY30.80

J0128558
1997：豪华居室 （摄影挂历）福建美术出版社编
福州 福建美术出版社 1996 年 77×53cm
ISBN：7-5393-0492-8 定价：CNY16.00

J0128559
1997：豪华居室 （摄影挂历）上海人民美术出版社编
上海 上海人民美术出版社 1996 年 95×69cm
ISBN：7-5322-1565-2 定价：CNY32.50

J0128560
1997：豪宅 （摄影挂历）
广州 岭南美术出版社 1996 年 100×70cm
ISBN：7-5362-1430-8 定价：CNY32.00

J0128561
1997：居室典范 （摄影挂历）
福建美术出版社编
福州 福建美术出版社 1996 年 70×100cm
ISBN：7-5393-0418-9 定价：CNY34.00

J0128562
1997：美化家庭 （摄影挂历）
新疆美术摄影出版社编
乌鲁木齐　新疆美术摄影出版社　1996 年
77×53cm　ISBN：7-80547-402-8
定价：CNY27.50

J0128563
1997：名流华屋 （摄影挂历）
福建美术出版社编
福州　福建美术出版社　1996 年
70×100cm　ISBN：7-5393-0406-5
定价：CNY38.00

J0128564
1997：摩登居室 （摄影挂历）崇艺摄
长沙　湖南美术出版社　1996 年　74×51cm
ISBN：7-5356-0854-X　定价：CNY26.80

J0128565
1997：桥 （世界桥梁荟萃　摄影挂历）
陕西人民美术出版社编
西安　陕西人民美术出版社　1996 年　74×58cm
ISBN：7-5368-0832-1　定价：CNY27.50

J0128566
1997：时尚家庭 （摄影挂历）
杭州　浙江人民美术出版社　1996 年　76×52cm
ISBN：7-5340-0495-0　定价：CNY27.50

J0128567
北京天安门 （摄影 1997 年年历）
西安　陕西人民美术出版社　1996 年　1 张
37×68cm　定价：CNY2.00

J0128568
天安门 （汉英日对照）
北京　中国旅游出版社　1996 年　10 张　10×15cm
定价：CNY6.00

J0128569
1998：福居 （摄影挂历）黄建华摄
福州　福建省地图出版社　1997 年　76×52cm
ISBN：7-80516-360-X　定价：CNY27.50

J0128570
1998：富贵庄园 （摄影挂历）高盛奎摄
福州　海潮摄影艺术出版社　1997 年　75×63cm
ISBN：7-80562-439-9　定价：CNY27.50

J0128571
1998：豪华家室 （摄影挂历）
上海书画出版社编
上海　上海书画出版社　1997 年　76×52cm
ISBN：7-80635-070-5　定价：CNY35.20

J0128572
1998：豪门家居 （摄影挂历）王忠山摄
北京　中国连环画出版社　1997 年　75×61cm
ISBN：7-5061-0815-1　定价：CNY27.50

J0128573
1998：花园别墅 （摄影挂历）
福建美术出版社编
福州　福建美术出版社　1997 年　98×70cm
ISBN：7-5393-0575-4　定价：CNY33.00

J0128574
1998：华丽居室 （摄影挂历）
湖北美术出版社编
武汉　湖北美术出版社　1997 年　76×52cm
ISBN：7-5394-0655-0　定价：CNY27.50

J0128575
1998：家 （摄影挂历）山东画报出版社编
济南　山东画报出版社　1997 年　92×66cm
ISBN：7-80603-118-9　定价：CNY34.00

J0128576
1998：家 （摄影挂历）骆健摄
北京　知识出版社　1997 年　76×52cm
ISBN：7-5015-1593-X　定价：CNY27.00

J0130983
1998：建筑艺术 （摄影挂历）蓉兄摄
广州　岭南美术出版社　1997 年
75×63cm　ISBN：7-5362-1606-8
定价：CNY27.50

J0128577
1998：建筑艺术
（摄影挂历）四川人民出版社编
成都 四川人民出版社 1997 年 76×52cm
ISBN：7-220-03770-8 定价：CNY27.50

J0128578
1998：美居新潮 （摄影挂历）
江苏美术出版社编
南京 江苏美术出版社 1997 年 87×68cm
ISBN：7-5344-0667-6 定价：CNY32.00

J0128579
1998：美丽家舍 （摄影挂历）
上海人民美术出版社编
上海 上海人民美术出版社 1997 年 12 页
75×42cm ISBN：7-5322-1752-3
定价：CNY26.00

J0128580
1998：舒适之家 （摄影挂历）
上海人民美术出版社编
上海 上海人民美术出版社 1997 年 98×70cm
ISBN：7-5322-1728-0

J0128581
1998：新潮别墅 （摄影挂历）骆健摄
北京 知识出版社 1997 年 76×52cm
ISBN：7-5015-1588-3 定价：CNY27.00

J0128582
1998：雅居典范 （摄影挂历）高盛奎摄
沈阳 辽宁画报出版社 1997 年 76×52cm
ISBN：7-80601-140-4 定价：CNY33.00

J0128583
1998：雅舍 （摄影挂历）
陕西人民美术出版社编
西安 陕西人民美术出版社 1997 年 97×69cm
ISBN：7-5368-0953-0 定价：CNY33.00

J0128584
1998：雅室靓 （摄影挂历）高胜奎摄
福州 海潮摄影艺术出版社 1997 年 76×52cm
ISBN：7-80562-445-3 定价：CNY27.50

J0128585
1998：雅室情 （摄影挂历）高盛奎摄
西宁 青海人民出版社 1997 年 76×52cm
ISBN：7-225-01354-8 定价：CNY32.80

J0128586
1998：艺术建筑 （摄影挂历）
福建美术出版社编
福州 福建美术出版社 1997 年 98×70cm
ISBN：7-5393-0580-0 定价：CNY33.00

J0128587
吉隆坡中心建筑 （摄影 1998 年年历）
于健鹰摄影
北京 中国连环画出版社 1997 年 1 张
76×51cm 定价：CNY3.20

J0128588
天安门 （摄影年画）刘震摄
南京 江苏美术出版社 1997 年 1 张 38×104cm
定价：CNY2.50

J0128589
1999：别墅 （摄影年历画）袁学军摄
重庆 重庆出版社 1998 年 1 张 53×38cm
定价：CNY2.00

J0128590
1999：节日天安门 （摄影年历画）王建华摄
重庆 重庆出版社 1998 年 1 张 38×53cm
定价：CNY2.80

J0128591
1999：靓居 （摄影挂历）全景图片公司供稿
天津 天津杨柳青画社 1998 年 70×100cm
ISBN：7-80503-354-4 定价：CNY34.80

J0128592
1999：美家居 （摄影挂历）何雪峰供稿
天津 天津杨柳青画社 1998 年 75×52cm
ISBN：7-80503-399-4 定价：CNY27.50

J0128593
1999：美居 （摄影挂历）
南京 江苏文艺出版社 1998 年 75×52cm

ISBN：7-5399-1221-9 定价：CNY27.50

J0128594
1999：名流豪宅 （摄影挂历）全景,石强供稿
南京 江苏美术出版社 1998 年 86×57cm
ISBN：7-5344-0809-1 定价：CNY35.00

J0128595
1999：名流家居 （摄影挂历）
北京 中国画报出版社 1998 年 97×69cm
ISBN：7-80024-457-1 定价：CNY33.00

J0128596
1999：摩登家庭 （摄影挂历）芊目供稿
福州 福建美术出版社 1998 年 98×70cm
ISBN：7-5393-0669-6 定价：CNY34.00

J0128597
1999：摩登家庭 （摄影挂历）芊目供稿
广州 岭南美术出版社 1998 年 100×70cm
ISBN：7-5362-1967-2 定价：CNY34.80

J0128598
1999：摩登居室 （摄影挂历）徐端文编
福州 海潮摄影艺术出版社 1998 年 76×52cm
ISBN：7-80562-486-0 定价：CNY27.50

J0128599
1999：摩登居室 （摄影年历画）
南京 江苏美术出版社 1998 年 1 张 86×58cm
定价：CNY3.20

J0128600
1999：摩登雅室 （摄影挂历）
千目图片公司供稿
北京 中国摄影出版社 1998 年 99×70cm
ISBN：7-80007-261-4 定价：CNY34.00

J0131008
1999：欧洲建筑艺术 （摄影挂历）刘建新供稿
北京 人民美术出版社 1998 年 76×52cm
ISBN：7-102-01830-4 定价：CNY27.50

J0128601
1999：时尚人家 （摄影挂历）

呼和浩特 内蒙古人民出版社 1998 年
68×98cm ISBN：7-204-04177-1
定价：CNY34.00

J0128602
1999：时尚雅居 （摄影挂历）全景摄
长沙 湖南美术出版社 1998 年 70×97cm
ISBN：7-5356-1175-3 定价：CNY33.80

J0128603
1999：世界名堡 （摄影挂历）邰书摄
长春 吉林摄影出版社 1998 年 75×52cm
ISBN：7-80606-181-7 定价：CNY27.50

J0128604
1999：世界名桥 （摄影挂历）邰书摄
长春 吉林摄影出版社 1998 年 75×52cm
ISBN：7-80606-182-7 定价：CNY27.50

J0128605
1999：庭院深深 （摄影挂历）李正平,周良编
北京 民族出版社 1998 年 77×53cm
ISBN：7-105-03204-9 定价：CNY27.50

J0128606
1999：温馨家居 （摄影挂历）
广州 广东旅游出版社 1998 年 100×70cm
ISBN：7-80521-919-2 定价：CNY32.00

J0128607
1999：温馨雅室 （摄影挂历）
北京 中国摄影出版社 1998 年 99×70cm
ISBN：7-80007-265-7 定价：CNY33.00

J0128608
1999：温馨之家 （摄影挂历）全美供稿
长沙 湖南美术出版社 1998 年 76×53cm
ISBN：7-5356-1130-3 定价：CNY26.50

J0131017
1999：西欧建筑艺术 （摄影挂历）蔚宾摄
重庆 重庆出版社 1998 年 36×42cm
ISBN：7-5366-3900-7 定价：CNY38.00

J0128609
1999：现代家庭 （摄影挂历）
杭州　西泠印社　1998 年　77×106cm
ISBN：7-80517-249-8　定价：CNY40.00

J0128610
1999：现代居室 （摄影挂历）李海东等摄
西安　陕西人民美术出版社　1998 年　75×52cm
ISBN：7-5368-1037-7　定价：CNY27.50

J0128611
1999：现代居室 （摄影挂历）
上海　上海画报出版社　1998 年　95×73cm
ISBN：7-80530-332-0　定价：CNY33.00

J0128612
1999：现代名楼 （摄影挂历）高明供稿
北京　中国摄影出版社　1998 年　77×53cm
ISBN：7-80007-277-0　定价：CNY16.80

J0128613
1999：现代之家 （摄影挂历）
北京　中国摄影出版社　1998 年　70×100cm
ISBN：7-80007-269-X　定价：CNY33.00

J0128614
1999：雅居 （摄影挂历）索立中选编
呼和浩特　内蒙古人民出版社　1998 年
76×52cm　ISBN：7-204-04167-4
定价：CNY32.00

J0128615
1999：雅室 （摄影挂历）北京全景视拓图片
有限公司供稿
天津　天津杨柳青画社　1998 年　70×100cm
ISBN：7-80503-416-8　定价：CNY34.80

J0128616
2000：春满小楼 （摄影挂历）谦信供稿
福州　海潮摄影艺术出版社　1999 年　98×68cm
ISBN：7-80562-613-8　定价：CNY33.00

J0128617
2000：东方明珠 （摄影挂历）谢新发等摄
上海　上海音乐出版社　1999 年　49×52cm

ISBN：7-80553-793-3　定价：CNY58.00

J0128618
2000：古风无价
（中国古民居精粹　摄影挂历）王毅摄
北京　中国文联出版公司　1999 年　43×58cm
ISBN：7-5059-3380-9　定价：CNY58.00

J0128619
2000：豪宅 （摄影挂历）
广州　1999 年　100×70cm
ISBN：7-5362-2010-3　定价：CNY45.00

J0128620
2000：湖畔家园 （摄影挂历）
长春　吉林摄影出版社　1999 年　76×52cm
ISBN：7-80606-340-4　定价：CNY27.50

J0128621
2000：建筑经典 （摄影挂历）深圳市毕升实
业发展有限公司供稿
南京　译林出版社　1999 年　76×52cm
ISBN：7-80567-917-7　定价：CNY27.50

J0128622
2000：建筑艺术 （摄影挂历）
福州　海潮摄影艺术出版社　1999 年　76×52cm
ISBN：7-80562-584-0　定价：CNY17.00

J0128623
2000：经典家居 （摄影挂历）章利民等摄
杭州　中国美术学院出版社　1999 年　77×52cm
ISBN：7-81019-778-9　定价：CNY27.50

J0128624
2000：经典居室 （摄影挂历）陆胜华摄
福州　海潮摄影艺术出版社　1999 年　76×52cm
ISBN：7-80562-589-1　定价：CNY27.50

J0128625
2000：时尚别墅 （摄影挂历）
北京全景视拓图片有限公司供稿
长沙　湖南美术出版社　1999 年　76×52cm
ISBN：7-5356-1333-0　定价：CNY26.50

J0128626
2000：时尚居室 （摄影挂历）千目图片供稿
成都　四川美术出版社　1999 年　76×52cm
ISBN：7-5410-1589-X 定价：CNY27.50

J0128627
2000：世界名桥 （摄影挂历）
海口　海南出版社　1999 年　70×98cm
ISBN：7-80645-538-8 定价：CNY33.80

J0128628
2000：温馨居室 （摄影挂历）东方,千目供稿
上海　上海人民美术出版社　1999 年　76×52cm
ISBN：7-5322-2167-9 定价：CNY27.50

J0128629
2000：温馨居室 （摄影挂历）达志供稿
北京　中国画报出版社　1999 年　70×100cm
ISBN：7-80024-557-8 定价：CNY34.00

J0128630
2000：温馨之家 （摄影挂历）
千目图片公司供稿
福州　海潮摄影艺术出版社　1999 年　68×97cm
ISBN：7-80562-633-2 定价：CNY34.00

J0128631
2000：我的家 （摄影挂历）千目供稿
上海　上海人民美术出版社　1999 年　74×50cm
ISBN：7-5322-2154-7 定价：CNY27.50

J0128632
2000：现代家居 （摄影挂历）千目供稿
福州　福建美术出版社　1999 年　69×98cm
ISBN：7-5393-0823-0 定价：CNY34.00

J0128633
2000：现代家居 （摄影挂历）
成都　四川美术出版社　1999 年　74×50cm
ISBN：7-5410-1646-2 定价：CNY27.50

J0128634
2000：现代家庭 （摄影挂历）陈悦等摄
上海　上海画报出版社　1999 年　87×58cm
ISBN：7-80530-473-4 定价：CNY33.50

J0128635
2000：小康之家 （摄影挂历）雪原摄
成都　四川美术出版社　1999 年　76×52cm
ISBN：7-5410-1616-0 定价：CNY27.50

J0128636
2000：新潮雅室 （摄影挂历）
上海书画出版社编
上海　上海书画出版社　1999 年　77×52cm
ISBN：7-80635-373-9 定价：CNY27.50

J0128637
2000：新世纪家园 （摄影挂历）王芳荣摄
福州　海潮摄影艺术出版社　1999 年　68×97cm
ISBN：7-80562-645-6 定价：CNY48.00

J0128638
2000：雅居 （摄影挂历）
兰州　敦煌文艺出版社　1999 年　71×51cm
ISBN：7-80587-507-3 定价：CNY33.00

J0128639
2000：雅室 （摄影挂历）
全景美录图片公司供稿
长沙　湖南美术出版社　1999 年　76×52cm
ISBN：7-5356-1331-4 定价：CNY26.50

J0128640
2000：雅室生辉 （摄影挂历）广教社摄
福州　海潮摄影艺术出版社　1999 年　68×97cm
ISBN：7-80562-615-4 定价：CNY34.00

J0128641
2000：阳光之家 （摄影挂历）
上海　上海画报出版社　1999 年　76×52cm
ISBN：7-80530-488-2 定价：CNY27.50

J0128642
2000：艺之居 （摄影挂历）田雨供稿
西安　陕西人民美术出版社　1999 年　76×52cm
ISBN：7-5368-1199-3 定价：CNY27.50

中国摄影题材的年历

——动物、植物摄影

J0128643
菊花　尹福康,张颖摄
上海　上海人民美术出版社　1964 年　10 张（套）
13cm（64 开）定价：CNY0.80

J0128644
西湖荷花　（摄影 1973 年年历）
杭州　浙江人民出版社　1972 年　1 册
28cm（16 开）定价：CNY0.04

J0128645
百花盛开迎春来　（摄影 1974 年年历）郎琦摄
长春　吉林人民出版社　1973 年　53cm（4 开）
定价：CNY0.07
　　作者郎琦,满族,摄影家。曾用名魁琦,吉林
珲春人。中国摄影家协会会员、中国艺术摄影家
协会理事。作品有《中国人民解放军入北平仪式》
《踏雪送医》《林海银鹰》等。

J0128646
鸭群　（摄影 1974〈农历甲寅年〉年历）
郑州　河南人民出版社　1973 年　38cm（6 开）
定价：CNY0.04

J0128647
古树奇松　（摄影 1974〈农历甲寅年〉年历）
徐墨摄
南昌　江西人民出版社　1973 年　53cm（4 开）
定价：CNY0.08

J0128648
云南茶花　（彩色明信片）云南人民出版社,上
海人民出版社编辑
昆明　云南人民出版社　1973 年　8 张（套）
15cm（40 开）定价：CNY0.39
　　本书由云南人民出版社和上海人民出版社
联合出版。

J0128649
长白赤松　（摄影 1974 年年历）赵兵摄
长春　吉林人民出版社　1973 年　53cm（4 开）
定价：CNY0.07

J0128650
雏鹰展翅　（摄影 1976 年年历）章贡摄
[南昌] 江西人民出版社　1975 年　53cm（4 开）
定价：CNY0.12

J0128651
雪地熊猫　（摄影 1976〈农历丙辰年〉年历）
蒲涛摄
[成都] 四川人民出版社　1975 年　53cm（4 开）
定价：CNY0.06

J0128652
杜鹃　（摄影 1977 年年历）顾兴摄
南京　江苏人民出版社　1976 年　1 张
53cm（4 开）定价：CNY0.14

J0128653
杜鹃　（摄影 1977 年年历）顾兴摄
南京　江苏人民出版社　1976 年　1 张
53cm（4 开）定价：CNY0.07

J0128654
繁花似锦　（绢花 1977〈农历丁巳年〉年历）
刘以宽摄
武汉　湖北人民出版社　1976 年　1 张
53cm（4 开）定价：CNY0.15
　　作者刘以宽（1933—　　）,摄影家。武汉人。
曾在《战士画报》社、汉口高级步兵学校宣传部
和武汉印刷厂设计室从事摄影,中国摄影家协会
会员,湖北摄影家协会理事、常务理事,武汉摄影
家协会副主席。

J0128655
扶桑　（摄影 1977〈农历丁巳年〉年历）吴印咸摄
西安　陕西人民出版社　1976 年　1 张
53cm（4 开）定价：CNY0.15

J0131065
井冈杜鹃　（摄影 1977 年年历）高秋文摄
南昌　江西人民出版社　1976 年　1 张
53cm（4 开）定价：CNY0.16

J0128656
令箭荷花 （摄影 1977 年年历）
广州 广东人民出版社 1976 年 1 张
53cm（4 开）定价：CNY0.10

J0128657
百合花 （摄影 1978 农历戊午年年历）
曹桂江,丹青摄
广州 广东人民出版社 1977 年 ［1 张］
54cm（4 开）定价：CNY0.18

J0128658
茶花 （摄影 1978 年年历）浙江人民出版社摄
杭州 浙江人民出版社 1977 年 ［1 张］
39cm（8 开）定价：CNY0.08

J0128659
雏鹰展翅 （摄影 1978 年年历）刘先修摄
成都 四川人民出版社 1977 年 ［1 张］
54cm（4 开）定价：CNY0.07

J0128660
春催百花 （摄影 1978 年年历）郑永琦摄
南京 江苏人民出版社 1977 年 ［1 张］
54cm（4 开）定价：CNY0.08（单面胶版纸），
CNY0.14（双面胶版纸）
　　作者郑永琦（1939—　 ）满族,摄影师。生于
辽宁大连。历任中国国际文艺家协会博学会员、
高级摄影师,中国摄影家协会会员,大连市群众
艺术馆研究馆员,大连理工大学兼职教授。出版
《俄罗斯之冬》《女性篇》《模特篇》《人生一程又
一程——郑永琦人物摄影作品选》。

J0128661
蝶恋花 （摄影 1978 农历戊午年年历）
马名骏,顾棣摄
太原 山西人民出版社 1977 年 ［1 张］
39cm（8 开）定价：CNY0.18

J0128662
杜鹃 （摄影 1978 农历戊午年年历）
董岩青,李崇成摄
天津 天津人民美术出版社 1977 年 ［1 张］
27cm（大 16 开）定价：CNY0.06
　　作者董岩青（1925—　 ）,山东蓬莱人。笔名

冬山,别名董宝珊。中国摄影家协会会员,天津
摄影家协会理事、顾问。作品有《我为祖国献石
油》《早班车》《古街新雪》等。

J0128663
杜鹃花 （摄影 1978 年年历）张刘摄
昆明 云南人民出版社 1977 年 ［1 张］
39cm（8 开）定价：CNY0.15

J0128664
扶桑 （摄影 1978 农历戊午年年历）纪梅摄
石家庄 河北人民出版社 1977 年 ［1 张］
54cm（4 开）定价：CNY0.15

J0128665
荷花 （摄影 1978 农历戊午年年历）杨如鑫摄
郑州 河南人民出版社 1977 年 ［1 张］
54cm（4 开）定价：CNY0.07

J0128666
荷花 （摄影 1978 年年历）浙江人民出版社摄
杭州 浙江人民出版社 1977 年 ［1 张］
39cm（8 开）定价：CNY0.08

J0128667
花开满园 （摄影 1978 农历戊午年年历）
黄福坤摄
福州 福建人民出版社 1977 年 ［1 张］
54cm（4 开）定价：CNY0.07

J0128668
金鱼 （摄影 1978 农历戊午年年历）曹桂江摄
广州 广东人民出版社 1977 年 ［1 张］
54cm（4 开）定价：CNY0.18

J0128669
井冈杜鹃红 （摄影 1978 年年历）常春摄
南昌 江西人民出版社 1977 年 ［1 张］
54cm（4 开）定价：CNY0.18

J0131080
菊花 （摄影 1978 农历戊午年年历）
金德明摄
贵阳 贵州人民出版社 1977 年 ［1 张］
54cm（4 开）定价：CNY0.07

J0128670
君子兰
（摄影 1978 农历戊午年年历）孙肃显摄
北京 人民美术出版社 1977 年［1 张］
54cm（4 开）定价：CNY0.18

J0128671
君子兰 （摄影 1978 年年历）董岩青,李崇成摄
天津 天津人民美术出版社 1977 年［1 张］
27cm（大 16 开）定价：CNY0.06

J0128672
莲花 （摄影 1978 年年历）钱一华摄
成都 四川人民出版社 1977 年［1 张］
54cm（4 开）定价：CNY0.13

J0128673
令箭荷花 （摄影 1978 年年历）王德荣摄
济南 山东人民出版社 1977 年［1 张］
39cm（8 开）定价：CNY0.09

J0128674
庐山青松 （摄影 1978 年年历）陈春轩摄
南昌 江西人民出版社 1977 年［1 张］
78cm（2 开）定价：CNY0.20

J0128675
水仙 （摄影 1978 年年历）言浩生摄
长沙 湖南人民出版社 1977 年［1 张］
54cm（4 开）定价：CNY0.14

J0128676
仙客来 （摄影 1978 农历戊午年年历）
子健,国光摄
西宁 青海人民出版社 1977 年［1 张］
39cm（8 开）定价：CNY0.14

J0128677
玉兰 （摄影 1978 农历戊午年年历）纪梅摄
石家庄 河北人民出版社 1977 年［1 张］
54cm（4 开）定价：CNY0.15

J0128678
月季花 （摄影 1978 年年历）
南京 江苏人民出版社 1977 年［1 张］

54cm（4 开）定价：CNY0.08（单面胶版纸）,
CNY0.16（双面胶版纸）

J0128679
月季花 （摄影 1978 年年历）张水澄摄
上海 上海人民出版社 1977 年［1 张］
27cm（大 16 开）定价：CNY0.05

J0128680
1979 年风光花卉摄影月历
上海 上海人民美术出版社 1978 年 1 张
53cm（4 开）定价：CNY4.00

J0128681
1979 年花卉历片 刘以宽等摄影；湖北人民
出版社编辑
武汉 湖北人民出版社 1978 年 6 张(套)
9cm（128 开）定价：CNY0.35

J0128682
白冠嗓鹛 （摄影 1979 年年历）李承埔摄
昆明 云南人民出版社 1978 年 1 张
53cm（4 开）定价：CNY0.15

J0128683
丹顶鹤 （摄影 1979 年年历）陈德龙摄
成都 四川人民出版社 1978 年 1 张
53cm（4 开）定价：CNY0.07

J0128684
杜鹃 （摄影 1979 年年历）苏茂春摄
乌鲁木齐 新疆人民出版社 1978 年 1 张
53cm（4 开）定价：CNY0.18
　　作者苏茂春(1940—　),回族,副编审。甘
肃静宁县人。新疆美术摄影出版社摄影部副主
任、新疆摄影家协会常务理事。

J0128685
杜鹃花 （1979〈农历己未年〉年历）陈大羽作
福州 福建人民出版社 1978 年 1 张
53cm（4 开）定价：CNY0.18
　　作者陈大羽(1912—2001),画家、书法家、
篆刻家。原名汉卿,更名翱,字大羽。广东潮阳人,
毕业于上海美术专业学校中国画系。历任南京
艺术学院教授,中国画协常务理事。主要作品有

《红梅公鸡》《庐山》《松柏长青》等。出版有《陈大羽书画篆刻作品集》《大羽画集》等。

J0128686
非洲菊　（摄影 1979〈农历己未年〉年历）
刘以宽摄
武汉　湖北人民出版社　1978 年　1 张
38cm（6 开）定价：CNY0.10

J0128687
荷花　（摄影 1979 年年历）司徒虹摄
杭州　浙江人民出版社　1978 年　1 张
53cm（4 开）定价：CNY0.16

J0128688
花朵　（摄影 1979 年年历）马名骏摄
太原　山西人民出版社　1978 年　1 张
53cm（4 开）定价：CNY0.18

J0128689
金鱼　（摄影 1979 年年历）张克庆摄
杭州　浙江人民出版社　1978 年　1 张
53cm（4 开）定价：CNY0.16
　　作者张克庆（1946—　），摄影编辑。重庆人。历任当代文学艺术研究院院士，香港现代摄影学会会员，中国职业摄影撰稿人，中国华侨摄影学会会员，浙江人民出版社美术编辑室，浙江人民美术出版社摄影年画编辑室。出版有《杭州西湖》摄影画册。

J0128690
竞艳　（摄影 1979〈农历己未年〉年历）
曹长春摄
郑州　河南人民出版社　1978 年　1 张
53cm（4 开）定价：CNY0.10

J0128691
菊花　（摄影 1979〈农历己未年〉年历）
郑州　河南人民出版社　1978 年　1 张
53cm（4 开）定价：CNY0.15

J0128692
卡达兰　（摄影 1979 年年历）丹青摄
广州　广东人民出版社　1978 年　1 张
53cm（4 开）定价：CNY0.12

J0128693
令箭荷花　（摄影 1979〈农历己未年〉年历）
吴印咸，卫相摄
西安　陕西人民出版社　1978 年　1 张
53cm（4 开）定价：CNY0.22

J0128694
令箭荷花　（摄影 1979 年年历）
昆明　云南人民出版社　1978 年　1 张
53cm（4 开）定价：CNY0.18

J0128695
龙菊　（摄影 1979〈农历己未年〉年历）
赵衡生摄
武汉　湖北人民出版社　1978 年　1 张
38cm（6 开）定价：CNY0.10

J0128696
牡丹　（摄影 1979〈农历己未年〉年历）
金德明，陈伯伦摄
贵阳　贵州人民出版社　1978 年　1 张
53cm（4 开）定价：CNY0.18

J0128697
秋菊　（摄影 1979 年年历）孙振宇摄
上海　上海人民美术出版社　1978 年　1 张
53cm（4 开）定价：CNY0.15

J0128698
山丹丹花　（摄影 1979〈农历己未年〉年历）
海风摄
银川　宁夏人民出版社　1978 年　1 张
53cm（4 开）定价：CNY0.16

J0128699
水仙　（摄影 1979〈农历己未年〉年历）
梅延林摄
武汉　湖北人民出版社　1978 年　1 张
38cm（8 开）定价：CNY0.10

J0128700
睡莲　（摄影 1979〈农历己未年〉年历）
杨茹鑫摄
郑州　河南人民出版社　1978 年　1 张
53cm（4 开）定价：CNY0.15

J0128701
睡莲 （摄影 1979 年年历）张克庆摄
杭州 浙江人民出版社 1978 年 1 张
76cm（2 开）定价：CNY0.16

J0128702
桃花 （摄影 1979〈农历己未年〉年历）
金德明摄
贵阳 贵州人民出版社 1978 年 1 张
53cm（4 开）定价：CNY0.18

J0128703
仙人球花 （摄影 1979〈农历己未年〉年历）
赵衡生摄
武汉 湖北人民出版社 1978 年 1 张
38cm（6 开）定价：CNY0.10

J0128704
相思鸟 （摄影 1979 年年历）张克庆摄
杭州 浙江人民出版社 1978 年 1 张
53cm（4 开）定价：CNY0.13

J0128705
蟹脚兰 （摄影 1979〈农历己未年〉年历）
金德明,石俊生摄
贵阳 贵州人民出版社 1978 年 1 张
53cm（4 开）定价：CNY0.18

J0128706
月季 （摄影 1979〈农历己未年〉年历）
金德明等摄
贵阳 贵州人民出版社 1978 年 1 张
53cm（4 开）定价：CNY0.18

J0128707
月季 （摄影 1979 年年历）李志恒摄
太原 山西人民出版社 1978 年 1 张
53cm（4 开）定价：CNY0.18

J0128708
百合花 （摄影 1980〈农历庚申年〉年历）
火华摄
石家庄 河北人民出版社 1979 年［1 张］
53cm（4 开）定价：CNY0.18

J0128709
大理花 （摄影 1980 年年历）张昆元摄
乌鲁木齐 新疆人民出版社 1979 年［1 张］
53cm（4 开）定价：CNY0.20

J0128710
杜鹃花 （摄影 1980〈农历庚申年〉年历）
董为焜摄
银川 宁夏人民出版社 1979 年［1 张］
53cm（4 开）定价：CNY0.18

J0128711
海棠花 （摄影 1980 年年历）张涵毅摄
上海 上海人民美术出版社 1979 年［1 张］
53cm（4 开）定价：CNY0.15

J0128712
荷花 （摄影 1980〈农历庚申年〉年历）庄村摄
福州 福建人民出版社 1979 年［1 张］
53cm（4 开）定价：CNY0.07

J0128713
荷花 （摄影 1980 年年历）史力军摄
天津 天津人民美术出版社 1979 年［1 张］
76cm（2 开）定价：CNY0.10

J0128714
荷塘映日红 （1980〈农历庚申年〉年历）
梁纪作
广州 广东人民出版社 1979 年［1 张］
76cm（2 开）定价：CNY0.28

J0128715
花朵 （摄影 1980 年年历）
乌鲁木齐 新疆人民出版社 1979 年［1 张］
53cm（4 开）定价：CNY0.20

J0128716
花卉集锦 （摄影 1980〈农历庚申年〉年历）
罗大伟摄
石家庄 河北人民出版社 1979 年［1 张］
76cm（2 开）定价：CNY0.14

J0128717
金鱼 （摄影 1980〈农历庚申年〉年历）

王万录摄
石家庄 河北人民出版社 1979年［1张］
53cm（4开）定价：CNY0.18

J0128718
君子兰花 （摄影 1980〈农历庚申年〉年历）
刘杰摄
福州 福建人民出版社 1979年［1张］
38cm（6开）定价：CNY0.04

J0128719
兰花 （摄影 1980〈农历庚申年〉年历）黄翔摄
太原 山西人民出版社 1979年［1张］
53cm（4开）定价：CNY0.18

J0128720
苹果花 （摄影 1980〈农历庚申年〉年历）
石观达摄
银川 宁夏人民出版社 1979年［1张］
53cm（4开）定价：CNY0.18

J0128721
秋菊 （摄影 1980〈农历庚申年〉年历）杜玉林，
刘云石摄
兰州 甘肃人民出版社 1979年［1张］
53cm（4开）定价：CNY0.15

J0128722
山茶花 （摄影 1980年年历）
郑州 河南人民出版社 1979年［1张］
53cm（4开）定价：CNY0.15

J0128723
水禽 （摄影 1980年年历）
兰州 甘肃人民出版社 1979年［1张］
53cm（4开）定价：CNY0.15

J0128724
水仙 （摄影 1980年年历）杨如鑫摄
郑州 河南人民出版社 1979年［1张］
53cm（4开）定价：CNY0.14

J0128725
天竹 （摄影 1980年年历）董岩青摄
天津 天津人民美术出版社 1979年［1张］

76cm（2开）定价：CNY0.10
　　作者董岩青（1925— ），山东蓬莱人。笔名冬山，别名董宝珊。中国摄影家协会会员，天津摄影家协会理事、顾问。作品有《我为祖国献石油》《早班车》《古街新雪》等。

J0128726
熊猫 （摄影 1980年年历）张甸摄
沈阳 辽宁美术出版社 1979年［1张］
38cm（6开）定价：CNY0.08
　　作者张甸（1930— ），摄影家。原名张殿宸，生于河北昌黎，毕业于鲁迅文艺学院美术系。历任东北画报社摄影组助理记者，辽宁画报社摄影创作室主任，中国摄影家协会会员。作品有《声震山河》《草原神鹰》《客人来到草原》。

J0128727
月季 （摄影 1980〈农历庚申年〉年历）李械摄
石家庄 河北人民出版社 1979年［1张］
53cm（4开）定价：CNY0.12

J0128728
月季 （摄影 1980年年历）王国钦摄
沈阳 辽宁美术出版社 1979年［1张］
53cm（4开）定价：CNY0.12

J0128729
月季花 （摄影 1980年年历）尹福康摄
南昌 江西人民出版社 1979年［1张］
53cm（4开）定价：CNY0.16

J0128730
月季小猫 （摄影 1980年年历）金宝源摄
上海 上海人民美术出版社 1979年［1张］
53cm（4开）定价：CNY0.19

J0128731
碧桃春晓 （摄影 1981年年历）何世尧摄
广州 广东人民出版社 1980年 53cm（4开）
定价：CNY0.14

J0128732
茶花之乡 （摄影 1981年年历）李承埔摄
昆明 云南人民出版社 1980年 39cm（8开）
定价：CNY0.12

J0128733
大理花 （摄影 1981〈农历辛酉年〉年历）
杨苏民摄
福州 福建人民出版社 1980年 39cm（8开）
定价：CNY0.07

J0128734
东北虎 （摄影 1981〈农历辛酉年〉年历）
周祖贻摄
武汉 湖北人民出版社 1980年 53cm（4开）
定价：CNY0.20
　　作者周祖贻，连环画艺术家。摄影的年画有
《红装》《菊颂》《硕果丰盈》等。

J0128735
东篱秋菊 （1981年年历）张玉濂摄
福州 福建人民出版社 1980年 53cm（4开）
定价：CNY0.09

J0128736
扶桑 （摄影 1981〈农历辛酉年〉年历）
赵衡生摄
武汉 湖北人民出版社 1980年 53cm（4开）
定价：CNY0.20

J0128737
高山冰花 （摄影 1981〈农历辛酉年〉年历）
岳鹏飞摄
北京 人民体育出版社 1980年 53cm（4开）
定价：CNY0.20

J0128738
荷池艳色 （摄影 1981〈农历辛酉年〉年历）
黄桂涛摄
南宁 广西人民出版社 1980年 53cm（4开）
定价：CNY0.20

J0128739
荷花 （摄影 1981〈农历辛酉年〉年历）金宜摄
太原 山西人民出版社 1980年 53cm（4开）
定价：CNY0.18

J0128740
花卉 （摄影 1981年年历）区惠摄
上海 上海人民美术出版社 1980年
53cm（4开）定价：CNY0.16

J0128741
花与蘑菇 （摄影 1981年年历）陈玉华摄
合肥 安徽人民出版社 1980年 53cm（4开）
定价：CNY0.20

J0128742
金鱼 （摄影 1981年年历）黄孝康摄
上海 上海人民美术出版社 1980年
53cm（4开）定价：CNY0.16

J0128743
菊花 （摄影 1981〈农历辛酉年〉年历）
胡国钦摄
福州 福建人民出版社 1980年 39cm（8开）
定价：CNY0.07

J0128744
菊花 （摄影 1981〈农历辛酉年〉年历）李力摄
石家庄 河北人民出版社 1980年 39cm（8开）
定价：CNY0.13

J0128745
君子兰 （摄影 1981〈农历辛酉年〉年历）
李志恒摄
太原 山西人民出版社 1980年 53cm（4开）
定价：CNY0.18

J0128746
可爱的花 （摄影 1981〈农历辛酉年〉年历）
金铎摄
沈阳 辽宁美术出版社 1980年 53cm（4开）
定价：CNY0.22

J0128747
兰花 （摄影 1981〈农历辛酉年〉年历）
康诗纬等摄
合肥 安徽人民出版社 1980年 53cm（4开）
定价：CNY0.20
　　作者康诗纬（1943— ），国家一级摄影师。
别名康旻，生于浙江奉化。历任安徽省文联副
主席，安徽省摄影家协会主席兼秘书长，安徽省
文艺评论家协会副主席，中国摄影家协会理事。
出版有《速写》《摄影版画》《业余摄影实用技

法》等。

J0128748
莲花 （摄影 1981 年年历）隋其增,杨兴林摄
沈阳 辽宁美术出版社 1980 年 53cm（4 开）
定价: CNY0.22

J0128749
令箭荷花 （摄影 1981〈农历辛酉年〉年历）
任诗吟作
北京 人民美术出版社 1980 年 53cm（4 开）
定价: CNY0.16

J0128750
玫瑰 （摄影 1981 年年历）陈春轩摄
上海 上海人民美术出版社 1980 年
53cm（4 开）定价: CNY0.16

J0128751
茉香花 （摄影 1981 年年历）宋诚摄
昆明 云南人民出版社 1980 年 39cm（8 开）
定价: CNY0.12

J0128752
牡丹 （摄影 1981 年年历）丹青摄
广州 广东人民出版社 1980 年 39cm（8 开）
定价: CNY0.14

J0128753
牡丹 （摄影 1981 年年历）范德元摄
成都 四川人民出版社 1980 年 53cm（4 开）
定价: CNY0.18

J0128754
秋菊 （摄影 1981 年年历）
沈阳 辽宁美术出版社 1980 年 53cm（4 开）
定价: CNY0.22

J0128755
秋菊白鸡 （摄影 1981 年年历）陈之佛作
上海 上海人民美术出版社 1980 年
53cm（4 开）定价: CNY0.20
　　作者陈之佛（1896—1962）,画家、工艺美术家。又名陈绍本、陈杰,号雪翁。毕业于浙江省工业专门学校染织科机织专业,曾留学日本入东

京美术学校工艺图案科。曾任教于上海美术专科学校及中央大学艺术系,任南京大学、南京师范学院教授、江苏美协副主席、南京艺术学院副院长、中国美术家协会理事等职。代表作品有《瑞安名胜古诗选》《旅美纪行》《江村集》等。

J0128756
秋菊争妍 （摄影 1981〈农历辛酉年〉年历）
包钢摄
南宁 广西人民出版社 1980 年 53cm（4 开）
定价: CNY0.20

J0128757
双猫 （摄影 1981 年年历）徐斌摄
上海 上海人民美术出版社 1980 年
53cm（4 开）定价: CNY0.15

J0128758
昙花 （摄影 1981 年年历）陈之涛摄
兰州 甘肃人民出版社 1980 年 53cm（4 开）
定价: CNY0.20
　　作者陈之涛,摄影艺术家。

J0128759
仙人球花 （摄影 1981〈农历辛酉年〉年历）
冯静之摄
合肥 安徽人民出版社 1980 年 53cm（4 开）
定价: CNY0.20

J0128760
小猫 （摄影 1981〈农历辛酉年〉年历）
孙淑兴摄
太原 山西人民出版社 1980 年 53cm（4 开）
定价: CNY0.18

J0128761
虚花侧影 （摄影 1981〈农历辛酉年〉年历）
南昌 江西人民出版社 1980 年 53cm（4 开）
定价: CNY0.18

J0128762
迎春 （摄影 1981 年年历）朱云峰摄
合肥 安徽人民出版社 1980 年 53cm（4 开）
定价: CNY0.20

J0128763
月季 （摄影 1981〈农历辛酉年〉年历）
赵衡生摄
武汉 湖北人民出版社 1980 年 53cm（4 开）
定价：CNY0.20

J0128764
云南热带兰 （摄影明信片辑 汉英文对照）
李承墉摄
昆明 云南人民出版社 1980 年 12 张（套）
15cm（64 开）

J0128765
云南山茶花 （摄影明信片辑 汉英文对照）
李承墉摄
昆明 云南人民出版社 1980 年 12 张（套）
15cm（64 开）

J0128766
紫荷花 （摄影 1981〈农历辛酉年〉年历）
王万录摄
石家庄 河北人民出版社 1980 年 39cm（8 开）
定价：CNY0.13

J0128767
春草 （1982 年年历）葛立英摄
济南 山东人民出版社 1981 年 54cm（4 开）
定价：CNY0.18

J0128768
多姿 （1982 年年历）李械林摄
石家庄 河北人民出版社 1981 年 54cm（4 开）
定价：CNY0.19

J0128769
扶桑花 （1982 农历壬戌年年历）顾棣摄
太原 山西人民出版社 1981 年 54cm（4 开）
定价：CNY0.12

J0128770
荷花 （1982 农历壬戌年年历）李子明摄
福州 福建人民出版社 1981 年 54cm（4 开）
定价：CNY0.20

J0128771
红梅 （1982 年年历）纪梅摄
石家庄 河北人民出版社 1981 年
27cm（16 开 ）定价：CNY0.13

J0128772
红牡丹 （1982 年年历）杨克林摄
南昌 江西人民出版社 1981 年 54cm（4 开）
定价：CNY0.18

J0128773
红牡丹 （1982 年年历）杨克林摄
上海 上海人民美术出版社 1981 年
54cm（4 开）定价：CNY0.19

J0128774
花卉 （1982 年年历）金勖琪等摄
成都 四川人民出版社 1981 年 54cm（4 开）
定价：CNY0.20

J0128775
花卉集锦 （1982 农历壬戌年年历）杨国汉摄
石家庄 河北人民出版社 1981 年 54cm（4 开 ）
定价：CNY0.19

J0128776
花卉摄影艺术 （明信片）区惠摄
上海 上海人民美术出版社 1981 年 12 张
［17cm］（44 开）定价：CNY0.63

J0128777
花中之王 （1982 年年历）王德荣摄
济南 山东人民出版社 1981 年 54cm（4 开）
定价：CNY0.18

J0128778
黄花 （1982 农历壬戌年年历）李械摄
石家庄 河北人民出版社 1981 年 39cm（8 开）
定价：CNY0.13

J0128779
鸡蛋花 （1982 年年历）顾棣摄
太原 山西人民出版社 1981 年 54cm（4 开）
定价：CNY0.12

J0128780
竞放 （1982 年年历）陈复礼摄
郑州 中州书画社 1981 年 39cm（8 开）
定价：CNY0.18

J0128781
菊 （1982 年年历）姜伟摄
济南 山东人民出版社 1981 年 54cm（4 开）
定价：CNY0.18

J0128782
菊花 （1982 年年历）杨光华摄
合肥 安徽人民出版社 1981 年 54cm（4 开）
定价：CNY0.18

J0128783
菊花 （摄影 1983 年年历）杨光华摄影
合肥 安徽人民出版社 1982 年 53cm（4 开）
定价：CNY0.12

J0128784
孔雀开屏 （1982 年年历）刘振国摄
长沙 湖南美术出版社 1981 年 54cm（4 开）
定价：CNY0.20

J0128785
令箭荷花 （1982 农历壬戌年年历）何力摄
银川 宁夏人民出版社 1981 年 54cm（4 开）
定价：CNY0.20

J0128786
令箭荷花 （1982 农历壬戌年年历）魏连三摄
北京 人民美术出版社 1981 年 54cm（4 开）
定价：CNY0.16

J0128787
洛阳牡丹集锦 （1982 农历壬戌年年历）
梅樱摄
石家庄 河北人民出版社 1981 年 76cm（2 开）
定价：CNY0.19

J0128788
美人蕉 （1982 农历壬戌年年历）孙忠摄
石家庄 河北人民出版社 1981 年 39cm（8 开）
定价：CNY0.13

J0128789
牡丹 （1982 农历壬戌年年历）王守良摄
石家庄 河北人民出版社 1981 年 54cm（4 开）
定价：CNY0.19

J0128790
牡丹 （1982 年年历）区惠摄
上海 上海人民美术出版社 1981 年
54cm（4 开）定价：CNY0.16

J0128791
秋菊 （1982 年年历）张昆元摄
乌鲁木齐 新疆人民出版社 1981 年
54cm（4 开）定价：CNY0.20

J0128792
赏菊 （1982 年年历）陈长声摄
合肥 安徽人民出版社 1981 年 54cm（4 开）
定价：CNY0.18

J0128793
水仙 （1982 农历壬戌年年历）魏连三摄
北京 人民美术出版社 1981 年 54cm（4 开）
定价：CNY0.16

J0128794
昙花 （1982 农历壬戌年年历）王万录摄
石家庄 河北人民出版社 1981 年 54cm（4 开）
定价：CNY0.12

J0128795
昙花 （1982 年年历）张德重摄
成都 四川人民出版社 1981 年 54cm（4 开）
定价：CNY0.08

J0131207
桃花 （1982 农历壬戌年年历）黄幻吾作
长沙 湖南美术出版社 1981 年 54cm（4 开）
定价：CNY0.20
　　作者黄幻吾（1906—1985），花鸟画家。名罕，字幻吾，号罕僧，晚年称罕翁。广东新会人。历任中国美术家协会会员，中国美术家协会上海分会理事，上海文史研究馆馆员等职。出版有《幻吾画集》《幻吾小品画集》《怎样画走兽》《中国画技法》等。

J0128796
西安动物园　志堂等摄
西安　陕西人民美术出版社　1981 年［1 张］
76cm（2 开）定价：CNY0.18

J0128797
仙人球　（1982 年年历）吴印咸摄
西安　陕西人民美术出版社　1981 年
54cm（4 开）定价：CNY0.18

J0128798
仙人球　（1982 年年历）王德钧摄
乌鲁木齐　新疆人民出版社　1981 年
54cm（4 开）定价：CNY0.20

J0128799
小蝴蝶　（1982 年年历）蒋铎摄
天津　天津人民美术出版社　1981 年
54cm（4 开）定价：CNY0.20

J0128800
小鹿　（1982 年年历）高英熙摄
成都　四川人民出版社　1981 年　54cm（4 开）
定价：CNY0.08，CNY0.20（双胶纸）

J0128801
小猫钓鱼　（1982 年年历）林刚摄
长沙　湖南美术出版社　1981 年　39cm（8 开）
定价：CNY0.10

J0128802
野菊　（1982 年年历）朱来顺摄
沈阳　辽宁美术出版社　1981 年　39cm（8 开）
定价：CNY0.09

J0131215
野牡丹　（1982 年年历）谢新发摄
上海　上海人民美术出版社　1981 年
54cm（4 开）定价：CNY0.16

J0128803
幽谷熊猫　（1982 年年历）何世尧摄
成都　四川人民出版社　1981 年　54cm（4 开）
定价：CNY0.18

J0128804
月季　（1982 年年历）杨光华摄
合肥　安徽人民出版社　1981 年　39cm（8 开）
定价：CNY0.14

J0128805
月季　（1982 年年历）王国钦摄
沈阳　辽宁美术出版社　1981 年　39cm（8 开）
定价：CNY0.09

J0128806
月季花　（1982 年年历）言浩生摄
长沙　湖南美术出版社　1981 年　54cm（4 开）
定价：CNY0.20

J0128807
争艳　（1982 农历壬戌年年历）赵衡生摄
武汉　湖北人民出版社　1981 年　54cm（4 开）
定价：CNY0.20

J0128808
1983（花卉摄影挂历）　庄华等摄影
南京　江苏人民出版社［1982 年］39cm（4 开）
定价：CNY2.00

J0128809
1983（花卉摄影挂历）
昆明　云南人民出版社　1982 年　54cm（4 开）
定价：CNY1.50

J0128810
1983（花鸟虫鱼·摄影挂历）
广州　岭南美术出版社　1982 年　38cm（6 开）
定价：CNY2.40

J0128811
白猴南南　（摄影图片 汉英文对照）
云南人民出版社编辑
昆明　云南人民出版社　1982 年　19cm（32 开）
定价：CNY0.18

J0128812
白桦林　（摄影 1983 年年历）邱军摄影
天津　天津人民美术出版社　1982 年
54cm（4 开）定价：CNY0.18

J0128813
白猫 （摄影 1983 年年历）春轩，丁定摄影
长沙 湖南美术出版社 1982 年 54cm（4 开）
定价：CNY0.20

J0128814
白猫 （摄影 1983 年年历）
天津 天津人民美术出版社 1982 年
54cm（4 开）定价：CNY0.18

J0128815
白天鹅 （摄影 1983 年年历）张朝玺摄影
天津 天津人民美术出版社 1982 年
54cm（4 开）定价：CNY0.18

J0128816
并蒂莲 （摄影 1983 年年历）李诚摄影
成都 四川人民出版社 1982 年 54cm（4 开）
定价：CNY0.18（铜版纸），CNY0.08（胶版纸）

J0128817
草丛小憩 （摄影 1983 年年历）
南昌 江西人民出版社 1982 年 54cm（4 开）
定价：CNY0.19

J0128818
春兰 （摄影 1983 年年历）张颖摄影
兰州 甘肃人民出版社 1982 年 38cm（6 开）
定价：CNY0.10
　　作者张颖，作有年画《对镜画容》（越剧《孟丽君》），摄影有年画《团圆》（越剧《孟丽君》）等。

J0128819
春燕展翅 （摄影 1983 年年历）晓勃摄影
北京 人民体育出版社 1982 年 54cm（4 开）
定价：CNY0.20

J0128820
大丽菊·令箭荷花 （1983 年年历）吴东奋作
杭州 浙江人民美术出版社 1982 年 2 张
76cm（2 开）定价：CNY0.50
　　作者吴东奋（1943—　），国画家。福建仙游人。历任福州工艺美术学校高级讲师，中国美术家协会会员，福建省美术家协会常务理事，福建省工笔画家学会秘书长，国家友好画院、江苏

国画院特聘画师。出版有《吴东奋中国画精选》《中国花鸟画技法》《吴东奋水墨工笔花鸟画研究》等。

J0128821
宫花 （摄影 1983 年年历）张朝玺摄影
石家庄 河北美术出版社 1982 年 54cm（4 开）
定价：CNY0.18

J0128822
古树芳踪 （摄影 1983 年年历）
南昌 江西人民出版社 1982 年 54cm（4 开）
定价：CNY0.19

J0128823
荷花 （摄影 1983 年年历）陈玉华摄影
合肥 安徽科学技术出版社 1982 年
54cm（4 开）定价：CNY0.18

J0128824
荷花 （摄影 1983 年年历）尹福康摄影
上海 上海人民美术出版社 1982 年
54cm（4 开）定价：CNY0.16

J0128825
荷花 （摄影 1983 年年历）杨永明摄影
郑州 中州书画社 1982 年 54cm（4 开）
定价：CNY0.09
　　作者杨永明，云南保山人。曾任德宏州摄影家协会理事、中国橡树摄影网会员。主要作品有《传授》《泼水欢歌》《春眠不觉晓》《相聚喊沙》等。

J0128826
蝴蝶兰 （摄影 1983 年年历）陈复礼摄影
长沙 湖南美术出版社 1982 年 53cm（4 开）
定价：CNY0.14

J0128827
虎皮鹦鹉 （摄影 1983 年年历）刘永勋摄影
济南 山东人民出版社 1982 年 54cm（4 开）
定价：CNY0.18

J0128828
花朵 （摄影 1983 年年历）詹国荣摄影

兰州 甘肃人民出版社 1982 年 54cm（4 开）
定价：CNY0.20

J0128829
花朵 （摄影 1983 年年历）李书彬摄影
银川 宁夏人民出版社 1982 年 54cm（4 开）
定价：CNY0.20

J0128830
花朵 （摄影 1983 年年历）魏连三摄影
北京 人民美术出版社 1982 年 54cm（4 开）
定价：CNY0.20

J0128831
花儿美 （摄影 1983 年年历）
沈治昌,杨定国摄影
上海 上海书画出版社 1982 年 54cm（4 开）
定价：CNY0.11

J0128832
金丝菊 （摄影 1983 年年历）李静摄影
太原 山西人民出版社 1982 年 54cm（4 开）
定价：CNY0.18

J0128833
金鱼 （摄影 1983 年年历）何东海摄影
南京 江苏人民出版社 1982 年 54cm（4 开）
定价：CNY0.18

J0128834
金鱼 （摄影 1983 年年历）张志增摄影
济南 山东人民出版社 1982 年 54cm（4 开）
定价：CNY0.18

J0131248
金鱼 （摄影 1983 年年历）王步贵摄影
太原 山西人民出版社 1982 年 54cm（4 开）
定价：CNY0.18

J0128835
菊 （摄影 1983 年年历）刘观源摄影
武汉 湖北人民出版社 1982 年 38cm（6 开）
定价：CNY0.10

J0128836
凌空展翅 （摄影 1983 年年历）张克庆摄影
杭州 浙江人民美术出版社 1982 年
54cm（4 开）定价：CNY0.19

J0128837
令箭荷花 （摄影 1983 年年历）朱涛摄影
合肥 安徽人民出版社 1982 年 54cm（4 开）
定价：CNY0.18

J0128838
令箭荷花 （摄影 1983 年年历）田捷明摄影
成都 四川省新闻图片社［1982 年］54cm（4 开）
定价：CNY0.20

J0128839
猫 （摄影 1983 年年历）郑正刚摄影
上海 上海人民美术出版社 1982 年
54cm（4 开）定价：CNY0.16

J0128840
咪咪 （摄影 1983 年年历）徐斌摄影
上海 上海人民美术出版社 1982 年
54cm（4 开）定价：CNY0.19
　　作者徐斌,擅长摄影。主要作品有年历《算一算》《喜悦》《小演员》等。

J0128841
牡丹 （摄影 1983 年年历）李力摄影
石家庄 河北美术出版社 1982 年
54cm（4 开）定价：CNY0.20

J0128842
牡丹 （摄影 1983 年年历）区惠摄影
上海 上海人民美术出版社 1982 年
54cm（4 开）定价：CNY0.16

J0128843
牡丹 （摄影 1983 年年历）梁祖宏摄影
郑州 中州书画社 1982 年 54cm（4 开）
定价：CNY0.22

J0128844
牡丹花 （摄影 1983 年年历）魏连三摄影
成都 四川人民出版社 1982 年 54cm（4 开）

铜版纸 定价: CNY0.18, CNY0.08（胶版纸）

J0128845
鸟儿飞了 （摄影 1983 年年历）
穆家宏, 倪嘉德摄影
南昌 江西人民出版社 1982 年 54cm（4 开）
定价: CNY0.22

J0128846
蒲公英 （摄影 1983 年年历）徐斌摄影
上海 上海人民美术出版社 1982 年
54cm（4 开）定价: CNY0.19

J0128847
青崖山花 （摄影 1983 年年历）简庆福摄影
上海 上海书画出版社 1982 年 54cm（4 开）
定价: CNY0.11

J0128848
青岩樱花 （摄影 1983 年年历）马元浩摄影
兰州 甘肃人民出版社 1982 年 54cm（4 开）
定价: CNY0.20

J0128849
三只小猫 （摄影 1983 年年历）
徐中定, 徐彬摄影
杭州 西泠印社 1982 年 54cm（4 开）
定价: CNY0.20

J0128850
珊瑚鱼 （摄影 1983 年年历）区惠摄影
上海 上海人民美术出版社 1982 年 ［1 张］
54cm（4 开）定价: CNY0.19

J0128851
睡莲 （摄影 1983 年年历）姜伟摄影
济南 山东人民出版社 1982 年 1 张
54cm（4 开）定价: CNY0.18
　　作者姜伟(1932—)，摄影家。江苏涟水
人。山东人民出版社从事摄影工作, 中国摄影家
协会、中华全国新闻工作者协会会员。

J0128852
睡莲 （摄影 1983 年年历）周淑丽摄影
郑州 中州书画社 1982 年 1 张 54cm（4 开）

定价: CNY0.09

J0128853
戏鹅 （摄影 1983 年年历）马元浩摄影
武汉 湖北人民出版社 1982 年 1 张
54cm（4 开）定价: CNY0.20

J0128854
小花 （摄影 1983 年年历）王全享, 尹福康摄影
南昌 江西人民出版社 1982 年 1 张
54cm（4 开）定价: CNY0.11

J0128855
小花 （摄影 1983 年年历）王全享, 尹福康摄影
上海 上海人民美术出版社 1982 年 1 张
54cm（4 开）定价: CNY0.19

J0128856
小熊猫 （1983 年年历）王为政摄影
北京 人民美术出版社 1982 年 1 张
53cm（4 开）定价: CNY0.13

J0128857
迎客松 （摄影 1983 年年历）李春耕, 伍福强
摄影
石家庄 河北美术出版社 1982 年 ［1 张］
54cm（4 开）定价: CNY0.20

J0128858
月季 （摄影 1983 年年历）黄韬鹏摄影
济南 山东人民出版社 1982 年 54cm（4 开）
定价: CNY0.18

J0128859
月季 （摄影 1983 年年历）苏茂春摄影
乌鲁木齐 新疆人民出版社 1982 年
53cm（4 开）定价: CNY0.15
　　作者苏茂春(1940—)，回族,副编审。甘
肃静宁县人。新疆美术摄影出版社摄影部副主
任、新疆摄影家协会常务理事。

J0128860
月季 （摄影 1983 年年历）梁祖宏摄影
郑州 中州书画社 1982 年 54cm（4 开）
定价: CNY0.09

J0128861
月季花 （摄影明信片 汉英文对照）
北京 外文出版社 1982 年 19cm（32 开）
定价：CNY1.00

J0128862
朱砂莲 （摄影 1983 年年历）姜伟等摄影
济南 山东人民出版社 1982 年 54cm（4 开）
定价：CNY0.18

J0128863
竹 （摄影 1983 年年历）锡陌，宋平摄影
西安 陕西人民美术出版社 1982 年
78cm（2 开）定价：CNY0.24

J0128864
子午莲 （摄影 1983 年年历）鄂毅摄影
成都 四川人民出版社 1982 年 54cm（4 开）
铜版纸 定价：CNY0.18，CNY0.08（胶版纸）
　　作者鄂毅（1941— ），摄影家。毕业于中央
工艺美术学院。曾任北京出版社美术编辑、中国
旅游出版社摄影编辑室主任。中国摄影家协会
会员、中国出版摄影艺术委员会副主任。主要作
品《晨歌》《姐妹松》《苍岩毓秀》等，著有《风光
摄影的理论与实践》。

J0128865
1984（动物·花鸟摄影）
南京 江苏科学技术出版社 1983 年
39cm（4 开）定价：CNY2.00

J0128866
1984（动物摄影月历）
上海 上海书画出版社 1983 年 27cm（16 开）
定价：CNY0.80

J0128867
1984 年台历（动物摄影）
北京 人民美术出版社 1983 年 13 张
19cm（32 开）定价：CNY1.10

J0128868
百合 （摄影 1984 年年历）
长沙 湖南美术出版社 1983 年 30cm（15 开）
定价：CNY0.07

J0128869
彩蝶戏莲 （摄影 1984 年年历）张亚生摄影
南京 江苏人民出版社 1983 年 54cm（4 开）
定价：CNY0.18

J0128870
彩莲卧波 （摄影 1984 年年历）鲁晓明摄影
南京 江苏人民出版社 1983 年 54cm（4 开）
定价：CNY0.18

J0128871
菖兰 （摄影 1984 年年历）
长沙 湖南美术出版社 1983 年 30cm（10 开）
定价：CNY0.07

J0128872
春燕 （摄影 1984〈农历甲子年〉年历）
张任摄影
北京 人民体育出版社 1983 年 54cm（4 开）
定价：CNY0.20

J0128873
大理菊 （摄影 1984 年年历）朱力摄影
合肥 安徽人民出版社 1983 年 53cm（4 开）
定价：CNY0.18
　　作者朱力（1937— ），画家。安徽全椒人，
安徽艺专毕业。安徽美协会员、国家二级美术师、
中国美协会员。出版有《朱力画辑》《朱力国画
作品选》《朱力画集》等。

J0128874
大岩洞——花卉 （摄影 1984 年年历）
常春摄影
上海 上海人民美术出版社 1983 年
53cm（4 开）定价：CNY0.19

J0128875
蝶恋 （摄影 1984〈农历甲子年〉年历）
江桦摄影
沈阳 辽宁美术出版社 1983 年 39cm（4 开）
定价：CNY0.14

J0128876
东篱绝色 （摄影 1984 年年历）金宝源摄影
南昌 江西人民出版社［1983 年］54cm（4 开）

定价：CNY0.19

J0128877
逗熊猫 （摄影 1984 年年历）曾宪阳摄影
贵阳 贵州人民出版社 1983 年 54cm（4 开）
定价：CNY0.18
　　作者曾宪阳(1940—2008)，摄影师，漫画家。
贵州贵阳人。曾任贵州省美术出版社副总编辑，
贵州省漫画研究会副会长。主要作品有《昨天我
发薪》《乱弹琴》《三思而后行》等。

J0128878
杜鹃花 （摄影 1984 年年历）冬山摄影
天津 天津人民美术出版社 1983 年
39cm（4 开）定价：CNY0.12

J0128879
芳草青青 （摄影 1984 年年历）
南昌 江西人民出版社［1983 年］54cm（4 开）
定价：CNY0.19

J0128880
芙蓉莲余 （摄影 1984 年年历）冯庆钜复制
天津 天津杨柳青画社 1983 年 54cm（4 开）
定价：CNY0.20

J0128881
乖——福州熊猫 （摄影
1984〈农历甲子年〉年历）胡国钦摄影
福州 福建人民出版社 1983 年 39cm（4 开）
定价：CNY0.15

J0128882
海棠 （摄影 1984 年年历）张书永摄影
济南 山东人民出版社 1983 年 54cm（4 开）
定价：CNY0.20

J0128883
荷 （摄影 1984 年年历）金铎摄影
沈阳 辽宁美术出版社 1983 年 54cm（4 开）
定价：CNY0.20

J0128884
荷池 （摄影 1984 年年历）
长沙 湖南美术出版社 1983 年 30cm（15 开）

定价：CNY0.07

J0128885
荷花 （摄影 1984 年年历）康喜玉摄影
兰州 甘肃人民出版社 1983 年 54cm（4 开）
定价：CNY0.20

J0128886
荷花 （摄影 1984 年年历）高英熙摄影
成都 四川人民出版社 1983 年 54cm（4 开）
铜版纸 定价：CNY0.18，CNY0.08（胶版纸）

J0128887
荷花 （摄影 1984〈农历甲子年〉年历）
包乐摄影
重庆 重庆出版社 1983 年 54cm（4 开）
定价：CNY0.20

J0128888
红梅 （摄影 1984〈农历甲子年〉年历）
李福堂摄影
武汉 湖北人民出版社 1983 年 39cm（4 开）
定价：CNY0.10

J0128889
红睡莲 （摄影 1984 年年历）高明义摄影
乌鲁木齐 新疆人民出版社 1983 年
54cm（4 开）定价：CNY0.30

J0128890
红叶青山 （摄影 1984 年年历）幽泉摄影
南京 江苏人民出版社 1983 年 54cm（4 开）
定价：CNY0.18

J0128891
红玉兰 （摄影 1984 年年历）唐禹民摄影
呼和浩特 内蒙古人民出版社 1983 年
54cm（4 开）定价：CNY0.18

J0128892
虎刺梅 （摄影 1984〈农历甲子年〉年历）
崔顺才摄影
石家庄 河北美术出版社 1983 年 54cm（4 开）
定价：CNY0.20
　　作者崔顺才(1950—　)，河北献县人。任

职于天津市群众艺术馆。中国摄影家协会会员。作品有《仙客来》《瓜棚小景》等。

J0128893
花之恋 （摄影 1984〈农历甲子年〉年历）
余铭源摄影
成都 四川省新闻图片社［1983年］54cm（4开）
定价：CNY0.20

J0128894
花中皇后 （摄影 1984年年历）陌堂摄影
西安 陕西人民美术出版社 1983年
54cm（4开）定价：CNY0.18

J0128895
黄花分外香 （摄影 1984年年历）
刘震,张煜摄影
天津 天津杨柳青画社 1983年 54cm（4开）
定价：CNY0.20

J0128896
鸡冠花 （摄影 1984〈农历甲子年〉年历）
冯伟烈摄影
石家庄 河北美术出版社 1983年 54cm（4开）
定价：CNY0.20

J0128897
金鱼 （摄影 1984〈农历甲子年〉年历）
张燕歧摄影
长沙 湖南美术出版社 1983年 54cm（4开）
定价：CNY0.20

J0128898
金鱼睡莲 （摄影 1984年年历）邹起程摄影
长春 吉林人民出版社 1983年 54cm（4开）
定价：CNY0.20

J0128899
菊 （摄影 1984〈农历甲子年〉年历）
马名骏摄影
太原 山西人民出版社 1983年 54cm（4开）
定价：CNY0.18

J0128900
菊花粉毛刺 （摄影 1984年年历）姜伟摄影

济南 山东人民出版社 1983年 54cm（4开）
定价：CNY0.20

　　作者姜伟(1932—)，摄影家。江苏涟水人。山东人民出版社从事摄影工作,中国摄影家协会、中华全国新闻工作者协会会员。

J0128901
凌霜怒放 （摄影 1984〈农历甲子年〉年历）
段超,田捷明摄影
成都 四川省新闻图片社［1983年］54cm（4开）
定价：CNY0.20

J0128902
令箭荷花 （摄影〈1984农历甲子年〉年历）
宋振华摄影
石家庄 河北美术出版社 1983年 54cm（4开）
定价：CNY0.20

J0128903
洛阳牡丹 魏德忠摄影
上海 上海人民美术出版社 1983年 12张
11×17cm 定价：CNY0.63

J0128904
猫咪 （摄影 1983年年历）
南昌 江西人民出版社［1983年］38cm（6开）
定价：CNY0.10

J0128905
玫瑰 （摄影 1983年年历）吴印咸摄影
广州 岭南美术出版社 1983年 39cm（4开）
定价：CNY0.20

　　作者吴印咸(1900—1994)，摄影艺术家、导演。原名吴荫诚,祖籍安徽歙县,生于江苏沭阳。曾在上海美术专科学校学习。历任东北电影制片厂厂长,北京电影学院副院长兼摄影系主任,文化部电影局顾问,中国摄影家协会副主席,中国电影摄影师学会副理事长,全国文学艺术联合会委员等。代表作品《生死同心》《风云儿女》《坚苦的奋斗》。

J0128906
咪咪 （摄影 1984年年历）史力军摄影
郑州 中州书画社 1983年 54cm（4开）
定价：CNY0.18

J0128907
牡丹 （摄影 1984〈农历甲子年〉年历）
魏连三摄影
北京 人民美术出版社 1983 年 78cm（2 开）
定价：CNY0.22

J0128908
牡丹 珠砂垒 （摄影 1984 年年历）
姜王合摄影
济南 山东人民出版社 1983 年 54cm（4 开）
定价：CNY0.20

J0128909
牡丹之歌 （摄影 1984〈农历甲子年〉年历）
朱秀坤作
合肥 安徽人民出版社 1983 年 78cm（2 开）
定价：CNY0.24

J0128910
噢,鸣！ （摄影 1984 年年历）吕义摄影
天津 天津人民美术出版社 1983 年
54cm（4 开）定价：CNY0.20

J0128911
青青草儿喂大鹅 （摄影 1983 年年历）
南昌 江西人民出版社 ［1983 年］39cm（4 开）
定价：CNY0.15

J0131326
秋菊 （摄影 1984 年年历）
兰州 甘肃人民出版社 1983 年 54cm（4 开）
定价：CNY0.20

J0128912
秋菊迎阳 （摄影 1984 年年历）金宝源摄影
南昌 江西人民出版社 ［1983 年］54cm（4 开）
定价：CNY0.19

J0128913
芍药 （摄影 1984 年年历）顾棣摄影
太原 山西人民出版社 1983 年 1 张
54cm（4 开）定价：CNY0.18

J0128914
芍药花 （摄影 1984 年年历）张卓敏摄影

乌鲁木齐 新疆人民出版社 1983 年 1 张
54cm（4 开）定价：CNY0.30

J0128915
深粉月季 （摄影 1984〈农历甲子年〉年历）
顾棣摄影
太原 山西人民出版社 1983 年 1 张
54cm（4 开）定价：CNY0.18

J0128916
石榴花 （摄影 1984 年年历）周雁鸣摄影
天津 天津人民美术出版社 1983 年 1 张
54cm（4 开）定价：CNY0.20

J0128917
双雏 （摄影 1984 年年历）王颂威摄影
上海 上海书画出版社 1983 年 1 张
54cm（4 开）定价：CNY0.11

J0128918
双猫图 （摄影 1984 年年历）江小铎摄影
上海 上海书画出版社 1983 年 1 张
54cm（4 开）定价：CNY0.11

J0128919
水仙 （摄影 1984 年年历）孙永学摄影
济南 山东人民出版社 1983 年 1 张
54cm（4 开）定价：CNY0.20

J0131335
水仙 （摄影 1984 年年历）孙恒恬摄影
天津 天津人民美术出版社 1983 年 1 张
39cm（8 开）定价：CNY0.12

J0128920
睡莲 （摄影 1984 年年历）钱一华摄影
成都 四川人民出版社 1983 年 1 张
54cm（4 开）铜版纸
定价：CNY0.18，CNY0.08（胶版纸）

J0128921
睡莲——花卉 （摄影 1984 年年历）
谢新发摄影
上海 上海人民美术出版社 1983 年 1 张
54cm（4 开）定价：CNY0.19

J0128922
四季花 （摄影 1984 年年历）冬山摄影；
元宁选诗
天津 天津人民美术出版社 1983 年 1 张
54cm（4 开）定价: CNY0.20

J0128923
送春归 （摄影 1984〈农历甲子年〉年历）
李承埔摄影
重庆 重庆出版社 1983 年 1 张 54cm（4 开）
定价: CNY0.20

J0128924
昙花 （摄影 1984 年年历）马建义摄影
兰州 甘肃人民出版社 1983 年 1 张
54cm（4 开）定价: CNY0.20

J0128925
天鹅 （摄影 1984〈农历甲子年〉年历）
春播摄影
北京 人民美术出版社 1983 年 1 张
54cm（4 开）定价: CNY0.20

J0128926
仙人球 （摄影 1984 年年历）
长沙 湖南美术出版社 1983 年 1 张
30cm（15 开）定价: CNY0.07

J0128927
小白兔 （摄影 1984 年年历）陈振戈摄影
成都 四川人民出版社 1983 年 1 张
53cm（4 开）定价: CNY0.18

J0128928
小白兔 （摄影 1984 年年历）陈振戈摄影
成都 四川人民出版社 1983 年 1 张
53cm（4 开）定价: CNY0.08

J0128929
小花 （摄影 1984 年年历）陈振戈摄影
天津 天津杨柳青画社 1983 年 1 张
53cm（4 开）定价: CNY0.20

J0128930
小花 （1984 年年历）陈振戈摄影

昆明 云南人民出版社 1983 年 1 张
53cm（4 开）定价: CNY0.18

J0128931
小花猫 （摄影 1984〈农历甲子年〉年历）
北京 人民美术出版社 1983 年 1 张
53cm（4 开）定价: CNY0.20

J0128932
心爱的小鹿 （摄影 1983 年年历）
南昌 江西人民出版社［1983 年］1 张
54cm（4 开）定价: CNY0.15

J0128933
叶绿花红 （摄影 1984 年年历）金宝源摄影
南昌 江西人民出版社 1983 年 1 张
54cm（4 开）定价: CNY0.19

J0128934
雨露滋润新苗壮 （摄影 1983 年年历）
南昌 江西人民出版社［1983 年］39cm（4 开）
定价: CNY0.15

J0128935
玉树琼花 （摄影 1984 年年历）
南昌 江西人民出版社［1983 年］54cm（4 开）
定价: CNY0.19

J0128936
圆通山海棠花 （摄影 1984 年年历）
杨长福摄影
昆明 云南人民出版社 1983 年 54cm（4 开）
定价: CNY0.18

J0128937
月季 （摄影 1984〈农历甲子年〉年历）
朱力摄影
合肥 安徽人民出版社 1983 年 54cm（4 开）
定价: CNY0.18
　　作者朱力（1937—　），画家。安徽全椒人,
安徽艺专毕业。安徽美协会员、国家二级美术师、
中国美协会员。出版有《朱力画辑》《朱力国画
作品选》《朱力画集》等。

J0128938
月季 （摄影 1984〈农历甲子年〉年历）
任国兴摄影
石家庄 河北美术出版社 1983 年 54cm（4 开）
定价：CNY0.20

J0128939
月季 （摄影 1984 年年历）马名骏摄影
太原 山西人民出版社 1983 年 54cm（4 开）
定价：CNY0.18

J0128940
月季 （摄影 1984〈农历甲子年〉年历）
来启斌摄影
天津 天津人民美术出版社 1983 年
54cm（4 开）定价：CNY0.20

J0128941
月季花 （摄影 1984 年年历）傅振欣摄影
合肥 安徽人民出版社 1983 年 54cm（4 开）
定价：CNY0.18

J0128942
月季花开 （摄影 1984 年年历）郎琦摄影
沈阳 辽宁美术出版社 1983 年 54cm（4 开）
定价：CNY0.20

J0128943
1985（花卉摄影挂历）
沈阳 辽宁科学技术出版社 1984 年
78cm（3 开）定价：CNY4.20

J0128944
1985（群芳争艳） （摄影挂历）刘建华摄影
北京 中国戏剧出版社 1984 年 39cm（4 开）
定价：CNY1.60

J0128945
1985（摄影花卉挂历）
北京 中国文联出版公司 1984 年 54cm（4 开）
定价：CNY3.60

J0128946
1985—1986（花卉摄影挂历）
沈阳 辽宁科学技术出版社［1984 年］

78cm（3 开）定价：CNY3.80

J0128947
1985 年花卉月历 （摄影）
上海 上海人民美术出版社 1984 年
78cm（3 开）定价：CNY4.20

J0128948
白梅 （摄影 1985 年年历）刘建新摄影
武汉 长江文艺出版社 1984 年 54cm（4 开）
定价：CNY0.20

J0128949
白月季 （摄影 1985 年年历）杨长福摄影
昆明 云南人民出版社 1984 年 54cm（4 开）
定价：CNY0.20

J0128950
报春花 （摄影 1985 年年历）黄克勤摄影
武汉 长江文艺出版社 1984 年 39cm（4 开）
定价：CNY0.10

J0128951
冰雪三兽 （摄影 1985 年年历）
王颖，李晓斌摄影
天津 天津人民美术出版社 1984 年
54cm（4 开）定价：CNY0.20

J0128952
苍海游踪 （摄影 1985 年农历乙丑年年历）
郭宗敏摄影
太原 山西人民出版社 1984 年 54cm（4 开）
定价：CNY0.20

J0128953
莒兰 （摄影 1985 年年历）张克庆摄影
杭州 浙江人民美术出版社 1984 年
39cm（4 开）定价：CNY0.12

J0128954
雏燕展翅 （摄影 1985 年年历）张克庆摄影
杭州 浙江人民美术出版社 1984 年
39cm（4 开）定价：CNY0.16

J0128955
雏鹰临松 （摄影 1985 年年历）（清）章声作
南京 江苏美术出版社 1984 年 54cm（4 开）
定价：CNY0.20

J0128956
春桃 （摄影 1985 年年历）池一平,郭阿根摄影
杭州 浙江人民美术出版社 1984 年
54cm（4 开）定价：CNY0.19

J0128957
大花君子兰 （摄影 1985 年年历）梁枫摄影
沈阳 辽宁美术出版社 1984 年 39cm（4 开）
定价：CNY0.10

J0128958
大理花 （摄影 1985 年年历）宜云摄影
成都 四川省新闻图片社［1984 年］54cm（4 开）
定价：CNY0.20

J0128959
丹顶鹤 （摄影 1985 年年历）任诗吟摄影
北京 人民美术出版社 1984 年 54cm（4 开）
定价：CNY0.20

J0128960
倒挂金钟 （摄影 1985 年年历）潘德润摄影
昆明 云南人民出版社 1984 年 39cm（4 开）
定价：CNY0.18

J0131377
杜鹃花 （摄影 1985 年年历）王滇云摄影
昆明 云南人民出版社 1984 年 54cm（4 开）
定价：CNY0.20

J0128961
非洲紫罗兰 （摄影 1985 年年历）
北京 中国文联出版公司 1984 年 54cm（4 开）
定价：CNY0.20

J0128962
高飞吧,小孔雀 （摄影 1985 年年历）
沈今声摄影
石家庄 河北美术出版社 1984 年 54cm（4 开）
定价：CNY0.20

作者沈今声（1934—　），毕业于中央美术学院。曾任《舞蹈》杂志编辑。代表作《雀之灵》《肯登攀》。

J0128963
鸽子 （摄影 1985 年年历）
上海 上海书画出版社 1984 年 76cm（2 开）
定价：CNY0.40

J0128964
寒梅双栖 （摄影 1985 年年历）顾东升摄影
南京 江苏美术出版社 1984 年 54cm（4 开）
定价：CNY0.20

J0128965
和平月季 （摄影 1985 年年历）
北京 中国文联出版公司 1984 年 54cm（4 开）
定价：CNY0.20

J0128966
和平之子——月季 （摄影 1985 年年历）
孙肃显摄影
郑州 河南人民出版社 1984 年 78cm（2 开）
定价：CNY0.24

J0128967
荷 （摄影 1985 年年历）邵华安摄影
合肥 安徽人民出版社 1984 年 78cm（2 开）
定价：CNY0.26

J0128968
荷花 （摄影 1985 年年历）李力摄影
石家庄 河北美术出版社 1984 年 54cm（4 开）
定价：CNY0.20

J0128969
荷花 （摄影 1985 年年历）来启斌摄影
天津 天津人民美术出版社 1984 年
54cm（4 开）定价：CNY0.20

J0128970
荷花鹭鸶 （摄影 1985 年年历）赵少昂画
北京 荣华斋［1984 年］78cm（2 开）
定价：CNY0.20

作者赵少昂（1905—1998），画家、教授。字

叔仪,原籍广东番禺。"岭南派"著名画家,历任广州市立美术学校中国画系主任、广州大学美术科教授。出版有《少昂近作集》《少昂画集》《赵少昂画集》《实用绘画学》。

J0128971
鹤鸣　(摄影 1985 年年历)梁枫摄影
沈阳 辽宁美术出版社 1984 年 54cm(4 开)
定价: CNY0.20

J0128972
红花　(摄影 1985 年年历)曹振云摄影
北京 人民美术出版社 1984 年 54cm(4 开)
定价: CNY0.20

J0128973
红梅　(摄影 1985 年年历)安安摄影
南宁 漓江出版社 1984 年 39cm(4 开)
定价: CNY0.14

J0128974
红岩梅开天下春
(摄影 1985 年农历乙丑年年历)颂杨摄影
成都 四川省新闻图片社 [1984年]54cm(4 开)
定价: CNY0.20

J0128975
红叶山雀　(摄影 1985 年年历)李敬仕作
北京 人民美术出版社 1984 年 78cm(2 开)
定价: CNY0.22

J0131393
虎　(摄影 1985 年年历)冯大中作
沈阳 辽宁美术出版社 1984 年 54cm(4 开)
定价: CNY0.20
　　作者冯大中(1949—),画家。号伏虎草堂主人。中国美术家协会会员,中国工笔画学会理事,中国画学会副会长,中国美术家协会理事,辽宁省美协副主席,国家一级画家。代表作品有《苏醒》《早春》《天地玄黄》《高山景行》。

J0128976
虎　(摄影 1985 年年历)陈德通摄影
西安 陕西人民美术出版社 1984 年
78cm(2 开)定价: CNY0.27

J0128977
虎　(摄影 1985 年年历)杨克林摄影
成都 四川人民出版社 1984 年 54cm(4 开)
定价: CNY0.18

J0128978
虎　(摄影 1985 年年历)张克庆摄影
杭州 浙江人民美术出版社 1984 年
78cm(2 开)定价: CNY0.24
　　作者张克庆(1946—),摄影编辑。重庆人。历任当代文学艺术研究院院士,香港现代摄影学会会员,中国职业摄影撰稿人,中国华侨摄影学会会员,浙江人民出版社美术编辑室,浙江人民美术出版社摄影年画编辑室。出版有《杭州西湖》摄影画册。

J0128979
虎气　(摄影 1985 年年历)
天津 天津杨柳青画社 1984 年 78cm(2 开)
定价: CNY0.27

J0128980
虎头兰　(摄影 1985 年年历)严钟义摄影
乌鲁木齐 新疆人民出版社 1984 年
54cm(4 开)定价: CNY0.20

J0128981
虎头兰　(摄影 1985 年年历)
北京 中国文联出版公司 1984 年 54cm(4 开)
定价: CNY0.20

J0131400
花朵　(摄影 1985 年年历)冯声摄影
合肥 安徽人民出版社 1984 年 54cm(4 开)
定价: CNY0.20

J0128982
花朵　(摄影 1985 年年历)周钦岳摄影
天津 天津人民美术出版社 1984 年
54cm(4 开)定价: CNY0.20

J0128983
花朵　(摄影 1985 年年历)顾永年摄影
昆明 云南人民出版社 1984 年 54cm(4 开)
定价: CNY0.20

J0128984
花卉 （摄影 1985 年年历）
潞西县 德宏民族出版社 ［1984 年］54cm（4 开）
定价：CNY0.15

J0128985
花卉 （汉日英文对照）何炳富摄影
北京 外文出版社 1984 年 10 张 15cm（64 开）
定价：CNY1.10
　　作者何炳富（1940—　　），摄影师。上海人，军事科学院摄影师，中国摄影家协会会员。

J0128986
花寄情 （摄影 1985 年年历）张岩摄影
石家庄 河北美术出版社 1984 年 54cm（4 开）
定价：CNY0.20

J0128987
花篮猫 （摄影 1985 年年历）赵德明摄影
济南 山东美术出版社 1984 年 54cm（4 开）
定价：CNY0.20

J0128988
花猫 （摄影 1985 年年历）秦钟摄影
西安 陕西人民美术出版社 1984 年
54cm（4 开）定价：CNY0.20

J0128989
花鸟 （摄影 1985 年年历）钱万里摄影
郑州 河南人民出版社 1984 年 78cm（2 开）
定价：CNY0.24

J0128990
花艳蜂忙 （摄影 1985 年年历）翁一摄影
天津 天津人民美术出版社 1984 年
76cm（2 开）定价：CNY0.40

J0128991
花之恋 （摄影 1985 年农历乙丑年年历）
余铭源摄影
成都 四川省新闻图片社 ［1984 年］54cm（4 开）
定价：CNY0.20

J0128992
黄月季 （摄影 1985 年年历）顾棣摄影

太原 山西人民出版社 1984 年 54cm（4 开）
定价：CNY0.20

J0128993
金菊 （摄影 1985 年年历）肖安摄影
成都 四川人民出版社 1984 年 78cm（2 开）
定价：CNY0.25

J0128994
金鱼 （摄影 1985 年年历）陈柯摄影
成都 四川人民出版社 1984 年 54cm（4 开）
定价：CNY0.18

J0128995
金鱼图 （摄影 1985 年年历）张词祖摄影
上海 上海书画出版社 1984 年 54cm（4 开）
定价：CNY0.20
　　作者张词祖，主要摄影作品为《海棠枝头》。

J0128996
菊花 （摄影 1985 年年历）纪梅摄影
石家庄 河北美术出版社 1984 年 54cm（4 开）
定价：CNY0.20

J0128997
菊花 （摄影 1985 年年历）陈瞻宏摄影
天津 天津人民美术出版社 1984 年
54cm（4 开）定价：CNY0.20

J0128998
菊花 （摄影 1985 年年历）支柱摄影
天津 天津杨柳青画社 1984 年 54cm（4 开）
定价：CNY0.20

J0128999
君子兰 （摄影 1985 年年历）高小明摄影
济南 山东美术出版社 1984 年 54cm（4 开）
定价：CNY0.20

J0129000
君子兰花 （摄影 1985 年年历）
兰州 甘肃人民出版社 1984 年 54cm（4 开）
定价：CNY0.20

J0129001
卡特利亚兰　（摄影 1985 年年历）黄颙摄影
福州 福建人民出版社 1984 年 54cm（4 开）
定价：CNY0.20

J0129002
可爱的小狗　（摄影 1985 年年历）王英恒摄影
北京 人民美术出版社 1984 年 54cm（4 开）
定价：CNY0.20
　　作者王英恒（1932—　），摄影记者。生于海
南琼山县，毕业于中央美术学院。曾任《新体育》
《体育报》等杂志社美术图片编辑、摄影记者，人
民体育出版社摄影编辑室主任，中国体育摄影学
会主席，中国摄影家协会会员。摄影作品有《剑
术》《绳操》《女排队长张蓉芳》等。

J0129003
窥——裘皮猫·笼·鸟　（摄影 1985 年年历）
茅亚平摄影
南京 江苏人民出版社［1984 年］54cm（4 开）
定价：CNY0.20

J0129004
莲醒鱼欢　（摄影 1985 年年历）王松春摄影
南京 江苏美术出版社 1984 年 54cm（4 开）
定价：CNY0.20

J0129005
令箭荷花　（摄影 1985 年年历）肖顺权摄影
北京 人民美术出版社 1984 年 54cm（4 开）
定价：CNY0.20
　　作者肖顺权（1934—　），曾用名肖顺泉、肖
舜权。河北博野人。曾任人民美术出版社总编
办公室副主任、摄影部副主任等职。主要作品
有《唐永泰公主墓壁画集》《故宫》《元明清雕
塑》等。

J0129006
令箭荷花　（摄影 1985 年农历乙丑年年历）
田捷明摄影
成都 四川省新闻图片社［1984 年］54cm（4 开）
定价：CNY0.20

J0129007
马戏团里的小演员　（摄影 1985 年年历）

宋士诚摄影
南京 江苏美术出版社 1984 年 54cm（4 开）
定价：CNY0.20

J0129008
马戏团里的小演员　（摄影 1985 年年历）
宋士诚摄影
南京 江苏美术出版社 1984 年 78cm（2 开）
定价：CNY0.28

J0129009
玛瑙眼波斯猫　（摄影 1985 年农历乙丑年年历）
重庆 重庆出版社 1984 年 78cm（2 开）
定价：CNY0.28

J0129010
猫　（摄影 1985 年年历）
沈阳 辽宁美术出版社 1984 年 54cm（4 开）
定价：CNY0.20

J0129011
猫咪　（摄影 1985 年年历）王京生摄影
郑州 河南人民出版社 1984 年 54cm（4 开）
定价：CNY0.18

J0129012
猫咪　（摄影 1985 年年历）陶重光摄影
成都 四川人民出版社 1984 年 54cm（4 开）
定价：CNY0.18

J0129013
玫瑰　（摄影 1985 年年历）巫亦楠摄影
昆明 云南人民出版社 1984 年 54cm（4 开）
定价：CNY0.18

J0129014
玫瑰月季　（摄影 1985 年年历）肖庄,顾棣摄影
太原 山西人民出版社 1984 年 54cm（4 开）
定价：CNY0.20
　　作者顾棣（1929—　），摄影家。生于河北阜
平。《山西画报》原总编辑、山西省摄影家协会原
副主席。合作编著的图书有《中国解放区摄影史
料》《崇高美的历史再现》《中国摄影史》《沙飞
纪念集》等。

J0129015
咪咪 （摄影 1985 年年历）
沈阳 辽宁美术出版社 1984 年 54cm（4 开）
定价：CNY0.20

J0129016
明星——月季 （摄影 1985 年年历）
孙肃显摄影
郑州 河南人民出版社 1984 年 78cm（2 开）
定价：CNY0.24

J0129017
牡丹 （摄影 1985 年年历）朱力摄影
合肥 安徽人民出版社 1984 年 54cm（4 开）
定价：CNY0.20

J0129018
鸟儿飞回来了 （摄影 1985 年年历）
张涵毅摄影
天津 天津人民美术出版社 1984 年
54cm（4 开）定价：CNY0.20

J0129019
鸟语花香 （摄影 1985 年农历乙丑年年历）
杨克林摄影
北京 中国文联出版公司 1984 年
54cm（4 开）定价：CNY0.20

J0129020
亲爱的小猫咪 （摄影 1985 年年历）
池小宁摄影
天津 天津杨柳青画社 1984 年 54cm（4 开）
定价：CNY0.20

J0129021
秋菊 （摄影 1985 年年历）
兰州 甘肃人民出版社 1984 年 54cm（4 开）
定价：CNY0.20

J0129022
秋菊 （摄影 1985 年年历）张朝玺摄影
石家庄 河北美术出版社 1984 年 54cm（4 开）
定价：CNY0.20

J0129023
秋菊 （摄影 1985 年年历）何炳福摄影
沈阳 辽宁美术出版社 1984 年 54cm（4 开）
定价：CNY0.20

J0129024
秋菊 （摄影 1985 年年历）周仁德摄影
上海 上海人民美术出版社 1984 年
54cm（4 开）定价：CNY0.20

J0129025
山茶锦鸡图 （摄影 1985 年年历）刘海粟作
上海 上海人民美术出版社 1984 年
78cm（2 开）定价：CNY0.27
　　作者刘海粟（1896—1994），画家、美术教育家。名槃，字季芳，号海翁。江苏武进人。参与创办上海私立美术学院。曾任华东艺术专科学校校长，南京艺术学院院长。代表作《黄山云海奇观》《披狐皮的女孩》《九溪十八涧》等，有画集《黄山》《海粟老人书画集》等。

J0129026
山花烂漫 （摄影 1985 年农历乙丑年年历）
姜景全摄影
成都 四川省新闻图片社［1984 年］54cm（4 开）
定价：CNY0.20

J0129027
双蝶 （摄影 1985 年年历）刘以宽摄影
武汉 长江文艺出版社 1984 年 1 张
39cm（8 开）定价：CNY0.10

J0131447
双猫 （摄影 1985 年年历）王京生摄影
郑州 河南人民出版社 1984 年 1 张
54cm（4 开）定价：CNY0.18

J0129028
双猫图 （摄影 1985 年年历）高英熙摄影
成都 四川人民出版社 1984 年 1 张
54cm（4 开）定价：CNY0.18

J0129029
水仙花 （摄影 1985 年年历）马名骏摄影
太原 山西人民出版社 1984 年 1 张

54cm（4开）定价：CNY0.20

J0129030
睡莲 （摄影 1985年年历）刘世昭摄影
郑州 河南人民出版社 1984年 1张
39cm（8开）定价：CNY0.12
　　作者刘世昭（1948—　），摄影家。四川省成
都市人。作品《神境幽声》《归来的羊群》，摄影
集有《徒步三峡》。

J0129031
坛戒劲松 （摄影 1985年年历）刘震摄影
天津 天津杨柳青画社 1984年 1张
54cm（4开）定价：CNY0.20

J0129032
嬉猫 （摄影 1985年年历）
南昌 江西人民出版社［1984年］1张
39cm（8开）定价：CNY0.10

J0129033
仙鹤 （摄影 1985年年历）李晓斌摄影
天津 天津人民美术出版社 1984年 1张
54cm（4开）定价：CNY0.20

J0129034
仙客来 （摄影 1985年农历乙丑年年历）
张刘摄影
重庆 重庆出版社 1984年 1张 54cm（4开）
定价：CNY0.20

J0129035
仙人鞭 （摄影 1985年年历）黄牛摄影
西安 陕西人民美术出版社 1984年 1张
54cm（4开）定价：CNY0.20

J0129036
仙人球花 （摄影 1985年年历）王广林摄影
合肥 安徽人民出版社 1984年 1张
54cm（4开）定价：CNY0.20
　　作者王广林（1944—　），记者。江苏铜山人，
历任新华日报社摄影部主任，中国摄影家协会会
员，江苏新闻摄影协会副会长，江苏年画研究会
理事。

J0129037
鲜花怒放 （摄影 1985年年历）翁一摄影
天津 天津人民美术出版社 1984年 1张
76cm（2开）定价：CNY0.40

J0129038
鲜花怒放 （摄影 1985年年历）寅生摄影
杭州 西泠印社 1984年 1张 39cm（8开）
定价：CNY0.16

J0129039
小狗 （摄影 1985年年历）长城摄影
上海 上海人民美术出版社 1984年 1张
54cm（4开）定价：CNY0.20

J0129040
小狗 （摄影 1985年年历）
重庆 重庆出版社 1984年 1张 78cm（2开）
定价：CNY0.28

J0129041
小花 （摄影 1985年年历）苏晓摄影
福州 福建人民出版社 1984年 1张
54cm（4开）定价：CNY0.20

J0129042
小花 （摄影 1985年年历）晓华摄影
南京 江苏美术出版社 1984年 1张
54cm（4开）定价：CNY0.20

J0129043
小花 （摄影 1985年年历）金铎摄影
沈阳 辽宁美术出版社 1984年 1张
54cm（4开）定价：CNY0.20

J0129044
小花 （摄影 1985年年历）张克庆摄影
杭州 浙江人民美术出版社 1984年 1张
54cm（4开）定价：CNY0.19

J0129045
小骏马 （摄影 1985年年历）江小铎摄影
上海 上海书画出版社 1984年 1张
54cm（4开）定价：CNY0.20

J0129046
小猫 （摄影 1985 年年历）
济南 山东美术出版社 1984 年 1 张
54cm（4 开）定价：CNY0.20

J0129047
小猫和小狗 （摄影 1985 年年历）江小铎摄影
上海 上海书画出版社 1984 年 1 张
54cm（4 开）定价：CNY0.20

J0129048
小猫咪 （摄影 1985 年年历）
南昌 江西人民出版社 ［1984 年］1 张
39cm（8 开）定价：CNY0.10

J0129049
熊猫 （摄影 1985 年年历）陈岱宗摄影
合肥 安徽人民出版社 1984 年 1 张
39cm（6 开）定价：CNY0.10

J0129050
雪梅迎春 （摄影 1985 年年历）池一平摄影，
郭阿根摄影
杭州 浙江人民美术出版社 1984 年 1 张
78cm（2 开）定价：CNY0.24

J0129051
樱 （摄影 1985 年农历乙丑年年历）
重庆 重庆出版社 1984 年 78cm（2 开）
定价：CNY0.28

J0131472
樱桃 （摄影 1985 年农历乙丑年年历）巴笪摄影
成都 四川省新闻图片社 ［1984 年］54cm（4 开）
定价：CNY0.20

J0129052
月季 （摄影 1985 年年历）池一平摄影
沈阳 辽宁美术出版社 1984 年 54cm（4 开）
定价：CNY0.20

J0129053
月季 （摄影 1985 年年历）顾棣摄影
太原 山西人民出版社 1984 年 54cm（4 开）
定价：CNY0.20

J0129054
月季 （摄影 1985 年农历乙丑年年历）
吴中格摄影
成都 四川省新闻图片社 ［1984 年］54cm（4 开）
定价：CNY0.20

J0129055
月季花 （摄影 1985 年年历）杨长福摄影
昆明 云南人民出版社 1984 年 54cm（4 开）
定价：CNY0.20

J0129056
月季花 （摄影 1985 年农历乙丑年年历）
重庆 重庆出版社 1984 年 54cm（4 开）
定价：CNY0.20

J0129057
月摇花影 （摄影 1985 年年历）张克庆摄影
杭州 浙江人民美术出版社 1984 年
54cm（4 开）定价：CNY0.19

J0129058
朱砂玉兰 （摄影 1985 年年历）朱明斌摄影
重庆 重庆出版社 1984 年 78cm（2 开）
定价：CNY0.28

J0129059
朱砂玉兰 （摄影 1986 年年历）朱明斌摄影
重庆 重庆出版社 1985 年 1 张 ［78cm］（3 开）
定价：CNY0.30

J0131481
竹 （摄影 1985 年年历）张立辰摄影
郑州 河南人民出版社 1984 年 78cm（2 开）
定价：CNY0.24

J0129060
竹叶菊 （摄影 1985 年年历）卢文新摄影
武汉 长江文艺出版社 1984 年 54cm（4 开）
定价：CNY0.20

J0129061
紫玉兰 （摄影 1985 年年历）张金明摄影
昆明 云南人民出版社 1984 年 39cm（4 开）
定价：CNY0.18

J0129062
1986：钱万里花鸟摄影选　钱万里摄
上海　上海人民美术出版社　1985 年　85cm
（3 开）定价：CNY5.00

J0129063
1986：摄影——花卉
沈阳　辽宁美术出版社　1985 年　53cm（4 开）
定价：CNY4.20

J0129064
白鹅展翅飞　（摄影　1986 年农历丙寅年年历）
李蕾摄影
广州　岭南美术出版社　1985 年　1 张
42cm（6 开）定价：CNY0.20

J0129065
白天鹅　（摄影　1986 年年历）杨亚伦摄影
长沙　湖南美术出版社　1985 年　1 张
53cm（4 开）定价：CNY0.25

J0129066
白天鹅　（摄影　1986 年年历）陈湘华摄影
济南　山东美术出版社　1985 年　1 张
53cm（4 开）定价：CNY0.24

J0129067
白天鹅　（摄影　1986 年年历）刘克成摄影
天津　天津人民美术出版社　1985 年　1 张
53cm（4 开）统一书号：8073.80479
定价：CNY0.25

J0129068
白玉兰　（摄影　1986 年年历）张韫磊摄影
济南　山东美术出版社　1985 年　1 张
53cm（4 开）定价：CNY0.25
　　作者张韫磊(1926—　)，记者。山东莱州
人。人民画报社高级记者,中国老摄影家协会理
事。出版专著有《怎样拍夜景》《神州风光》(画
册)等。

J0129069
贝贝和咪咪　（摄影　1986 年年历）金铎摄影
沈阳　辽宁美术出版社　1985 年　1 张
53cm（4 开）定价：CNY0.25

J0129070
碧波红花　（摄影　1986 年年历）陈穆摄影
长沙　湖南美术出版社　1985 年　1 张
54cm（4 开）定价：CNY0.25

J0129071
碧桃花　（摄影　1986 年年历）张朝玺摄影
天津　天津人民美术出版社　1985 年　1 张
39cm（4 开）定价：CNY0.13

J0129072
茶花　（摄影　1986 年年历）林孙杏摄影
石家庄　河北美术出版社　1985 年　1 张
54cm（4 开）定价：CNY0.12

J0129073
茶花　（摄影　1986 年年历）林孙杏摄影
广州　岭南美术出版社　1985 年　1 张
39cm（4 开）定价：CNY0.20

J0129074
菖兰花　（摄影　1986 年年历）鄂毅摄影
呼和浩特　内蒙古人民出版社　1985 年　1 张
54cm（4 开）定价：CNY0.22

J0129075
痴蝶受惊　（摄影　1986 年农历丙寅年年历）
王之风摄影
广州　岭南美术出版社　1985 年　1 张
39cm（4 开）定价：CNY0.20

J0129076
雏鸡　（摄影　1986 年年历）马元浩摄影
武汉　湖北少年儿童出版社　1985 年　1 张
54cm（4 开）定价：CNY0.24

J0129077
雏鹰展翅　（摄影　1986 年农历丙寅年年历）
陈振戈摄影
广州　岭南美术出版社　1985 年　1 张
39cm（4 开）定价：CNY0.20

J0129078
雏鹰展翅　（摄影　1986 年年历）金石摄影
北京　人民体育出版社　1985 年　1 张

78cm（2开）定价：CNY0.33

J0129079
垂柳吐翠 （摄影 1986年年历）蒙紫摄影
石家庄 河北美术出版社 1985年 1张
78m（3开）定价：CNY0.32

J0129080
春暖花开 （摄影 1986年年历）晓庄摄影
桂林 漓江出版社 1985年 1张 54cm（4开）
定价：CNY0.27

J0129081
春之花 （摄影 1986年年历）周炘摄影
上海 上海书画出版社 1985年 1张
54cm（4开）定价：CNY0.24

J0129082
大兰花 （摄影 1986年年历）林孙杏摄影
石家庄 河北美术出版社 1985年 1张
53cm（4开）定价：CNY0.24

J0129083
大理花 （摄影 1986年年历）谭云森摄影
济南 山东美术出版社 1985年 1张
53cm（4开）定价：CNY0.24

J0129084
东北虎 （摄影 1986年年历）陈岱宗摄影
北京 人民美术出版社 1985年 1张
53cm（4开）定价：CNY0.18

J0129085
杜鹃花 （摄影 1986年年历）奉黄摄影
兰州 甘肃人民出版社 1985年 1张
53cm（4开）定价：CNY0.22

J0129086
繁花似锦 （摄影 1986年年历）陈震生摄影
合肥 安徽美术出版社 1985年 1张
78cm（2开）定价：CNY0.35

J0129087
繁花似锦 （摄影 1986年年历）谢新发摄影
太原 山西人民出版社 1985年 1张

54cm（4开）定价：CNY0.24

J0129088
芬芳四溢 （摄影 1986年农历丙寅年年历）
钟向东摄影
成都 四川省新闻图片社［1985年］1张
54cm（4开）定价：CNY0.23

　　作者钟向东(1944—),画家。别名钟兴、
号高联居士，江西兴国长岗人。毕业于赣南师范
学院艺术系及中国书画函授大学国画专业。历
任江西省美术家协会会员、漫画学会理事、工艺
美术学会会员、摄影家协会会员、赣南画院美术
事业部主任、特聘画家、赣州市中山书画院特聘
画师。主要作品有《郁孤台》《现代风》《希望之
星》《考察报告》等。

J0129089
风菊 （摄影 1986年年历）未明斌摄影
昆明 云南人民出版社 1985年 1张
53cm（4开）定价：CNY0.22

J0129090
浮莲游鱼 （摄影 1986年年历）一平摄影
石家庄 河北美术出版社 1985年 1张
78cm（2开）定价：CNY0.20

J0129091
古木逢春 （摄影 1986年年历）金宝源摄影
合肥 安徽科学技术出版社 1985年 1张
78cm（3开）定价：CNY0.35

J0129092
寒潭鹤影 （摄影 1986年年历）杨帆摄影
石家庄 河北美术出版社 1985年 1张
54cm（4开）定价：CNY0.22

J0129093
荷花 （摄影 1986年年历）夏永烈,林伟欣摄影
南京 江苏科学技术出版社 1985年 1张
54cm（4开）定价：CNY0.24

J0129094
黑龙江野生动物 （汉、英、日、俄对照）
崔纯等摄影
哈尔滨 黑龙江美术出版社 1985年 10张

15cm（40 开）

J0129095
红叶斗霜 （摄影 1986 年年历）
上海　上海人民美术出版社 1985 年　1 张
53cm（4 开）定价：CNY0.24

J0129096
虎　王坚摄影
哈尔滨　黑龙江美术出版社 1985 年　5 张
15cm（40 开）定价：CNY0.45

J0129097
虎　（摄影 1986 年年历）邵华安摄影
西安　陕西人民美术出版社 1985 年　1 张
54cm（4 开）定价：CNY0.24

J0129098
虎头兰 （摄影 1986 年年历）任涵子摄影
合肥　安徽美术出版社 1985 年　1 张
54cm（4 开）定价：CNY0.24

J0129099
花　（摄影 1986 年年历）尹春华摄影
福州　福建美术出版社 1985 年　1 张
53cm（4 开）定价：CNY0.32
　　作者尹春华，擅长摄影。主要年历作品有《凝视》《梦乡》《小青河上》等。

J0129100
花　（摄影 1986 年年历）张克庆摄影
沈阳　辽宁美术出版社 1985 年　1 张
53cm（4 开）定价：CNY0.25

J0129101
花儿今又开　（摄影 1986 年年历）王群摄影
沈阳　辽宁美术出版社 1985 年　1 张
53cm（4 开）定价：CNY0.25

J0129102
花卉静物　（摄影 1986 年年历）夏大统摄影
武汉　湖北少年儿童出版社 1985 年　1 张
53cm（4 开）定价：CNY0.24

J0129103
花篮　（摄影 1986 年年历）赵衡生摄影
武汉　湖北美术出版社 1985 年　1 张
53cm（4 开）定价：CNY0.24

J0129104
花篮里的小猫　（摄影 1986 年年历）许辉摄影
沈阳　辽宁美术出版社 1985 年　1 张
53cm（4 开）定价：CNY0.25

J0129105
欢欢　（摄影 1986 年年历）解黔云摄影
石家庄　河北美术出版社 1985 年　1 张
53cm（4 开）定价：CNY0.24

J0129106
欢欢　（摄影 1987 年年历）解黔云摄影
石家庄　河北美术出版社 1986 年　1 张
53cm（4 开）定价：CNY0.25

J0129107
黄牡丹　（摄影 1986 年年历）夏永烈，林伟欣摄影
南京　江苏科学技术出版社 1985 年　1 张
54cm（4 开）定价：CNY0.24

J0129108
鸡蛋花　（摄影 1986 年年历）华绍祖摄影
天津　天津人民美术出版社 1985 年　1 张
39cm（4 开）定价：CNY0.13

J0131531
金菊　（摄影 1986 年年历）回声摄影
成都　四川新闻图片社［1985 年］1 张
39cm（4 开）定价：CNY0.13

J0129109
金鱼　（摄影 1986 年年历）王万录摄影
石家庄　河北美术出版社 1985 年　1 张
54cm（4 开）定价：CNY0.12

J0129110
金鱼　（摄影 1986 年年历）马名骏摄影
太原　山西人民出版社 1985 年　1 张
54cm（4 开）定价：CNY0.24

作者马名骏(1933—　)，摄影家。河北省阳原县人。历任山西人民出版社编审，中国摄影家协会会员，山西省摄影家协会副主席。

J0129111
金鱼　（摄影 1986 年年历）林伟新摄影
上海　上海人民美术出版社 1985 年　1 张
54cm（4 开）定价：CNY0.24

J0129112
竞艳　（摄影 1986 年年历）曾宪阳摄影
天津　天津人民美术出版社 1985 年　1 张
54cm（4 开）定价：CNY0.25

J0129113
菊　（摄影 1986 年年历）谢力行摄影
武汉　湖北美术出版社 1985 年　1 张
54cm（4 开）定价：CNY0.24

J0129114
菊　（摄影 1986 年年历）王敬摄影
济南　山东美术出版社 1985 年　1 张
54cm（4 开）定价：CNY0.25

J0129115
菊　（摄影 1986 年年历）林伟欣摄影
西安　陕西人民美术出版社 1985 年　1 张
54cm（4 开）定价：CNY0.24

J0129116
菊花　（摄影 1986 年年历）竞艳，肖星摄影
长春　吉林人民出版社 1985 年　1 张
39cm（4 开）定价：CNY0.14

J0129117
菊花　（摄影 1986 年年历）李元奇摄影
沈阳　辽宁美术出版社 1985 年　1 张
54cm（4 开）定价：CNY0.25

J0129118
君子兰　（摄影 1986 年年历）由少斌摄影
石家庄　河北美术出版社 1985 年　1 张
54cm（4 开）定价：CNY0.12

J0129119
君子兰　（摄影 1986 年年历）李福堂摄影
武汉　湖北美术出版社 1985 年　1 张
54cm（4 开）定价：CNY0.24

J0129120
君子兰　（摄影 1986 年年历）李元奇摄影
天津　天津人民美术出版社 1985 年　1 张
54cm（4 开）定价：CNY0.25

J0129121
君子兰　（摄影 1986 年年历）谢新发，张涵毅摄影
昆明　云南人民出版社 1985 年　1 张
54cm（4 开）定价：CNY0.22

J0129122
骏马飞腾　（摄影 1986 年年历）胡建瑜摄影
上海　上海人民美术出版社 1985 年　1 张
54cm（4 开）定价：CNY0.24

J0129123
可爱的花儿　（摄影 1986 年年历）冯静之摄影
合肥　安徽美术出版社 1985 年　1 张
38cm（6 开）定价：CNY0.12

J0129124
可爱的咪咪　（摄影 1986 年年历）袁学军摄影
北京　中国戏剧出版社 1985 年　1 张
53cm（4 开）定价：CNY0.25

J0129125
莲花　（摄影 1986 年年历）王文进摄影
武汉　湖北美术出版社 1985 年　1 张
54cm（4 开）定价：CNY0.24

J0129126
令箭荷花　（摄影 1986 年年历）王进友摄影
石家庄　河北美术出版社 1985 年　1 张
53cm（4 开）定价：CNY0.12

J0129127
令箭荷花　（摄影 1986 年年历）张益福摄影
济南　山东美术出版社 1985 年　1 张
53cm（4 开）定价：CNY0.24

作者张益福(1934—　　)，摄影教育家。山东潍坊市人。毕业于北京电影学院摄影系，历任北京电影学院摄影系教授、摄影学院副院长兼教务主任，《人像摄影》杂志编委。主要著作有《摄影技巧研究》《人像摄影》《摄影色彩构成》等。

J0129128
令箭荷花　（摄影　1986年年历）宋振华摄影
太原　山西人民出版社　1985年　1张
53cm（4开）定价：CNY0.24

J0129129
令箭荷花　（摄影　1986年年历）秦松摄影
西安　陕西人民出版社　1985年　1张
53cm（4开）定价：CNY0.24

J0129130
绿梅　（摄影　1986年年历）谢力行摄影
武汉　湖北美术出版社　1985年　1张
54cm（4开）定价：CNY0.24

J0129131
绿梅　（摄影　1986年年历）陈春轩摄影
重庆　重庆出版社　1985年　1张　54cm（4开）
定价：CNY0.20

J0129132
绿叶　（摄影　1986年年历）谢新发摄影
长春　吉林人民出版社　1985年　1张
54cm（4开）定价：CNY0.24

J0129133
马儿快快跑　（摄影　1986年年历）沈治昌摄影
上海　上海书画出版社　1985年　1张
53cm（4开）定价：CNY0.24
　　作者沈治昌，摄影家。作品有年历画《电影演员陈剑月》《电影演员殷亭如》《颐和园万寿山》《鹿顶迎晖》等。

J0129134
马戏团里的小狗　（摄影　1986年年历）
丁锋摄影
福州　福建美术出版社　1985年　1张
53cm（4开）定价：CNY0.24

J0129135
猫观灯　（摄影　1986年年历）刘世昭摄影
郑州　河南美术出版社　1985年　1张
78cm（2开）定价：CNY0.30

J0129136
猫咪　（摄影　1986年年历）友人摄影
长沙　湖南美术出版社　1985年　1张
54cm（4开）定价：CNY0.25

J0129137
猫咪　（摄影　1986年年历）刘梦华摄影
西安　陕西人民美术出版社　1985年　1张
54cm（4开）定价：CNY0.24

J0129138
猫咪　（摄影　1986年年历）陈学栋摄影
上海　上海人民美术出版社　1985年　1张
54cm（4开）定价：CNY0.24

J0129139
猫咪　（摄影　1986年年历）刘世昭摄影
杭州　浙江人民美术出版社　1985年　1张
54cm（4开）定价：CNY0.24

J0129140
猫趣　（摄影　1986年年历）海延林摄影
武汉　湖北美术出版社　1985年　1张
54cm（4开）定价：CNY0.24

J0129141
猫戏图　（摄影　1986年农历丙寅年年历）
杨佐恒摄影
郑州　河南美术出版社　1985年　1张
54cm（4开）定价：CNY0.23

J0129142
梅竹　（摄影　1986年年历）辛鹏摄影
沈阳　辽宁美术出版社　1985年　1张
78cm（2开）定价：CNY0.34

J0129143
咪咪　（摄影　1986年年历）
上海　上海人民美术出版社　1985年　1张
54cm（4开）定价：CNY0.24

J0129144
牡丹 （摄影 1986 年年历）李力摄影
石家庄 河北美术出版社 1985 年 1 张
54cm（4 开）定价：CNY0.24

J0129145
牡丹花 （摄影 1986 年年历）孙中晓摄影
济南 山东美术出版社 1985 年 1 张
54cm（4 开）定价：CNY0.24

J0129146
南山牧鹿 （摄影 1987 年年历）王钟虎摄影
重庆 重庆出版社 1985 年 1 张 76cm（2 开）
定价：CNY0.30

J0129147
农家花篮 （摄影 1986 年年历）沈延太摄影
沈阳 辽宁美术出版社 1985 年 1 张
53cm（4 开）定价：CNY0.25

J0129148
盆花 （汉英对照）外文出版社
北京 外文出版社 1985 年 10 张 13cm（60 开）
定价：CNY1.10

J0129149
青龙塔花 （摄影 1986 年年历）冬山摄影
天津 天津人民美术出版社 1985 年 1 张
39cm（8 开）定价：CNY0.13

J0131573
秋菊 （摄影 1986 年年历）廖鲁摄影
兰州 甘肃人民出版社 1985 年 1 张
54cm（4 开）定价：CNY0.22

J0129150
山丹丹花 （摄影 1986 年年历）刘祺云摄影
石家庄 河北美术出版社 1985 年 1 张
53cm（4 开）定价：CNY0.12

J0129151
山丹花 （摄影 1986 年年历）华绍祖摄影
天津 天津人民美术出版社 1985 年 1 张
38cm（6 开）定价：CNY0.13

J0129152
赏花 （摄影 1986 年年历）
郑州 河南美术出版社 1985 年 1 张
78cm（2 开）定价：CNY0.30

J0129153
芍药 （摄影 1986 年年历）薛玉西摄影
济南 山东美术出版社 1985 年 1 张
53cm（4 开）定价：CNY0.24

J0129154
双猫 （摄影 1986 年年历）
上海 上海人民美术出版社 1985 年 1 张
53cm（4 开）定价：CNY0.48

J0129155
水塔花 （摄影 1986 年年历）廖衍犹摄影
武汉 湖北美术出版社 1985 年 1 张
53cm（4 开）定价：CNY0.24

J0129156
水仙 （摄影 1986 年年历）刘以宽摄影
武汉 湖北美术出版社 1985 年 1 张
53cm（4 开）定价：CNY0.24

J0129157
水仙 （摄影 1986 年年历）林伟欣等摄影
西安 陕西人民美术出版社 1985 年 1 张
［78cm］（3 开）定价：CNY0.32

J0129158
睡莲 （摄影 1986 年年历）谢新发摄影
石家庄 河北美术出版社 1985 年 1 张
54cm（4 开）定价：CNY0.24

J0129159
睡莲 （摄影 1986 年农历丙寅年年历）
赵松龄摄影
广州 岭南美术出版社 1985 年 1 张
39cm（8 开）定价：CNY0.20

J0129160
睡莲 （摄影 1986 年年历）晓庄摄影
西安 陕西人民美术出版社 1985 年 1 张
54cm（4 开）定价：CNY0.24

J0129161
睡莲（摄影 1986 年年历）谢新发摄影
天津 天津人民美术出版社 1985 年 1 张
54cm（4 开）定价：CNY0.25

J0129162
昙花（摄影 1986 年年历）严钟义摄影
乌鲁木齐 新疆人民出版社 1985 年 1 张
54cm（4 开）定价：CNY0.20

J0129163
五猫图（摄影 1986 年年历）赵衡生摄影
武汉 湖北美术出版社 1985 年 1 张
53cm（4 开）定价：CNY0.24

J0129164
仙鹤戏水（摄影 1986 年年历）周祖贻摄影
沈阳 辽宁美术出版社 1985 年 1 张
53cm（4 开）定价：CNY0.25
　　作者周祖贻，连环画艺术家。摄影的年画有《红装》《菊颂》《硕果丰盈》等。

J0129165
仙人球（摄影 1986 年年历）钱予强摄影
沈阳 辽宁美术出版社 1985 年 1 张
53cm（4 开）定价：CNY0.25

J0129166
鲜花（摄影 1986 年年历）谢毅,周仁德摄影
上海 上海人民美术出版社 1985 年 1 张
54cm（4 开）定价：CNY0.24

J0129167
小花（摄影 1986 年年历）刘杰摄影
福州 福建美术出版社 1985 年 1 张
53cm（4 开）定价：CNY0.24

J0129168
小花（摄影 1986 年年历）曹振云摄影
北京 人民美术出版社 1985 年 1 张
53cm（4 开）定价：CNY0.18

J0129169
小花（摄影 1986 年年历）王全享摄影
成都 四川新闻图片社［1985 年］1 张
53cm（4 开）定价：CNY0.23

J0129170
小花（摄影 1986 年年历）一虹摄影
杭州 浙江人民美术出版社 1985 年 1 张
53cm（4 开）定价：CNY0.24

J0129171
小花儿（摄影 1986 年年历）张函毅摄影
济南 山东少年儿童出版社 1985 年 1 张
53cm（4 开）定价：CNY0.24

J0129172
小花争艳（摄影 1986 年年历）田捷明摄影
成都 四川省新闻图片社［1985 年］1 张
53cm（4 开）定价：CNY0.23

J0129173
小猫和静物（摄影 1986 年年历）侯书明摄影
长春 吉林人民出版社 1985 年 1 张
54cm（4 开）定价：CNY0.24

J0129174
小山花（摄影 1986 年年历）方维元摄影
成都 四川民族出版社 1985 年 1 张
53cm（4 开）定价：CNY0.12

J0129175
小山羊（摄影 1986 年年历）
南京 江苏美术出版社 1985 年 1 张
53cm（4 开）定价：CNY0.24

J0129176
熊猫（汉英对照）外文出版社
北京 中国旅游出版社 1985 年 10 张
15cm（40 开）定价：CNY1.10

J0129177
艳（摄影 1986 年年历）曾宪阳摄影
贵阳 贵州人民出版社 1985 年 1 张
54cm（4 开）定价：CNY0.22

J0129178
罂粟花（摄影 1986 年年历）晓庄摄影
沈阳 辽宁美术出版社 1985 年 1 张

39cm（4 开）定价：CNY0.17

　　作者晓庄，擅长年历摄影。主要作品有《苏州园林小景》《又一春》《金陵瑞雪》等。

J0129179
樱花　（摄影 1986 年年历）赵淑琪摄影
济南　山东美术出版社 1985 年　1 张
54cm（4 开）定价：CNY0.24

J0129180
樱花寄情　（摄影 1986 年年历）谢新发摄影
石家庄　河北美术出版社 1985 年　1 张
78cm（2 开）定价：CNY0.32

J0129181
樱花盛开　（摄影 1986 年年历）谢新发摄影
长春　吉林人民出版社 1985 年　1 张
54cm（4 开）定价：CNY0.24

J0129182
幽香　（摄影 1986 年年历）
郑州　河南美术出版社 1985 年　1 张
78cm（2 开）定价：CNY0.30

J0129183
月季　（摄影 1986 年年历）谢新发摄影
石家庄　河北美术出版社 1985 年　1 张
53cm（4 开）定价：CNY0.12

J0129184
月季　（摄影 1986 年年历）刘震摄影
长春　吉林人民出版社 1985 年　1 张
53cm（4 开）定价：CNY0.24

J0129185
月季　（摄影 1986 年年历）孙茂明摄影
沈阳　辽宁美术出版社 1985 年　1 张
53cm（4 开）定价：CNY0.25

J0129186
争春　（摄影 1986 年年历）佳红摄影
天津　天津人民美术出版社 1985 年　1 张
53cm（4 开）定价：CNY0.25

J0129187
珠红牡丹　（摄影 1986 年农历丙寅年年历）
詹国荣摄影
成都　四川省新闻图片社［1985 年］1 张
54cm（4 开）定价：CNY0.23

J0129188
紫玉兰　（摄影 1986 年年历）潘益坤摄影
石家庄　河北美术出版社 1985 年　1 张
78cm（2 开）定价：CNY0.32

J0129189
（美好的祝愿）云南花卉集　（汉英对照）
朱明斌等摄影
德宏　德宏民族出版社 1986 年　10 张
定价：CNY1.30

J0129190
1987：静物摄影——姹紫嫣红　（挂历）
南昌　江西人民出版社 1986 年 78cm（2 开）
定价：CNY5.30

J0129191
1987：咪咪　（摄影挂历）
成都　四川美术出版社 1986 年　3 版
53cm（4 开）定价：CNY4.20

J0129192
1988：鳞滢世界　（挂历）高源，晓岷摄影
成都　四川美术出版社 1986 年　（3 开）
定价：CNY5.80

J0129193
1988：马　（摄影挂历）
成都　四川美术出版社 1986 年　（3 开）
定价：CNY5.80

J0129194
白牡丹　（摄影 1987 年年历）顾棣摄影
太原　山西人民出版社 1986 年　1 张
53cm（4 开）定价：CNY0.24

J0129195
白天鹅　（摄影 1987 年年历）杨克林摄影
太原　希望出版社 1986 年　1 张 53cm（4 开）

定价：CNY0.24

作者杨克林，擅长摄影。主要作品有年历《时装·女东方衫》《怒放》《漫游太空》等。

J0129196
彩蝶双飞 （摄影 1987 年年历）边颖摄影
沈阳 辽宁美术出版社 1986 年 1 张
78cm（2 开）定价：CNY0.34

J0129197
春花明媚 （摄影 1987 年年历）吴宝光摄影
福州 福建美术出版社 1986 年 1 张
53cm（4 开）定价：CNY0.24

J0129198
春苑花正红 （摄影 1987 年年历）
天津 天津人民美术出版社 1986 年 1 张
53cm（4 开）定价：CNY0.25

J0129199
翠竹无言 （摄影 1987 年年历）马元浩摄影
南昌 江西人民出版社［1986 年］1 张（2 开）
定价：CNY0.33

作者马元浩（1944— ），摄影家、导演。毕业于上海财经学院。中国摄影家协会会员，英国皇家摄影学会高级会士。出版有《中国古代雕塑观音》等。

J0129200
繁花似锦 （摄影 1987 年年历）金宝源摄影
南昌 江西人民出版社［1986 年］1 张
78cm（2 开）定价：CNY0.33

J0129201
芳草遍连天 （摄影 1987 年年历）刘克成摄影
福州 福建美术出版社 1986 年 1 张
78cm（2 开）定价：CNY0.32

J0129202
芳草茵茵 （摄影 1987 年年历）周有骏摄影
杭州 杭州人民美术出版社 1986 年 1 张
53cm（4 开）定价：CNY0.28

作者周有骏，摄影有年画《青年歌星程琳》《电影演员靳嘉》等。

J0129203
芬芳四溢 （摄影 1987 年年历）杨克林摄影
南昌 江西人民出版社［1986 年］1 张（2 开）
定价：CNY0.33

J0129204
风荷 （摄影 1987 年年历）天鹰，阿根摄影
杭州 浙江人民美术出版社 1986 年 1 张
107cm（全开）定价：CNY0.95

J0129205
风荷 （摄影 1987 年年历）天鹰，阿根摄影
杭州 浙江人民美术出版社 1986 年 1 张
53cm（4 开）定价：CNY0.28

J0129206
枫树花红 （摄影 1987 年年历）贾鸿勋摄影
北京 人民美术出版社 1986 年 1 张
53cm（4 开）定价：CNY0.33

J0129207
扶桑花 （摄影 1987 年年历）姜衍波摄影
济南 山东美术出版社 1986 年 1 张
53cm（4 开）定价：CNY0.25

J0129208
好猫咪咪 （摄影 1987 年年历）
天津 天津人民美术出版社 1986 年 1 张
53cm（4 开）定价：CNY0.25

J0129209
荷 （摄影 1987 年年历）任涵子摄影
西安 陕西人民美术出版社 1986 年 1 张
53cm（4 开）定价：CNY0.24

J0129210
荷花 （摄影 1987 年年历）王志英摄影
太原 山西人民出版社 1986 年 1 张
53cm（4 开）定价：CNY0.24

J0129211
荷花 林伟新摄影
上海 上海人民美术出版社 1986 年 12 张
定价：CNY1.10

J0129212
荷花 （摄影 1987 年年历）王美德摄影
成都 四川美术出版社 1986 年 1 张
53cm（4 开）定价：CNY0.24

J0129213
鹤乡 张金祥等摄影
哈尔滨 黑龙江美术出版社 1986 年 10 张
定价：CNY0.95

J0129214
红枫 （摄影 1987 年年历）邵华安摄影
上海 上海书画出版社 1986 年 1 张
78cm（2 开）定价：CNY0.65

J0129215
红鹰 （摄影 1987 年年历）叶启森摄影
太原 山西人民出版社 1986 年 1 张
76cm（2 开）定价：CNY0.48

J0129216
红嘴鸥 （英汉对照）贺震阳等摄影
昆明 云南科技出版社 1986 年 10 张
定价：CNY1.20

J0129217
红嘴鸥 （汉英对照）贺震阳等摄影
昆明 云南科技出版社 1987 年 10 张
定价：CNY1.90

J0129218
花 （摄影 1987 年年历）陈振戈摄影
福州 福建美术出版社 1986 年 1 张
53cm（4 开）定价：CNY0.24

J0129219
花 （摄影 1987 年年历）陈健腾摄影
石家庄 河北美术出版社 1986 年 1 张
53cm（4 开）定价：CNY0.14

J0129220
花 （虞美人 摄影 1987 年年历）晓雪摄影
石家庄 河北美术出版社 1986 年 1 张
53cm（4 开）定价：CNY0.25
　　作者晓雪,擅长年历摄影。主要作品有《青

年电影演员 ——陈冲》《老寿星》《演员吴海燕》等。

J0129221
花朵 （摄影 1987 年年历）邢延生摄影
武汉 湖北美术出版社 1986 年 1 张
53cm（4 开）定价：CNY0.24

J0129222
花卉 （摄影 1987 年年历）虹迅摄影
北京 人民美术出版社 1986 年 1 张
53cm（4 开）定价：CNY0.24

J0129223
花卉 （汉英对照 第二辑）何炳富摄影
北京 外文出版社 1986 年 10 张
定价：CNY1.30
　　作者何炳富(1940—　　),摄影师。上海人,军事科学院摄影师,中国摄影家协会会员。

J0129224
花开季节 （摄影 1987 年年历）长空摄影
福州 福建美术出版社 1986 年 1 张
53cm（4 开）定价：CNY0.24

J0129225
花团锦簇 （摄影 1987 年年历）金宝源摄影
南昌 江西人民出版社［1986 年］1 张（2 开）
定价：CNY0.33

J0129226
金孔雀 （摄影 1987 年年历）许志钢摄影
上海 上海人民美术出版社 1986 年 1 张
53cm（4 开）定价：CNY0.37

J0129227
金鱼 （摄影 1987 年年历）贾鸿勋,齐卫东摄影
北京 人民美术出版社 1986 年 1 张
53cm（4 开）定价：CNY0.24

J0129228
九月菊 （摄影 1987 年年历）
石家庄 河北美术出版社 1986 年 1 张
53cm（4 开）定价：CNY0.25

J0129229
菊 （摄影 1987 年年历）王军摄影
兰州 甘肃人民出版社 1986 年 1 张
53cm（4 开）定价：CNY0.24

J0129230
菊 （摄影 1987 年年历）刘西梅摄影
西安 陕西人民美术出版社 1986 年 1 张
53cm（4 开）定价：CNY0.24

J0129231
菊花 （摄影 1987 年年历）宋满屯摄影
石家庄 河北美术出版社 1986 年 1 张
78cm（2 开）定价：CNY0.32

J0129232
菊香醉人 （摄影 1987 年年历）金宝源摄影
南昌 江西人民出版社［1986 年］1 张
78cm（2 开）定价：CNY0.33］

J0129233
君子兰 （摄影 1987 年年历）梁二平摄影
南宁 广西人民出版社 1986 年 1 张
53cm（4 开）定价：CNY0.24

J0129234
君子兰 （摄影 1987 年年历）沈国庆摄影
南京 江苏美术出版社 1986 年 1 张
53cm（4 开）定价：CNY0.25

J0129235
君子兰 （摄影 1987 年年历）谭云森摄影
济南 山东美术出版社 1986 年 1 张
53cm（4 开）定价：CNY0.25

J0129236
孔雀开屏 （摄影 1987 年年历）
张涵毅,谢新发摄影
天津 天津人民美术出版社 1986 年 1 张
53cm（4 开）定价：CNY0.25
　　作者谢新发,擅长年画摄影。主要作品有《节日欢舞》《风光摄影》《怎样拍摄夜景》等。

J0129237
枯木逢春 （摄影 1987 年年历）

昆明 云南人民出版社 1986 年 1 张
53cm（4 开）定价：CNY0.22

J0129238
两猫图 （摄影 1987 年年历）王秉龙摄影
太原 山西人民出版社 1986 年 1 张
53cm（4 开）定价：CNY0.24

J0129239
令箭荷花 （摄影 1987 年年历）刘臣摄影
石家庄 河北美术出版社 1986 年 1 张
78cm（2 开）定价：CNY0.32

J0129240
令箭荷花 （摄影 1987 年年历）李元奇摄影
沈阳 辽宁美术出版社 1986 年 1 张
53cm（4 开）定价：CNY0.25

J0129241
猫 （摄影 1987 年年历）袁学军摄影
北京 人民美术出版社 1986 年 1 张
53cm（4 开）定价：CNY0.24

J0129242
猫 （摄影 1987 年年历）
成都 四川美术出版社 1986 年 1 张
53cm（4 开）定价：CNY0.24

J0129243
猫咪 （摄影 1987 年年历）袁学军作
武汉 湖北少年儿童出版社 1986 年 1 张
38cm（6 开）定价：CNY0.12
　　作者袁学军(1950—　),四川成都人,解放军画报社主任记者。作品有《我们劳动去》《二重奏》《印象·青藏高原》等。

J0129244
玫瑰 （摄影 1987 年年历）元厦摄影
福州 福建美术出版社 1986 年 1 张
53cm（4 开）定价：CNY0.24

J0129245
咪咪 （摄影 1987 年年历）江小锋摄影
上海 上海人民美术出版社 1986 年 1 张
38cm（6 开）定价：CNY0.12

J0129246
牡丹各种 林伟新摄影；王路昌编文
上海 上海人民美术出版社 1986年 11张
定价：CNY1.10

J0129247
木兰飘香 （摄影 1987年年历）刘海发摄影
上海 上海人民美术出版社 1986年 1张
53cm（4开）定价：CNY0.37

J0129248
秋菊 （摄影 1987年年历）顾棣摄影
太原 山西人民出版社 1986年 1张
53cm（4开）定价：CNY0.24

J0129249
秋菊 （摄影 1988年年历）顾棣摄影
太原 山西人民出版社 1987年 1张
53cm（4开）定价：CNY0.30

J0129250
三猫图 （摄影 1987年年历）王秉龙摄影
长沙 湖南美术出版社 1986年 1张
53cm（4开）定价：CNY0.25

　　作者王秉龙(1943—)，生于山西祁县。中国戏剧家协会会员，北京美术家协会会员。擅长楷书、魏碑、行书。出版《科学发明家故事》《明史演义》等多部连环画册；改编拍摄并出版了几百种传统戏曲年画，被称为中国戏曲年画摄影第一人。

J0129251
三猫图 （摄影 1987年年历）王秉龙摄影
太原 山西人民出版社 1986年 1张
53cm（4开）定价：CNY0.24

J0129252
赏花 （摄影 1987年年历）
上海 上海人民美术出版社 1986年 1张
53cm（4开）定价：CNY0.37

J0129253
芍药 （摄影 1987年年历）王万录摄影
石家庄 河北美术出版社 1986年 1张
53cm（4开）定价：CNY0.25

J0129254
双猫 （摄影 1987年年历）刘臣摄影
石家庄 河北美术出版社 1986年 1张
53cm（4开）定价：CNY0.25

J0129255
双猫 （摄影 1987年年历）江伟,江小铎摄影
上海 上海人民美术出版社 1986年 1张
38cm（6开）定价：CNY0.12

J0129256
双猫图 （摄影 1987年年历）
上海 上海书画出版社 1986年 1张
53cm（4开）定价：CNY0.24

J0129257
水仙 （摄影 1987年年历）冯炜烈摄影
石家庄 河北美术出版社 1986年 1张
78cm（2开）定价：CNY0.32

J0129258
水仙花 （摄影 1987年年历）马少华摄影
济南 山东美术出版社 1986年 1张
53cm（4开）定价：CNY0.25

J0129259
天鹅 （摄影 1987年年历）伍国兴摄影
石家庄 河北美术出版社 1986年 1张
53cm（4开）定价：CNY0.25

J0129260
兔子和猫咪 （摄影 1987年年历）
上海 上海人民美术出版社 1986年 1张
53cm（4开）定价：CNY0.24

J0129261
我爱小猫咪 （摄影 1987年年历）
上海 上海书画出版社 1986年 1张
53cm（4开）定价：CNY0.24

J0129262
仙客来 （摄影 1987年年历）王军摄影
兰州 甘肃人民出版社 1986年 1张
53cm（4开）定价：CNY0.24

J0129263

小白猫 （摄影 1987 年年历）刘世昭摄影
石家庄 河北美术出版社 1986 年 1 张
53cm（4 开）定价：CNY0.25

　　作者刘世昭(1948—　)，摄影家。四川省成
都市人。作品《神境幽声》《归来的羊群》，摄影
集有《徒步三峡》。

J0129264

小花 （摄影 1987 年年历）耿兴余摄影
郑州 河南美术出版社 1986 年 2 张
53cm（4 开）定价：CNY0.25

J0129265

小花 （摄影 1987 年年历）许志刚摄影
武汉 湖北美术出版社 1986 年 1 张
53cm（4 开）定价：CNY0.24

J0129266

小花 （摄影 1987 年年历）邹安华,谢新发摄影
西安 陕西人民美术出版社 1986 年 1 张
53cm（4 开）定价：CNY0.21

J0129267

小猫咪 （摄影 1987 年年历）
成都 四川美术出版社 1986 年 1 张
53cm（4 开）定价：CNY0.24

J0129268

小猫与月季 （摄影 1987 年年历）
重庆 重庆出版社 1986 年 1 张 38cm（8 开）
定价：CNY0.12

J0129269

小鹦鹉 （摄影 1987 年年历）孙智和摄影
天津 天津人民美术出版社 1986 年 1 张
53cm（4 开）定价：CNY0.25

J0129270

熊猫咪咪 （摄影 1987 年年历）张克庆摄影
杭州 浙江人民美术出版社 1986 年 1 张
53cm（4 开）定价：CNY0.28

J0129271

雪梅 （摄影 1987 年年历）刘西梅摄影

西安 陕西人民美术出版社 1986 年 1 张
53cm（4 开）定价：CNY0.24

J0129272

驯狗 （摄影 1987 年年历）长城摄影
上海 上海书画出版社 1986 年 1 张
53cm（4 开）定价：CNY0.27

J0129273

阳朔大榕树 （摄影 1987 年年历）岚谷摄影
北京 人民美术出版社 1986 年 1 张
78cm（2 开）定价：CNY0.33

J0129274

一九八七：姹紫嫣红 （摄影挂历）
南京 江苏科学技术出版社 1986 年
78cm（2 开）定价：CNY5.30

J0129275

一九八七：花卉 （摄影挂历）田松沪等摄影
南京 江苏教育出版社 1986 年 15cm（40 开）
定价：CNY4.20

J0129276

一九八七：花卉 （摄影挂历）林伟新摄影
济南 山东科学技术出版社 1986 年
78cm（2 开）定价：CNY5.50

J0129277

樱花烂漫 （摄影 1987 年年历）李丰平摄影
杭州 浙江人民美术出版社 1986 年 1 张
53cm（4 开）定价：CNY0.20

J0129278

郁金香 （摄影 1987 年年历）张运辉摄影
广州 岭南美术出版社 1986 年 1 张
53cm（4 开）定价：CNY0.20

J0129279

月季 （摄影 1987 年年历）任国兴摄影
石家庄 河北美术出版社 1986 年 1 张
53cm（4 开）定价：CNY0.25

J0129280

月季 （摄影 1987 年年历）麦粒摄影

乌鲁木齐 新疆人民出版社 1986 年 1 张
78cm（2 开）

J0129281
月季花　方永熙摄影
上海 上海人民美术出版社 1986 年 12 张
定价：CNY1.00

J0129282
月季花　（摄影 1987 年年历）牛犇东摄影
成都 四川美术出版社 1986 年 1 张
53cm（4 开）定价：CNY0.24
　　作者牛犇东，重庆北碚人，毕业于北京化工
学院机械系。曾先后在政府文化部门工作,任动
力集团公司任工程师。代表作有《横断山之晨》
《天都玉屏》等。

J0129283
紫玉兰　（摄影 1987 年年历）刘臣摄影
石家庄 河北美术出版社 1986 年 1 张
53cm（4 开）定价：CNY0.25

J0129284
［1988 年：妍］（挂历 何炳富,顾棣花卉摄影
作品）何炳富,顾棣摄影
太原 山西人民出版社 1987 年（3 开）
定价：CNY6.70
　　作者何炳富(1940—)，摄影师。上海人,
军事科学院摄影师,中国摄影家协会会员。作者
顾棣(1929—)，摄影家。生于河北阜平。《山
西画报》原总编辑、山西省摄影家协会原副主
席。合作编著的图书有《中国解放区摄影史料》
《崇高美的历史再现》《中国摄影史》《沙飞纪念
集》等。

J0129285
1988：动物世界　（摄影挂历）
南宁 广西人民出版社 1987 年（4 开）
定价：CNY5.00

J0129286
1988：荷兰花卉　（摄影挂历）
上海 上海人民美术出版社 1987 年（3 开）
定价：CNY6.30

J0129287
1988：花儿朵朵　（摄影挂历）
石家庄 河北美术出版社 1987 年（3 开）
定价：CNY6.40

J0129288
1988：花卉　（摄影挂历）
南京 江苏古籍出版社 1987 年（2 开）
定价：CNY9.85

J0129289
1988：花卉　（摄影挂历）
南京 江苏美术出版社 1987 年（3 开）
定价：CNY6.90

J0129290
1988：花卉　（摄影挂历）
沈阳 辽宁美术出版社 1987 年（3 开）
定价：CNY6.50

J0129291
1988：花卉　（摄影挂历）
太原 山西人民出版社 1987 年（2 开）
定价：CNY9.80

J0129292
1988：花卉　（摄影挂历）
上海 上海人民美术出版社 1987 年（3 开）
定价：CNY6.30

J0129293
1988：花卉　（摄影挂历）
乌鲁木齐 新疆人民出版社 1987 年（3 开）
定价：CNY5.70

J0129294
1988：花卉　（摄影挂历）
昆明 云南人民出版社 1987 年（3 开）
定价：CNY5.95

J0129295
1988：鲤鱼　（摄影挂历）
广州 岭南美术出版社 1987 年（2 开）

J0129296
1988：猫 （摄影挂历）
北京 北京美术摄影出版社 1987 年
78cm（3 开）定价：CNY3.50

J0129297
1988：猫 （摄影挂历）
郑州 河南美术出版社 1987 年（4 开）
定价：CNY5.50

J0129298
1988：猫 （摄影挂历）
成都 四川美术出版社 1987 年（2 开）
定价：CNY9.80

J0129299
1988：猫咪 （摄影挂历）
长春 吉林美术出版社 1987 年（6 开）
定价：CNY3.50

J0129300
1988：猫咪的一家 （摄影挂历）
长春 吉林美术出版社 1987 年（3 开）
定价：CNY6.50

J0129301
1988：日本名花苑 （摄影挂历）
太原 山西人民出版社 1987 年（2 开）
定价：CNY7.70

J0131726
1988：天鹅之歌 （摄影挂历）
北京 人民美术出版社 1987 年 76cm（2 开）
定价：CNY5.50

J0129302
1988：小动物 （摄影挂历）
成都 四川省新闻图片社 1987 年（4 开）
定价：CNY5.50

J0129303
1988：争艳 （摄影挂历）
长沙 湖南美术出版社 1987 年（2 开）
定价：CNY10.00

J0129304
傲雪 （摄影 1988 年年历）牛施政摄影
石家庄 河北美术出版社 1987 年 1 张（3 开）
定价：CNY0.38

J0129305
白桦林 （摄影 1988 年年历）李诚摄影
成都 四川美术出版社 1987 年 1 张（4 开）
定价：CNY0.28

J0129306
百花争妍 （摄影 1988 年年历）谢新发摄影
石家庄 河北美术出版社 1987 年 1 张（2 开）
定价：CNY0.38

J0129307
百花争艳 （摄影 1988 年年历）谢新发,张涵毅摄影
济南 山东美术出版社 1987 年 1 张（4 开）
定价：CNY0.33

J0129308
遍地黄花 （摄影 1988 年年历）张谢摄影
昆明 云南人民出版社 1987 年 1 张（4 开）
定价：CNY0.28

J0129309
波斯猫 （摄影 1988 年年历）王剑摄影
天津 天津人民美术出版社 1987 年 1 张
53cm（4 开）定价：CNY0.30

J0131735
茶花 方永熙摄影
上海 上海人民美术出版社 1987 年 12 张
13cm（60 开）定价：CNY1.50

J0129310
初绽 （摄影 1988 年年历）牛犀摄影
西安 陕西人民美术出版社 1987 年 1 张
定价：CNY0.60

J0129311
春城花卉 （汉英对照）范泰宏摄影
昆明 云南人民出版社［1987 年］10 张
定价：CNY1.30

J0129312
春雁凌空 （摄影 1988 年年历）唐禹民摄影
天津 天津人民美术出版社 1987 年 1 张
53cm（4 开）定价：CNY0.30
　　　　作者唐禹民（1940—　　），记者。出生于辽宁
朝阳市。历任国家体育总局中国体育杂志社摄
影部主任，中国体育记者协会理事，中国体育摄
影学会副主席兼秘书长等。著有《抹不掉的记忆》
《体育摄影理论与实践》等。

J0129313
蝶芬密叶 （摄影 1988 年年历）宋士诚摄影
天津 天津人民美术出版社 1987 年 1 张（2 开）
定价：CNY0.45

J0129314
斗鸡 （摄影 1988 年年历）秋林摄影
成都 四川美术出版社 1987 年 1 张
53cm（4 开）定价：CNY0.28

J0129315
繁花似锦 （摄影 1988 年年历）徐震时摄影
北京 人民美术出版社 1987 年 1 张
54cm（4 开）定价：CNY0.28

J0129316
繁花似锦 （摄影 1988 年年历）晓安摄影
西安 陕西人民美术出版社 1987 年 1 张
78cm（2 开）定价：CNY0.37

J0129317
飞鹤 （摄影 1988 年年历）刘建华摄影
武汉 长江文艺出版社 1987 年 1 张
53cm（4 开）定价：CNY0.28

J0129318
芬芳 （摄影 1988 年年历）晓月摄影
北京 人民美术出版社 1987 年 1 张（4 开）
定价：CNY0.28

J0129319
芬芳 （摄影 1988 年年历）天鹰摄影
杭州 浙江人民美术出版社 1987 年 1 张（2 开）
定价：CNY1.30

J0129320
芬芳 （摄影 1988 年年历）天鹰摄影
杭州 浙江人民美术出版社 1987 年 1 张（4 开）
定价：CNY0.30

J0129321
古榕 （摄影 1988 年年历）陈卫平摄影
南宁 广西人民出版社 1987 年 1 张
53cm（4 开）定价：CNY0.31

J0129322
海棠 （摄影 1988 年年历）陈春轩摄影
石家庄 河北美术出版社 1987 年 1 张
54cm（4 开）定价：CNY0.26

J0131749
海星 （摄影 1988 年年历）郭大公摄影
杭州 西湖摄影艺术出版社 1987 年 1 张
54cm（4 开）定价：CNY0.29

J0129323
荷花 （摄影 1988 年年历）邵黎阳摄影
石家庄 河北美术出版社 1987 年 1 张（2 开）
定价：CNY0.28
　　　　作者邵黎阳（1942—　　），画家。浙江镇海
人。历任《解放军报》美术编辑，上海人民美术出
版编辑部主任。作品有版画《山高攀》《胜利的
旗帜》《航标灯》,油画《房东》《马石山十勇士》
《天福山起义》等。著有《藏书票入门》。

J0129324
荷花 （汉、日、英对照）秦益民摄影
北京 外文出版社 1987 年 10 张 15cm（40 开）
定价：CNY1.50

J0129325
荷兰花卉 （摄影 1988 年年历）张志增摄影
太原 山西人民出版社 1987 年 1 张
54cm（4 开）定价：CNY0.30

J0129326
荷兰花卉 方永熙摄影；陆明珍编文
上海 上海人民美术出版社 1987 年 12 张
［17cm］（44 开）定价：CNY1.40

J0129327
荷香 （摄影 1988 年年历）王发揿摄影
桂林 漓江出版社 1987 年 1 张（2 开）
定价：CNY0.32

J0129328
荷荫鱼乐 （摄影 1988 年年历）金浩,龙山摄影
杭州 浙江人民美术出版社 1987 年 1 张（2 开）
定价：CNY0.40

J0129329
红玫 （摄影 1988 年年历）解黔云摄影
石家庄 河北美术出版社 1987 年 1 张
定价：CNY0.22

J0129330
红嘴鸥 （汉英对照）范泰宏摄影
昆明 云南人民出版社［1987 年］10 张
定价：CNY1.30

J0129331
蝴蝶花卉 （摄影 1988 年年历）谭云森摄影
济南 山东美术出版社 1987 年 1 张
定价：CNY0.33

J0129332
虎 （摄影 1988 年年历）陈德通摄影
郑州 河南美术出版社 1987 年 1 张
78cm（2 开）定价：CNY0.43

J0129333
花 （摄影 1988 年年历）金铎摄影
沈阳 辽宁美术出版社 1987 年 1 张（4 开）
定价：CNY0.30

J0129334
花丛 （摄影 1988 年年历）周炘摄影
重庆 重庆出版社 1987 年 1 张（4 开）
定价：CNY0.30
　　作者周炘,摄有年画《春之花》《花丛》《风姿》等。

J0129335
花的色彩 （摄影 1988 年年历）林伟新摄影
天津 天津人民美术出版社 1987 年 1 张（4 开）

定价：CNY0.30

J0129336
花卉 （摄影 1988 年年历）林海摄影
济南 山东美术出版社 1987 年 1 张（4 开）
定价：CNY0.33

J0129337
花卉 （汉英对照）朱枢摄影
成都 四川人民出版社 1987 年 10 张

J0129338
花篮猫 （摄影 1988 年年历）赵淑琪摄影
济南 山东美术出版社 1987 年 1 张（4 开）
定价：CNY0.33

J0129339
金鱼 （摄影 1988 年年历）杨银乐摄影
西安 陕西人民美术出版社 1987 年 1 张
53cm（4 开）定价：CNY0.30

J0129340
金鱼 （摄影 1988 年年历）尹福康摄影
上海 上海人民美术出版社 1987 年 1 张
53cm（4 开）定价：CNY0.30
　　作者尹福康(1927—),摄影家。江苏南京人。曾任上海人民美术出版社副编审、上海市摄影家协会副主席等职。主要作品有《烟笼峰岩》《向荒山要宝》《晒盐》《工人新村》等。

J0129341
锦上添花 （摄影 1988 年年历）
福州 福建美术出版社［1987 年］1 张（4 开）
定价：CNY0.28

J0129342
菊花 （摄影 1988 年年历）费文麓摄影
西安 陕西人民美术出版社 1987 年 1 张
54cm（4 开）定价：CNY0.30

J0129343
君子兰 （摄影 1988 年年历）林海摄影
济南 山东美术出版社 1987 年 1 张（4 开）
定价：CNY0.33

J0129344
令箭荷花 （摄影 1988 年年历）杨永明摄影
郑州 河南美术出版社 1987 年 1 张（2 开）
定价：CNY0.65

　　作者杨永明,云南保山人。曾任德宏州摄影
家协会理事、中国橡树摄影网会员。主要作品
有《传授》《泼水欢歌》《春眠不觉晓》《相聚喊
沙》等。

J0129345
令箭荷花 （摄影 1988 年年历）王万禄摄影
西安 陕西人民美术出版社 1987 年 1 张（4 开）
定价：CNY0.37

J0129346
令箭荷花 （摄影 1988 年年历）士丁摄影
上海 上海人民美术出版社 1987 年 1 张
53cm（4 开）定价：CNY0.30

J0129347
猫 （摄影 1988 年年历）吴中格摄影
济南 山东美术出版社 1987 年 1 张
54cm（4 开）定价：CNY0.33

J0129348
猫 （摄影 1988 年年历）伍师摄影
西安 陕西人民美术出版社 1987 年 1 张
54cm（4 开）定价：CNY0.30

J0129349
猫 （摄影 1988 年年历）
上海 上海人民美术出版社［1987 年］1 张
78cm（2 开）定价：CNY0.56

J0129350
猫咪 （摄影 1988 年年历）芮连侠摄影
郑州 河南美术出版社 1987 年 1 张
54cm（4 开）定价：CNY0.33

J0129351
玫瑰 （摄影 1988 年年历）王剑摄影
天津 天津人民美术出版社 1987 年 1 张
定价：CNY0.30

J0129352
梅花 （摄影 1988 年年历）陈春轩摄影
石家庄 河北美术出版社 1987 年 1 张
54cm（4 开）定价：CNY0.26

J0129353
咪咪 （摄影 1988 年年历）刘世昭摄影
西安 陕西人民美术出版社 1987 年 1 张
53cm（4 开）定价：CNY0.30

J0129354
咪咪 （摄影 1988 年年历）
成都 四川美术出版社 1987 年 1 张
53cm（4 开）定价：CNY0.28

J0129355
咪咪 （摄影 1988 年年历）
天津 天津人民美术出版社 1987 年 1 张
53cm（4 开）定价：CNY0.16

J0129356
咪咪 （摄影 1988 年年历）
重庆 重庆出版社 1987 年 1 张 53cm（4 开）
定价：CNY0.30

J0129357
咪咪图 （摄影 1988 年年历）
长春 吉林美术出版社 1987 年 1 张
78cm（2 开）定价：CNY0.40

J0129358
喵喵 （摄影 1988 年年历）嘉吉摄影
天津 天津人民美术出版社 1987 年 1 张
54cm（4 开）定价：CNY0.30

J0129359
牡丹 （摄影 1988 年年历）梁祖宏摄影
西安 陕西人民美术出版社 1987 年 1 张
定价：CNY0.37

J0129360
南极黑背鸥 （摄影 1988 年年历）段继文摄影
武汉 湖北少年儿童出版社 1987 年 1 张
38cm（6 开）定价：CNY0.16

J0129361
鸟语花香　林伟新等摄影
哈尔滨　黑龙江美术出版社［1987年］10张
定价：CNY0.95

J0129362
鸟语花香　（摄影　1988年年历）金浩,龙山摄影
杭州　浙江人民美术出版社　1987年　1张（2开）
定价：CNY0.40

J0129363
鸟噪葡萄香　（摄影　1988年年历）晓安摄影
西安　陕西人民美术出版社　1987年　1张（2开）
定价：CNY0.37

J0129364
三猫图　（摄影　1988年年历）
南京　江苏美术出版社　1987年　1张
53cm（4开）定价：CNY0.32

J0129365
山茶花正红　（摄影　1988年年历）张刘摄影
昆明　云南人民出版社　1987年　1张
53cm（4开）定价：CNY0.28

J0129366
芍药　（摄影　1988年年历）王美德摄影
天津　天津人民美术出版社　1987年　1张（4开）
定价：CNY0.30

J0129367
世界名兰明信片　（汉英对照）谷祝平摄影
兰州　甘肃人民出版社　1987年　10张
定价：CNY1.50

J0129368
双猫　（摄影　1988年年历）
上海　上海人民美术出版社　1987年　1张
53cm（4开）定价：CNY0.30

J0129369
双鸟啄食　（摄影　1988年年历）刘建华摄影
武汉　长江文艺出版社　1987年　1张
53cm（4开）定价：CNY0.28

J0129370
双艳　（摄影　1988年年历）张林,高国强摄影
天津　天津人民美术出版社　1987年　1张
［78cm］（2开）定价：CNY0.45

J0129371
睡莲　（摄影　1988年年历）张克庆摄影
杭州　浙江人民美术出版社　1987年　1张（4开）
定价：CNY0.30

J0129372
送去春消息　（摄影　1988年年历）
南京　江苏人民出版社　1987年　1张
78cm（2开）定价：CNY0.50

J0129373
泰山松　（摄影　1988年年历）郑孝民摄影
上海　上海书画出版社　1987年　1张
54cm（4开）定价：CNY0.30

J0129374
天鹅起舞　（摄影　1988年年历）张岩摄影
天津　天津人民美术出版社　1987年　1张
［78cm］（3开）定价：CNY0.45

J0129375
天鹅之歌　黄金树等摄影
哈尔滨　黑龙江美术出版社［1987年］10张
定价：CNY0.90

J0129376
汪汪　（摄影　1988年年历）
长春　吉林美术出版社　1987年　1张（4开）
定价：CNY0.30

J0129377
西安动物园　（汉英对照）西安动物园编
西安　陕西人民美术出版社［1987年］8张
定价：CNY1.30

J0129378
小狗　（摄影　1988年年历）
天津　天津人民美术出版社　1987年　1张
53cm（4开）定价：CNY0.30

J0129379
小花　（摄影　1988 年年历）陈振戈摄影
郑州　河南美术出版社　1987 年　1 张
53cm（4 开）定价：CNY0.33

J0129380
小花　（摄影　1988 年年历）陈振戈摄影
成都　四川美术出版社　1987 年　1 张
53cm（4 开）定价：CNY0.28

J0129381
小花　（摄影　1988 年年历）钱豫强摄影
杭州　浙江人民美术出版社　1987 年　1 张
53cm（4 开）定价：CNY0.30
　　　作者钱豫强（1944— ），浙江嘉善人，历任
浙江美术出版社副编审，浙江赛丽美术馆执行
馆长。

J0129382
小金鱼　（摄影　1988 年年历）
成都　四川美术出版社　1987 年　1 张
53cm（4 开）定价：CNY0.28

J0129383
小猫咪　（摄影　1988 年年历）徐彬摄影
杭州　西泠印社　1987 年　1 张　53cm（4 开）
定价：CNY0.28

J0129384
小咪咪　（摄影　1988 年年历）张玉同摄影
沈阳　辽宁美术出版社　1987 年　1 张
53cm（4 开）定价：CNY0.30
　　　作者张玉同，摄影有年画《千山之春》，编著
有《暗室技术问答》。

J0129385
小蘑菇　（摄影　1988 年年历）乔天富摄影
成都　四川美术出版社　1987 年　1 张
53cm（4 开）定价：CNY0.28
　　　作者乔天富（1954— ），高级记者，四川绵
竹市人。历任解放军报高级记者，中国摄影家协
会理事，中国新闻摄影学会常务理事。代表作品
《中国人民解放军驻香港部队》《大阅兵》《军中
姐妹》。

J0129386
樱桃时节　（摄影　1988 年年历）周传喜摄影
北京　人民美术出版社　1987 年　1 张
定价：CNY0.28

J0129387
迎客松　（摄影　1988 年年历）崔注中摄影
南宁　广西人民出版社　1987 年　1 张（4 开）
定价：CNY0.31

J0129388
迎客松　（摄影　1988 年年历）袁廉民摄影
武汉　湖北美术出版社　1987 年　1 张
定价：CNY0.58
　　　作者袁廉民（1932— ），国家一级摄影师。
浙江慈溪人。历任中国摄影家协会理事，中国老
摄影家协会理事、安徽摄影家协会名誉主席、英
国皇家摄影学会会士、世界华人摄影学会会员。
代表作品有《蒸蒸日上》《松魂》等。

J0129389
迎客松　（摄影　1988 年年历）张克庆摄影
杭州　浙江人民美术出版社　1987 年　1 张
53cm（4 开）定价：CNY0.30
　　　作者张克庆（1946— ），摄影编辑。重庆人。
历任当代文学艺术研究院院士，香港现代摄影学
会会员，中国职业摄影撰稿人，中国华侨摄影学
会会员，浙江人民出版社美术编辑室，浙江人民
美术出版社摄影年画编辑室。出版有《杭州西湖》
摄影画册。

J0129390
鸢尾　（摄影　1988 年年历）安安摄影
上海　上海人民美术出版社　1987 年　1 张
53cm（4 开）定价：CNY0.30

J0129391
鸳鸯　（摄影　1988 年年历）李晓斌摄影
石家庄　河北美术出版社　1987 年　1 张
定价：CNY0.26

J0129392
月季　（摄影　1988 年年历）刘祺云摄影
石家庄　河北美术出版社　1987 年　1 张
53cm（4 开）定价：CNY0.26

J0129393
月季（摄影 1988 年年历）李兰英摄影
北京 人民美术出版社 1987 年 1 张
53cm（4 开）定价：CNY0.28

J0129394
云南山茶花（汉、日、英对照）
张金明，王滇云摄影
北京 外文出版社 1987 年 10 张
定价：CNY1.90

J0129395
争春（摄影 1988 年年历）建国摄影
济南 山东美术出版社 1987 年 1 张
78cm（2 开）定价：CNY0.45

J0129396
1989：海外花卉（摄影挂历）
上海 上海教育出版社 1988 年 78cm（3 开）
定价：CNY8.00

J0129397
1989：花卉（摄影挂历）
昆明 云南人民出版社 1988 年 78cm（3 开）
定价：CNY7.50

J0129398
1989：花之恋（摄影挂历）
上海 上海三联书店［1988 年］76cm（2 开）
定价：CNY13.00

J0131826
1989：名花异卉（摄影挂历）
广州 岭南美术出版社 1988 年 76cm（2 开）
定价：CNY13.50

J0129399
1989：奇花异卉（摄影挂历）
北京 中国新闻出版社 1988 年 78cm（3 开）
定价：CNY7.80

J0129400
1989：群芳吐艳（摄影挂历）
杭州 浙江摄影出版社 1988 年 76cm（2 开）
定价：CNY8.00

J0129401
1989：盛开的花朵（摄影挂历）
天津 天津杨柳青画社 1988 年 78cm（3 开）
定价：CNY8.00

J0129402
1989：万紫千红（摄影挂历）
济南 山东友谊出版社 1988 年 76cm（2 开）
定价：CNY12.00

J0129403
1989：艺苑花（摄影挂历）
长春 吉林美术出版社 1988 年 78cm（3 开）
定价：CNY7.90

J0129404
1989：争妍（摄影挂历）
延吉 延边人民出版社［1988 年］78cm（3 开）
定价：CNY7.90

J0129405
白猫（摄影 1989 年年历）周祖贻摄
上海 上海人民美术出版社［1988 年］1 张
78cm（2 开）定价：CNY0.75
　　作者周祖贻，连环画艺术家。摄影的年画有
《红装》《菊颂》《硕果丰盈》等。

J0129406
白月季（摄影 1989 年年历）燕京摄
兰州 甘肃人民出版社 1988 年 1 张
54cm（4 开）定价：CNY0.45

J0129407
百花齐放（摄影 1989 年年历）张涵毅摄
郑州 河南美术出版社 1988 年 1 张
54cm（4 开）定价：CNY0.35

J0129408
百子莲（摄影 1989 年农历己巳年年历）朱楠摄
广州 岭南美术出版社 1988 年 1 张
39cm（4 开）定价：CNY0.20

J0129409
碧水双鸿（摄影 1989 年农历己巳年年历）
黎启祥摄

广州 岭南美术出版社 1988 年 1 张
54cm（4 开）定价：CNY0.40

J0129410
初放 （摄影 1989 年年历）陈亚江摄
石家庄 河北美术出版社 1988 年 1 张
54cm（4 开）定价：CNY0.40

J0129411
雏鹰 （摄影 1989 年年历）伟欣摄
杭州 浙江人民美术出版社 1988 年 1 张
54cm（4 开）定价：CNY0.37

J0129412
春花双鹤 （摄影 1989 年年历）胡建瑜摄
北京 人民美术出版社 1988 年 1 张
76cm（2 开）定价：CNY0.80

J0129413
春花吐艳 （摄影 1989 年农历己巳年年历）
卢久新摄
武汉 湖北美术出版社 1988 年 1 张
54cm（4 开）定价：CNY0.38

J0129414
春蕾 （摄影 1989 年年历）张金明摄
沈阳 辽宁美术出版社 1988 年 1 张
54cm（4 开）定价：CNY0.45

J0129415
春燕 （摄影 1989 年年历）谭尚忍摄
上海 上海人民美术出版社 1988 年 1 张
78cm（2 开）定价：CNY0.55

J0129416
翠柏长青 （摄影 1989 年年历）
成都 四川省新闻图片社［1988 年］1 张
54cm（4 开）定价：CNY0.35

J0129417
大熊猫 （摄影 1989 年年历）杜泽泉摄
南宁 广西人民出版社 1988 年 1 张
54cm（4 开）定价：CNY0.44

J0129418
丹顶鹤 （摄影 1989 年农历己巳年年历）仁民摄
武汉 湖北美术出版社 1988 年 1 张
54cm（4 开）定价：CNY0.38

J0129419
繁花似锦 （摄影 1989 年农历己巳年年历）
刘云石摄
武汉 湖北美术出版社 1988 年 1 张
54cm（4 开）定价：CNY0.38

J0129420
繁花似锦 （摄影 1989 年年历）晓安摄
北京 人民美术出版社 1988 年 1 张
54cm（4 开）定价：CNY0.40

J0129421
繁花争艳 （摄影 1989 年年历）解蓬摄
成都 四川省新闻图片社［1988 年］1 张
54cm（4 开）定价：CNY0.28

J0129422
芳草恋 （摄影 1989 年年历）
成都 四川省新闻图片社［1988 年］1 张
78cm（2 开）定价：CNY0.40

J0129423
芬芳 （摄影 1989 年年历）谭尚忍摄影
上海 上海书画出版社［1988 年］1 张
54cm（4 开）定价：CNY0.40

J0131852
扶桑花妍 （摄影 1988 年年历）邱明原摄
成都 四川省新闻图片社［1988 年］1 张
54cm（4 开）定价：CNY0.28

J0129424
好咪咪 （摄影 1989 年年历）王剑摄
天津 天津人民美术出版社 1988 年 1 张
54cm（4 开）定价：CNY0.40

J0129425
荷花 （摄影 1989 年年历）宋振华摄
石家庄 河北美术出版社 1988 年 1 张
54cm（4 开）定价：CNY0.40

J0129426
荷花　（摄影 1989 年年历）谢新发摄
郑州 河南美术出版社 1988 年 1 张
78cm（2 开）定价：CNY0.47

J0129427
荷花飘香　（摄影 1989 年年历）何世尧摄
南京 江苏古籍出版社 1988 年 1 张
54cm（4 开）定价：CNY0.40
　　作者何世尧(1935—　)，摄影家。生于浙江永康，曾在人民画报社学习摄影，后任人民画报社摄影记者。作品有《巍巍长城》《静海晨雾》等，有风光摄影画册《黄龙》《春雨绵绵》。

J0129428
荷香　（摄影 1989 年农历己巳年年历）洪民摄
武汉 湖北美术出版社 1988 年 1 张
54cm（4 开）定价：CNY0.38

J0129429
红月季　（摄影 1989 年年历）燕京摄
兰州 甘肃人民出版社 1988 年 1 张
54cm（4 开）定价：CNY0.45

J0129430
猴子观海　（摄影 1989 年农历己巳年年历）
李福堂摄
武汉 湖北美术出版社 1988 年 1 张
54cm（4 开）定价：CNY0.38

J0129431
花　（摄影 1989 年年历）周必云摄影
福州 福建美术出版社［1988 年］1 张
54cm（4 开）定价：CNY0.40

J0129432
花红珠圆　（摄影 1989 年年历）
上海 上海人民美术出版社 1988 年 1 张
54cm（4 开）定价：CNY0.40

J0129433
花卉　（汉英对照）范泰宏摄
昆明 云南人民出版社［1988 年］10 张
13cm（60 开）定价：CNY1.70

J0129434
花卉风光　李智颖摄
兰州 甘肃人民出版社［1988 年］10 张
13cm（60 开）定价：CNY1.80

J0129435
花开季节　（摄影 1989 年年历）黄正雄摄影
福州 福建美术出版社［1988 年］1 张
54cm（4 开）定价：CNY0.40

J0129436
姐妹松　（摄影 1989 年年历）
成都 四川省新闻图片社［1988 年］1 张
54cm（4 开）定价：CNY0.35

J0129437
金菊灿灿　（摄影 1989 年农历己巳年年历）
佚文摄
武汉 湖北美术出版社 1988 年 1 张
54cm（4 开）定价：CNY0.38

J0129438
景山牡丹　（摄影 1989 年年历）邢延生摄
天津 天津人民美术出版社 1988 年 1 张
54cm（4 开）定价：CNY0.40
　　作者邢延生，擅长摄影。主要作品有《苗苗》《花儿朵朵》《景山牡丹》等。

J0129439
竞芳　（摄影 1989 年年历）林安摄
乌鲁木齐 新疆人民出版社 1988 年 1 张
76cm（2 开）定价：CNY0.60

J0129440
菊花　（摄影 1989 年年历）冬山摄
天津 天津人民美术出版社 1988 年 1 张
54cm（4 开）定价：CNY0.55

J0129441
菊颂　（摄影 1988 年年历）金宝源，周祖贻摄
南昌 江西人民出版社［1988 年］1 张
78cm（2 开）定价：CNY0.40

J0129442
菊颂之一　（摄影 1988 年年历）

金宝源,周祖贻摄

南昌 江西人民出版社［1988 年］1 张

78cm（2 开）定价：CNY0.40

J0129443

菊颂之二 （摄影 1988 年年历）

金宝源,周祖贻摄

南昌 江西人民出版社［1988 年］1 张

78cm（2 开）定价：CNY0.40

J0129444

菊颂之三 （摄影 1988 年年历）

金宝源,周祖贻摄

南昌 江西人民出版社［1988 年］1 张

78cm（2 开）定价：CNY0.40

J0129445

菊颂之四 （摄影 1988 年年历）

金宝源,周祖贻摄

南昌 江西人民出版社［1988 年］1 张

78cm（2 开）定价：CNY0.40

J0129446

菊颂之五 （摄影 1988 年年历）

金宝源,周祖贻摄

南昌 江西人民出版社［1988 年］1 张

78cm（2 开）定价：CNY0.40

J0129447

菊颂之六 （摄影 1988 年年历）

金宝源,周祖贻摄

南昌 江西人民出版社［1988 年］1 张

78cm（2 开）定价：CNY0.40

J0129448

菊颂之七 （摄影 1988 年年历）

金宝源,周祖贻摄

南昌 江西人民出版社［1988 年］1 张

78cm（2 开）定价：CNY0.40

J0129449

菊颂之九 （摄影 1988 年年历）

金宝源,周祖贻摄

南昌 江西人民出版社［1988 年］1 张

78cm（2 开）定价：CNY0.40

J0129450

菊颂之十 （摄影 1988 年年历）

金宝源,周祖贻摄

南昌 江西人民出版社［1988 年］1 张

78cm（2 开）定价：CNY0.40

J0129451

菊颂之十一 （摄影 1988 年年历）

金宝源,周祖贻摄

南昌 江西人民出版社［1988 年］1 张

78cm（2 开）定价：CNY0.40

J0129452

菊颂之十二 （摄影 1988 年年历）

金宝源,周祖贻摄

南昌 江西人民出版社［1988 年］1 张

78cm（2 开）定价：CNY0.40

J0129453

君子兰 （摄影 1989 年年历）张岩摄

兰州 甘肃人民出版社 1988 年 1 张

54cm（4 开）定价：CNY0.45

J0129454

君子兰 （摄影 1989 年年历）谢新发摄

石家庄 河北美术出版社 1988 年 1 张

54cm（4 开）定价：CNY0.24

J0129455

可爱的小狗 （摄影 1989 年年历）

西安 陕西人民美术出版社 1988 年 1 张

76cm（2 开）定价：CNY0.96

J0129456

两只小猫 （摄影 1989 年年历）马家吉摄

天津 天津人民美术出版社 1988 年 1 张

54cm（4 开）定价：CNY0.40

J0129457

令箭荷花 （摄影 1989 年年历）季增摄

石家庄 河北美术出版社 1988 年 1 张

54cm（4 开）定价：CNY0.24

J0129458

令箭荷花 （摄影 1989 年年历）谢新发摄

郑州　河南美术出版社　1988 年　1 张
78cm（2 开）定价：CNY0.47

J0129459
令箭荷花　（摄影 1989 年年历）支柱摄
天津　天津人民美术出版社　1988 年　1 张
54cm（4 开）定价：CNY0.40

J0129460
令箭荷花　（摄影 1989 年年历）振伟等摄
杭州　浙江人民美术出版社　1988 年　1 张
39cm（4 开）定价：CNY0.22

J0129461
洛阳红　（摄影 1989 年年历）申少斌摄
石家庄　河北美术出版社　1988 年　1 张
54cm（4 开）定价：CNY0.40

J0129462
洛阳牡丹红　（摄影 1989 年年历）张涵毅摄
石家庄　河北美术出版社　1988 年　1 张
54cm（4 开）定价：CNY0.40

J0129463
猫　（摄影 1989 年年历）丁定摄
郑州　河南美术出版社　1988 年　1 张
54cm（4 开）定价：CNY0.35

J0129464
猫咪　（摄影 1989 年年历）
上海　上海人民美术出版社［1988 年］1 张
54cm（4 开）定价：CNY0.52

J0129465
猫嬉图　（摄影 1989 年年历）谢少刚摄
北京　人民美术出版社　1988 年　1 张
54cm（4 开）定价：CNY0.40

J0129466
玫瑰　（摄影 1989 年农历己巳年年历）
丹青，谢建良摄
广州　岭南美术出版社　1988 年　1 张
39cm（4 开）定价：CNY0.27

J0129467
玫瑰丛中　（摄影 1989 年年历）
西安　陕西人民美术出版社　1988 年　1 张
76cm（2 开）定价：CNY0.96

J0129468
梅　（摄影 1989 年年历）曹知非摄
石家庄　河北美术出版社　1988 年　1 张
54cm（4 开）定价：CNY0.24

J0129469
梅花　（汉英对照）石小南摄
北京　外文出版社　1988 年　10 张　13cm（60 开）
定价：CNY1.70

J0129470
咪咪　（摄影 1989 年年历）姜长庚摄
南昌　江西人民出版社［1988 年］1 张
78cm（2 开）定价：CNY0.42

J0129471
咪咪　（摄影 1989 年年历）秦天卫摄
上海　上海人民美术出版社［1988 年］1 张
78cm（2 开）定价：CNY0.52

J0129472
咪咪　（摄影 1989 年年历）
成都　四川省新闻图片社［1988 年］1 张
54cm（4 开）定价：CNY0.45

J0131902
咪咪　（摄影 1989 年年历）
浙江人民美术出版社摄
杭州　浙江人民美术出版社　1988 年　1 张
54cm（4 开）定价：CNY0.37

J0129473
蜜柑　（摄影 1989 年农历己巳年年历）梁伟摄
广州　岭南美术出版社　1988 年　1 张
54cm（4 开）定价：CNY0.40

J0129474
牡丹花　（摄影 1989 年年历）郑永吉摄
天津　天津人民美术出版社　1988 年　1 张
54cm（4 开）定价：CNY0.40

J0129475
泥金豹 （摄影 1989年年历）贾凤娥摄
石家庄　河北美术出版社 1988年 1张
54cm（4开）定价：CNY0.40

J0129476
鸟语 （摄影 1989年年历）林伟新摄
南京　江苏美术出版社 1988年 1张
78cm（2开）定价：CNY0.55

J0129477
枇杷丰收 （摄影 1989年年历）常春摄
北京　人民美术出版社 1988年 1张
54cm（4开）定价：CNY0.40
　　作者常春(1933—　),河北阜城人。原名李
凤楼。先后任《解放日报》记者、上海人美社编
辑室主任等职,并兼任《摄影家》杂志主编。中国
摄协上海分会会员。主要作品有《出击》《横跨
激流》《上工》等。

J0129478
葡萄 （摄影 1989年农历己巳年年历）梁伟摄
广州　岭南美术出版社 1988年 1张
54cm（4开）定价：CNY0.40

J0129479
牵牛花 （摄影 1989年年历）初小青摄
杭州　西湖摄影艺术出版社 ［1988年］1张
39cm（4开）定价：CNY0.15

J0131910
牵牛花 （摄影 1989年年历）苏妍摄
杭州　浙江人民美术出版社 1988年 1张
54cm（4开）定价：CNY0.37

J0129480
擎云——榆树 （摄影 1989年年历）林伟新摄
南宁　广西人民出版社 1988年 1张
54cm（4开）定价：CNY0.44

J0129481
秋菊 （摄影 1989年年历）张凤摄
兰州　甘肃人民出版社 1988年 1张
54cm（4开）定价：CNY0.45

J0129482
三猫图 （摄影 1989年年历）谢少刚摄
昆明　云南人民出版社 1988年 1张
54cm（4开）定价：CNY0.38

J0129483
山丹花 （摄影 1989年年历）张俊堂摄
兰州　甘肃人民出版社 1988年 1张
54cm（4开）定价：CNY0.45

J0129484
十大名花 （汉英对照）忻丁诚,林伟新摄
上海　上海三联出版社 ［1988年］10张
13cm（60开）定价：CNY1.50

J0129485
双猫 （摄影 1989年年历）姜长庚摄
上海　上海人民美术出版社 ［1988年］1张
54cm（4开）定价：CNY0.52
　　作者姜长庚(1945—　),摄影家。笔名肖疆
等,中国摄影家协会会员。

J0129486
双猫图 （摄影 1989年年历）丁定摄
上海　上海人民美术出版社 1988年 1张
54cm（4开）定价：CNY0.40

J0129487
水仙 （摄影 1989年年历）张俊堂摄
兰州　甘肃人民出版社 1988年 1张
54cm（4开）定价：CNY0.45

J0129488
水仙 （摄影 1989年农历己巳年年历）张其军摄
武汉　湖北美术出版社 1988年 1张
54cm（4开）定价：CNY0.38

J0129489
苏州留园紫藤 （摄影 1989年年历）
西安　陕西人民美术出版社 1988年 1张
54cm（4开）定价：CNY0.45

J0129490
我家的小猫 （摄影 1989年年历）马家吉摄
天津　天津人民美术出版社 1988年 1张

54cm（4开）定价：CNY0.40

J0129491
夏荷溢香　（摄影 1989 年农历己巳年年历）
陈春轩摄
重庆　重庆出版社 1988 年　1 张　78cm（2 开）
定价：CNY0.50

J0129492
鲜花　（摄影 1989 年年历）晓安摄
北京　人民美术出版社 1988 年　1 张
54cm（4 开）定价：CNY0.40

J0129493
香远益清　（摄影 1989 年农历己巳年年历）
卢久新摄
武汉　湖北美术出版社 1988 年　1 张
54cm（4 开）定价：CNY0.38

J0129494
小花　（摄影 1989 年年历）孙东方等摄
沈阳　辽宁美术出版社 1988 年　1 张
54cm（4 开）定价：CNY0.45

J0129495
小花　（摄影 1990 年年历）雁鸣摄影
四川　四川省新闻图片社［1988 年］1 张
54cm（4 开）定价：CNY0.35

J0129496
小花　（摄影 1989 年年历）郑伟摄
杭州　浙江人民美术出版社 1988 年　1 张
78cm（2 开）定价：CNY0.50

J0129497
小花猫　（摄影 1989 年年历）
上海　上海人民美术出版社 1988 年　1 张
54cm（4 开）定价：CNY0.40

J0129498
小猫咪　（摄影 1989 年农历己巳年年历）周勇摄
武汉　湖北美术出版社 1988 年　1 张
54cm（4 开）定价：CNY0.38

J0129499
小猫咪　（摄影 1989 年年历）江小铎,江伟摄
上海　上海人民美术出版社 1988 年　1 张
54cm（4 开）定价：CNY0.40

J0129500
小猫咪　（摄影 1988 年年历）谢少刚摄
成都　四川省新闻图片社［1988 年］1 张
54cm（4 开）定价：CNY0.28

J0129501
小猫咪咪　（摄影 1989 年年历）丁定摄
上海　上海书画出版社 1988 年　1 张
54cm（4 开）定价：CNY0.40

J0129502
小山羊　（摄影 1989 年年历）
郑州　河南美术出版社 1988 年　1 张
54cm（4 开）定价：CNY0.35

J0129503
艳　（摄影 1989 年年历）谭尚忍摄
上海　上海人民美术出版社［1988 年］1 张
54cm（4 开）定价：CNY0.52
　　作者谭尚忍(1940—　　),上海人。上海美术家协会和上海摄影家协会会员,上海人民美术出版社副编审。作品有《儿童武书》《民族英雄岳飞》等。

J0129504
罂粟　（摄影 1989 年年历）张岩摄
兰州　甘肃人民出版社 1988 年　1 张
54cm（4 开）定价：CNY0.45

J0129505
郁金香　（摄影 1989 年农历己巳年年历）朱南摄
广州　岭南美术出版社 1988 年　1 张
39cm（4 开）定价：CNY0.20

J0129506
月季　（摄影 1989 年年历）刘祺云摄
石家庄　河北美术出版社 1988 年　1 张
54cm（4 开）定价：CNY0.24

J0129507
月季 （摄影 1989 年年历）华瑜摄
北京 人民美术出版社 1988 年 1 张
54cm（4 开）定价：CNY0.40

J0129508
月季花 （摄影 1989 年年历）杨永明摄
郑州 河南美术出版社 1988 年 1 张
78cm（2 开）定价：CNY0.47
　　作者杨永明，云南保山人。曾任德宏州摄影
家协会理事、中国橡树摄影网会员。主要作品
有《传授》《泼水欢歌》《春眠不觉晓》《相聚喊
沙》等。

J0129509
月季花 （摄影 1989 年年历）牛犇东摄影
成都 四川省新闻图片社［1988 年］1 张
54cm（4 开）定价：CNY0.45

J0129510
月季花 （摄影 1989 年年历）华绍祖摄
天津 天津人民美术出版社 1988 年 1 张
54cm（4 开）定价：CNY0.55

J0129511
月季牡丹 刘云摄；沈仁编
兰州 甘肃人民出版社［1988 年］10 张
13cm（60 开）定价：CNY1.80

J0129512
中国山茶花 （第二辑 汉英对照）石小南摄
北京 外文出版社［1988 年］10 张
13cm（60 开）定价：CNY1.70

J0129513
紫藤 （摄影 1989 年年历）林伟新摄
南宁 广西人民出版社 1988 年 1 张
54cm（4 开）定价：CNY0.44

J0129514
1990：动物世界 （摄影挂历）
广州 岭南美术出版社 1989 年 76cm（2 开）
定价：CNY16.00

J0129515
1990：繁花似锦 （摄影挂历）
石家庄 河北美术出版社 1989 年 78cm（3 开）
定价：CNY10.50

J0129516
1990：芬芳 （摄影挂历）
上海 上海书画出版社 1989 年 78cm（3 开）
定价：CNY10.20

J0129517
1990：花卉摄影艺术
西安 陕西人民美术出版社 1989 年
76cm（2 开）定价：CNY16.50

J0129518
1990：可爱的宠物 （摄影挂历）
北京 轻工业出版社［1989 年］76cm（2 开）
定价：CNY17.00

J0129519
1990：猫咪 （摄影挂历）
北京 朝花美术出版社 1989 年 76cm（2 开）
定价：CNY18.00

J0129520
1990：群芳争妍 （摄影挂历）
武汉 长江文艺出版社 1989 年 78cm（3 开）
定价：CNY9.50

J0129521
1990：群芳争艳 （摄影挂历）
天津 天津杨柳青画社 1989 年 76cm（2 开）
定价：CNY16.00

J0129522
1990：万紫千红 （摄影挂历）
太原 山西人民出版社 1989 年 76cm（2 开）
定价：CNY16.00

J0129523
1990：万紫千红 （摄影挂历）
上海 上海书画出版社［1989 年］78cm（3 开）
定价：CNY13.00

J0129524
1990：争艳 （摄影挂历）
沈阳　辽宁画报社　1989 年　76cm（2 开）
定价：CNY15.80

J0129525
1990：争艳 （摄影挂历）
天津　天津杨柳青画社　1989 年　76cm（2 开）
定价：CNY16.00

J0129526
阿咪戏花图 （摄影　1990 年年历）浪花摄影
上海　上海人民美术出版社　1989 年　1 张
76cm（2 开）定价：CNY1.00

J0129527
傲霜 （摄影　1990 年年历）秦望摄影
石家庄　河北美术出版社　1989 年　1 张
54cm（4 开）

J0129528
白玉兰 （摄影　1990 年年历）谢新发摄影
上海　上海人民美术出版社　1989 年　1 张
39cm（4 开）定价：CNY0.35
　　作者谢新发，擅长年画摄影。主要作品有《节日欢舞》《风光摄影》《怎样拍摄夜景》等。

J0129529
百叶千馨 （摄影　1990 年年历）林伟新摄影
广州　岭南美术出版社　1989 年　1 张
54cm（4 开）定价：CNY0.55

J0129530
朝花 （摄影　1990 年农历庚午年年历）
福州　福建美术出版社　1989 年　1 张
54cm（4 开）定价：CNY0.45

J0129531
雏燕 （摄影　1990 年年历）
重庆　重庆出版社　1989 年　1 张　54cm（4 开）
定价：CNY0.45

J0129532
丹顶鹤 （摄影　1990 年农历庚午年年历）
梅延林摄影

武汉　长江文艺出版社　1989 年　1 张
78cm（2 开）定价：CNY0.60

J0129533
吊钟兰 （摄影　1990 年年历）樊宝旋摄影
太原　山西人民出版社　1989 年　1 张
78cm（2 开）定价：CNY0.70

J0129534
芳草 （摄影　1990 年年历）
福州　福建美术出版社 ［1989 年］1 张
54cm（4 开）定价：CNY0.45

J0129535
枫 （摄影　1990 年年历）浪花摄影
上海　上海人民美术出版社　1989 年　1 张
76cm（2 开）定价：CNY1.00

J0129536
海棠枝头 （摄影　1990 年年历）张词组摄影
上海　上海人民美术出版社　1989 年　1 张
39cm（4 开）定价：CNY0.35

J0129537
海豚钻圈 （摄影　1990 年农历庚午年年历）
陈健摄影
武汉　长江文艺出版社　1989 年　1 张
54cm（4 开）定价：CNY0.45

J0129538
含羞花 （摄影　1990 年农历庚午年年历）
佚文摄影
武汉　湖北美术出版社　1989 年　1 张
54cm（4 开）定价：CNY0.45

J0129539
荷 （摄影　1990 年年历）柏雨果摄影
西安　陕西人民美术出版社　1989 年　1 张
54cm（4 开）定价：CNY0.55
　　作者柏雨果（1948—　），摄影师。陕西凤县人。中国摄影家协会会员、中国电影家协会会员。曾举办《天、地、人》摄影作品展，出版文学作品《拜见非洲大酋长》。

J0129540
荷花　（摄影 1990 年农历庚午年年历）
杨中俭摄影
福州 福建美术出版社 1989 年 1 张
54cm（4 开）定价：CNY0.45
　　作者杨中俭，擅长摄影。主要年历作品有《花好人妍》《上海外滩》《喜庆临门》等。

J0129541
荷塘小鸭　（摄影 1990 年农历庚午年年历）
刘以宽摄影
武汉 长江文艺出版社 1989 年 1 张
54cm（4 开）定价：CNY0.45
　　作者刘以宽（1933— ），摄影家。武汉人。曾在《战士画报》社、汉口高级步兵学校宣传部和武汉印刷厂设计室从事摄影，中国摄影家协会会员，湖北摄影家协会理事、常务理事，武汉摄影家协会副主席。

J0129542
红叶情思　（摄影 1990 年年历）曾宪阳摄影
重庆 重庆出版社 1989 年 1 张 54cm（4 开）
定价：CNY0.45
　　作者曾宪阳（1940—2008），摄影师，漫画家。贵州贵阳人。曾任贵州省美术出版社副总编辑，贵州省漫画研究会副会长。主要作品有《昨天我发薪》《乱弹琴》《三思而后行》等。

J0129543
花幻　（摄影 1990 年农历庚午年年历）
蔡俊清摄影
福州 福建美术出版社 1989 年 1 张
54cm（4 开）定价：CNY0.45

J0129544
花束　（摄影 1990 年农历庚午年年历）
福州 福建美术出版社［1989 年］1 张
76cm（2 开）定价：CNY1.00

J0129545
花团锦簇　（摄影 1989 年年历）牛犇东摄影
成都 四川省新闻图片社［1989 年］1 张
54cm（4 开）定价：CNY0.32
　　作者牛犇东，重庆北碚人，毕业于北京化工学院机械系。曾先后在政府文化部门工作，任动

力集团公司任工程师。代表作有《横断山之晨》《天都玉屏》等。

J0129546
花香蝶舞　（摄影 1990 年年历）达仁摄影
沈阳 辽宁美术出版社 1989 年 1 张
54cm（4 开）定价：CNY0.55

J0129547
佳卉　（摄影 1990 年年历）钱子强摄影
南京 江苏美术出版社 1989 年 1 张
78cm（2 开）定价：CNY0.75

J0129548
锦绣沁香　林伟新摄
天津 天津人民美术出版社 1989 年 4 张（卷轴）
76cm（2 开）定价：CNY4.60

J0129549
菊花——曲江秋色　（摄影 1990 年年历）
刘云石摄影
兰州 甘肃人民出版社 1989 年 1 张
54cm（4 开）定价：CNY0.47

J0129550
菊花——天鹅湖　（摄影 1990 年年历）
刘云石摄影
兰州 甘肃人民出版社 1989 年 1 张
54cm（4 开）定价：CNY0.47

J0129551
开花季节　（摄影 1990 年农历庚午年年历）
厦门 鹭江出版社［1989 年］1 张 54cm（4 开）
定价：CNY0.45

J0129552
芦花　（摄影 1989 年年历）周必云摄影
福州 福建美术出版社［1989 年］1 张
78cm（2 开）定价：CNY0.55
　　作者周必云，摄影连环画有《晚婚、晚育、少生、优生年画——福建省计划生育委员会》《南国姑娘》《快乐》《池畔倩影》等。

J0129553
猫　（摄影 1990 年年历）蒙紫摄影

北京　北京美术摄影出版社　1989 年　1 张
54cm（4 开）定价：CNY0.50

　　作者蒙紫（1933—　　），摄影家。历任解放军
画报记者，中国摄影家协会理事，中国旅游出版
社编辑室主任、编委会副主任、高级记者、编审
等。出版了《美丽的桂林》《故宫》《紫禁城》《炎
黄故里》等画册。

J0129554
咪咪　（摄影 1990 年农历庚午年年历）周屹摄影
北京　朝花美术出版社　1989 年　1 张
76cm（2 开）定价：CNY1.00

J0129555
咪咪　（摄影 1990 年农历庚午年年历）
梅延林摄影
武汉　长江文艺出版社　1989 年　1 张
54cm（4 开）定价：CNY0.45

J0129556
咪咪　（摄影 1990 年年历）
重庆　重庆出版社 1989 年　1 张 54cm（4 开）
定价：CNY0.45

J0129557
牡丹花猫　（摄影 1990 年年历）陈军摄影
天津　天津人民美术出版社　1989 年　1 张
54cm（4 开）定价：CNY0.50

J0129558
秋菊　（英汉对照）联耀摄影
西安　陕西人民美术出版社［1989 年］8 张
15cm（40 开）

J0129559
群猫图　（摄影 1990 年年历）
沈阳　辽宁美术出版社 1989 年　1 张
54cm（4 开）定价：CNY0.55

J0129560
三月桃花红　（摄影 1990 年农历庚午年年历）
丁宇光摄影
北京　人民美术出版社 1989 年　1 张
54cm（4 开）定价：CNY0.50

J0129561
山花烂漫　（摄影 1990 年年历）浪花摄影
上海　上海人民美术出版社 1989 年　1 张
76cm（2 开）定价：CNY1.00

J0129562
少女的歌　（摄影 1990 年农历庚午年年历
串红）茅瑾,张九荣摄影
石家庄　河北美术出版社 1989 年　1 张
78cm（2 开）定价：CNY0.65

J0129563
少女的歌　（摄影 1990 年农历庚午年年历
金针花）茅瑾,张九荣摄影
石家庄　河北美术出版社 1989 年　1 张
78cm（2 开）定价：CNY0.65

J0129564
少女的歌　（摄影 1990 年农历庚午年年历
芦花小菊）茅瑾,张九荣摄影
石家庄　河北美术出版社 1989 年　1 张
78cm（2 开）定价：CNY0.65

J0129565
少女的歌　（摄影 1990 年农历庚午年年历
一品红）茅瑾,张九荣摄影
石家庄　河北美术出版社 1989 年　1 张
78cm（2 开）定价：CNY0.65

J0129566
少女的歌　（摄影 1990 年农历庚午年年历
月季）茅瑾,张九荣摄影
石家庄　河北美术出版社 1989 年　1 张
78cm（2 开）定价：CNY0.65

J0129567
双猫　（摄影 1990 年年历）
上海　上海人民美术出版社 1989 年　1 张
78cm（2 开）定价：CNY0.35

J0129568
双猫　（摄影 1990 年年历）王志强摄影
天津　天津人民美术出版社 1989 年　1 张
54cm（4 开）定价：CNY0.50

J0129569
双猫图 （摄影 1990年年历）晓崔摄影
沈阳 辽宁美术出版社 1989年 1张
54cm（4开）定价: CNY0.55